Das Kapital. Kritik der politischen Ökonomie I-1
by Karl Marx

코기토 총서 011
세계사상의 고전

자본 I-1

카를 마르크스 지음 | 강신준 옮김

도서출판 길

옮긴이 **강신준**(姜信俊)은 1954년 경남 진해에서 태어나 고려대 독어독문학과를 졸업했다. 같은 대학교 대학원에서 경제학을 전공해 1991년 「독일 사회주의 운동과 농업문제」로 박사학위를 받았다. 독일 프랑크푸르트 대학에서 독일 노동운동사를 연구했으며, 동아대 경제학과 교수를 역임했다. 현재 같은 대학교 명예교수로 있다.

주요 논문으로 「베른슈타인 수정주의에 대한 새로운 이해」(1995), 「독일 노동자 조직의 역사적 발전과정」(1996), 「맑스 혁명주의의 실천적 유산」(1996), 「독일 교섭체계의 발전과정과 신자유주의의 도전」(2001), 「숙련과 교섭정책: 우리나라 협약체계의 문제점과 개선 방향」(2001), 「4・19혁명 시기 노동운동과 노동쟁의의 성격」(2003), 「기업별 협약의 산업별 협약으로의 이행방안」(2005) 등이 있다.

저서로 『수정주의 연구 I』(이론과실천, 1991), 『정치경제학의 이해』(동아대학교출판부, 1992), 『자본의 이해』(이론과실천, 1994), 『일본 자본주의의 분석』(공저, 풀빛, 1996), 『노동의 임금교섭』(이론과실천, 1998), 『자본론의 세계』(풀빛, 2001), 『한국노동운동사 4』(공저, 지식마당, 2004), 『그들의 경제 우리들의 경제학』(도서출판 길, 2010), 『오늘 『자본』을 읽다』(도서출판 길, 2014) 등이 있으며, 역서로는 『임금론』(모리스 돕, 거름, 1983/도서출판 길, 2019), 『마르크스냐 베버냐』(공역, 카를 뢰비트, 홍성사, 1984), 『사회주의의 전제와 사민당의 과제』(에두아르트 베른슈타인, 한길사, 1999), 『프롤레타리아 독재』(카를 카우츠키, 한길사, 2006), 『자본』(전5권, 카를 마르크스, 도서출판 길, 2008~10), 『데이비드 하비의 맑스 『자본』 강의』(전2권, 데이비드 하비, 창비, 2011~16), 『경제학 비판을 위하여 1861~63년 초고 제2분책: 잉여가치론 1』(카를 마르크스, 도서출판 길, 2021) 등이 있다.

코기토총서 011
세계사상의고전

자본 I-1

2008년　5월　31일　제1판 제1쇄 발행
2008년 11월 20일　제1판 제2쇄 발행
2010년　1월 25일　제1판 제3쇄 발행
2010년　9월 30일　제1판 제4쇄 발행
2012년　5월 25일　제1판 제5쇄 발행
2014년　4월 10일　제1판 제6쇄 발행
2017년　3월 20일　제1판 제7쇄 발행

2022년 10월 15일　제1판 제8쇄 인쇄
2022년 10월 25일　제1판 제8쇄 발행

지은이 | 카를 마르크스
옮긴이 | 강신준
펴낸이 | 박우정

기획 | 이승우
편집 | 김미경
전산 | 신혜원

펴낸곳 | 도서출판 길
주소 | 06032 서울 강남구 도산대로 25길 16 우리빌딩 201호
전화 | 02) 595-3153　팩스 | 02) 595-3165
등록 | 1997년 6월 17일 제113호

© 강신준, 2008. Printed in Seoul, Korea

ISBN 89-87671-64-2 94300
ISBN 89-87671-63-5 (전5권)

그가 남긴 지적 유산은 단순히 경제학이나 철학의 범주에 머무르지 않는다. 특히 신자유주의가 지구촌을 휩쓸고 있는 최근, 그의 사상과 이론은 새삼 현대 자본주의를 비판적으로 분석하는 유용한 틀로 재조명되고 있다.

1818년 마르크스가 태어난 트리어의 생가

마르크스의 변증법적 유물론에 커다란 영향을 끼친 헤겔(G.W.F. Hegel, 1770~1831)

평생의 지적 동반자이자 『자본』을 완성시킨 프리드리히 엥겔스(Friedrich Engels, 1820~1895)

1867년 간행된 『자본』 제1권 표지

프로메테우스 '마르크스'

『라인 신문』 발행 금지처분에 대한 동시대인의 유비적 표현이 돋보인다. 1842년 당시 마르크스는 『라인 신문』의 편집장이었다.

프랑스 노동자들과 함께 노동 현안에 대해 토론하는 마르크스(1844)

엥겔스와 함께 찍은 마르크스와 세 딸들(1864)

런던 소재 하이게이트 묘지에 있는 마르크스 무덤

노동자계급의 영원한 성서,『자본』의 이론과 실천

아무런 예비지식 없이 가족들과 함께 놀이동산에 갔다가는 입구부터 낭패를 만나기 십상이다. 우선 매우 넓은데다가 놀이기구들이 너무 많아서 도대체 어디서 무엇부터 시작해야 할지 난감하기 때문이다. 그러므로 이런 곳에서는 입구에서 나누어주는 안내도를 잘 참고해야 한다.『자본』(*Das Kapital*)을 처음 접하는 독자들이 부딪치는 낭패도 이와 비슷하지 않을까 싶다. 책의 분량이 너무 두터운데다 저자가 스스로 고백하듯이 극도로 농축된 이야기가 응결되어 있는 앞부분부터 당장 이야기의 실마리를 잡아내기가 매우 어렵기 때문이다. 그래서『자본』에는 놀이동산의 안내도 같은 길잡이가 반드시 필요하다.

지금부터 여기에서 얘기해두려는 것이 바로 그런 최소한의 길잡이 같은 것이다. 독자들에게는 가능하면『자본』을 읽기 전에 먼저 이 글을 꼭 읽어보기를 권한다. 그리고 혹시『자본』을 읽어나가는 도중에도 가끔씩 이 글을 되새겨본다면 중간에 길을 크게 벗어나는 불상사는 조금 막아주지 않을까 생각한다. 놀이동산의 안내도가 처음에 전체적인 개요를 알려주는 것은 물론 중간중간 길을 잃지 않게 하는 데도 제법 기능을 발휘한다는 점을 이해하면 될 듯하다.

물론 한 가지 양해는 미리 구해야 할 것 같다. 해제 때문에 예고편이 조금 더 길어졌기 때문이다. 이미 판을 거듭하면서 마르크스와 엥겔스가 써놓은 서문들의 분량도 만만치 않은 예고편을 이루고 있기에 하는 말이다.

1. 저자 마르크스의 생애

책은 결국 사람이 쓴 것이다. 책은 저자의 삶의 한 부분을 이루는 것이며, 따라서 책을 쓴 사람의 삶을 살펴보는 것은 책을 이해하는 데 아주 기본적인 단서가 된다. 『자본』을 쓴 카를 마르크스(Karl Heinrich Marx)는 1818년 5월 5일, 백포도주 생산으로 유명한 라인 강의 지류인 모젤 강변의 오랜 도시 트리어(Trier)에서 태어났다. 집안은 대대로 유대교의 율법을 가르치는 독실한 유대인 가정이었으나 고등법원 관리였던 아버지 대에서 공직을 유지하기 위해 1817년 루터파 개신교로 개종한 상태였다. 프랑스와 국경을 접한 트리어는 나폴레옹을 통해 벌써 공화주의의 해방을 맛본 도시였으며, 개신교로 개종한 집안의 분위기도 밝고 개방적이었다. 마르크스는 사회적으로 지위가 탄탄했던 아버지 덕분에 비교적 유복한 가정 환경과 개화된 도시의 자유로운 분위기 속에서 자유분방한 성장기를 보낼 수 있었다.

1835년 아버지의 희망에 따라 법학공부를 위해 본(Bonn) 대학으로 진학한 마르크스는 이듬해 10월 베를린(Berlin) 대학으로 학교를 옮겼다. 그런데 당시 베를린 대학은 독일 고전철학의 새로운 장을 연 헤겔의 소굴이었다. 여기에서 마르크스가 만난 헤겔은 더 나은 세상을 지향하는 변혁의 철학이었으며, 개방적인 분위기의 마르크스와 잘 들어맞는 학문세계였다. 마르크스는 변혁의 열정을 불태우며 헤겔 공부에 빠져들었고 아버지의 간절한 소망이던 법학 공부는 자연히 철학 공부의 뒷전으로 밀려났다.

1841년 마르크스는 철학 연구논문인 「데모크리토스와 에피쿠로스 자연철학의 차이점」을 제출하여 박사학위를 받았다. 철학 연구는 이어져서, 1843년 『헤겔의 국가법 비판』, 1844년 『유대인 문제』『헤겔 법철학 비판 서론』『경제학 철학 초고』, 1846년 『도이치 이데올로기』에서 정점을 이루었다. 이 시기 그의 철학 연구는 나중에 『자본』의 방법론적인 토대를 이루게 된다.

박사학위를 마친 마르크스가 희망하던 직업은 철학교수였으나, 그 희망은 베를린 대학 시절의 반정부활동 전력 때문에 좌절되었다. 학문의 세계가 문을 닫아버리자 변혁을 향한 그의 열정은 현실세계로 방향을 바꿀 수밖에 없었다. 대학에서 일자리를 얻을 수 없었던 마르크스는 1842년 쾰른의 『라인 신문』 편집장 일을 맡았다. 그러나 신문을 통해 분출된 마르크스의 변혁을 향한 열정은 반정부적 논조로 나타나고, 마침내 그는 정부로부터 추방명령을 받아 1843년 파리 망명길에 오르게 되었다. 한 가지 위안이 된 것은, 이 과정에서 7년간 이어오던 예니(Jenny von Westphalen)와의 연애를 결혼으로 매듭지을 수 있었던 점이다.

가족과 함께 파리로 이주한 마르크스에게는 두 가지 계기가 기다리고 있었다. 하나는 사회주의와의 만남이었고 다른 하나는 평생 동지 엥겔스와의 만남이었다. 두 계기는 모두 『자본』이라는 역사적인 성과물로 이어진다.

프랑스에서는 점차 본격화하고 있던 산업혁명의 일차적인 희생자인 노동자계급 사이에서 사회의 변화를 갈망하는 사회주의의 흐름이 강력해지고 있었는데, 마르크스는 프랑스의 중심 파리에서 이 흐름과 직접 만나게 되었다. 프루동·카베 등 사회주의자들과의 교류를 통해 마르크스는 독일에서 자신이 닦아온 변혁의 원리(철학)가 이제 현실의 구체적인 수단과 만나야 한다는 것을 깨닫게 되었다. 그 수단이란 바로 경제학이었다. 마르크스는 파리에 체류하는 동안 경제학 공부를 시작한다. 경제학 연구의 최초 성과는 1847년 『철학의 빈곤』이라는 제목으로 출판되었다.

또 하나의 계기는 1844년 말 지금의 루브르 박물관 바로 옆에 자리잡은 카페 드 라 레장스(Café de la Régence)에서 이루어졌다. 마르크스보다 두 살 아래인 엥겔스(Friedrich Engels)와의 만남이었다. 곧바로 의기투합한 두 사람은 그뒤 죽음이 두 사람을 갈라놓을 때까지, 아니, 그 이후까지도 '서로의 머릿속을 바꾸어 앉아도 될 만큼' 각자의 분신 역할을 수행하였다. 엥겔스가 없었다면 당연히 『자본』도 세상의 빛을 보지 못하였다.

1848년 유럽 전역은 혁명의 불길에 휩싸였다. 마르크스는 혁명에 대한 기대로 흥분하지만, 혁명은 곧 실패로 돌아가고 반동의 시대가 도래한다. 1849년 다시 추방령을 받은 마르크스는 런던으로 새로운 망명길에 오른다. 그런데 그 무렵 영국은 그가 프랑스에서 만난 변혁의 도구인 경제학의 본거지였다. 혁명의 실패를 눈앞에서 바라본 마르크스는 변혁의 수단에 대한 절박한 갈망을 안고 경제학 연구에 본격적으로 돌입하게 된다. 런던 대영박물관 도서실에서 "아침 9시부터 저녁 7시까지"(마르크스가 바이데 마이어〔Weydemeyer〕에게 보낸 편지, 1851년 6월 27일) 마르크스는 책 속에 파묻혀 경제학 연구에 골몰하였다. 1851년 경제학 연구에 대한 최초 의 구상이 마무리되었으며, 1867년 드디어 『자본』 제1권이 발간되었다. 제2권과 제3권의 원고는 이미 1865년에 집필되어 있었다. 그러나 1864년 에 건설된 제1인터내셔널의 과중한 업무로 나머지 두 권의 출판은 자꾸 미루어졌다.

1881년 12월 2일, 『자본』에 대한 후속 출판작업이 계속 미루어지고 있던 와중에 마르크스는 평생의 반려자였던 아내 예니를 잃는다. 도망치듯 시작된 망명길부터 이어져온 38년의 세월이 막을 내렸다. 실로 정치적인 박해와 극도의 곤궁 속에 변치 않은 사랑과 협력이 한데 어우러진 세월이 었다. 인간으로서의 마르크스는 삶의 기운을 급속히 잃어갔다. 1883년 3 월 14일, 문병을 위해 마르크스의 집에 들른 엥겔스는 2층 서재에서 의자 에 앉은 채로 숨을 거둔 마르크스를 보았다. 3월 17일, 마르크스는 런던의 하이게이트 묘지에 안장되었다. 장례식은 겨우 10여 명의 조객만 참석한 가운데 조촐하게 치러졌다.

그러나 마르크스가 떠난 자리에는 출판되지 못한 방대한 노트들이 남아 있었다. 이들 노트는 생전에 마르크스가 남긴 유언에 따라 모두 딸 엘리너의 손을 거쳐 엥겔스에게 넘겨졌다. 엥겔스는 분신의 역할로 마르크스가 남긴 이 원고를 정리하여 출판해야 하는 과제를 안게 되었다. 가장 시급한 것은 제1권만 출판된 채 남아 있던 『자본』의 완간이었다. 엥겔스는 당장 작업에 착수했으나 그것은 그의 예상을 훨씬 뛰어넘는 고난의 작업이었다. 1894년 『자본』 제3권의 출판을 마쳤을 때 엥겔스의 생명의 기운도 바닥이 나고 말았으며, 이듬해인 1895년 8월 5일 엥겔스도 세상을 떠났다. 또 하나의 분신이었던 엥겔스의 사망으로 마르크스는 완전히 세상을 떠났다.

2. 『자본』이 만들어질 때까지의 과정

1844년경부터 경제학을 공부하기 시작한 마르크스가 경제학 연구에 대한 최초의 구상을 마무리한 것은 1851년이었다. 당시 엥겔스에게 밝힌 그의 구상은 제1권 『(경제학) 비판』, 제2권 『(사회주의자) 비판』, 제3권 『(경제학의) 역사』라는 구조로 되어 있었다. 그러나 이 구상은 극심한 생활고와 전쟁 등의 주변 요인 때문에 중단되고 말았다.

그의 구상에 다시 불을 붙인 것은 1857년 공황이었다. 공황이 혁명을 가져다줄지 모른다는 기대감으로 마르크스는 1857년 오랫동안 구상에만 머물러 있던 『경제학 비판 요강』(*Grundrisse der Kritik der politischen Ökonomie*)의 「서론」(Einleitung)을 쓰고 그해 10월부터 약 10개월 만에 『경제학 비판 요강』을 완성하였다. 『요강』을 집필하는 과정에서 마르크스는 앞으로 경제학 연구의 전체 체계를 ① 자본, ② 토지소유, ③ 임노동, ④ 국가, ⑤ 무역, ⑥ 세계시장의 6권으로 계획하였다.

그러나 마르크스는 『요강』이 아직 출판형태로는 적합하지 않으며 출판을 위해서는 이 원고를 새롭게 고쳐 써야 한다는 것을 깨달았다. 출판용 원고가 거의 완성되어갈 무렵 출판업자를 물색한 그는 라살레(Ferdinand Lassalle)의 소개로 둥커(Franz Duncker)와 출판계약을 맺었다. 책은 방대한 분량 때문에 몇 권으로 나누어 출판하기로 합의되었으며, 제1분책은 1859년 6월 『경제학 비판』(*Zur Kritik der politischen Ökonomie*)이라는 제목으로 출간되었다. 마르크스는 곧바로 제2분책의 집필에 들어갔으나, 작업은 다시 외부의 몇 가지 사건 때문에 지연되다가 1861년 8월에야 시작되었다. 작업은 1863년 7월까지 계속되었다. 이 초고는 일반적으로 『요강』을 『자본』의 제1초고라고 할 때(Wygodski, 1976) 『자본』의 제2초고에 해당한다.

모두 23책으로 구성된 이 원고는 크게 네 부분으로 이루어져 있었다.

첫 부분은 1861년 8월부터 1862년 3월까지 집필한 것으로, 제1책에서 제5책까지가 해당된다. 이 부분에서는 『경제학 비판』의 연구가 이어지고 있으며 『자본』 제1권의 앞부분에 대한 초고가 포함되어 있다. 둘째 부분은 1862년 3월부터 12월까지 집필한 것으로 제6책에서 제15책까지가 해당된다. 이 부분은 전체 원고의 절반에 해당하는 방대한 분량이며, 나중에 『자본』 제4권으로 출판되는 『잉여가치학설사』의 초고를 이룬다. 셋째 부분은 1862년 12월부터 집필한 제16책에서 제18책까지로 여기에서는 자본과 이윤, 이윤율, 상인자본과 화폐자본이 다루어지고 있으며 이는 『자본』 제3권의 초고에 해당된다. 마지막 넷째 부분은 1863년 1월 말부터 집필한 것으로 제19책에서 제23책에 해당된다. 이 부분에는 제5책에 대한 새로운 생각과 『자본』 제1권과 관련된 몇 가지 주제가 새롭게 정리되어 있다.

제2초고가 완성되고 나서 마르크스는 곧장 『자본』 제1권의 출판을 준비하였고 제2권과 제3권의 출판도 함께 준비하였다. 마르크스는 제2권과 제3권의 초고가 완성될 때까지 제1권의 출간을 미루었다. 이들 초고는 1865년 7월에 모두 완성되었는데, 이것을 『자본』에 대한 제3초고라고 할 수 있다. 마르크스는 1866년부터 드디어 『자본』 제1권의 출판용 원고를 집필하기 시작해 1867년에 완성시켰다. 그는 이 원고를 직접 독일로 가져가서 출판업자 마이스너(Otto Meissner)에게 넘겨주었다. 9월 14일 초판 1,000부가 인쇄되었다. 마르크스의 기대와 달리 책은 그다지 잘 팔리지 않아서, 초판이 매진된 것은 겨우 1871년이 되고 나서였다. 제2판에서 마르크스는 책의 전체적인 구성을 대폭 수정하였다. 제2판은 1873년 6월에 간행되었다.

그런데 아직 초판이 매진되기 전인 1868년, 마르크스는 다니엘슨(Nikolai Danielson)이라는 러시아의 어떤 사무원에게서 『자본』을 러시아어로 번역해 출판하고 싶다는 반가운 제안을 받았다. 그리하여 1870년 7월부터 번역작업과 관련해 구체적인 상의가 시작되었으며, 번역은 다니엘슨과 로파틴(Herman Lopatin)이 나누어 진행하였다. 1872년 3월 27일 『자본』의 러시아어판 3,000부가 출판되었다. 차르 체제의 러시아에서 이 책은 검열을 받았지만 무사히 통과함으로써 『자본』에 대한 최초의 외국어판이 되었다. 러시아어판은 독일어 원본보다 인기가 높아서 두 달 만에 900부가 판매되었고 연말에는 초판이 매진되었다. 뒤이어 1872년부터 1875년까지 프랑스어판이 연재 형식으로 출판되었다. 번역은 루아(Joseph Roy)가 맡았지만 마르크스 자신도 상당 부분 직접 교열을 보았다. 프랑스어판은 『자본』의 두 번째 외국어판이다. 영어 번역은 의외로 마르크스가 세상을 떠날 때까지 이루어지지 않다가 1886년 11월에야 영어판이 발간되었다.

『자본』 제1권의 출판을 준비하면서 마르크스는 벌써 제2권과 제3권의 초고를 완성해두었다. 제1권이 출판되자마자 그는 이들 두 권에 대한 손질을 계속하였지만 생전에는 기어이 출판을 이루지 못하고 말았다. 결국 이들 두 권의 출판은 엥겔스의 책임으로 남았다. 1884년 봄부터 엥겔스는 제2권의 출판작업을 시작하여 1885년 출간할 수 있었다. 이제 제3권만 남은 상태였다. 엥겔스는 제3권도 곧바로 출판할 수 있으리라고 예상하였다. 그러나 예상은 완전히 빗나갔다. 제3권의 출판작업에는 9년이라는 기나긴 시간이 소요되었는데, 그것은 그의 남아 있던 생명력을 모두 소진시킴으로써만 가능한 일이었다. 1894년 드디어 제3권이 간행되었다.

그러나 아직 초고가 하나 더 남아 있었다. 『자본』 제4권, 즉 『잉여가치학설사』가 바로 그것이었다. 그렇지만 엥겔스에게는 더 이상 남아 있는 시간이 없었으며, 그것은 다시 그의 공동유언 집행인 가운데 한 사람이었던 카우츠키의 책임으로 남았다. 『잉여가치학설사』는 1905년 3권의 분책으로 나뉘어 출판되었다.

3. 『자본』이 만들어진 배경

책은 저절로 갑자기 만들어지는 것이 아니다. 그것은 과거의 유산이라는 조건 속에서 만들어지는 것이며 스스로도 미래의 출발조건을 이룬다. 그렇다면 『자본』은 어떤 유산의 조건 속에서 만들어진 것일까? 빠뜨릴 수 없는 가장 중요한 것으로 우리는 두 가지를 꼽을 필요가 있다. 하나는 사회경제적 조건이며 다른 하나는 지적 유산이다.

먼저 『자본』이 집필된 19세기의 사회경제적인 조건은 어떤 것이었을까? 무엇보다도 지독한 가난이 있었다. 열악한 주거상태와 형편없는 의복, 빈약한 식사가 사회 전체에 만연해 있었다. 그러나 가난 그 자체가 문제는 아니었다. 가난은 오래전부터 늘 있어왔던 현상이기 때문이다. 문제는 이들 가난이 노동하는 사람들에게 집중되어 있었다는 점이었다. 게다가 사회 전체 주민 가운데 대다수가 바로 이들 노동하는 사람들이었으며, 이들의 노동은 그야말로 '죽도록' 해야만 할 정도의 극심한 것이었다. 이상하게도 이들의 가난은 '죽도록 일하는 것'과 결부되어 있었던 것이다.

그러나 더욱 중요한 사실은 이런 가난이 오래전에도 존재하던 그런 가난과는 근본적으로 다르다는 점이었다. 이런 가난은 17세기 이전에는 찾아볼 수 없던 것이었다. 그런 점에서 이 가난은 역사적으로 특수한 것이었으며, 그 특수한 역사적 단계는 자본주의라는 별도의 이름으로 불렸다. 『자본』은 바로 이 이상한 가난에 대한 의문에서 출발하였고, 그래서 자본주의를 직접적인 연구대상으로 하고 있다.

그렇다면 자본주의라는 특수한 역사적 단계는 어떻게 성립한 것일까? 여기에는 두 가지 사건이 있었다. 하나는 물적 조건의 변혁이었다. 1760년경 영국에서 시작된 이 사건은 기존의 생산을 획기적인 규모로 증대시켰고, 그 결과 사회경제적인 조건 전체를 근본적으로 변화시켰다. 이 사건은 산업혁명이라고 일컬어진다. 다른 하나는 사회적 세력관계의 변화였다. 1789년 프랑스에서 일어난 사건을 가장 대표적인 것으로 손꼽는 이 변화는 기존의 사회가 신분 중심의 사회였던 데 반해 이제 돈이 중심인 사회를 향한 변화를 가져왔다. 좋은 가문 출신이 아니라 많은 돈을 가진 사람이 사회의 주인이 되었다. 이것을 우리는 부르주아혁명이라고 일컫는다. 자본주의를 성립시킨 이들 두 혁명을 이중혁명(dual revolution)이라고 하는데, 이것은 『자본』을 만들어낸 첫 번째 조건을 이룬다.

『자본』을 만들어낸 두 번째 조건은 지적 유산이었다. 이중혁명에 의해 새롭게 만들어진 사회에서는 돈이 모든 것을 결정하는 기준이 되었다. 당연히 돈을 향한 열망이 사회를 뒤덮었다. 그리하여 돈을 버는 것을 전문으로 연구하는 학문이 등장하였다. 바로 경제학이었다. 『자본』은 이 경제학에 대한 마르크스의 연구 결과물이며 경제학은 『자본』의 첫 번째 지적 유산을 이룬다. 그런데 마르크스의 경제학은 그 이전의 경제학(마르크스는 이것을 고전〔파〕 경제학이라고 일컬었다)과 두 가지 점에서 구별된다. 하나는 그것이 돈을 벌기 위한 목적이 아니라 죽도록 일하면서도 벗어날 수 없는 '이상한 가난'을 해결하기 위한 목적을 가지고 있다는 점이다. 마르크스는 이러한 경제학의 흐름을 프랑스에서 등장하고 있던 사회주의에서 배웠다. 그래서 사회주의는 『자본』의 두 번째 지적 유산을 이룬다. 고전경제학과 마르크스를 구별하게 만드는 또 하나의 요인은 사회주의가 해결하고자 하던 가난의 문제가 의지로는 해결되지 않으며 과학에 의해서만 해결될 수 있다는 인식이었다. 그것은 마르크스가 1848년 혁명의 좌절을 바라보면서 직접 배운 교훈이었다. 마르크스는 이 과학을 베를린 대학 시절의 독일철학에서 찾아냈다. 변증법적 유물론이라고 불리는 이 과학은 『자본』의 세 번째 지적 유산을 이룬다(Lenin, 1990: 41).

과거의 유산으로서『자본』의 전제를 이루는 이들 두 조건은『자본』과 관련된 미래의 출발점과도 밀접한 연관이 있다. 자본주의라는 사회경제적 조건은『자본』의 실천적인 조건과 직접 연관이 있으며, 경제학과 사회주의 그리고 변증법적 유물론으로 이루어진 지적 유산은『자본』의 이론적인 조건과 직접적인 연관을 맺는다. 우리는 이들 연관관계를 뒤에서 다시 살펴보게 될 것이다.

4.『자본』의 집필 구조

『자본』은 어려운 책으로 평판이 나 있다. 마르크스 자신의 협박도 그러하거니와(Marx, 1890: 31)『자본』을 강의하는 사람에게서도 그런 고백이 나오고 있다(Haug, 1976: 서문). 초판이 매진된 후 제2판의 간행을 준비하면서 마르크스가 가장 신경 썼던 것도 바로 이 점이었다. 그는 독자들의 이해를 돕기 위해 제2판에서 초판의 편제를 완전히 바꾸어버리기까지 하였다.

그런데도 사정은 별로 나아지지 않았다. 여기에는 이유가 있다. 가장 중요한 이유는 방법론적인 문제와 관련이 있다. 마르크스는 이미 1857년 『경제학 비판』의 「서론」에서 자신이 구상하는 경제학 비판의 연구방법을 추상과 구체 사이의 교호적 방법이라고 압축적으로 표현하고 있는데,『자본』을 읽는 독자들은 이 방법이라는 관문을 통과해야만 비로소『자본』으로 향하는 문턱을 넘어설 수 있다. 마르크스의『자본』을 둘러싼 많은 논란 가운데 상당 부분은 이 방법에 대한 오해에서 비롯된다.

『자본』의 방법을 이해하는 데 가장 먼저 필요한 것은 추상(Abstraktion)이라는, 개념이다(Marx, 1890 : 12). 이 개념은 우리가 무지개를 이해하는 방식과 흡사하다. 우리는 무지개의 빛깔을 대개 7가지 색깔로 이해한다. 그러나 현실의 무지개에는 그런 7가지 색깔이 존재하지 않는다. 잘 알려져 있다시피 무지개는 햇빛이 대기중의 물방울을 통과하면서 만들어내는 현상이다. 물방울에 부딪친 햇빛은 파장이 서로 다른 무수히 많은 빛줄기로 분해되면서 물방울을 통과하고, 그 결과 이들 파장의 길이에 따라 각기 다른 색깔의 빛들이 우리에게 무지개의 색깔을 보여준다. 무지개는 색깔을 갖긴 하지만, 그 색깔은 7가지가 아니라 헤아릴 수 없는 무한대의 수로 존재한다. 그러나 무한한 다양성을 개념으로 포착하기 위해서는 이들을 일정한 범위로 국한시켜 단순화할 필요가 있다. 그렇게 해서 만들어진 상상의 존재가 7가지 색깔인 것이다. 이렇게 단순화하는 과정을 추상화라고 하는데, 마르크스는 현실의 경제를 먼저 그런 방법으로 압축하였다.

그런데 무한한 다양성으로부터 단순화시킨 개념들은 설사 상상 속의 것이긴 해도 아무렇게나 만들어낸 것은 아니다. 단순화는 단계적으로 계속 이루어지며 최종적으로 가장 압축된 개념을 만들어낸다. 이것은 마치 우리가 평지의 모습을 정확하게 이해하기 위해 높은 산으로 올라가는 것과 마찬가지이며, 한반도의 모습을 알기 위해 지구궤도 바깥으로 인공위성을 높이 쏘아올리는 것도 마찬가지 이유에서이다. 높은 곳으로 올라가면 올라갈수록 지상의 물체는 점점 더 작아지면서 새로운 개념을 이루게 된다. 무지개의 7가지 색깔은 그렇게 만들어진 개념이며 한반도가 호랑이로 형상화하는 것도 바로 그런 원리인 것이다.

그렇다면 『자본』에서는 이런 압축된 개념이 무엇일까? 마르크스는 제1권의 「초판 서문」에서 그것을 "자본주의적 생산양식과 그 양식에 상응하는 생산관계 및 교환관계"(같은 책: 12)라고 밝히고 있다.

이 생산양식의 가장 기본적인 구성요소가 바로 상품이다. 상품이 『자본』의 첫머리를 이루는 것은 바로 이런 이유에서이다. 그러나 이 상품이라는 개념은 산꼭대기에 올라간 사람이 거기에서 평지를 설명하는 요소로 사용되었다. 따라서 산꼭대기에 올라가본 적이 없는 사람에게는 그것이 도무지 오리무중의 개념일 것은 당연한 이치이다. 『자본』이 어렵다는 평판을 듣는 이유는 바로 이 점과 밀접한 관련이 있다. 우주에 가본 적이 없는 우리가 우주인이 얘기하는 지구의 모습에 얼마나 감동을 함께 나눌 수 있겠는가? 그런데 상품이 그처럼 산꼭대기에서 얻어진 개념이라면 처음 출발할 때 평지에서 보이는 개념들과 그것은 어떤 연관이 있는 것인가? 마르크스는 이것을 연구방법과 서술방법이라는 개념으로 설명하였다.

평지의 정확한 모습을 얻으려면 평지에서 산 위로 올라가는 수고를 감당해야 하고, 그렇게 얻어진 개념을 현실의 변혁에 사용하려면 다시 산 아래로 내려와야 한다. 마르크스가 구름 위에 집을 짓기 위해 경제학을 연구한 것이 아니라 현실의 변혁을 위해 연구한 것이라면 이런 두 과정은 당연히 모두 필요하다. 마르크스는 전자를 연구방법이라고 했고 후자를 서술방법이라고 일컬었다. 비록 어려운 개념이지만 산꼭대기에서 보이는 개념으로부터 시작하지 않으면 사물을 정확하게 인식할 수 없으며, 현실의 변혁도 정확하게 이루어낼 수 없다. 따라서 『자본』은 연구방법이 아니라 서술방법에 의해 집필되었고 그 때문에 압축된 추상적 개념으로부터 시작하고 있다. 그런 점에서 『자본』 제1권에서 제3권으로 이어지는 서술은 자본주의적 생산양식을 산꼭대기에서 산 아래로 내려가며 설명하는 순서를 따르고 있다.

방법론과 관련된 『자본』의 이러한 구조를 이해했다면 이제 『자본』 전체에 걸쳐서 마르크스가 그려낸 자본주의적 생산양식의 모습을 아주 단순한 형태로라도 머릿속에 그려둘 필요가 있다고 생각한다. 평지에서 길을 잃지 않는 중요한 요령 가운데 하나는 산꼭대기에서 본 평지 전체의 윤곽을 머릿속에 간직하는 것이기 때문이다.

자본주의적 생산양식이 이전의 다른 생산양식과 구별되는 가장 기본적인 특징은 부의 생산이 그 소비와 분리되어 있다는 점이다. 자본주의 이전의 경제는 생산의 단위와 소비의 단위가 일치하고 있었다. 대개 장원이라고 일컫는 폐쇄된 경제단위가 내부에서 생산한 것을 스스로 소비하는 구조로 이루어져 있었던 것이다. 그러나 자본주의에서는 생산단위와 소비단위가 분리되고, 두 단위는 교환이라는 영역을 통해 매개된다. 따라서 경제영역은 생산과 소비가 하나로 통일되어 있던 구조(생산=소비)에서 생산과 소비와 교환이 각각 분리된 채로 연결된 구조(생산-교환-소비)로 변화한다. 경제의 영역이 하나에서 셋으로 분화하는 것이다.

경제의 영역이 이처럼 셋으로 분화했기 때문에 경제학은 세 영역을 각각 다룰 수밖에 없다. 『자본』이 세 권으로 구성된 것은 바로 이 때문이다. 『자본』은 제1권에서 생산을, 제2권에서 교환을, 제3권에서 소비(분배)를 다룬다. 여기에서 우리가 일상적인 경제생활을 영위하는 영역은 소비영역이다. 그것이 경제활동의 최종목적지이기 때문이다. 우리가 늘상 내뱉는 말, "다 먹고살려고 하는 짓이야!"라는 말은 경제활동의 최종목표가 어디에 있는지를 극명하게 나타내는 말이다. 그런데 이러한 소비는 교환에 의존하여 이루어지고 교환은 사실 생산을 전제로 한다. 우리는 소비할 재화를 시장에서 교환을 통해 손에 넣으며, 시장에 진열된 재화는 생산이 완료된 다음 시장으로 옮겨진 것이기 때문이다. 따라서 소비영역에서는 우리가 서 있는 곳에서 가장 가까운 곳, 즉 경제구조의 평지 모습만 보이고, 교환영역을 보려면 거기에서 조금 높은 산중턱쯤으로 올라가야만 하며, 생산영역을 보려면 산꼭대기까지 올라가야만 한다. 『자본』 제1권~제3권의 주제와 방법론 사이에는 이런 관계가 얽혀 있는 것이다.

5. 『자본』의 이론적 지위

1849년 마르크스는 영국으로 건너가기 직전 브뤼셀에서 유럽 전역을 휩쓴 혁명의 불길을 직접 보았다. 혁명이 성공하리라는 기대에 들뜬 마르크스는 그 기대를 담아 『공산주의자 선언』을 집필하기까지 하였다. 그러나 그의 간절한 소망과 달리 혁명은 참담한 실패로 끝났다. 영국에서 경제학 연구를 시작한 마르크스에게는 당연히 혁명이 실패한 원인의 해답을 구해야 한다는 절박한 요구가 있었다. 그는 혁명이 의지나 소망만으로는 성공할 수 없으며, 과학이라는 지렛대를 필요로 한다는 사실을 깨달았다. 『자본』은 바로 그 과학의 정수였다. 마르크스는 이 과학을 경제학에서 발견하였던 것이다.

그렇다면 마르크스가 발견한 경제학은 과연 어떤 것이었을까? 경제학은 어떻게 해서 혁명의 지렛대가 될 수 있었던 것일까? 이 물음의 해답을 얻기 위하여 우리는 먼저 『자본』 이전의 경제학을 살펴볼 필요가 있다. 마르크스가 고전경제학이라고 일컬은 이 경제학이 『자본』의 전제가 되었기 때문이다.

경제학은 17세기경 유럽에서 처음 출현하였다. 경제학이 왜 이 시기에 하필 유럽이라는 곳에서 출현했는지는 경제학의 본질과 긴밀한 연관이 있다. 무엇보다 그 이전에는 왜 경제학이 없었느냐가 하나의 단서가 되는데, 그 이유는 간단하다. 필요가 없었기 때문이다. 17세기 이전 유럽은 앞서 얘기한 대로 장원이라는 폐쇄된 경제단위를 중심으로 자급자족하는 경제구조를 이루고 있었다. 소비하는 사람이 자신이 필요로 하는 것을 직접 생산하는 자급자족의 경제구조에서는 '부'가 형성되는 전 과정을 모든 사람이 소상히 알고 있다. 자신이 그것을 손수 만들기 때문이다. 가난의 원인도 부의 형성 원리와 마찬가지로 누구나 다 아는 상식 같은 것이었다. 따라서 부에 대한 연구는 필요없었다. 경제학은 필요없었던 것이다.

그러나 11~13세기경 이런 구조에 변화가 생겼다. 십자군전쟁·백년전쟁 등과 같은 장기간의 전쟁과 페스트라는 역병이 유럽을 덮쳤으며, 이 과정에서 많은 사람들이 죽고 생산의 기반이 되는 농토가 피폐해졌다. 노동력이 부족하고 생산에 사용할 자재를 구할 수 없게 되어 이제 생활에 필요한 재화를 내부에서 조달하기가 어려워졌다. 재화를 조달할 수 있는 유일한 방법은 외부와의 교환을 통한 것뿐이었다. 그리하여 폐쇄적이던 장원 경제는 점점 확대되는 교환으로 개방되고 경제구조도 변화를 맞게 된다. 교환은 무엇보다도 생산단위와 소비단위를 분리시켰다. 그 결과 사람들은 자신이 소비하는 재화가 어디에서 생산되는지도, 자신이 생산한 재화가 누구에 의해 소비될지도 모르게 되었다. 생산과 소비를 연결해주는 것이 교환이었고 '부'의 중심은 교환이 되었다. 교환을 통해서만 '부'를 얻을 수 있게 되었기 때문이다.

그런데 교환은 누구나 다 아는 일이 아니었고 상인이라는 소수의 사람들이 수행하는 특수한 행위였다. 당연히 이제 '부'의 형성 원리는 누구나 다 아는 상식이 아니라 베일 속에 감추어진 비밀이 되어버렸다. 그리하여 부를 연구하는 학문 — 경제학이 탄생하게 되었다. 최초의 경제학은 베일 뒤로 숨어버린 '교환'이라는 과정을 연구하는 것으로 시작되었다. 그리하여 상업을 연구하는 최초의 경제학, 곧 중상주의가 등장하였다. 그러나 교환을 통해서는 '부'가 자리만 바꿀 뿐 크기가 늘어나지 않는다는 사실이 금방 드러났다. 부가 형성되는 원리, 즉 부의 크기가 늘어나는 것은 교환영역이 아니었다. 그것이 생산영역에서 이루어진다는 사실, 그리고 우리가 교환에서 얻는 '부'의 실체가 바로 인간의 노동이라는 점을 발견한 위대한 경제학, 즉 영국의 고전경제학이 등장하였다. 마르크스가 런던에 도착하였을 때 만난 경제학이 바로 이 경제학이었다.

그런데 마르크스에게는 실패한 혁명의 원인을 해명해야 할 과제가 있었다. 그 혁명은 지독한 가난에서 비롯된 것이었다. 마르크스는 먼저 지독한 가난의 구조와 원인을 영국의 고전경제학을 통해 찾아내고자 하였다. 그렇지만 이상하지 않은가! 고전경제학에서는 모든 부의 원천이 인간의 노동인데, 마르크스가 골머리를 앓았던 지독한 가난은 "죽도록 노동하는 사람들의 가난"이었던 것이다. 부를 만들어내는 사람이 가난하다면 그들이 만들어낸 부는 도대체 어디로 갔단 말인가? 고전경제학 체계의 모순이기도 했던 이 노동과 가난의 불일치를 해명해주는 열쇠(잉여가치) 속에

서 마르크스는 혁명을 성공으로 이끌 지렛대, 즉 혁명의 과학을 발견하였
다. 그것은 혁명의 동력이 어디에 숨겨져 있는지 그리고 그 혁명이 성공으
로 완성되려면 어디를 겨냥해야 하는지를 정확하게 밝혀주었다. "위대한
발견"(Galchinsky et al., 1986)이 이루어진 것이었다. 『자본』은 이처럼 혁명
의 과학으로 만들어졌다.

6. 『자본』의 실천적 함의

혁명은 연구실에서 이루어지는 것이 아니다. 『자본』이 혁명의 과학이
라면 그것은 당연히 혁명적 실천과 관련되어야만 한다. 그렇다면 어떻게
관련되어야 하는 것일까? 먼저 실천할 주체와 관련되어야 한다. 누가 혁
명을 실천할 것인가? 마르크스는 그것이 바로 노동자계급임을 『자본』의
「제2판 서문」에서 명시적으로 밝히고 있다(Marx, 1890: 19). 엥겔스도 마르
크스의 그러한 견해를 뒤따라 『자본』을 "노동자계급의 성서"(같은 책: 39)
라고까지 표현하였다. 그것이 노동자계급이 되어야 하는 이유는 물론 그
들이 노동과 가난의 불일치의 당사자이자 희생자이기 때문이었다. 그렇
다면 노동자계급은 세상을 어떻게 변혁시킬 것인가? 마르크스는 노동자
계급이 "자신의 운명을 스스로의 손에 쥐게 될"(같은 책: 40) 것이라고 보
았다. 그것은 바로 노동운동이었다. 따라서 마르크스의 『자본』은 노동운
동의 과학이 되고자 한 것이었다. 그렇다면 노동운동은 어떤 과학을 필요
로 하는가? 먼저 노동운동의 구조를 간단히 살펴보기로 하자.

노동운동은 현재의 부정(Negation)에서 출발한다. 그것은 현재의 상태
를 변화시키기 위한 목표를 가지고 출발한다. 따라서 현재의 부정은 당연
히 부정의 반대, 즉 긍정을 지향한다. 1830년 리옹에서 견직노동자들이 봉
기하면서 내걸었던 구호는 "일하면서 살거나 싸우다 죽는다!"였다. 노동
을 통해서 살 수 없었기 때문에 살 수 있는 상태를 지향한 것이다. 이처럼

노동운동의 기본적인 구조는 현재의 부정과 미래의 긍정으로 이루어진다. 여기서 미래의 긍정은 노동운동이 궁극적으로 지향하는 전략적 목표가 된다. 『자본』은 부정되어야 할 현재, 즉 "일하면서 살 수 없는" 조건을 자본주의적 생산으로, 노동운동이 지향해야 할 미래의 긍정, 즉 "일하면서 살 수 있는" 조건을 사회주의 ─ 마르크스의 더욱 엄밀한 표현에 따르면 "사적 소유로서의 자본의 지양"(Marx, 1894: 452)으로 정리하고 있다. 『자본』은 이러한 전략적 목표가 단순한 소망이나 의지가 아니라 객관적인 과학적 법칙에 의해 도출되는 것임을 논증하고 있다. 따라서 노동운동은 『자본』을 통해 자신의 전략적 목표에 대한 과학성을 보증받는다.

그런데 전략적 목표가 과학적으로 설정되었다고 해서 그 목표에 저절로 도달하는 것은 아니다. 목표에 도달하려면 일정한 과정이 필요하다. 이 과정에서 필요한 것은 전술적 수단이다. 노동운동의 과학적인 구조는 이처럼 전략적 목표와 전술적 수단의 상호관련으로 이루어져 있다. 이러한 구조를 반영하는 것이 강령(Programm)인데 강령은 대개 전자의 전략적 목표를 제1부 강령(이론강령)에, 후자의 전술적 수단을 제2부 강령(실천강령)에 반영하고 있다(최초의 마르크스주의 강령으로 손꼽히는 에르푸르트〔Erfurt〕 강령〔1891〕을 참고할 것).

『자본』에는 이 전술적 수단과 관련하여 세 가지 중요한 시사점이 제기되고 있다.

첫째, 전술적 수단에는 비약이 있을 수 없다는 점이다. 전술적 수단은 자본주의적 생산의 발전수준에 의해 제약을 받는데, 이 발전수준은 "발전된 나라가 덜 발전된 나라의 미래상을 보여주는" 형태의 "철의 법칙과 같은 필연성"에 따르고(Marx, 1890: 14) 어떤 사회도 이런 "발전단계를 (인위적으로) 뛰어넘을 수 없다"는 점이다(같은 책: 15).

둘째, 전술적 수단의 조건을 이루는 자본주의적 생산은 "연속적인 불균형의 과정"(Marx, 1894: 267)이자 "영원한 불안정"(Marx/Engels, 1848: 465) 상태를 주요한 특징으로 하는 생산체제라는 점이다. 즉 이 생산은 단조로운 한 가지 상태로만 지속되는 것이 아니라 끊임없이 다양한 상태로 변화한다. 그러므로 이 생산체제에서 전개되는 전술적 수단은 당연히 그것의 다양한 상태에 맞는 다양한 형태를 띠어야 한다. 마르크스는 자본주의적 생산이 호황인 상태에서는 계급타협적인 전술이, 불황인 상태에서는 계급적대적인 전술이 필요하다며 전술적 수단의 다양성을 제시한 바 있었다(Marx, 1850: 100). 전술적 수단의 다양성에 대한 인식은 물적 조건의 제약을 인간의 의지로 뛰어넘을 수 없다는 유물론적 견해와 결부된 것이며, 더욱 직접적으로는 1830년과 1848년 혁명의 실패를 반성하면서 마르크스가 얻어낸 적극적인 교훈이었다(Engels, 1895: 516). "마르크스는 사회적 운동을 하나의 자연사적 과정으로 여기고, 이 과정을 지배하는 것은 인간의 의지나 의도에서 독립적일 뿐만 아니라 오히려 거꾸로 인간의 의지나 의도를 규정하는 것이라고 생각하였다"(Marx, 1890: 26).

셋째, 전술적 수단이 자본주의적 생산의 물적 법칙을 따라야 한다면 그 수단의 원칙은 어떤 것이어야 할까? 마르크스는 자본주의적 생산의 가장 중요한 특징을 교환에서 보았으며, 이 교환을 성립시키는 교환가치의 실체가 추상적 인간노동이 응결된 가치라는 것을 『자본』에서 논증하였다. 그런 다음 마르크스는 이 가치의 본질이 "사회적 합의"에 있다는 사실을 찾아내었다(같은 책: 80). 상품의 가치를 결정하는 일은 개별적인 일이 아니라 사회적인 공동사업이며 이는 사회적 합의과정이라는 것이다.

그런데 노동운동이 해결해야 할 과제인 노동과 가난의 불일치는 바로 노동력상품의 부등가 교환에서 비롯되었으며 노동운동의 실천적 과제는 이 부등가 교환을 바로잡는 일이다. 교환이 사회적 합의과정이라면 교환을 바로잡는 방법도 사회적 합의에 따라야 한다. 그런데 사회적 합의란 다수에 의한 결정을 뜻하며 그것은 곧 민주주의의 실행을 뜻한다. 마르크스가 혁명을 "대중운동"으로 규정한 것(Schröder, 1975: 70), 엥겔스가 "다수의 혁명"을 강조하면서(Engels, 1895: 523) "지금까지 기만의 수단이던 것이 해방의 도구로 변화"(같은 책: 519)하게 된다고 주장한 것은 모두 교환이라는 자본주의적 생산의 본질이 갖는 민주주의라는 전술적 수단이 노동운동의 핵심적인 무기라는 점을 제시한 것이었다. 이처럼 『자본』은 노동운동의 실천과 관련해 운동의 전략적인 목표는 물론 그 전술적인 수단에 대해서도 구체적인 방향과 원리를 과학적으로 제시하고 있다.

7. 『자본』의 현재성

마르크스를 하나로 정의하는 것, 그것처럼 위험한 것은 없다. 인간 그 자체를 포함하여 인간을 둘러싼 모든 삼라만상은 본질적으로 입체적이다. 하나의 측면만 과장되게 보는 것은 사물을 올바로 보지 못하는 것이다. 사물은 언제나 우리의 기대를 배반하는 측면을 함께 안고 있다. 인간의 두 눈은 어차피 등 뒤를 볼 수 없는 한계를 지니고 있기 때문이다. 게다가 사물은 모두 변화한다. 변화하지 않는 사물은 없다. 따라서 우리가 오늘 보는 모든 사물은 내일 더 이상 그 모습이 아니라는 것을 우리는 전제해야만 한다. 사물은 이처럼 우리가 완전하게 볼 수 없는 입체적인 이면을 안고 있을 뿐만 아니라 보이는 면조차도 끊임없이 변화한다. 세상을 본다는 것은 이렇게 복잡하고 어려운 일이다.

『자본』을 읽고 받아들이는 것도 마찬가지이다. 『자본』은 그에 대한 이유를 적어도 두 가지 정도 스스로 말해주고 있다.

하나는 방법론과 관련된 문제이다. 『자본』은 경제문제를 산꼭대기에서 바라본 다음 집필된 책이다. 마르크스가 올라간 산의 높이가 얼마인지는 아무도 모른다. 그래서 『자본』에 담긴 얘기를 모두 이해했다는 말은 결코 진실이 되기 어렵다. 그 산꼭대기가 자본주의 생산양식이라는 경제구조에 대해 어느 정도의 입체적인 모습을 제공했는지는 런던의 대영박물관 도서실에서 거기에 도달했던 마르크스만이 가장 정확하게 알 뿐이다. 따라서 『자본』을 읽는 사람은 모두 산을 올라가는 것과 마찬가지이며, 각자 자신이 올라간 높이에서 『자본』을 볼 수 있을 뿐이다. 산을 올라간 위치도 다를 것이고 각자가 다다른 높이도 전부 다를 것이다. 따라서 『자본』에 대한 해석은 다양할 수밖에 없고, 그 다양성은 모두 맞으면서도 모두 틀린 것이기도 하다. 그것들이 입체적인 구조의 일부일 뿐이기 때문에 부분적으로는 맞고 전부로서는 틀린 것이다.

다른 하나의 문제는 『자본』이 미완성의 저작이라는 점이다. 앞서 얘기했듯이 『자본』은 제1권만 마르크스가 출판용으로 완성했을 뿐 제2권과 제3권은 초고로 남겨진 노트를 엥겔스가 정리한 것이다. 그것이 완결되지 못한 저작이라는 사실은 그것이 아직도 '진행 중'인 저작일 수 있다는 것을 뜻하며, 따라서 그것은 이후에 진행되는 모든 변화를 향해 열려 있는 것이기도 하다.

『자본』의 이러한 '진행형'과 관련하여 프랜시스 윈은 흥미로운 일화를 전해주고 있다. 『자본』 제1권의 출판을 앞둔 1867년 2월, 마르크스는 엥겔스에게 책을 한 권 권했다고 한다. 책은 발자크(Honoré de Balzac)의 『알려지지 않은 걸작』(Chef d'œuvre inconnu)이었다. 책의 내용은 가장 완벽한 현실을 표현하기 위해 10년간 작업한 화가가 남긴 그림이 끝없는 덧칠로 아무것도 남지 않은 화폭뿐이었다는 것이다. 어제 완벽하다고 생각했던 그림이 아침에 보면 오류가 발견되어 새롭게 시작해야 하는 나날이 10년을 거듭해왔지만 날만 밝으면 여전히 새로운 오류가 끊임없이 드러난다는 것이다. 마르크스는 이 화가의 심경을 그대로 자신의 것으로 읽었고, 자신의 작업이 "늘 진행 중"임을 밝혔다(Wheen, 2006: 3).

『자본』은 이처럼 입체적인 성격과 변화를 향해 열려 있는 구조 덕분에 오늘날에도 여전히 생명력을 지니고 있다. 그 생명력의 원천은 역시 이 책이 제기한 문제 — 가난과 노동의 불일치, 다시 말해 노동을 하면서도 가난에서 벗어나지 못하는 현상 — 가 아직도 여전히 해결되지 못한 문제로 남아 있기 때문이다. 그 문제를 해결하기 위해 마르크스가 올라갔던 산은 여전히 거기에 있고, 우리 눈앞에는 그 산을 올라갈 과제가 놓여 있다. 마르크스가 산을 올라갔던 자취는 『자본』을 통해서 남았으며, 그것은 오늘날 우리가 산을 올라가야 할 이유와 방법을 여전히 알려주고 있다.

우리는 『자본』에 대한 다양한 견해를 겁낼 필요가 없으며 그것이 100년도 더 넘은 책이라는 사실에 성급한 예단을 내릴 필요도 없다. 그것은 단지 산으로 올라가는 길을 보여줄 뿐이며 산을 올라가는 문제는 전적으로 우리의 문제로 남아 있기 때문이다. 그래서 "마르크스는 죽었다!"라고 말하는 것은 가난과 노동의 불일치 문제를 포기(외면)하는 것이며, 이는 마치 "예수는 죽었다!"라고 말하는 것이 인간에 대한 사랑을 포기하는 것과 마찬가지이다. 노동과 가난의 불일치가 존재하는 한 『자본』은 지금도 여전히 "진행 중"인 저작이다.

| 인용 문헌 |

Engels, F.(1895), "Einleitung zu Marx' 'Die Klassenkämpfe in Frankreich'," MEW Bd.22.

Galchinsky, V./Lantsov, A./Afanasyev, V.(1986), *Karl Marx's Great Discovery*, Progress Publishers.

Haug, W.(1976), *Vorlesungen zur Einführung ins Kapital*, Köln, Pahl Rugenstein.

Lenin, V.(1990), "The Three Sources and Three Component Parts of Marxism," *Introduction to Marx, Engels, Marxism*, Moscow, Progress Publishers.

Marx an Weydemeyer, 1851. 6. 27, MEW Bd.27.

Marx, K.(1850), *Die Klassenkämpfe in Frankreich 1848 bis 1850*, MEW Bd.7.

——(1857), "Einleitung zu den 'Grundrisse der Kritik der politischen Ökonomie'," MEW Bd.42.

——(1890), *Das Kapital I*, MEW Bd.23.

——(1894), *Das Kapital III*, MEW Bd.25.

Marx/Engels(1848), *Das Kommunistische Manifest*, MEW Bd.4.

Protokoll über die Verhandlungen des Parteitages der Sozialdemokratischen Partei Deutschlands. Abgehalten zu Erfurt vom 14. bis 20. Oktober 1891, Berlin, 1891.

Schröder, W.(1975), "Die Pariser Kommune von 1871 und die Tradition von 1848/49 in der deutschen Arbeiterbewegung. Zu einigen Aspekten der Stellung der Pariser Kommune in Geschichtsbild der revolutionären Sozialdemokratie in den neunziger Jahren des 19. Jahrhunderts," *125 Jahre Kommunistische Manifest und bürgerlich-demokratische Revolution 1848/49*, Berlin.

Wheen, F.(2006), *Marx's Das Kapital*, London, Atlantic Books.

Wygodski, W.(1976), *Wie 'Das Kapital' entstand*, Frankfurt am Main, Marxistische Blätter.

20년 동안이나 지고 있던 무거운 짐을 이제야 겨우 어깨에서 일부나마 내려놓는 기분이다. 1987년 『자본』 제1권('이론과실천'판)은 야만적인 정치체제 때문에 공개적인 번역자를 구하지 못한 채 익명으로 출판되었다. 편집장과 출판사 대표가 수배를 당하는 기막힌 상황에서 번역과 교열이 충실히 이루어지기는 애당초 기대하기 어려운 일이었다. 『자본』에 채워진 족쇄를 푸는 것이 선결과제라는 역사인식에 쫓겨 어쩔 수 없이 독자들에게는 익명을 실명으로 대체할 것과 충실하지 못한 번역을 나중의 개역으로 갚겠다는 것을 약속으로만 드릴 수밖에 없었다. 그러나 그 약속은 20년이 지나도록 지켜지지 못했고, 그 기간 내내 나에게는 마땅히 해야 할 일을 하지 못하고 있는 미진함이 어깨를 짓누르고 있었다.

이제 그 약속의 일부를 이행하게 되었다. 여기에 제1권을 먼저 출판하고 제2권과 제3권은 이어서 출판하게 될 것이다. 완간하는 데에는 아마 1년여의 시간이 더 필요하지 않을까 예상된다. 한꺼번에 완간하지 않고 따로따로 내는 것이 아쉽긴 하지만, 익명으로 되어 있는 제1권에 실명을 부여해주는 것이 시급하다는 생각에 먼저 제1권만 따로 출판하게 되었다.

사실 원래 제1권은 독립된 저서로 취급되어, 영어 번역본 같은 경우는 제1권만 출판되기도 하였다. 아무튼 독자들에게는 완간을 조금 더 기다리게 하는 송구함을 저지르게 되었다.

20년의 세월 동안 많은 변화가 있었다. 무엇보다도 출판사에 변화가 있었다. 숨조차 편히 쉴 수 없던 1980년대의 엄혹한 상황에서 『자본』의 출판을 결행했던 출판사 이론과실천이 더 이상 이 책을 출판할 수 없는 처지가 되었다. 1999년 새로운 번역작업에 착수하면서 나는 『자본』의 새 번역본을 출판해줄 출판사를 찾았으나 쉬운 일이 아니었다. 소비에트 사회주의의 몰락과 정치적 민주화 그리고 IMF 경제위기로 촉발된 신자유주의적 경제개혁 등으로 우리나라 출판시장에서 비판적인 사회과학은 급속히 입지를 잃어갔으며 출판사들은 이미 이 책의 출판에 흥미를 잃었기 때문이었다. 그러나 20년 전에도 무모한 용기를 발휘했던 이론과실천이 있었던 것처럼 이번에도 몇몇 무모한(?) 출판사들이 의외로 이 책의 출판에 관심을 기울여주었다. 약간의 우여곡절 끝에 출판은 결국 도서출판 길에서 맡아주기로 하였고, 이제 그 첫 결과물을 독자들에게 드리게 되었다.

출판사는 바뀌었지만 번역의 대본은 원래 이론과실천의 대본과 같은 MEW(Marx Engels Werke)판을 그대로 사용하였다. 마르크스의 전집은 현재 MEW판 외에도 MEGA(Marx Engels Gesamtausgabe)판이 있는데, 전자는 보급판이라고 할 수 있고 후자는 학술판이라고 할 수 있다. 『자본』의 경우 두 판본을 비교해보면 먼저 MEW는 제1권~제3권을 각각 한 권씩만 출판하였고, 원본은 모두 엥겔스가 편집한 최종판을 사용하고 있다. 즉 제1권은 1867년 마르크스가 직접 편집한 초판이 아니라 1890년 엥겔스가 편집한 제4판을 사용하였고 제2권은 1890년의 제2판, 제3권은 1894년의 초판을 사용하였다. 가장 늦은 판본을 사용한 까닭은 물론 그것이 최종적으로 수정된 판이어서 가장 오류가 적고 충분한 주석이 달려 있는 덕분에 독자들에게 가장 쉽게 전달될 수 있기 때문이다. 그러나 학술적인 엄격성이 부족한 것은 전혀 아니어서 현재까지는 인용출처로 가장 많이 사용되고 있으며, 인용출처로 밝혀질 때 MEW라는 약어로 표기되기 때문에 MEW판이라 일컬어진다. 그럼에도 이것이 보급판이라고 불리는 까닭은 지금도 계속 출판되고 있는 MEGA판과의 비교 때문이다.

MEGA판은 애초부터 학술적인 연구 목적 때문에 『자본』의 모든 초판과 중판은 물론 미발간 초고와 발췌 노트 그리고 부속자료까지를 모두 수록하고 있다. 그래서 『자본』에만 총 24권의 간행을 목표로 할 만큼 분량이 방대하고 현재도 출판이 진행되고 있는데, 지금까지는 모두 20권이 간행된 상태이다. 학술적으로 훨씬 엄격하게 편집된 MEGA판은 원본의 주석 외에는 주석이 없으며, 무엇보다 아직 전부 간행되지 않았을 뿐 아니라 24권 가운데 어떤 책을 번역할 것인지의 문제도 함께 존재한다. 당연히 마르크스 전문 연구자에게는 의미가 있겠지만 일반 독자들에게는 무엇보다 부족한 주석 때문에 매우 불친절한 책일 수밖에 없다. 따라서 『자본』에 대한 연구는 말할 것도 없고 일반에 대한 보급조차 매우 빈약한 우리나라에서는 연구용에 가까운 MEGA판보다는 보급 목적을 함께 안고 있는 MEW판을 대본으로 하는 것이 타당하다고 생각하였다.

한편 한글 번역본은 현재 국내에 2개가 존재한다. 최초의 번역본에 해당하는 이론과실천의 『자본』과, 『자본』에 채워진 족쇄가 풀린 뒤에 출판된 김수행의 『자본론』('비봉출판사'판)이 그것이다. 국내총생산 규모가 세계 10위권에 들어간 경제대국에서 인류지성사의 거의 최상급 고전 반열에 들어 있는 『자본』의 번역본이 겨우 2개뿐이라는 점도 초라하지만, 전자가 불완전한 익명의 것인데다 그나마 출판사 사정으로 절판이 되어버린 상황에서 하나만 남아 있는 후자도 영어본을 대본으로 한 중역본이라는 점에서 우리의 서글픈 문화적 현주소를 그대로 보게 된다. 이제 늦게나마 MEW판을 대본으로 하는 제대로 된 번역본의 출판에는 개인적으로 오래된 짐을 내려놓게 되었다는 홀가분함이 들어 있지만, 우리 사회의 문화적인 낙후성을 조금이나마 덜어내는 의미도 있다고 생각한다.

그러나 이러한 사회적인 의미가 있음에도 이 책의 출판은 앞서 얘기한 바와 같이 차가운 계산의 이성(?)을 가진 출판사들에서는 출판을 기피했던 책이라는 점을 독자들에게 밝히고 싶다. 애초 맨 처음 출생을 맡았던 이론과실천사에서 출판할 시기에는 기피하는 이유가 정치적 탄압 때문이었지만, 지금은 그 이유가 『자본』의 연구대상인 자본주의적 이윤의 논리로 바뀌었다는 사실은 우리나라에서 『자본』의 기구한 운명을 상징해주는 듯하다. 또한 그것은 거꾸로, 하필이면 지금 이 책이 다시 출판되어야 하는 이유를 대변해주고 있기도 하다. 지금이야말로 바로 『자본』의 실천이 필요한 때인 것이다. 나로서는 무모한 용기로 그 실천의 길을 개척하고자 자청한 도서출판 길이 부디 시장에서 좌절하지 않기를 간절히 빌고, 이 점에서 독자들의 성원을 기대할 뿐이다.

번역의 원칙이 조금 바뀐 것을 독자들에게 알려야 하리라 생각된다. 이번 번역은 처음 '이론과실천'판의 번역이 되도록이면 원전을 직역하는 것(일본어판이 대부분 그렇다)을 원칙으로 했던 것과는 달리 독자들이 읽기 쉬운 방향으로 이루어졌다. 어차피 번역은 한글로 읽는 것이고, 따라서 한글로써 완성도를 높여야 한다는 평범한 진리가 그 동안의 번역 경험 속에서 쌓인 교훈이었기 때문이다. 그러나 독일어의 언어적 특성이 마르크스의 원전 속에서 중요한 의미가 있는 경우 다소 어색하더라도 엄격한 독일어식 표현을 그대로 사용한 부분도 적지 않다. 이런 경우에는 더욱 엄밀한 독일어 표현이 참고가 되어야 하기 때문에 독일어를 함께 표기하였다. 그리고 마르크스는 동일한 개념을 여러 번 다른 방식으로 중복해서 표현하는 버릇이 심한데(대부분 개념적 혼동을 막기 위한 과학적인 조치이다), 이런 것은 한글로 표현할 경우 문장의 구조가 몹시 복잡해져버리는 결함이 있다. 이러한 문제를 해결하기 위해 중복해서 설명된 개념들은 과감하게 괄호로 묶어버림으로써 한글로서의 완성도를 높이고자 노력하였다. 아마 독자들에게는 조금 더 읽기 편해지지 않았을까 기대한다.

마르크스가 『자본』의 출판 원고에 대한 기한을 수도 없이 어겼던 것은 매우 유명한 일화에 속하는데, 그것은 원고가 완성될 때마다 새롭게 발견되는 오류들을 계속 고쳐야 했기 때문이었다. 마르크스의 지적 역량에 훨씬 못 미치는 내가 똑같은 과정을 반복하는 것은 너무도 당연한 일일 것이다. 나로서는 수년간 많은 노력을 기울이긴 했지만 이 번역도 완성된 것이라고는 결코 말할 수 없다. 교정을 거듭하면서도 계속 드러나는 불충분한 번역들 때문에 지금도 나는 마음이 별로 편치 않은 상태이다. 그러나 어쩌겠는가. 어차피 완전성은 인간의 영역이 아닌 것을 말이다. 부족하고 불만스러운 많은 부분을 감수하면서 일단 현재 상태에서 원고를 내보낸다. 독자들의 냉정한 비판을 기다릴 뿐이다.

부족한 책이긴 하지만 감사의 인사를 빠뜨릴 수는 없다. 무엇보다 애초 『자본』에 대한 족쇄를 풀어준 도서출판 이론과실천의 김태경 사장과 최광열 편집장 그리고 제1권의 익명의 번역자들에게 감사를 보내야 할 것이고, 출판사를 구하지 못해 번역을 중단하고 있을 때 불현듯 찾아와 번역의 불씨를 되살려준 도서출판 b의 조기조 사장과 그 일행, 그리고 시장의 위험이 도사린 이 책의 출판을 기꺼이 맡아준 도서출판 길의 박우정 대표와 이승우 기획실장, 편집을 맡아 예쁜 우리말로 다듬어주느라 온갖 수고를 아끼지 않은 김미경·신혜원 두 분 편집자 모두에게 감사의 인사를 남기고 싶다. 이 책 속에는 그분들의 소망과 땀이 한데 엉겨 있다고 생각하며, 그것은 아직 남은 제2권과 제3권의 출판에도 이어질 것이다.

마지막으로 가장 중요한 인사가 남아 있다. 자본주의적 생산의 모순을 고스란히 감당하면서 인류사의 발전을 자신의 희생으로 이끌어가고 있는 노동운동의 전사들에게 이 책이 조금이나마 도움이 되기를 바라며, 그들 없이는 이 책의 존재와 출판이 아무런 의미가 없다는 점을 알리고 싶다.

2008년 4월
부산에서 강신준

자본
1-2 차례

제5편 절대적 · 상대적 잉여가치의 생산

제6편 임금

1. 번역상의 방침

① 원본은 『마르크스–엥겔스 저작집』(*Karl Marx-Friedrich Engels Werke*, 제13판, 1979)을 사용하였다.

② 문맥상 어찌할 수 없는 경우에 한해 의역을 하였다.

2. 분책: 『자본』 제1권을 두 권으로 나누어 내기로 하였다.

① 제1분책: 제1편~제4편(제1장~제13장)

② 제2분책: 제5편~제7편(제14장~제25장)

3. 주(註)의 표시

① 마르크스·엥겔스에 의한 원주는 1), 2), 3)……으로 표시.

※ MEW판에는 1, 2, 3……으로 표시되어 있다.

② MEW판 편집자에 의한 보주는 ＊으로 표시.

※ MEW판에는 ＊1, ＊2, ＊3……으로 표시되어 있다.

③ MEW판 편집자에 의한 해설은 †1, †2, †3……으로 표시.

※ MEW판에는 〔1〕, 〔2〕, 〔3〕……으로 표시되어 있다.

④ 옮긴이 주: 옮긴이 주는 본문의 ( ) 안에 작은 크기의 활자로 표시.

4. 부호 사용

① 〔 〕: 본문 가운데 중복되거나 예를 든 부분에 한하여 옮긴이가 임의로 넣은 것.

② ( ) 안의 본문 크기 활자: MEW판 자체에 괄호가 있던 부분.

③ 인용문 중의 ( ): 저자 자신이 삽입한 부분.

④ 『 』: 책·신문·잡지를 구분하지 않고 모두 『 』로 표시.

⑤ 「 」: 논문이나 책 속의 장 또는 절 등의 제목을 표시.

⑥ { }: 원문에서 엥겔스가 삽입한 부분.

5. 쪽수 표시

① 본문에 있는 M1, M2, M3……는 MEW판의 쪽수 표시.

② 참고문헌과 인명·사항 찾아보기의 각 항목 끝부분의 숫자는 MEW판(본문 중
  M1, M2, M3……로 표시한 부분)의 쪽수 표시.

※ MEW판 자체에 쪽수 표시가 없는 부분도 있다(예를 들면 23, 24).

6. 그밖에

① 독일어·영어의 사용: 인명과 개념 또는 강조사항의 경우에 삽입.

② 책명: 참고문헌·찾아보기에만 원서명을 넣었다.

③ 책명을 번역할 때 원서명 그대로 완전히 번역하지는 않았다.

④ 몇몇 개념과 용어에서 다른 것이라도 통일시켜 번역한 경우가 있다.

여기에 제1권으로 출간되는 이 저작은 내가 1859년에 출간한 『경제학 M11 비판』(*Zur Kritik der Politischen Ökonomie*)의 속편에 해당한다. 전편과 이 속편 사이에 오랜 공백이 있었던 까닭은 몇 년 동안 계속된 병으로 내가 작업을 중간에 여러 번 중단해야 했기 때문이다.

전편의 내용은 이 책의 제1장에 요약되어 있다. [2] 그렇게 한 이유는 단지 앞뒤 저작들 사이의 맥락을 완전하게 이어주기 위해서뿐만 아니라 서술을 좀더 개선하기 위한 목적도 있었다. 가능한 범위 내에서 나는 전편에서 단지 암시하는 데 그쳤던 많은 부분을 이 속편에서는 본격적으로 다루기도 했으며, 반대로 전편에서 상세하게 다루었던 것을 이 속편에서는 단지 암시하는 정도만으로 그치기도 하였다. 물론 가치이론과 화폐이론의 역사를 다룬 절은 이 속편에서 완전히 생략하였다. 그렇지만 전편을 읽어본 독자는 제1장의 각주에서 이들 이론의 역사에 관한 새로운 자료들을 발견하게 될 것이다.

어떤 학문에서든 언제나 처음 시작하는 것이 어려운 법이다. 그래서 이 책에서도 제1장, 특히 상품의 분석을 다루는 절이 가장 이해하기 어려울

것이다. 좀더 자세히 말한다면, 나는 가치실체(Wertsubstanz)와 가치크기
(Wertgröße)는 되도록 평이하게 분석하였다.[1] 가치형태는 화폐형태
(Geldform)를 완성된 모습으로 가지며 아무 내용이 없고 구조가 매우 단
순하다. 그럼에도 인간의 정신(Menschengeist)은 2천 년 이상이 지나도록
이것을 해명하는 데 실패하였다.

그러나 다른 한편 이보다 훨씬 더 내용이 풍부하고 복잡한 구조로 이루
어진 다른 가치형태들을 분석하는 데에는 적어도 웬만큼 성공을 거두었
다. 왜 그럴까? 그것은 완성된 신체를 연구하는 것이 그 신체의 세포를 연
구하는 것보다 더 쉽기 때문이다. 게다가 경제적 형태에 대한 분석에서는
현미경이나 화학적인 시약들이 아무런 도움이 되지 못한다. 거기에서는
이런 것들 대신에 추상화할 수 있는 힘(Abstraktionskraft)이 필요하다. 그
런데 부르주아 사회에서는 노동생산물의 상품형태 또는 상품의 가치형태
가 그 경제적인 세포형태에 해당한다. 잘 모르는 사람에게는 이들 형태에
대한 분석이 지나치게 사소한 것만 문제 삼는 듯이 보일 것이다. 실제로
거기에서는 매우 사소한 것들이 문제가 되고 있다. 그러나 그것은 미시적
인 해부에서 매우 사소한 것들이 중요하게 다루어지는 것과 마찬가지 이
치이다.

그러므로 가치형태에 관한 절을 제외하고는 이 책이 어렵다는 비난을
받을 이유가 없을 것이다. 물론 이 말은 새로운 것을 배우려 하고 또 그럼

---

1) 내가 보기에 이것은 라살레 때문에 더욱 필요하다고 생각된다. 왜냐하면 라살레가 자신의 책
   에서 슐체-델리치(Schultze-Delitzsch)에 대해 반론을 편 부분이 있는데, 여기에서 그는 이 주제
   (가치실체와 가치크기—옮긴이)를 다룬 내 글의 "핵심적인 진수"를 설명한다고 밝히고 있지만
   거기에는 그가 나를 아주 잘못 이해한 부분이 들어가 있기 때문이다. 말이 나온 김에 한마디 덧
   붙이자면, 라살레는 경제문제를 다룬 그의 모든 이론적인 저작에서, 즉 예를 들어 자본의 역사
   적 성격이나 생산양식 및 생산관계 사이의 관련을 다룬 등등의 글 속에서 내 저작 가운데 상당
   부분을, 심지어는 내가 새롭게 만들어낸 용어들까지도 단어 하나 바꾸지 않고 그대로 빌려 쓰
   면서 아무런 출처도 제대로 밝히지 않는데, 아마도 이것은 그가 선전 목적 때문에 그렇게 했을
   것이다. 물론 나는 지금 그가 수행한 작업들의 자세한 내용이나 그것들이 사용된 방식들을 문
   제 삼는 것이 아니다. 그것들은 나와는 아무런 상관이 없기 때문이다.

으로써 스스로 생각하고자 하는 그런 독자를 두고 하는 말이다.

자연과정을 연구하는 물리학자는 그것이 가장 전형적인 형태와 가장 덜 교란된 형태를 유지하고 있는 상태에서 그것을 관찰하며 또한 그것이 순수한 형태로 진행될 수 있도록 보장된 조건에서 그것에 대한 실험을 실시한다. 내가 이 책에서 연구해야 하는 대상은 자본주의적 생산양식 (kapitalistische Produktionsweise)과 그 양식에 상응하는 생산관계 (Produktionsverhältnisse) 그리고 교환관계(Verkehrsverhältnisse)이다. 그것들이 전형적으로 나타난 장소는 지금까지는 영국이다. 이것이 바로 나의 이론적 논의에서 주로 영국의 사례들이 사용되는 이유이다. 그러나 독일의 독자들이 영국의 산업노동자와 농업노동자들의 상태에 대해 바리새인처럼 경멸을 보내거나 독일에서는 사태가 그렇게 악화되어 있지 않다고 낙관적으로 안심한다면, 나는 그들에게 이렇게 말해주어야만 한다. "바로 당신 자신에 관한 이야기요(De te fabula narratur)!" [†3]

본질적으로 볼 때 자본주의적 생산의 자연법칙에서 발생하는 사회적 적대관계가 어느 정도인지는 그다지 중요한 문제가 아니다. 중요한 것은 바로 이런 법칙 그 자체, 즉 철칙처럼 필연적으로 작용하면서 관철되어나가는 경향, 바로 그것이다. 산업적인 선진국은 산업적인 후진국에게 언젠가 그들이 도달하게 될 미래의 모습을 보여주는 것에 불과하다.

그러나 이 문제는 제쳐두기로 하자. 우리나라(독일—옮긴이)에서 완전한 형태의 자본주의적 생산이 이루어지는 곳, 즉 예를 들어 제대로 된 공장의 경우 그 상황은 영국보다 훨씬 더 열악하다. 왜냐하면 이곳에는 공장법이라는 균형추(均衡錘)가 없기 때문이다. 다른 모든 영역에서도 우리는, 나머지 서유럽 대륙 전체와 꼭 마찬가지로, 자본주의적 생산의 발전이 빚어내는 고통은 물론 그 발전이 더딘 데에서 비롯되는 고통까지도 함께 겪고 있다. 근대적인 해악들과 함께 많은 전통적인 해악들도 우리를 짓누르 [M15] 고 있는데, 이런 전통적인 해악들은 낡은 생산양식의 잔재로부터 계속 만들어지고 있으며 더구나 이런 낡은 생산양식에는 시대착오적인 사회정치적 관계들까지도 함께 붙어 있다. 우리는 살아 있는 것뿐만 아니라 죽은 것으로부터도 고통을 받고 있는 것이다. 죽은 자가 산 자를 사로잡도다 (Le mort saisit le vif)!

영국의 사회통계와 비교해볼 때, 독일과 나머지 서유럽 대륙의 사회통계는 매우 빈약하다. 그렇지만 이들 빈약한 통계도 마치 베일 속에 감추어진 메두사의 머리를 알아차릴 수 있을 만큼의 암시는 충분히 제공해주고 있다. 만약 우리 정부와 의회가 영국에서처럼 정기적으로 경제사정을 조사하는 위원회를 설치하고 이 위원회에 사태의 진실을 조사할 수 있는 전권을 부여하는 것은 물론 이런 조사를 수행하는 데서 필요한 인력, 즉 영국의 공장감독관, 또는 '공중위생' 상태를 보고하는 전문의사들 그리고 부녀자·아동에 대한 착취상태와 주거 및 영양 상태 등을 조사하는 전문위원들처럼 전문적인 식견을 갖추고 비당파적이면서 또한 엄정하기도 한 그런 사람들을 찾을 수 있다면, 우리는 우리 자신의 끔찍한 상태에 대해서 깜짝 놀라게 될 것이다. 페르세우스(메두사를 처치한 영웅—옮긴이)는 괴물을 잡기 위해서 몸을 보이지 않게 하는 모자를 사용했다. 그런데 우리는 괴물의 존재를 부인하기 위해서 그 모자로 눈과 귀를 틀어막고 있는 것이다.

이 문제에 관해서 우리는 우리 자신을 속여서는 안 된다. 18세기 미국의 독립전쟁이 유럽의 중간계급에게 경종을 울렸듯이 19세기 미국의 내전(한국에서 남북전쟁이라고 일컫는 전쟁을 가리킨다. 정확한 용어로는 미국 내전이다—옮긴이)은 유럽의 노동자계급에게 경종을 울렸다. 영국에서 변혁과정이 계속 진행되리라는 것은 불을 보듯 뻔한 일이다. 그리고 그것이 어느 정도 수준에 도달하고 나면 그것은 분명히 유럽 대륙에 커다란 반향을 불러일으킬 것이다. 유럽 대륙에서 그러한 변혁과정은 영국에서보다 더 야만적인 형태로 진행될 수도 있고 더 인간적인 형태로 진행될 수도 있을 것인데, 이는 각 나라들에서 노동자계급 자신의 발전 정도에 달려 있을 것이다.

따라서 오늘날의 지배계급은 다른 더욱 숭고한 동기가 아니더라도 바로 자기 자신의 이해관계 때문에 노동자계급의 발전을 가로막는 모든 법적인 장애요인을 제거하지 않을 수 없게 되어 있다. 바로 이러한 여러 가지 이유 때문에 나는 이 책에서 꽤 많은 부분을 영국 공장입법의 역사와 내용 그리고 그것의 성과에 대한 서술에 할애하였다. 한 나라는 다른 나라에서 가르침을 받아야 하고 또 그것은 실제로 가능한 일이기도 하다. 한 사회가 설사 자신의 운동에 대한 자연법칙을 발견했다 하더라도——이 책의 궁극적인 목표도 근대 사회의 경제적 운동법칙을 밝혀내는 데 있다—— M16 그 사회는 자연적인 발전단계들을 생략하고 건너뛸 수는 없으며 또한 그 것을 법령으로 제거할 수도 없다. 단지 그 사회가 할 수 있는 것이라곤 자신의 산고(産苦)를 단축하고 완화하는 것뿐이다.

만일의 오해를 피하기 위해 나는 여기에서 한 가지를 덧붙이고자 한다. 나는 자본가와 토지소유자를 결코 장밋빛으로 묘사하지는 않을 것이다. 그러나 여기에서 이 사람들을 문제로 삼는 것은 단지 그들이 갖가지 경제적 범주들의 인격체라는 점에서만, 즉 특정한 계급관계와 계급이해의 담당자라는 점에서만 그러하다. 나는 다른 누구보다도 경제적 사회구성체 (ökonomischen Gesellschaftsformation)의 발전을 하나의 자연사적 과정으로 파악하고 있으며, 각 개인은 그들이 설사 주관적으로는(subjektiv) 사회적 관계에서 벗어나 있다고 할지라도 사회적으로는(sozial) 사회적 관계의 피조물이라고 간주하기 때문에 사회적 관계에 대한 이들 개인의 책임은 적다고 생각하는 입장이다.

경제학의 영역에서 자유로운 과학적 탐구를 가로막는 적들은 다른 학문분야에서도 만나게 되는 그런 적들에만 그치지 않는다. 경제학은 그것이 다루는 소재의 독특한 성격 때문에 인간의 가슴에 가장 격렬하고 가장 편협하며 가장 악의에 찬 감정, 즉 사적 이해라는 복수의 여신을 싸움터로 불러냄으로써 자유로운 과학적 탐구를 가로막는다. 예를 들어 영국 국교회(English Established Church)는 자신들의 신앙 39개조 가운데 38개조에 대한 공격을 용인할 수는 있을지언정 자신의 화폐 수입 $\frac{1}{39}$ 에 대한 공격은 용인하지 못한다. 오늘날에는 무신론까지도 전통적 소유관계에 대한 비판에 비하면 차라리 더 가벼운 죄에 해당한다.

그러나 여기에도 하나의 진전이 이루어지고 있다는 점을 놓쳐서는 안 된다. 즉 예를 들어 우리는 몇 주일 전에 발표된 청서(靑書)[t4]『산업문제와 노동조합에 관한 재외사절 통신문집』에서 그것을 살펴볼 수 있다. 이 통신문들에서 영국 국왕의 재외사절들은 독일이나 프랑스, 즉 유럽 대륙의 모든 문명국가에서도 영국에서와 마찬가지로 자본과 노동 간의 기존 관계가 변화하고 있는 것이 느껴지며, 이런 경향은 이제 불가피하다는 점을 숨김없이 얘기하고 있다. 동시에 대서양 건너편에서도 미국의 부통령 웨이드(Wade)는 노예제도가 폐지된 이후부터 자본관계와 토지 소유관계의 변화가 주요 의제로 떠오르고 있다고 공개석상에서 천명하였다.

이것은 바로 시대의 징후이며 자포(紫袍: 군주의 의복—옮긴이)나 흑의(黑衣: 승려의 법의—옮긴이)로는 가릴 수 없는 것이다. 물론 이러한 징후들이 당장 내일 기적이 일어나리라는 것을 뜻하는 것은 아니다. 그것들은 단지 현재의 사회가 완전히 응고되어버린 결정체가 아니라 변화될 수 있는 것이며 또한 지속적으로 변화하는 유기체라는 점을 지배계급 내에서조차도 어렴풋하게 느끼고 있다는 사실을 보여준다.

M17　　이 저작의 제2권은 자본의 유통과정(Zirkulationsprozeß des Kapitals, 제2책)과 총과정의 형태(Gestaltungen des Gesammtprozesses, 제3책)를 그리고 마지막 제3권(제4책)은 학설사(Geschichte der Theorie)를 다루게 될 것이다.

과학적 비판에 근거한 것이라면 어떤 의견도 나는 환영한다. 그러나 내가 한 번도 양보한 적이 없는 이른바 여론이라는 것이 갖는 편견에 대해서는 저 위대한 피렌체인(단테—옮긴이)의 좌우명이 내 대답을 대신해줄 수 있을 것이다.

48

“너의 길을 걸어라, 그리고 남이야 뭐라고 하든 그냥 내버려두어라!”
(Segui il tuo corso, e lascia dir le genti) [†5]

1867년 7월 25일, 런던

카를 마르크스

M18 먼저 초판의 독자들을 위해서 나는 제2판에서 수정된 점들을 알려드리고자 한다. 당장 눈에 들어오는 부분으로는 책의 차례가 좀더 일목요연하게 정리되었다는 점을 들 수 있다. 그리고 제2판에서 새롭게 추가된 주(註)는 모두 제2판의 주라는 점을 따로 표시하였다. 본문에서 수정된 내용 가운데 중요한 부분은 다음과 같다.

제1장 제1절에서는 교환가치를 나타내는 등식들의 분석을 통한 가치의 추론과정을 과학적으로 더욱 엄밀하게 수행했으며, 초판에서는 그저 암시하는 것으로만 그쳤던 가치실체와 사회적 필요노동시간에 의한 가치크기의 결정 간의 관련도 더욱 명시적으로 서술하였다. 제1장 제3절 「가치형태」는 완전히 새롭게 고쳐 썼는데 그것은 초판에서 이 부분이 중복해서 서술되었기 때문에 당연히 필요했던 부분이다. —말이 나온 김에 이 부분과 관련해서 한 가지 덧붙여두자면, 이 중복서술된 부분은 하노버에 사는 나의 친구 쿠겔만(L. Kugelmann) 박사의 충고에 따른 것이라는 점이다. 1867년 봄 내가 그의 집을 방문해 있을 때 함부르크에서 1차 교정지가 도착했는데, 그는 나에게 대다수 독자들을 위해서는 가치형태에 대한 좀

50

더 이해하기 쉬운 추가 해설이 필요하다고 설득하였다. ─ 제1장의 마지막 절인 「상품의 물신성」은 대부분 다시 고쳐 썼다. 제3장 제1절 「가치척도」는 좀더 자세하게 서술하는 것으로 수정되었는데, 이는 이 부분이 초판에서는 『경제학 비판』(베를린, 1859년)에서 이미 다루어진 설명을 참고하도록 하고 소홀하게 다루어졌기 때문이다. 제7장, 특히 제2절 부분은 꽤 많이 수정되었다.

단지 표현을 다듬는 정도의 의미를 지닌 곳곳의 본문 수정을 일일이 모두 설명할 필요는 없을 것이다. 이런 수정은 책 전체에 걸쳐서 이루어지는 것이기 때문이다. 그러나 나는 파리에서 발간된 프랑스어 번역본을 수정하면서 독일어 원본 가운데 많은 부분이 때로는 좀더 엄격하게 수정될 필요가 있고 때로는 표현을 좀더 다듬을 필요가 있으며 또 때로는 몇몇 잘못된 부분을 바로잡을 필요도 있다는 점을 발견하였다. 그런데 그럴 시간이 없었다. 왜냐하면 책이 매진되어 1872년 1월에는 제2판의 인쇄가 시작되어야 한다는 연락을 받은 것은 1871년 가을이었는데, 이때 나는 다른 긴급한 여러 일 속에 파묻혀 있었기 때문이다. M19

『자본』(Das Kapital)에 대한 이해가 독일 노동자계급 사이에서 급속하게 확산되어가고 있다는 사실은 내 작업에 대한 최고의 보상이다. 경제적으로는 부르주아의 입장에 서 있는 사람이긴 하지만 빈(Wien)의 공장주인 마이어(Mayer)가 보불전쟁 기간 동안에 출간한 소책자 안에서 독일적인 유산으로 간주되는 위대한 이론적 감각이 독일의 이른바 식자계급에게서는 완전히 소멸해버린 반면 독일의 노동자계급에게서는 새롭게 부활하고 있다고 지적한 것은 참으로 적절한 표현이었다고 생각된다.

독일에서 경제학은 지금 이 시간까지 외래 학문으로만 머물러 있었다. 구스타프 폰 귈리히(Gustav von Gülich)는 『주요 무역국가의 상업·공업·농업의 역사』, 특히 1830년에 출간한 제1권과 제2권에서 우리나라(독일─옮긴이)에서 자본주의적 발전과 근대 부르주아 사회의 출현을 가로막았던 역사적 조건들을 거의 대부분 설명하였다. 따라서 우리나라에서는 경제학의 현실적인 토대가 결여되어 있었다. 경제학은 영국과 프랑스로부터 완제품 상태로 수입되었다. 그래서 독일의 경제학 교수들은 언제나 배우는 입장에 머물러 있었다. 외국의 현실에 입각한 이론적 표현들은 이들에 의해 하나의 교의집(敎義集)으로 변해버렸고 그들을 둘러싸고 있던 소부르주아적 세계의 의미로 해석되었다. 말하자면 그것은 곡해되었던 것이다. 이들은 피할 수 없는 학문적 무력감과 사실상 잘 알지도 못하는 영역에서 모두 다 아는 교수인 척해야 하는 양심의 가책을 은폐하기 위하여 현란한 문헌사적 학식을 둘러대거나 이른바 재정학(Kameralwissenschaften: 독일의 중상주의 경제학-옮긴이) — 청운의 꿈을 품은(hoffnungsvoll)[2] 독일의 관료지망생들이 견뎌내야만 하는 연옥의 불길과도 같은 복잡한 지식들의 혼합물 — 에서 빌려온 낯선 자료들을 혼합해버리는 방식을 사용하곤 하였다.

1848년 이후 독일에서는 자본주의적 생산이 급속히 발전했고 오늘날에는 이미 전성기적인 모습을 보이고 있다. 그러나 우리의 전문가들에게 운명은 여전히 그들의 편이 아니었다. 그들이 경제학을 편견 없이 연구할 수 있었던 당시 독일의 현실에는 근대적인 경제적 관계가 아직 갖추어져 있지 않았다. 그런데 이 근대적인 경제적 관계가 이제 현실화되자 부르주아적 시각에서는 그들의 편견 없는 연구가 더 이상 허용될 수 없는 상황이 되고 말았던 것이다. 경제학이 부르주아적인 것인 한, 즉 다시 말해서 그것이 자본주의적 질서를 역사적으로 잠깐 거쳐가는 하나의 발전단계로서가 아니라 거꾸로 절대적이고 궁극적인 사회적 생산의 형태로서 이해되는 한, 그것이 과학으로 남을 수 있는 경우란 오직 계급투쟁이 아직 잠재적인 상태에 머물러 있거나 단지 분산된 형태로만 나타나고 있는 동안뿐이다.

영국의 경우를 살펴보자. 영국의 고전파 경제학은 계급투쟁이 아직 덜 발달한 시기에 나타났다. 그 경제학의 최후의 위대한 대표자인 리카도는

---

2) 제3판과 제4판에는 "절망에 빠진"(hoffnungslos)으로 되어 있다.

52

결국 계급간 이해의 대립, 즉 임금과 이윤 간의 대립과 이윤과 지대 간의 대립을 의식하게 되었고 이를 자신의 연구의 도약점으로 삼아 이 대립을 소박하게 사회적 자연법칙으로 파악하였다. 그러나 그럼으로써 그는 또한 부르주아 경제학이 더 이상 뛰어넘을 수 없는 마지막 한계에 도달한 것이기도 하였다. 리카도가 아직 살아 있던 시기에 이미 리카도의 이론에 반대하여 고전파 경제학에 대한 비판이 시스몽디라는 사람에 의해서 제기되었다.[3]

뒤이은 시기인 1820~30년대는 영국의 경제학 영역에서 학문적인 활기가 넘쳐나던 시기였다. 이 시기는 리카도의 이론이 대중화되면서 널리 보급되던 시기였고 또한 리카도 이론이 기존의 고전파 이론과 투쟁을 벌이던 시기이기도 하였다. 그리하여 현란한 시합들이 벌어졌다. 이 시기에 벌어진 일들은 유럽 대륙에 거의 알려지지 않았는데, 그 이유는 이들 논쟁이 평론지나 시사적인 소책자 그리고 팸플릿 등을 통해 산재된 채로 이루어졌기 때문이다. 이들 논쟁은 별다른 편견 없이 솔직한 형태로 이루어졌는데—물론 리카도의 이론이 가끔씩 이미 부르주아 경제에 대한 공격수단으로 사용된 적도 있긴 하지만—이는 당시의 시대상황 때문인 것으로 이해된다. 즉 한편으로는 대(大)공업 자체가 이제 막 자신의 유년기를 겨우 벗어나고 있었을 뿐이었는데, 이는 대공업이 1825년의 위기를 계기로 해서야 비로소 근대적인 형태의 주기적 순환을 시작했다는 점에서 확인된다. 다른 한편으로는 또한 자본과 노동 간의 계급투쟁이 다른 사회적 갈등 때문에 뒷전으로 밀려나 있었는데 이들 갈등이란 크게 두 가지였다. 하나는 정치적 갈등으로 신성동맹을 둘러싸고 모여 있던 정부 및 봉건귀족들과 부르주아에 의해 주도되던 인민대중 사이의 갈등이었고, 다른 하나는 경제적 갈등으로 산업자본과 토지소유귀족들 사이의 갈등이었는데 이 갈등은 프랑스에서는 분할지소유와 대토지소유 간의 갈등 때문에 배후에

---

3) 내 저작 『경제학 비판』 39쪽을 볼 것(MEW Bd.13, 46쪽).

감춰져 있었지만 영국에서는 곡물법 이후 바깥으로 터져나오고 말았던 것이다. 이 무렵 영국의 경제학 문헌들을 보면 마치 프랑스에서 케네(Quesnays) 사후에 밀어닥쳤던 경제적인 질풍노도의 시대를 연상하게 하지만, 그러나 그것은 늦여름의 따스한 날씨가 봄을 연상시키는 것과 마찬가지의 것이었다. 1830년이 되면서 이제 결정적인 위기가 밀어닥쳤다.

M21　부르주아들은 프랑스와 영국에서 정권을 획득하였다. 그때부터 계급투쟁은 실천적으로나 이론적으로 점차 뚜렷하고 급박한 형태를 띠어갔다. 그리고 계급투쟁은 과학적 부르주아 경제학의 종언을 고하였다. 이제 중요한 것은 어떤 정리(Theorem)가 맞느냐 틀리느냐가 아니라 자본에 이로운가 해로운가, 자본에 편리한가 불편한가, 자본이 허락할 수 있는가 없는가가 문제가 되었다. 사심 없는 연구 대신 돈벌이를 위한 논쟁이 자리를 잡았고, 편견 없는 연구 대신 비양심적이고 불순한 의도를 가진 변론들이 자리를 차지하였다. 그러나 공장주 코브던(Cobden)과 브라이트(Bright)가 선봉에 섰던 곡물법 반대동맹[†7]이 날림으로 만들어 시중에 배포한 조잡한 소책자까지만 해도 토지소유귀족들에 대한 그들의 반론 속에는 비록 전혀 과학적이라고는 할 수 없지만 적어도 역사적인 흥미 정도는 불러일으키는 구석이 아직 남아 있었다. 그러나 로버트 필(Robert Peel) 이후의 자유무역입법은 이런 마지막 양념조차도 속류경제학에서 완전히 지워버리고 말았다.

1848년 유럽 대륙의 혁명은 영국에도 영향을 끼쳤다. 아직 과학적인 의의를 주장하고 지배계급의 단순한 궤변가나 앞잡이 노릇 이상을 하고자 했던 사람들은 자본의 경제학을 이제는 더 이상 무시할 수 없게 된 프롤레타리아들의 요구와 조화시켜보려고 노력하였다. 그리하여 존 스튜어트 밀(John Stuart Mill)로 가장 잘 대표되는 얼빠진 혼합주의(Synkretismus)가 등장하였다. 그것은 러시아의 위대한 학자이자 평론가인 체르니셰프스키(N. Tschernyschewski)가 자신의 책 『밀의 경제학 개요』에서 이미 탁월하게 해명하였듯이 바로 "부르주아" 경제학의 파산선언이었다.

54

이처럼 독일에서는 자본주의적 생산양식이, 프랑스와 영국에서 이미 역사적인 투쟁을 통해서 그것의 적대적인 성격이 요란하게 그 모습을 드러낸 이후에야 성숙해졌고 이때 독일의 프롤레타리아는 벌써 독일의 부르주아들보다 훨씬 분명한 이론적 계급의식을 갖추고 있었다. 그래서 독일에서는 부르주아 경제학이 과학으로서 가능해질 수 있는 것처럼 보이자마자 곧바로 다시 불가능해져버렸던 것이다.

이런 상황에서 부르주아 경제학의 대변자들은 두 부류로 나누어졌다. 하나는 교활하고 돈벌이를 즐기며 실리적인 무리로, 이들은 속류경제학의 옹호론자 가운데 가장 천박하고 바로 그래서 가장 성공한 바스티아(Bastiat)의 깃발 아래 몰려들었다. 다른 하나는 교수로서의 학문적인 품위를 과시하려는 무리로, 이들은 존 스튜어트 밀을 추종하면서 서로 합칠 수 없는 것을 합치려고 노력하였다. 부르주아 경제학의 고전파 시기와 마찬가지로 그것이 몰락하던 시기에도 독일 경제학자들은 여전히 그 학생으로서, 즉 그것의 모방자이자 추종자로서 외국 도매상인의 소매상 역할에만 머물러 있었다.

독일 사회의 이런 독특한 역사적 발전과정은 "부르주아" 경제학의 어 떠한 독창적인 발전도 불가능하게 만들었지만 그것에 대한 비판까지도 불가능해진 것은 아니었다. 그리고 만일 그런 비판이 어떤 계급을 대변하게 된다면 그것은 단 하나의 계급, 즉 자본주의적 생산양식의 변혁과 계급의 궁극적인 철폐를 자신의 역사적 사명으로 하고 있는 프롤레타리아 계급을 대변하게 될 것이다.

독일 부르주아들의 박식하면서도 동시에 무식하기도 한 대변자들은 내 초기 저작들에 대해서 그들이 했던 것과 마찬가지 수법으로 『자본』에 대해서도 처음에는 일단 묵살해버리고자 노력하였다. 그러나 이런 수법이 더 이상 통하지 않게 되자 그들은 내 책에 대한 비판을 한다는 핑계로 "부르주아적 의식을 진정시키기 위한" 처방전을 쓰기도 했지만 이도 또한 노동자신문에서 ― 『폴크스슈타트』(Volksstaat: '인민의 국가'라는 뜻―역자)

에 실린 요제프 디츠겐(Joseph Dietzgen)의 논문을 보라[†8] —그들을 능가하는 투사들을 만나게 되었는데, 그들은 이들 투사에 대한 답변을 아직도 제대로 하고 있지 않은 상태이다.[4]

『자본』의 우수한 러시아어판이 1872년 봄 페테르부르크에서 발간되었다. 3,000부를 발행한 이 판은 지금 벌써 거의 매진되었다. 이미 1871년 키예프 대학의 경제학 교수 지베르(N. Sieber)는 그의 저서 『리카도의 가치 및 화폐 이론』에서 가치·화폐·자본에 관한 내 이론이 본질적으로 스미스와 리카도 이론의 필연적인 발전이라고 논증하였다. 그의 이 훌륭한 책을 서유럽 사람들이 읽어본다면 거기에서 순수한 이론적 입장이 일관되게 견지되고 있다는 점에 놀라게 될 것이다.

『자본』에서 사용된 방법은 아직 거의 제대로 이해되고 있지 않은데, 이는 이 책에 대한 해석들이 제각기 서로 모순적인 것으로 나타나는 점에서 알 수 있다.

즉 파리에서 발간되는 『실증주의 평론』[†9]은 한편으로는 내가 경제학을 형이상학적으로 다루고 있다고 비난하면서 또다른 한편으로는 —한번 들어보라!—내가 미래의 식당에서 사용할 수 있는 요리법(콩트류의?)을 제시하기보다는 현재의 상황을 단순히 비판적으로 해부하는 데 그치고 있다고 비난한다. 형이상학적이라는 비난에 대해서 지베르 교수는 다음과

----

4) 독일 속류경제학의 멍청한 떠벌이들은 내 저작의 문체와 서술방식을 문제 삼아서 비난을 퍼붓고 있다. 그러나 『자본』의 집필상의 결함을 나보다 더 정확하게 판단을 내릴 수 있는 사람은 없을 것이다. 나는 이 사람들과 그들의 독자들에게 약간의 도움이나 흥미라도 제공해주기 위해 여기에서 영국 사람들과 러시아 사람들이 내리는 평가를 각각 하나씩만 인용해보고자 한다. 내 견해에 대하여 철저하게 적대적인 입장을 취하고 있는 『새터데이 리뷰』(*Saturday Review*: '토요 평론'이라는 뜻—옮긴이)는 독일어 초판에 대해서 이 책의 서술이 "극히 무미건조한 경제학적인 문제들에 대해서도 독특한 흥미를 끌어내고 있다"고 소개하고 있다. 또한 1872년 4월 20일자 『상트페테르부르크』 신문도 다음과 같이 말하고 있다. "이 책의 서술은 몇몇 특별한 부분을 제외한다면 누구나 이해하기 쉽고 명료하게 씌어졌으며, 다루고 있는 것들이 매우 고도의 과학적인 대상들인데도 놀라울 정도의 현실감을 보여준다는 특징이 있다. 그런 점에서 이 책의 저자는 …… 보통사람이 읽으면 머리가 뽀개질 정도로 모호하고 무미건조한 말투를 사용하여 책을 쓰는 …… 많은 독일 학자들과는 전혀 거리가 먼 사람이라고 할 수 있다." 그러나 최근의 민족주의적이고 자유주의적인 색채를 띤 독일 교수들의 글을 읽는 독자들은 이런 종류와는 완전히 또다른 형태의 머리를 뽀개는 고통을 받고 있다.

같이 얘기하고 있다.

고유한 이론의 관점에서 볼 때 마르크스의 방법은 영국의 모든 학파가
사용하는 연역적 방법으로, 이 방법의 장점과 단점은 최고의 이론경제학자
들 모두에게서 공통적으로 나타나는 것들이다. [†10]

블로크(M. Block)—「독일의 사회주의 이론가들, 『이코노미스트』지
1872년 7월·8월호에서 발췌」—는 내 방법이 분석적이라는 사실을 발견
하고 다음과 같이 말하고 있다.

이 저작을 통해서 마르크스는 가장 뛰어난 분석적 사상가의 대열에 합류
하게 되었다.

독일의 비평가들은 내 책에 대해 헤겔적 궤변이라고 떠들어대고 있다.
그런데 페테르부르크에서 발행되는 『유럽 통신』(Вѣстникъ Европы)』에
실린 한 논문(1872년 5월호, 427~436쪽)에서는 『자본』의 방법만을 다루
면서 내 연구방법(Forschungsmethode)은 매우 실재론적(realistisch)인 반
면 내 서술방법(Darstellungsmethode)은 불행하게도 독일변증법적
(deutsch-dialektisch)이라는 것을 지적하고 있다.

겉으로 드러난 서술형태만을 가지고 판단한다면 얼핏 보아 마르크스는
위대한 관념철학자이다. 그것도 그 말이 독일어에서 함축하고 있는 나쁜
의미에서 그러하다. 그러나 사실 마르크스는 경제학적 비판에 종사한 자신
의 모든 선배들에 비해서 훨씬 더 실재론자(Realist)이다. …… 우리는 그를
결코 관념론자(Idealist)라고 부를 수 없다.

나는 이 필자(카우프만(I. I. Kaufman))에 대해서 그가 행한 비평 가운

데 몇 군데를 발췌하는 것 이상으로 답변을 해줄 수는 없지만, 이 발췌문들은 러시아어 원본을 구할 수 없는 많은 독자들에게 아마 흥미를 불러일으킬 수 있을 것이라 생각된다.

이 필자는 내가 나의 유물론적 방법의 토대를 설명한 『경제학 비판』(베를린, 1859년)의 내 서문(IV~VII쪽; MEW Bd.13, 8~10쪽)을 인용하면서 계속 다음과 같이 말하고 있다.

마르크스에게서 무엇보다도 중요한 점은 그가 연구에 몰두하고 있는 현상들의 법칙을 찾아내는 것이다. 그러나 그가 중요하게 생각하는 법칙은 그 현상들이 하나의 완성된 형태를 취하고 일정한 시기에 관찰될 수 있는 관련을 맺을 경우에만 지배적으로 나타나는 법칙이 아니다. 그에게서 더욱 중요한 법칙은 이들 현상이 변화하고 발전하는 법칙, 다시 말해 하나의 형태에서 다른 형태로, 하나의 관련체계에서 다른 관련체계로 이행하는 법칙이다. 그는 먼저 이 법칙을 찾아낸 다음 이 법칙이 사회생활을 통해서 보여주는 각종 결과를 상세하게 연구한다. …… 그럼으로써 마르크스가 가장 힘들여 노력을 기울이는 것은 엄밀한 과학적 연구를 통해 일정한 사회적 관계질서의 필연성을 논증하고 자신의 논증을 받쳐줄 출발점과 주요 거점으로 사용될 수 있는 사실들을 최대한 완벽하게 구성해내는 일이다. 이 일은 그가 현재 질서의 필연성과, 사람들이 믿든 안 믿든 사람들이 의식하든 안 하든 상관 없이 이 질서가 다른 질서로 이행할 수밖에 없는 필연성을 논증하기만 하면 그것으로 완전히 달성된다. 마르크스는 사회운동을 하나의 자연사적 과정으로, 즉 인간의 의지나 의식 그리고 의도와는 무관한, 아니 오히려 이들 의지나 의식·의도를 규정하는 그런 법칙이 지배하는 과정으로 간주하였다. …… 만일 의식적인 요소가 문화사에서 이처럼 종속적인 역할을 수행한다면 문화 그 자체를 대상으로 하는 비판은 다른 어느 것들보다도 더욱 의식의 어떤 형태나 결과들을 자신의 토대로 삼을 수 없을 것이 당연한 일이다. 다시 말해서 비판의 출발점이 될 수 있는 것은 관념이 아니라 단지 겉으로 드러난 현상뿐일 것이다. 그리하여 비판은 하나의 사실을 관념이 아니라 단지 다른 사실들과 비교 대조하는 것에만 국한될 것이다. 이제 비판에서 중요한 것은 단지 두 개의 사실을 가능한 한 자세히 연구하여 사실상 하나의 사실이 다른 사실에 대해서 갖가지 발전계기를 형성하고 있다는 점이며, 특히 각 질서들의 연쇄, 즉 발전단계들이 서로 고리를 이루면서 이어지는 연쇄를 연구하는 것이 무엇보다도 중요해진다. 그러나 경제생활의 일반법칙은 똑같은 것이고 그것이 현재에 적용되든 과거에 적용되든 마찬가지라고 말하는 사람도 있을 것이다. 마르크스는 바로 그것을 부정한다. 마르크스에 따르면 그러한 추상적인 법칙은 존재하지 않는다. …… 오히려 그 반대로 마르크스의 견해에 따르면 모든 역사적 시기에는 저마다 독자적인 법칙이 있다. …… 생명은 일정한 발전시기를 경과하고 나면, 즉 하나의 단계에서 다른 단계로 이행하고 나면 곧바로 다시 다른 법칙의 지배를 받기 시작한다. 요컨대 경제생활은 생물학이라는 다른 영역에서의 발전사와 비슷한 현상을 우리에게 보여준다. …… 과거의 경제학자들도 경제법칙을 물리학과 화학의 법칙들과 비교하였지만 그들은 경제법칙의 본질을 잘못 이해하였다. …… 현상을 좀더 심도 있게 분석하면 사회적 유기체들은 식물이나 동물의 유기체들과는 근본적으로 다르다는 사실이 드러난다. …… 그렇다, 똑같은 하나의 현상도 각 유기체들의 전체 구조의 차이, 각 구성기관의 차이, 각 기관이 기능을 수행하는 조건의 차이 등에 따라서 완전히 다른 법칙의 지배를 받는다. 예를 들어 마르크스는 인구법칙이 언제 어디서나 똑같이 적용된다는 것을 부인한다. 오히려 그 반대로 그는 모든 발전단계마다 독자적인 인구법칙이 있다고 단언한다. …… 생산력 발전의 차이에 따라서 제반 사회적 관계는 물론 그것을 규정하는 법칙들도 변화한다. 마르크스는 이런 관점에서 자본주의적 경제질서를 연구하 M27 고 해명한다는 목표를 세웠기 때문에 경제생활에 대한 모든 세밀한 연구가 가져야 할 목표를 엄격하게 과학적으로 정식화했을 뿐이었다. …… 그런 연구의 과학적인 가치는 하나의 주어진 사회적 유기체가 탄생하여 유지,

발전하다가 더욱 고도의 다른 유기체에 의해 대체될 때까지의 모든 과정을 규정하는 특수한 법칙을 해명하는 데 있다. 그리고 마르크스의 책은 사실상 바로 그런 가치를 지니고 있는 책이다.

이 필자는 그가 나의 참된 방법이라고 불렀던 바로 그것을 참으로 정확하게 묘사했으며 또한 그 방법을 내가 어떻게 사용했는지에 대해서도 매우 적절하게 서술하였는데, 그가 서술한 바로 이것이 변증법적 방법이 아니면 무엇이겠는가?

물론 서술방법은 형식적으로 연구방법과 구분되어야 한다. 연구는 소재를 자세히 검토하고 그것의 갖가지 발전형태를 분석하여 그 내적 연관을 찾아내야만 한다. 이 작업을 모두 마친 뒤에야 비로소 현실의 운동이 서술될 수 있다. 그런 모든 것이 다 이루어져서 이제 소재의 생생한 모습에 관념이 반영된다면 그 생생한 모습은 하나의 선험적 구성과 관련된 것처럼 보일 수도 있다.

나의 변증법적 방법은 근본적으로 헤겔의 변증법적 방법과는 다를 뿐만 아니라 오히려 그것과 정반대이다. 헤겔에게서 사유과정은 그가 붙인 이념(Idee)이라는 이름 아래 하나의 독립된 주체(Subjekt)로 전화했을 뿐만 아니라 곧바로 현실적인 것들의 조물주이기도 하다. 그래서 현실적인 것들은 이 사유과정이 겉으로 드러난 외적인 현상에 지나지 않는다. 그러나 거꾸로 나에게서 관념적인 것(Ideelle)은 단지 인간의 머릿속에서 전환되고 번역된 물질적인 것에 지나지 않는다.

헤겔 변증법의 신비적인 측면에 대해서 나는 약 30년 전, 그것이 아직 유행하고 있을 당시에 이미 비판한 적이 있다. 그러나 내가 『자본』 제1권을 집필하고 있는 바로 지금은 독일의 식자층 사이에서 큰소리깨나 치는 돼먹지 않게 시건방지고 별 볼일 없는 인간들이[11] 헤겔을 마치 "죽은 개" 처럼 — 레싱(Lessing, Gotthold Ephraim: 독일의 계몽주의 시대를 대표하는 극작가—옮긴이) 시대에 대담한 멘델스존(Moses Mendelssohn)이 스피노자(Spinoza)에 대해서 그렇게 했던 것처럼 —다루어도 된다는 생각을 하고 있다. 그래서 오히려 나는 공개적으로 이 위대한 사상가의 제자라고 천명하고 가치론에 관한 장에서는 고의적으로 여러 곳에서 그의 고유한 표현방식들을 따라 사용하기도 하였다. 변증법은 헤겔에게서 비록 신비화되긴 했지만 그렇다고 해서 그런 신비화 때문에 헤겔이 변증법의 일반적 운동형태를 포괄적이고 의식적인 방식으로 서술하는 데 실패한 것은 전혀 아니었다. 변증법은 단지 그에게서 거꾸로 서 있었을 뿐이었다. 우리가 그의 변증법에서 신비화된 외피 속에 감추어진 합리적인 핵심을 찾아내려면 우리는 그것을 도로 뒤집어야만 한다.

독일에서는 이 신비화된 형태의 변증법이 유행했는데 이는 그것이 현존하는 것들을 이상적인 것처럼 보이게 만들기 때문이었다. 합리적인 형태의 변증법은 부르주아들과 그들의 교의를 대변하는 자들에게 분노와 M28 공포를 불러일으켰다. 왜냐하면 그 변증법은 현존하는 것들에 대한 긍정적인 이해 속에 그것의 부정과 그것의 필연적인 몰락에 대한 이해를 함께 간직하고 있을 뿐만 아니라 생성하는 모든 형태를 운동의 흐름으로 파악하며, 따라서 언제나 그것들을 일시적인 것으로만 파악하기 때문이다. 또한 이런 변증법은 어떤 것에 의해서도 감화를 받지 않고 본질적으로 비판적이며 혁명적이기 때문이다.

자본주의 사회의 모순에 가득 찬 운동은 근대산업이 겪는 주기적인 순환의 부침을 통해서 실천적인 부르주아들에게 가장 절실하게 느껴지는데, 이런 부침의 절정이 바로 일반적 위기(Krise)이다. 이 일반적 위기는 아직 예비단계에 있는 것으로 파악되긴 하지만 다시 진행 중이며 거의 모든 영역에서 매우 높은 강도로 나타날 것이기 때문에 신성 프로이센 독일 제국의 벼락부자들에게도 변증법이 어떤 것인지를 가르쳐줄 것이다.

1873년 1월 24일, 런던

카를 마르크스

모리스 라 샤트르 선생에게

친애하는 선생,

M31　　『자본』의 번역을 정기적인 분책으로 나누어 출판하겠다는 선생의 생각을 저는 크게 환영하는 바입니다. 그런 형태가 되면 노동자들은 이 저작을 좀더 쉽게 접할 수 있을 테고, 바로 그런 생각은 내가 보기에 다른 어떤 것보다도 더 중요한 일로 보입니다.

그러나 이것은 선생의 아이디어가 갖는 동전의 밝은 앞면에 불과하고 거기에는 또다른 어두운 뒷면도 있다고 생각합니다. 즉 내가 사용한 연구 방법 — 아직 경제적인 문제들에는 적용된 적이 없는 — 은 처음 몇 장을 읽어나가는 데서 상당한 어려움을 주고 있습니다. 이런 어려움으로 인해 이 책은 시원시원하게 곧장 읽어나가기 어렵게 되어 있는데, 바로 이 때문에 언제나 결론에 대해서 조바심을 내고 일반적인 원리와 자신이 직접적으로 부딪치는 문제들 사이의 관련을 빨리 알아내고자 하는 성향을 지닌 프랑스 대중은 이 책의 앞부분만 읽고는 더 이상 읽기를 중단해버리는 사태가 발생하지 않을까 하는 우려가 들기도 합니다.

그러나 이런 불리한 점에 대하여 나로서는 진리를 탐구하려는 독자들에게 미리 이 점을 알리고 각오를 다지게끔 하는 것 말고는 다른 아무것도 할 수 없습니다. 학문을 하는 데에는 평탄한 길이 없으며, 가파른 험한 길을 힘들여 기어올라가는 노고를 두려워하지 않는 사람만이 빛나는 정상에 도달할 가망이 있습니다.

1872년 3월 18일, 런던

카를 마르크스

독자들에게

루아(J. Roy)는 직역에 가까울 정도로 최대한 엄밀하게 번역하고자 노력했으며, 자신의 이런 과제를 충실하게 수행하였다. 그러나 바로 이런 그의 성실성 때문에 나는 독자들의 이해를 돕기 위하여 본문을 수정하지 않으면 안 되었다. 이런 수정작업은 분책이 발간될 때마다 그때그때 이루어져야 했고 그래서 한결같은 주의를 기울일 수 없었으며 문체의 통일도 채 이루어지지 못하였다.

일단 이 수정작업에 착수하고 나자 그것의 원본에 해당하는 독일어본(제2판)에 대해서도 수정을 가할 수밖에 없었다. 즉 어떤 곳은 설명을 단순화하기도 하고 어떤 곳은 설명을 보충하기도 했으며 역사적인 자료나 통계자료를 보완하는 것은 물론 비판적인 주석을 덧붙이기도 하였다. 이 프랑스어판은 비록 문장에서는 결함이 있을지 모르지만 독일어 원본과는 다른 독자적인 학문적 가치가 있으며 독일어에 능통한 독자들도 참고할 만 한 것이다.

이제 독일어 제2판의 후기 가운데 독일에서의 경제학의 발전과 이 저작에서 사용된 방법에 대한 부분을 아래에서 옮겨두고자 한다.[5]

1875년 4월 28일, 런던

카를 마르크스

5) 이 책(MEW를 가리킨다—옮긴이)의 19~28쪽을 볼 것.

M33 　마르크스는 이 제3판의 인쇄를 스스로 마무려지을 수 없었다. 이제는 그의 적들까지도 그 위대함에 고개를 숙이는 이 뛰어난 사상가는 1883년 3월 14일에 세상을 떠났다.

　그의 죽음으로 나는 40년 동안 가장 훌륭하고 믿음직했던 친구를, 그리고 내가 말로 표현할 수 없을 만큼의 빚을 진 친구를 잃었으며 이제 나에게는 이 제3판의 출간과 아직 초고상태로 남겨진 제2권의 출간을 담당해야 할 의무가 주어져 있다. 이제 나는 여기에서 그 첫 번째 의무인 제3판의 출간을 어떻게 수행할 것인지에 대해서 독자들에게 설명하고자 한다.

　마르크스는 원래 제1권의 본문을 대부분 고쳐 쓰는 것은 물론 많은 이론적 부분들을 더욱 세밀하게 다듬고 새롭게 덧붙이고 또한 역사적인 자료나 통계적인 자료를 최근의 것들로 보완할 생각도 함께 가지고 있었다. 그러나 병세가 계속 좋지 않았던데다 제2권을 마무리해야 한다는 절박한 생각 때문에 그는 이 계획을 제대로 실행에 옮기지 못하였다. 단지 꼭 필요한 부분들만이 수정되었고 그 사이에 출간된 프랑스어판(*Le Capital. Par Karl Marx*, Paris, Lachâtre 1873)[†12]에 이미 새롭게 추가된 부분들만 덧붙여졌을 뿐이었다.

그가 남긴 유고 속에는 군데군데 수정을 가하고 프랑스어판을 참고하라고 지시해둔 독일어판이 한 권 있었고 그가 해당되는 부분을 자세하게 표시해둔 프랑스어판도 한 권 있었다. 이렇게 수정되고 첨가된 부분은 몇 군데를 제외하고는 대부분이 책의 마지막 부분, 즉 '자본의 축적과정' 편에 대한 것들이었다. 제2판에서 이 편의 앞부분은 완전히 새롭게 고쳐 쓴 데 반해 이 편은 원래의 초고를 거의 그대로 따르고 있었다. 따라서 문체에서 이 편은 훨씬 생생하고 일관된 모습을 유지하기도 했지만 동시에 덜 다듬어지고 영어식의 특유한 말투가 뒤섞인 채로 있었으며 군데군데 불분명한 부분도 많았다. 그리하여 논리적인 전개과정에서도 군데군데 빈틈이 드러나고 있었는데, 이는 논리 전개에서 중요한 몇몇 계기가 단지 암시되는 데 그치고 있었기 때문이다.

문체와 관련하여 마르크스는 스스로 여러 절을 근본적으로 수정했는 M34 데, 이렇게 수정된 부분들과 마르크스 스스로 여러 곳에서 명시적으로 언급하고 있는 암시들을 통해서 나는 영어식의 기술적인 표현과 말투를 어느 정도까지 없애버려도 될지를 가늠할 수 있었다. 만일 마르크스가 살아 있었다면 추가된 부분과 보완된 부분도 좀더 손을 보았을 것이고 매끄러운 프랑스어도 그 자신의 간결한 독일어로 바꾸어놓았을 것이다. 그러나 나는 이들 부분을 원래의 본문에 최대한 적합하게 번역하는 것으로 만족해야만 하였다.

따라서 제3판에서는 마르크스 자신이 수정하려고 했다는 것을 내가 확실히 아는 것 말고는 하나도 수정되지 않았다. 독일 경제학자들이 흔히 잘 사용하는 항간의 은어들, 즉 예를 들어 현금을 지불하는 대신 타인으로 하여금 노동을 제공하도록 하는 사람을 노동수여자(Arbeitgeber), 이 사람에게 임금의 대가로 자신의 노동을 빼앗기는 사람을 노동수취자(Arbeitnehmer)라고 일컫는 그런 조리에 닿지도 않는 용어들을 『자본』에 끌어들이는 일 따위는 내게는 생각도 할 수 없는 일이었다. 프랑스에서도 노동(travail)은 일상생활에서 '일'(Beschäftigung)이라는 의미로 사용된다. 그러나 만일 자본가를 donneur de travail(노동수여자), 노동자를 receveur de travail(노동수취자)라고 부르려는 경제학자가 있다면 프랑스 사람들은 당연히 그 사람을 돌았다고 생각할 것이다.

본문 속에서 계속 사용되고 있는 영국의 화폐단위나 도량형단위도 나는 독일의 최근 화폐단위나 도량형단위로 바꾸지 않고 그대로 두었다. 초판이 발간될 당시 독일에는 일 년 365일만큼이나 제각각인 도량형단위들이 있었고, 게다가 화폐단위로는 두 종류의 마르크(Mark)(당시 제국마르크는 1830년대 말에 그것을 창안한 죄트베르[Soetbeer]의 머릿속에서만 통용되고 있었다)와 두 종류의 굴덴(Gulden) 그리고 최소한 세 종류의 탈러(Taler)가 있었으며, 탈러 가운데 하나는 '노이에 츠바이드리텔'(neue Zweidrittel: '새로운 3분의 2'라는 뜻—옮긴이) [13]을 단위로 사용하는 것이었다. 자연과학에서는 미터법이, 그리고 세계시장에서는 영국의 도량형단위들이 통용되고 있었다. 그런 상황에서 실제 사례를 거의 영국의 산업상황에 의존해야만 했던 이 책으로서는 영국의 단위를 사용하는 것이 당연한 일이었다. 그리고 이러한 상황은 오늘날에도 여전히 마찬가지인데, 그것은 세계시장에서 쓰이는 도량형단위가 오늘날에도 별로 변함이 없고 특히 핵심적인 산업들 — 철과 면화 — 에서는 영국의 도량형단위들이 거의 전적으로 통용되고 있기 때문에 더욱 그러하다.

마지막으로 일반에 거의 제대로 이해되고 있지 않은 마르크스의 인용 방식과 관련해 한마디 덧붙여두고자 한다. 순수한 사실에 대한 언급이나 서술의 경우 인용은, 예를 들어 영국의 청서(靑書)에서 인용한 내용과 같은 것은 말 그대로 단적인 예증으로 사용된 것이다. 그러나 다른 경제학자들의 이론적 견해들을 인용한 경우는 그렇지 않다. 이 경우의 인용은 논리적인 전개과정에서 나타나는 경제사상들이 언제 어디서 누구에 의해서 처음에 명시적으로 얘기되었는지에 대한 것만을 밝히고 있다. 이 경우 중요한 것은 문제가 된 경제학적인 견해가 경제학의 역사에서 의의가 있는 것인지, 또한 그것이 당시의 경제적 상태에 대해 어느 정도 적절한 이론적 표현인지의 여부일 뿐이다. 그러나 이런 생각이 마르크스의 입장에서 볼 때 절대적이든 상대적이든 어떤 의미가 있는지의 여부나 그것이 이미 과거의 역사 속으로 사라져버렸는지의 여부는 전혀 중요하지 않다. 따라서 이들 인용은 본문에 대한 그때그때의 주석으로서 경제학의 역사에서 단지 빌려온 것들에 지나지 않으며, 경제학 이론에서 몇몇 중요한 진보가 언제 누구에 의해서 이루어졌는지를 밝혀주고 있을 뿐이다. 그리고 이들 인용은 학문의 역사가 지금까지 편파적이고 거의 고의적인 무지함에 의해서만 기술되어온 그런 학문의 경우(바로 경제학을 가리킨다―옮긴이) 특히 매우 필요한 것이다. 그래서 독자들은 이제 제2판의 후기에서 볼 수 있는 것과 마찬가지로 왜 마르크스가 거의 예외적으로만 독일의 경제학자들을 인용하고 있는지 그 이유를 이해할 수 있게 될 것이다.

제2권은 아마 1884년 중에 발간될 수 있을 것이다.

1883년 11월 7일, 런던
프리드리히 엥겔스

M36 『자본』의 영어판 발간에는 별다른 해명이 필요하지 않다. 오히려 지난 몇 년 동안 이 책에서 주장하고 있는 여러 이론이 영국과 미국에서 정기간행물이나 최신 저작들을 통해서 공격을 받거나 옹호되기도 하고 때로는 제대로 설명되거나 오해받기도 하는 등 온갖 논란의 대상이 되고 있는 점을 감안하면 이 영어판이 왜 지금까지 미루어지고 있었는지를 설명하는 것이 더 필요할 것으로 생각된다.

1883년 마르크스가 세상을 떠난 직후 이 책의 영어판이 절실하게 필요하다는 것이 분명해졌을 때 이 책의 번역을 떠맡겠다고 나선 사람은 마르크스와 나의 오랜 친구이자 이 책에 대해서 아마 어느 누구보다 정통하다고 생각되는 새뮤얼 무어(Samuel Moore)였다. 실로 그 영어판의 발간은 마르크스 유고에 대한 유언 집행자 모두가 간절히 바라던 것이었다. 나는 초고와 원본을 비교하여 수정된 부분 가운데 내가 생각하기에 적절하다고 생각되는 부분을 제시해주는 일을 맡기로 하였다. 그런데 무어가 자신의 직업적인 일에 쫓겨 우리 모두가 바라는 만큼 빠른 속도로 번역을 마칠 수 없다는 사실이 점점 분명해졌을 때 이번에는 에이블링(Dr. Aveling)이

이 일의 일부를 떠맡겠다고 제안하였고, 우리는 이를 흔쾌히 받아들였다. 이와 함께 마르크스의 막내딸 에이블링 부인이 인용문들을 맡아서 영국의 저자들이나 청서에서 발췌하여 마르크스가 독일어로 옮겨놓은 부분을 모두 원문 그대로 복원하는 일을 맡기로 하였다.

이 책 가운데 다음 부분은 에이블링이 번역한 것이다. ① 제10장(노동일)과 제11장(잉여가치율과 잉여가치량) ② 제6편(임금, 제19장~제22장) ③ 제24장 제4절(갖가지 사정)부터 이 책의 끝부분까지 — 여기에는 제24 M37 장의 마지막 부분과 제25장 그리고 제8편 전체(제26장~제33장)가 해당된다. ④ 두 개의 저자 서문. 나머지 부분은 모두 무어가 번역하였다.[†14] 따라서 번역자들은 각자 자신이 담당한 번역 부분에 대해서만 책임이 있지만, 나는 이 책 전체에 대해서 책임이 있다.

줄곧 우리 작업의 대본이 된 것은 독일어 제3판이었는데 이것은 마르크스가 남겨둔 메모의 도움을 받아 1883년에 내가 편집한 것으로, 그 메모에는 제2판의 본문 가운데 1873년에 출간된 프랑스어판에 맞추어 바꾸어야 할 부분이 표시되어 있었다.[6] 제2판의 본문에 표시된 이들 수정사항은 마르크스가 영어판 번역을 위해서 자필로 표시해둔 수정사항과 대체로 일치하는 것이었는데, 원래 이 영어판 번역은 10년 전 미국에서 출판하기로 계획했다가 무엇보다 제대로 된 번역자를 찾을 수 없어서 포기했던 것이었다. 영어 번역을 위한 이 수고(手稿)는 우리의 오랜 친구인 뉴저지 주 호브켄에 사는 조르게(F. A. Sorge)가 우리에게 제공해주었다. 이 수고는 프랑스어판에서 몇 가지를 더 발췌하여 삽입하도록 지시하고 있었지만 그것은 제3판을 위한 최근의 지시사항들보다 훨씬 더 오래된 것이어서 나는 그것이 특별히 우리에게 난점을 해결해준다고 생각되는 경우에만 예외적으로 사용하는 것이 좋겠다고 생각하였다. 또한 대부분의 어려운 부

---

6) 『자본. 카를 마르크스』(*Le Capital. Par Karl Marx*), 루아(M. J. Roy) 옮김, 저자 완전 교열, 파리, 라샤트르(Lachâtre) 간행. 이 번역본에는 특히 마지막 부분에 독일어 제2판을 상당히 수정 보완한 내용이 포함되어 있다.

분에서 프랑스어판 본문이 참고가 되긴 했지만 그것은 어디까지나 번역을 위해서 원문의 전체적인 의미 가운데 뭔가가 희생될 수밖에 없는 경우 마르크스 자신이 무엇을 희생시키려 했을지를 판단하는 근거로만 사용되었다.

그럼에도 우리가 독자들을 위해서 제거하려 했으나 그렇게 하지 못한 어려움이 하나 있다. 그것은 몇몇 용어를 일상생활에서 사용되는 의미와는 물론 경제학에서 통상 사용되는 의미와도 다른 의미로 사용했다는 점이다. 그러나 이것은 불가피한 일이었다. 모든 학문의 새로운 견해는 이 학문에서 사용되던 전문용어들의 혁명을 포함한다. 이것을 가장 잘 보여주는 것이 화학이다. 화학에서는 대략 20년마다 전체 용어가 완전히 바뀌고 유기화합물 가운데 이름이 계속 변해오지 않은 것이 거의 없다. 경제학은 지금까지 대체로 상공업부문에서 일상적으로 사용하는 용어들을 그대로 받아들여 사용하는 것으로 만족해왔으며, 그 결과 그런 용어들로 표현되는 생각들이 갖는 좁은 한계에 스스로 갇혀왔다는 점을 완전히 간과해왔다. 그래서 고전파 경제학도 그들이 이미 이윤과 지대가 생산물 가운데 노동자가 자신의 기업가(기업가는 불불〔不拂, unbezahlt〕 부분의 유일하고 궁극적인 소유자는 아니지만 그것을 최초로 취득하는 자이다)에게 제공하지 않으면 안 되는 불불 부분의 일부, 즉 그것의 조각들에 지나지 않는다는 것을 완전히 알고 있었으면서도 이윤과 지대의 일상적인 개념의 한계를 한번도 뛰어넘지 못했고, 또한 생산물 가운데 이 불불 부분(마르크스는 이것을 잉여가치라고 일컬었다)을 하나의 전체로서 한번도 포괄적으로 고찰하지 않았으며, 그래서 결국 이들의 원천과 본질은 물론 가치가 나중에 배분되는 법칙에 대해서도 전혀 명확하게 이해하지 못하였다. 이와 비슷하게 농업이나 수공업이 아닌 모든 산업도 매뉴팩처라는 용어와 아무런 구분 없이 함께 사용되었는데 이로 인해 경제사에서 본질적으로 다른 두 개의 커다란 시기, 즉 수공업노동의 분화에 기초한 원래의 매뉴팩처 시기와 기계에 기초한 근대산업 시기 사이의 구별이 사라져버렸다. 그렇

지만 근대 자본주의 생산을 인류의 경제사에서 하나의 단순한 발전단계
로 간주하는 이론은, 이 생산양식을 결코 소멸하지 않는 최종적인 것으로
간주하는 저술가들이 관용적으로 사용하는 용어들과는 전혀 다른 용어들
을 사용해야 하는 것이 당연한 일이다.

마르크스의 인용방식에 대해서도 한마디 덧붙여둘 필요가 있다고 여겨
진다. 대부분의 경우 마르크스의 인용도 보통의 방식대로 본문에서 제기
된 주장에 대해 문서적인 증거로 사용되고 있다. 그러나 경제학 저술가들
을 인용한 많은 부분에서는 어떤 하나의 견해가 언제 어디에서 그리고 누
구에 의해 처음 명시적으로 주장되었는지를 밝히기 위한 목적으로 인용
되고 있다. 이런 인용은 인용된 견해가 해당 시기에 지배적이던 사회적 생
산 및 교환 조건을 어느 정도 적절하게 표현했는지 그 중요성에 따라 이루
어졌으며, 마르크스가 그 견해들을 인정하는지 여부나 그 견해가 일반적
인 타당성이 있는지의 여부와는 무관하게 이루어졌다. 따라서 이들 인용
은 경제학의 역사로부터 발췌한 주석으로서 본문을 보충해주는 역할을
하고 있다.

우리가 여기에 번역한 것은 전체 저작의 제1권에 해당할 뿐이다. 그러 ^{M39}
나 이 제1권은 상당부분 그 자체로서 하나의 완결된 전체를 이루고 있으
며 지난 20년 동안 독립된 저작으로 간주되어왔다. 1885년에 내가 독일어
로 출간한 제2권은 제3권이 없이는 전적으로 불완전한 것인데, 제3권은
1887년 말까지도 출간될 가능성이 없다. 제2권과 제3권의 영어판 준비는
제3권의 독일어 원본이 출간되고 난 다음에 생각해도 늦지 않을 것이다.

『자본』은 유럽 대륙에서 종종 '노동자계급의 성서'라고 불린다. 이 저
작에서 얻어진 결론들이 독일과 스위스는 물론 프랑스와 네덜란드, 벨기
에, 미국 그리고 이탈리아와 스페인에 이르기까지 모든 나라에서 날이 갈
수록 점점 위대한 노동계급운동의 기본원칙으로 자리를 굳혀가고 있으며
또한 모든 나라의 노동계급이 이들 결론이야말로 바로 자신들의 상태와
열망을 가장 잘 표현한다는 것을 인정하고 있다는 점은 이 운동에 정통한

사람이라면 아무도 부인하지 못할 것이다. 그리고 영국에서도 마르크스의 이론은 지금 이 순간 사회주의운동—노동자계급 못지않게 지식인들 사이에서도 널리 확산되고 있는—에 강력한 영향력을 행사하고 있다. 그러나 이뿐만이 아니다. 영국의 경제상태에 대한 철저한 연구가 불가항력적인 국가적 필요 때문에 강력히 요구되는 시점이 급속하게 다가오고 있다. 생산과 시장이 끊임없이 급속하게 확대되지 않으면 제대로 돌아갈 수 없는 영국 산업체계의 움직임이 정지상태로 빠져들고 있다. 자유무역은 그 밑천이 모두 드러나고 말았다. 맨체스터에서까지도 왕년의 이 경제적 복음에 대한 회의가 고개를 들고 있다.[7] 급속하게 발전한 외국의 산업은 도처에서, 즉 보호관세지역과 중립적 시장은 물론 심지어 영국의 국내시장에서까지도 영국의 생산을 위협하고 있다. 생산력의 증가는 기하급수적으로 이루어지는 데 반해 시장의 확대는 기껏해야 산술급수적으로 이루어지고 있다. 물론 1825년부터 1867년까지 10년을 주기로 침체, 호황, 과잉생산, 위기를 반복적으로 거쳐가던 순환은 이제 중단된 것처럼 보인다. 그러나 그것은 단지 우리를 지속적이고 만성적인 불황의 절망적인 구렁텅이로 빠뜨리기 위한 것일 뿐으로 보인다. 고대하는 호황의 시기는 오지 않을 것이다. 우리가 그러한 호황기의 징조를 발견했다고 생각하는 순간마다 그것은 언제나 연기처럼 사라져버릴 것이다. 그러는 동안 겨울철이 다가올 때마다 '실업자를 어떻게 할 것인가'라는 문제가 끊임없이 제기될 것이다. 그러나 실업자 수는 해마다 부풀어오르고 있는데 이 문제에 답변을 제공하는 사람은 아무도 없다. 그래서 우리는 실업자들이 더 이상 견디지 못하고 자신들의 운명을 스스로 결정하려고 하는 시점이 다가오고

---

7) 오늘 오후에 열린 맨체스터 상업회의소의 4분기 회의에서는 자유무역 문제를 둘러싸고 활발한 토론이 벌어졌다. 다음과 같은 취지의 결의안이 상정되었기 때문이다. "우리는 다른 나라들이 자유무역에 대한 영국의 사례를 본받아 뒤따르기를 40년간이나 기다려왔으나 그것은 허사였다. 그래서 우리 회의소는 이제 이런 관점을 바꾸어야 할 시점이 되었다고 생각한다." 이 결의안은 찬성 21표, 반대 22표의 단 한 표 차이로 부결되었다(『이브닝 스탠더드』〔Evening Standard〕, 1886년 11월 1일).

있다는 것을 예상할 수 있다. 바로 그런 시점에서 우리는 영국의 경제상태
와 경제사에 대한 평생의 연구를 통해 자신의 전 이론을 수립하고 이 연구
를 통해 최소한 유럽에서 영국이야말로 불가항력적인 사회혁명이 전적으
로 평화적이고 합법적인 수단을 통해서 달성될 수 있는 유일한 나라라는
결론을 얻은 이 인물의 목소리에 귀를 기울여야 할 것이다. 물론 그는 영
국의 지배계급이 이 평화적이고 합법적인 혁명에 대하여 '노예제 옹호 반
란'(proslavery rebellion)[†15]도 없이 굴복하리라고는 거의 기대하지 않는
다고 덧붙이는 것을 잊지 않았다.

1886년 11월 5일
프리드리히 엥겔스

M41 제4판에서 나는 주석과 본문을 되도록이면 최종적으로 확정하고자 하였다. 내가 이것을 어떻게 수행했는지를 간단히 얘기해두고자 한다.

프랑스어판과 마르크스의 자필 지시서를 다시 한 번 더 비교해본 다음 나는 프랑스어판을 바탕으로 몇 가지를 독일어 원본에 보충하였다. 그렇게 보충된 부분은 80쪽(제3판, 88쪽), 458~460쪽(제3판, 509~510쪽), 547~551쪽(제3판, 600쪽), 591~593쪽(제3판, 644쪽), 596쪽(제3판, 648쪽)의 주 79 등이다.[8] 마찬가지로 나는 프랑스어판과 영어판의 예를 따라 광산노동자에 대한 기다란 주석을 본문에 삽입하였다(제4판, 461~467쪽).[9] 그밖의 사소한 수정들은 순전히 기술적인 것들이다.

그밖에 나는 몇 군데 해설 내용을 담은 보주(補註)를 삽입했는데, 이것은 특히 역사적 조건의 변화 때문에 필요하다고 생각되는 경우에 그렇게 하였다. 이들 보주에는 모두 * 표시를 하고 내 이름의 첫 글자나 "D.H."

---

8) 이 책의 130, 517~519, 610~613, 655~657, 660쪽을 볼 것.
9) 이 책의 519~525쪽을 볼 것.

를 적어넣었다.[10]

그 사이에 출간된 영어판 때문에 많은 인용문을 완전히 새롭게 수정할 필요가 있었다. 이 영어판을 위해서 마르크스의 막내딸 엘리너(Eleanor)는 모든 인용문을 원문과 대조하는 수고를 해주었고, 그 덕분에 영어판에서는 전체 인용문 가운데 압도적인 비중을 차지하는 영어 원전에서 인용한 부분이 독일어로부터 재번역되지 않고 영어 원문 그 자체가 실리게 되었다. 그래서 제4판에서는 이들 영어 원문을 대조하는 것이 내게 큰 일이었다. 그 결과 갖가지 사소한 오류들이 발견되었다. 페이지에 대한 지시가 틀린 것은, 일부는 노트에서 옮겨 적는 과정에서 잘못 적은 것이고, 일부는 판이 세 번을 거듭하는 과정에서 발생한 오식 때문이었다. 인용부호나 생략부호가 틀린 것도 있었는데 이는 발췌 노트에서 인용한 양이 많을 때 어쩔 수 없이 생기는 오류들이다. 여기저기에서 적절하지 못한 번역용어들도 발견되었다. 1843~45년 파리 시절의 낡은 노트에서 인용된 부분이 몇 군데 있었는데, 이 시절에는 마르크스가 아직 영어를 몰라서 영국 경제학자들의 책을 프랑스어 번역판으로 읽었기 때문에 이중번역 과정에서 발음에 약간의 변화가 발생한 경우가 있었고 — 예를 들어 스튜어트(Steuart)·유어(Ure) 등과 같이 — 이런 부분들은 이제 영어 원문을 직접 이용해야만 했다. 그리고 그밖에도 이와 마찬가지의 사소하게 부정확하거나 소홀한 부분이 많이 발견되었다. 이제 이 제4판을 예전 판들과 비교해보면 이런 힘든 교열과정이 있었음에도 그것 때문에 이 책의 내용 가운데 변화된 것이 있었다고는 전혀 얘기할 수 없다는 것을 우리는 알 수 있다. 단 하나, 리처드 존스(Richard Jones)에게서 인용한 부분(제4판, 562쪽, 주 47)[11]만은 그 원본을 찾아낼 수 없었다. 아마도 마르크스가 이 책의 제목을 잘못 썼던 것 같다. 그밖의 모든 인용문은 완전한 증거능력을 스스

---

10) 이 책에서는 〔 〕로 묶고 '엥겔스'(원문에는 F.E.로 되어 있다—옮긴이)라고 표기하였다.
11) 이 책의 625쪽을 볼 것.

로 갖추고 있거나 아니면 현재 드러나고 있는 정확한 현실을 통해서 자신의 증거능력을 강화시키고 있다.

그런데 나는 여기에서 오래된 한 옛날이야기로 돌아가고자 한다.

내가 알기로는 마르크스의 인용문이 올바른 것인지 의심을 받은 적이 단 한 번 있었다. 그런데 이 의심이 마르크스가 세상을 떠난 지금까지도 여전히 떠돌아다니고 있어서 나는 여기에서 그것을 그대로 지나쳐버릴 수가 없다.[†16]

1872년 3월 7일 베를린에서 발간되는 독일 공장주협회 기관지『콘코르디아』(*Concordia*)에 「카를 마르크스는 어떤 방식으로 인용하였는가」라는 익명의 글 한 편이 실렸다. 이 글은 온갖 상스러운 욕과 표현을 모두 써가면서 1863년 4월 16일 글래드스턴(Gladstone)의 예산연설(1864년 국제노동자협회〔제1인터내셔널을 가리킨다—옮긴이〕의 창립선언문[12])에도 인용되어 있으며, 『자본』제1권 제4판, 617쪽과 제3판, 670~671쪽[13])에 실려 있다)에 대한 인용이 날조되었다고 주장하였다. 즉 인용문 속에 나오는 "현기증이 날 정도의 이런 부와 권력의 증가는 …… 전적으로 유산계급에만 해당되고 있다"는 말은 핸서드(Hansard)의 (반〔半〕공식적인) 속기록에는 한 마디도 나오지 않는다는 것이었다. "이 문장은 글래드스턴의 연설 가운데 어디에도 없는 것이다. 오히려 거기에는 그것과 정반대되는 내용이 들어 있다." (굵은 글씨로) "마르크스는 이 문장을 형식적으로나 실질적으로 위조하여 덧붙인 것이다!"

이 글이 실린『콘코르디아』해당 호를 그 해 5월에 받아본 마르크스는 6월 1일『폴크스슈타트』(*Volksstaat*)를 통해서 익명의 필자에게 답변을 보냈다. 그는 자신이 인용한 잡지가 어떤 것이었는지를 기억해내지 못해서 M43 단지 똑같은 인용문이 실린 다른 두 개의 영국 서적을 명시한 다음 다시

---

12) MEW판 제16권, 3~13쪽을 볼 것.
13) 이 책의 680/681쪽을 볼 것.

『타임스』(*Times*)의 보도를 인용하였다. 그 보도에 따르면 글래드스턴은 다음과 같이 말했다고 되어 있다.

이것이 바로 이 나라의 부에 관한 문제의 진상이다. 나 개인으로서는 이런 현기증이 날 정도의 엄청난 부와 권력의 증가에도 불구하고 만일 그것이 내가 믿고 있는 바와 같이 유복한 계급에만 해당되는 것이라면 나는 그것을 우려와 아픔을 안고 지켜볼 수밖에 없다는 것을 말하지 않을 수 없다. 여기에서 노동하는 사람들의 상태는 아무것도 알려지고 있지 않다. 내가 지금까지 얘기했던 부와 권력의 증가는 내가 알고 있는 한 모두 정확한 보고에 근거하는 것인데, 그것들은 전적으로 유산계급에만 한정되어 있는 현상에 불과하다.

여기서 글래드스턴은 만일 그것이 사실이라면 그것은 그에게 고통이 될 것이라고 말하고 있지만 또한 그것은 바로 사실이기도 하다고, 즉 이 현기증을 일으키는 엄청난 권력과 부의 증가가 전적으로 유산계급에만 한정되어 있는 일이라고 얘기하고 있다. 그리고 반공식적인 핸서드의 속기록과 관련하여 마르크스는 이어서 다음과 같이 말하였다. "나중에 다시 정정된 속기록판을 통해서 글래드스턴은 약삭빠르게도 영국 재무장관의 입에서 나온 얘기로는 위험한 부분을 삭제해버렸던 것이다. 이것은 영국 의회의 오래된 전통에 따른 것으로, 베벨과 논쟁하던 라스커가 지어낸 날조[†17]와는 전혀 내용이 다른 것이다."

익명의 인물은 더욱 격분하였다. 『콘코르디아』 7월 4일치의 답변에서 그는 2차 자료에 대한 문제는 건드리지 않은 채 소극적인 방식으로 다음과 같이 암시적인 얘기를 늘어놓았다. 즉 의회연설은 속기록에 따라 인용하는 것이 '관례'라는 것과 『타임스』의 보도(여기에 '허위로 덧붙인' 문장이 포함되어 있다)와 핸서드의 속기록(여기에는 그 덧붙인 문장이 없다)은 '실질적으로 완전히 일치하고 있으며' 뿐만 아니라 『타임스』의 보도 내

용 안에는 '창립선언에 포함되어 있는 그 악명높은 구절과는 정반대되는'
내용이 담겨 있다는 것이다. 그러나 이 인물은 그『타임스』의 보도가 자신
이 얘기한 그 '정반대'의 내용과 함께 바로 그 '악명높은 구절'도 분명히
포함하고 있다는 사실에 대해서는 신중하게 입을 다물었다. 그럼에도 이
익명의 인물은 자신이 암초에 걸렸으며 단지 새로운 구실거리를 통해서
만 자신이 구출될 수 있다는 것을 느꼈다. 그래서 그는 이제 막 보여준 바
와 같이 '뻔뻔스러운 거짓말'로 가득 찬 그의 논문에 온갖 쓰레기 같은 험
담, 즉 예를 들어 '악의'(mala fides), '파렴치함', '허위진술', '그 거짓 인
용', '뻔뻔스러운 거짓말', '완전히 날조된 인용', '이 날조', '뻔한 비열함'
등과 같은 단어들을 채워넣었다. 또한 그는 쟁점을 다른 방향으로 돌려야
할 필요가 있다는 것을 알고는 '다음 논문에서 글래드스턴이 말한 내용들
이 우리('거짓말쟁이'가 아닌 익명의 인물)에게 어떤 의미를 갖는지에 대
해서 논의할 것'을 약속하였다. 이런 엉뚱한 견해가 마치 이 문제와 조금
이라도 관련이 있는 것 같은 뉘앙스를 풍기면서 말이다! 그가 말한 다음
논문은『콘코르디아』7월 11일치에 실려 있다.

　　마르크스는 여기에 대해서 다시 한 번 8월 7일치『폴크스슈타트』를 통
해 답변을 했는데 이번에는 문제가 된 부분과 관련된 1863년 4월 17일자
『모닝 스타』(Morning Star)와『모닝 애드버타이저』(Morning Advertiser)의
보도를 소개하였다. 두 신문 모두에 따르면 글래드스턴은 다음과 같이 말
했다고 되어 있다. 즉 그는 현기증이 날 정도의 이 부와 권력의 증가가 만
일 실질적으로 유복한 계급(classes in easy circumstances)에만 국한된 현
상이라고 생각될 경우 이것을 우려스러운 것으로 간주하고자 하는데, 그
럼에도 이러한 부의 증가 현상은 사실상 유산계급에만 한정되어 나타나
고 있다(entirely confined to classes possessed of property)고 그는 말했다
는 것이다. 따라서 이들 두 신문의 보도도 바로 그 '허위로 덧붙여졌다'는
문장을 그대로 싣고 있다. 여기에 마르크스는『타임스』와 핸서드 속기록
의 본문을 서로 비교함으로써 다음과 같은 사실을 다시 한 번 확인시키고

있다. 즉 다음날 아침에 발간된 별개의 세 신문에 똑같이 실린 보도 내용을 통해서 실제로 얘기되었다고 확인된 문장이 잘 알려진 '관례'에 따라 교열을 받은 핸서드의 속기록에서는 빠져 있으며, 마르크스의 말을 빌리자면 그것은 글래드스턴이 그 부분을 '나중에 슬쩍 훔쳐내버렸기' 때문이라는 것이다. 그리고 마지막으로 마르크스는 자신이 이 익명의 인물과 더 이상 상대하고 있을 시간이 없다고 선언하였다. 익명의 인물도 그것으로 만족한 듯 보였고, 마르크스에게도 최소한 그뒤로는 『콘코르디아』가 더 이상 날아오지 않았다.

이것으로 사건은 끝나고 묻혀버린 것처럼 보였다. 물론 그뒤에도 한 두 번 케임브리지 대학과 교류가 있는 사람들에게서 마르크스가 『자본』 속에서 저질렀다는 범죄, 즉 집필과 관련된 그 엄청난 범죄에 대한 은밀한 소문이 들려오곤 하였다. 그러나 아무리 조사를 해보아도 그 이상 더 확실한 것은 아무것도 알 수 없었다. 그러다가 마르크스가 세상을 떠난 지 여덟 달 뒤인 1883년 11월 29일자 『타임스』에 케임브리지의 트리니티 칼리지(Trinity College)로부터 배달된 편지가 한 통 실렸다. 발신자는 세들리 테일러(Sedly Taylor)로 되어 있었는데, 극히 온건한 협동조합 활동을 하고 있던 이 인간이 뜻밖에도 이 편지에서 케임브리지의 풍문은 물론 『콘코르디아』의 익명의 인물에 대해서도 그 내막을 우리에게 드디어 다음과 같이 알려주었다.

매우 특이하게 생각되는 것은 …… 창립선언문 속에 글래드스턴의 연설을 그대로 옮겨넣은 그 나쁜 짓을 폭로한 것이 …… 브렌타노 교수(당시에는 브레슬라우에 있었고 지금은 스트라스부르에 있다)였다는 것이다. 그 인용문을 변호하려고 했던 …… 카를 마르크스는 브렌타노의 능숙한 공격에 몰려 곧바로 궁지에 빠지게 되자 교활하게도 글래드스턴이 1863년 4월 M45 17일자 『타임스』에 보도된 자신의 연설 내용 가운데 영국 재무장관으로는 적절하지 않은 발언 부분을 핸서드의 속기록이 발간되기 전에 서둘러 삭제해버렸다고 주장하였다. 브렌타노가 두 원문을 꼼꼼하게 대조함으로써 마르크스가 교활한 발췌를 통해 바꿔치기해버린 글래드스턴 인용문의 의미가 이들 『타임스』와 핸서드의 속기록 모두에 전혀 포함되어 있지 않다는 것을 입증하자 마르크스는 시간이 없다는 핑계로 물러서고 말았다!

이것이 바로 사건의 진상이었다! 그리고 브렌타노가 『콘코르디아』를 통해서 벌인 이 익명의 싸움은 케임브리지 생산협동조합의 환상에 찬란하게 반영되었던 것이다! 이 독일 공장주협회의 성 게오르크(Sankt George: 용을 퇴치한 전설로 유명한 기독교의 성자—옮긴이)는 '능숙한 공격'으로 이처럼 칼을 휘둘렀고,[18] 지옥의 용 마르크스는 '곧바로 궁지'에 빠져 그의 발 아래에서 죽어버렸던 것이다!

그러나 완전히 한 편의 서사시 같은 이 무용담은 우리의 성 게오르크가 저지른 술책을 은폐하는 구실을 하고 있을 뿐이다. 여기에서는 이미 '덧붙인 거짓말'이나 '날조'가 문제되는 것이 아니라 단지 '교활하게 발췌된 인용'이 문제가 되고 있을 뿐이다. 전체적인 문제는 다른 방향으로 흘러가버렸으며 왜 그것이 그렇게 되었는지는 성 게오르크와 그의 케임브리지 앞잡이 모두 잘 알고 있었다.

엘리너 마르크스는 『타임스』가 게재를 거절했기 때문에 1884년 2월 월간지 『투데이』(To-Day)를 통해서 이 문제에 대한 답변을 밝혔다. 엘리너는 여기에서 원래 문제가 된 단 하나의 쟁점, 즉 마르크스가 그 문장을 '허위로 덧붙였는가' 아닌가 하는 문제에 논의의 초점을 맞추었다. 이에 대하여 세들리 테일러는 다음과 같이 답하였다.

마르크스와 브렌타노 사이의 논쟁에서 "어떤 문장이 글래드스턴의 연설에 실제로 있었느냐 없었느냐 하는 문제"는, 내가 보기에 "그 인용문이 글래드스턴이 말하려고 했던 의미를 그대로 살리려고 했느냐 아니면 그것을 왜곡하려 했느냐의 문제에 비하면" "매우 부차적인 의미"밖에 없다고 생각된다.

　그런 다음 그는 『타임스』의 보도가 "사실상 말의 내용에서 모순을 보이고 있다"는 점을 수긍하였다. 그러나 그는 나머지 내용을 정확하게, 즉 글래드스턴이 말하려고 했던 자유주의적인 의미로 이해한다면 바로 그것이 글래드스턴이 정말로 말하려고 했던 것이라고 주장하였다(『투데이』, 1884년 3월). 여기에서 가장 우스운 것은 이 케임브리지의 소인배가 연설문의 인용을 이제는, 익명의 브렌타노가 '관례'라고 존중했던 핸서드 속기록이 아니라 똑같은 브렌타노가 '틀림없이 잘못 씌어졌다'고 지적했던 바로 그 『타임스』의 보도에 따라서 해야 한다고 주장했다는 점이다. 물론 문제가 된 그 문장이 빠져 있는 것은 바로 핸서드 속기록인데 말이다!

　엘리너 마르크스는 이 주장을 『투데이』 같은 호 안에서 간단하게 무력 ^{M46} 화시켰다. 먼저 테일러가 1872년의 논쟁을 모두 읽었을 경우 그는 사실을 '허위로' '덧붙였을' 뿐만 아니라 '삭제해'버리기까지 한 셈이다. 그렇지 않고 그가 이 논쟁을 읽지 않았다면 그는 입을 다물어야만 했을 것이다. 어떤 경우이든 확실한 것은 마르크스가 '허위로 덧붙였다'고 주장한 브렌타노의 고발에 대해 그가 단 한순간도 지지를 보내려 하지 않았다는 것이다. 오히려 반대로 그는 이제 마르크스가 무엇을 덧붙인 것이 아니라 중요한 구절을 하나 숨겨버렸다고 주장하였다. 그러나 바로 이 구절은 창립선언문의 5쪽에 이른바 '허위로 덧붙여졌다'고 언급되는 바로 그 구절 몇 줄 앞에 인용되어 있다. 또한 글래드스턴의 연설에서 드러나는 모순에 관해서 말한다면, 『자본』 618쪽(제3판, 672쪽)의 주 105[14)]에서 '1863년과 1864년 글래드스턴의 예산연설에서 계속 드러나는 모순들'에 대해서 얘기한 사람은 바로 마르크스가 아닌가! 마르크스는 단지 이들 모순을 세들리 테일러처럼 자유주의적인 태평스러움으로 해소해버리려고 하지 않았을 뿐

---

14)　이 책의 682쪽을 볼 것.

이다. 그리고 엘리너 마르크스가 밝힌 답변의 결론을 요약하면 그 내용은 다음과 같다. "정반대로 마르크스는 인용할 만한 가치가 있는 것은 아무 것도 숨기지 않았을 뿐만 아니라 거기에 조금도 무엇을 허위로 덧붙이지도 않았다. 오히려 그는 글래드스턴의 연설 가운데 분명하게 얘기된 것임에도 불구하고 이런저런 이유로 핸서드 속기록에서 누락되어버린 어떤 구절을 망각되지 않도록 되살려놓았던 것이다."

이것으로 세들리 테일러도 더 이상 문제를 제기하지 못하였다. 그리고 20년 동안 이 두 큰 나라에 걸쳐서 교수 일당이 벌여온 음모가 거둔 전체적인 성과는 이제 더 이상 아무도 마르크스의 저작에 대해서 그 정직성을 문제 삼지 않게 되었다는 것과 그 이후로 세들리 테일러는 브렌타노의 논쟁적 저작을 더 이상 신뢰하지 않게 되었을 것이고 또한 브렌타노는 핸서드 속기록의 완전무결성에 대한 교황적 권위를 더 이상 믿지 않게 되었으리라는 것이다.

1890년 6월 25일, 런던

프리드리히 엥겔스

제1편

상품

제1절 상품의 두 요소: 사용가치와 가치(가치실체·가치크기)

자본주의적 생산양식이 지배하는 사회에서 부는 하나의 '거대한 상품 M49
집적'[1]으로 나타나고, 하나하나의 상품은 이러한 부의 기본형태로 나타
난다. 그래서 우리의 연구는 상품의 분석부터 시작한다.

상품은 우선 외적 대상으로, 그 속성을 통해 인간의 여러 가지 욕망을
충족시키는 물적 존재(Ding)이다. 이 욕망의 성질이 무엇인지는, 즉 이 욕
망이 뱃속(생리적인 욕구—옮긴이)에서 나온 것인지 머릿속(정신적인 욕구—
옮긴이)에서 나온 것인지 그것은 여기에서 중요하지 않다.[2] 또 그 물적 존
재가 생활수단, 즉 향유의 대상으로서 직접적으로 인간의 욕망을 충족시

---

1) 카를 마르크스, 『경제학 비판』, 베를린, 1859, 3쪽(MEW Bd.13, 15쪽).
2) "욕구(desire)는 욕망(want, Bedürfnis)을 포함한다. 욕망은 육체에 배고픔이 나타나는 것과
   마찬가지로 정신에도 당연히 나타나는 갈증이기 때문이다. 대부분의 물적 존재는 정신의 욕망
   을 충족시킨다는 점 때문에 가치를 갖는다"(바번〔Nicholas Barbon〕, 『새 화폐의 무게를 줄이는
   문제에 대한 고찰』, 런던, 1696, 2~3쪽).

키는가 아니면 생산수단으로서 간접적으로 그 욕망을 충족시키는가도 여기서는 문제가 되지 않는다.

철·종이 따위의 모든 유용물은 질과 양이라는 이중의 관점에서 각각 고찰될 수 있다. 이들 각각의 물적 존재는 많은 속성을 갖춘 하나의 전체(Ganze)이며, 따라서 여러 방면으로 사용될 수 있다. 이 여러 방면, 즉 물적 존재의 다양한 용도를 발견해내는 것은 역사의 업적에 해당한다.[3] 이 유용물들의 양(量)을 측정하는 사회적 척도를 찾아내는 일도 역시 그러하다. 상품의 척도가 다양해진 이유는 한편으로는 측정해야 할 대상의 본성이 서로 다르기 때문이며 다른 한편으로는 관습 때문이다.

어떤 한 물적 존재의 유용성은 그 물적 존재를 사용가치(Gebrauchswert)로 만든다.[4] 그러나 이 유용성은 공중에 떠다니는 것이 아니다. 그 유용성은 상품체(商品體, Warenkörper)의 속성에 따라 제약되며, 따라서 상품체 없이는 존재하지 않는다. 그러므로 철·밀·다이아몬드 같은 상품체는 그 자체로서 사용가치 또는 재화이다. 상품체의 이러한 성격은 그 유용성을 얻기 위해 인간이 소비한 노동의 양이 얼마인지와는 무관하다. 사용가치를 고찰할 때는 언제나 몇 개의 시계, 몇 엘레의 베, 몇 톤의 철 따위와 같이 그 양적인 규정성(Bestimmtheit: 항상 일정한 양적 단위로 표현된다는 뜻─옮긴이)이 전제된다. 상품의 사용가치는 독자적인 하나의 교과목, 즉 상품학(Warenkunde)의 소재를 제공한다.[5] 사용가치는 오로지 사용되거

---

3) "물적 존재들은 철을 끌어당기는 자석의 속성처럼 어디에서나 똑같이 작용하는 내재적인 속성(intrinsick vertue: 이것은 사용가치를 나타내는 바번의 독특한 용어이다)을 지니고 있다"(같은 책, 6쪽). 철을 끌어당기는 자석의 속성은 그 속성을 매개로 한 자석의 극성이 발견된 뒤에야 비로소 유용해졌다.

4) "모든 물적 존재의 자연적 가치(natural worth)는 필요를 충족시키거나 인간생활에 편의를 제공하기에 적합하다는 점에 있다"(로크〔John Locke〕, 「이자율 인하의 결과에 관한 몇 가지 고찰」, 1691, 『저작집』 제2권, 런던, 1777, 28쪽). 17세기 영국 저술가들의 글에서는 사용가치(Gebrauchswert)를 뜻하는 '가치'(worth)라는 말과 교환가치(Tauschwert)를 뜻하는 '가치'(value)라는 말을 자주 접하게 된다. 이것은 직접적인 것은 튜튼어로 표현하고 반성적인 것은 라틴어로 표현하곤 하던 영어의 정신에 전적으로 따른 것이다.

나 소비됨으로써 스스로를 실현한다. 사용가치는 부의 사회적 형태가 무엇이든 상관 없이 그 부의 소재적 내용을 구성한다. 또한 사용가치는 우리가 고찰하게 될 사회형태에서 교환가치(Tauschwert)의 소재적 담지자가 된다.

교환가치는 우선 양적 관계, 즉 어떤 하나의 사용가치가 다른 종류의 사용가치와 교환되는 비율로 나타나며[6] 이 비율은 때와 장소에 따라 끊임없이 바뀐다. 그러므로 교환가치는 우연적이고도 순전히 상대적인 것처럼 보이고, 따라서 상품에 들어 있는 내재적인 교환가치, 곧 내재적 가치(valeur intrinsèque)라는 것은 일종의 형용모순(形容矛盾, contradictio in adjecto)처럼 보인다. 이 문제를 좀더 자세히 살펴보도록 하자.[7] M51

어떤 하나의 상품, 예를 들어 1쿼터의 밀은 x량의 구두약, y량의 비단, z량의 금 따위의 상품, 요컨대 다른 여러 상품과 제각기 다른 비율로 교환된다. 따라서 밀은 하나의 교환가치가 아니라 수많은 교환가치를 갖는다. 그러나 x량의 구두약이나 y량의 비단 또는 z량의 금 등도 각각 1쿼터의 밀의 교환가치를 나타내기 때문에, x량의 구두약이나 y량의 비단 또는 z량의 금 등은 서로 대체될 수 있어야 한다. 다시 말해 서로 같은 크기의 교환가치라야만 한다. 그러므로 다음과 같은 결론이 나온다. 첫째, 같은 상품에 적용되는 여러 교환가치는 모두 동일한 어떤 것을 나타낸다. 그러나 둘째, 교환가치는 일반적으로 교환가치 그 자체와는 구별되는 다른 어떤 내용물의 표현양식이자 '현상형태'일 수 있다.

2개의 상품, 예를 들어 밀과 철의 경우를 생각해보자. 그들의 교환비율

---

5) 부르주아 사회에서는 모든 사람이 구매자로서 상품에 관한 완전한 지식을 소유하고 있다는 가설(fictio juris)이 지배한다.

6) "가치는 한 물건과 다른 물건, 어떤 생산물의 일정량과 다른 생산물의 일정량 사이에서 이루어지는 교환비율이다"(르 트론〔Le Trosne〕, 「사회적 이해에 대하여」, 『중농학파』, 데르〔Daire〕 엮음, 파리, 1846, 889쪽).

7) "내재적인 교환가치(intrinsick value)를 가진 것은 어디에도 없다"(바번, 앞의 책, 6쪽). 또는 버틀러(Butler)가 말했듯이 "물건의 가치는 그것이 자신의 대가로 가져올 수 있는 바로 그 크기이다." †19

은 그 크기가 얼마이건 언제나 일정한 양의 밀과 얼마만큼의 철이 등치된다는 등식, 예를 들어 1쿼터의 밀＝a첸트너(Zentner: 100파운드, 즉 50킬로그램을 나타내는 중량단위−옮긴이)의 철로 표현될 수 있다. 이 등식은 무엇을 말해주는가? 이것은 2개의 서로 다른 물적 존재, 곧 1쿼터의 밀과 a첸트너의 철 속에는 양자에 공통된 어떤 것이 같은 크기로 들어 있음을 뜻하는 것이다. 따라서 양자는 어떤 제3의 것과 동등한데, 이 제3의 것은 그 자체로서는 전자도 후자도 아닌 어떤 것이다. 그러므로 양자는 모두, 교환가치인 한에서는, 이 제3의 것으로 환원될 수 있어야 한다.

간단한 기하학적 예를 들어보면 이것은 분명해진다. 온갖 다각형의 면적을 측정하여 서로 비교하기 위해 우리는 그 다각형을 몇 개의 삼각형으로 분해한다. 그리고 삼각형 자신의 면적은 외견상의 모양과는 전혀 다른 표현으로, 즉 밑변×높이의 $\frac{1}{2}$ 로 환원된다. 그와 마찬가지로 상품의 교환가치도 그 양을 표시해줄 수 있는 어떤 공통물로 환원될 수 있어야 한다.

이 공통물은 상품의 기하학적·물리학적·화학적 또는 그밖의 다른 어떤 자연적인 속성일 수가 없다. 상품의 물체적 속성은 일반적으로 상품을 유용하게 하고 따라서 상품을 사용가치로 만드는 경우에만 고려되는 것이다. 반면 상품들간의 교환관계는 그 상품들의 사용가치를 사상해버림
_{M52} 으로써 비로소 그 성격이 분명하게 드러난다. 교환관계 내에서는 어느 하나의 사용가치란 그저 적당한 비율로 존재하기만 하면 그밖의 다른 사용가치와 똑같은 것으로 간주된다. 또는 옛날에 바번(Barbon)이 말했듯이,

어떤 상품이든 교환가치의 크기가 같다면 이들은 서로 구별되지 않는다. 같은 크기의 교환가치를 갖고 있는 여러 물건 사이에는 아무런 차이나 구별이 존재하지 않는다.[8]

---

8) "……100파운드스털링의 가치가 있는 납이나 철은 100파운드스털링의 가치가 있는 금이나 은과 똑같은 크기의 교환가치를 갖고 있다"(바번, 앞의 책, 53~57쪽).

사용가치라는 면에서 각 상품은 일단 질(質)적인 차이를 통해서 구별되지만 교환가치라는 측면에서는 오로지 양(量)적인 차이를 통해서만 서로 구별되며, 이 경우 거기에는 사용가치가 전혀 포함되지 않는다.

이제 상품체에서 사용가치를 제외시켜버리면 거기에 남는 것은 단 하나의 속성, 곧 노동생산물(Arbeitsprodukt)이라는 속성뿐이다. 그러나 이 노동생산물도 이미 우리에게는 다른 의미로 변화되어 있다. 노동생산물에서 사용가치를 배제해버리면, 그 노동생산물을 사용가치로 만드는 물적인 여러 성분이나 형태도 함께 배제되어버린다. 그것은 이미 책상이나 집 또는 실 등과 같은 유용한 물건이 아니다. 노동생산물의 감각적인 성질들은 이미 사라져버렸다. 또한 그것은 이미 가구노동이나 건축노동 또는 방적노동 등과 같은 일정한 생산적 노동의 산물도 아니다. 노동생산물의 유용한 성격과 더불어 노동생산물에 표현되어 있는 노동의 유용한 성격도 사라지고, 그와 함께 또한 이들 노동의 갖가지 구체적인 형태도 사라진다. 그것들은 이미 서로 구별되지 않는, 즉 모두가 동등한 인간노동인 추상적 인간노동으로 환원된다.

그러면 이제 이들 노동생산물에 남아 있는 것을 살펴보기로 하자. 이들 노동생산물에 남아 있는 것은 허깨비 같은 동일한 대상성(對象性, Gegenständlichkeit), 곧 무차별한 인간노동의 응결물, 다시 말해 지출된 인간노동의 단순한 ─ 그 지출형태와는 무관한 ─ 응결물뿐이다. 이들 응결물은 그저 그것들이 생산되는 과정에서 인간의 노동력이 지출되었고 인간의 노동이 거기에 쌓여 있다는 것을 나타내고 있을 뿐이다. 바로 이런 공통된 사회적 실체가 응결되어 있다는 의미에서 이들 응결물은 바로 가치(Werte), 즉 상품가치(Warenwerte)이다.

상품의 교환관계 그 자체에서만 본다면 상품의 교환가치는 사용가치와 M53 전혀 별개의 것으로 나타난다는 것을 우리는 이미 보았다. 그리고 실제로 노동생산물에서 사용가치를 배제해버리면, 우리는 방금 얘기했던 노동생산물의 가치를 얻게 된다. 따라서 상품의 교환관계 또는 교환가치에 나타나는 공통요소는 상품의 가치이다. 연구가 진행되면서 우리는 교환가치가 상품가치의 필연적인 표현양식 또는 현상형태임을 알게 되겠지만, 우선은 이런 형태와 무관하게 가치에 대해 살펴보고자 한다.

어떤 사용가치 또는 재화가 가치를 지니는 까닭은 추상적 인간노동이 그 속에 대상화(vergegenständlicht) 또는 체화(materialisiert)되어 있기 때문이다. 그러면 그 가치의 크기는 어떻게 측정되는가? 그것은 거기에 포함되어 있는 '가치를 형성하는 실체', 즉 노동의 양으로 측정된다. 노동의 양 그 자체는 노동이 지속된 시간으로 측정되고, 노동시간은 다시 1시간이라든가 하루라든가 하는 일정한 단위를 그 척도로 삼는다.

상품의 가치가 그것을 생산하는 동안에 지출된 노동량에 따라 정해진다면 게으르고 숙련이 낮은 사람일수록 상품을 생산하는 데 더 많은 시간을 필요로 하기 때문에 그 상품은 그만큼 가치가 더 큰 것처럼 보일 수도 있다. 그러나 가치의 실체를 이루는 노동은 동일한 인간노동이며 동일한 인간노동력의 지출이다. 상품세계의 가치로 나타나는 사회의 전체 노동력은 무수히 많은 개별 노동력으로 이루어진 것이지만, 여기에서는 모두 똑같은 인간노동력으로 간주된다. 각 개별 노동력이 이처럼 모두 동일한 인간노동력으로 간주되기 위해서는 이들 각각의 개별 노동력이 모두 사회적 평균노동력이라는 성격을 띠고, 또한 바로 그런 사회적 평균노동력으로 작용하며, 그리하여 어떤 한 상품을 생산하는 데서도 오로지 평균적으로 필요한[또는 사회적으로 필요한] 노동시간만이 소요되어야 한다. 사회적으로 필요한 노동시간이란 주어진 정상적인 사회적 생산조건 아래에서 그 사회에서의 평균적인 숙련과 노동강도로써 어떤 사용가치를 생산하는 데 요구되는 노동시간이다. 예를 들어 영국에서는 증기 직기가 도입됨으로써 일정한 양의 실로 베를 짜는 데 소요되는 노동이 예전에 비해 대략 절반으로 줄어들었다. 그리하여 영국의 수직공(手織工: 증기 직기를 사용하지 않는 노동자―옮긴이)들은 베를 짜는 데 소요되는 시간이 이전에 비해 사실상 아무런 변화가 없음에도 이제 그들의 개별 노동시간의 생산

물은 사회적 노동시간의 절반만을 나타내는 데 불과하게 되었으며, 따라
서 그 가치도 이전 가치의 절반으로 떨어져버렸다.

그래서 어떤 사용가치의 가치크기를 결정하는 것은 오로지 사회적으로 M54
필요한 노동량, 즉 그 사용가치의 생산에 사회적으로 필요한 노동시간뿐
이다.[9) 여기에서는 일반적으로 하나하나의 상품을 그것이 속한 종류의
평균표본으로 간주한다.[10) 따라서 같은 크기의 노동량이 포함된 상품들,
또는 같은 노동시간에 생산될 수 있는 상품들은 같은 크기의 가치를 갖는
다. 한 상품의 가치와 다른 상품의 가치 사이의 비율은 한 상품의 생산에
필요한 노동시간과 다른 상품의 생산에 필요한 노동시간 사이의 비율과
같다.

가치로서의 모든 상품은 그저 일정한 양의 응결된 노동시간일 뿐이다.[11)

그러므로 만약 상품의 생산에 필요한 노동시간이 변하지 않는다면 이
상품의 가치크기는 변하지 않을 것이다. 그러나 노동생산력에 변화가 생
기면 그에 따라 이 노동시간도 변한다. 노동생산력은 여러 가지 다양한 요
인들에 따라서 결정되는데, 그 중에서도 특히 노동자들의 평균적인 숙련
수준, 과학과 그 기술적 응용 가능성의 발전수준, 생산과정의 사회적 결합
정도, 생산수단의 규모와 능률 그리고 갖가지 자연적 조건 등이 중요한 요

---

9) 제2판의 주 : "The value of them(the necessaries of life) when they are exchanged the one
for another, is regulated by the quantity of labour necessarily required, and commonly taken
in producing them"(사용대상, 즉 생필품이 서로 교환될 때, 그것들의 가치는 그 생산에 반드시
필요하고 통상 소요되는 노동량에 따라 결정된다. 『금리 일반, 특히 공채이자에 관한 고찰』, 런
던, 36·37쪽). 18세기에 간행된 이 주목할 만한 익명의 저서에는 간행연도가 적혀 있지 않다.
그러나 그 내용으로 미루어보아 이 책은 조지 2세 치하인 1739년이나 1740년경에 간행되었음
을 알 수 있다.

10) "같은 종류의 생산물은 모두 본래 하나의 무리를 이루는 것이므로 그 가격은 개별적인 조
건들과 무관하게 한꺼번에 일반적으로 결정된다"(르 트론, 앞의 글, 893쪽).

11) 카를 마르크스, 앞의 책, 6쪽.

인들이다. 예를 들어 같은 양의 노동이라 해도 풍년에는 8부셸(bushel: 영국의 곡물량 척도로, 약 36리터가 조금 넘는 부피를 나타낸다-옮긴이)의 밀로 표시되던 것이 흉년에는 겨우 4부셸의 밀로 표시된다. 같은 양의 노동으로 부광(富鑛)에서는 빈광(貧鑛)에서보다 더 많은 금속을 산출한다. 다이아몬드는 지표에 나와 있는 경우가 드물기 때문에 그것을 발견하는 데 평균적으로 많은 노동시간이 든다. 그런 까닭에 다이아몬드는 작은 크기로도 많은 노동을 표시한다. 제이콥(Jacob)은 금에 대하여, 일찍이 그 가치가 제대로 지불된 적이 있는지 의문을 제기한 바 있다. [20] 다이아몬드의 경우 그것은 더욱 그러하다. 에슈베게(Eschwege)에 따르면, 브라질의 다이아몬드 광산에서 1823년을 기준으로 과거 80년 동안 산출한 총생산액은 브라질의 사탕농장이나 커피농장에서 1년 반 동안 산출한 평균생산물의 가격에도 미치지 못했는데, 실제 다이아몬드의 생산에는 그보다 훨씬 더 많은 노동이 들었고 따라서 더 많은 가치를 나타내야 하는데도 그렇게 되었다는 것이다. 다이아몬드 광산이 부광이면 부광일수록 동일한 노동량은 더 많은 다이아몬드를 나타내고, 그만큼 다이아몬드의 가치는 떨어질 것이다. 만약 아주 적은 노동으로 석탄을 다이아몬드로 바꿀 수 있다면 다이아몬드의 가치는 벽돌의 가치 이하로 떨어질 수 있다. 일반적으로 말해서 노동생산력이 높을수록 어떤 물품의 생산에 필요한 노동시간은 그만큼 작고 또 그 물품에 응결되어 있는 노동량도 그만큼 작으며 따라서 그 물품의 가치도 그만큼 작아진다. 거꾸로 노동생산력이 낮을수록 어떤 물품의 생산에 필요한 노동시간은 그만큼 길고 따라서 물품의 가치도 그만큼 커진다. 따라서 한 상품의 가치크기는 그 상품에 실현된 노동량에 정비례하고 그 노동생산력에 반비례하여 변동한다.*

* 제1판에는 여기에 다음과 같은 문구가 덧붙어 있다. "우리는 이제 가치의 실체를 알았다. 그것은 노동이다. 우리는 가치크기의 척도를 알았다. 그것은 노동시간이다. 가치의 형태, 이것이야말로 가치에 교환가치라는 도장을 찍어주지만 이 형태를 분석하는 것은 이제부터 해야 할 과제이다. 그러나 먼저 그전에 이미 발견된 가치의 여러 성격을 조금 더 상세하게 논의해야 할 필요가 있다."

어떤 물적 존재는 가치가 아니면서도 사용가치일 수가 있다. 이것은 인간에 대한 그 물적 존재의 효용이 노동에 의해 매개(vermittelt)되어 있지 않은 경우이다. 예를 들면 공기나 처녀지, 천연의 초원이나 야생의 수목 따위가 그러하다. 어떤 물적 존재는 상품이 아니면서도 유용한 것일 수 있으며 또한 인간노동의 산물일 수도 있다. 자신의 생산물로 자신의 욕망을 충족시키는 사람은 사용가치를 만드는 것이지 상품을 만드는 것은 아니다. 상품을 생산하기 위해서는 단지 사용가치를 생산하는 것으로 그치지 않고 타인을 위한 사용가치, 즉 사회적 사용가치를 생산하지 않으면 안 된다.{또한 단지 타인을 위해서 생산하는 것만으로도 안 된다. 중세의 농민은 영주에게 바치기 위해 세곡(稅穀)을 생산했고, 성직자를 위해 십일조 곡물을 생산했다. 그러나 세곡과 십일조 곡물은 모두 타인을 위해 생산된 것이면서도 상품이 되지는 못했다. 상품이 되려면 생산물은 교환을 통해 그것이 사용가치로서 쓰일 다른 사람의 손으로 옮아가야만 한다.}[11a] 마지막으로 어떤 물적 존재도 사용대상이 되지 않고는 가치가 될 수 없다. 만일 어떤 물적 존재가 쓸모가 없다면 그것에 포함되어 있는 노동도 쓸모 없는 것이고 또한 노동으로 인정되지도 않으며, 따라서 가치를 이루지도 못할 것이기 때문이다.

제2절 상품에 나타난 노동의 이중성

처음에는 상품이 우리에게 양면적인 것, 즉 사용가치와 교환가치로서 M56 나타났다. 그런데 그 다음에는 노동도 그것이 가치로 표현되는 경우 이미 사용가치의 창조자로서의 특징을 지니지 않게 된다는 사실이 드러났다.

11a {제4판의 주: 내가 괄호 안에 이 문구를 써넣은 것은 마르크스가 생산자 이외의 사람에 의해 소비된 생산물은 모두 상품으로 간주했다는 오해가 자주 발생하였기 때문이다. — 엥겔스}

상품에 포함된 노동의 이러한 이중적 성질을 비판적으로 지적한 것은 내가 처음이다.[12] 이 점은 경제학의 이해에서 결정적인 도약점(Spring-punkt)이므로 여기서 좀더 자세히 설명해둘 필요가 있다.

2개의 상품, 즉 1벌의 웃옷과 10엘레(Elle: 독일에서 쓰는 길이의 단위. 약 66센티미터에 해당한다—옮긴이)의 아마포를 예로 들어보자. 그리고 전자는 후자에 비해 2배의 가치를 지니고 있다고 하자. 즉 10엘레의 아마포=W라면, 1벌의 웃옷=2W라고 하자.

웃옷은 어떤 특수한 욕망을 충족시키는 사용가치이다. 그것을 생산하려면 특정 종류의 생산활동이 필요하다. 이 활동은 그 목적·작업방식·대상·수단·결과 등에 따라서 규정된다. 이처럼 유용성이 그 생산물의 사용가치로 표현되는 노동[즉 그 생산물이 사용가치로 표현되는 노동]을 우리는 간단히 유용노동(nützliche Arbeit)이라고 한다. 이런 관점에서 노동은 항상 그 유용성과 관련되어 고찰된다.

웃옷과 아마포가 질적으로 다른 사용가치이듯이, 그것들의 현존재(現存在, Dasein)를 매개하는 노동 또한 질적으로 서로 다른 재단노동과 방직노동이다. 만약 이들 물품이 질적으로 서로 다른 사용가치가 아니고 따라서 질적으로 서로 다른 유용노동의 생산물이 아니라면, 그것들은 아예 상품으로 서로 만날 수 없을 것이다. 웃옷과 웃옷이 교환되지 않듯이, 사용가치도 동일한 사용가치가 서로 교환되지는 않는다.

온갖 다양한 사용가치 또는 상품체들에는 똑같이 온갖 다양한 유용노동이 나타나 있는데 이들은 사회적 분업을 통해서 속(屬)·종(種)·과(科)·아종(亞種)·변종(變種)들로 분류된다. 이러한 사회적 분업은 상품생산의 필요조건이다. 그러나 거꾸로 상품생산이 사회적 분업의 필요조건은 아니다. 고대 인도의 공동체에서는 사회적 분업이 존재했지만 생산물이 상품으로 되지 않았다. 또는 좀더 최근의 예를 든다면, 모든 공장에서 노동

---

12) 앞의 책, 12~13쪽 이하.

은 체계적으로 분할되어 있지만, 이 분할이 각 노동자의 개별 생산물 사이의 교환으로 이어져 있지는 않다. 자립적이고 서로 독립해 있는 사적 노동의 생산물만이 서로 상품으로서 만나게 되는 것이다.

이리하여 우리는 모든 상품의 사용가치에 일정한 합목적적인 생산활동 또는 유용노동이 들어 있다는 것을 보았다. 각각의 사용가치는 그 속에 질적으로 서로 다른 유용노동을 포함하고 있지 않으면 상품으로서 만날 수 없다. 생산물이 일반적으로 상품의 형태를 띠는 사회[즉 상품생산자의 사회]에서는 이들 유용노동의 질적인 차이가 자립적인 생산자의 개인사업으로 각기 독립적으로 운영되다가 하나의 복합적인 체계로[즉 사회적 분업으로] 발전한다.

웃옷을 입는 사람이 재단사 자신이건 그의 고객이건 상관 없이 언제나 웃옷은 사용가치로 작용한다. 마찬가지로 재단노동이 특수한 직업이 되어 사회적 분업의 자립적인 한 부분을 이룬다 해도 웃옷과 그것을 생산하는 노동의 관계는 조금도 달라지지 않는다. 웃옷을 입지 않을 수 없는 곳에서는 인간은 누군가가 재단사로 되기 수천 년 전부터 벌써 웃옷을 만들어왔다. 그러나 웃옷이나 아마포 등 천연적으로 주어져 있지 않은 모든 소재적 부의 요소의 현존재는 늘 특수한 자연소재를 특수한 인간 욕망에 맞추려는 특수한 합목적적 생산활동을 통해 매개되지 않으면 안 되었다. 그런 까닭에 사용가치를 낳는 어머니로서[즉 유용노동으로서] 노동은 그 사회형태가 무엇이든 그것과는 무관하게 인간의 존재조건이며 인간과 자연 사이의 물질대사를 매개하고 그리하여 인간의 생활을 매개하기 위한 영원한 자연필연성(Naturnotwendigkeit)이다.

사용가치인 웃옷이나 아마포 등의 상품체들은 자연소재와 노동이라는 두 요소의 결합물이다. 웃옷이나 아마포 등에서 그 속에 들어 있는 모든 유용노동을 모조리 제거해버리면 거기에는 언제나 인간의 도움 없이 천연적으로 존재하는 어떤 물적 기초만이 남는다. 생산과정에서 인간이 할 수 있는 것은 오로지 자연 그 자체의 방식에 따르는 것뿐이다. 다시 말해서 인간은 단지 소재의 형태를 바꿀 수 있을 뿐이다.[13] 뿐만 아니라 이 형태를 변경하는 노동 그 자체에서도 인간은 끊임없이 자연력으로부터 도움을 받는다. 따라서 노동이 그것을 통해 생산되는 사용가치나 소재적 부의 유일한 원천은 아니다. 윌리엄 페티(William Petty)가 말했듯이, 노동은 소재적 부의 아버지이고 땅은 그 어머니이다.[†21]

여기서 이제 사용대상으로서의 상품에서 가치로서의 상품으로 넘어가보자.

우리의 가정에 따르면 웃옷은 아마포에 견주어 2배의 가치를 갖고 있다. 그러나 그것은 그저 양적인 차이일 뿐이며, 그 차이는 아직 우리의 당면한 관심사가 아니다. 그래서 우리는 만일 1벌의 웃옷이 지니는 가치가 10엘레의 아마포가 지니는 가치의 2배라면 20엘레의 아마포가 1벌의 웃옷과 같은 가치크기를 지닌다고 생각한다. 가치로서의 웃옷과 아마포는 모두 동일한 실체를 지닌 물품이고, 동일한 노동의 객관적 표현이다. 그러나 재단노동과 방직노동은 질적으로 다른 노동이다. 물론 동일한 사람이 번갈아가며 재단도 하고 아마포도 짜는 사회상태도 있다. 이러한 사회상태에서 이 두 가지 서로 다른 노동방식은 다만 한 개인의 노동의 변형일 뿐이며 아직 서로 다른 두 개인의 특수하고 고정된 기능이 된 것은 아니다. 따라서 이것은 마치 한 재단공이 오늘 만드는 웃옷과 내일 만드는 바지를 동일한 개인노동의 변형으로 간주하는 것과 마찬가지이다. 또 우리가 금방 눈으로도 확인할 수 있듯이, 우리 자본주의 사회에서는 노동 수요의 방향

---

13) "세상의 모든 현상은 그것이 인간의 손으로 이루어졌든 물리학의 일반법칙에 의해서 이루어졌든, 사실 창조라기보다는 다만 소재의 변형에 지나지 않는다. 결합과 분리는 인간정신이 재생산이라는 표상(Vorstellung)의 분석에서 끊임없이 반복적으로 찾아내는 유일한 요소이다. 이것은 가치(사용가치를 말한다. 그러나 중농주의자들과의 이 논쟁에서 베리는 자기가 어떤 종류의 가치를 말하는지 스스로도 모르고 있다)나 부의 재생산에서도 마찬가지이다. 즉 토지나 공기와 물이 밭에서 곡식으로 바뀌는 경우이건 누에의 배설물이 인간의 손에 의해 명주실로 바뀌는 경우이건, 또는 몇 개의 작은 금속조각이 모여 시각을 알리는 시계로 조립되는 경우이건 이것은 언제나 적용되는 이야기인 것이다"(베리〔Pietro Verri〕, 『경제학 고찰』, 초판, 1771, 쿠스토디(Custodi) 엮음, 『이탈리아 경제학 고전 전집』, 근세편, 제15권, 21~22쪽).

이 바뀌는 데 따라서 인간노동의 일정 부분이 어떤 때는 재단노동이라는 형태로, 어떤 때는 방직노동이라는 형태로 번갈아가며 공급된다. 물론 이와 같은 노동의 형태 변화가 아무런 마찰 없이 진행될 수는 없겠지만, 그것은 어쨌든 그렇게 될 수밖에 없다. 이 생산활동의 규정성(Bestimmtheit), 즉 노동의 유용한 성격을 무시한다면, 생산활동에서 남는 것은 그것이 인간노동력의 지출이라는 점뿐이다. 재단노동과 방직노동은 질적으로 서로 다른 생산활동이긴 하지만 모두 인간의 두뇌·근육·신경·손 등의 생산적 지출이고, 이러한 의미에서 양자는 모두 인간노동이다. 이것들은 다만 인 M59
간노동력을 지출하는 2개의 서로 다른 형태일 뿐이다. 물론 여러 가지 형태로 노동력이 지출되려면 인간노동력 그 자체가 어느 정도 발달해 있어야만 한다. 그러나 상품의 가치는 단지 인간노동을, 즉 인간노동 일반의 지출만을 나타낸다. 부르주아 사회에서 장군이나 은행가는 중요한 역할을 하는 데 반해 그냥 인간은 매우 평범한 역할만을 하는데(장군이나 은행가는 부르주아 사회의 특수한 기능을 나타내는 개념이지만 인간은 모든 인류사회에 공통으로 적용되는 개념이다. 여기에서 전자는 특수한 유용적 노동을, 후자는 그 특수성을 뛰어넘는 인간 노동 일반으로 비유되고 있다. 전자는 부르주아 사회의 특수성을 반영하지만〔특수〕, 후자는 그렇지 못하다〔일반〕—옮긴이)[14] 인간노동의 경우에도 이것은 마찬가지이다. 인간노동 일반이란 특별하게 발달하지 않은 보통사람이 누구나 평균적으로 자신의 육체 속에 갖고 있는 단순한 노동력의 지출이다. 물론 **단순한 평균노동**(einfache Durchschnittsarbeit)도 나라가 다르고 문화수준이 다르면 그 성격이 달라진다. 그러나 현존하는 어떤 사회에서 그것은 주어져 있다. 복잡노동(kompliziertere Arbeit)은 그저 단순노동(einfache Arbeit)이 제곱된 것 또는 배가된 것으로 간주될 뿐이다. 따라서 적은 양의 복잡노동은 더 많은 양의 단순노동과 같다. 실제로 이런 환산이 끊임없이 이루어지는 것을 우리는 경험을 통해서 보고 있다. 어떤

---

14) 헤겔(G. W. F. Hegel), 『법철학』, 베를린, 1840, 250쪽, 제190절 참조.

상품이 아무리 복잡한 노동의 생산물이라 해도 그 상품의 가치는 그 상품을 단순노동의 생산물과 동일하게 등치시키고, 따라서 그 가치 자체는 단순노동의 일정한 양을 나타낼 뿐이다.[15] 갖가지 노동을 그 도량단위인 단순노동으로 환산해내는 여러 비율은 사회적 과정을 통해서 생산자들의 배후에서 결정된다. 따라서 생산자들에게는 그것이 관습에 의해 주어지는 것처럼 보인다. 지금부터는 모든 종류의 노동력을 곧바로 단순노동력으로 간주하겠는데, 이것은 환산하는 수고를 덜기 위해서일 뿐이다.

이리하여 가치로서의 웃옷과 아마포에서는 그 사용가치의 차이가 배제되듯이 이러한 가치로 표현되는 노동에서도 그 유용형태의 차이, 즉 재단노동과 방직노동의 차이는 배제된다. 사용가치로서의 웃옷과 아마포는 목적이 정해진 생산활동과 직물 및 실 사이의 결합물이다. 반면 가치로서의 웃옷과 아마포는 단지 동질의 노동이 응결된 것일 뿐이며, 또한 그것들의 가치에 포함되어 있는 노동도 마찬가지로 직물이나 실에 대한 생산적 행동이 아니라 오로지 인간노동력의 지출로서만 간주된다. 재단노동과 방직노동이 사용가치로서의 웃옷이나 아마포의 형성요소(Bildungselemente)가 되는 것은 재단노동과 방직노동의 질(質)이 서로 다른 데 근거한 것이다. 반면 재단노동과 방직노동이 웃옷과 아마포 가치의 실체가 되는 것은 오로지 재단노동과 방직노동의 특수한 질이 배제되어 양자가 동일한 질, 곧 인간노동이라는 질을 지니고 있다는 데 근거한 것이다.

그러나 웃옷과 아마포는 가치 일반이기도 하지만 일정한 크기를 갖는 가치이기도 하다. 또한 우리의 가정에 따르면 웃옷 1벌은 10엘레의 아마포에 비해 2배의 가치가 있다. 이들의 이러한 가치크기의 차이는 어디에서 비롯되는가? 그것은 아마포에는 웃옷에 비하여 절반의 노동밖에 들어 있지 않으며, 따라서 웃옷의 생산에는 아마포의 생산에 비하여 2배의 시

---

15) 독자가 주의해야 할 점은, 여기에서 말하는 가치는 1노동일(Arbeitstag)에 대하여 노동자가 받는 임금(Arbeitslohn)이나 가치가 아니라 그의 노동일이 대상화된 상품가치라는 사실이다. 임금이라는 범주는 이 단계의 서술에서는 아직 존재하지 않는다.

간 동안 노동력이 지출되어야 한다는 데에서 비롯된다.

요컨대 상품에 들어 있는 노동은 사용가치와 관련해서는 질적인 의미만 인정되지만, 가치크기와 관련해서는 이미 다른 어떠한 질도 지니고 있지 않은 인간노동으로 환원되어 양적인 의미만 인정된다. 전자의 경우에는 노동의 방법과 내용(Wie und Was)이 문제가 되지만, 후자의 경우에는 양(Wieviel), 즉 그 시간의 길이가 문제가 된다. 한 상품의 가치크기는 그 상품에 들어 있는 노동량만을 나타내기 때문에, 상품들은 일정한 비율 아래에서는 늘 같은 크기의 가치이어야 한다.

가령 웃옷 1벌의 생산에 필요한 모든 유용노동의 생산력이 변하지 않는다면 웃옷의 가치크기는 웃옷의 양이 늘어남에 따라 커진다. 만약 1벌의 웃옷이 x노동일(Arbeitstag)을 나타낸다면 2벌은 2x의 노동일을 나타내는 것이다. 그런데 웃옷 1벌의 생산에 필요한 노동이 2배로 늘어나거나 반으로 줄어드는 경우를 보자. 앞의 경우에는 1벌의 웃옷이 이전의 2벌과 같은 크기의 가치를 가지며, 뒤의 경우에는 2벌이 이전의 1벌과 같은 크기의 가치밖에 갖지 못한다. 그러나 어느 경우건 웃옷은 변함없이 똑같은 유용성이 있고 웃옷에 들어 있는 유용노동의 질도 변함없이 그대로이다. 단지 웃옷의 생산에 지출된 노동량은 변하였다.

더 많은 양의 사용가치는 그 자체로 더 많은 소재적 부를 이룬다. 2벌의 웃옷은 1벌보다 큰 소재적 부이다. 2벌은 두 사람이 입을 수 있지만 1벌은 한 사람밖에 입을 수 없는 것이다. 그런데 소재적 부의 양이 증가하는데도 그 가치크기는 그에 상응하여 오히려 감소하는 경우가 있을 수 있다. 이 같은 상반된 변화는 노동의 이중적 성격에서 비롯된다. 생산력은 물론 언제나 구체적이고 유용한 노동의 생산력이고, 사실상 주어진 시간 안에서의 합목적적 생산활동의 작용 정도만을 규정한다. 그런 까닭에 유용노동은 생산력의 상승 또는 저하에 비례하여 더욱 풍부한 또는 더욱 빈약한 생산물의 원천이 된다. 반면 생산력의 변동은 가치로 표현되는 노동 그 자체 M61 에는 조금도 영향을 끼치지 않는다. 생산력은 노동의 구체적 유용형태에 속하므로 노동에서 구체적인 유용형태가 제거되어버리고 나면 이미 노동에 더 이상 영향을 미칠 수 없게 된다. 그래서 동일한 노동은 생산력이 아무리 변해도 같은 시간 동안에는 늘 같은 가치크기를 산출한다. 그러나 이 노동은 같은 시간 동안에 서로 다른 양의 사용가치를 산출한다. 즉 생산력이 높아지면 좀더 많은 사용가치를 산출하고 생산력이 낮아지면 좀더 적은 사용가치를 산출한다. 그러므로 노동의 산출능력을 증대시키고 따라서 노동에 의해 제공되는 사용가치의 양을 증대시키는 생산력의 변동 바로 그것이 이 증대된 사용가치 총량의 생산에 필요한 노동시간의 총계를 단축시킬 때는 이 증대된 사용가치 총량의 가치크기는 감소한다. 그 역의 경우에는 반대가 된다.

모든 노동은 한편으로 생리학적 의미에서의 인간노동력의 지출이며, 이 동일한 인간노동 또는 추상적 인간노동이라는 속성을 통해서 그것은 상품가치를 형성한다. 또다른 한편으로 모든 노동은 특수한 목적이 정해진 형태로서의 인간노동력의 지출이고, 이 구체적인 유용노동이라는 속성을 통해서 그 노동은 사용가치를 생산한다.[16]

---

16) 제2판의 주: "오직 노동만이 모든 시대에 모든 상품의 가치를 평가하고 비교할 수 있는 궁극적이고 진정한 척도라는 것"을 증명하기 위해 애덤 스미스(Adam Smith)는 다음과 같이 말한다. "같은 양의 노동은 언제 어디서든지 노동자 자신에게 동일한 가치를 갖지 않으면 안 된다. 그의 건강이나 체력 또는 활동이 정상상태이고, 또 그가 갖고 있는 숙련이 평균 수준을 유지할 때, 그는 늘 자신의 휴식·자유·행복을 똑같은(노동이 이루어진 만큼—옮긴이) 양으로 희생시켜야만 한다"(애덤 스미스, 『국부론』, 제1편, 제5장〔104~105쪽〕). 스미스는 여기에서(모든 곳에서는 아니지만) 한편으로는 상품의 생산에 지출된 노동량에 의한 가치의 규정을 노동가치에 의한 상품가치의 규정과 혼동하고 있으며, 따라서 같은 양의 노동은 언제나 같은 가치가 있다는 것을 보여주려고 한다. 그리고 다른 한편으로 그는, 또 상품의 가치로 나타나는 한, 노동은 노동력의 지출로 간주될 뿐이라는 것을 어렴풋이 알아차리지만 다시 그 지출을 휴식이나 자유 또는 행복의 희생으로만 생각하고 정상적인 생명활동으로는 생각하지 않는다. 물론 그는 근대적인 임노동자를 눈으로 보면서도 그렇게 하였다. — 주 9에서 인용한 애덤 스미스의 익명의 선배는 훨씬 더 적절하게 다음과 같이 말한다. "어떤 사람이 1주일 동안 생활필수품을 만들었다. …… 그리고 그와 물건을 교환하려는 사람이 가장 정확하게 그것의 등가물을 계산할 수 있는 방법은 자신이 똑같은 노동과 시간을 들인 물건이 무엇인가를 따지는 것 말고는 없다. 사실 이것은 일정 시간 동안 어떤 사람이 어떤 물건에 소비한 노동과 같은 시간 동안 다른 물건에 소비한 다른 사람의 노동을 맞바꾸는 것을 뜻한다"(『금리 일반, 특히 공채이자에 관한 고

제3절 가치형태 또는 교환가치

상품은 철·아마포·밀 등과 같은 사용가치〔또는 상품체〕의 형태로 세 M62
상에 나타난다. 이는 상품의 있는 그대로의 현물형태(Naturalform)이다.
그러나 이런 상품체가 상품이 되는 것은 오로지 그것이 사용대상이면서
동시에 가치의 담지자라는 이중적인 성격을 가진 한에서만이다. 그러므
로 그것은 현물형태와 가치형태(Wertform)라는 이중형태를 갖는 한에서
만 상품으로 나타나며, 따라서 상품의 형태를 취하게 된다.

상품의 가치대상성(Wertgegenständlichkeit), 즉 가치로서의 상품은 어
디에서 그것을 포착할 수 있을지 알 수 없다는 점에서 퀴클리 부인과는 다
르다.[22] 상품체의 대상성〔즉 상품체로서의 상품〕은 감각적으로 분명하
게 포착되는 데 반해 가치로서의 상품에는 단 한 조각의 자연소재도 들어
있지 않다. 그래서 하나하나의 상품을 아무리 돌리고 뒤집어보아도 그것
을 가치물(價値物, Wertding)로서 포착해낼 수는 없다. 그럼에도 상품은 그
것이 인간노동이라는 동일한 사회적 단위의 표현일 때에만 가치가 되며,
따라서 그 가치로서의 성격이 순전히 사회적인 것이라는 점을 상기한다
면, 가치로서의 상품(가치대상성)은 오직 상품과 상품의 사회적 관계 속
에서만 나타날 수 있다는 사실 또한 자명해진다. 사실 우리도 상품 속에
숨어 있는 가치를 추적하기 위해 상품의 교환가치 또는 교환관계에서 시
작하였다. 이제 우리는 다시 이러한 가치의 현상형태로 되돌아가야만 하
겠다.

다른 것은 몰라도 상품이 그 사용가치의 다양한 현물형태와는 뚜렷하

찰』, 39쪽). 〔제4판의 주: 영어는 여기에서 고려하는 노동의 두 측면에 대해 각기 다른 말을 갖
는다는 장점이 있다. 사용가치를 만들어내고 질적으로 규정되는 노동은 'work'로 'labour'와
는 구별되고, 가치를 만들어내고 양적으로 측정되는 노동은 'labour'로 'work'와 다시 구별된
다. 영어판의 14쪽 주를 보라. — 엥겔스〕

게 구분되는 그들 공통의 가치형태 —화폐형태(Geldform) —를 지니고 있음은 누구나 잘 알고 있다. 그러나 여기에서 수행해야 할 하나의 과제가 우리 앞에 놓여 있다. 그것은 부르주아 경제학에서는 한 번도 시도된 바가 없는 것으로, 바로 이 화폐형태의 발생과정을 논증하는 것인데, 이는 곧 눈에 띄지 않는 가장 단순한 형태부터 극도로 현란한 화폐형태에 이르기까지 상품의 가치관계에 함축되어 있는 가치표현의 발전과정을 추적하는 일이다. 이 작업을 해냄으로써 우리는 동시에 화폐의 수수께끼도 풀게 될 것이다.

가장 단순한 가치관계는 명백히 한 상품이 다른 종류의 한 상품 —그것이 어떤 것이든 간에 —과 맺는 가치관계이다. 그러므로 두 상품의 가치관계는 한 상품의 가장 단순한 가치표현을 나타내준다.

1. 단순한, 개별적인 또는 우연적인 가치형태

x량의 상품 A=y량의 상품 B 또는

x량의 상품 A는 y량의 상품 B의 가치를 가지고 있다.

(20엘레의 아마포＝1벌의 웃옷 또는

20엘레의 아마포는 1벌의 웃옷과 같은 가치를 가지고 있다.)

1) 가치표현의 양극 —상대적 가치형태와 등가형태

모든 가치형태의 비밀은 이 단순한 가치형태 속에 숨겨져 있다. 그러므로 이 가치형태의 분석은 처음부터 어려움이 따른다.

여기서 우리가 예를 든 두 종류의 상품인 아마포와 웃옷은 명백히 서로 다른 두 가지 역할을 하고 있다. 아마포는 웃옷을 통해서 자신의 가치를 표현하고 웃옷은 이 가치표현의 재료로 사용되고 있다. 전자는 능동적인 역할을 하고 후자는 수동적인 역할을 하고 있다. 아마포의 가치는 상대적 가치로 표시되고 있다. 즉 그것은 상대적 가치형태(relative Wertform)로

존재한다. 웃옷은 등가의 역할을 수행하고 있으며 따라서 등가형태
(Äquivalentform)로 존재한다.

상대적 가치형태와 등가형태는 서로 의존해 있으면서 서로를 제약하는
불가분의 두 계기(Momente)이지만 동시에 동일한 가치표현의 상호배타
적이고 대립적인 극단, 즉 가치표현의 양극이다. 이 양극은 가치표현을 통
해 서로 관계를 맺는 두 개의 다른 상품으로 늘 나누어진다. 예를 들면 아
마포의 가치는 아마포로 표현될 수 없다. 20엘레의 아마포＝20엘레의 아
마포라는 것은 가치표현이 아니다. 오히려 이 등식은 20엘레의 아마포가
다름 아닌 20엘레의 아마포, 즉 사용대상으로서의 아마포의 일정량이라
는 것만을 말해줄 뿐이다. 따라서 아마포의 가치는 오직 상대적으로만, 즉
다른 종류의 상품을 통해서만 표현될 수 있을 따름이다. 그러므로 아마포
의 상대적 가치형태는 다른 어떤 상품이 그것에 대해 등가형태로 존재한
다는 것을 전제로 하고 있다. 반면 이때 등가물로 등장하는 이 다른 상품
은 상대적 가치형태로 함께 존재할 수 없다. 그 상품은 자신의 가치를 표
현하지 않는다. 그것은 단지 다른 상품의 가치표현에 재료의 역할을 하고
있을 뿐이다.

물론 20엘레의 아마포＝1벌의 웃옷, 즉 20엘레의 아마포가 1벌의 웃옷
과 같은 가치라는 표현은 역시 1벌의 웃옷＝20엘레의 아마포, 즉 1벌의 웃
옷이 20엘레의 아마포와 같은 가치라는 역관계를 내포하고 있다. 그러나
이 경우에도 웃옷의 가치를 상대적으로 표현하려면 등식을 뒤바꿔야만
한다. 또한 그렇게 하면 이제 아마포가 웃옷 대신에 등가물이 된다. 그러
므로 동일한 상품이 동일한 가치표현에서 두 가지 형태를 동시에 취할 수
는 없다. 이 두 형태는 오히려 양극으로 서로를 배제한다.

이제 어떤 한 상품이 상대적 가치형태로 존재하느냐 아니면 이에 대립 _{M64}
되는 등가형태로 존재하느냐 하는 문제는 전적으로 가치표현에서 차지하
는 그때그때의 우연적인 위치에 달려 있다. 즉 그것이 자신의 가치를 표현
하는 상품인지 아니면 남의 가치를 표현해주는 상품인지에 달려 있다.

2) 상대적 가치형태

가. 상대적 가치형태의 내용

한 상품의 단순한 가치표현이 두 상품의 가치관계 속에 어떻게 숨어 있는지를 밝혀내려면 먼저 양적인 측면을 완전히 배제한 채로 가치관계를 살펴보아야 한다. 사람들은 대부분 이와 반대의 길을 택하여 가치관계 속에서 두 상품의 일정량이 서로 등치되는 비율만 바라본다. 종류가 다른 두 사물의 크기를 양적으로 비교하는 것은 이들을 모두 동일한 단위로 환산하고 난 다음에야 비로소 가능하다는 점을 사람들은 간과하고 있는 것이다. 동일한 단위로 표현했을 때에만 두 사물의 크기는 같은 이름의 크기, 즉 서로 비교될 수 있는 크기가 된다.[17]

20엘레의 아마포＝1벌의 웃옷, 또는 20벌의 웃옷, 아니면 x벌의 웃옷, 그 어느 것이든 간에, 즉 일정량의 아마포가 얼마만큼의 웃옷과 같은 가치를 갖든 간에, 그런 비율은 언제나 그 속에 아마포와 웃옷이 동일한 단위를 통해서 가치를 표현한다는 사실과 이들이 동일한 성질을 가진 물건이라는 사실을 내포하고 있다. 다시 말해서 아마포＝웃옷이 바로 이들 등식의 기초를 이루는 것이다.

그러나 질적으로 등치된 이들 두 상품이 똑같은 역할을 담당하는 것은 아니다. 여기에서는 단지 아마포의 가치만이 표현되고 있다. 그런데 그것은 어떻게 표현되고 있는가? 그것은 아마포가 웃옷과의 관계를 자신의 '등가물'로, 즉 자신과 '교환될 수 있는 것'으로 설정함으로써 표현되고 있다. 이 관계에서 웃옷은 가치의 존재형태, 즉 가치물(價値物, Wertding)로

---

[17] 베일리(S. Bailey)처럼 가치형태의 분석에 몰두해온 몇 안 되는 경제학자들이 아무런 성과도 올리지 못했던 이유는 첫째, 그들이 가치형태와 가치를 혼동했기 때문이고, 둘째, 그들이 현장에서 움직이는 실천적 부르주아들의 일상적 사고의 영향을 받아 처음부터 양적 규정성에만 매달렸기 때문이다. "양을 다루는 것이 …… 가치이다"(베일리, 『화폐와 그 가치변동』, 런던, 1837, 11쪽).

서 간주된다. 왜냐하면 웃옷은 이러한 가치물로서만 아마포와 동일한 것이기 때문이다. 한편 아마포는 여기에서 자신의 가치존재(價値存在, Wertsein)를 전면에 드러내고 독자적인 가치표현을 갖게 되는데, 이는 아마포가 오로지 가치라는 측면에서만 웃옷과의 관계를 등가의 것으로, 즉 자신과 교환될 수 있는 것으로 삼기 때문이다. 화학의 예를 들어보면 부티르산(Buttersäure)은 포름산프로필(Propylformat)과 다른 물체이다. 그러나 이 둘은 똑같은 화학적 요소인 탄소(C)·수소(H)·산소(O)로 구성되어 있고 또 동일한 구성비율 $C_4H_8O_2$로 되어 있다. 이제 부티르산을 포름산프 M65 로필과 등치시킨다면 이 관계에서 첫째, 포름산프로필은 오직 $C_4H_8O_2$라는 존재형태로만 간주되고, 둘째, 부티르산 역시 $C_4H_8O_2$로 구성되어 있다고 말해야 할 것이다. 따라서 포름산프로필을 부티르산과 등치시키게 되면 부티르산의 화학적 요소는 물체적 형태와 구별되어 표현되는 셈이다.

만일 우리가 모든 상품이 가치의 측면에서는 인간노동의 단순한 응결물이라고 말한다면, 우리의 분석은 상품을 추상적 가치(Wertabstraktion)로 환원시키는 것이지만 그렇다고 해서 그것이 상품에 대해 그 현물형태와는 다른 어떤 가치형태를 부여하는 것은 아니다. 그러나 한 상품과 다른 상품과의 가치관계에서는 사정이 달라진다. 여기에서 상품의 가치성격은 다른 상품과 자신과의 관계에 따라 드러나게 된다.

예를 들어 웃옷이 가치물로서 아마포와 등치되면 웃옷 속에 포함되어 있는 노동도 아마포에 포함되어 있는 노동과 등치된다. 사실 웃옷을 만드는 재단노동은 아마포를 만드는 방직노동과 서로 다른 구체적 노동이다. 그러나 방직노동과 등치됨으로써 재단노동은 두 가지 노동 모두에서 사실상 같은 성질, 즉 인간노동이라는 공통의 성질로 환원된다. 이런 우회적인 경로를 거치면 방직노동 역시 그것이 가치를 만들어내는 한, 재단노동과 전혀 구별되지 않는 것, 즉 추상적 인간노동이라고 말할 수 있다. 가치를 형성하는 노동의 독특한 성격은 서로 다른 종류의 상품을 등가로 표현할 때에만 드러난다. 왜냐하면 이런 등가적 표현만이 종류가 다른 갖가지 상품 속에 포함된 여러 종류의 노동을 사실상 그들의 공통물인 인간노동 일반으로 환원시키기 때문이다.[17a]

그런데 아마포의 가치를 이루는 노동의 특수한 성격에 대한 얘기는 아직 끝난 것이 아니다. 유동적인 상태에 있는 인간의 노동력, 즉 인간노동은 가치를 형성하긴 하지만 가치 그 자체는 아니다. 그것은 어떤 응결된 상태, 즉 대상적 형태를 띠었을 때만 가치가 된다. 아마포의 가치를 인간노동의 응결물로서 표현하려면, 그것은 아마포 자체와는 물적으로 다르면서도 동시에 아마포와 그밖의 모든 상품에 공통된 어떤 '대상성' (Gegenständlichkeit)으로서 표현되어야 한다. 그러나 이 문제는 벌써 해결되었다.

웃옷은 그것이 가치이기 때문에 아마포와의 가치관계에서 아마포와 질적으로 동일한〔즉 같은 성질을 가진〕물건으로 간주된다. 그러므로 여기에서 웃옷은 가치의 모습을 드러내는 물적 존재〔즉 가치를 손으로 만질 수 있는 현물형태〕로 표현하는 물적 존재의 역할을 한다. 그런데 웃옷이라는 상품체는 단지 하나의 사용가치일 뿐이다. 1벌의 웃옷은 임의의 아마포 한 조각과 마찬가지로 스스로 가치를 표현하지는 않는다. 이것은 웃옷이 아마포와의 가치관계 속에 있을 때가 가치관계 속에 있지 않을 때보다 훨씬 중요한 의미를 지닌다는 것을 보여주는 것으로, 마치 사람들이 화려한 제복을 입었을 때가 그것을 입지 않았을 때보다 더욱 중요한 의미를 갖는 것과 같다.

17a) 제2판의 주: 윌리엄 페티(William Petty) 이후, 가치의 성질을 간파한 최초의 경제학자 가운데 한 사람으로 유명한 프랭클린(Franklin)은 다음과 같이 말한다. "상업이란 일반적으로 어떤 노동을 다른 노동과 교환하는 것에 불과하기 때문에 모든 물건의 가치는 노동을 통해서 가장 올바르게 평가된다"(프랭클린, 『프랭클린 저작집』, 스파크스〔Sparks〕 엮음, 보스턴, 1836, 제2권, 267쪽). 프랭클린은 그가 모든 물건의 가치를 '노동을 통해' 평가함으로써 교환되는 노동들 사이의 차이를 배제하였고, 그럼으로써 이들 노동을 동등한 인간노동으로 환원시켰다는 점을 알아차리지 못하였다. 그렇지만 그는 스스로 의식하지도 못한 바로 그것을 말하고 있다. 그는 처음에는 '어떤 노동'이라고 말하고 다음에는 '다른 노동'이라고 말하며, 마지막에는 모든 물건의 가치의 실체로서 더 이상의 아무런 형용사도 없이 그냥 '노동'이라고만 말하고 있다.

웃옷의 생산에서는 실제로 인간의 노동력이 재단노동의 형태로 지출되었다. 따라서 웃옷 속에는 인간의 노동이 쌓여 있다. 이런 측면에서 보면 웃옷은 '가치의 담지자'(Träger von Wert)이다. 물론 웃옷의 이러한 속성은 그것이 아무리 닳아서 해어진다 하더라도 실밥 사이로 들여다보이는 것은 아니다. 아마포와의 가치관계에서 웃옷은 다만 이런 측면으로만, 즉 물화된 가치, 다시 말해 가치체로서만 간주된다. 단추를 채운 웃옷의 모양새에도 불구하고 아마포는 그 웃옷 속에서 동족으로서의 아름다운 가치의 혼을 알아차린다. 그러나 웃옷이 아마포의 가치를 표현하려면 아마포의 가치가 웃옷의 형태를 취하지 않으면 안 된다. 비유하자면 A라는 사람이 B라는 사람을 왕으로 모시려면 A에게서 왕은 B라는 육체적 형태를 취한다. 따라서 그에게서 왕이란 왕이 바뀔 때마다 얼굴 모양, 머리카락 등이 함께 바뀌어야만 한다.

그리하여 웃옷이 아마포의 등가를 이루는 가치관계에서 웃옷의 형태는 가치형태로 간주된다. 상품 아마포의 가치가 상품 웃옷의 물체로〔즉 한 상품의 가치가 다른 상품의 사용가치로〕 표현되는 것이다. 사용가치로서의 아마포는 '웃옷과 같은 것', 따라서 웃옷과 똑같은 것으로 보인다. 그리하여 아마포는 자신의 현물형태와는 다른 가치형태를 획득한다. 아마포의 가치존재는 아마포와 웃옷의 동질성에 따라 나타나는데, 이는 마치 기독교도의 양과 같은 성질이 그와 하느님의 어린 양(예수―옮긴이)과의 동질성을 통해서 나타나는 것과 같다.

앞서 상품가치의 분석에서 얘기된 모든 것이 이제는 아마포 자신에 의해서 그것과 다른 상품, 즉 웃옷과의 관계를 통해서 얘기되고 있다. 아마포는 단지 자신에게 익숙한 언어인 상품의 언어로 자신의 생각을 드러내고 있을 뿐이다. 인간노동이라는 추상적인 성질의 노동에 따라 자신의 가치가 형성되었다는 것을 말하기 위하여 아마포는 웃옷이 자신과 같은 것으로서 가치라는 측면에서 자신과 똑같은 노동으로 이루어져 있다고 이야기한다. 자신의 숭고한 가치대상성은 자신의 뻣뻣한 몸과는 다르다는 사실을 우리에게 알리기 위해 아마포는 자신의 가치가 웃옷의 모습을 띠고 있으며 가치물로서 자신은 웃옷과 쌍둥이처럼 똑같다고 말한다. 덧붙여 얘기한다면, 상품의 언어에는 히브리어 말고도 비교적 쓸 만한 여러 방언이 있다. 예를 들어 독일어 'Wertsein'(가치존재)이라는 말은, 라틴어계의 동사 'valere' 'valer' 'valoir' 따위보다는 못하지만, 상품 B를 상품 A와 등치시키는 일 자체가 상품 A 자신의 가치표현이라는 점을 적절히 표현해 준다. 파리의 가치는 미사 한 번의 가치와 같다(Paris vaut bien une messe)! [†23]

그리하여 이 가치관계를 매개로 상품 B의 현물형태는 상품 A의 가치형태가 된다. 바꾸어 말해서 상품 B의 몸체는 상품 A의 가치의 거울이 된다.[18] 상품 A는 상품 B와의 관계를 가치체로〔즉 인간노동의 물상화(物象化, Materiatur)로〕설정함으로써 사용가치 B를 상품 A 자신의 가치표현의 재료로 삼는다. 따라서 사용가치로서의 상품 B에 표현되어 있는 상품 A의 가치는 상대적 가치형태를 취한다.

나. 상대적 가치형태의 양적 규정성

가치를 표현하는 상품은 모두 15부셸의 밀, 100파운드의 커피 등과 같이 일정한 양의 사용대상들이다. 이 일정한 양의 상품들은 일정량의 인간노동을 포함하고 있다. 그리하여 가치형태는 가치 일반뿐만 아니라 양적으로 규정된 가치, 즉 가치크기도 표현해야만 한다. 따라서 상품 B에 대한 상품 A의 가치관계, 즉 웃옷에 대한 아마포의 가치관계에서 웃옷은 가치체 일반으로서 아마포와 질적으로 등치될 뿐만 아니라 일정량의 아마포

---

18) 어떤 의미에서는 인간도 상품과 같다. 인간은 거울을 가지고 세상에 나오는 것도 아니고 "나는 나다"(Ich bin ich)라고 하는 피히테(Fichte)류의 철학자로 세상에 나오는 것도 아니기 때문에, 인간은 일단 타인이라는 거울을 통해서 자신을 비춰본다. 갑이라는 인간은 을이라는 인간을 자신과 동일한 것으로 설정함으로써 비로소 인간으로서의 자기 자신과 관계를 맺는다. 그러나 그럼으로써 갑에게는 을 전체가, 즉 머리카락과 살갗으로 이루어진 을의 육체적인 모습 그대로가 인간이라는 종족의 현상형태로 간주된다.

〔즉 예를 들어 20엘레의 아마포〕는 일정량의 가치체나 등가물〔즉 예를 들어 1벌의 웃옷〕과도 등치된다.

'20엘레의 아마포＝1벌의 웃옷, 또는 20엘레의 아마포는 웃옷 1벌의 가치가 있다'라는 등식은 웃옷 1벌에 아마포 20엘레와 동일한 양의 가치 실체가 들어 있다는 사실, 그리고 두 상품 양이 같은 양의 노동〔또는 같은 노동시간〕을 필요로 한다는 사실을 전제하고 있다. 그러나 20엘레의 아마 M68 포나 1벌의 웃옷을 생산하는 데 필요한 노동시간은 방직노동이나 재단노동의 생산력이 변동함에 따라 변한다. 이제 그러한 변동이 가치크기의 상대적 표현에 끼치는 영향을 더 자세히 살펴보도록 하자.

① 아마포의 가치는 변동하는데[19] 웃옷의 가치는 불변인 경우. 예를 들어 토지의 비옥도가 감소하여 아마포의 생산에 필요한 노동시간이 2배로 늘어난다면 아마포의 가치 역시 2배로 커질 것이다. 그러면 이제 1벌의 웃옷에는 20엘레의 아마포에 비해 노동시간이 절반밖에 포함되지 않으므로 20엘레의 아마포＝1벌의 웃옷 대신 20엘레의 아마포＝2벌의 웃옷이 된다. 그러나 반대로 직기의 개량으로 아마포의 생산에 필요한 노동시간이 절반으로 줄어든다면 아마포의 가치 역시 반으로 줄어들 것이다. 그러면 이제 20엘레의 아마포＝$\frac{1}{2}$ 벌의 웃옷이 될 것이다. 상품 A의 상대적 가치, 즉 상품 B로 표현된 상품 A의 가치는 상품 B의 가치가 불변일 경우 상품 A의 가치에 정비례하여 증가하거나 감소한다.

② 아마포의 가치는 불변인데 웃옷의 가치가 변동할 경우. 예를 들어 양털깎기가 여의치 않아서 웃옷을 생산하는 데 필요한 노동시간이 2배로 늘어난다면 20엘레의 아마포＝1벌의 웃옷 대신 20엘레의 아마포＝$\frac{1}{2}$ 벌의 웃옷이 될 것이다. 반면 웃옷의 가치가 절반으로 줄어든다면 그때는 20엘레의 아마포＝2벌의 웃옷이 될 것이다. 그러므로 상품 A의 가치가 불변

---

19)　여기에서 '가치'라는 표현은 이미 앞서 여러 곳에서 그러했듯이 양적으로 규정된 가치의 의미, 즉 가치크기의 의미로 사용된 것이다.

일 경우 상품 B로 표현되는 상품 A의 상대적 가치는 상품 B의 가치에 반비례하여 증가하거나 감소한다.

①과 ②의 여러 경우를 비교해보면 상대적 가치의 크기가 똑같이 변한다 하더라도 그 원인은 정반대일 수가 있다. 즉 20엘레의 아마포=1벌의 웃옷이라는 등식이 ㉠ 아마포의 가치가 2배로 증가하거나 웃옷의 가치가 절반으로 줄어들 때는 20엘레의 아마포=2벌의 웃옷이라는 등식이 되고, ㉡ 아마포의 가치가 절반으로 줄거나 웃옷의 가치가 2배로 늘어났을 때는 20엘레의 아마포=$\frac{1}{2}$벌의 웃옷이라는 등식이 된다.

③ 웃옷과 아마포의 생산에 필요한 노동시간의 양이 같은 방향, 같은 비율로 동시에 변동할 경우. 이 경우에는 그것들의 가치가 아무리 변하더라도 20엘레의 아마포=1벌의 웃옷은 여전히 그대로 변하지 않는다. 이것들의 가치변동은 가치가 불변인 제3의 상품과 비교해보아야 비로소 드러난다. 모든 상품의 가치가 동시에 같은 비율로 증가하거나 감소할 경우 그 상품들의 상대적인 가치는 변하지 않을 것이다. 이 상품들의 실제 가치변동은 같은 시간 동안에 생산되는 상품량이 일반적으로 과거보다 더 많은지 더 적은지에 따라 드러나게 될 것이다.

④ 웃옷과 아마포 각각의 생산에 필요한 노동시간, 따라서 각 상품의 가치가 동시에 같은 방향으로 변동하면서 그 비율이 불균등한 경우 또는 그 방향이 반대일 경우 등. 있을 수 있는 이런 모든 경우의 조합(Kombination)이 한 상품의 상대적 가치에 미치는 영향은 ①, ②, ③의 경우를 응용함으로써 간단히 알 수 있을 것이다.

이처럼 가치크기의 실제 변동은 가치크기의 상대적 표현이나 상대적 가치의 크기에 그대로 남김없이 반영되지 않는다. 어느 한 상품의 상대적 가치는 그 상품의 가치가 변하지 않을 경우에도 변동할 수 있다. 또 그 상품의 가치가 변동할 경우에도 그 상품의 상대적 가치는 변하지 않을 수 있다. 끝으로 상품의 가치크기와 이 가치크기의 상대적 표현에서 동시에 일어나는 변동이 반드시 일치하는 것은 아니다.[20]

3) 등가형태

앞에서 보았듯이, 상품 A(아마포)는 다른 상품 B(웃옷)의 사용가치로
자신의 가치를 표현함으로써 상품 B에 대하여 독특한 가치형태, 곧 등가
라는 가치형태를 부과한다. 상품 아마포가 자신의 가치존재를 드러내는
방식은 웃옷이 자신의 물체적 형태와 구별되는 다른 가치형태를 취하지
않은 채로 아마포와 곧바로 등치됨으로써이다. 즉 아마포는 웃옷이 자신
과 직접 교환될 수 있다는 점을 통해 사실상 아마포 자신의 가치존재를 표
현한다. 따라서 어떤 상품의 등가형태는 그 상품이 다른 상품과 직접 교환
될 수 있다는 것을 나타낸다.

웃옷 같은 하나의 상품종류가 아마포 같은 다른 상품종류의 등가 역할
을 하고 따라서 웃옷이 아마포와 직접 교환될 수 있다는 특성을 획득했다
고 해서 이들 두 상품이 교환되는 비율이 밝혀지는 것은 아니다. 이 비율
은 아마포의 가치크기가 주어져 있을 경우 웃옷의 가치크기에 따라 정해
진다. 웃옷이 등가형태로 표현되고 아마포가 상대적 가치형태로 표현되
든, 또는 거꾸로 아마포가 등가형태로 표현되고 웃옷이 상대적 가치형태

---

20) 제2판의 주: 가치크기와 그 상대적 표현 사이의 이러한 불일치를 속류경제학자들은 잘 알
려진 그 교묘한 방법으로 이용해왔다. 예를 들면 다음과 같다. "A에 지출되는 노동이 감소하지
않더라도 A와 교환되는 B의 가치가 등귀함으로써 A의 가치가 하락한다는 사실이 일단 인정되
면, 당신들의 일반적 가치원리는 붕괴된다. …… 만일 A의 가치가 B에 대하여 상대적으로 등귀
하여 B의 가치가 A에 대하여 상대적으로 하락한다는 것이 인정된다면, 한 상품의 가치가 언제
나 그 상품에 체화된 노동량으로 규정된다는 리카도의 대명제의 토대는 와해되어버린다. 왜냐
하면 A의 비용상의 어떤 변동이 그것과 교환되는 B와의 관계에서 A 자체의 가치를 변동시킬
뿐만 아니라, B의 생산에 필요한 노동량에 전혀 변동이 없는데도 A의 가치에 대한 B의 가치를
상대적으로 변동시킨다면, 한 물품에 지출된 노동량이 그 가치를 규제한다는 학설뿐만 아니라
한 물품의 생산비가 그 가치를 규제한다고 하는 학설도 함께 붕괴되기 때문이다"(브로드허스
트〔J. Broadhurst〕,『경제학』, 런던, 1842, 11 · 14쪽).
브로드허스트는 같은 논법으로 다음과 같이 말할 수도 있을 것이다. $\frac{10}{20}$, $\frac{10}{50}$, $\frac{10}{100}$ 등의 분수를
한번 생각해보라. 10이라는 수는 변하지 않지만 그럼에도 그 비례적인 크기, 즉 20, 50, 100이
라는 분모에 대한 그 상대적인 크기는 계속 감소한다. 그리하여 어떤 정수, 가령 10의 크기는
그 속에 포함된 1이라는 단위 수의 '규제'를 받는다는 대원칙이 붕괴한다.

로 표현되든, 웃옷의 가치크기는 언제나 그것의 생산에 필요한 노동시간에 따라, 즉 그것의 가치형태와는 무관하게 결정된다. 그러나 만일 웃옷이라는 상품종류가 가치표현에서 등가물의 위치를 차지하게 되면 이 상품의 가치크기는 가치크기로서의 어떠한 표현도 갖지 않게 된다. 오히려 가치등식에서 이 상품종류는 어떤 물건의 일정한 양으로만 등장하게 된다.

예를 들어 40엘레의 아마포는 얼마의 가치가 있는가? 웃옷 2벌의 가치가 있다. 여기에서는 상품종류로서의 웃옷이 등가물의 역할을 하고, 사용가치로서의 웃옷은 아마포에 대하여 가치체로 간주되기 때문에 일정량의 웃옷은 아마포의 일정한 가치크기를 표현하기에 충분하다. 따라서 웃옷 2벌은 아마포 40엘레의 가치크기를 표현할 수 있지만 결코 웃옷 자신의 가치크기를 표현하지는 못한다. 베일리(Bailey)는, 그의 여러 선배·후계자들과 함께 가치등식에서 등가가 늘 어떤 물건, 즉 어떤 사용가치의 단순한 양의 형태를 취한다는 이 사실을 피상적으로만 이해했기 때문에 가치표현에서 오로지 양적 관계에만 관심을 기울이는 오류에 빠졌다. 그러나 한 상품의 등가형태는 사실 자신의 가치에 대한 어떠한 양적 규정도 포함하지 않는다.

등가형태를 고찰하는 과정에서 알게 되는 첫 번째 특성은 사용가치가 자신의 대립물(Gegenteil)인 가치의 현상형태가 된다는 점이다.

M71   상품의 현물형태가 가치형태가 된다. 그러나 어떤 상품 B(웃옷이나 밀 또는 철 등)에서 발생하는 이런 전환은 오직 임의의 다른 한 상품 A(아마포 등)가 상품 B와 가치관계를 맺음으로써만, 즉 오로지 이 가치관계 내에서뿐이라는 점을 명심할 필요가 있다. 어떤 상품도 자기 자신에 대해 등가로서 관계를 맺을 수 없고 따라서 자신의 자연적 형상을 자신의 가치표현으로 삼을 수는 없기 때문에, 모든 상품은 다른 상품과 등가로서의 관계를 맺을 수밖에 없으며 다른 상품의 자연적 형상을 자신의 가치형태로 삼아야만 한다.

이는 상품체 자체, 즉 사용가치로서의 상품체를 측정하는 데 사용되는 도량형을 예로 들어보면 더욱 분명해질 것이다. 각설탕은 물체이므로 무게가 있으며 따라서 중량을 갖는다. 그러나 그 중량은 볼 수도 없고 만질 수도 없다. 이 경우 우리는 중량이 이미 정해져 있는 여러 개의 쇳덩이를 이용하여 각설탕의 중량을 측정한다. 각설탕의 물체형태가 중량의 현상형태(Erscheinungsform)가 아닌 것처럼 철(쇠)의 물체형태 역시 그 자체로 본다면 중량의 현상형태가 아니다. 그렇지만 각설탕을 무게로 표현하려면 우리는 그것을 철과 중량관계에 놓는다. 이 관계에서 철은 중량 이외에 아무것도 표시하지 않는 물체로 간주된다. 그리하여 일정량의 철은 설탕의 중량을 재는 척도 구실을 하며 설탕이라는 물체에 대하여 단순한 중량의 자태, 중량의 현상형태를 대표한다. 철이 이 역할을 담당하는 것은 중량을 알아내야 할 설탕이나 그밖의 물체가 철과 맺는 관계 내에서뿐이다. 만일 이들 두 물체가 모두 무게를 갖지 않으면 그들은 이런 관계에 놓일 수 없으며, 따라서 어느 하나가 다른 하나의 중량을 표현하는 역할을 할 수 없을 것이다. 이들을 저울에 달면, 우리는 실제로 그 물건들이 중량으로서 동일한 것이며 따라서 적당한 비율을 취하면 동일한 중량이라는 것을 알 수 있다. 철이라는 물체가 중량의 척도로서 각설탕과의 관계에서 오직 중량만을 대표하듯이, 우리의 가치표현에서 웃옷이라는 물체는 아마포와의 관계에서 오직 가치만을 대표한다.

그러나 유추해석(Analogie)은 여기에서 끝난다. 철은 각설탕의 중량표현에서 두 물체에 공통된 자연적 속성, 즉 중량을 대표하지만, 웃옷은 아마포의 가치표현에서 양자의 초자연적 속성, 즉 순전히 사회적인 성격을 가진 그것의 가치를 대표한다.

어떤 상품(예를 들어 아마포)의 상대적 가치형태는 자신의 가치존재를 자신의 몸체나 속성과는 완전히 다른 것(예를 들어 웃옷과 같은 것)을 통해서 표현하기 때문에, 이 표현은 그 자체가 벌써 어떤 사회적 관계를 배후에 숨기고 있다는 것을 암시한다. 등가형태의 경우에는 이것이 반대로 나타난다. 등가형태는 웃옷과 같은 어떤 상품체가 있는 그대로의 모습으 ^{M72}

로 가치를 표현하고, 따라서 본래부터 가치형태를 지니고 있다는 데에서 성립한다. 물론 이것은 웃옷이라는 상품이 아마포라는 상품에 대하여 등가의 역할을 하는 가치관계 내에서만 타당한 것이다.[21] 그러나 어떤 물적 존재의 속성은 그것이 다른 물적 존재와 맺는 관계에서 새롭게 생겨나는 것이 아니라, 원래 존재하던 것이 단지 이러한 관계 속에서 그냥 드러나는 것일 뿐이기 때문에, 웃옷도 무게를 갖거나 보온작용을 하는 등등의 속성과 마찬가지로 자신의 등가형태〔즉 다른 상품과의 직접적 교환가능성이라는 자신의 속성〕를 본래부터 지닌 것처럼 보인다. 이것이 바로 등가형태의 수수께끼인데, 부르주아 경제학자들의 비속한 눈에는 이 등가형태가 완전히 발전하여 화폐의 형태를 띠고 나서야 비로소 보이게 된다. 이때 그들은 금이나 은을 그보다 못한 다른 상품들과 바꿔치기하면서 한때 상품의 등가 역할을 한 적이 있는 평범한 상품들의 목록을 늘어놓음으로써 금이나 은의 신비성을 설명해버리려고 한다. 이들은 20엘레의 아마포=1벌의 웃옷과 같은 가장 단순한 가치표현이 이미 등가형태의 수수께끼를 풀 수 있는 열쇠를 제공한다는 사실을 전혀 깨닫지 못한다.

등가물의 역할을 하는 상품체는 언제나 추상적 인간노동을 구체화시키는 물체로 간주될 뿐만 아니라 또한 어떤 특정한 구체적 유용노동의 산물이기도 하다. 따라서 이 구체적 노동은 추상적 인간노동의 표현이 된다. 가령 웃옷이 단지 추상적 인간노동을 실현한 것으로 간주된다면 실제로 웃옷 속에 실현된 재단노동은 추상적 인간노동의 단순한 실현형태로 간주된다. 아마포의 가치표현에서 재단노동의 유용성은 그것이 의복을 만들고 따라서 인품도 만들어내는 데('옷이 날개'라는 속담을 연상할 수 있다—옮긴이) 있는 것이 아니라, 우리가 가치라고 간주하는 물체〔즉 아마포의 가치로 대상화되어 있는 노동과 조금도 구별되지 않는 그러한 노동의 응

---

21) 대체로 이러한 반성규정(Reflexionsbestimmungen)이란 기묘한 것이다. 예를 들어 어떤 사람이 왕이 되는 것은 단지 다른 사람들이 이 사람에 대해 신하로서의 태도를 취하기 때문이다. 그런데 사람들은 거꾸로 그가 왕이기 때문에 자신들이 신하가 되는 것이라고 믿는다.

결물]를 만들어낸다는 데에 있다. 그러한 가치의 거울을 만들기 위해서 재단노동 자체는 인간노동 일반이라는 자신의 추상적인 속성 이외에는 그 어느 것도 반영해서는 안 된다.

재단노동에서도 방직노동에서와 마찬가지로 인간의 노동력이 지출된다. 그러므로 양자 모두 인간노동이라는 일반적 속성을 지니며, 따라서 어떤 특정한 경우, 즉 예를 들어 가치생산과 같은 경우 양자는 모두 이 관점에서만 고찰될 수 있다. 이것은 전혀 신비로운 일이 아니다. 그러나 상품의 가치표현에서는 사정이 달라진다. 예를 들어 방직노동이 그 방직노동이라는 구체적 형태가 아니라 인간노동이라는 일반적인 속성에 따라 아 $_{M73}$ 마포의 가치를 형성한다는 점을 표현하기 위해서는 방직노동에 대하여 아마포의 등가물을 생산하는 구체적 노동〔즉 재단노동〕이 추상적 인간노동의 구체적인 실현형태로서 대립되는 것이다.

그리하여 구체적 노동이 그 대립물(Gegenteil)인 추상적 인간노동의 현상형태가 된다는 점이 바로 등가형태의 두 번째 특징을 이룬다.

그런데 재단노동이라는 이 구체적 노동이 이처럼 무차별한 인간노동의 단적인 표현으로 간주되면 그것은 다른 노동〔즉 아마포에 들어 있는 노동〕과 동일한 형태를 취하는 것이 되며, 이는 결국 상품을 생산하는 다른 모든 노동과 마찬가지로 개별적 노동이긴 하지만 곧바로 사회적인 형태를 취하는 노동이 된다. 바로 그 때문에 이 노동은 다른 상품과 직접 교환될 수 있는 생산물로 표현되는 것이다. 이처럼 개별적 노동이 그 대립물〔즉 직접적인 사회적 형태의 노동〕이 된다는 점이 등가형태의 세 번째 특징이다.

등가형태의 마지막 두 가지 특징을 좀더 쉽게 이해하려면 다른 많은 사유(思惟)형태·사회형태·자연형태 등과 함께 가치형태를 최초로 분석한 저 위대한 사상가에게로 거슬러 올라가보면 된다. 그 사상가는 바로 아리스토텔레스이다.

아리스토텔레스는 우선 첫째로 상품의 화폐형태가 그저 단순한 가치형태가 좀더 발전한 모습일 뿐이라는 것, 즉 어떤 상품의 가치를 임의의 다른 상품을 통해서 표현한 것이 좀더 발전된 모습일 뿐이라는 점을 분명하게 밝히고 있다. 그는 다음과 같이 말한다.

> "5개의 침대＝한 채의 집"은
>
> "5개의 침대＝약간의 화폐"와
>
> "구별되지 않는다."

더욱이 그는 이러한 가치표현을 포함하고 있는 가치관계가 그 자체만으로 벌써 집이 침대와 질적으로 등치된다는 것을 전제로 하며 또한 감각적으로 서로 다른 이들 물건이 그런 질적 동일성 없이는 서로 양적으로 비교될 수 없다는 점을 간파하고 있었다. 그는 이렇게 말한다. "동질성이 없는 교환은 있을 수 없으며, 동질성 또한 양적인 비교 가능성 없이는 있을 수 없다." 그러나 그는 여기에서 갑자기 멈춘 채 가치형태에 대한 더 이상의 분석을 포기해버리고 있다. "그렇지만 이처럼 서로 다른 물건들이 양적으로 비교될 수 있다는 것", 즉 질적으로 동일하다는 것은 "사실상 불가능"하며 이렇게 사물들을 서로 등치시키는 것은 사물의 참된 본성과는 무관한 것으로 단지 "실용적인 필요에 따른 임시방편"[†24]에 불과하다는 것이다.

이처럼 아리스토텔레스는 자신이 더 이상 분석을 진척시키지 못한 이유가 가치 개념의 결여에 있음을 스스로 실토하고 있다. 이 동질의 것이란 도대체 무엇인가? 즉 침대의 가치표현에서 집이 침대에 대해서 공통의 실체로 표시하고 있는 것이 도대체 무엇인가? 아리스토텔레스는 그런 것이 "사실상 존재하지 않는다"고 말한다. 왜 그랬을까? 집이 침대에 대해서 어떤 동질적인 것을 표시하는 것은 침대나 집 양자 모두에 공통으로 들어 있는 동질적인 어떤 것을 표시하는 한에서만이다. 그리고 이 동질적인 것은 바로 인간노동이다.

그러나 상품가치의 형태에서는 모든 노동이 동질의 인간노동, 즉 동일한 것으로 표현된다는 것을 아리스토텔레스는 가치형태 그 자체로부터 읽어낼 수 없었다. 그것은 그리스 사회가 노예노동에 토대를 두고 있었고, 따라서 인간과 인간노동의 비동질성을 그것의 본질적 기초로 삼고 있었기 때문이다. 가치표현의 비밀, 즉 모든 노동이 인간노동 일반이라는 점에서 그것들을 동등하고 동질적인 것으로 간주하는 바로 그 비밀이 해독될 수 있는 것은 인간이 동등하다는 개념이 대중적인 인식으로 이미 확립되어 있을 때 비로소 가능하다. 그런데 그런 인식이 확립되는 것은 노동생산물의 일반적 형태가 상품형태를 띠고, 따라서 인간들 사이의 지배적인 사회적 관계가 상품소유자로서의 관계가 될 때 비로소 가능해진다. 아리스토텔레스의 천재성은 그가 상품의 가치표현에서 하나의 동등관계를 발견했다는 점에서 이미 발휘되었다. 단지 그는 자신이 살던 사회의 역사적 한계 때문에 이 동등관계가 '사실상' 무엇인지를 알아내지는 못했던 것이다.

4) 단순한 가치형태의 총체

한 상품의 단순한 가치형태는 그 상품이 다른 종류의 한 상품과 맺는 가치관계나 교환관계 속에 포함되어 있다. 질적으로는, 상품 A의 가치는 상품 B가 상품 A와 직접 교환될 수 있다는 사실을 통해 표현된다. 양적으로는, 상품 A의 가치는 상품 B의 일정량이 상품 A의 일정량과 교환될 수 있다는 사실을 통해 표현된다. 달리 말해서 한 상품의 가치는 그것이 '교 ^{M75}환가치'로 표시됨으로써 자립적으로 표현된다. 이 장의 첫 부분에서 우리는 흔히 말하는 대로 상품을 사용가치이자 교환가치라고 이야기한 바 있는데, 엄밀하게 말하면 이것은 틀린 말이다. 상품은 사용가치 또는 사용대상이자 '가치'이다. 상품은 그 가치가 상품의 현물형태와 다른 독자적인 현상형태, 즉 교환가치라는 현상형태를 취하게 되면서 비로소 그런 이중적인 것으로 나타난다. 상품은 하나만 따로 떼어놓고 볼 때는 결코 이런 형태를 취하지 않으며, 오직 제2의 다른 종류의 상품과 가치관계나 교환관계를 맺을 때에만 이런 형태를 취한다. 우리가 이러한 사실을 일단 알고 나면, 앞서의 표현방식('상품은 사용가치이자 교환가치이다'라는 표현—옮긴이)도 해가 되지 않으며 오히려 축약에 도움이 될 것이다.

우리는 분석을 통해서 상품의 가치형태나 가치표현이 상품가치의 본성에서 나오는 것이지 거꾸로 가치와 가치크기가 상품의 교환가치로서의 표현방식에서 나오는 것이 아니라는 점을 밝혀냈다. 그런데 후자와 같은 생각은 사실 중상주의자들과 그 근대적 아류에 해당하는 페리에(Ferrier)·가닐(Ganilh)[22] 등이 가지고 있던 잘못된 생각이며, 또한 그 반대세력인 바스티아(Bastiat) 및 그 일파와 같은 근대 자유무역주의 외판원들이 품은 생각이기도 하다. 중상주의자들은 가치표현의 질적인 측면, 즉 화폐를 자신의 완성된 형태로 삼는 상품의 등가형태를 주로 강조한다. 반면 어떠한 가격으로라도 자신의 상품을 처분해야 하는 근대 자유무역주의 외판원들은 상대적 가치형태의 양적인 측면을 주로 강조한다. 따라서 그들에게는 상품의 가치와 가치크기가 교환관계를 통한 표현 속에서만 존재하고, 나아가 하루하루의 시세표 속에서만 존재하는 것으로 여겨진다. 스코틀랜드 출신 매클라우드(Macleod)는 롬바드 가(街)[†25]에서 통용되는 매우 혼란스러운 생각에 되도록 학문다운 장식을 갖다 붙이는 과정에서 미신에 사로잡힌 중상주의자와 개화된 자유무역주의 외판원들의 생각을 훌륭하게 종합해내었다.

상품 B에 대한 가치관계 속에 표현되어 있는 상품 A의 가치표현을 자세히 살펴보면, 이 가치관계 속에서 상품 A의 현물형태는 사용가치의 형상으로서만 의미를 갖고 상품 B의 현물형태는 가치형태나 가치의 형상으로서만 의미를 지닌다는 사실이 드러난다. 그리하여 상품 속에 숨겨져 있는 사용가치와 가치의 내적 대립은 하나의 외적 대립을 통해 표시된다. 이

---

22) 제2판의 주: 페리에(F. L. A. Ferrier, 세관 부검사관), 『정부에 대한 상업적 측면의 고찰』, 파리, 1805; 샤를 가닐(Charles Ganilh), 『경제학 체계』, 제2판, 파리, 1821.

러한 외적 대립은 두 상품간의 관계, 즉 자신의 가치를 표현해야 하는 한쪽 상품은 직접적으로 단지 사용가치로서만 인정되고, 반면 가치표현의 수단이 되는 다른 쪽 상품은 직접적으로 단지 교환가치로서만 의미를 갖는 것으로 나타난다. 따라서 어떤 상품의 단순한 가치형태는 그 상품에 포함되어 있는 사용가치와 가치 사이의 대립을 보여주는 단순한 현상형태이다.

노동생산물은 어떠한 사회적 상태에서도 늘 사용대상이다. 그러나 이 사용대상의 생산에 지출된 노동을 그 물적 존재의 '대상적' 속성〔즉 그 물적 존재의 가치〕으로 표시하고 따라서 그 노동생산물이 상품으로 전화하는 것은 오직 일정한 역사적 발전단계에서뿐이다. 그러므로 상품의 단순한 가치형태는 동시에 노동생산물의 단순한 상품형태이고, 그리하여 상품형태의 발전은 가치형태의 발전과 일치한다고 할 수 있다.

단순한 가치형태가 미흡하다는 것은 첫눈에도 쉽게 알 수 있다. 그것은 일련의 형태변환(Metamorphose)을 거쳐야 비로소 가격형태(Preisform)로 성숙해가는 맹아형태에 지나지 않는다.

상품 A의 가치를 다른 상품 B로 표현하는 것은 상품 A의 가치를 단지 상품 A 자신의 사용가치로부터 구분해냄으로써 상품 A를 다른 한 상품과의 교환관계에 놓는 것일 뿐, 상품 A가 아직 다른 모든 상품과 질적인 동일성이나 양적 비율을 갖는다는 것을 표시하는 것은 아니다. 한 상품의 단순한 상대적 가치형태에는 다른 한 상품의 개별적인 등가형태가 대응한다. 따라서 웃옷은 아마포의 상대적 가치표현에서 다만 이 아마포라는 한 가지 상품과의 관계 속에서만 등가형태 또는 직접적 교환가능성의 형태를 띨 뿐이다.

그렇지만 개별적인 가치형태는 저절로 더욱 완전한 형태로 이행한다. 개별적인 가치형태에서는 상품 A의 가치가 다른 종류의 한 상품으로만 표현된다. 그러나 이 제2의 상품이 어떤 종류의 상품이든, 가령 웃옷이든, 철이든, 밀이든 그밖의 어떤 것이든 그것은 전혀 상관이 없다. 그리하여 상품 A가 다른 여러 종류의 상품과 가치관계에 들어감에 따라 동일한 상품의 여러 가지 단순한 가치표현이 생긴다.[22a] 상품 A에 가능한 가치표현의 수는 다만 상품 A와 구별되는 상품종류의 수에 따라 제한받을 뿐이다. 따라서 상품 A의 개별적인 가치표현은 갖가지 단순한 가치표현으로 무한히 나열될 수 있다.

2. 총체적인 또는 전개된 가치형태

$$z량의\ 상품\ A = u량의\ 상품\ B,$$
$$또는 \qquad = v량의\ 상품\ C,$$
$$또는 \qquad = w량의\ 상품\ D,$$
$$또는 \qquad = x량의\ 상품\ E,$$

(20엘레의 아마포=1벌의 웃옷 또는 10파운드의 차 또는 40파운드의 커피 또는 1쿼터의 밀 또는 2온스의 금 또는 $\frac{1}{2}$ 톤의 철 또는 등등……)

1) 전개된 상대적 가치형태

한 상품, 예를 들어 아마포의 가치는 이제 상품세계의 무수히 많은 갖가지 다른 요소로 표현된다. 다른 상품체는 어느 것이든 아마포의 가치를 반영하는 거울이 된다.[23] 그리하여 이제 비로소 이 가치는 자신의 참된 모

22a) 제2판의 주: 예를 들어 호머(Homer)는 한 물건의 가치를 일련의 다른 물건으로 표현한다.

23) 그래서 사람들은 아마포의 가치를 웃옷으로 표시할 때는 아마포의 웃옷가치라 하고, 곡물로 표시할 때는 아마포의 곡물가치라고 말한다. 이러한 표현은 모두 아마포의 가치가 웃옷이나 곡물 등등의 사용가치로 나타나는 것을 말해준다. "각 상품의 가치는 교환에서의 그 상품의 관계를 표시하기 때문에 그 상품이 비교되는 상품에 따라 …… 곡물가치라든지 직물가치라고 말할 수 있고, 그리하여 무수한 종류의 가치 또는 상품이 존재하는 것이고 그들은 모두 동일하게 현실적이며 또한 명목적이다"(『가치의 성질, 척도와 원인에 관한 비판적 고찰; 주로 리카도 및 그 추종자들의 저술과 관련하여』, 『갖가지 견해의 형성에 관한 논문들』의 저자 지음, 런던, 1825, 39쪽). 당시 영국에서 굉장한 소동을 일으킨 이 익명의 저서를 집필한 저자 베일리는, 동일한 상품가치의 이런 잡다한 상대적 표현들을 열거함으로써 가치에 대한 어떤 개념 규정도 쓸모없는 것이라는 것을 자신이 입증했다고 멋대로 생각하였다. 식견이 짧긴 했지만 어쨌든 그가 리카도 이론의 급소를 찔렀다는 것은, 예를 들어 『웨스트민스터 리뷰』에서 리카도학파가 분노에 가득 차 그를 공격했다는 데서 그대로 증명되었다.

습인 무차별한 인간노동의 응결물로 모습을 드러낸다. 왜냐하면 이 아마포의 가치를 형성하는 노동은 이제야 다른 어떤 인간노동—그것이 어떠한 현물형태를 취하든, 따라서 그것이 웃옷에 대상화되어 있든 아니면 밀이나 철·금 따위로 대상화되어 있든 관계 없이—과도 동일하게 간주되는 노동으로 분명하게 표현되어 있기 때문이다. 그러므로 아마포는 이제 그 가치형태를 통해서 다른 어떤 한 종류의 상품에 대해서뿐만 아니라 상품세계 전체에 대해서 사회적인 관계를 맺는다. 아마포는 상품으로서 이 상품세계의 한 시민이다. 동시에 상품가치의 표현이 무한하게 나열될 수 있다는 사실 속에는, 상품가치가 그것을 나타내는 사용가치의 특수한 형태와는 무관하다는 사실이 함축되어 있다.

제1형태, 즉 '20엘레의 아마포=1벌의 웃옷'에서는 이들 두 상품이 일 ^{M78}정한 양적 비율로 교환될 수 있다는 것이 우연적 사실일 수 있다. 그러나 제2형태에서는 이러한 우연적 현상과는 본질적으로 다르며, 또 이러한 우연적 현상을 규정하는 배경이 곧바로 드러난다. 아마포의 가치는 웃옷이나 커피·철 등과 같이 무수히 다른 소유자에게 속해 있는 수많은 갖가지 상품으로 표현되어도 항상 같은 크기이다. 교환이 상품의 가치크기를 규제하는 것이 아니라 거꾸로 상품의 가치크기가 교환비율을 규제한다는 것이 뚜렷하게 드러난다.

2) 특수한 등가형태

웃옷·차·밀·철 등의 상품은 어느 것이나 아마포의 가치표현에서 등가물로, 즉 가치체로 간주된다. 이들 각 상품의 특정한 현물형태는 이제 다른 많은 특수한 등가형태들과 더불어 하나의 특수한 등가형태이다. 마찬가지로 이들 다양한 상품체 속에 포함되어 있는 갖가지 구체적 유용노동도 이제 인간노동의 여러 가지 특수한 실현형태나 현상형태로 간주된다.

제1장 상품 123

3) 총체적인 또는 전개된 가치형태의 결함

첫째, 상품의 상대적 가치표현은 그 표현의 나열목록이 결코 끝나지 않으므로 미완성이다. 하나의 가치등식이 다른 가치등식과 이어지면서 만들어지는 연쇄는 새로운 가치표현의 재료를 제공하는 새로운 종류의 상품이 등장할 때마다 무한히 연장될 수 있다. 둘째, 이 연쇄는 제각기 따로따로 분리되어 있는 다양한 가치표현을 잡다하게 모자이크해놓은 것이다. 마지막으로, 이것은 당연히 그렇게 될 수밖에 없는데, 만일 각 상품의 상대적 가치가 이렇게 전개된 형태로 표현된다면 각 상품의 상대적 가치형태는 다른 모든 상품의 상대적 가치형태와는 다른 가치표현을 무한히 나열한 것이 된다. 전개된 상대적 가치형태의 결함은 그에 대응되는 등가형태에도 반영된다. 여기에서는 개개의 각 개별 상품종류의 현물형태가 다른 수많은 특수한 등가형태와 나란히 하나의 특수한 등가형태이기 때문에 일반적으로 서로가 서로를 배제하는 제한적인 등가형태만 존재한다. 마찬가지로 각각의 특수한 등가물상품에 포함되어 있는 특정한 종류의 구체적 유용노동도 인간노동의 특수한〔따라서 불완전한〕 현상형태에 불과하다. 인간노동은 물론 이 특수한 현상형태들의 전체를 통해서 자신의 완전한〔또는 총체적인〕 현상형태를 취하고 있다. 그러나 이 경우 인간노동은 하나의 통일된 현상형태를 취하고 있지는 않다.

그런데 전개된 상대적 가치형태는 단순한 상대적 가치표현 또는 제1형태의 등식들의 총화로써만 이루어진다. 즉

20엘레의 아마포＝1벌의 웃옷

20엘레의 아마포＝10파운드의 차 등등

그러나 이 등식들은 다음과 같은 역관계의 동일한 등식도 포함한다.

1벌의 웃옷＝20엘레의 아마포

10파운드의 차＝20엘레의 아마포

사실 만약 어떤 사람이 자신의 아마포를 다른 많은 상품과 교환하고 따라서 그 아마포의 가치를 일련의 다른 상품으로 표현한다면, 필연적으로 수많은 다른 상품의 소유자들도 또한 자신들의 상품을 아마포와 교환해야 하고 따라서 그들 개개 상품의 가치를 동일한 제3의 상품, 즉 아마포로 표현해야 한다. 그리하여 만일 우리가 20엘레의 아마포＝1벌의 웃옷 또는 ＝10파운드의 차 또는 ＝기타 등등으로 나열된 표현들을 뒤집어놓으면, 즉 사실상 이들 나열된 표현 속에 벌써 함축되어 있는 역의 관계를 나타내 본다면, 우리는 다음과 같은 형태를 얻게 된다.

3. 일반적 가치형태

<table>
<tr><td>1벌의 웃옷</td><td rowspan="8">＝</td><td rowspan="8">20엘레의 아마포</td></tr>
<tr><td>10파운드의 차</td></tr>
<tr><td>40파운드의 커피</td></tr>
<tr><td>1쿼터의 밀</td></tr>
<tr><td>2온스의 금</td></tr>
<tr><td>$\frac{1}{2}$톤의 철</td></tr>
<tr><td>x량의 상품 A</td></tr>
<tr><td>등등의 상품</td></tr>
</table>

1) 가치형태의 변화된 성격

상품들은 자신의 가치를 ① 단순하게 표현한다. 왜냐하면 그것들은 모두가 하나의 단일상품으로 표현되기 때문이다. 그리고 ② 통일적으로 표현한다. 왜냐하면 그것들은 동일한 상품으로 표현되기 때문이다. 상품들의 가치형태는 단순하고 공통적(gemeinschaftlich)이며 그러므로 일반적(allgemein)이다.

 제1형태(단순한 가치형태-옮긴이)와 제2형태(총체적 가치형태-옮긴이)는 한 상품의 가치를 그 자신의 사용가치나 상품체와는 구별되는 다른 어떤 것으로 표현하는 데 그쳤다.

제1형태는 1벌의 웃옷=20엘레의 아마포, 10파운드의 차=$\frac{1}{2}$톤의 철 등과 같은 가치등식을 낳았다. 웃옷의 가치는 아마포와 같은 것으로, 차의 가치는 철과 같은 것으로 표현된다. 그러나 웃옷과 차의 가치를 표현한 이것들, 즉 아마포와 같은 것(즉 웃옷-옮긴이)과 철과 같은 것(즉 차-옮긴이)은 아마포와 철이 서로 다른 것과 마찬가지로 서로 다른 것들이다. 이들 형태는 노동생산물이 상품으로 전화하는 교환이, 우연히 그리고 가끔씩만 이루어지는 매우 초기적인 역사적 단계에서만 실제로 뚜렷한 모습을 드러낸다.

제2형태는 한 상품의 가치를, 제1형태보다 좀더 완전하게 그 상품 자체의 사용가치로부터 구별해낸다. 왜냐하면 예를 들어 웃옷의 가치는 이제 가능한 모든 형태〔즉 아마포와 같은 것이라든지 철과 같은 것 또는 차와 같은 것 등으로, 다시 말해서 웃옷과 같은 것만을 제외한 다른 모든 것과 같은 것〕로서 웃옷의 현물형태와 대립하기 때문이다. 다른 한편 여기에서 상품들의 공통된 가치표현은 모두 직접적으로 배제되어 있는데, 이는 각 상품의 가치표현에서 다른 모든 상품이 이제는 등가형태로만 나타나기 때문이다. 전개된 가치형태는 어떤 노동생산물〔예를 들어 가축〕이 어느 덧 예외적으로가 아니라 이미 관습적으로 다른 여러 상품과 교환될 때 비로소 실제로 나타난다.

새로이 얻어진 형태(일반적 가치형태-옮긴이)는 상품세계에서 분리된 하나의 단일한 상품종류〔예를 들어 아마포〕를 통해서 상품세계의 가치를 표현하며, 따라서 모든 상품의 가치를 그 상품이 아마포와 같다는 방식으로 나타낸다. 각 상품의 가치는 아마포와 같은 것으로서 이제는 그 상품 자신의 사용가치로부터 구별될 뿐만 아니라 모든 사용가치로부터도 구별되며, 바로 이를 통해서 그 상품과 모든 상품 사이에 공통적인 것으로서 표현된다. 그리하여 이 형태가 비로소 실질적으로 상품들을 가치로 연결시킨다. 바꾸어 말하면 상품들이 서로 교환가치로서 나타나게 만드는 것이다.

앞의 두 형태는 단 하나의 다른 종류의 상품으로〔또는 그 상품과 다른 일련의 상품들로〕상품 하나의 가치를 표현한다. 어떤 경우이든 개별 상품이 자신에게 가치형태를 부여하는 것은 말하자면 개별 상품의 사적인 일이었으며, 개별 상품은 다른 모든 상품의 도움 없이 이 일을 해낸다. 다른 모든 상품은 그 상품에 대하여 등가물이라는 수동적 역할만을 한다. 반면 일반적 가치형태는 상품세계의 공동사업으로만 성립한다. 어떤 상품이 일반적인 가치표현을 획득하는 것은, 동시에 다른 모든 상품이 자기의 가치를 동일한 등가물로 표현하고 또 새로 등장하는 상품 역시 이를 그대로 따르게 되어 있기 때문이다. 이리하여 상품들의 가치대상성은, 그것이 순전히 이들 상품의 '사회적 현존재'이기 때문에 오로지 상품들의 전면적 M81 인 사회적 관계를 통해서만 표현될 수 있다는 사실, 그래서 결국 상품들의 가치형태는 사회적으로 타당한 형태여야 한다는 사실이 드러나게 된다.

아마포와 같은 것이라는 형태를 통해서 이제 모든 상품은 질적으로 동일한 것〔즉 가치 일반으로서뿐만 아니라 동시에 양적으로도 비교할 수 있는 가치크기〕으로 나타난다. 모든 상품이 각각의 가치크기를 동일한 하나의 재료〔예를 들어 아마포〕에 비추어봄으로써 이들의 가치크기는 서로간에 반영된다. 예를 들어 10파운드의 차=20엘레의 아마포이고 40파운드의 커피=20엘레의 아마포라 하자. 그러면 10파운드의 차=40파운드의 커피가 된다. 또는 1파운드의 커피 속에는 1파운드의 차에 들어 있는 가치실체〔곧 노동〕의 $\frac{1}{4}$ 정도가 포함되어 있는 것이다.

상품세계의 일반적인 상대적 가치형태는, 상품세계에서 배제된 등가상품인 아마포에 일반적 등가물이라는 성격을 부여한다. 이제 아마포의 현물형태는 이 세계의 공통된 가치의 모습이며 따라서 아마포는 다른 모든 상품과 직접 교환될 수 있다. 아마포의 현물형태는 모든 인간노동이 이제는 눈에 보이는 형태로 전화한 것으로, 또한 모든 인간노동이 일반적이고 사회적인 형태로 탈바꿈한 것으로 간주된다. 아마포를 생산하는 방직노동은 사적인 노동인 동시에 일반적인 사회적 형태[곧 다른 모든 노동과 동일한 형태]로 존재한다. 일반적 가치형태를 구성하는 무수한 등식은 아마포에 실현되어 있는 노동을 다른 상품에 포함되어 있는 각 노동에 차례차례로 등치시키고, 또 그럼으로써 방직노동을 인간노동 일반의 일반적 현상형태로 만든다. 이리하여 상품가치로 대상화한 노동은 단지 자신의 소극적인(negative) 형태, 즉 현실적 노동에서 모든 구체적 형태와 유용한 속성을 제거한 노동으로서의 의미만을 나타내는 것이 아니라 이제 자신의 적극적인(positive) 본성도 뚜렷하게 드러낸다. 즉 이 가치형태는 모든 현실적 노동이 인간노동이라는 공통된 성격[즉 인간노동력의 지출로 환원된 것임]을 갖는다는 것을 나타낸다.

노동생산물을 무차별한 인간노동의 단순한 응결물로 표시하는 일반적 가치형태는 그 자신의 구조를 통해 자신이 상품세계의 사회적 표현임을 보여준다. 따라서 일반적 가치형태는, 노동의 일반적인(allgemein) 인간적 성격이 상품세계 내부에서는 노동의 특수한(spezifisch) 사회적 성격을 이룬다는 사실을 명확히 보여준다.

2) 상대적 가치형태의 발전과 등가형태의 발전 간의 관계

상대적 가치형태의 발전 정도는 등가형태의 발전 정도와 일치한다. 그러나 주의해야 할 점은 등가형태의 발전이 상대적 가치형태의 발전의 표현이자 결과에 불과하다는 사실이다.

M82 한 상품의 단순한 또는 개별적인 상대적 가치형태는 다른 한 상품을 개별적인 등가물로 전화시킨다. 다른 모든 상품에 의한 한 상품의 가치표현[즉 상대적 가치의 전개된 형태]은 이들 상품들에 상이한 종류의 특수한 등가물이라는 형태를 부여한다. 그런 다음 마지막으로 특수한 한 가지 상품이 일반적 등가형태를 획득하는데, 이는 다른 모든 상품이 이 상품을 자

신들의 일반적 가치형태의 통일된 재료로 삼기 때문이다.

그러나 가치형태 일반이 발전함에 따라 그 양극인 상대적 가치형태와 등가형태의 대립도 함께 발전한다.

제1형태인 20엘레의 아마포=1벌의 웃옷은 벌써 이 대립을 포함하고 있지만 아직 그 대립을 고정시키고 있지는 않다. 동일한 등식을 앞부터 읽느냐 뒤부터 읽느냐에 따라서 아마포와 웃옷이라는 양극의 두 상품은 상대적 가치형태가 되기도 하고 등가형태가 되기도 한다. 여기에서 양극의 대립을 분명하게 포착해내는 것은 아직 어렵다.

제2형태에서는 늘 한 가지 상품만이 그 상대적 가치형태를 전체적으로 전개시킬 수 있을 뿐이다. 즉 다른 모든 상품이 이 상품에 대하여 등가형태를 취하고 있기 때문에, 또 반드시 그럴 경우에만, 그 한 가지 상품 자신은 전개된 상대적 가치형태를 취하게 된다. 이미 여기에서는 이 등식의 전체 성격을 변화시키지 않고서는, 즉 그것을 총체적 가치형태로부터 일반적 가치형태로 전화시키지 않고서는 20엘레의 아마포=1벌의 웃옷 또는 =10파운드의 차 또는 =1쿼터의 밀 등과 같은 가치등식의 양변을 바꾸어 놓을 수 없다.

끝으로 마지막 형태, 즉 제3형태는 단 하나의 예외를 제외하고는 상품세계에 속하는 모든 상품이 일반적 등가형태에서 배제되기 때문에, 또 반드시 그럴 경우에만, 상품세계에 일반적·사회적인 상대적 가치형태를 부여한다. 따라서 아마포라는 한 상품이 다른 모든 상품과 직접 교환될 수 있는 형태를 취하거나 직접적으로 사회적 형태를 취하는 것은 다른 모든 상품이 이 형태를 취하고 있지 않기 때문이고, 또 반드시 그럴 경우에만 가능하다.[24]

---

24) 일반적이고 직접적으로 교환가능한 형태에서, 그것이 하나의 대립적인 상품형태로서 대립의 반대편 극에 놓여 있는 직접적으로 교환이 불가능한 형태와 불가분의 관계로—마치 자석의 양극(+)과 음극(−)이 불가분의 관계이듯이—연결되어 있다는 사실을 알아내는 것은 전혀 불가능하다. 그래서 모든 상품에 대하여 동시에 직접으로 교환가능한 형태를 부여할 수 있다는 망상이 생겨날 수 있는데, 이는 마치 모든 가톨릭 신자를 교황으로 삼을 수 있다고 생각하

  거꾸로 일반적 등가물로 등장하는 상품은 상품세계의 통일적이고 일반적인 상대적 가치형태에서 배제되어 있다. 아마포, 즉 일반적인 등가형태를 취하고 있는 어떤 한 상품이 동시에 일반적인 상대적 가치형태에도 참여한다면, 그 상품은 스스로 자신의 등가물 역할을 해야 할 것이다. 그럴 경우 20엘레의 아마포＝20엘레의 아마포라는, 가치도 가치크기도 표현되지 않은 하나의 동어반복만이 얻어질 것이다. 일반적 등가물의 상대적 가치를 표현하기 위해서는 오히려 제3형태를 거꾸로 뒤집어야 한다. 일반적 등가물은 자신의 상대적 가치형태를 다른 모든 상품과 공통된 것으로 취하지 않고, 오히려 다른 모든 상품체를 무한히 나열하는 형태로 표현한다. 그리하여 이제는 전개된 상대적 가치형태, 즉 제2형태가 등가상품만의 특수한 상대적 가치형태로 나타난다.

3) 일반적 가치형태에서 화폐형태로의 이행

일반적 등가형태는 가치 일반의 한 형태이다. 그러므로 그것은 아무 상품에나 모두 부여될 수 있다. 다른 한편 한 상품이 일반적 등가형태(제3형태)를 취하는 것은 오직 그 상품이 다른 모든 상품에 의하여 등가물로 선출되었기 때문이고, 또 반드시 그럴 경우에만 가능하다. 그리고 이 선출이 궁극적으로 한 가지 특수한 상품에 한정되는 순간 비로소 상품세계의 통일적인 상대적 가치형태는 객관적으로 고정되고 일반적으로 사회적 타당

___

는 것과 마찬가지의 망상이다. 상품생산을 통해서 인간의 자유와 개인의 자립성이 절정을 이룬다고 생각하는 소부르주아에게는, 이 형태와 결부된 여러 가지 장애요인을 극복하는 일, 특히 상품을 직접적으로 교환이 불가능한 형태에서 벗어나게 만드는 일은 당연히 매우 바람직한 일일 것이기 때문이다. 이 속물적 유토피아를 묘사한 것이 바로 푸르동의 사회주의이다. 그러나 내가 다른 곳[†26]에서 이미 지적한 바 있듯이 이런 생각은 결코 프루동의 독창적인 생각이 아니라 그보다 훨씬 오래 전에 벌써 그레이(Gray)라든가 브레이(Bray) 등과 같은 다른 사람들이 더 나은 형태로 발전시킨 적이 있던 생각이다. 사정이 이러한데도 이 생각은 오늘날까지도 몇몇 사람들 사이에서 '과학'이라는 이름으로 유행하고 있다. 프루동학파만큼이나 '과학'이라는 말을 남용한 학파도 없을 것이다. 실제로 "개념(Begriffe)이 빠져버린 곳에는 곧바로 말(Wort)이 자리를 잡아버린다."[†27]

성을 획득하게 되었다.

현물형태와 등가형태가 사회적으로 결합되는 특수한 상품은 이제 화폐상품(Geldware)이 된다. 즉 그것은 화폐로서 기능한다. 상품세계 내부에서 일반적 등가물 역할을 하는 것이 그 상품의 특수한 사회적 기능이 되고, 따라서 그 상품은 이제 그 역할을 사회적으로 독점하게 된다. 역사적으로 제2형태에서는 아마포의 특수한 등가물로서 등장하고 제3형태에서 M84 는 자신들의 상대적 가치를 공통적으로 아마포로 표현한 여러 상품 가운데 하나의 특정한 상품이 선택된 지위를 차지하게 되었는데, 이것이 곧 금이다. 그리하여 제3형태에서 상품 아마포를 상품 금으로 대체시키면 다음과 같은 형태를 얻는다.

4. 화폐형태

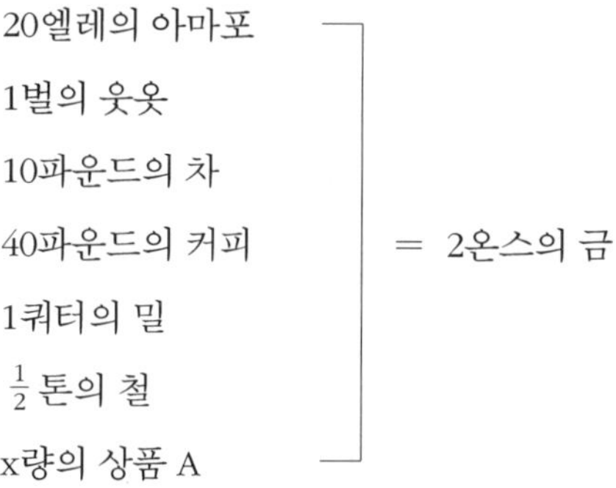

제1형태에서 제2형태로, 그리고 제2형태에서 제3형태로의 이행에서는 본질적인 변화가 일어난다. 반면 제4형태가 제3형태와 구별되는 점은 이제 아마포 대신 금이 일반적 등가형태를 취했다는 것 말고는 없다. 제3형태에서의 아마포와 마찬가지로 금은 제4형태에서 일반적 등가물이다. 진보가 있었던 것은 단지 직접적인 일반적 교환가능성의 형태 또는 일반적 등가형태가 이제는 사회적 관습에 따라 금이라는 상품의 특수한 현물형

태와 최종적으로 결합되었다는 점뿐이다.

금이 다른 상품에 대하여 화폐로서 상대하는 것은 오로지 금이 벌써 이전부터 상품으로서 다른 모든 상품과 상대하고 있었기 때문이다. 다른 모든 상품과 마찬가지로 금도 역시 단순한 교환행위에서는 개별적 등가물로 기능하였고, 전개된 교환행위에서는 다른 상품 등가물들과 나란히 하나의 특수한 등가물로 기능하고 있었다. 그러다가 금은 점차 때로는 좁은 범위에서 때로는 넓은 범위에서 일반적 등가물로서 기능하게 되었다. 상품세계의 가치표현에서 금이 지위를 독점하게 되면서 금은 곧 화폐상품이 되고, 금이 이미 화폐상품이 된 그 순간부터 비로소 제4형태가 제3형태와 구별되며 또 일반적 가치형태는 화폐형태로 전화하는 것이다.

가령 아마포와 같은 한 상품의 상대적 가치를 이미 화폐상품으로 기능하는 금으로 표현하는 단적인 형태가 가격형태이다. 그러므로 아마포의 '가격형태'는 다음과 같이 된다.

20엘레의 아마포＝2온스의 금
또는 2파운드스털링이 2온스의 금의 주화 명칭이면,
20엘레의 아마포＝2파운드 스털링

M85 화폐형태의 개념에서 어려운 점은 단지 일반적 등가형태, 나아가 일반적 가치형태, 곧 제3형태를 잘 파악해내는 것뿐이다. 제3형태를 뒤집으면 그것은 제2형태, 즉 전개된 가치형태로 분해되는데 이 제2형태의 구성요소는 제1형태, 즉 20엘레의 아마포＝1벌의 웃옷 또는 x량의 상품 A＝y량의 상품 B이다. 그러므로 결국 단순한 상품형태는 화폐형태의 맹아인 셈이다.

제4절 상품의 물신적 성격과 그 비밀

상품은 언뜻 보면 자명하고 평범한 물건으로 보인다. 그러나 상품을 분석해보면 그것이 형이상학적인 교활함과 신학적 변덕으로 가득 찬 매우 기묘한 물건임을 알게 된다. 상품이 사용가치인 한에서는, 그것을 분석하는 관점이 그것의 속성을 통해서 인간의 욕망을 충족시킨다는 점에 있든 또는 그런 속성이 인간노동의 산물로 비로소 얻어진다는 점에 있든 상품에는 아무런 신비스러운 것도 없다. 인간이 자신의 활동을 통해 자연소재의 형태를 자기에게 유용한 방식으로 변화시킨다는 것은 매우 명료하게 드러나 있는 사실이다. 예를 들어 목재로 탁자를 만들면 목재의 형태는 변화한다. 그럼에도 탁자는 여전히 목재이고 그저 평범한 감각적 물건일 뿐이다. 그러나 탁자가 상품으로 나타나면 그것은 곧 감각적이면서 동시에 초감각적이기도 한 물건으로 전화한다. 탁자는 자기 다리로 바닥을 딛고 설 뿐만 아니라 다른 모든 상품에 대해서 거꾸로 서기도 한다. 그리고 그 나무의 머릿속으로부터 탁자가 저절로 춤추기 시작한다는 얘기보다 훨씬 더 놀라운 여러 가지 환상을 만들어낸다.[25]

따라서 상품의 신비적인 성격은 그 사용가치에서 나오는 것이 아니다. 그것은 또한 가치를 규정하는 내용에서 나오는 것도 아니다. 왜냐하면 첫째, 여러 유용노동 또는 생산활동이 아무리 서로 다를지라도 그것이 인간 유기체의 기능이라는 것과, 이러한 기능이 그 내용과 형태가 무엇이든 모두 본질적으로 인간의 두뇌나 신경·근육·감각기관들의 지출이라는 것은 생리학적 진리이기 때문이다. 둘째, 가치크기를 결정짓는 기준이 되는 것, 즉 위에서 말한 노동이 지출된 시간 또는 노동량은 명백히 노동의 질과는

---

25) 다른 세계가 모두 정지해 있는 것처럼 보일 때, 다른 것들을 일깨우기 위해(pour encourager les autres) 중국과 탁자가 춤추기 시작했다는 것이 생각난다.[†28]

구별되는 것이기 때문이다. 어떤 사회상태 아래에서도 생활수단의 생산에 소요되는 노동시간은 — 비록 발전단계의 차이에 따라 똑같지는 않겠지만 — 인간의 관심사가 아닐 수 없었다.[26] 끝으로, 어떠한 방식으로든 사람들이 다른 사람을 위하여 노동하게 되는 순간부터 그들의 노동은 사회적인 형태를 취하게 된다는 점이다.

그러면 노동생산물이 상품형태를 취하자마자 갖게 되는 그 수수께끼 같은 성격은 어디에서 나오는 것일까? 그것은 분명히 이 상품형태 자체에서 나온다. 모든 인간의 노동이 동일하다는 사실은 이들 노동에 의한 생산물이 모두 똑같이 가치로 대상화된다는 물적 형태를 취하며, 시간의 길이를 기준으로 한 인간노동력 지출의 척도는 노동생산물의 가치크기라는 형태를 취하며, 마지막으로 생산자들의 노동이 사회적 규정성을 확인받는 생산자들간의 관계는 노동생산물간의 사회적 관계라는 형태를 취하게 된다.

따라서 상품형태의 신비성은 단지 다음과 같은 점에 있다. 즉 상품형태는 인간들에게 인간 자신의 노동이 갖는 사회적 성격을 노동생산물 그 자체의 대상적 성격인 양 또는 이 물적 존재들의 천부적인 사회적 속성인 양 보이게 만들며, 따라서 총노동에 대한 생산자들의 사회적 관계도 생산자들 외부에 존재하는 갖가지 대상의 사회적 관계인 양 보이게 만든다. 이러한 착시현상을 통하여 노동생산물은 상품, 즉 감각적이면서 동시에 초감각적이기도 한 물적 존재 또는 사회적인 물적 존재가 된다. 이는 마치 어떤 사물이 시신경에 주는 빛의 인상을 시신경 자체의 주관적인 자극으로서가 아니라 눈의 외부에 있는 사물의 대상적 형태로서 느끼는 것과 같다.

---

26) 제2판의 주: 고대 게르만인에게 1모르겐(Morgen)의 토지의 크기는 하루의 노동으로 계산되고, 따라서 1모르겐은 Tagwerk(또는 Tagwanne〔하루 일〕, Mannwerk〔남자의 하루 일〕, Mannskraft〔남자 한 사람의 힘〕, Mannsmaad〔남자 한 사람의 풀베기〕, Mannshauet〔남자 한 사람의 낫베기〕 따위로 불렸다. 마우러, 『마르크·농지·촌락·도시제도와 공권력의 역사에 대한 입문』, 뮌헨, 1854, 129쪽 이하를 보라.

그러나 우리가 어떤 사물을 볼 때 그것은 실제로 빛이 하나의 물체인 외적 대상으로부터 다른 하나의 물체인 눈에 투여되는 것을 뜻한다. 그것은 물리적인 물체들 사이의 물리적 관계이다. 반면 상품형태나 이 상품형태가 나타내는 노동생산물간의 가치관계는 노동생산물의 물리적인 성질이나 거기에서 생겨나는 물적 관계와는 전혀 상관이 없다. 그것은 인간 자신들의 일정한 사회적 관계일 뿐이며 여기에서 그 관계가 사람들 눈에는 물체와 물체 사이의 관계라는 환상적인 형태를 취하게 된다. 따라서 그와 유사한 예를 찾으려면 종교적인 세계의 신비경으로 들어가야만 한다. 여기에서는 인간 두뇌의 산물이, 독자적인 생명을 부여받고 그들간에 또 사람들과의 사이에서 관계를 맺는 자립적인 모습으로 나타난다. 마찬가지로 상품세계에서는 인간의 손의 산물이 그렇게 나타난다. 이것을 나는 물신숭배(物神崇拜, Fetischismus)라고 부르는데, 그것은 노동생산물이 상품으로 생산되는 순간 이들에게 달라붙는 것으로서 상품생산과는 불가분의 것이다. ^{M87}

상품세계의 이러한 물신적 성격은, 앞서의 분석에서 이미 보여준 바와 같이, 상품을 생산하는 노동 특유의 사회적 성격으로부터 생겨난다.

일반적으로 사용대상이 상품으로 되는 것은 바로 이것들이 서로 독립적으로 영위되는 사적 노동의 생산물이기 때문이다. 이 사적 노동의 총합은 사회적 총노동을 이룬다. 생산자들은 자신들의 노동생산물을 교환함으로써 비로소 사회적으로 접촉하기 때문에, 그들의 사적 노동이 지닌 특수한 사회적 성격도 역시 이 교환 속에서 비로소 나타나게 된다. 달리 말해서 사적 노동은 교환을 통해 노동생산물간에 그리고 그 생산자들간에 형성되는 관계를 통하여 비로소 사실상 사회적 총노동의 한 부분들임을 보여준다. 그러므로 생산자들에게는 그들의 사적 노동의 사회적 관계가 사실 그대로〔즉 그들이 노동을 통해서 맺는 사람들간의 직접적인 사회적인 관계로서가 아니라, 오히려 사람들간의 물적 관계 또는 물적 존재들간의 사회적 관계로서〕 나타난다.

노동생산물들은 교환을 통하여 비로소 감각적으로 서로 다른 각자의 사용대상성에서 분리되어 사회적으로 동일한 가치대상성을 획득한다. 노동생산물이 이처럼 유용성을 지닌 물체와 가치를 지닌 물체로 분화하는 것은 교환이 벌써 충분히 확대되어 중요한 비중을 차지하게 됨으로써 유용성을 지닌 물체가 교환을 위해 생산되고 따라서 이 물건들의 가치적 성격이 생산되는 순간부터 이미 고려되는 그런 경우에만 비로소 실제로 이루어진다. 이 순간부터 생산자들의 사적 노동은 사실상 이중적인 사회적 성격을 부여받는다. 한편으로 그것들은 일정한 유용노동으로서 일정한 사회적 욕망을 충족시켜야 하며, 그리하여 자신을 총노동의 한 부분이자 사회적 분업의 자연발생적 체제의 한 부분으로서 입증해야만 한다. 다른 한편으로 그것들은 각기 특수하게 유용한 사적 노동이 다른 종류의 유용한 사적 노동과 교환될 수 있고, 따라서 그것과 동등하다고 인정되는 한에서만 그 각각의 생산자들의 다양한 욕망을 충족시킨다. 서로 완전히 다른 여러 노동의 동등성이란 오직 그것들의 현실적인 비동등성을 사상한 것^{M88}일 수밖에 없다. 즉 그것들의 공통된 성격인 인간노동력의 지출로서, 다시 말해 추상적 인간노동으로서 갖는 공통된 성격으로 환원되는 것일 수밖에 없다. 사적 생산자들의 머릿속에는 그들의 사적 노동이 지닌 이 이중의 사회적 성격이 실제의 교역이나 생산물 교환에서 나타나는 형태로만 비쳐진다. 즉 사적 노동의 사회적 유용성은 노동생산물이 유용해야 한다는 형태로, 그것도 특히 다른 사람에게 유용해야 한다는 형태로 비쳐지며, 서로 다른 노동의 사회적 동등성은 물적으로 서로 다른 물건인 노동생산물들이 공통의 가치적 성격을 지닌다는 형태로 비쳐진다.

그러므로 사람들이 각자의 노동생산물을 가치를 통해서 서로 관련지을 경우 그것은 그들이 이들 생산물을 똑같은 인간노동의 단순한 물적 외피로 간주하기 때문이 아니다. 오히려 그 반대이다. 즉 사람들은 교환을 수행하는 과정에서 먼저 각기 다른 생산물을 가치로 등치시키는데, 바로 이런 행위를 통해서 그들은 결과적으로 자신들의 서로 다른 노동을 인간노동으로 서로 등치시키는 것이다. 그들은 그것을 의식하지 못하면서 그렇게 행한다.[27] 가치는 자기 이마에 가치라고 써붙이고 있지 않다. 가치는 오히려 각 노동생산물을 일종의 사회적인 상형문자로 바꾸어버린다. 그런 다음 뒤늦게야 사람들은 상형문자의 의미를 풀어서 그들 자신의 사회적 산물―왜냐하면 사용대상을 가치로 규정하는 것은 언어와 마찬가지로 인간의 사회적 산물이기 때문이다―의 비밀을 알아내려고 노력한다. 노동생산물이 가치인 한 그것은 그 생산에 지출된 인간노동의 단순한 물적 표현에 지나지 않는다는 후세의 과학적 발견은 인류의 발전사에서 획기적인 것이긴 하지만, 그러나 그것은 결코 노동의 사회적 성격이 지닌 대상적 겉모습을 완전히 벗겨낸 것이 아니다. 상품생산이라는 이 특수한 생산형태에만 적용되는 사실, 즉 서로 독립된 여러 사적 노동의 특수한 사회적 성격은 그 노동이 지니는 인간노동으로서의 동질성에 있으며 이 사회적 성격이 노동생산물의 가치적 성격의 형태를 취한다는 이 사실은, 갖가지 상품생산의 사회적 관계에 파묻혀 있는 사람들에게는 방금 얘기한 과학적 발견 이전이나 이후에나 여전히 궁극적인 진리인 것처럼 보인다. 이는 과학에 의해 공기가 여러 요소로 분해되더라도 공기 그 자체의 형태는 여전히 하나의 물리적인 형체를 유지하는 것과 같다.

생산물 교환의 당사자들이 가장 먼저 실질적으로 관심을 기울이는 것 ^{M89}은 자신의 생산물로 다른 사람의 생산물을 얼마만큼 받는가, 요컨대 어떠한 비율로 생산물들이 교환되는가 하는 문제이다. 이 비율이 어느 정도 관습적으로 고정되고 나면, 이 비율은 마치 노동생산물들의 본성에서 나오는 것처럼 보인다. 예를 들면, 1톤의 철과 2온스의 금이 동등한 가치라고 하는 것이 마치 1파운드의 금과 1파운드의 철이 그것들의 물리적·화학적 속성의 차이에도 불구하고 동등한 무게라고 하는 것과 마찬가지인 듯이

----

27) 제2판의 주: 그러므로 갈리아니(Galiani)가 "가치는 두 사람 사이의 관계이다"라고 말했을 때, 그는 여기에 물적 외피 아래 숨겨져 있는 관계라는 말을 덧붙였어야 했다(갈리아니, 『화폐에 관하여』, 221쪽, 쿠스토디 엮음, 『이탈리아 경제학 고전 전집』, 근세편, 제3권, 밀라노, 1803).

보인다. 실제로 노동생산물의 가치적 성격은 그것이 가치량으로 움직이
면서 비로소 확고해진다. 이 가치량은 교환 당사자들의 의지나 예견·행
위와는 상관 없이 끊임없이 변동한다. 교환 당사자들 자신의 사회적 운동
은 그들이 보기에 자신들이 통제하는 것이 아니라 오히려 그들이 통제를
받는 물적 존재들의 운동이라는 형태를 취한다. 경험 그 자체를 통해서 다
음과 같은 과학적 인식—즉 서로 독립적으로 영위되면서 동시에 사회적
분업의 자연발생적인 한 부분으로서 서로가 전적으로 의존하고 있는 온
갖 사적 노동이 끊임없이 사회적인 양적 비율로 환원되는 이유가, 생산물
의 생산에 사회적으로 필요한 노동시간이 사적 노동에 의한 생산물들의
우연적이고도 부단히 변동하는 교환비율을 통하여 마치 가옥이 사람의
머리 위로 무너질 때의 중력법칙과도 같은 거역할 수 없는 자연법칙으로
자신을 폭력적으로 관철하기 때문이라는 과학적 인식—이 얻어지기 위
해서는 먼저 상품생산이 충분히 발전해 있어야만 한다.[28] 그러므로 노동
시간에 따라 가치량이 결정된다는 사실은 상대적 상품가치의 현상적인
운동 뒤에 숨겨져 있는 하나의 비밀이다. 그리고 이 비밀에 대한 과학적
발견은 노동생산물의 가치량이 그냥 우연적으로 결정된다는 겉보기의 현
상을 지양하기는 하지만, 노동량에 따라 가치가 결정된다는 현상 그 자체
는 결코 지양하지 못한다.

　인간생활의 여러 형태에 대한 연구와 과학적 분석은 일반적으로 현실
의 발전과는 거꾸로 된 경로를 밟아간다. 그것은 뒤에서부터, 즉 발전과정
이 이미 이룩해놓은 결과들에서부터 시작한다. 노동생산물에 상품이라는
성격을 부여하는 형태〔따라서 상품유통의 전제가 되는 여러 형태〕는 사회
생활의 자연적 형태로 고착되어버리는 성격을 취하는데, 이런 고착화는

M90

---

28)　"오직 주기적인 혁명에 의해서만 관철될 수 있는 법칙이라는 것을 우리는 어떻게 생각해야
　　좋을까? 그것은 실로 관련 당사자들의 무의식에 기초하고 있는 하나의 자연법칙이다"(엥겔스,
　　「국민경제학 비판 개요」, 『독불연보』, 아르놀트 루게〔Arnold Ruge〕와 카를 마르크스 엮음, 파
　　리, 1844에 수록).

사람들이 이미 불변의 것으로 간주하는 이 형태의 역사적 성격이 아니라 그 형태의 내용을 미처 해명해내기 전에 이루어진다. 그리하여 가치량의 결정은 오로지 상품가격에 대한 분석을 통해서만 이루어지고, 그 상품의 가치적 성격을 확정시키는 것은 오로지 모든 상품이 똑같이 화폐로 표현되는 방식을 통해서만 이루어진다. 그러나 바로 이 상품세계의 완성형태인 화폐형태야말로 사적 노동의 사회적 성격과 개별 노동자의 사회적 관계를 밝혀주는 것이 아니라 오히려 그것을 사실상 은폐하는 것이다. 내가 웃옷이나 구두 등이 아마포와 관계를 맺는 것은 이들이 추상적 인간노동을 일반적으로 구체화한 것이기 때문이라고 말한다면 우리는 이 말이 얼마나 불합리한 것인지 금방 알 수 있다. 그러나 웃옷이나 구두 등의 생산자들이 이 상품들을 일반적 등가물로서의 아마포와 — 또는 금이나 은을 대신 사용한다 해도 마찬가지이다 — 비교할 때 그들은 사회적 총노동과 자신들의 사적 노동 사이의 관계를 바로 이런 불합리한 형태로 표현하는 것이다.

이런 형태들이야말로 바로 부르주아 경제학의 범주를 이룬다. 이 형태들이야말로 상품생산이라는, 일정한 역사적 성격을 지니는 이 사회적 생산양식의 생산관계에 대해서 사회적 타당성을 갖는 객관적 사유형태이다. 그러므로 상품세계의 모든 신비, 즉 상품생산의 기초 위에서 노동생산물을 둘러싸고 있는 모든 마법과 요술은 우리가 다른 생산양식으로 옮아가는 즉시 곧바로 사라져버린다.

경제학은 로빈슨 크루소의 이야기를 좋아하니까,[29] 우선 로빈슨을 무

---

29) 제2판의 주: 리카도에게도 로빈슨 스타일과 관련된 이야기가 있다. "그(리카도—옮긴이)는 원시적 어부와 원시적 사냥꾼을 곧바로 상품소유자로 간주하여, 이들이 물고기와 짐승을 교환가치로 표시된 노동시간의 비율에 따라 교환하는 것으로 상정하고 있다. 이때 그는 원시적인 어부와 사냥꾼의 작업도구들의 가치를 계산하면서 1817년 당시 런던 증권거래소에서 통용되고 있던 연금표(年金表)를 참고하는 시대착오적인 방식을 사용하고 있다. '오언(R. Owen)의 평행사변형'†29이 그가 부르주아 사회형태 이외에 알고 있던 유일한 사회형태인 것 같다"(카를 마르크스, 앞의 책, 38~39쪽).

인도 위에 등장시켜보자. 그가 아무리 본래부터 검소한 사람이라 할지라도 최소한의 여러 가지 욕구는 기본적으로 충족시켜야 할 것이므로 그는 도구를 만들고 가구를 제작하고 염소를 길들이고 고기잡이와 사냥을 하는 등 다양한 종류의 유용노동을 하지 않으면 안 될 것이다. 여기서 하느님에 대한 기도 같은 것은 문제삼을 필요가 없다. 왜냐하면 우리의 로빈슨은 그것을 즐거움 정도로 생각하고 이런 종류의 활동은 일종의 기분전환으로 간주할 것이기 때문이다. 로빈슨은 자신의 생산적 기능이 다양함에도 불구하고 그 기능들이 단지 자신의 다양한 활동형태에 지나지 않으며, 따라서 인간노동의 다양한 방식에 불과하다는 것을 알고 있다. 그는 필요 그 자체의 요구에 따라 자신의 시간을 그 다양한 기능 사이에 엄밀하게 배분한다. 그의 전체 활동 가운데에서 어떤 부분이 더 많은 비중을 차지하고 어떤 부분이 더 적은 비중을 차지할 것인지는 그가 필요로 하는 유용성을 얻기 위해 극복해야 할 어려움이 얼마나 크고 작은지에 따라 정해진다. 그는 이것을 경험을 통해서 알게 된다. 그리고 우리의 로빈슨은 난파선에서 시계나 장부·잉크·펜을 구해와 타고난 영국인답게 곧 자기 자신에 관하여 기록하기 시작한다. 그의 재산목록 속에는 그가 갖고 있는 유용한 물건들과 그것들을 생산하기 위해 필요한 작업, 그리고 마지막으로 이 생산물들을 일정량 생산하기 위해 그가 평균적으로 필요로 하는 노동시간에 관한 일람표가 기록되어 있다. 자신이 직접 창출한 부의 내용을 이루는 이들 여러 물건과 로빈슨 자신 사이의 모든 관계가 여기에서는 극히 단순명료하기 때문에 비르트(M. Wirth)조차도 별로 머리를 싸매지 않고 쉽게 이해할 수 있을 정도이다. 그럼에도 이 관계 속에는 가치에 관한 본질적인 규정이 모두 포함되어 있다.

그러면 이번에는 로빈슨의 밝은 섬에서 어두컴컴한 유럽의 중세로 눈을 돌려보자. 여기에서 우리는 독립된 인간 대신 모든 사람들—농노와 영주, 가신과 제후, 속인과 성직자—이 서로 의존하고 있음을 본다. 인적인 의존이 물적 생산의 사회적 관계뿐 아니라 그 위에 세워진 모든 생활의 영역까지도 규정하고 있다. 그러나 인적 의존관계가 주어진 사회의 토대를 이루고 있다는 바로 그 이유 때문에 노동이나 생산물은 자신들의 실제 모습이 아닌 다른 환상적인 모습을 취할 필요가 없다. 노동이나 생산물은 현물형태의 부역이나 공납으로 사회적인 기구 속에 편입된다. 여기에서는 상품생산을 기초로 하는 경우처럼 노동의 일반성이 사회적 형태를 이루는 것이 아니라 노동의 특수성, 즉 노동의 현물형태가 곧바로 노동의 사회적 형태를 이룬다. 상품을 생산하는 노동과 마찬가지로 부역노동도 시간으로 측정되지만 모든 농노는 누구나 자신이 영주를 위해서 지출하는 것이 바로 자신의 노동력 가운데 일정한 부분이라는 점을 알고 있다. 성직자에게 납부해야 하는 '10분의 1'세는 성직자가 내려주는 축복보다 더 명료하다. 그러므로 여기에서는 각자의 역할이 어떻게 평가되든, 그들의 노동에서 사람들 사이의 사회적 관계는 언제나 그들 자신의 인적 관계로 나타나며, 물적 존재들간의 사회적 관계, 즉 노동생산물간의 사회적 관계로 위장되어 있지는 않다. M92

우리는 공동노동, 즉 직접적으로 사회화한 노동을 살펴보기 위해서 모든 문화민족의 역사 초기에 나타나는 것과 같은 노동의 자연발생적인 형태로까지 거슬러 올라갈 필요는 없다.[30] 좀더 가까운 예로, 자신의 필요를 위해 곡물·가축·생사·아마포·의류 등을 생산하는 어느 농가의 소박한 가부장제적인 농업의 경우를 보기로 하자. 이들 갖가지 물건은 이 가족에게는 그들 가족노동의 갖가지 생산물로 나타날 뿐, 각자 서로 상품으로

---

30) 제2판의 주: "자연발생적인 공동소유는 슬라브만의 특수한 형태, 심지어 단지 러시아에만 있는 형태라는 우스운 편견이 최근 널리 퍼지고 있다. 공동소유는 로마인·게르만인·켈트인에게서도 찾아볼 수 있는 형태이며, 다양한 형태를 보여주는 가장 완벽한 사례로는, 비록 일부가 유적의 형태로만 남아 있긴 하지만 오늘날 인도에서도 아직 찾아볼 수 있다. 아시아적 공동소유 형태, 특히 인도적 공동소유 형태를 좀더 면밀하게 연구하면, 자연발생적인 공동소유의 갖가지 형태들이 어떤 방식으로 다양하게 붕괴되어갔는지를 알 수 있을 것이다. 그러므로 예를 들어 로마적·게르만적 사적 소유의 갖가지 기원이 인도적 공동소유의 갖가지 형태들에서 유추되기도 하는 것이다"(같은 책, 10쪽).

만나지는 않는다. 이들 생산물을 만들어내는 여러 노동, 즉 농경·목축·방적·직포·재봉 따위의 노동은 그 현물형태 그대로 사회적인 기능이다. 왜냐하면 그것들은 상품생산의 경우와 마찬가지로 그 자신의 자연발생적인 분업체계를 갖춘 가족의 기능이기 때문이다. 성별과 연령의 차이 그리고 계절의 변화에 따라 함께 변화하는 노동의 자연적 조건은 가족 내부에서 이루어지는 노동의 배분이나 가족 성원 하나하나의 노동시간을 규제한다. 그러나 여기에서는 시간의 길이에 따라 측정되는 개별 노동력의 지출이 본래부터 노동 그 자체의 사회적 성격을 띠게 된다. 왜냐하면 여기에서 개별 노동력은 처음부터 가족공동의 노동력의 각 부분들로만 작용하기 때문이다.

기분전환을 위해 마지막으로, 공동의 생산수단으로 노동하면서 각자의 개별 노동력을 하나의 사회적 노동력으로 인식하며 지출하는 자유인들의 결사체를 생각해보자. 여기에서는 로빈슨 노동의 모든 특징이 재현되는데, 다만 그것이 개별적인 형태가 아니라 사회적인 형태로 재현될 뿐이다. 로빈슨의 모든 생산물은 순전히 그 한 사람의 개별적인 생산물이고 따라서 그 자신을 위한 직접적인 사용대상이었다. 이 결사체의 총생산물은 하나의 사회적 생산물이다. 이 생산물 가운데 일부는 다시 생산수단으로 사용된다. 그것은 그대로 사회적인 성격을 띤다. 그러나 다른 일부는 결사체 성원의 생활수단으로 소비된다. 따라서 그것은 그들 각자에게 분배되어야 한다. 이 분배의 방식은 사회적 생산조직의 특성과 생산자들의 역사적 발전수준에 따라 변화할 것이다. 상품생산과 비교해보기 위해서 각 생산자에게 돌아가는 생활수단의 몫이 각자의 노동시간에 의해서만 결정된다고 가정해보자. 그렇게 되면 노동시간은 이중의 역할을 수행하게 된다. 사회적으로 계획된 노동시간의 배분은 다양한 욕망과 각종 작업간의 적절한 비율을 규제한다. 다른 한편 노동시간은 또한 공동노동에 대한 개별적 참여도를 재는 척도로 이용되고, 그리하여 공동생산물 중 개별적으로 소비되는 부분 가운데 각 생산자들의 몫을 재는 척도로도 이용된다. 여기

서는 사람들이 자신의 노동이나 노동생산물에 대해서 맺는 사회적 관계
가 생산에서나 분배에서나 한결같이 간단명료하다.

상품생산자 사회의 일반적인 사회적 생산관계는 생산자들의 생산물을
상품으로, 즉 가치로 취급함으로써 그들의 개별적 노동을 동질의 인간노
동으로 환원시키는 데 있다. 이런 사회에서는 추상적인 인간을 숭배하는
기독교, 특히 그것이 부르주아적으로 발전한 형태인 프로테스탄트나 이
신론(理神論) 따위가 가장 알맞은 종교형태이다. 고대 아시아적 생산양식
이나 다른 고대 생산양식에서는 생산물의 상품으로의 전화나 그 결과로
서 인간의 상품생산자로의 전화가 — 비록 공동체가 붕괴되어감에 따라
차차 그 중요성이 높아지기는 하지만 — 별로 중요한 역할을 하지 않는다.
순수한 상업민족은 에피쿠로스의 신[†30]이나 폴란드 사회 곳곳에 끼어 사
는 유대인들처럼 고대세계에서는 오로지 틈새에만 존재할 뿐이다. 그런
고대사회의 생산조직은 부르주아적 생산조직보다 훨씬 단순하고 투명하
지만, 다른 사람과 자신을 묶어주는 자연적인 혈족관계에서 아직 분리되
지 않은 개별적 인간의 미성숙에 기초하고 있거나 아니면 직접적인 지배
예속관계에 기초하고 있다. 이런 생산조직은 노동생산력이 아직 낮은 발
전단계에 머물러 있고, 따라서 물질적 생활 내의 사회적 관계, 즉 인간들
상호간의 관계와 인간과 자연 간의 관계 등이 모두 낮은 발전단계에 머물
러 있을 경우에만 존재한다. 이런 현실적 제약은 관념적으로 고대의 자연 _{M94}
종교나 민중종교에 그대로 반영되어 있다. 현실세계의 종교적 반영은 모
름지기 실제의 일상생활 관계가 인간들 상호간이나 인간과 자연 간의 합
리적인 관계를 매일매일 투명하게 나타내게 될 때에야 비로소 소멸될 수
있다. 사회적 생활과정[즉 물적 생산과정]의 모습은 그것이 자유롭게 사
회화한 인간의 산물로서 인간의 의식적이고 계획적인 통제 아래 놓일 때
비로소 그 신비의 베일을 벗는다. 그러나 그렇게 되려면 사회의 물질적 기
초[즉 일련의 물적 존재조건]가 필요한데, 이 물적 존재조건은 그 자체 또
한 장구하고 고통에 찬 발전사의 한 자연발생적 산물이기도 하다.

경제학은 불완전하게나마[31] 가치와 가치크기를 분석하고 이 형태들 속에 숨겨져 있는 내용을 발견하였다. 그러나 이 내용이 왜 그런 형태를 취하는지, 즉 왜 노동이 가치로 표시되고 노동생산물의 가치량이 그 노동시간의 길이에 따라 측정되는지에 대해서는 경제학은 아직 한번도 문제를 제기한 적이 없다.[32] 생산과정이 인간을 지배하고 인간이 아직 생산과정

---

31) 가치크기에 관한 리카도 분석의 미흡함 — 그래도 그것이 가장 우수한 분석이다 — 에 대해서는 이 책의 제3권과 제4권에서 보게 될 것이다. 그러나 가치 일반과 관련해서 고전파 경제학은 가치로 표시되는 노동과 그 생산물의 사용가치로 표시되는 경우의 노동을 어디에서도 뚜렷이 그리고 명료한 의식을 가지고 구별하고 있지 않다. 물론 고전파 경제학도 노동을 때로는 양적으로 때로는 질적으로 고찰하므로 사실 그것들을 서로 구별하고 있기는 하다. 그러나 노동의 단순한 양적 구별이 노동의 질적 통일성 또는 동일성을 전제하고, 따라서 노동의 추상적 인간노동으로의 환원을 전제로 한다는 것을 고전파 경제학은 깨닫지 못하였다. 예를 들어 리카도는 데스튀트 드 트라시(Destutt de Tracy)가 다음과 같이 말하자 이에 동의를 표하였다. "우리의 육체적·정신적 능력만이 우리의 본원적인 부(富)임이 확실하므로, 이 능력의 사용, 곧 모든 종류의 노동은 우리의 본원적인 보고(寶庫)이다. 그리고 부라고 일컬어지는 모든 물적 존재는 이것을 사용함으로써 만들어진다. …… 더욱이 분명한 것은 이 모든 물적 존재들이 자신들을 창조하는 데 사용된 노동을 나타낼 뿐이며, 그것들이 하나의 가치를 갖든 아니면 두 개의 서로 다른 가치를 갖든 이들은 언제나 오로지 자신을 낳은 노동(의 가치)에서만 그러한 가치를 얻을 수 있을 뿐이라는 것이다"(데스튀트 드 트라시, 『이데올로기 요론』, 제4부와 제5부, 파리, 1826, 35~36쪽 참조) ; 리카도, 『경제학 원리』, 제3판, 런던, 1821, 334쪽). 우리는 여기에서 단지 리카도가 데스튀트의 이 말에 자신의 더 깊은 뜻을 부여하고 있다는 점만을 지적해두고자 한다. 실제로 데스튀트는 확실히 한편으로 부를 형성하는 모든 물적 존재가 "물적 존재를 창조한 노동을 표현하고 있다"고 말하지만, 다른 한편으로는 그 물적 존재가 자신의 '서로 다른 두 가치'(사용가치와 교환가치)를 '노동의 가치'에서 얻는다고 말하고 있다. 그럼으로써 그는 어떤 한 상품의 가치를 먼저 전제하고 이것에 의해 뒤따르는 여러 상품의 가치를 규정하려는 속류경제학의 천박한 논리에 빠져들어가고 있다. 리카도는 데스튀트의 말을, 노동(노동의 가치가 아니라)이 교환가치와 사용가치를 모두 표현한다고 해석하고 있다. 그러나 리카도 자신은 이중적으로 표시되는 노동의 이중성을 거의 구별하지 않기 때문에 「가치와 부의 차이점」이라는 장(제20장) 전체에서 세이(J. B. Say) 같은 자들의 천박한 논리와 싸우느라 애쓰지 않을 수 없었다. 그리하여 그는 결국 마지막에 가서 데스튀트가 가치의 원천이 노동이라는 점에서는 자기와 견해가 일치하는 반면 가치의 개념에 대해서는 세이와 같은 의견이라는 점을 매우 놀라워하고 있다.

32) 고전파 경제학의 근본 결함의 하나는 상품, 그리고 특히 상품가치의 분석에서, 상품가치가 바로 교환가치로 되게 하는 가치형태를 찾아내지 못했다는 점에 있다. 애덤 스미스와 리카도 같은 고전파 경제학의 가장 뛰어난 대표자들조차 가치형태를 전혀 중요하지 않은 것으로 또는 상품 자체의 성질과 무관한 것으로 취급하고 있다. 그 원인은 고전파 경제학이 오로지 가치크기의 분석에만 정신을 빼앗기고 있기 때문만이 아니다. 문제의 핵심은 더 깊은 곳에 있다. 노

을 지배하지 않는 그러한 사회구성체에 속해 있다는 것을 이마에 써붙이고 있는 정식들, 바로 그런 정식들은, 부르주아 경제학의 시각에서 본다면, 생산적 노동 그 자체와 마찬가지로 너무도 자명한 자연필연성으로 간 ^{M96}주된다. 그래서 부르주아 경제학은 사회적 생산조직의 전(前)부르주아적 형태들을 마치 교부(敎父)들이 기독교 이전의 여러 종교를 다루는 것과 똑같은 방식으로 다룬다.[33]

동생산물의 가치형태는 부르주아 생산양식에서 가장 추상적이면서도 또 가장 일반적인 형태로, 이것을 통해 이 생산양식은 사회적 생산의 특수한 하나의 유형으로, 그리하여 역사적으로도 그 특성을 부여받는다. 그러므로 이 부르주아적 생산양식을 사회적 생산의 영원한 자연형태로 잘못 본다면, 가치형태와 상품형태, 나아가 화폐형태와 자본형태 등등의 특수한 성격도 필연적으로 간과하게 된다. 따라서 노동시간에 의한 가치량의 측정에 대해서는 완전히 의견이 일치하는 경제학자들 사이에서도 화폐, 즉 일반적 등가물의 완성된 모습에 대해서는 완전히 제각각의 매우 모순된 생각들이 드러나고 있는 것이다. 이것은 예를 들어 일상적인 화폐의 정의로는 설명할 수 없는 은행업을 논할 때 여실히 나타난다. 그래서 고전파 경제학에 반대하여 가치의 사회적 형태만을 보거나 아무런 실체도 없는 그 사회적 형태의 겉모습만을 보는 복고적 중상주의(가닐 등)가 생겨났다. 여기에서 확실히 말해두지만, 나는 페티 이래로 부르주아 생산관계의 내적 연관을 탐구하는 모든 경제학을 속류경제학과 대립시켜 고전파 경제학이라고 일컫는다. 이에 반해 속류경제학은 피상적인 관련 안에서만 돌아다니면서, 이를테면 가장 조잡한 현상을 가장 그럴듯하게 설명하고 부르주아들의 자기 필요에 따라 과학적 경제학에 의해 오래전에 제공된 재료들을 끊임없이 되풀이하여 반추한다. 그밖에도 속류경제학은 자신들의 세계를 가장 좋은 것으로 생각하는 부르주아들의 천박하고 독선적인 생각을 체계화해주고 현학적으로 치장해줌으로써 그것이 영원한 진리라고 선언해주는 일에만 몰두하고 있다.

33) "경제학자들은 독특한 방법을 쓰고 있다. 그들에게는 오로지 인위적인 제도와 자연적 제도라는 두 종류의 제도가 있을 뿐이다. 봉건제의 제도는 인위적인 것이고 부르주아 계급의 제도는 자연적인 것이다. 이 점에서 그들은 종교를 두 가지 종류로 나누는 신학자들과 똑같다. 자신들의 종교가 아니면 어떤 것이나 인간이 만들어낸 것이고, 자신들의 종교는 신의 계시인 것이다. — 이런 의미에서 지금까지는 역사라는 것이 있었지만 이제 그것은 더 이상 존재하지 않는다"(카를 마르크스, 『철학의 빈곤: 프루동의 「빈곤의 철학」에 대한 반론』, 1846, 113쪽). 바스티아는 참으로 우습게도 고대 그리스인이나 로마인이 약탈을 통해서만 살았다고 생각한다. 그러나 몇 세기 동안을 약탈을 통해서 살아간다면 약탈할 것이 끊임없이 존재하든가 아니면 약탈의 대상이 지속적으로 재생산되지 않으면 안 된다. 그러므로 오늘날 세계의 물적 기초가 부르주아 경제인 것처럼 그리스인이나 로마인도 역시 그들 세계의 물적 기초가 되었던 어떤 생산과정, 즉 어떤 경제를 가지고 있었다고 생각해야 할 것이다. 바스티아는 혹시 노예노동에 기초한 생산양식을 약탈체제에 바탕을 둔 것으로 생각한 것은 아닐까? 만약 그렇다면 그는 위험한 근거 위에 서 있는 것이 된다. 아리스토텔레스 같은 사상적 거인조차 노예노동의 평가에서 오류를 범하였는데 바스티아 같은 왜소한 경제학자가 어떻게 임노동의 평가에서 정확한 길을 걸을 수 있겠는가?—나는 이 기회를 빌려 나의 저서 『경제학 비판』(1859년)이 나왔을 때,

 일부 경제학자들이 상품세계에 부착되어 있는 물신숭배나 노동의 사회적 성격의 겉모습에 얼마나 현혹되고 있는지를 가장 잘 보여주는 것은 교환가치의 형성에 자연이 어떤 역할을 하는지를 둘러싸고 진행되는 지루하고도 따분한 논쟁이다. 교환가치란 어떤 물품의 생산에 사용된 노동을 표현하기 위한 일정한 사회적 방식이기 때문에 그것은 가령 환율의 경우처럼 자연적인 소재를 포함할 여지가 없다.

상품형태는 부르주아적 생산의 가장 일반적이면서도 가장 초기적인 형태이기 때문에 비록 오늘날과 같이 지배적이고 따라서 특징적인 양식은 아닐지라도 일찍부터 나타났으며, 따라서 그 물신적 성격은 비교적 쉽게 파악될 수 있을 것처럼 보인다. 그러나 더욱 구체적인 형태에서는 이 단순해 보이는 겉모습도 사라져버린다. 중금주의(重金主義, Monetarsystem)의 여러 환상은 어디에서 오는가? 중금주의는 금과 은이 화폐로서 하나의 사회적 생산관계를 표현한다는 것을 알아차리지 못하고 단지 특별한 사회적 속성을 지닌 자연물의 형태일 뿐이라고 생각하였다. 그리고 근대경제학은 거만하게 중금주의를 비웃었지만, 그것도 역시 자본을 취급하자마자 곧바로 자신의 물신숭배를 드러내지 않았는가? 지대는 토지에서 나오

미국의 어떤 독일어 신문이 나에게 가한 반론을 간단히 반박하고자 한다. 그 신문은 내 견해 — 일정한 생산양식과 언제나 그에 상응하는 생산관계, 즉 "사회의 경제구조(Ökonomische Struktur)는 법률적·정치적 상부구조(Überbau)가 그 위에 세워지고 일정한 사회적 의식형태가 그에 대응하는 현실의 토대(Basis)"이며 또한 "물적 생활의 생산양식이 사회적·정치적·정신적 생활과정 일반을 제약한다"는 바로 그 견해 — 가 물적 이해관계가 지배하는 오늘날의 세계에만 맞는 것이고, 가톨릭교가 지배하던 중세나 정치가 지배하던 아테네나 로마의 경우에는 맞지 않다고 말하였다. 그런데 중세나 고대 세계를 표현하는 데 누구나 흔히 사용하는 이 문구를 아직도 모르는 사람이 있을 것이라고 생각하면서 이처럼 진지하게 얘기하는 것부터가 내가 보기에는 우선 매우 엉뚱해 보인다. 다음으로 중세에 사람들이 가톨릭교에 의해서 생활할 수 없었을 것은 물론 고대세계에서도 사람들이 정치에 의해 생활할 수 없었다는 것은 분명하다. 오히려 반대로 이들 세계가 그 생활수단을 획득한 방식이야말로 왜 후자에서는 정치가, 전자에서는 가톨릭교가 주역을 담당했는지를 설명해준다. 뿐만 아니라 가령 토지소유의 역사가 로마 공화국의 이면사를 이루고 있다는 사실은 로마 공화국의 역사에 그다지 정통하지 않은 사람도 누구나 알고 있다. 또다른 한편, 떠돌이 기사가 모든 사회의 경제적 형태에 똑같이 통용되는 것으로 잘못 생각한 대가는 돈키호테가 벌써 오래전에 치렀다.

는 것이지 사회에서 나오는 것이 아니라는 중농주의적 환상이 소멸한 지는 또 얼마나 오래되었는가?

그러나 앞질러가지 않기 위해, 여기서는 상품형태 자체에 관한 또 하나의 예를 드는 것으로 그치고자 한다. 만약 상품들이 말을 할 수 있다면 이렇게 말할 것이다. 우리의 사용가치는 인간들에게 관심사일지는 몰라도 물적 존재로서의 우리에게는 속하지 않는 것이다. 물적 존재로서 우리에게 속하는 것은 우리의 가치이다. 상품으로서 우리가 교환되는 것이 그것을 증명한다. 우리는 단지 교환가치로서만 서로 관계를 맺는다. 이번에는 경제학자가 상품의 심정을 어떻게 전해주는지를 들어보자.

가치(교환가치)는 물적 존재의 속성이고, 부(사용가치)는 인간의 속성이다. 이런 의미에서 가치는 필연적으로 교환을 포함하지만 부는 그렇지 않다.[34]

부(사용가치)는 인간의 속성이고, 가치는 상품의 속성이다. 인간이나 사회는 부유하고, 진주나 다이아몬드는 가치가 있다. …… 진주나 다이아몬드에는 진주나 다이아몬드로서의 가치가 있는 것이다.[35]

지금까지 어떠한 화학자도 진주나 다이아몬드 속에서 교환가치를 발견 M98 한 적이 없다. 이 화학적 실체를 발견한 경제학자들—그들은 각별한 비판적 통찰력을 지니고 있다고 주장한다—은 그러나 사물의 사용가치는 그 물적 속성과는 무관함에 반해 그 가치는 물적 존재로서 그 사물에 속한

---

34) "Value is a property of things, riches of men. Value, in this sense, necessarily implies exchange, riches do not"(『경제학에서 몇몇 용어상의 논쟁에 대한 고찰: 특히 가치와 수요-공급에 관하여』, 런던, 1821, 16쪽).

35) "Riches are the attribute of man, value is the attribute of commodities. A man or a community is rich, a pearl or a diamond is valuable. …… A pearl or a diamond is valuable as a pearl or diamond"(베일리, 앞의 책, 165쪽).

다는 사실을 발견한다. 그들에게 이러한 견해를 확인시켜주는 것은 특수
한 상황, 즉 물적 존재의 사용가치는 교환 없이, 즉 물적 존재와 인간의 직
접적인 관계에 따라 실현되지만, 거꾸로 그 가치는 오직 교환을 통해서만,
즉 하나의 사회적 과정을 통해서만 실현된다는 기묘한 상황이다. 여기에
서 야경꾼 시콜에게 다음과 같이 가르쳐주는 친절한 도그베리(셰익스피어의
『헛된 소동』에 나오는 인물로, 여기서는 치안판사를 가리킨다―옮긴이)를 떠올리지 않을
사람이 있겠는가?[†31]

　　용모가 좋은 것은 환경의 덕이지만, 읽고 쓸 수 있다는 것은 타고난 자질
이다.[36)]

<hr>

36)　『경제학에서 몇몇 용어상의 논쟁에 대한 고찰』의 필자나 베일리는 리카도가 교환가치를
　　단순히 상대적인 것에서 어떤 절대적인 것으로 전환시켰다고 비난한다. 그러나 사실은 오히려
　　그 반대이다. 리카도는 이러한 물건, 예를 들면 다이아몬드나 진주가 교환가치로서 지니고 있
　　는 겉모습의 상대성을 그 겉모습의 배후에 숨어 있는 진정한 관계로, 즉 인간노동의 단적인 표
　　현으로서의 그들 물적 존재의 상대성으로 환원한 것이다. 만약 리카도학파 사람들이 베일리에
　　대해 무성의하고도 적절치 않게 답변했다면, 그것은 다름 아니라 그들이 리카도에게서 가치와
　　가치형태 또는 가치와 교환가치 사이의 내적 관련에 대하여 아무런 해명도 발견하지 못하였기
　　때문이다.

제2장

교환과정

상품은 혼자 힘으로는 시장에 나갈 수도 없고 또 스스로를 교환할 수 M99
도 없다. 따라서 우리는 그것의 보호자인 상품소유자를 찾아내야만 한다.
상품은 물적 존재이며 따라서 인간의 뜻을 거스를 힘이 없다. 만일 상품이
고분고분하지 않으면 인간은 폭력을 사용할 수도 있다. 바꾸어 말하면 인
간은 상품을 손아귀에 넣어버릴 수 있다.[37] 이들 물적 존재가 서로 상품으
로 관계를 맺기 위해서는 상품보호자들이 자신들의 의지를 이들 물적 존
재에 담아서 서로 사람 대 사람으로 상대해야만 한다. 그리하여 한편은 다
른 편의 동의 아래에서만, 즉 양쪽 모두가 서로 합의하는 하나의 의지행위
를 통해서만 다른 상품을 자신의 것으로 만들게 된다. 즉 그들은 서로를
사적 소유자로 인정해주어야만 한다. 법률적으로 확정되든 그렇지 않든
간에 계약의 형식을 취하는 이 법적 관계는 경제적 관계가 반영된 하나의
의지관계이다. 이 법적 관계나 의지관계의 내용은 경제적 관계 자체에 따

---

[37] 신앙심이 깊었던 것으로 유명한 12세기에는 이들 상품 가운데 종종 매우 연약한 물건이 들
어 있기도 하였다. 즉 당시 프랑스의 한 시인은 자신이 랑디[†32]의 시장에서 본 상품들을 나열
하면서 옷·신발·가죽제품·농기구 따위 외에 '윤락녀'도 함께 포함시켜놓고 있었던 것이다.

 라 주어진다.[38) 여기에서 사람들은 서로에 대해 오로지 상품의 대표자로서, 즉 그것의 소유자로서 존재할 뿐이다. 우리는 아래의 논의과정에서 경제적인 무대에 등장하는 인물들이 사실은 그들간의 경제적 관계가 의인화(擬人化)된 것에 지나지 않는다는 것을 보게 될 것이다.

상품소유자와 상품이 특별히 구별되는 점은, 상품의 경우에는 다른 모든 상품이 단지 자신의 가치를 나타내는 현상형태로만 간주된다는 점에 있다. 그러므로 타고난 수평주의자(Leveller: 1648~50년 영국 시민혁명 시기의 프티부르주아적 급진당원—옮긴이)이자 냉소주의자이기도 한 상품은 다른 어떤 상품과도—비록 그것이 마리토르네스(『돈키호테』에 나오는 여인—옮긴이)보다도 더 불쾌한 모양을 하고 있다 하더라도—그 영혼은 물론 육체까지도 바꿀 준비가 되어 있다. 상품에 결여되어 있는 이런 물적 구체성에 대한 감각을 상품소유자는 자신의 오감과 그밖의 감각을 동원하여 보완한다. 상품은 그 소유자에게는 직접적인 사용가치를 전혀 갖고 있지 않다. 만일 그렇지 않다면 그는 그것을 시장에 내놓지 않을 것이다. 상품은 다른 사람에게 대하여 사용가치를 지니고 있다. 상품소유자에게 상품이 직접적인 사용가치를 갖는 것은 단지 그것이 교환가치를 가지고 있고, 따라서 교환수단이 될 수 있기 때문이다.[39) 그래서 그는 자기에게

---

38) 프루동은 먼저 '영원한 정의'라는 자신의 이상을 상품생산에 맞춘 법적인 관계들에서 끌어낸다. 그럼으로써 그는 상품생산의 형태가 정의와 마찬가지로 영원하리라는—모든 속물들에게 대단히 위안을 주는—것을 논증한다. 그런 다음 그는 이제 거꾸로 현실적인 상품생산과 그에 대응하는 현실의 법률을 이 이상에 따라 개조하려 한다. 물질대사의 현실적인 법칙을 연구하고 거기에 기초하여 일정한 과제를 해결하려는 것이 아니라, '자연 그대로의 상태'와 '친화성'이라는 '영원한 이상'에 따라 물질대사를 개조하려는 화학자가 있다면 이 사람을 우리는 어떻게 생각해야 할까? 우리가 고리대금업을 '영원한 정의'와 '영원한 공정(公正)'과 '영원한 상호부조' 그리고 그밖의 '영원한 진리'와 모순된다고 말하는 것이나 교부(敎父)들이 고리대금업을 '영원한 은총' '영원한 신망' 그리고 '신의 영원한 의지'와 모순된다고 말하는 것 사이에 무슨 차이가 있을까?

39) "그것은 모든 재화의 용도가 이중적이기 때문이다. …… 하나의 용도는 물적 존재 그 자체에 고유한 것이고 또다른 용도는 그렇지 않은 것인데, 예를 들어 짚신이 신발의 역할을 하면서 동시에 교환될 수도 있는 것이 바로 그런 경우이다. 이 두 가지는 모두 짚신의 사용가치이다. 왜냐하면 자기에게 없는 것[가령 먹을 것]과 짚신을 교환하는 사람도 짚신을 짚신으로 이용하

사용가치로서 만족을 주는 상품을 받고 그것을 양도하려 한다. 모든 상품은 그 소유자에게는 사용가치가 없으며, 그것을 소유하지 못한 사람들에게 사용가치를 갖는다. 그러므로 그것들은 모두 주인이 바뀌어야 한다. 그러나 주인이 바뀐다는 것은 그것들이 교환된다는 것을 말하며, 그 교환은 이들 상품간의 관계를 가치로 맺어주고 또 그것들을 가치로 실현시킨다. 따라서 상품은 사용가치로 실현되려면 먼저 가치로서 실현되어야 한다.

한편 상품은 가치로 실현되려면 먼저 자신들을 사용가치로서 증명해야 한다. 상품에 지출된 인간노동은 그것이 다른 사람에게 쓸모 있는 형태로 지출되었을 때에만 의미가 있기 때문이다. 그런데 그 노동이 다른 사람에게 쓸모가 있는지, 그리고 그 생산물이 다른 사람들의 욕망을 충족시키는 ^{M101}지는 오직 교환을 통해서만 증명될 수 있다.

상품소유자는 누구나 자신의 욕망을 충족시키는 사용가치를 가진 다른 상품에 대해서만 자신의 상품을 양도하려고 한다. 그런 점에서 교환은 그에게 그저 개인적인 과정에 불과하다. 그러나 다른 한편으로 그는 자신의 상품을 가치로서 실현하고자 한다. 즉 동일한 가치가 있는 다른 상품의 소유자라면 누구하고라도—그 사람이 자신의 상품에 대하여 사용가치를 갖든 갖지 않든 개의치 않고—가치를 실현하고자 한다. 그런 점에서 본다면 이제 교환은 그에게 일반적인 사회적 과정이다. 그러나 동일한 과정이 모든 상품소유자들에게 동시에 개인적일 수만도 없고, 또 동시에 일반적·사회적일 수만도 없다.

좀더 자세히 살펴보면, 어떤 상품소유자에게 다른 사람의 상품은 모두 자기 상품의 특수한 등가물로 간주되고, 따라서 그의 상품은 다른 모든 상품의 일반적 등가물로 간주된다. 그러나 이런 사정은 모든 상품소유자들에게 똑같이 해당되기 때문에, 실제로는 어떠한 상품도 일반적 등가물이

기 때문이다. 그러나 그것은 짚신의 자연스러운 용도는 아니다. 왜냐하면 짚신은 교환을 위해 존재하는 것이 아니기 때문이다"(아리스토텔레스, 『국가론』, 제1부, 제9장).

될 수 없고, 또한 그렇기 때문에 상품은 자신이 가치로 등치되고 가치크기로 비교되는 그런 상대적 가치의 어떤 일반적인 형태도 갖지 않는다. 따라서 상품은 대개 서로 상품으로 만나는 것이 아니라 단지 생산물 또는 사용가치로 만난다.

우리의 상품소유자들은 파우스트처럼 낭패스러운 고민에 빠진다. 태초에 행동이 있었다. 그래서 그들은 생각하기에 앞서 벌써 행동을 해버렸다. 상품의 성질에서 비롯되는 법칙은 상품소유자들의 타고난 본능을 통해서 관철된다. 그들은 자신의 상품을 일반적 등가물로 다른 어떤 상품과 비교함으로써만 그것을 가치관계 속으로, 또 그럼으로써 상품간의 관계 속으로 끌어들일 수 있다. 우리는 상품의 분석을 통해서 이를 알게 되었다. 그러나 오직 사회적 행위만이 어떤 상품을 일반적 등가물로 만들 수 있다. 즉 다른 모든 상품의 사회적 행동이 어떤 특정한 상품을 따로 떼어내어, 이 상품을 통해 다른 모든 상품이 자신의 가치를 표시하게 된다. 그럼으로써 이 상품의 현물형태는 사회적으로 유효한 일반적 등가형태가 된다. 일반적 등가물이 되는 것, 그것이 사회적 과정에서 따로 분리된 이 상품의 특수한 사회적 기능이 된다. 그리하여 그 상품은 화폐가 된다.

그들은 뜻을 모아 자기들의 힘과 권세를 그 짐승에게 주더라. 그리하여 표지(標識), 곧 그 짐승의 이름이나 그 이름의 숫자를 가진 자 말고는 아무도 사거나 팔 수 없게 되었도다. [†33]

화폐로 응고된 이 결정체(Geldkristall)는 서로 다른 노동생산물이 실제로 서로 등치되고, 따라서 사실상 상품으로 전화되는 교환과정의 필연적인 산물이다. 교환의 역사적인 확대와 심화는 상품의 본성 속에 잠자고 있는 사용가치와 가치의 대립을 발전시킨다. 교역을 위하여 이 대립을 외적으로 표시하려는 욕구는 상품가치를 자립적인 형태로 만들려고 노력하며, 이런 노력은 결국 이 형태의 최종적인 형태, 즉 상품이 상품과 화폐로 이중화할 때까지는 결코 멈추어지지 않는다. 그리하여 노동생산물이 상품으로 전화되는 것과 같은 속도로 상품이 화폐로 전화한다.[40]

직접적인 생산물 교환은 한편으로는 단순한 가치표현의 형태를 갖지만, 다른 한편에서는 그것을 갖지 않는다. 그 형태는 x량의 상품 A=y량의 상품 B였다. 직접적인 생산물 교환의 형태는 x량의 사용대상 A=y량의 사용대상 B이다.[41] 여기에서 A와 B라는 물품은 교환 이전에는 아직 상품이 아니었으나, 교환에 의하여 비로소 상품이 된다. 어떤 사용대상이 교환가치일 수 있는 첫 번째 조건은 우선 그 소유자의 직접적인 욕망을 초과하는 양의 사용가치〔곧 비(非)사용가치〕가 되는 것이다. 물적 존재는 그 자체로서 인간에게 외적인 것이고 따라서 양도될 수 있다. 이 양도가 상호적인 것이 되기 위해서 사람들은 그저 잠자코 그 양도 가능한 물품들의 사적 소유자로, 즉 각기 독립된 인격으로 서로 만나기만 하면 된다. 그러나 서로가 서로에 대해 타인인 이러한 관계는 자연발생적인 공동체—그 공동체가 가부장제적인 가족의 형태를 취하든, 고대 인도의 공동체 형태를 취하든, 또는 남미 잉카 제국[†34]의 형태를 취하든 간에—의 성원에게는 존재하지 않는다. 이러한 공동체가 종말을 고하고 하나의 공동체가 다른 공동체 또는 다른 공동체의 성원들과 접촉하게 되는 바로 그때 비로소 상품교환은 시작된다. 그러나 일단 어떤 물적 존재가 공동체 외부와의 접촉을 통해 상품이 되면, 그 즉시 그것들은 그 반작용으로 공동체 내부의 생활에 M103
서도 상품이 된다. 그것들의 양적인 교환비율은 처음에는 전적으로 우연

---

40) 이를 통해 상품생산을 영속화하고 동시에 '화폐와 상품의 대립' 그리고 화폐 그 자체까지도 모두 철폐하려는—왜냐하면 화폐는 오직 그 대립 내에서만 존재하기 때문이다—프티부르주아 사회주의의 간교한 술책을 알아차릴 수 있을 것이다. 즉 만일 우리가 그렇게만 할 수 있다면 그것은 교황을 없애고도 천주교를 존속시킬 수 있는 것과 마찬가지일 것이다. 이 점에 관한 더 상세한 논의는 『경제학 비판』, 61쪽 이하를 보라.

41) 우리가 미개인들에게서 종종 보듯이, 두 개의 서로 다른 사용대상이 아직 일정한 양을 기준으로 서로 교환되는 것이 아니라 단지 잡다한 물건이 마구잡이의 양으로 그때그때마다 제3의 물건에 대한 등가로서 제공되는 동안에는, 직접적인 생산물 교환은 이제 겨우 걸음마를 시작한 것에 해당한다.

하게 이루어진다. 그것들이 교환될 수 있게 되는 것은 그것들을 서로간에 양도하려고 하는 소유자들의 의지를 통해서이다. 그러는 가운데 타인이 갖고 있는 사용대상에 대한 욕망은 점차로 확고해진다. 교환의 끊임없는 반복은 그것을 규칙적인 사회적 과정으로 만든다. 그리하여 시간이 지남에 따라 적어도 노동생산물의 한 부분은 의도적으로 교환을 목적으로 생산되어야만 한다. 이 순간부터 한편으로는 직접적 필요를 위한 물품의 유용성과 교환을 위한 물품의 유용성 사이의 분리가 확고해진다. 그리하여 물품의 사용가치는 교환가치에서 분리된다. 또한 다른 한편으로 이들 물품이 교환되는 양적 비율은 그것들의 생산 자체에 의존하게 된다. 관습은 그것들을 일정한 가치량으로 고정시킨다.

직접적인 생산물 교환에서는, 모든 상품이 그 소유자에게는 직접적인 교환수단이며 그 비소유자에게는 등가물인데, 그러나 그것은 그 상품이 비소유자들에게 사용가치인 한에서만 그러하다. 그리하여 교환되는 물품은 아직 그 자신의 사용가치 또는 교환하는 사람들의 개별적인 욕망에서 독립된 가치형태를 취하지 않는다. 이 형태는 교환과정 속에 등장하는 상품의 수와 종류가 늘어남에 따라 점차 필요해진다. 문제는 언제나 자신의 해결수단과 함께 발생하는 법이다. 숱한 상품소유자들의 갖가지 상품이 교환과정에서 동일한 제3의 상품 한 가지와 교환되고 또 가치를 기준으로 서로 비교되지 않고서는, 상품소유자들이 그들 자신의 물품을 다른 물품들과 비교하며 교환하는 경우는 결코 있을 수 없다. 그런 제3의 상품은 자신이 다른 여러 상품의 등가물이 됨으로써 〔비록 좁은 범위 안에 국한되긴 하지만〕 곧바로 일반적이고 사회적인 등가형태를 취한다. 이 일반적 등가형태는 자신에게 생명을 불어넣어준 일시적인 사회적 행동과 함께 발생·소멸한다. 즉 일반적 등가형태는 일시적으로 이 상품에 부여되었다가 금방 다시 저 상품에 부여되곤 한다. 그러나 상품교환이 발전함에 따라 그것은, 특정한 하나의 상품에 배타적으로 고정된다. 달리 말해서 화폐형태로 응결된다. 그것이 어떤 상품에 고정될 것인지는 처음에는 우연에 의

존한다. 그러나 여기에는 대체로 두 가지 조건이 결정적으로 작용한다. 첫째, 화폐형태는 외부에서 수입된 물품 가운데 가장 중요한 물품에 부여되는데, 이때 이 물품은 사실상 내부 생산물의 교환가치가 자연발생적으로 형태를 드러낸 것에 지나지 않는다. 둘째, 화폐형태는 내부 생산물 가운데 양도 가능한 주요 자산, 예를 들면 가축 같은 것에 부여된다. 유목민족은, 자신들의 모든 재산이 이동 가능하고 따라서 곧바로 양도 가능한 것인데다가 자신들의 생활양식이 끊임없이 다른 공동체와 접촉하고 생산물을 교환하는 것이기 때문에 가장 먼저 화폐형태를 발전시킨다. 인간은 때때로 인간 자신을 노예라는 형태로 원시적인 화폐 소재로 삼기는 했으나, M104 토지는 결코 그런 목적에 사용하지 않았다. 토지에 대한 그런 발상은 이미 상당히 발전된 부르주아 사회에서만 나올 수 있었다. 그것은 1670년대 이후의 일이고, 그것이 전국적인 규모로 실시되기는 다시 1세기가 더 흐르고 난 뒤인 프랑스의 부르주아 혁명이 이루어지고 나서였다.

상품교환이 그 지방적인 굴레를 타파하고, 따라서 상품가치가 점차 인간노동 일반의 물상화(Materiatur)로까지 확대되어감에 따라 화폐형태는 일반적 등가물이라는 사회적 기능을 수행하기에 적합하게 태어난 상품, 곧 귀금속으로 옮아간다.

그렇다면, "금과 은이 날 때부터 화폐인 것은 아니지만, 화폐는 날 때부터 금과 은이다"[42]라는 말은 금과 은의 자연적인 속성이 화폐의 기능에 적합하다는 것을 나타낸다.[43] 그러나 지금까지 우리는 화폐의 기능 가운데 하나만을, 즉 상품가치의 현상형태로서의 기능 또는 갖가지 상품의 가치크기를 사회적으로 표현하기 위한 재료로서의 기능만을 알고 있을 뿐이다. 가치의 적절한 현상형태, 또는 추상적이고 동등한 인간노동의 물상화가 될 수 있는 것은 오로지 그 모든 견본이 동일하고 균등한 질을 갖고

---

42) 카를 마르크스, 『경제학 비판』, 135쪽. "이들 금속은 …… 본래부터 화폐이다"(갈리아니, 앞의 책, 137쪽).

43) 이에 관한 자세한 논의는 앞의 내 저술 가운데 「귀금속」절에 있다.

있는 물질뿐이다. 다른 한편 가치크기의 차이는 순전히 양적인 것이기 때문에 화폐상품은 순수한 양적 차별이 가능해야 한다. 즉 마음대로 분할할 수 있어야 하고 또 분할된 부분들을 다시 합칠 수 있어야만 한다. 그런데 금과 은은 본래부터 이러한 속성들을 지니고 있다.

화폐상품의 사용가치는 이중화된다. 그것은 상품으로서의 특수한 사용가치, 예를 들어 금의 경우 치아 땜질용이나 사치품의 원료 등으로 사용되는 그런 사용가치 외에도 자신의 특수한 사회적 기능에서 비롯된 또 하나의 형태적 사용가치를 부여받는다.

다른 모든 상품은 화폐의 특수한 등가물에 불과한 반면 화폐는 그것들의 일반적 등가물이므로, 그 상품들은 일반적 상품으로서의 화폐에 대하여 특수한 상품으로 관계한다.[44]

M105   이미 살펴보았듯이 화폐형태란 다른 모든 상품의 관계가 반사되어 하나의 상품에 고정된 것일 뿐이다. 그렇기 때문에 화폐가 상품[45]이라는 말은, 나중에 화폐의 완성된 형태에서 출발하여 화폐를 분석하려는 사람에게나 새삼스러운 얘기이다. 교환과정은 어떤 상품을 화폐로 전화시키면서 그 상품에 자신의 가치를 부여하는 것이 아니라 특수한 가치형태를 부여한다. 이 두 가지 말을 혼동하게 되면 금과 은의 가치를 가상적인 것으로 간주하는 오류에 빠지게 된다.[46] 화폐가 단순히 표지(Zeichen)만으로

44) "화폐는 일반적인 상품이다"(베일리, 앞의 책, 16쪽).

45) "우리가 귀금속이라는 일반적인 명칭으로 부를 수 있는 은과 금 그 자체는 …… 가치가 오르기도 하고 내리기도 하는 …… 보통의 상품이다. …… 그래서 더 적은 중량으로 그 나라의 더 많은 양의 생산물이나 공산품을 구매하게 된다면 우리는 그 귀금속의 가치가 올랐다고 인정할 수 있다"(S. 클레멘트, 『화폐·상업과 외환의 상호관계에 대한 일반적 논고』, 어느 상인〔商人〕지음, 런던, 1695, 7쪽). "은과 금은 주조된 것이든 아니든 간에 다른 모든 물건의 척도로 사용되긴 하지만, 포도주·기름·담배·직물 또는 그밖의 다른 모든 물건과 마찬가지로 여전히 하나의 상품이다"(J. 차일드, 『상업, 특히 동인도 무역에 관한 논고』, 런던, 1689, 2쪽). "왕국의 자산과 부는 엄밀하게 말해서 화폐에 국한될 수 없으며, 상품으로서의 금과 은도 여기에서 제외해서는 안 된다"(파피용, 『동인도 무역. 가장 유리한 무역』, 런던, 1677, 4쪽).

46) "금과 은은 화폐이기 이전에 이미 금속으로서 가치를 갖는다"(갈리아니, 앞의 책, 72쪽). 로크는 말한다. "사람들은 은이 화폐가 되기에 적합한 성질이 있기 때문에 거기에 가상적인 가

도 기능할 수 있다는 점 때문에 화폐는 그저 하나의 표지일 뿐이라고 하는 또 하나의 오류가 생겨났다. 그러나 이 오류 속에는 물품의 화폐형태가 물품 그 자체의 외부에 존재하는 어떤 것〔즉 인간관계를 배후에 숨기고 있는 단순한 현상형태〕이 아닐까 하는 예감이 놓여 있었다. 이런 의미에서 본다면 모든 상품은 표지일 수 있는데, 왜냐하면 그들 상품은 가치라는 점에서는 그 상품에 지출된 인간노동의 물적 외피에 불과하기 때문이다.[47] 그러나 만일 일정한 생산양식 아래에서 물품들에 부여된 사회적 성격이나 노동의 사회적 성격에 부여된 물적 성격을 단순한 표지라고 얘기한다 M106 면, 그것은 곧 이런 성격들을 사람들이 마음대로 지어낸 것이라고 얘기하

치를 부여하기로 합의하였다"(존 로크, 앞의 글, 1691, 1777년에 편찬된 저작집 제2권, 15쪽). 이에 대해 로(Law)는 "여러 국민이 어떻게 하나의 물건에 하나의 가상적인 가치를 동시에 줄 수 있단 말인가? …… 또는 이러한 가상적인 가치가 어떻게 유지될 수 있단 말인가?"라고 반문하고 있다. 그러나 로 자신도 역시 내용을 잘못 이해하고 있었다는 것이 다음과 같은 말에서 드러난다. "은은 자신의 사용가치에 따라, 즉 그 실제가치에 따라 교환되었다. 은은 …… 화폐로 정해지면서 또 하나의 추가적인 가치를 부여받았다"(J. 로, 「통화와 상업에 관한 몇 가지 고찰」〔데르 엮음〕, 『18세기의 금융경제학자』, 469·470쪽).

47) "화폐는 그것들〔상품들〕의 표지이다"(V. 드 포르보네, 『상업의 기초 개념』, 신판, 라이데, 1766, 제2권, 143쪽). "화폐는 상품이 표지로 걸쳐 입는 것이다"(같은 책, 155쪽) "화폐는 물적 존재의 표지이고 그것을 대표한다"(몽테스키외, 『법의 정신』, 『전집』, 런던, 1767, 제2권, 3쪽). "화폐는 단지 표지에 그치는 것이 아니다. 왜냐하면 화폐는 그 자체 부이기 때문이다. 화폐는 가치를 대표하는 것이 아니라 가치에 대한 등가물이다"(르 트론, 앞의 글, 910쪽). "가치의 개념을 고찰해보면, 물적 존재 그 자체는 단지 하나의 표지로서만 간주되고, 물적 존재 그 자체로서가 아니라 그것이 갖는 가치로서 간주된다"(헤겔, 앞의 책, 100쪽). 법률학자들은 경제학자들보다 훨씬 먼저 화폐가 단순한 표지에 불과하며 귀금속의 가상의 가치를 나타내는 것일 뿐이라는 생각을 부추겼다. 그들은 또한 왕에게 아부할 목적으로 로마 제국의 전통과 판덱텐(Pandekten)[†35]의 화폐 개념에 따라 화폐 주조권은 왕에게 귀속되어야 한다고 중세기 내내 주장하였다. 그들의 영민한 제자인 필리프 폰 발루아(프랑스왕 필리프 6세, '가치의 필리프'라고 일컬어진다—옮긴이)는 1346년 다음과 같은 포고를 내렸다. "화폐 주조업무, 즉 그 제조와 성분, 발행고 그리고 짐의 마음에 들고 또 짐이 옳다고 생각하는 가격으로 주화를 유통시키기 위한 모든 명령이 …… 오직 짐을 비롯한 우리 국왕에게만 속한다는 사실은 누구도 의심할 수 없고 또 의심해서는 안 될 것이다." 황제가 화폐가치를 공포하는 것은 로마의 법적 교리였다. 화폐를 상품으로 취급하는 것은 명시적으로 금지되어 있었다. "화폐를 매매하는 것은 어느 누구에게도 허용될 수 없다. 왜냐하면 일반적인 용도를 위해 만들어진 것은 상품일 수 없기 때문이다." 이 점에 관해서는 파니니(G. F. Pagnini, 「물품들의 정당한 가격에 …… 관한 고찰」, 앞의 책〔쿠스토디 엮음〕, 근세편, 제2권, 1751)가 잘 설명하고 있다. 특히 이 저술의 제2부에서 파니니는 법률학자 나리들의 주장을 논박하고 있다.

는 것이나 마찬가지이다. 이것은 18세기에 즐겨 쓰이던 계몽주의의 수법으로, 아직도 그 발생과정이 해명되지 않고 있던 수수께끼 같은 인간들간의 사회적 관계에 대해 먼저 일시적으로 그 생경스러움이나마 제거하고자 했던 수법에 속한다.

앞에서도 말했듯이 한 상품의 등가형태는 그 상품의 가치크기의 양적 규정을 포함하고 있지 않다. 그러므로 금이 화폐이고 따라서 다른 모든 상품과 직접 교환될 수 있다는 것을 알았다고 해서 가령 10파운드스털링의 금이 얼마만큼의 가치가 있는지를 알 수 있는 것은 아니다. 다른 모든 상품과 마찬가지로 화폐도 그 자신의 가치크기를 다른 상품을 통해서 오직 상대적으로 표현할 수 있을 뿐이다. 그 자신의 가치는 그것의 생산에 필요한 노동시간에 따라 규정되며, 같은 양의 노동시간이 응결되어 있는 다른 상품의 양으로 표현된다.[48] 이처럼 금의 상대적인 가치크기는 금의 산지에서 직접적인 교환에 따라 확정된다. 금은 화폐로서 유통에 들어올 때 벌써 그 가치가 주어져 있는 것이다. 이미 17세기의 마지막 몇십 년 동안에 화폐가 상품이라는 것을 알 수 있을 만큼 화폐 분석의 실마리가 열리고 있었으나, 그것은 아직 시작에 지나지 않았다. 어려움은 화폐가 상품이라는 점을 파악하는 데 있는 것이 아니라, 어떻게, 왜 그리고 어떤 과정을 거쳐서 상품이 화폐가 되는지를 파악하는 데 있었다.[49]

M107

---

48) "만일 어떤 사람이 1부셸의 곡물을 생산하는 데 소요되는 시간과 같은 시간에 1온스의 은을 페루의 광산에서 런던까지 가지고 올 수 있다면 하나는 다른 하나의 자연가격이다. 그런데 채굴이 더 쉬운 새로운 광산으로 말미암아 사람들이 동일한 시간에 1온스 대신 2온스의 은을 생산하게 된다면, 다른 조건이 불변인 경우 부셸당 10실링의 곡물가격은 이전에 부셸당 5실링의 가격과 마찬가지가 되어버릴 것이다"(윌리엄 페티, 『조세공납론』, 런던, 1667, 31쪽).

49) "화폐에 관한 잘못된 정의는 크게 두 부류로 나누어진다. 즉 화폐를 하나의 상품 이상의 것으로 보는 것과, 반대로 그 이하로 보는 것이 바로 그것이다." 유식한 로셔(Willhelm Roscher)는 우리에게 이렇게 가르친 다음 화폐에 관한 잡다한 저술의 목록을 죽 들고 나서 ― 이것을 보면 그는 화폐이론의 실제의 역사에 대해서 아무것도 모르는 듯하다 ― 교훈을 늘어놓기를 "근대의 국민경제학자 대부분이 화폐가 다른 상품들과 구별되는(그렇다면 화폐는 상품 이상이란 말인가 아니면 상품 이하란 말인가?) 특성을 충분히 고려하지 않았다는 것은 아무래도 부정할 수 없다. …… 그런 점에서 가닐 등과 같은 반(半)중상주의적 반동도 전혀 근거가 없는 것은 아

우리는 이미 x량의 상품 A=y량의 상품 B라는 가장 단순한 가치표현에서, 다른 어떤 물품의 가치크기를 표시해주는 물품은 이러한 관계에서 독립된 등가형태를 취하고, 이러한 등가형태는 마치 이 물품의 타고난 사회적 속성인 것처럼 보인다는 것을 알았다. 우리는 이 잘못된 모습이 어떻게 결국 화폐로까지 고정되어가는지를 추적해 보았다. 보편적 등가형태가 어떤 특수한 상품의 현물형태에 부여되거나 화폐형태로 응결되고 나면 이제 이 모습은 완성된다. 즉 다른 상품들이 모두 각자의 가치를 어떤 한 상품으로 표시하기 때문에 그 상품이 비로소 화폐가 되는 것으로 보이는 것이 아니라, 오히려 거꾸로 그 한 상품이 화폐이기 때문에 다른 상품들이 그 상품으로 각자의 가치를 모두 표시하는 것처럼 보인다. 그것이 이루어지는 과정은 그 자신의 결과 속에서 소멸해버리고 아무런 흔적도 남기지 않는다. 상품들은 자신들이 아무 일도 하지 않았는데 자신들의 가치형태가 벌써 완성된 모습으로 그들의 외부에서 그들과 함께 존재하는 상품체의 형태를 띠고 스스로 나타나는 것을 보게 된다. 이 물품들, 곧 금과 은은 그것들이 대지의 품에서 나올 때부터 이미 모든 인간노동의 직접적 화신 ^{M108}(化身)이다. 그리하여 화폐의 마술이 생긴다. 사회적 생산과정에서 개개인의 행위는 그 구성요소를 이루는 원자와 같은 것일 뿐이며, 따라서 그들 상호간의 생산관계는 그들의 통제나 의식적인 개별 행동에서 벗어나 있는 물적 형태를 띤다. 이런 사실은 우선 그들의 노동생산물이 대개 상품형태를 취하는 것으로 나타난다. 그러므로 화폐 물신(Geldfetisch)의 수수께끼는 단지 인간의 눈을 현혹시키는 상품 물신(Warenfetisch)의 수수께끼가 눈에 보이는 형태로 드러난 것일 뿐이다.

니다"(로셔, 『국민경제학 원리』, 제3판, 1858, 207~210쪽). 이상! 이하! 충분히 …… 않았다! 그런 점에서! 전혀 …… 아니다! 얼마나 명료하고 정확한 사고와 언어인가? 그리고 이러한 절충적이고 교수님 같은 허튼소리를 로셔는 겸손하게도 경제학의 '해부학적·생리학적 방법'이라고 일컫고 있다! 그러나 그분 덕택에 한 가지 발견한 것이 있는데, 그것은 이른바 화폐는 '호감이 가는 상품'이라는 것이다.

제3장

화폐 또는 상품유통

제1절 가치척도

M109 먼저 논의를 단순화하기 위해서 이 책에서는 항상 금을 화폐상품이라고 전제해두고자 한다.

금의 첫 번째 기능은 상품세계에 그 가치표현의 재료를 제공하는 것〔또는 여러 상품가치를 같은 이름의 크기, 즉 질적으로 같고 양적으로 비교할 수 있는 크기로 표현하는 데〕에 있다. 그리하여 금은 가치의 일반적인 척도로서의 기능을 갖는다. 그리고 오로지 이 기능을 통해서만 특수한 등가상품인 금은 화폐가 된다.

상품이 서로 양적으로 비교될 수 있는 것은 화폐 때문이 아니다. 오히려 그 반대이다. 모든 상품이 자신들의 가치를 하나의 똑같은 특수한 상품으로 측정하고 그럼으로써 이 특수한 상품을 공통의 가치척도, 즉 화폐로 전화시킬 수 있는 것은 이들 상품이 가치라는 측면에서는 대상화된 인간노동이며 바로 그런 점에서 서로 양적으로 비교될 수 있기 때문이다. 가치척도로서의 화폐는 상품의 내재적인 가치척도〔즉 노동시간〕의 필연적인

현상형태이다.[50)]

어떤 상품의 가치를 금으로 표현하는 것, 즉 'x량의 상품 A=y량의 화
폐상품 B'는 그 상품의 화폐형태 또는 가격이다. 이제 철의 가치를 사회적
으로 통용되는 방식으로 표현하기 위해서는 '1톤의 철=2온스의 금'과 같
은 단 하나의 등식으로도 충분할 것이다. 이 등식은 이제 줄줄이 이어지는
다른 상품들의 가치를 표현하는 등식들과 더 이상 나란히 서 있을 필요가
없다. 왜냐하면 등가상품인 금은 이미 화폐의 성격을 지녔기 때문이다.
따라서 상품의 상대적 가치의 일반적인 형태는 이제 다시 최초의 단순한
〔또는 개별적인〕 상대적 가치형태의 모습을 취한다. 반면 전개된 상대적
가치표현〔또는 무한히 이어지는 상대적 가치표현〕은 화폐상품의 특수한
상대적 가치형태가 된다. 그러나 이들 무한한 가치표현은 상품가격을 통
해 이미 사회적으로 주어져 있다. 가격표를 거꾸로 읽으면 우리는 화폐의
가치크기가 모든 상품들에서 표현되어 있음을 알게 된다. 반면 화폐는 가
격을 갖지 않는다. 다른 모든 상품의 상대적 가치형태의 통일적 기준이 되
기 위하여 화폐는 자신에 대해서도 스스로 자신의 등가로서 기능을 수행
하지 않으면 안 되기 때문이다.

상품의 가격〔또는 화폐형태〕은 상품의 가치형태와 마찬가지로 손으로

---

50) 왜 화폐는 직접 노동시간 그 자체를 대표하지 않는가〔즉 예를 들어 왜 한 장의 지폐는 x시
간의 노동을 표시하지 않는가〕 하는 문제는 아주 단순하게, 왜 상품생산 아래에서는 노동생산
물이 상품으로 표현되어야 하는가 하는 문제로 귀착된다. 왜냐하면 상품으로 표현된다는 것은
상품이 상품과 화폐상품으로 이중화하는 것을 포함하고 있기 때문이다. 이 문제는 또한 왜 사
적 노동이 그 대립물인 사회적 노동으로 곧장 취급될 수 없는가 하는 문제이기도 하다. 상품생
산 아래에서 '노동화폐'라는 천박한 유토피아주의에 대해 나는 다른 곳에서 자세히 논한 바 있
다(카를 마르크스, 『경제학 비판』, 61쪽 이하를 보라). 단지 여기에서 다시 한 번 확인해두고 싶
은 것은 가령 오언이 말하는 '노동화폐'라는 것은 극장의 입장권이 화폐가 아닌 것과 마찬가지
로 역시 화폐가 아니라는 점이다. 오언은 사회화한 노동을 곧바로 전제하는데, 이런 생산형태
는 상품생산과 정반대의 생산형태이다. 노동증명서는 그저 공동노동에 대한 개별 생산자의 참
여지분과 공동생산물에 대한 개별 소비지분의 청구권을 확인해주는 것일 뿐이다. 그러나 오언
으로서는 어떻게 해야 상품생산을 전제로 하면서도 화폐를 적당히 조작하여 거기에 필수적인
조건을 회피할 수 있는지 생각해낼 수 없었다.

만질 수 있는 실제 물체와는 구별되는 것으로 그저 관념적인〔또는 상상으로 만들어진〕형태에 지나지 않는다. 철·아마포·밀 같은 것들의 가치는 비록 눈에 보이지는 않지만 이들 물품 자체 속에 존재한다. 이 가치는 이들 물품이 금과 등치됨으로써 ― 이런 등치관계는 머릿속에서만 존재하는 것이다 ― 머릿속에서 만들어진다. 따라서 상품의 가격을 외부세계에 알리려면 상품소유자는 이런 상상의 세계에 자신의 혀를 제공하거나 아니면 이들 상품에 표찰을 매달아야 할 것이다.[51] 금을 통한 상품가치의 표현은 관념적인 것이므로, 이때 우리가 사용하는 금은 머릿속에서 그려낸〔또는 관념적인〕것이다. 모든 상품소유자는 자신의 상품가치에 가격형태〔또는 머릿속에서 그려낸 화폐형태〕를 부여할 때 그런 자신의 행위가 자신의 상품을 금으로 바꾸는 것이 아니라는 점을 잘 알고 있으며, 또한 수백만의 상품가치를 금으로 평가할 때도 실제로는 한 조각의 금도 필요하지 않다는 것을 잘 알고 있다. 따라서 가치척도라는 기능에서 화폐는 단지 머릿속에서 그려진〔또는 관념적인〕화폐로서의 역할만을 맡는 것이다. 이런 사정 때문에 지극히 잘못된 학설들이 만들어졌다.[52] 그저 머릿속에서 그려낸 것에 지나지 않는 화폐가 가치척도의 기능을 맡고 있음에도 가격은 전적으로 실제의 화폐량에 의존한다. 가령 철 1톤에 포함되어 있는

M111

---

51) 미개인이나 반(半)미개인은 혀를 다른 용도로 쓰고 있다. 예를 들어 패리 선장은 배핀스 만〔그린랜드―옮긴이〕서해안의 주민들을 가리켜 다음과 같이 얘기하고 있다. "이 경우(생산물의 교환에서) …… 그들은 그것(그들에게 제시된 물건)을 혀로 두 번 핥았다. 그런 다음 그들은 거래가 만족스럽게 이루어졌다고 생각하는 것처럼 보였다."[†36] 마찬가지로 동부 에스키모의 경우에도 교환자는 물품을 인수받을 때마다 그것을 핥는다. 이처럼 북방에서는 혀가 취득에 대한 상징적인 기관으로 간주되는 반면 남방에서는 배가 축적된 재산의 상징적인 기관으로 간주된다고 해서 ― 카피르인(동남아프리카의 흑인―옮긴이)은 배가 얼마나 불룩하느냐를 그 사람의 부의 척도로 평가한다 ― 조금도 이상하게 생각할 필요가 없다. 카피르인은 매우 영리한 사람들인 것 같다. 왜냐하면 1864년 영국 정부의 공식 건강보고서는 노동자계급의 대다수가 지방질 결핍증에 걸려 있음을 우려하고 있는 데 반해, 하베이 박사라는 사람 ― 혈액순환을 발견한 사람과는 동명이인―은 같은해에 부르주아와 귀족들에게 지방과다를 제거해주겠다는 가짜 처방을 이용하여 큰돈을 벌었기 때문이다.

52) 카를 마르크스, 앞의 책, 『화폐의 도량단위에 관한 여러 학설』, 53쪽 이하.

가치〔즉 일정량의 인간노동〕는 같은 양의 노동을 포함하는 머릿속 화폐상품의 일정량으로 표현된다. 그러므로 가치척도로서의 역할을 하는 것이 금이냐 은이냐 동이냐에 따라 철 1톤의 가치는 완전히 다른 가격으로 표현된다. 다시 말해 완전히 다른 양의 금이나 은 또는 동으로 표현된다.

그러므로 만약 2개의 서로 다른 상품〔가령 금과 은〕이 동시에 가치척도로서의 역할을 한다면 모든 상품은 금 가격과 은 가격이라는 두 종류의 서로 다른 가격으로 표현될 것이며, 금과 은의 가치비율〔예를 들어 1:15라는 비율〕이 변하지 않는 한 이 두 종류의 가격은 별 탈 없이 함께 사용될 것이다. 그러나 만일 이 가치비율이 변동하면 그때마다 모든 상품의 금 가격과 은 가격 사이의 비율이 교란될 것이므로, 가치척도를 이중화하는 것은 사실상 가치척도의 기능과 모순된다는 것이 증명된다.[53]

가격이 결정된 상품은 모두, a량의 상품 A=x량의 금, b량의 상품 B= M112

---

53) 제2판의 주: "금과 은이 법률상 화폐로서〔즉 가치척도로서〕 병존하는 경우, 이 둘을 동일한 하나의 물질로 취급하려는 헛된 시도가 끊임없이 이루어져왔다. 만일 똑같은 노동시간이 언제나 동일한 비율의 금과 은으로 표현된다고 가정한다면 사실 그것은 금과 은이 똑같은 물질이라는 것을 가정하는 것이며, 또한 가치가 더 작은 은의 일정량이 항상 금 일정량의 일부분으로 간주되는 것을 가정하는 것이다. 에드워드 3세의 통치부터 조지 2세의 시대에 이를 때까지 영국 화폐제도의 역사는 금·은의 가치비율을 법률적으로 고정시키려는 시도와 금·은의 현실적인 가치변동 사이의 충돌에서 빚어진 끊임없는 혼란의 연속이었다. 어떤 때는 금이, 어떤 때는 은이 지나치게 높이 평가되었다. 지나치게 낮게 평가된 금속은 유통에서 떨어져나와 녹여진 다음 수출되었다. 그런 다음 두 금속의 가치비율은 다시 법률적으로 변경되었지만 이 새로운 명목가치도 얼마 안 가서 이전의 명목가치와 마찬가지로 다시 현실의 가치비율과 충돌하게 되었다. ―우리 시대에는 인도와 중국의 은 수요 때문에 은에 대한 금의 가치하락이 매우 일시적으로 미미하게 발생했으며, 이 때문에 프랑스에서 똑같은 현상〔즉 은이 수출되고, 금에 의해 유통에서 축출되는 현상〕이 대규모로 발생하였다. 1855·1856·1857년에는 프랑스에서 금의 수입초과가 4,158만 파운드스털링이었는 데 비해, 은의 수출초과는 3,470만 4,000파운드스털링*이었다. 두 금속이 법정 가치척도로 되어 있고 따라서 누구든 금이나 은 가운데 아무것으로나 지불할 수 있는 나라에서는 사실 가치가 높아지는 금속에 프리미엄이 붙어, 모든 상품이 과대평가된 쪽의 금속으로 자신의 가격을 측정하며 이 과대평가된 금속만이 가치척도로서의 구실을 하게 된다. 이 분야에서 일어난 모든 역사적 경험이 단적으로 얘기해주는 것은 다음과 같은 사실이다. 즉 법률에 따라 두 가지 상품에 가치척도의 기능이 부여되고 있는 곳에서는 사실상 늘 한쪽 상품만이 가치척도로서의 지위를 유지한다는 점이다"(카를 마르크스, 같은 책, 52~53쪽).

* 제2판부터 제4판까지는 '1,470만 4,000파운드스털링'으로 되어 있다.

y량의 금, c량의 상품 C=z량의 금의 형태로 표시된다. 여기에서 a·b·c 는 각각 상품 A·B·C의 일정량을 나타내고 x·y·z는 각각 금의 일정량을 나타낸다. 따라서 상품가치는 다양한 크기를 갖는 관념적인 금의 분량으로 전화한다. 다시 말해 상품들은 물체로서는 서로 잡다하게 다르면서도 가치로서는 금이라는 동일한 이름의 크기로 전화한다. 상품가치는 이처럼 다양한 분량의 금을 통해 서로 비교되고 계량되는 것이며, 고정된 양의 금을 자신들의 도량단위로 삼아야 할 기술적인 필요성에 당면하게 된다. 이 도량단위 자체는 다시 더 세분되어 도량기준(度量基準, Maßstab)으로 발전한다. 금이나 은 또는 동은 화폐가 되기 전에 벌써 그 금속중량에 이러한 도량기준을 갖고 있는데, 예를 들어 1파운드스털링은 도량단위 구실을 하면서 한편으로는 온스 따위로 더욱 세분되기도 하고 다른 한편으로는 합쳐져서 첸트너(Zentner)가 되기도 한다.[54] 그리하여 모든 금속유통에서는 중량을 나타내는 도량기준의 기존 명칭이 그대로 화폐〔또는 가격〕의 도량기준의 최초의 이름을 이루게 된다.

M113　화폐는 가치척도와 가격의 도량기준이라는 전혀 다른 두 가지 기능을 맡고 있다. 화폐는 인간노동의 사회적 화신이라는 면에서는 가치척도이고, 또 고정된 금속중량이라는 면에서는 가격의 도량기준이다. 가치척도로서 화폐는 다양한 상품의 가치를 가격〔곧 머릿속에 그려진 금의 분량〕으로 전화시키지만 가격의 도량기준으로서는 그러한 금의 분량을 측정해 준다. 가치척도는 상품의 가치를 측정하는 기준으로 사용되지만 가격의 도량기준은 다양한 금의 분량을 금의 한 양적 단위로 측정할 뿐 일정 분량의 금의 가치를 다른 분량의 금의 중량으로 측정하지는 않는다. 가격의 도

---

54) 제2판의 주: 영국에서 화폐 도량기준의 단위인 금 1온스를 더 이상 세분하지 않은 특수한 사정은 다음과 같이 설명된다. "우리나라의 주화제도는 본래 은의 사용에만 적합한 것이었다. 그러므로 은 1온스는 언제든지 더 작은 단위의 주화로 분할될 수 있었다. 그런데 나중에 은에만 적합한 이 주화제도 속에 금이 편입되자, 금 1온스는 더 작은 단위의 주화로 분할되어 주조될 수 없었던 것이다"(매클레런, 『통화의 역사』, 런던, 1858, 16쪽).

량기준을 정하기 위해서는 금의 일정 중량이 도량단위로 고정되어야 한다. 이 경우에는 같은 이름으로 양적 크기를 표현하는 다른 모든 경우와 마찬가지로 도량비율을 고정하는 것이 결정적으로 중요하다. 그러므로 하나의 동일한 양의 금이 도량단위로 변함없이 사용되면 될수록 가격의 도량기준은 그만큼 그 기능을 더욱 잘 수행하게 된다. 금은 그 자체가 노동생산물이고 따라서 가치가 변할 수 있다는 오로지 바로 그 이유 때문에 가치척도로서의 역할을 수행할 수 있다.[55]

우선 무엇보다도 명백한 것은 금의 가치변동이 가격의 도량기준으로서의 그 기능에는 아무런 영향을 주지 않는다는 점이다. 금의 가치가 아무리 변동해도 서로 다른 금의 분량은 언제나 서로 동일한 가치비율을 유지한다. 금의 가치가 아무리 하락하더라도 금 12온스는 여전히 금 1온스보다 12배의 가치가 있을 것이며 가격에서 문제가 되는 것은 단지 각기 분량이 다른 금들 사이의 비율뿐이다. 한편 금 1온스는 그 가치가 변동한다고 해서 중량이 변하는 일은 없을 것이므로 더 낮은 단위의 중량도 마찬가지로 변하지 않을 것이며, 따라서 금은 그 가치가 아무리 변동해도 고정된 가격의 도량기준으로서의 역할을 변함없이 수행할 것이다.

또 금의 가치변동은 가치척도로서의 금의 기능에도 영향을 끼치지 않는다. 금의 가치변동은 모든 상품에 대하여 동시에 영향을 끼치기 때문에,—물론 이때 모든 상품이 금으로 표현되는 가격에서 종전보다 높거나 M114 낮게 표현되긴 하겠지만—다른 조건이 불변이라면 모든 상품들간의 상대적 가치에는 아무런 변화도 일으키지 않는다.

한 상품의 가치를 다른 어떤 상품의 사용가치로 표시할 때와 마찬가지로, 모든 상품의 가치를 금으로 표시할 때도 오직 일정 시기에 일정한 양의 금을 생산하는 데에는 일정량의 노동이 필요하다는 전제만 있으면 된

---

55) 제2판의 주: 영국의 저술들에서는 가치척도(Maß der Werte: measure of value)와 가격의 도량기준(Maßstab der Preise: standard of value)에 대한 혼란이 이루 말할 수 없다. 기능뿐만 아니라 명칭도 끊임없이 혼동되고 있다.

다. 상품가격의 움직임에서는 일반적으로 앞에서 말한 단순한 상대적 가치표현의 법칙들이 적용된다.

상품가격은 일반적으로 화폐가치가 그대로 있고 상품가치가 상승할 때와 상품가치가 그대로 있고 화폐가치가 하락할 때만 상승할 수 있다. 반대로 상품가격이 하락하는 때는 화폐가치가 그대로 있고 상품가치가 하락하거나 상품가치가 그대로 있고 화폐가치가 상승할 때뿐이다. 그러므로 화폐가치의 상승이 반드시 똑같은 비율로 상품가격의 하락을 가져오거나 화폐가치의 하락이 반드시 똑같은 비율로 상품가격의 상승을 가져오는 것은 결코 아니다. 그런 경우는 오로지 가치가 변동하지 않는 상품에서만 가능하다. 즉 자신의 가치가 화폐가치와 똑같은 비율로 함께 변동하는 상품은 언제나 똑같은 가격을 유지한다. 자신의 가치가 화폐가치보다 더 느리거나 더 빨리 변동하는 상품의 경우에는 자신의 가치변동과 화폐의 가치변동 간의 차이만큼 자신의 가격이 하락하거나 상승하게 될 것이다.

이제 다시 가격형태의 문제로 되돌아가보자.

금속의 중량에서 비롯된 여러 화폐명칭은 갖가지 이유 때문에 점차 본래의 중량명칭에서 분리되어가는데, 그 중에서도 특히 역사적으로 가장 결정적인 역할을 한 요인들은 다음과 같다. ① 발전 정도가 낮은 민족에게 외국 화폐가 수입되는 경우, 예를 들어 고대 로마에서 은화와 금화는 처음에는 외국 상품으로 통용되었다. 이들 외국 화폐의 명칭은 국내의 중량명칭과는 달랐다. ② 부가 증가함에 따라 좀더 저급한 귀금속은 좀더 고급의 귀금속에 의해〔동은 은에 의해, 은은 금에 의해〕 가치척도의 기능에서 밀려났다. 물론 이 순서는 고대의 온갖 서사시에서 기술되는 연대기[†37]와는 다를 수 있다.[56] 예를 들어 원래 파운드는 실제 은 1파운드에 대한 화폐명칭이었다. 그런데 금이 가치척도로서의 은을 밀어내자 곧 이 명칭은 금과 은의 가치비율에 따라 $\frac{1}{15}$ 파운드의 금에 붙여지게 되었다. 그리하여 화폐

---

56) 또한 이 순서가 역사적으로 보편적인 타당성이 있는 것도 아니다.

명칭으로서의 파운드와 금의 통상적인 중량명칭으로서의 파운드는 이제 분리되었다.[57] ③ 몇백 년에 걸쳐 계속된 왕과 제후의 화폐 위조는 사실상 주화의 본래 중량에서 그 명칭만을 남겨놓았다.[58]

이러한 역사적 과정을 통하여 모든 나라에서는 금속중량의 화폐명칭이 관습적으로 보통의 중량명칭에서 분리되었다. 화폐의 도량기준은 한편으로는 순전히 관습적인 것이지만 다른 한편으로는 보편적 타당성을 필요로 하기 때문에 결국은 법률의 규제를 받는다. 귀금속의 일정 중량〔예를 들어 금 1온스〕은 공식적으로 더 작은 단위들로 분할되어 파운드나 탈러 등과 같은 법정 세례명을 갖게 된다. 이후 고유한 화폐단위로 통용되는 이들 단위는 다시 실링이나 페니 따위의 법정 세례명을 갖는 더 작은 단위들로 세분된다.[59] 일정한 금속중량이 금속화폐의 도량기준이라는 것은 여전히 변함없는 사실이며, 단지 변한 것은 그 분할과 붙여진 이름뿐이다.

이리하여 상품의 가치가 관념적으로 전화한 가격〔또는 금의 양〕은 이제 화폐명칭〔또는 금의 도량기준에 대한 법적으로 유효한 계산단위〕으로 표현된다. 그래서 영국에서는 1쿼터의 밀을 1온스의 금과 같다고 말하는 대신 3파운드스털링 17실링 $10\frac{1}{2}$ 펜스와 같다고 말하게 된다. 그리하여 상품은 자신의 가치를 화폐명칭을 통해서 말하며, 또 화폐는 어떤 물건을 가치로〔곧 화폐형태로〕 확정하고자 할 때는 언제나 계산화폐(Rechengeld)

57) 제2판의 주: 이리하여 영국의 파운드스털링은 본래 중량의 $\frac{1}{3}$ 보다 더 적은 양을, 합병 이전[†38] 의 스코틀랜드의 파운드스털링은 본래 중량에 비해 겨우 $\frac{1}{36}$ 을, 프랑스의 리브르는 $\frac{1}{74}$ 을, 스페인의 마라베디는 $\frac{1}{1,000}$ 보다 적은 양을, 포르투갈의 레이는 그보다 훨씬 더 낮은 비율을 나타내고 있다.

58) 제2판의 주: "그 명칭이 오늘날 관념적인 것에 지나지 않게 된 주화들이야말로 어느 나라에서나 가장 오래된 화폐이다. 이들 명칭은 모두 옛날에는 실제적인 것이었으며, 바로 그렇게 실제적이었기 때문에 계산단위로 사용되었다"(갈리아니, 앞의 책, 153쪽).

59) 제2판의 주: 어커트(David Urquhart)는 자신의 책 『상용어』에서 1파운드(스털링)라는 영국의 화폐도량단위가 오늘날에는 약 $\frac{1}{4}$ 온스의 금과 같다는 기묘한 사실(!)에 대해서 "이것은 척도의 위조일 뿐, 도량기준의 확정이 아니다"(105쪽)라고 서술하고 있다. 이러한 금 중량의 '거짓명칭' 속에서 그는 다른 모든 것에서와 마찬가지의 문명 위조수단을 찾아내고 있다.

의 역할을 수행한다.[60]

　어떤 물품의 명칭은 그 물품의 성질과 아무런 관련이 없다. 어떤 사람의 이름이 야곱이라는 것을 안다고 해도 우리가 그 사람에 대해서 알 수 있는 것은 아무것도 없다. 마찬가지로 파운드·탈러·프랑·두카트 등등의 화폐명칭에서는 가치관계의 어떠한 흔적도 찾아볼 수 없다. 이 불가사의한 표식들의 숨겨진 의미를 둘러싼 혼란은 화폐명칭이 상품들의 가치를 표현하는 동시에 어떤 금속중량〔즉 화폐 도량기준〕의 한 단위를 표현하기 때문에 더욱 심해진다.[61] 그러나 다른 한편 가치가 상품세계의 다양한 외관에서 분리되어 이러한 무개념적이고 물적인, 그러나 동시에 순수한 사회적인 형태로 계속 발전해나가는 것은 필연적인 일이다.[62]

　가격은 상품 속에 대상화되어 있는 노동의 화폐명칭이다. 그러므로 상품과 화폐량 — 화폐량의 명칭이 상품의 가격이다 — 의 등가성은 일반적

M116

---

60)　제2판의 주: "사람들이 아나카르시스(Anacharsis)에게 그리스인은 화폐를 어디에 사용하느냐고 물었을 때 그는 계산하기 위해서라고 대답하였다"(아테나이우스〔Athenaeus〕, 『학자의 향연』, 슈바이크호이저〔Schweighäuser〕 엮음, 1802, 제2권, 제1부, 제4편, 제49절, 120쪽).

61)　제2판의 주: "가격의 도량기준으로서의 금*은 상품가격과 동일한 계산명칭(Rechennamen)으로 나타나기 때문에〔즉 예를 들어 금 1온스는 철 1톤의 가치와 마찬가지로 3파운드스털링 17실링 $10\frac{1}{2}$ 펜스로 표현되기 때문에〕 이러한 금의 계산명칭은 금의 주화가격이라고 불러왔다. 이러한 까닭에 금〔또는 은〕은 자신의 재료로 측정되고 다른 모든 상품과는 달리 국가로부터 고정된 가격을 부여받는다는 기묘한 생각이 생겨났다. 사람들은 일정한 금 중량의 계산명칭을 고정시키는 것이 그 중량의 가치를 고정시키는 것이라고 잘못 이해했던 것이다(카를 마르크스, 앞의 책, 52쪽).

　　* 제2판부터 제4판까지는 '화폐'라고 되어 있다.

62)　『경제학 비판』 속의 「화폐의 도량단위에 관한 여러 학설」, 53쪽 이하를 보라. 법으로 고정시킨 금이나 은의 중량단위에서 만들어진 법정 화폐명칭에 대하여 국가가 더 큰 중량단위나 더 작은 중량단위를 부여함으로써 '주화가격'을 인상 또는 인하할 수 있다는 — 그래서 가령 $\frac{1}{4}$ 온스의 금으로 앞으로는 20실링 대신 40실링을 주조하는 — 잘못된 생각이 존재한다. 페티는 이런 잘못된 생각이 공적·사적 채권자들을 상대로 한 서투른 금융정책적인 의도에서가 아니라 경제적 '기적 요법'을 의도했을 때 어떻게 나타나게 되는지를 자신의 글 『화폐론: 핼리팩스 후작 각하에게』(1682년)에서 상세히 다루고 있는데, 정작 그의 후세의 추종자들과 그를 곧바로 뒤이은 후계자들인 더들리 노스나 존 로크는 페티의 이런 이론을 오히려 망쳐놓고 말았다. 페티는 분명히 다음과 같이 말했던 것이다. "만일 국가의 부를 하나의 포고령을 통해 10배로 늘릴 수 있다면 우리나라의 위정자들이 왜 벌써 오래 전에 그러한 포고령을 내리지 않았는지 이상한 일이다"(카를 마르크스, 앞의 책, 36쪽).

으로 한 상품의 상대적 가치표현이 항상 두 상품의 등가성의 표현이라는 것과 마찬가지로 하나의 동어반복이다.[63] 그러나 상품의 가치크기를 지수로 표시해주는 가격이 그 상품과 화폐 사이의 교환비율을 나타내는 지수이긴 하지만, 그렇다고 해서 거꾸로 그 상품과 화폐 사이의 교환비율을 나타내는 지수가 반드시 그 상품의 가치크기를 나타내는 지수가 되는 것은 아니다. 같은 크기의 사회적 필요노동이 1쿼터의 밀 또는 2파운드스털링[금 약 $\frac{1}{2}$ 온스]의 화폐로 표시된다고 가정하자. 2파운드스털링은 밀 1쿼터의 가치에 대한 화폐 표현, 즉 1쿼터에 대한 밀의 가격이다. 만약 밀 1쿼터의 가격을 인위적으로 3파운드스털링으로 높이거나 1파운드스털링으로 낮추어 표시한다면 그 1파운드스털링이나 3파운드스털링이 밀의 가치크기를 너무 작거나 너무 크게 표현하는 것일지는 모르지만, 그럼에도 이것은 모두 똑같은 밀의 가격이다. 왜냐하면 1파운드스털링과 3파운드스털링은, 첫째 밀의 가치형태[곧 화폐]이며 또한 둘째 밀과 화폐의 교환비율을 나타내는 지수이기 때문이다. 생산조건이 변하지 않는다면[또는 노동생산력이 변하지 않는다면], 1쿼터의 밀을 재생산하는 데는 변함없이 동일한 양의 사회적 노동시간이 지출되어야만 한다. 이러한 사정은 밀 생산자의 의지나 다른 상품소유자의 의지와도 무관한 일이다. 따라서 상품의 가치크기는 사회적 노동시간에 대한 어떤 필연적인 관계, 즉 그 상품의 형성과정에 내재해 있는 어떤 관계를 표현하는 것이다. 가치크기가 가격으로 전화함에 따라 이 필연적인 관계는 어떤 한 상품과 그 외부에 존재하는 화폐상품 간의 교환비율로 나타난다. 그러나 이 비율은 단지 상품의 가치크기를 표현하는 것 외에 또한 그 상품이 어떤 상황에서 양도될 때의 가치크기의 변동도 표현할 수 있다. 그러므로 가격형태 그 자체 속에는 가격과 가치가 양적으로 불일치하거나 가치크기로부터 가격이 괴리될 가능

M117

---

63) "그렇지 않으면, 화폐로 표현된 백만의 가치가 상품으로 표현된 백만의 가치보다 더 많은 가치가 있다는 것을 인정해야 한다"(르 트론, 앞의 글, 919쪽). 즉 "어떤 가치가 동일한 크기의 다른 가치보다 더 크다는 것"을 인정해야 하는 것이다.

성이 모두 존재한다. 이것은 가격형태의 결함이 아니며, 오히려 가격형태를 어느 특정한 생산양식〔즉 불규칙이 맹목적으로 작용하여 평균을 만들어내는 그런 형태로만 규칙이 관철되는 생산양식〕에 적합한 형태로 만들어준다.

그러나 가격형태는 양적으로 가치크기와 가격〔즉 가치크기와 그 화폐표현〕이 일치하지 않을 가능성을 용인할 뿐만 아니라, 질적으로도 화폐가 단지 상품의 가치형태에 지나지 않음에도 가격이 더 이상 가치표현이기를 중단하는 모순을 내포할 수 있다. 그 자체로서는 상품이 아닌 것〔가령 양심이나 명예 따위〕이라도 그 소유자에게는 화폐를 받고 파는 것이 될 수 있고 따라서 그 가격을 통해 상품형태를 취할 수도 있다. 그래서 아무런 가치도 없으면서 형식적으로는 가격을 갖는 물적 존재가 있을 수 있다. 이때의 가격 표현은 수학에서 표시되는 어떤 크기와 마찬가지로 가상적인 것이 된다. 그러나 다른 한편 가상적인 가격형태〔예를 들어 인간의 노동이 전혀 대상화되어 있지 않아서 아직 아무런 가치도 갖지 않은, 경작되지 않은 토지의 가격 같은 것〕도 어떤 실질적인 가치관계〔또는 여기에서 파생된 관계〕를 숨기고 있을 수 있다.

상대적 가치형태 일반과 마찬가지로 가격은 한 상품〔예를 들어 철 1톤〕의 가치를 일정량의 등가물〔예컨대 금 1온스〕이 철과 직접 교환될 수 있다는 방식으로 표현하지만, 그 반대의 방식, 즉 철이 금과 직접 교환될 수 있다고 표현하지는 않는다. 즉 실질적인 교환가치가 되기 위해서 상품은 자신의 타고난 육신을 벗어던지고 자신을 단지 가상의 금으로부터 현실의 금으로 전화시켜야만 한다. 그러나 상품에게 이런 실체적 전화 (Transsubstantiation)는 헤겔의 '개념'이 필연에서 자유로 이행하는 것〔또는 새우가 껍질을 벗는 것이나 교부 히에로니무스(Hieronymus)가 아담의 원죄에서 벗어나는 것〕64)보다 '더 어려운' 일이다. 상품은 그 실재적인 자태〔가령 철〕 외에도 가격을 통해서 관념적인 가치의 모습〔또는 머릿속에 그려진 금의 모습〕을 취할 수는 있지만, 그러나 동시에 현실의 철과 현실의 금으로 모두 될 수는 없다. 상품에 가격을 부여하기 위해서는 머릿속에 그려진 금을 상품에 등치시키는 것만으로 충분하다. 상품이 그 소유자를 위해서 일반적 등가물의 역할을 수행해주려면 상품은 금으로 대체되어야 한다. 가령 철 소유자가 어떤 향락상품의 소유자에게 철의 가격을 가리켜 이것이 화폐형태라고 말한다면 향락상품소유자는 〔마치 천국에서 성 베드로가 자기를 향하여 신앙고백을 낭독하는 단테에게 대답하듯이〕 이렇게 대답할 것이다.[40]

> 이 화폐의 성분과 분량은 충분히 음미했으나
> 한 가지 물어보고 싶은 것이 있다
> 그대는 이 화폐를 그대의 지갑 속에 지니고 있는가

가격형태는 화폐에 대한 상품의 양도가능성과 이런 양도의 필연성을 포함하고 있다. 다른 한편 금은 그것이 이미 화폐상품으로서 교환과정을 누비고 다녔다는 오직 그 이유 때문에 관념적인 가치척도로 기능한다. 그러므로 관념적인 가치척도 속에는 경화(硬貨)가 숨겨져 있다.

제2절 유통수단

가. 상품의 형태변화

이미 보았듯이 상품의 교환과정은 모순되고 상호배제적인 관계들을 포함한다. 상품의 상품과 화폐로의 분화는 이들 모순을 지양하지는 못하지

---

64) 사막에서 미인의 환상을 상대로 싸웠다는 이야기에서 볼 수 있듯이 히에로니무스는 젊은 시절 물질적인 욕망과 많이 싸워야 했는데, 만년에는 이제 정신적인 욕망과 싸워야만 하였다. 예를 들어 그는 이렇게 말하였다. "나는 내 정신으로부터 세상의 심판관 앞에 서 있다고 생각하였다. '너는 누구냐' 하는 소리가 들렸다. '나는 기독교인입니다', '거짓말 마라. 너는 키케로의 무리에 지나지 않는다'[39]라고 세계 심판자는 큰 소리로 호통쳤다."

만 이들 모순이 운동할 수 있는 형태를 만들어낸다. 이것은 현실의 모순을
해결하는 일반적인 방법이다. 예를 들어 한 물체가 끊임없이 다른 한 물체
를 향해 다가가면서 동시에 그것으로부터 멀어지는 것은 하나의 모순이
다. 타원은 이러한 모순이 실현되면서 동시에 해결되는 운동형태의 하나
이다.

교환과정은 상품을, 그것이 사용가치가 아닌 사람의 손에서 사용가치
인 사람의 손으로 옮긴다는 점에서 사회적인 신진대사이다. 한 유용노동
의 산물이 다른 유용노동의 산물과 대체되는 것이다. 일단 사용가치로서
의 역할을 하는 장소에 도착하고 나면 상품은 상품교환의 영역에서 소비
의 영역으로 들어간다. 우리는 여기에서 전자의 영역에만 관심을 기울이
고자 한다. 그래서 우리는 이제부터 모든 과정을 형태의 측면에서, 즉 사
회적 신진대사를 매개하는 상품들의 형태변화(Formwechsel)〔또는
Metamorphose〕만을 고찰하고자 한다.

이 형태변화에 대한 이해가 전적으로 불충분한 것은 가치 개념 그 자체
에 대한 명확한 이해가 부족한 탓도 있지만, 한 상품의 형태변화가 늘 보
통의 상품과 화폐상품이라는 두 상품 사이의 교환을 통해서 이루어진다
는 사정 때문이기도 하다. 상품과 금의 교환이라는 그 소재의 문제에만 집
착하면, 마땅히 보아야 할 내용, 곧 이들 형태 속에서 이루어지는 내용을
간과하게 될 것이다. 즉 단순한 상품으로서의 금은 화폐가 아니라는 사실,
그리고 다른 모든 상품이 자신들의 가격을 금으로 표현할 때의 금이야말
로 화폐형태라는 사실을 간과하게 될 것이다.

처음에 상품은 금이나 다른 어떤 상품과도 섞이지 않은 채, 날 때 그대
로의 모습으로 교환과정에 들어온다. 그런 다음 교환과정은 상품을 상품
과 화폐로 이중화시키고 그럼으로써 상품 내부의 대립인 사용가치와 가
치 간의 대립을 외적인 대립형태로 만들어낸다. 이 대립에서 상품은 사용
가치로, 화폐는 교환가치로 마주 선다. 다른 한편 이 대립의 양쪽은 모두
상품〔즉 사용가치와 가치의 통일체〕이다. 그러나 이들 구별(사용가치와 가

치 사이의 구별―옮긴이)의 통일은 대립의 양쪽 모두에서 역의 형태로 표현되고, 그럼으로써 이들 양쪽간의 상호관계를 동시에 보여준다. 대립의 한쪽에 자리한 상품은 눈에 보이는 모습으로는 사용가치이며 그것의 가치는 가격을 통해 단지 관념적으로만 표현된다. 그리고 이 가격은 상품의 가치를 마주 서 있는 금을 통해서 눈에 보이는 모습으로 표현한다. 반대로 대립의 다른 쪽에 서 있는 금은 그 물적 성질에서 가치재료〔즉 화폐〕로 간주된다. 따라서 금은 눈에 보이는 모습으로는 교환가치이다. 금의 사용가치는 갖가지 상대적 가치표현을 통해서 단지 관념적인 모습만을 띠게 되는데, 이때 금과 대립하는(즉 금을 통해서 가치를 상대적으로 표현하는―옮긴이) 모든 상품은 반대로 사용가치의 모습을 띠게 된다. 상품의 이런 온갖 대립적인 형태가 상품의 교환과정에서 나타나는 현실적인 운동형태들이다.

이제 어떤 상품소유자〔예를 들면 우리에게 오래 전부터 잘 알려진 아마포 제조업자〕와 함께 교환과정의 무대인 상품시장으로 가보자. 그의 상 M120 품인 아마포 20자는 가격이 2파운드스털링으로 결정되어 있다. 그는 먼저 이것을 2파운드스털링과 교환한다. 그리고 선량하기 짝이 없는 이 사람은 그 2파운드스털링을 다시 같은 가격의 가정용 성경과 교환한다. 그에게 단지 상품〔가치의 담지자〕일 뿐인 아마포는 자신의 가치형태인 금과 교환되면서 양도되고 이 가치형태도 다시 다른 상품〔성경〕과 교환되면서 양도되었는데, 이제 이 성경은 아마포 제조업자의 집안에서 사용가치로서 신앙에 대한 욕구를 충족시킬 것이다. 이리하여 상품의 교환과정은 서로 대립하면서 동시에 서로를 보완하는 두 개의 형태변화 ― 상품에서 화폐로의 전화와 화폐에서 상품으로의 재전화 ― 로 이루어진다.[65) 이들 형태변화의 두 국면은 모두 상품소유자의 거래내용 ― 판매〔곧 상품의 화폐와의

---

65) 헤라클레이토스에 의하면 만물은 불에서 생겨나고 불은 또한 만물에서 생겨나는 것이니, 이는 마치 재물은 금에서 생겨나고 금 또한 재물에서 생겨나는 것과 같다"(라살레, 『에페소스의 불가사의 헤라클레이토스의 철학』, 베를린, 1858, 제1권, 222쪽). 이 부분에 대한 라살레의 주〔즉 224쪽의 주 3)는 화폐를 단순한 가치표식이라고 잘못 설명하고 있다.

교환〕와 구매〔곧 화폐의 상품과의 교환〕그리고 이들 두 행위의 통일〔곧 구매하기 위한 판매〕— 을 구성한다.

이제 이 아마포 제조업자가 거래한 최종 결과를 음미해본다면 그는 아마포 대신 성경을 갖게 되었다. 즉 원래 그가 가지고 있던 상품 대신 가치는 동일하지만 유용성이 다른 상품을 갖게 되었다. 이와 같은 방법으로 그는 그밖의 생활수단과 생산수단도 손에 넣는다. 그의 처지에서 보면 전체 과정은 오로지 그의 노동생산물과 타인의 노동생산물 간의 교환, 다시 말해 생산물의 교환이 이루어지는 과정일 뿐이다.

그래서 상품의 교환과정은 다음과 같은 형태변화를 통해 이루어진다.

상품 — 화폐 — 상품
W — G — W

그 물적 내용으로 본다면 이 운동은 W—W, 곧 상품과 상품의 교환이며 사회적 노동의 물질대사이다. 결과물이 얻어지고 나면 과정 그 자체는 소멸해버린다.

W—G: 상품의 제1형태변화〔또는 판매〕. 상품가치가 상품의 육신에서 금의 육신으로 건너뛰는 것은 내가 다른 곳에서* 표현한 바와 같이 목숨을 건 도약(Salto mortale)이다. 이 도약에 실패하면 상품이야 아무렇지도 않겠지만 상품소유자는 확실히 심한 타격을 받는다. 사회적 분업은 그의 노동을 일면적인 것으로 만드는 동시에 그의 욕망을 다면적인 것으로 만든다. 바로 그 때문에 그의 생산물은 그에게서 오로지 교환가치로서의 역할만을 담당한다. 그러나 그의 생산물은 오직 화폐를 통해서만 사회적으로 유효한 등가형태를 취하는데, 바로 그 화폐는 타인의 호주머니 속에 있다. 그것을 끄집어내기 위해 상품은 무엇보다도 먼저 화폐소유자에게

* MEW Bd. 13, 71쪽.

사용가치여야만 하며, 따라서 상품에 지출되는 노동은 사회적으로 유용한 형태로 지출되어야 된다. 바꿔 말하면 그의 노동은 사회적 분업의 한 부분을 이루는 것이어야만 한다. 그러나 분업은 하나의 자연발생적 생산조직이어서, 그 조직망은 상품생산자들의 배후에서 만들어진 것이며 또 지금도 계속해서 만들어지고 있는 것이다. 상품은 새로 생겨난 욕망을 만족시키든가 아니면 자기 스스로의 힘으로 욕망을 불러일으키는 어떤 새로운 노동양식의 산물일지도 모른다. 어제까지는 아직 한 사람의 상품생산자가 맡던 많은 기능 가운데 하나였던 어떤 특수한 작업이 오늘은 그 연관에서 분리되어 그 부분생산물을 독립된 상품으로서 시장에 내보내게 된다. 이러한 분리과정을 위한 갖가지 상황이 벌써 성숙되어 있을 수도 있고 그렇지 않을 수도 있다. 오늘 생산물은 어떤 하나의 사회적 욕망을 충족시킨다. 그러나 내일은 그 생산물 가운데 전부 또는 일부가 다른 유사한 종류의 생산물에 의해 그 자리에서 밀려날 수 있다. 우리의 아마포 제조업자의 경우처럼 노동이 사회적 분업의 공인된 한 부분일지라도, 그것만으로는 아직 그의 아마포 20자의 사용가치가 보장된 것이 결코 아니다. 아마포에 대한 사회적 욕망에는 다른 모든 사회적 욕망과 마찬가지로 그 한도가 있는데, 그것이 이미 경쟁상태의 다른 아마포 제조업자들에 의해 충족되고 있다면 우리가 얘기한 아마포 제조업자의 생산물은 과잉이 되어 쓸모없는 것이 된다. 물론 선물이라면 그것을 싫다고 할 사람이 없겠지만, 그는 선물을 하기 위해서 시장에 가는 것이 아니다. 그러나 가령 그의 생산물의 사용가치가 보장되고 그래서 화폐가 상품에 이끌려서 나온다고 가정해보자. 그러면 이제는 얼마만큼의 화폐인지가 문제가 된다. 그 답은 물론 이미 상품가치의 크기를 나타내는 지표인 상품가격에 따라 예상할 수 있다. 여기에서 우리는 상품소유자가 범하기 쉬운 순수하게 주관적인 계산 착오, 그래서 시장에서 곧 객관적으로 정정되는 계산 착오는 문제 삼지 않기로 한다. 그래서 그는 자신의 생산물에 사회적으로 필요한 평균노동시간만 지출한 것으로 간주된다. 즉 그 상품의 가격은 거기에 투입된 사회적 노동량의 화폐명칭일 뿐이다. 그러나 오랫동안 변함없이 지속되어 오던 아마포 직물업의 생산조건이 우리가 얘기한 아마포 제조업자의 동의 없이, 그가 모르는 사이 갑자기 변해버렸다고 하자. 어제까지는 의심할 여지도 없이 1자의 아마포를 생산하는 데 사회적으로 필요한 노동시간이었던 것이 오늘은 그렇지 않게 된다. 그것은 무엇보다도 화폐소유자가 우리 아마포 제조업자의 다른 경쟁자들의 가격표를 인용하면서 열심히 입증해주는 엄연한 사실이다. 우리의 아마포 제조업자에게는 불행한 일이지만 이 세상에는 많은 직물업자들이 존재한다. 마지막으로, 시장에 나온 모든 아마포가 단지 사회적으로 필요한 노동시간만을 포함하고 있다고 하자. 그런데 이 경우에도 이들 아마포를 모두 합치면 거기에는 여분으로 지출된 노동시간이 포함되어 있을 수 있다. 만약 시장의 크기가 아마포 총량을 1자당 2실링이라는 정상적인 가격으로 소화시킬 수 없을 만큼 작다면, 그것은 사회의 총 노동시간에서 지나치게 많은 부분이 아마포 제조업에 지출되었음을 보여주는 것이다. 그 결과 각 아마포 제조업자는 자신의 개인적 생산물에 사회적 필요노동시간보다 많은 시간을 지출한 것과 마찬가지가 된다. 함께 붙잡히면 함께 죽는다는 (독일의—옮긴이) 속담은 바로 이런 경우를 두고 하는 말이다. 시장에 나온 모든 아마포는 하나의 거래물품에 지나지 않으며 그 어느 것도 전체의 한 부분에 지나지 않는다. 그리고 실제로 모든 아마포 1자의 가치는 동일한 인간노동이 사회적으로 정해진 같은 양으로 물상화된 것에 지나지 않는다.[*]

알다시피 상품은 화폐를 사랑하지만 "참된 사랑의 길은 결코 순탄하지 않다."[†41] 분업체계 속에서 자신의 신체부위가 어떻게 해체되어 있는지를

---

[*] 마르크스는 1878년 11월 28일 다니엘슨(N. F. Danielson: 『자본』의 러시아어판 번역자)에게 보낸 편지에서 이 구절을 다음과 같이 정정할 것을 제안하였다. "그리고 사실상 모든 아마포 1자의 가치는 아마포의 총량에 지출된 사회적 노동 가운데 일부가 물상화한 것에 지나지 않는다." 마르크스가 가지고 있던 『자본』 제1권 독일어 제2판에도 같은 내용으로 수정이 이루어져 있다. 그러나 그 수정은 마르크스 자신의 필체가 아니다.

보여주는 사회적 생산조직의 양적 편성은 그 질적 편성과 마찬가지로 자연발생적이며 우연적이다. 그러므로 우리의 상품소유자들은 그들을 독립된 사적 생산자로 만드는 이러한 분업이 사회적 생산과정과 이 과정에서의 그들 사이의 관계도 또한 그들 자신에게서 독립된 것으로 만든다는 사실을 발견하고, 또 사람들의 상호독립성이 전반적인 물적 의존체계에 의해 보완되고 있다는 사실을 발견한다.

분업은 노동생산물을 상품으로 전화시키며, 그럼으로써 노동생산물이 화폐로 전화하는 것을 필연적인 것으로 만든다. 동시에 분업은 이 실체 전화의 성공 여부를 우연적인 것으로 만든다. 그러나 여기에서 우리는 현상을 순수한 형태로 고찰해야 하며, 따라서 그것이 정상적으로 진행된다고 가정하기로 한다. 또한 그렇게 정상적으로 일이 진행되어 상품이 안 팔리는 일이 생기지만 않는다면, 상품의 형태변화는 그 과정에서 가치크기가 지나치게 높거나 낮아지긴 할지 몰라도 어쨌든 계속해서 이루어질 것이다.

한쪽 상품소유자에게서는 자신의 상품이 금으로 대체되고, 다른 쪽 상품소유자에게서는 상품이 그의 금을 대체한다. 명백한 현상은 상품과 금〔예컨대 아마포 20자와 2파운드스털링〕의 교환〔소유주 또는 위치의 변경〕이다. 그런데 상품은 무엇과 교환되는가? 자신의 일반적 가치의 모습과 교환된다. 그리고 금은 무엇과 교환되는가? 자신의 사용가치의 특수한 M123 형태와 교환된다. 왜 금은 아마포에 대해서 화폐로서 마주 서는가? 2파운드스털링이라는 아마포의 가격〔또는 아마포의 화폐명칭〕이 이미 아마포를 화폐로서의 금과 관계하도록 하고 있기 때문이다. 상품이 원래의 형태에서 이탈하게 되는 것은 상품의 양도를 통하여 이루어진다. 즉 상품의 사용가치가 상품의 가격을 통해 단지 상상으로만 존재하던 금을 현실 속으로 끌어들임으로써 이루어진다. 때문에 상품가격〔또는 단지 관념적인 것에 머물러 있는 상품의 가치형태〕의 실현은 동시에 화폐의 단지 관념적일 뿐인 사용가치의 실현이며, 상품의 화폐로의 전화는 동시에 화폐의 상품으로의 전화이기도 하다. 이 하나의 과정은 양면적인 과정으로, 상품소유자 쪽에서는 판매이며, 반대편인 화폐소유자 쪽에서는 구매이다. 바꾸어 말해 판매는 구매이고 W—G는 동시에 G—W이다.[66]

지금까지 우리가 알고 있는 인간의 경제관계는 상품소유자들의 관계에 불과하다. 그것은 자신의 노동생산물을 타인의 것으로 만들어야만 타인의 노동생산물을 자신의 것으로 만들 수 있는 관계이다. 그러므로 어떤 상품소유자가 다른 상품소유자에게 화폐소유자로서 마주 설 수 있는 것은 단지 이 사람의 노동생산물이 본래부터 화폐형태를 취하고 있고, 따라서 금과 같은 화폐재료를 이루고 있기 때문이든가 아니면 자신의 상품이 이미 껍질을 벗고 본래의 사용가치 형태에서 벗어나 있기 때문이다. 물론 금이 화폐로서 기능하려면 먼저 어디에선가 상품시장으로 들어가야만 한다. 그곳은 바로 금의 원산지이며, 거기에서 금은 직접적인 노동생산물로서 동일한 가치를 갖는 다른 노동생산물과 교환된다. 그러나 이 순간부터 금은 항상 실현된 상품가격을 나타낸다.[67] 금의 원산지에서 이루어지는 금과 상품 간의 교환을 제외하면 어떤 상품소유자의 수중에서도 금은 그가 양도한 상품의 전화된 모습이며, 판매〔즉 상품의 제1형태변화 W—G〕의 산물이다.[68] 금이 관념적인 화폐 또는 가치척도가 된 것은 모든 상품이 자신들의 가치를 금으로 측정하고 그리하여 금을 자신들의 사용가치 형태와 반대되는 머릿속의 형태〔즉 가치형태〕로 삼기 때문이다. 금이 실제로 화폐가 되는 것은 모든 상품이 자신들을 양도함으로써 금을 자신들의 양도된〔또는 전화된〕 사용가치의 모습으로 삼고 따라서 자신들의 현실적인 가치형태로 삼기 때문이다. 그 가치형태를 통해서 상품은 자신의 본래적인 사용가치의 흔적과 그것을 만들어낸 특수한 유용노동의 흔적을

---

66) "모든 판매는 구매이다"(케네, 「상업 및 수공업자의 노동에 관한 대화」, 『중농학파』〔데르 엮음〕, 제1부, 파리, 1846, 170쪽). 또는 케네가 자신의 저작 『일반 준칙』에서 말한 바와 같이 "판매하는 것은 구매하는 것이다." †42

67) "한 상품의 가격은 오직 다른 한 상품의 가격으로만 지불될 수 있다" (리비에르〔Mercier de la Rivière〕, 「정치사회의 자연적·본질적 질서」, 『중농학파』〔데르 엮음〕, 제2부, 554쪽).

68) "이 화폐를 손에 넣기 위해서는 먼저 판매하지 않으면 안 된다"(같은 책, 543쪽).

모두 지워버리고 동질적인 인간노동을 똑같은 사회적 형태로 물상화시켜 버린다. 그 때문에 우리는 화폐를 보아도 그것이 어떤 상품에서 전화된 것인지 알 수 없다. 상품은 그 화폐형태에서는 다른 상품과 똑같아 보인다. 따라서 쓰레기는 화폐가 아니지만 화폐는 쓰레기일지도 모른다. 이제 우리의 아마포 제조업자가 자신의 상품을 양도하고 얻은 두 닢의 금화가 1쿼터의 밀이 전화한 모습이라고 가정해보자. 아마포의 판매〔즉 W—G〕는 동시에 그것의 구매〔즉 G—W〕이다. 그러나 여기서 아마포의 판매에서 시작하는 과정은 그 대립물인 성경의 구매로 종결되는 하나의 운동이며, 또한 아마포의 구매로 끝나는 과정은 그 대립물인 밀의 판매에서 시작된 하나의 운동이기도 하다. W—G—W〔아마포—화폐—성경〕의 제1단계인 W—G〔아마포—화폐〕는 동시에 G—W〔화폐—아마포〕이며, 이것은 또 하나의 다른 운동 W—G—W〔밀—화폐—아마포〕의 마지막 단계이다. 한 상품의 제1형태변화〔즉 상품형태에서 화폐로의 전화〕는 늘 동시에 다른 한 상품의 제2의 대립적인 형태변화〔즉 화폐형태에서 상품으로의 재전화〕이다.[69]

G—W: 상품의 제2〔또는 최종적인〕 형태변화〔또는 구매〕. 화폐는 다른 모든 상품의 전화된 모습〔또는 그것들의 전반적인 양도의 산물〕이기 때문에 아무런 제약 없이 양도 가능한 상품이다. 화폐는 모든 가격을 반대 방향으로 읽어주며, 또한 모든 상품을 통해 자신을 비춤으로써 상품의 몸을 자신이 상품이 되는 데 필요한 재료로 이용한다. 동시에 그 상품의 가격〔즉 상품이 화폐에 보내는 사랑의 눈길〕은 화폐의 전화능력의 한도, 즉 화폐 자신의 양을 나타낸다. 상품은 그것이 화폐가 되는 순간 소멸하기 때문에, 화폐를 보아도 우리는 그것이 어떻게 해서 그 소유자 손에 들어왔는지 또는 무엇이 그것으로 전화했는지 알 수 없다. 어디서 온 것이든 화폐

---

69) 앞에서 지적한 바와 같이 금·은의 생산자는 예외적으로 자신의 생산물을 미리 판매하지 않고도 교환할 수 있다.

에서는 냄새가 나지 않는다.[†43] 화폐는 한편으로 판매된 상품을 대표하면서 다른 한편으로는 구매할 수 있는 상품을 대표한다.[70]

G—W[곧 구매]는 동시에 판매[곧 W—G]이다. 따라서 어떤 상품의 마지막 형태변화는 동시에 다른 어떤 상품의 최초의 형태변화이다. 우리의 아마포 제조업자에게서 그의 상품의 생애는 그가 2파운드스털링을 재전화시킨 성경에서 끝난다. 그러나 성경 판매자는 아마포 제조업자에게서 받은 2파운드스털링을 위스키로 바꾼다. G—W, 즉 W—G—W[아마포—화폐—성경]의 마지막 형태변화는 동시에 W—G, 즉 W—G—W[성경—화폐—위스키]의 제1단계이다. 상품생산자는 한 가지 생산물만을 공급하기 때문에 종종 그것을 대량으로 판매하지만, 반면 그의 욕망은 매우 다양하기 때문에 그는 실현된 가격, 즉 손에 들어온 화폐액을 끊임없이 다수의 구매로 분산시켜야만 한다. 따라서 하나의 판매는 여러 상품에 대한 수많은 구매로 나누어진다. 이리하여 한 상품의 최종적인 형태변화는 다른 여러 상품의 제1형태변화를 합한 것이 된다.

여기에서 한 상품[예를 들어 아마포]의 전체 형태변화(Gesamtmeta-morphose)를 살펴보면 제일 먼저 눈에 띄는 것이 이 형태변화가 두 개의 대립적이고도 상호보완적인 운동 W—G와 G—W로 이루어져 있다는 점이다. 상품의 이 두 가지 대립적인 형태변화는 상품소유자가 행하는 두 가지 대립적인 사회적 과정을 통해 이루어지고, 또한 그가 수행하는 두 가지 대립적인 경제적 역할을 통해 반영된다. 판매를 수행하는 사람으로서 그는 판매자가 되고, 구매를 수행하는 사람으로서 그는 구매자가 된다. 그러나 어떤 형태변화에서도 상품의 두 형태인 상품형태와 화폐형태가 언제나 동시에[그러나 단지 대립된 양극에서만] 존재하는 것과 마찬가지로, 동일한 상품소유자에게는 그가 판매자일 때 다른 구매자가 상대하며 그

---

70) "우리 수중에 있는 화폐는 우리가 앞으로 사고 싶어하는 물품을 표시하는 동시에 우리가 이미 이 화폐와 맞바꾸어 판매했던 물건들도 표시한다"(리비에르, 앞의 글, 586쪽).

가 구매자일 때는 다른 판매자가 상대한다. 동일한 상품이 두 가지 서로 반대방향의 형태변화를 차례로 통과하여 상품에서 화폐가 되었다가 다시 화폐에서 상품이 되는 것처럼, 같은 상품소유자는 역할을 바꾸어가며 판매자가 되었다가 다시 구매자가 되는 것이다. 따라서 판매자와 구매자는 결코 고정된 배역이 아니며 상품유통 속에서 끊임없이 그 등장인물이 바뀌는 배역이다.

한 상품의 전체 형태변화는 가장 단순한 형태일 때 4개의 극과 3명의 등장인물을 필요로 한다. 먼저 상품에는 그 가치형태로서의 화폐가 상대로 등장하지만 이 화폐는 건너편 다른 사람의 호주머니 속에 엄연한 실제 현물로 존재하고 있다. 이리하여 상품소유자는 화폐소유자를 상대하게 된다. 그런데 이제 상품이 화폐로 전화하고 나면 그 화폐는 상품의 일시적인 등가형태가 되며 이 등가형태의 사용가치나 내용은 이쪽 편의 다른 상품 속에 존재하게 된다. 상품의 제1형태변화가 도달하는 종점인 화폐는 동시에 상품의 제2형태변화의 출발점이 된다. 그리하여 제1막의 판매자는 제2막에서 구매자가 되며, 이 제2막에서는 제3의 상품소유자가 그의 판매자로 등장한다.[71]

상품의 형태변화에서 서로 역의 형태를 취하는 두 운동단계는 상품형태—상품형태의 탈피—상품형태로의 복귀라는 하나의 순환을 이루고 M126 있다. 물론 여기에서 상품 그 자체는 서로 상반된 두 가지 성격으로 규정된다. 상품소유자에게서 상품은 출발점에서는 사용가치가 아니지만 종점에서는 사용가치이다. 이리하여 화폐는 처음에는 [상품이 형태변화한 결과물인] 가치의 결정물(Wertkristall)로 나타나지만 나중에는 상품의 단순한 등가형태로 녹아버리게 된다.

한 상품의 순환을 이루는 두 번의 형태변화는 동시에 다른 두 상품의

---

71) "따라서 4개의 종점과 3명의 계약 당사자가 있으며, 그들 가운데 한 명은 두 번 관계한다"(르 트론, 앞의 글, 909쪽).

역방향으로의 부분 형태변화를 이룬다. 이 상품〔아마포〕이 자신의 형태변화 과정을 시작하면 그와 함께 다른 한 상품〔밀〕의 전체 형태변화가 종결된다. 이 제1형태변화〔즉 판매〕에서 아마포는 몸소 이 두 가지 역할을 모두 수행한다. 반면 아마포는 자신의 육신을 옮겨담은 황금번데기를 통해서 제3의 상품의 제1형태변화를 종결시킨다. 이리하여 한 상품의 형태변화 과정이 그려내는 순환은 다른 상품들의 순환과 깊숙이 연루된다. 이 전체 과정은 상품유통(Warenzirkulation)으로 나타난다.

상품유통은 형태적으로뿐만 아니라 실질적으로도 직접적 생산물 교환과는 다르다. 그 진행과정을 잠깐만 다시 되돌아보자. 아마포 제조업자는 분명 아마포와 성경을, 즉 자신의 상품과 타인의 상품을 교환했다. 그러나 이 현상은 오로지 그에게만 진실이다. 차가운 것보다는 뜨거운 것〔위스키〕을 더 좋아하는 성경 판매자는 성경을 아마포와 교환할 생각이 없었고, 아마포 제조업자도 자신의 아마포를 밀과 교환할 생각이 없었다. B가 가진 상품이 A가 가진 상품으로 교체되기는 하지만 A와 B는 직접 서로 상품을 교환하는 것이 아니다. 물론 실제로 A와 B가 서로 상대편 상품을 구매하는 경우도 있을 수 있지만, 이런 것은 상품유통에서 특수한 예외적인 경우에 불과하다. 상품유통에서 우리는 한편으로는 상품교환이 직접적 생산물 교환의 개인적이고 국지적인 한계를 깨뜨리면서 인간노동의 신진대사를 어떻게 발전시켜나가는지를 보고, 다른 한편으로는 그것이 또한 교환당사자들의 통제에서 벗어난 사회적 관계의 전체 연결망을 어떻게 발전시켜나가는지를 보게 된다. 아마포 제조업자가 아마포를 판매할 수 있는 것은 농민이 이미 밀을 팔았기 때문이고, 애주가가 성경을 판매할 수 있었던 것은 아마포 제조업자가 아마포를 이미 팔았기 때문이며, 양조업자가 위스키를 팔 수 있는 것은 이미 다른 사람이 영원한 생명수〔성경〕를 팔았기 때문이다……

따라서 유통과정은 직접적인 생산물 교환의 경우와는 달리 사용가치의 위치나 소유자가 변경되어도 소멸해버리지 않는다. 화폐는 한 상품의 형태변형 과정에서 탈락하더라도 사라지지 않는다. 그것은 늘 상품이 비워 주는 유통의 빈 자리를 찾아가 자리를 잡는다. 예를 들어 아마포의 전체 형태변화, 즉 아마포 — 화폐 — 성경에서는 아마포가 제일 먼저 유통에서 탈락하고 화폐가 그 자리를 차지하며, 그 다음에는 성경이 유통에서 탈락하고 화폐가 그 자리를 차지한다. 상품에 의한 상품의 교체는 동시에 제3자의 손에 화폐상품을 쥐여준다.[72] 유통은 끊임없이 화폐를 분주하게 만든다.

모든 판매가 구매이며 또한 모든 구매가 판매라는 것을 이유로 상품유통이 반드시 판매와 구매 간의 균형을 이루어낸다고 하는 주장만큼 어리석은 것은 없다. 만일 이 주장의 의미가 실제로 수행되는 판매 횟수와 구매 횟수가 동일하다는 것이라면 그것은 무의미한 동어반복일 것이다. 이주장이 실제로 입증하려는 것은 판매자가 자신의 구매자를 시장으로 데려온다는 것이다. 판매와 구매는 서로 마주 보는 두 명의 인물, 곧 상품소유자와 화폐소유자 사이의 상호관계라는 점에서는 하나의 동일한 행위이다. 그것들은 서로 대립된 행동을 이루긴 하지만 똑같은 한 사람이 수행하는 행동이다. 그러므로 판매와 구매의 동일성은, 만일 상품이 유통이라는 연금술의 용광로에 투입되어 화폐가 되어 나오지 않는다면〔즉 상품소유자들로부터 판매되지 못하고 따라서 화폐소유자들로부터 구매되지 않는다면〕그 상품은 무용지물이 되고 만다는 의미를 내포하고 있다. 더욱이 이 동일성은 교환과정이〔만약 순조롭게 이루어진다면〕 때로는 길고 때로는 짧은 상품 생애의 한 시기〔하나의 휴지기〕를 이룬다는 것을 함축하고 있다. 상품의 제1형태변화는 판매이자 동시에 구매이므로 이들 두 과정은 각기 독립된 과정이기도 하다. 구매자는 상품을 얻고, 판매자는 화폐〔즉 시장에 나타나는 시기와 상관 없이 언제든지 유통될 수 있는 형태를 가진

---

72) 제2판의 주: 이처럼 이 현상이 지극히 명백한 것인데도 경제학자들, 특히 속류 자유무역론자들은 대부분 이것을 간과하고 있다.

상품]를 얻는다. 다른 누군가가 구매하지 않으면 아무도 판매를 할 수 없다. 그러나 판매했다고 해서 모두가 곧바로 구매를 할 필요는 없다. 유통은 직접적인 생산물 교환의 시간적·공간적·개인적 한계를 타파하는데, 이런 타파의 과정은 바로 이 직접적인 생산물 교환 내부에 존재하는 두 과정[즉 자신의 노동생산물을 인도하고 다른 사람의 노동생산물을 인수하는 과정] 사이의 직접적인 동일성을 판매와 구매라는 대립형태로 분열시킴으로써 이루어진다. 독립해서 서로 대립해 있는 이들 두 과정이 하나의 내적인 통일을 이루고 있다는 것은 이들 두 과정의 내적인 통일이 외적인 대립을 통해 드러난다는 것과 같은 뜻이다. 서로를 보완하면서 내적으로 의존해 있는 이들 두 과정의 외적인 대립이 일정한 수준을 넘어서게 되면 내적인 통일은 공황(Krise)을 통하여 폭력적인 형태로 관철된다. 상품에 내재하는 사용가치와 가치 사이의 대립, 사적 노동이 동시에 사회적 노동으로 나타나지 않으면 안 되는 대립, 특수한 구체적 노동이 동시에 추상적 일반적 노동으로만 간주되는 대립, 물적 존재의 인격화와 인격의 물화라는 대립 — 이런 내재적 모순은 상품의 형태변화가 빚어내는 갖가지 대립을 통해서 더욱 발전된 운동형태를 취한다. 따라서 이들 형태는 이미 공황의 가능성[또한 그것만]을 함축하고 있다. 그러나 이 가능성이 실제 현실로 발전하려면 단순 상품유통 수준에서는 아직 전혀 존재하지 않는 좀더 광범위한 사회적 관계들이 갖추어질 필요가 있다.[73]

73) 『경제학 비판』, 74~76쪽의 제임스 밀에 대한 기술을 참조하라. 여기에서는 경제학적 변론의 방법과 관련하여 두 가지 점을 지적하고 있다. 첫째, 상품유통과 직접적 생산물 교환의 차이점을 사상해버림으로써 양자를 동일시하는 것이다. 둘째, 생산 담당자들간의 관계를 상품유통에서 비롯된 단순한 관계로 바꾸어버림으로써 자본주의적 생산과정의 갖가지 모순을 부정해버리려는 시도이다. 그런데 범위와 정도의 차이는 있지만, 상품생산과 상품유통은 여러 생산양식에서 공통으로 존재하는 현상이다. 따라서 상품유통[이들 생산양식에 공통된 추상적 범주]에 대해서 알았다고 해도 그것만으로는 아직 이들 생산양식간의 차이점까지는 알 수 없으며, 당연히 거기에 대해 어떤 평가도 내릴 수 없다. 경제학을 제외한 다른 과학에서는 평범하기 짝이 없는 상식을 대단히 중요한 것인 양 다루는 일이 그리 많지 않다. 그런데 경제학에서는, 예를 들어 세이의 경우 상품이 생산물이라는 것을 자기가 알고 있다는 이유만으로 외람되게 공황에 관하여 단정을 내리려 하고 있다.

상품유통의 매개자로서 화폐는 유통수단이라는 기능을 지니게 된다.

나. 화폐의 유통

노동생산물의 물질대사가 이루어지는 형태변화, 즉 W—G—W는 동일한 가치가 상품의 형태로 출발했다가 역시 상품의 형태로 같은 지점으로 되돌아오도록 요구한다. 따라서 이런 상품의 운동은 하나의 순환이다. 반면 이 운동형태는 화폐의 순환을 배제한다. 이 운동형태의 결과 화폐는 출발점에서 계속 멀어지기만 할 뿐 그곳으로 다시는 되돌아가지 않는다. 판매자가 자신의 상품이 전화된 모습, 즉 화폐를 움켜쥐고 있는 동안까지 M129는 상품은 아직 제1형태변화의 단계에 머물러 있는 것이며, 상품유통의 절반만을 통과했을 뿐이다. 그러나 이 과정이 모두 완수되고 나면, 즉 판매가 최종적으로 구매를 통해 완성되고 나면 화폐는 다시 그 소유자의 손을 떠나버린다. 물론 아마포 제조업자가 성경을 사고 난 뒤에 새로운 아마포를 팔면 분명 화폐는 다시 그의 손으로 돌아온다. 그러나 그 화폐는 처음의 아마포 20자의 유통을 통해 돌아온 것이 아니며, 오히려 화폐는 이 유통을 통해 아마포 직물업자의 수중에서 성경 판매자의 수중으로 떠나가 버렸다. 화폐는 오직 새로운 상품에 의한 유통과정의 갱신 또는 반복에 의해서만 복귀하는 것이며, 이 경우 그 결과는 위에서 얘기했던 것과 마찬가지이다. 따라서 상품유통을 통해 화폐에 부여되는 운동형태는 끊임없이 출발점에서 멀어져가는 과정, 즉 화폐가 한 상품소유자의 손에서 다른 상품소유자의 손으로 흘러가는 과정이며 그것은 곧 화폐의 유통(currency, cours de la monnaie)이다.

화폐의 유통은 동일한 과정의 지속적이고 단조로운 반복으로 나타난다. 상품은 언제나 판매자 쪽에 서 있고, 화폐는 늘 구매수단으로서 구매자 쪽에 서 있다. 화폐는 상품의 가격을 실현함으로써 구매수단으로 기능한다. 또한 상품가격의 실현을 통해 화폐는 상품을 판매자의 수중에서 구매자의 수중으로 옮겨놓으며, 동시에 자신은 구매자의 수중에서 판매자의 수중으로 옮겨가서 다시 다른 상품에 대해 똑같은 과정을 되풀이한다. 화폐 운동의 이런 일면적인 형태가 상품의 양면적인 형태변화 운동에서 비롯된 것이라는 사실은 은폐되어 있다. 상품유통의 본질은 오히려 그것과 반대된 모습을 보여준다. 상품의 제1형태변화는 화폐의 운동뿐만 아니라 상품 자신의 운동으로도 보이지만, 상품의 제2형태변화는 화폐의 운동으로만 보인다. 상품은 그 유통의 전반부에서 화폐와 자리를 바꾼다. 그와 동시에 유용물로서의 상품의 모습은 유통에서 빠져나와 소비의 영역으로 들어간다.[74] 그 대신 우리는 거기에서 상품의 가치형태 또는 화폐형태만을 보게 된다. 상품은 벌써 그 자신의 자연적인 외피가 아니라 금이라는 외피를 두르고 유통의 후반부를 통과한다. 그럼으로써 운동의 연속성은 전적으로 화폐 쪽에만 있게 되며, 상품의 처지에서 볼 때 두 개의 대립적인 과정으로 이루어진 과정이 화폐의 운동이라는 관점에서 보면 끊임없이 다른 상품과 자리를 맞바꾸는 똑같은 과정을 이루고 있다. 그리하여 상품유통의 결과〔즉 한 상품의 다른 상품에 의한 대체〕는 상품 자신의 형태변화에 따라 매개되는 것이 아니라 유통수단으로서의 화폐의 기능에 따라 매개되는 것처럼 보인다. 유통수단으로서의 화폐는, 스스로 혼자서는 운동할 수 없는 것처럼 보이는 상품을 유통시키면서, 그 상품을 사용가치가 아닌 사람의 수중에서 사용가치인 사람의 수중으로〔즉 화폐 자신의 진행방향과는 늘 반대방향으로〕 옮기는 역할을 수행한다. 화폐는 끊임없이 유통영역에서 상품을 밀어내고 그 자리에 자신이 들어감으로써 자신의 출발점에서 계속 멀어져간다. 따라서 화폐운동은 사실 상품유통의 표현에 지나지 않는데도, 오히려 거꾸로 상품유통이 마치 화폐유통의 결과에 지나지 않는 것처럼 보인다.[75]

74) 거듭 판매되는 경우에도—우리는 아직 이런 경우를 다룬 적이 없지만—상품은 마지막 판매를 통해 유통영역에서 빠져나와 소비의 영역으로 들어가 거기에서 생활수단이나 생산수단으로서의 역할을 수행한다.

75) "그것(화폐)은 생산물이 부여하는 운동 이외에는 어떠한 운동도 하지 않는다"(르 트론, 앞의 글, 885쪽).

그런데 화폐가 유통수단이라는 기능을 갖게 된 까닭은 오로지 화폐가 상품의 자립화된 가치이기 때문이다. 따라서 유통수단으로서의 화폐의 운동은 사실상 다름 아닌 상품 자신의 형태변화 운동이다. 그러므로 이 형태변화 운동은 감각적으로도 화폐의 흐름 속에서 확인될 수 있어야만 한다. 예를 들어 아마포는 먼저 상품형태에서 화폐형태로 전화한다. 아마포의 제1형태변화인 $W-G$에서 뒷자리에 위치한 화폐형태는 마지막 형태변화인 $G-W$, 즉 성서로 재전화하는 데서는 앞자리에 위치한다. 그런데 이들 두 형태변화는 모두 상품과 화폐의 교환, 즉 상품과 화폐 상호간의 위치 변경을 통해서 이루어진다. 동일한 실물화폐가 소외된 상품의 형태로서 판매자의 손에 들어가고, 동시에 절대적으로 양도 가능한 상품의 형태로서 판매자의 손을 떠난다. 동일한 실물화폐가 두 번 그 위치를 바꾸는 것이다. 아마포의 제1형태변화는 이 실물화폐를 직물업자의 주머니 속에 넣어주고, 제2형태변화는 그것을 다시 끄집어낸다. 따라서 동일한 상품에 대해 서로 대립해서 나타나는 이 두 형태변화는 화폐의 두 번에 걸친 반대 방향으로의 위치 변경을 통해 그 모습을 드러낸다.

이와 반대로 일면적인 상품 전형, 즉 판매나 구매 가운데 한쪽만 행해지는 경우에는 화폐도 역시 단 한 번만 자리를 바꿀 뿐이다. 화폐의 제2의 위치 변경은 늘 상품의 제2형태변화, 즉 상품의 화폐로부터의 재전화를 나타낸다. 동일한 실물화폐가 계속 반복적으로 자리를 바꾸는 과정 속에는 단지 어떤 한 상품의 형태변화 과정뿐만 아니라 상품세계 전체의 무수히 많은 형태변화들간의 복잡한 관계도 함께 반영되어 있다. 물론 이 모든 것이 여기에서 논의하고 있는 단순한 상품유통 형태의 경우에만 해당된다는 것은 당연한 일이다.

모든 상품은 유통에 첫발을 들여놓는 순간〔즉 제1형태변화를 수행하는 순간〕유통에서 떨어져나오고 그 자리에는 늘 새로운 상품이 다시 들어온다. 반면 화폐는 유통수단으로 계속 유통영역에 머물러 있으면서 끊임없이 유통영역을 떠돌아다닌다. 그래서 유통영역이 얼마나 많은 화폐를 끊임없이 흡수하는지에 대한 문제가 생겨난다.

한 나라 안에서는 매일 똑같은 시각에 여러 곳에서 무수히 많은 일면적인 상품의 형태변화, 즉 구매와 판매가 함께 이루어지고 있다. 그런데 여기에서 우리가 고찰하고 있는 직접적인 유통형태는 상품과 화폐를 언제나 실물상태로 서로 마주 보게 하고 하나를 판매라는 한쪽 편에 그리고 다른 하나를 구매라는 반대편에 두기 때문에, 상품세계의 유통과정을 위해 필요한 유통수단의 분량은 이미 상품들의 가격 총액에 의하여 정해져 있다. 사실 화폐는 상품의 가격 총액을 통해서 이미 관념적으로 표현되고 있는 금의 총액을 실질적으로 나타내는 것에 지나지 않는다. 따라서 이들 두 총액이 서로 같다는 것은 자명한 일이다. 그렇지만 알다시피 상품가치가 불변일 때 상품의 가격은 금〔화폐재료〕자신의 가치에 따라서 변동한다. 즉 금의 가치가 하락하면 상품가격은 상승하고, 금의 가치가 상승하면 그에 비례하여 상품가격은 하락한다. 이처럼 상품의 가격 총액이 증가하거나 감소하면 그에 따라 유통되는 화폐량도 함께 증가하거나 감소해야 한다. 물론 이 경우 유통수단의 양적 변동은 화폐 그 자체에서 비롯된 것이다. 즉 그 변동은 유통수단으로서의 화폐 기능에서 생겨난 것이 아니라 가치척도로서의 화폐 기능에서 생겨난 것이다. 상품의 가격이 먼저 화폐의 가치에 반비례하여 변동하고 그런 다음 유통수단의 양이 상품의 가격에 정비례하여 변동한다. 금의 가치가 하락하지 않더라도 은이 가치척도로서 금을 대신하는 경우나 은의 가치가 상승하지 않더라도 금이 은을 가치척도로서의 기능에서 몰아낸 경우에도 이와 똑같은 현상이 벌어질 것이다. 전자의 경우에는 이전에 유통되던 금보다 더 많은 양의 은이 유통될 것이며, 후자의 경우에는 그 전에 유통되던 은보다 더 적은 양의 금이 유통될 것이다. 어느 경우이건 화폐재료〔즉 가치척도로서의 역할을 수행하는 상품〕의 가치가 변동하고 그에 따라 상품가치를 표시하는 가격도 변동하며 또한 이런 상품가격을 실현하는 데 사용되는 유통화폐량도 함께 변동할 것이다. 이미 보았듯이 상품의 유통영역에는 하나의 구멍이 있고 그 구멍을 통하여 금〔또는 은, 요컨대 화폐재료〕은 일정한 가치를 갖는 상품으로서 유통영역에 들어온다. 그래서 화폐가 가치척도로 기능하고, 그래서 화폐가 가격을 표현할 경우 화폐의 가치는 이미 전제되어 있다. 예를 들어 이제 가치척도 자체의 가치가 하락한다면 그것은 당장 귀금속의 원산지에서 상품으로서의 귀금속과 직접 교환되는 상품들의 가격변동으로 나타난다. 이때 다른 상품 대부분은 당분간 계속해서 이미 현실에서 유리되어버린 낡은 가치척도의 가치대로 평가되는데, 이는 부르주아 사회가 아직 덜 발달된 경우 특히 그럴 것이다. 그러나 한 상품과 다른 상품 간의 가치비율이 점차 확대되어나가고 그 결과 금이나 은으로 표시되는 상품들의 가격이 점점 상품의 가치를 기준으로 한 비율로 조정되어나감으로써 결국은 모든 상품가치가 화폐금속의 새로운 가치에 맞추어 평가될 것이다. 이 조정과정은 직접 귀금속과 교환되는 상품들에 의해 유입되는 귀금속이 계속 늘어남으로써 진행된다. 그러므로 새로 조정된 상품가격이 얼마나 일반화되었는지에 따라서, 또 상품들의 가치가 새롭게 하락한 귀금속의 가치에 얼마나 잘 맞추어서 평가되는지에 따라서, 상품가격의 실현에 필요한 귀금속의 양이 과잉이 되는 경우도 발생한다. 새로운 금이나 은 광산의 발견이 빚어낸 여러 현상을 일면적으로만 관찰함으로써 17세기와 18세기에 나타난 상품가격의 등귀현상이 유통수단으로 사용된 금과 은의 증가 때문이라고 하는 잘못된 주장이 나오기도 하였다. 이하에서는 금의 가치를 주어진 것으로〔즉 사실상 가격이 평가되는 순간 주어지는 것으로〕 가정한다.

이런 전제 아래에서는 유통수단의 양이 실현되어야 할 상품의 가격 총액에 따라 정해진다. 이제 한 걸음 더 나아가 모든 종류의 상품가격도 주어져 있다고 가정한다면, 상품의 가격 총액은 명백히 유통상태에 있는 상품량에 따라 정해진다. 1쿼터의 밀이 2파운드스털링이라면 100쿼터의 밀은 200파운드스털링이고 200쿼터의 밀은 400파운드스털링이다. 이처럼 밀의 양이 늘어나면 그것이 판매되면서 교환되는 화폐량도 함께 증가하리라는 것은 그다지 골머리 썩이지 않고도 쉽게 이해할 수 있는 일이다.

상품량을 주어진 것으로 가정하면 유통되는 화폐량은 상품가격의 변동에 따라서 증감한다. 상품가격 총액이 가격변동의 결과 증가하거나 감소함에 따라 유통화폐량도 증가하거나 감소한다. 이 경우 모든 상품가격이 동시에 등귀하거나 하락해야 할 필요는 전혀 없다. 유통되는 모든 상품을 실현하는 데 필요한 가격 총액이 증가 또는 감소하고 그에 따라 유통되는 화폐량이 증가 또는 감소하기 위해서는 몇 개의 주요 재화가격이 등귀하거나 하락하는 것만으로도 충분하다. 상품가격의 변동이 실제 그 상품의 가치변동을 반영하든, 아니면 단순히 시장가격의 변동을 반영하든, 그것이 유통수단의 분량에 끼치는 영향은 똑같다.

M133   몇 개의 판매 또는 부분 형태변화〔예를 들어 1쿼터의 밀, 20자의 아마포, 1권의 성경, 4갤런의 위스키〕가 각기 독립적으로 동시에 여러 곳에서 이루어진다고 하자. 각 재화의 가격이 2파운드스털링이고 따라서 실현되어야 할 가격 총액이 8파운드스털링이라면, 유통에는 8파운드스털링의 화폐량이 들어와야 한다. 그러나 만일 이들 상품이 이미 우리가 본 것처럼 서로 형태변화의 연쇄를 이루고 있다면〔즉 1쿼터의 밀 — 2파운드스털링 — 4갤런의 위스키 — 2파운드스털링〕, 이제 8파운드스털링 대신 2파운드스털링의 화폐량이 각 상품의 가격을 차례대로〔그래서 결국은 8파운드스털링이라는 가격 총액을〕실현하면서 이들 상품을 유통시킬 것이고 그 2파운드스털링은 최종적으로 양조업자의 손에 들어가 휴식을 취할 것이다. 2파운드스털링은 4번의 유통을 수행한다. 이처럼 동일한 화폐의 반복적인 위치변환은 상품이 이중적 형태변화〔즉 두 개의 대립적인 유통단계〕를 거쳐가는 운동을 보여주며 또한 여러 상품의 형태변화가 서로 뒤엉켜 있음을 보여준다.[76] 이 과정이 통과하는 대립적이며 상호보완적인 각 단계는 공간적으로는 병존할 수 없고 오직 시간적으로만 연속될 수 있을 뿐이다. 그렇기 때문에 이 과정에 대한 척도는 그것이 얼마나 지속되는지를 나타내는 시간으로 표시되며, 주어진 시간 안에 동일한 화폐량이 유통

되는 횟수가 화폐유통의 속도로 계산된다. 위에서 얘기한 네 상품의 유통 과정이 예를 들어 하룻동안 지속된다고 하자. 그러면 실현되어야 할 가격 총액은 8파운드스털링이며, 하룻동안 동일한 화폐량이 유통되는 횟수는 4번이고 유통화폐량은 2파운드스털링이다. 그러므로 주어진 유통기간 동안

$$\frac{\text{상품가격 총액}}{\text{동일한 화폐량의 유통횟수}} = \text{유통수단으로 기능하는 화폐의 양}$$

이라는 관계가 성립한다. 이 법칙은 일반적으로 성립한다. 주어진 기간 동안 한 나라의 유통과정은, 한편으로 동일한 화폐량이 단 한 번만 위치를 바꾸는〔즉 단 한 번만 유통되는〕다수의 판매〔또는 구매〕, 즉 부분 형태변화— 이들은 제각기 독립적으로 여러 곳에서 동시에 이루어진다— 도 포함하지만 다른 한편으로 동일한 화폐량이〔횟수의 차이는 있겠지만〕여러 번 유통하는 다수의 형태변화의 연쇄— 이들 가운데 어떤 것은 제각기 독립적으로 진행되지만 어떤 것은 서로 깊이 뒤엉켜서 진행되는 것도 있다— 도 포함한다. 그렇지만 유통되고 있는 동일한 화폐량의 총유통횟수를 알면 화폐량 한 단위가 유통되는 평균횟수〔또는 화폐유통의 평균속도〕를 알 수 있다. 예를 들어 매일매일의 유통과정에서 그것이 처음 시작되는 시점에 투입되는 화폐량은 물론 여러 곳에서 동시에 유통되는 각 상품의 가격 총액에 따라 정해진다. 그러나 일단 유통과정 내부에 들어오면 한 단위의 화폐량은 다른 단위 화폐량에 대하여 이른바 연대책임을 지게 된다. 즉 한 단위화폐량의 유통속도가 빨라지면 다른 단위화폐량의 유통속도는 느려진다. 그러지 않으면 후자의 단위화폐량은 유통영역에서 완전히 튕

76) "그것(화폐)을 움직이고 유통시키는 것은 바로 생산물이다. …… 그것(즉 화폐)의 양은 운 동속도를 통해서 보완된다. 필요한 경우 그것(화폐)은 한순간도 쉬지 않고 이 사람 손에서 저 사람 손으로 계속 옮겨다닌다"(르 트론, 같은 글, 915~916쪽).

겨져 나가버릴 것이다. 왜냐하면 유통영역이 흡수할 수 있는 금의 양은 거기에 평균 유통횟수를 곱했을 때 그것이 실현되어야 할 가격 총액과 같아지는 양만큼이기 때문이다. 따라서 화폐의 유통횟수가 증가하면 화폐의 유통량은 감소하고, 유통횟수가 감소하면 유통량은 증가한다. 유통수단으로 기능하는 화폐량은 평균속도만 주어지면 함께 주어지기 때문에, 예를 들어 1파운드스털링짜리 태환지폐의 일정량을 유통에 집어넣으면 자동적으로 그만한 양의 소버린(sovereign: 1파운드스털링짜리 금화—옮긴이)을 유통영역에서 축출할 수 있다. 이것은 은행들간에 잘 알려져 있는 술수이다.

화폐유통 일반이 단지 상품의 유통과정〔즉 서로 대립적인 형태변화를 통한 상품의 순환〕만을 보여주는 것이라면, 화폐유통의 속도는 상품의 형태변화가 얼마나 빨리 이루어지는지—즉 형태변화의 연쇄가 끊임없이 서로 뒤엉키면서 신진대사는 금방금방 이루어지고, 상품이 유통영역에서 금방 사라졌다가 금방 다시 새로운 상품으로 대체되는 등—를 보여준다. 그리하여 화폐유통의 속도가 빨라지면 우리는 서로 대립적이면서 서로 보완적인 두 국면—즉 상품이 유용물의 형태에서 가치형태로 전화하는 국면과 가치형태에서 다시 유용물의 형태로 재전화하는 국면, 또는 판매와 구매라는 두 과정—의 유연한 통일성을 보게 된다. 반대로 화폐유통의 속도가 느려지면 우리는 이들 두 과정이 분리되면서 서로 대립되는 것을 보게 되며 동시에 상품의 형태변화와 물질대사가 정체되는 것을 보게 된다. 물론 이런 정체현상이 어디에서 비롯되는 것인지를 유통 그 자체로부터는 알아낼 수 없다. 유통은 단지 현상을 보여줄 뿐이다. 화폐유통의 속도가 느려짐에 따라 화폐가 유통영역의 각 지점에서 점차 출몰이 잦아들거나 사라져버리는 것을 본 일반 사람들이 이 현상의 원인을 쉽게 유통수단의 양이 부족한 데서 찾는 것은 당연한 일이다.[77]

---

77) "화폐는 구매와 판매를 위한 공통의 척도이므로, 어떤 물건을 팔아야 하는데 아직 구매자

따라서 일정한 단위기간 동안 유통수단으로 기능하는 화폐의 총량은 한편으로는 유통되고 있는 상품세계의 가격 총액에 따라 정해지고, 다른 한편으로는 상품세계의 대립적인 유통과정들의 속도에 따라 정해지는데, 이 속도는 상품세계의 가격 총액의 몇분의 몇이 동일한 화폐량에 따라 실현되는가에 달려 있다. 그런데 상품세계의 가격 총액은 각 개별상품의 가격과 양에 의해서 정해진다. 이들 세 가지 요인〔즉 가격의 변동, 유통되는 상품량, 화폐의 유통속도〕은 각기 서로 다른 방향이나 비율로 변동할 수 있으며, 따라서 실현되어야 할 가격 총액과 그것에 의해 제약을 받는 유통수단의 양은 매우 많은 수의 조합(組合)을 가질 수 있다. 여기에서는 상품가격의 역사에서 극히 중요한 몇 가지 조합만 열거해보기로 하자.

상품가격이 불변인 경우, 유통수단의 양은 유통되는 상품의 양이 증가하거나 화폐의 유통속도가 감소하거나 또는 이들 양자가 함께 작용하면

를 발견하지 못한 사람은 누구나 국내에 화폐가 부족하기 때문에 자기 상품이 팔리지 않는다고 쉽게 속단해버리는 경향이 있다. 그래서 사람들은 어디에서나 돈이 부족하다고 아우성이다. 그러나 이것은 크게 잘못된 생각이다. …… 화폐에 대해서 아우성 치는 사람들이 정말 필요로 하는 것은 무엇일까? …… 농부는 하소연한다. …… 그는 국내에 더 많은 화폐가 있으면 자신의 생산물이 가격을 얻을 수 있을 것이라고 생각한다. 따라서 그가 필요로 하는 것은 화폐가 아니라 그가 팔고 싶어하지만 팔지 못하고 있는 자신의 곡물과 가축에 대한 가격인 것처럼 보인다. …… 그렇다면 왜 그는 가격을 얻을 수 없는가? …… ① 국내에 너무 많은 곡물과 가축이 있어서 시장에 나오는 대부분의 사람이 그 농부처럼 자신의 상품을 팔고 싶어하기만 할 뿐 사려는 사람은 거의 없기 때문이거나, ② 수출을 통한 평상시의 판로가 거의 막혀 있기 때문이거나, ③ 사람들이 쪼들려서 예전처럼 자신들의 가계지출을 할 수 없게 되어 소비가 감소했기 때문이다. 그러므로 농부의 생산물이 가격을 얻기 위해서는 단지 화폐를 늘릴 것이 아니라 현실적으로 시장을 압박하고 있는 위의 세 가지 요인 가운데 어느 하나를 제거해야 한다. …… 도매상과 소매상에게도 마찬가지로 화폐가 필요하다. 즉 시장이 정체되어 있기 때문에 그들에게는 자신들이 취급하는 재화의 판로가 필요한 것이다. …… 한 나라가 가장 번영을 누릴 때는 바로 부가 한 사람의 손에서 다른 사람의 손으로 신속하게 옮겨다닐 때이다(더들리 노스〔Dudley North〕, 『상업론』, 런던, 1691, 11~15쪽). 헤렌슈반트(Herrenschwand)의 망상은, 상품의 본성에서 비롯되어 상품유통을 통해서 나타나는 모든 모순이 유통수단의 증가로써 해결될 수 있다고 생각하는 데서 출발한다. 생산과정과 유통과정의 정체를 유통수단의 부족 때문이라고 하는 것은 잘못된 상식이지만, 그렇다고 해서 반대로 예를 들어 정부의 잘못된 ‘통화 조절’의 결과 때문에 발생하는 유통수단의 현실적인 부족까지도 그런 정체를 불러일으키는 원인이 아니라고는 결코 얘기할 수 없다.

증가할 수 있다. 반대로 상품량이 감소하거나 〔화폐의〕 유통속도가 증가하면 유통수단의 양은 감소할 수 있다.

유통되는 상품의 양이 그 가격상승과 같은 비율로 감소할 때, 또는 유통되는 상품의 양은 변하지 않았지만 화폐의 유통속도가 가격상승과 같은 속도로 증가할 때는, 상품가격이 전반적으로 상승하더라도 유통수단의 양은 변하지 않을 수 있다. 유통수단의 양은 가격에 비해 상품의 양이 더 급속히 감소하든가 아니면 유통속도가 더 급속히 증가하면 감소할 수 있다.

상품의 양이 그 가격하락과 같은 비율로 증가할 때, 또는 화폐의 유통속도가 가격하락과 같은 속도로 감소할 때는, 상품가격이 전반적으로 하락하더라도 유통수단의 양은 변하지 않을 수 있다. 유통수단의 양은 상품가격의 하락에 비해 상품의 양이 더 급속히 증가하거나 유통속도가 더 급속히 감소하면 증가할 수 있다.

갖가지 요인의 다양한 변이는 서로 상쇄될 수 있으며, 그 결과 이들 요인의 끊임없는 불안정성에도 불구하고 실현되어야 할 상품가격의 총액과 유통되는 화폐량은 변하지 않을 수 있다. 그러므로 비교적 장기간 동안 고찰해보면 각 나라에서 유통되는 화폐량의 평균수준이 얼핏 예상되는 것보다는 훨씬 변동이 덜하다는 것을 알게 되며, 또 주기적인 생산공황이나 상업공황 때문에 일어나는 혼란과 이보다는 드물지만 화폐가치 자체의 변동으로 말미암아 일어나는 격심한 혼란을 제외한다면 이 평균수준으로부터의 괴리는 예상보다 훨씬 적다는 것을 알게 된다.

유통수단의 양이 유통되는 상품의 가격 총액과 화폐유통의 평균속도에 따라 정해진다[78]는 법칙은, 상품의 가치 총액과 형태변화의 평균속도가

---

[78] "한 나라의 상업을 운영하는 데 필요한 화폐에는 일정한 양과 비율이 있으며, 이런 기준을 지키지 못하면 상업은 순조롭게 운영되지 못할 것이다. 이것은 소매점에서 은화를 거슬러주거나 최소단위의 은화로도 결제할 수 없을 정도의 소액을 지불해야 할 경우에 대비하여 항상 일정한 분량의 파싱(farthing: 영국의 조그만 동전. 1페니의 $\frac{1}{4}$ —옮긴이)을 준비해둘 필요가 있는

주어져 있을 경우 유통되는 화폐 또는 화폐재료의 양이 그 자신의 가치에 따라 정해진다는 말로도 표현될 수 있다. 이와 반대로 상품가격이 유통수단의 양에 따라 정해지고 유통수단의 양은 한 나라가 갖고 있는 화폐재료의 양에 따라 정해진다[79]는 잘못된 생각은, 그것을 처음으로 생각해낸 사람들이 가지고 있던 다음과 같은 어리석기 짝이 없는 가설에 근거하고 있다. 즉 상품은 가격 없이 유통과정에 들어가고 화폐는 가치 없이 유통과정

것과 마찬가지이다. …… 그래서 구매자의 수와 구매 횟수 그리고 최소단위 은화의 가치에 따라 거래에 필요한 파싱의 양적 비율이 정해지는 것과 마찬가지로 우리의 거래에 필요한 화폐(금화와 은화)의 비율 또한 거래의 빈도와 지불액수에 따라 정해진다"(윌리엄 페티, 앞의 글, 17쪽). 영(A. Young)은 자신의 저서 『정치 산술』(런던, 1774)에서 흄(David Hume)의 이론을 스튜어트(J. Steuart) 등의 비판으로부터 옹호하였는데, 그 112쪽 이하에는 특히 "물가는 화폐량에 의존한다"는 구절이 하나 있다. 나는 『경제학 비판』, 149쪽에서 "그(애덤 스미스)는 화폐를 단순한 상품으로 완전히 잘못 취급함으로써 유통되는 주화의 양에 관한 문제를 묵살하고 있다"고 지적한 바 있다. 이 말은 스미스가 공식적으로 화폐를 다루는 경우에만 타당하다. 그는 때때로(예를 들어 종래의 경제학 체계를 비판할 때) 올바른 말을 하기도 한다. "주화의 양은 어떤 나라에서나 그것에 의해 유통되는 모든 상품의 가치에 의해 규제를 받는다. …… 한 나라에서 해마다 매매되는 재화의 가치는 그 재화를 유통시키고 그것을 소비자들에게 분배하는 데 필요한 일정량의 화폐를 요구하며 그 이상의 화폐는 사용되지 않는다. 유통이라는 수로는 그것을 가득 채우는 데 필요한 화폐량은 반드시 끌어들이지만 그 이상은 결코 받아들이지 않는다"(스미스, 앞의 책, 제4편, 제1장, 87·89쪽. 비슷한 방식으로 스미스는 자기 저서에서 공식적으로는 분업에 대한 예찬으로 시작하지만, 뒷부분의 마지막 장인 국가 수입의 원천을 논의한 부분에서는 분업을 폄하한 자신의 스승 퍼거슨(A. Fergurson)의 주장을 곳곳에서 그대로 뒤따르고 있다).

79) "물건가격은 어느 나라에서나 그 나라 사람들이 갖고 있는 금과 은의 양이 증가하면 분명 상승할 것이다. 따라서 어떤 나라에서 금과 은의 양이 감소하면 모든 상품의 가격은 그것이 감소한 만큼 하락할 수밖에 없을 것이다"(밴더린트(Jacob Vanderlint), 『화폐만능론』, 런던, 5쪽). 밴더린트의 글과 흄의 『에세이』를 자세히 비교해보면 흄이 밴더린트의 이 중요한 저작을 알고 있었고 그것을 이용하기도 했다는 것은 전혀 의심할 여지가 없어 보인다. 유통수단의 양이 가격을 결정한다는 견해는 바번에게서도 그리고 그보다 훨씬 이전의 저술가들에게서도 발견된다. 밴더린트는 다음과 같이 말하고 있다. "무역이 자유로워짐으로써 발생하는 불편이란 전혀 없으며 오히려 거기에서는 커다란 편익이 발생한다. …… 그 이유는 이렇다. 만약 자유로워진 무역 때문에 우리나라의 정금(正金)이 감소한다면 —물론 이것을 막기 위하여 갖가지 규제수단이 고안되겠지만— 그 정금이 유입된 나라에서는 정금이 증가한 만큼 반드시 모든 물가가 상승할 것이다. 그러면 …… 우리나라의 제조품을 비롯한 모든 상품의 가격이 상대적으로 저렴해져서 얼마 지나지 않아 무역수지는 우리나라에 유리해질 것이고, 결국 유출되었던 그 화폐는 다시 우리에게로 되돌아올 것이다"(같은 책, 43~44쪽).

 에 들어가며, 일단 그렇게 들어가고 난 다음 서로 뒤엉킨 온갖 상품과 귀금속 중에서 각기 일부가 서로 교환[80])된다는 가설이 곧 그것이다.

다. 주화. 가치표지

유통수단으로서의 기능을 통해서 화폐는 주화의 모습을 갖는다. 상품의 가격 또는 화폐명칭을 나타내는 금의 중량은 유통과정에서 같은 명칭을 갖는 금화의 모습으로 상품과 만나야만 한다. 가격의 도량기준을 설정하는 것과 마찬가지로 화폐의 주조 업무도 국가가 담당한다. 주화 역할을

---

80) 각 개별 상품의 가격이 유통되는 상품의 가격 총액 가운데 일부를 이룬다는 것은 당연한 일이다. 그러나 서로 양적으로 비교될 수 없는 사용가치들이 어떻게 해서 하나의 총량을 이루어 한 나라 안에 있는 금·은의 총량과 교환되는지는 전혀 이해할 수 없는 일이다. 만약 상품세계가 하나의 단일한 상품으로 통일되어 있고 그래서 개개의 상품은 다만 그 전체 가운데 일부를 이룰 뿐이라고 교묘하게 돌려댄다면, 다음과 같은 훌륭한 산술명제가 나오게 된다. 총상품＝x 첸트너의 금이라면 상품 A＝총상품의 일부분＝x첸트너 금의 일부분이다. 몽테스키외는 이를 당당하게 주장하고 있다. "세계에 현존하는 금·은의 총량을 현존하는 상품의 총량과 비교해 보면 확실히 각 개별 생산물이나 상품을 화폐의 일정량으로 대비시켜볼 수 있다. 이 세상에는 오직 하나의 생산물 또는 상품만 존재하거나 단 하나의 상품만 팔린다고 가정하고, 또 상품이 화폐와 마찬가지로 분할될 수 있는 것이라고 가정한다면, 그럴 경우 이 상품의 어떤 일부분은 전체 화폐 가운데 일부분에 상응할 것이며, 상품 총량의 절반은 화폐 총량의 절반에 상응할 것이다. …… 상품가격은 근본적으로 언제나 화폐 총액에 대한 상품 총량의 비율에 따라 정해진 다"(몽테스키외, 앞의 책, 12~13쪽). 리카도와 그의 제자 제임스 밀(James Mill), 오버스톤 (Overstone) 경 등이 이 이론을 어떻게 발전시켜나갔는지에 대해서는 『경제학 비판』, 140~146 쪽과 150쪽 이하를 참조하라(MEW Bd.13, 134~140쪽, 143쪽을 참고하라). 밀(John S. Mill)은 이 문제에 대해서 자신에게 익숙한 절충주의 논리를 사용하여, 자기 아버지 제임스 밀의 견해를 받아들이는 동시에 그 반대자들의 의견 또한 받아들이고 있다. 그가 집필한 개설서 『경제학 원리』의 본문과 그가 자신을 당대의 애덤 스미스라고 자화자찬하고 있는 그 책의 서문을 비교해보면, 이 사나이의 소박함과 그의 말을 그대로 믿고 그를 애덤 스미스라고 과대평가하는 독자들의 소박함 중 어느 쪽에 더 큰 경탄을 보내야 할지 모르겠다. 애덤 스미스에 대한 그의 관계는 마치 웰링턴 공에 대한 윌리엄스 카르스 폰 카르스 장군의 관계와 같다. 경제학 영역에서 이루어진 존 스튜어트 밀의 〔별로 광범위하지도 내용이 풍부하지도 않은〕 독창적인 연구는 1844년에 출간된 그의 소책자 『경제학의 몇 가지 미해결 문제』 안에 모두 도열해 있다. 로크는 금·은이 아무 가치가 없다는 점과 금·은의 가치가 양에 따라 결정된다는 점 사이의 관련을 다음과 같이 단적으로 말하고 있다. "인류는 금·은에 대해 가상적인 가치를 부여하는 데 동의하고 있으므로 …… 이들 금속에서 발견되는 내재적 가치는 그 양 이외의 아무것도 아니다"(로크, 앞의 글, 15쪽).

할 때는 입고 있다가 세계시장에서는 다시 이를 벗어버리는 금·은의 갖가지 국가별 제복을 통해서 상품유통의 국가 단위 영역과 세계시장 단위의 일반적인 영역이 서로 분리된다.

이리하여 금화와 지금(地金, Barrengold)은 애초 그 형상만 달리한 것일 뿐, 금은 언제든지 두 형태 가운데 하나에서 다른 형태로 전화할 수 있다.[81] 그러나 주조소에서 나오는 길이 곧바로 용해로로 향하는 길이다. 즉 금화는 유통되면서 정도의 차이는 있을지언정 어느 것이나 마모된다. 그리하여 금화의 명칭과 금의 실체, 즉 명목적 내용과 실질적 내용이 분리되기 시작한다. 같은 명칭으로 된 금화들이 서로 다른 가치를 갖게 되는데, 이는 벌써 중량이 서로 달라졌기 때문이다. 유통수단으로서의 금은 가격의 도량기준으로서의 금으로부터 괴리되고, 따라서 그것은 더 이상 가격을 실현하는 상품의 실질적인 등가물도 아니게 된다. 이러한 혼란의 역사가 중세와 18세기에 이르기까지의 근세 화폐주조의 역사를 이루고 있다. 주화 속에 들어 있는 실제의 금을 가상의 금으로 전화시키려는 경향, 다시 말해서 주화를 상징적인 공식적 금속중량으로 전화시키려는 유통과정의 이러한 자연스러운 경향은, 어느 정도 마멸되어야 주화로서 더 이상 통용되기 어려운지를 규정한 최근의 법률을 통해서도 인정받고 있다.

---

81) 조폐비용 등과 같이 세밀한 부분까지 다루는 것은 내 의도와 거리가 멀다. 그러나 "영국 정부가 화폐를 무료로 주조해"주는 "그 너그러움" [44에 찬사를 퍼붓는 낭만적인 아첨꾼 아담 뮐러와 같은 이에 대해서는 더들리 노스 경의 다음과 같은 비판이 있다. "금·은에도 다른 상품과 마찬가지로 밀물과 썰물이 있다. 금·은이 화물형태로 스페인에서 도착하면 …… 그것들은 런던 탑(조폐소)으로 운반되어 주조된다. 그런 다음 얼마 지나지 않아 금·은을 수출하기 위한 지금(地金)의 수요가 발생한다. 그런데 우연하게도 지금이 모두 주화로 주조되어버려서 하나도 남아 있지 않다면 어떻게 될까? 주화는 다시 용해될 것이다. 그렇게 해도 손실은 전혀 발생하지 않는다. 왜냐하면 화폐소유자는 주화를 용해하는 데 아무런 비용을 지불하지 않기 때문이다. 그러나 그 덕택에 일반 국민은 피해를 입게 되는데, 왜냐하면 (금·은을 운반하는 데 이용될—옮긴이) 말에게 먹일 사료값을 그들이 지불해야 할 것이기 때문이다. 만약 상인(노스 자신도 찰스 2세 시대에 대상인이었다)이 주화를 용해하는 비용을 지불해야 한다면, 그는 깊이 생각할 필요도 없이 자신의 은을 결코 런던 탑에 보내지 않을 것이다. 주조된 화폐는 항상 주조되지 않은 은보다도 높은 가치를 보유할 것이다"(노스, 앞의 책, 18쪽).

  주화의 실질적 내용을 명목적 내용에서〔즉 금속으로서의 현존재 (Dasein)를 기능상의 현존재에서〕분리시키는 것이 바로 화폐유통이라면, 화폐유통은 또한 금속화폐의 주화기능을 다른 재료로 만들어진 표지나 상징으로 대체할 수 있는 가능성도 잠재적으로 내포하고 있다. 금 또는 은의 극히 작은 중량 부분을 주조하기에는 기술적으로 곤란한 문제가 있다는 점, 그리고 본래는 비교적 저급한 금속이 고급스러운 금속 대신에〔즉 은이 금 대신에, 구리가 은 대신에〕가치척도로 사용되었고, 따라서 이들이 더 고급스러운 금속에 의해 폐위되는 순간까지는 화폐로서 유통되었다는 사실을 통해 금화의 대용물로 은화나 동화가 어떤 역할을 수행하였는지가 역사적으로 설명된다. 그것들이 금을 대신하는 것은 주화가 신속하게 유통되고 따라서 주화가 급속히 마모되는 영역, 다시 말해 판매와 구매가 쉴새없이 극히 소량의 단위로 번갈아가며 이루어지는 그러한 상품유통의 영역에서이다. 이들 보조화폐가 자칫 금 자신의 자리까지 빼앗아버리는 것을 방지하기 위하여, 이것들이 금을 대신하여 지불될 수 있는 비율은 매우 낮은 수준으로 법률을 통해서 정해두고 있다. 여러 주화가 유통되는 각각의 특수한 영역들은 물론 서로 교차하기도 한다. 보조주화는 최소 단위 금화의 몇 분의 1을 지불하기 위하여 금과 나란히 나타난다. 금은 계속해서 소액유통에 들어가기는 하지만 보조주화와 교체되어 끊임없이 그곳으로부터 다시 배출된다.[82]

  은화나 동화의 금속중량은 법률에 따라 자의적으로 규정되어 있다. 그

---

82) "만약 은화가 소액 지불에 필요한 수량을 결코 초과하지 않는다면, 그것을 아무리 많이 모아도 큰 액수의 지불에 충분한 양을 모을 수는 없을 것이다. …… 거액의 지불에 금을 사용하면 소액 거래에서도 당연히 금화를 사용하게 된다. 그래서 금화를 갖고 있는 사람들은 소액을 구매할 때도 금화로 지불하며 구매한 상품과 함께 잔돈을 은화로 받는다. 이런 방식으로, 소매상인들의 골칫거리가 될 수도 있는 여분의 은화는 그들 손을 떠나 전체 유통영역에 살포된다. 그러나 만약 금화에 의지하지 않고도 소액의 지불을 충분히 처리할 수 있을 만큼의 은화가 있다면, 소매상인들은 소액 구매에서 은화를 받게 될 것이고, 그 결과 은화는 그들 손에 계속 쌓일 수밖에 없을 것이다(데이비드 뷰캐넌〔David Buchanan〕, 『영국의 조세와 상업정책 연구』, 에든버러, 1844, 248~249쪽).

것들은 유통과정에서 금화보다 훨씬 빨리 마모된다. 따라서 그것들의 주화기능은 사실상 그것들의 중량이나 가치와는 전혀 무관하게 이루어진다. 그리하여 주화로서의 금의 기능은 그 가치 실체에서 완전히 분리된다. 따라서 상대적으로 아무런 가치도 갖지 않은 물건인 지폐도 금 대신 주화로서의 기능을 수행할 수 있다. 금속으로 된 주화의 표지에서는 순수하게 상징적인 성격이 아직도 약간은 은폐된 모습을 띠고 있다. 그러나 이제 지폐에서는 이것이 선명하게 드러난다. 사실, 첫발을 내딛기가 어려울 뿐이다(Ce n'est que le premier pas qui coûte). M141

여기에서 우리가 얘기하는 지폐란 강제통용권을 지닌 정부지폐만을 뜻한다. 정부지폐는 주화에서 직접 발생한다. 그러나 신용화폐는 단순한 상품유통의 견지에서는 전혀 알 수 없는 관계들을 전제로 한다. 그리고 이왕 한 가지 더 말해두자면, 본래의 지폐가 유통수단으로서의 화폐의 기능에서 발생하는 것이라면 신용화폐는 지불수단으로서의 화폐의 기능에 그 근원을 두고 있다.[83]

1파운드스털링·5파운드스털링 등의 화폐명칭이 인쇄되어 있는 지폐는 국가에 의해서 외부로부터 유통과정에 투입된다. 그것들이 현실적으로 같은 금액의 금을 대신하여 유통되는 한, 이들 지폐의 운동은 화폐유통의 법칙 그 자체만을 반영한다. 지폐유통의 특수한 법칙은 지폐가 금을 대

---

[83] 재정관 왕무음(王茂陰: 19세기 중엽 중국의 호부시랑―옮긴이)은 어느 날 문득 중국의 정부지폐를 은밀하게 태환은행권으로 전환하려는 계획안을 천자에게 올리려고 생각했다. 그러나 1854년 4월 통화위원회의 보고서에 따르면 그는 위원회에서 혹독한 비난을 받았다. 그가 전통적인 형벌인 대나무 회초리형을 받았는지 여부는 알 수 없지만, 보고서 말미에는 다음과 같이 씌어 있다. "위원회는 그의 계획안을 면밀히 검토한 결과, 그의 계획안이 상인들에게는 이익이 되지만 황제 폐하께는 아무런 이익이 없다는 것으로 판단하였다"(『베이징 주재 러시아 제국 공사관의 중국 보고서』, 아벨 박사와 메클렌부르크 옮김, 제1권, 베를린, 1858, 54쪽). 유통에 따른 금화의 끊임없는 마모와 관련하여 한 잉글랜드 은행 '총재'는 '상원위원회'(『은행법』에 관한)에서 다음과 같이 증언하고 있다. "해마다 새로 발행되는 소버린(Sovereign: 정치적인 명칭(즉 군주)이 아니라, 파운드스털링화의 명칭이다)[†45]이 갈수록 가벼워지고 있다. 완전한 중량을 갖추었던 것이 한 해만 유통되고 나면 그 이듬해에는 새 주화에 비해 저울대가 기울어 버릴 정도로 마모되어 버리기 때문이다"(상원위원회, 1848, 제429호).

신하는 그 관계에서만 발생할 수 있다. 그리고 이 법칙이란 단지 지폐의 발행이, 지폐가 상징적으로 표시하는 금〔또는 은〕의 현실적으로 필요한 유통량을 초과해서는 안 된다는 것이다. 그런데 유통영역이 흡수할 수 있는 금의 양은 사실 어느 일정한 평균수준을 기준으로 끊임없이 오르락내리락 변동한다. 그러나 한 나라에서 유통수단의 양은 경험적으로 확인된 일정한 최소수준 이하로는 결코 떨어지지 않는다. 이 최소량의 구성내용이 끊임없이 바뀐다고 해서, 즉 유통되는 주화 가운데 일부가 끊임없이 새로운 주화로 대체된다고 해서 이 최소수준의 양이 변하거나 유통의 흐름에 변화가 발생하지는 않는다. 따라서 이 최소량은 종이로 된 상징물에 의해 대체될 수 있다. 반면에 만약 오늘 모든 유통의 수로가 화폐를 흡수할 수 있는 자신의 한도까지 지폐로 가득 채워져 있다면 이들 수로는 상품유통의 변동에 따라 내일 범람할지도 모른다. 그러면 모든 가치척도가 사라져버릴 것이다. 그러나 지폐가 아무리 그 한도를〔다시 말하면 유통 가능한 같은 액수의 금화의 양을〕 넘어서더라도 지폐는—전반적으로 신용이 하락하는 위험을 제외한다면—상품세계 내부에서 그 내재적인 법칙들에 따라 정해진 금의 양, 즉 자신이 대신할 수 있는 금의 양만을 나타낼 것이다. 만일 지폐의 양이 두 배로 늘어난다면 1파운드스털링의 화폐명칭은 사실상 $\frac{1}{4}$ 온스의 금이 아니라 $\frac{1}{8}$ 온스의 금을 표시하게 된다. 그 결과는 가격의 척도로서의 금의 기능에 변동이 발생한 경우와 같다. 이리하여 이전에는 1파운드스털링의 가격으로 표현되던 가치가 이제는 2파운드스털링의 가격으로 표현된다.

지폐는 금〔또는 화폐〕을 대신 나타내주는 표지(標識, Zeichen)이다. 상품가치와 지폐의 관계는 단지 지폐가 상징적으로 표시하는 금의 양을 통해서 상품가치가 관념적으로 표시되고 있다는 것뿐이다. 지폐는 자신이 표시하는 금이 다른 모든 상품과 마찬가지로 가치도 갖는다는 점에서, 바로 그런 한에서만 가치표지(Wertzeichen)이다.[84]

마지막으로 문제가 되는 것은 왜 금이 가치도 없는 자신의 단순한 표지에 의해서 대체될 수 있는가이다. 그러나 이미 보았듯이 금이 그처럼 대체될 수 있는 것은 그것이 오로지 주화나 유통수단으로서의 기능만 담당하면서 분리되거나 독립하는 경우뿐이다. 그런데 이처럼 유통수단으로서의 기능이 독립하는 것은 계속되는 유통을 거쳐 마모가 이루어지는 금을 통해서 나타나는 것이지 개개의 금화 모두에서 나타나는 것은 결코 아니다. 금화가 단지 주화나 유통수단이 되는 것은 오직 그것이 실제로 유통되고 ^{M143} 있을 때뿐이다.

그러나 개개의 모든 금화에서는 나타나지 않는 이것이 지폐로 대체될 수 있는 최소량의 금에서는 나타난다. 이 최소량의 금은 항상 유통영역에 머물면서 계속해서 유통수단으로 기능하며, 오로지 이 기능의 담당자로만 존재한다. 따라서 이 운동은 다만 상품의 형태변화 W—G—W에서 서로 대립하는 두 과정이 끊임없이 서로 반대방향으로 진행되는 과정을 나타낼 뿐이며, 이 과정에서는 상품의 가치형태가 상품과 대립하는가 싶으면 금방 그 대립이 소멸해버리곤 한다. 상품의 교환가치가 자립적으로 나타나는 것이 여기에서는 단지 순간적인 것에 지나지 않는다. 그것은 금방 다시 다른 상품으로 대체된다. 그러므로 화폐를 끊임없이 한 사람의 손에서 다른 사람의 손으로 옮기는 과정에서는 화폐가 단순히 상징적인 존재로만 있어도 충분하다. 말하자면 화폐의 기능적인 현존재가 화폐의 물질적인 현존재를 흡수하는 것이다. 상품가격을 순간적이고 객관적으로 반영함으로써 화폐는 오직 자신의 표지로서만 기능하고, 따라서 표지를

---

84) 제2판의 주: 화폐에 대한 뛰어난 저술가들도 화폐의 다양한 기능에 대해서는 명료하게 이해하지 못하고 있었다는 것을 풀라턴(Fullarton)의 다음 글귀가 잘 보여준다. "우리나라의 국내거래에 관한 한, 통상 금화와 은화가 수행하는 모든 화폐기능이, 법률에 의해 주어진 인위적·관습적 가치 외에는 아무런 가치도 없는 불환지폐의 유통을 통해서도 똑같이 유효하게 수행될 수 있다는 것은 아무리 생각해도 부정할 수 없는 사실이다. 이런 종류의 가치는 그 발행고가 적당한 한도 내에서 유지되기만 한다면 내재적인 가치의 모든 용도에 사용될 수 있고 또 도량기준의 필요성마저도 없앨 수 있다"(풀라턴, 『통화 조절론』, 제2판, 런던, 1845, 21쪽). 화폐상품은 유통과정에서 단순한 가치표지에 따라 대체될 수 있기 때문에 가치척도로서나 가격의 도량기준으로서도 불필요하다는 것이다!

통해 대체될 수도 있다.[85] 화폐의 표지에 필요한 것은 단지 자신의 객관적이고도 사회적인 유효성뿐이며 종이로 된 상징은 이것을 강제통용권에 따라 부여받는다. 이러한 국가의 강제권은 공동체의 경계선 내부 또는 국내의 유통영역 내에서만 유효한 것으로, 화폐는 단지 이 영역 내에서만 유통수단이나 주화로서의 자신의 기능에 전념하고 그 결과 지폐를 통해 금속으로서의 실체에서 분리되어 단순한 기능적 존재만으로 모습을 취할 수 있게 된다.

제3절 화폐

가치척도로 기능하고, 따라서 스스로 또는 대리인을 통해 유통수단으로도 기능하는 상품이 화폐이다. 따라서 금〔또는 은〕은 화폐이다. 금이 화폐로 기능하는 것은 한편으로는 그것이 금〔또는 은〕의 육신의 형태 그대로 나타남으로써 화폐상품으로 기능하는 경우인데, 이때 금은 가치척도의 경우처럼 단순히 관념적이지도 않고 또 유통수단의 경우처럼 다른 상징을 통해 대체될 수도 없다. 그리고 다른 한편으로는 그 기능을 금이 직접 수행하든 다른 대리인이 수행하든 상관 없이 단순한 사용가치로서의 다른 모든 상품에 대해 금을 유일한 가치형태로서〔즉 유일한 교환가치의 현존재로서〕 고정시키는 경우이다.

---

85)　금·은이 주화나 유통수단으로서만 기능할 때는 자신의 표지가 된다는 사실에 근거하여, 니콜라스 바번은 '화폐의 가치를 올리는' 정부의 권리를 고안해냈는데, 그것은 예를 들어 그로셴(Groschen)이라고 불리는 은의 분량에 탈러라는 더 큰 분량의 은 명칭을 붙여줌으로써 정부가 채권자들에게 탈러 대신 그로셴을 갚게 하는 것이었다. "화폐는 많은 사람들의 손을 거치게 되면 마모되면서 점점 가벼워진다. …… 사람들이 거래를 하면서 마음을 쓰는 것은 화폐의 명칭과 유통능력이지 은의 분량이 아니다. …… 금속이 화폐이게끔 하는 것은 그 금속에 부여된 공적인 권위이다"(바번, 앞의 책, 29~30쪽, 25쪽).

가. 화폐축장

상품의 두 대립적인 형태변화가 계속적으로 순환하는 것〔다시 말하면 판매와 구매가 끊임없이 번갈아 이루어지는 것〕은 화폐가 쉬지 않고 순환하기〔또는 유통의 항구적인 자동기관(perpetuum mobile)으로 기능하기〕 때문이다. 형태변화 과정이 중단되어 판매가 뒤이은 구매에 의해 보충되지 않으면 화폐는 움직이지 않게 된다. 즉 부아기유베르(Boisguillebert)의 말처럼 움직일 수 있는 동물에서 움직일 수 없는 동물로,[+46] 다시 말해 주화에서 화폐로 전화한다.

상품유통이 처음 시작되면 상품의 전화된 모습, 즉 상품의 황금외피를 확보해야 할 필요성과 그것을 확보하고자 하는 열정〔이것은 제1형태변화의 산물이다〕도 함께 발전해나간다.[86] 상품을 사기 위해서가 아니라 상품형태를 화폐형태로 바꾸기 위해서 상품은 판매된다. 이 형태변화는 물질대사를 단순히 매개해주는 것을 넘어 그 자체가 목적이 된다. 일단 형태변화가 이루어진 상품의 모습은 이미 언제든지 양도 가능한 상품의 모습도 아니고 유통과정에서 일시적으로만 존재하는 화폐형태도 아니다. 이리하여 화폐는 축장화폐(Schatz)로 화석화하고 상품판매자는 화폐축장자가 된다.

상품유통이 처음 시작될 때는 사용가치 가운데 잉여분만이 화폐로 전화한다. 그래서 금과 은은 곧바로 잉여〔즉 부〕의 사회적 표현이 된다. 극히 제한된 욕망을 충족시키기 위해 전통적이고 자급자족적인 방식의 생산체제를 유지하는 사회에서는 이런 형태의 소박한 화폐축장이 영구화해버린다. 아시아, 특히 인도가 바로 그런 경우이다. 상품가격이 그 나라 안에 존재하는 금과 은의 양에 따라 정해진다는 망상에 사로잡혀 있는 밴더린트(Vanderlint)는 인도의 상품이 왜 그렇게 값싼지에 대한 물음을 제기

---

86) "화폐로서의 부는 …… 화폐로 전화된 생산물로서의 부에 불과하다"(리비에르, 앞의 글, 573쪽). "생산물로 표현되는 가치는 단지 그 형태를 변화시킨 것일 뿐이다"(같은 글, 486쪽).

 하고 그 답으로 이렇게 주장한다. 즉 1602년부터 1734년에 이를 때까지 인도인은 1억 5,000만 파운드스털링의 은을 매장했는데, 그 은은 원래 아메리카에서 유럽으로 건너온 것이라는 것이다.[87] 1856년부터 1866년에 이르는 10년 동안 영국은 인도와 중국에(중국에 수출된 금속은 대부분 다시 인도를 향해 흘러갔다) 1억 2,000만 파운드스털링의 은을 수출했는데, 이 은은 이전에 오스트레일리아의 금과 교환하여 얻은 것이었다.

상품생산이 점차 발전하면 모든 상품생산자는 만물의 근원(즉 '사회적 담보물')인 화폐를 확보하지 않으면 안 된다.[88] 그의 욕망은 끊임없이 바뀌고 계속 타인의 상품을 사도록 명령하는 반면, 그 자신의 상품에 대한 생산과 판매는 시간이 걸릴 뿐만 아니라 또 우연에 따라 좌우된다. 판매하지 않고도 구매할 수 있으려면 그는 그보다 앞서 판매만 하고 구매를 하지 않아야만 한다. 이러한 행태가 만약 사회 전반에 걸쳐 이루어진다면, 그것은 모순적인 것처럼 보일 것이다. 그런데 귀금속은 그 원산지에서 다른 상품과 직접 교환된다. 여기에서는 판매(상품소유자 쪽에서의)가 구매(금·은의 소유자 쪽에서의) 없이 행해진다.[89] 그리고 그 다음에 이루어지는 구매 없는 판매는 단지 귀금속이 모든 상품소유자들 사이에 분배되는 과정일 뿐이다. 이리하여 교환의 모든 지점에서 다양한 규모로 금·은의 축장이 발생한다. 상품을 교환가치로 확보하거나 교환가치를 상품으로 확보할 수 있는 가능성이 주어짐으로써 황금을 향한 열망이 싹튼다. 상품유통이 확대됨에 따라 화폐의 힘, 즉 언제든지 사용 가능한(절대적으로 사회적인 형태의) 부의 힘이 증대한다.

---

87) "이렇게 함으로써 그들은 모든 물건의 가격을 값싸게 유지하고 있다"(밴더린트, 앞의 책, 95~96쪽).

88) "화폐는 하나의 담보물이다"(벨러스[John Bellers], 『빈민·제조업·상업·식민과 비행에 관한 논고』, 런던, 1699, 13쪽).

89) 범주적인 의미의 구매는 이미 금·은을 상품의 전화한 모습으로, 또는 판매의 산물로 가정하고 있다.

금은 영물이다! 금을 가진 자는 그가 바라는 모든 것의 주인이다. 금이라
면 영혼을 천국에 이르게 할 수도 있다.(콜럼버스, 『자메이카에서 보낸 편지』,
1503년)

화폐는 아무리 살펴보아도 그것이 무엇으로부터 전화되었는지 알 수
없는 물건이기 때문에 모든 것은 〔그것이 상품이든 아니든 상관 없이〕 화
폐로 전화할 수 있다. 화폐 덕분에 모든 물건은 매매가 가능해진다. 유통
은 모든 물건이 이곳에 던져졌다가 화폐로 응결되어 나오는 거대한 사회
적 증류기가 된다. 이 연금술에는 성골(聖骨, Heiligenknochen: 성자의 유
골—옮긴이)조차 저항할 수 없거늘 하물며 인간의 교환영역 외부에 있는
성유물(聖遺物)에서야 오죽하겠는가?[90]

상품의 모든 질적 차이가 화폐를 통해서 소멸해버리듯이 화폐 쪽에서 M146
도 역시 철저한 평등주의자의 입장을 취하고 모든 차이를 적극적으로 제
거해나간다.[91] 그러나 화폐는 본래 상품〔즉 외형적인 물체〕으로서 누군

---

90) 기독교 신앙이 독실했던 프랑스 왕 앙리 3세는 수도원 등에서 성유물을 약탈하여 돈으로
만들었다. 델포이 신전의 보물에 대한 포키아인(Phoker: 그리스 중부의 주민—옮긴이)의 약탈
이 그리스 역사에서 어떤 역할을 했는지는 널리 알려진 바이다. 주지하는 바와 같이 고대인들
사이에서 이 신전은 상품의 신을 위한 거소였다. 신전은 '신성한 은행'이었다. 특히 상업민족이
었던 페니키아인에게 화폐는 모든 물건의 전화한 모습으로 간주되었다. 따라서 사랑의 여신
축제일에 이방인에게 몸을 판 젊은 여자들이 그 대가로 받은 화폐를 여신에게 바친 것은 당연
한 일이었다.
91) "금! 값비싸고 반짝이고 노란 금!
…… 요만큼만 있으면 검은 것도 희게, 추한 것도 아름답게;
그른 것도 옳게, 늙은 것도 젊게, 비겁한 것도 용감하게, 천한 것도 귀하게 만든다.
…… 젠장, 그래 이것이 뭐란 말이냐? 도대체 뭐란 말이냐;
그렇다! 이것이 너를 섬기던 승려와 종으로 하여금 너를 배반하게 하며;
환자가 베고 있던 베개도 빼앗는다;
이 노란 노예가 교회도
만들었다 부수었다 하며; 저주받은 자를 축복하며;
문둥병자도 부러워하게 하며 도둑놈에게,
권세와 지위를 부여하여 위세 있는 자들과 함께 존경과 복종을 받게 만든다
이것이 그렇게 만든다

가의 사유재산이 될 수 있다. 그리하여 이제 사회적인 힘이 개인의 사적인 힘이 된다. 그렇기 때문에 고대사회는 화폐를 그 사회의 경제적·도덕적 질서의 파괴자(Scheidemünze: 원뜻은 보조화폐이지만, 여기서는 분해자·파괴자라는 뜻을 풍자하고 있다—옮긴이)라고 비난했던 것이다.[92] 그러나 이미 그 유년기에 플루토스(Plutus: 그리스 신화에 나오는 재물과 부의 신. 때때로 저승의 신 플루톤〔하데스〕과 혼동되기도 한다—옮긴이)의 머리털을 붙잡고 대지의 뱃속으로부터 끌어낸[93] 근대사회는 황금이야말로 자신의 고유한 생활원리를 눈부시게 비쳐주는 화신으로, 즉 자신의 성배(聖杯)로서 쌍수를 들고 반긴다.

M147

　상품은 자신의 사용가치를 통하여 어떤 특수한 욕망을 충족시키며 물질적인 부의 한 특수한 요소를 이룬다. 그런데 상품의 가치는 물질적인 부의 모든 요소에 대하여 그 상품이 어느 정도의 흡인력이 있는지를 나타내며, 그런 점에서 해당 상품의 소유자가 지닌 사회적 부의 크기를 보여준다. 미개하고 단순한 상품소유자에게는 물론 서유럽의 농민들에게도 가치는 가치형태에서 분리될 수 없는 것이며, 따라서 금·은의 축장이 증가하는 것은 곧 가치의 증가를 의미한다.

　물론 화폐가치는 화폐 자체의 가치가 변동하든가 또는 상품가치가 변

시들어버린 과부를 새댁으로 만드는 것이 말이다;
…… 그래, 인류 공동의 창녀인
이 망할 놈의 금속아."
(셰익스피어〔Shakespeare〕, 『아테네의 타이몬』)

92) "세상에서 행세하는 것 중에 황금처럼 고약한 것도 없다.
　폭리로 돈을 벌게 해주고 국가를 뒤집어 폐허로 만들며
　사람들을 파산하게 하며;
　나쁜 물로 교화시켜 도덕을 등지게 만들고
　올바른 사람을 유혹하여 죄의 수렁에 빠지게 하며……
　죽을 운명의 그 육체에게 사악에 이르는 길을 가르쳐주며
　저주받을 일을 하도록 만든다."
　(소포클레스〔Sophokles〕, 『안티고네』)

93) "탐욕은 플루토스 자신을 땅 속에서 끌어내려고 한다"(아테나이오스, 앞의 책).

동하면 그로 인해 변동한다. 그러나 그렇다고 해서 이 때문에 200온스의 금이 100온스의 금보다, 300온스의 금이 200온스의 금보다 여전히 더 큰 가치가 있다는 사실이 변하는 것은 아니며, 또한 이 물건이 지닌 금속으로 서의 자연적 형태가 여전히 모든 상품의 일반적 등가형태이며 모든 인간 노동의 직접적인 사회적 화신이라는 사실도 변하지 않는다. 화폐축장의 충동은 본래 무제한적이다. 화폐는 모든 상품과 직접 교환될 수 있으므로 질적으로나 형태적으로나 제한을 받지 않는다. 즉 화폐는 물질적 부의 일 반적인 대표자이다. 그러나 동시에, 현실의 화폐액은 모두 양적으로 제한 되어 있고 따라서 효력이 제한되어 있는 구매수단일 뿐이다. 화폐의 양적 인 제한과 질적인 무제한 사이의 이런 모순은 화폐축장자를 끊임없는 축 적이라는 시시포스의 노동으로 몰아넣는다. 그는 아무리 새로운 국가를 정복하여 국토를 넓혀도 여전히 새로운 국경에 맞닥뜨리게 되는 세계 정 복자와 마찬가지의 운명이 된다.

금을 화폐로서〔따라서 화폐축장의 요소로서〕확보하려면 금이 유통되 거나 또는 구매수단으로 향락에 사용되어버리는 것을 막아야만 한다. 그 러므로 화폐축장자는 금이라는 물신을 위해 자신의 육체적 쾌락을 희생 하게 된다. 그는 금욕의 복음을 성실하게 준수한다. 한편 그가 유통에서 끌어낼 수 있는 화폐의 양은 오로지 그가 상품을 통해 유통에 집어넣은 것 만큼의 분량뿐이다. 더 많이 생산하면 할수록 그는 더 많이 판매할 수 있 다. 그러므로 근면과 절약 그리고 탐욕이 그의 주요한 덕목이 되었고, 많 이 판매하고 적게 구매하는 것이 그의 경제학의 전부가 되었던 것이다.[94]

화폐축장의 직접적인 형태와 함께 그 미학적인 형태〔즉 금·은으로 만 든 상품의 소유〕도 진행된다. 그것은 부르주아 사회의 부와 함께 증대한 다. "부자가 되자. 아니면 부자처럼 보이도록 하자"(디드로). 이리하여 한 M148

---

94) "각 상품의 판매자 수를 되도록 늘리고, 구매자의 수를 될 수 있는 대로 줄이는 것, 이것이 야말로 경제학의 모든 운용원리를 이루는 핵심이다"(베리, 앞의 책, 52~53쪽).

편에서는 화폐기능으로부터 독립된 금·은의 시장이 끊임없이 확대되고, 다른 한편에서는 화폐의 잠재적인 공급원이 만들어지는데 이 공급원은 사회적인 격동기에 특히 그 기능을 크게 발휘한다.

화폐축장은 금속유통의 경제에서는 여러 가지 기능을 수행한다. 우선 첫째 기능은 금·은 주화의 유통조건으로부터 생겨난다. 이미 보았듯이 상품유통의 규모나 가격 또는 속도가 끊임없이 변동함에 따라 화폐의 유통량도 쉴새없이 변동한다. 따라서 화폐유통량은 수축될 수도 팽창될 수도 있어야 한다. 어떤 때에는 화폐가 주화로서 흡수되기도 하고 또 어떤 때에는 주화가 화폐로서 배척되기도 해야만 한다. 실제로 유통되는 화폐량이 유통영역에서 흡수될 수 있는 최고한도에 계속 맞춰지려면 한 국가 내에 있는 금·은의 양이 주화로 사용되는 금·은의 양보다 많아야 한다. 이 조건은 화폐의 축장형태를 통해서 충족된다. 축장화폐의 저수지는 동시에 유통되는 화폐가 드나드는 수로로서의 역할도 수행하며, 그로 인해 유통되는 화폐는 결코 그 유통 수로에서 넘치지 않는다.[95]

나. 지불수단

지금까지 살펴본 상품유통의 직접적인 형태에서는 동일한 가치크기가
M149 늘 이중으로 존재하고 있었다. 즉 한쪽에는 상품이, 반대쪽에는 화폐가 있

---

95) "한 나라의 상업을 영위해나가기 위해서는 일정한 액수의 금속화폐가 필요한데, 그 액수는 변동하며 필요에 따라 때로는 많아지기도 하고 때로는 적어지기도 한다. …… 이러한 화폐의 증감은 정치가의 도움 없이도 저절로 조절된다. …… 2개의 물통이 번갈아 작동한다. 통화가 부족하면 지금(地金)이 통화로 주조되고 지금이 부족하면 통화가 용해된다"(노스, 앞의 책, 3쪽). 오랫동안 동인도회사[†47] 직원으로 일했던 존 스튜어트 밀은 인도에서는 여전히 은제 장식품이 직접 축장화폐로서의 기능을 수행하고 있음을 증언한다. "은제 장식품은 이자율이 상승하면 실려나가 화폐로 주조되고 이자율이 하락하면 다시 은제 장식품으로 돌아간다"(존 스튜어트 밀, 『은행법 특별위원회 보고서』, 1857, 제2084호와 제2101호). 인도에서의 금·은의 수출입에 관한 1864년 영국 의회의 문서[†48]에 따르면, 1863년에는 금·은의 수입이 수출을 1,936만 7,764파운드스털링 초과하였다. 1864년 직전의 8년 동안에는 귀금속의 수출에 대한 수입초과가 1억 965만 2,917파운드스털링에 달하였다. 금세기 중에 2억 파운드스털링을 훨씬 넘는 은이 인도에서 화폐로 주조되었다.

었다. 따라서 상품소유자들은 단지 벌써 등가를 이루는 것들을 대표하여 서로 접촉하고 있을 뿐이었다. 그러나 상품의 유통이 발전함에 따라 상품의 양도를 상품가격의 실현에서 시간적으로 분리시키는 조건들이 발전한다. 여기에서는 이러한 조건들 가운데 가장 단순한 것을 하나 예시해보도록 하겠다. 상품 중에는 생산기간이 비교적 길게 소요되는 것도 있고 짧게 소요되는 것도 있다. 또 어떤 상품은 생산되는 계절이 각기 다른 것도 있다. 시장과 가까운 곳에서 곧바로 생산되는 상품도 있고 생산된 다음 멀리 떨어진 시장으로 긴 여행을 해야 하는 상품도 있다. 그래서 어떤 상품소유자는 다른 상품소유자가 구매자로서 아직 나타나기도 전에 판매자로서 먼저 등장할 수도 있다. 동일한 교환이 동일한 사람들 사이에서 끊임없이 되풀이되는 경우 상품의 판매조건은 상품의 생산조건에 따라 조정된다. 다른 한편 상품〔예를 들면 가옥〕의 이용권을 일정한 기간 동안 판매하는 경우도 있다. 이 경우 구매자는 그 기간이 도래하고 나서야 비로소 사용가치를 실질적으로 손에 넣게 된다. 그렇기 때문에 그는 대가를 지불하기 전에 그 상품을 구매하게 된다. 한쪽의 상품소유자는 현존하는 상품을 판매하고 다른 쪽의 상품소유자는 화폐〔또는 미래의 화폐〕의 단순한 대표자로서 그것을 구매한다. 그리하여 판매자는 채권자가 되고 구매자는 채무자가 된다. 여기에서는 상품의 형태변화 또는 상품의 가치형태의 전개가 달라지기 때문에 화폐 또한 다른 기능을 갖게 된다. 즉 화폐는 지불수단이 된다.[96]

채권자 또는 채무자라는 역할이 여기서는 단순 상품유통으로부터 발생한다. 이 상품유통의 형태변화가 판매자와 구매자에게 그런 새로운 역할을 부여해준다. 따라서 그것은 우선 판매자와 구매자라는 역할과 마찬가

---

[96] 루터는 구매수단으로서의 화폐와 지불수단으로서의 화폐를 구별한다. "너 고리대금업은, 나로 하여금 여기에서는 지불을 할 수 없고 저기에서는 구매를 할 수 없는 이중의 곤경에 빠뜨리는구나"[†49](마르틴 루터〔Martin Luther〕, 『고리대에 반대하는 설교를 할 목사들에게』, 비텐베르크, 1540).

지로 일시적인 역할이며, 또한 동일한 유통 당사자들에 의해 교대로 수행되는 역할이다. 그러나 이제 이 대립은 근본적으로 그다지 즐겁지도 않고 그대로 고착화할 가능성도 훨씬 크다.[97]

그런데 이 역할들은 상품유통과 독립하여 나타날 수도 있다. 가령 고대세계의 계급투쟁은 주로 채권자와 채무자 사이의 투쟁이라는 형태로 이루어지고, 그 결과 로마에서는 평민채무자의 몰락으로 끝을 맺어 이 채무자가 노예로 되었다. 중세에 이 투쟁은 봉건적 채무자의 몰락으로 끝나고, 이 채무자는 그 경제적 기반과 함께 정치적 권력을 상실하였다. 그렇지만 이들 두 시기의 화폐형태 — 채권자와 채무자의 관계는 하나의 화폐관계의 형태를 취하고 있다 — 도 결국은 뿌리깊은 경제적 생활조건의 적대관계를 반영하는 데 지나지 않는다.

다시 상품유통 영역으로 되돌아가자. 이제는 상품과 화폐라는 두 개의 등가물이 판매과정의 양쪽에 동시에 나타나는 일이 없어졌다. 이제 화폐는 일차적으로 판매되는 상품의 가격 결정에서 가치척도로서의 기능을 한다. 계약에 따라 확정된 상품의 가격은 구매자의 채무, 다시 말해서 정해진 기한에 그가 지불해야 할 화폐액을 표시한다. 화폐는 둘째로 관념적인 구매수단으로서의 기능을 한다. 화폐는 단지 구매자의 지불 약속을 통해서 존재할 뿐이지만, 그럼에도 그것은 상품의 소유자를 바꾸는 작용을 한다. 지불기한이 도래하고 나서야 비로소 지불수단은 실제로 유통에 들어가 구매자의 손에서 판매자의 손으로 건네진다. 유통수단은 축장화폐로 전화하는데, 이는 유통과정이 제1단계에서 중단되고 따라서 상품의 전화된 모습이 유통으로부터 인출되어버렸기 때문이다. 지불수단이 유통으로 투입되지만 그것은 상품이 이미 유통에서 벗어난 뒤에나 이루어진다. 화폐는 이미 이 과정을 매개하지 않는다. 화폐는 교환가치의 절대적 현존

97) 다음 얘기는 18세기 초 영국 상인들 사이의 채권·채무 관계를 잘 보여준다. "이곳 영국의 상인들 사이에는, 다른 어떤 인간사회나 국가에서도 찾아볼 수 없는 잔인한 정신이 지배하고 있다"(『신용과 파산법에 관한 고찰』, 런던, 1707, 2쪽).

재로서〔또는 일반적 상품으로서〕이 과정을 별도로 종결시키는 역할만 수행한다. 판매자는 화폐로 욕망을 충족시키기 위해, 화폐축장자는 상품을 화폐형태로 보존하기 위해, 그리고 채무를 진 구매자는 지불을 위해서, 모두는 각기 상품을 화폐로 전화시킨다. 만일 구매자가 지불을 하지 못하면 그의 소유물은 강제매각된다. 따라서 이제 상품의 가치형태〔즉 화폐〕는 유통과정 그 자체에서 발생하는 사회적 필요에 따라 판매의 목표가 된다.

구매자는 상품을 화폐로 전화시키기 전에 먼저 화폐를 상품으로 재전화시킨다. 즉 상품의 제1형태변화에 앞서 제2형태변화를 수행한다. 판매자의 상품은 유통되어 자신의 가격을 실현하지만, 그러나 그것은 단지 민법상의 화폐청구권을 통해서 이루어지는 것일 뿐이다. 그 상품은 화폐로 전화하기 전에 먼저 사용가치로 전화한다. 그 상품의 제1형태변화는 그뒤에야 비로소 실행된다.[98]

유통과정의 일정기간 내에 지불기한이 도래한 채무는 언제나 그 채무 M151를 발생시킨〔판매를 통해서〕상품들의 가격 총액을 나타낸다. 이 가격 총액의 실현에 필요한 화폐량은 첫째로 지불수단의 유통속도에 따라 정해진다. 이 유통속도는 두 가지 조건으로부터 제약을 받는다. 첫째로는 A가 자신의 채무자 B에게서 화폐를 받은 다음 이 화폐를 자신의 채권자 C에게 지불하는 등의 방식으로 이루어진 채권-채무자간의 연쇄적인 관계이며, 둘째로는 지불기간 사이의 시간적 간격이다. 지불〔또는 그 다음에야 이루어지는 제1형태변화〕들의 연쇄는 앞에서 고찰한 바 있는 여러 형태변화

98) 제2판의 주: 내가 본문에서 이것과 반대되는 형태를 고려하지 않은 이유는, 1859년에 간행된 내 저서의 다음 글귀를 보면 알 것이다. "이와 반대로 G―W라는 과정에서는 화폐의 사용가치가 실현되기 전에〔즉 상품이 양도되기 전에〕화폐가 현실의 구매수단으로 양도되고, 그리하여 상품의 가격이 실현될 수 있다. 이것은 선불이라는 일상적인 형태로 행해진다. 또는 영국 정부가 인도 농민에게서 아편을 구입하는 형태로…… 그러나 이러한 경우에 화폐는 오로지 구매수단이라는 이미 알려져 있는 화폐의 형태로만 사용된다. …… 자본은 물론 화폐형태로도 선대되고 …… 그러나 이 관점은 단순유통의 시야에는 들어오지 않는다"(카를 마르크스, 앞의 책, 119~120쪽).

의 착종과는 본질적으로 다르다. 유통수단의 유통에서는 판매자와 구매자 사이의 관련이 단지 표현되기만 하는 것이 아니다. 거기에서는 이 관련 자체가 화폐유통을 통해서〔또는 화폐유통과 함께〕직접 성립한다. 이에 반해 지불수단의 운동은 벌써 그보다 앞서 완성되어 있는 사회적 관련을 그냥 나타낼 뿐이다.

많은 판매가 동시에 병행하여 수행됨에 따라 유통속도에 의한 주화량의 대체는 제한을 받는다. 그러나 다른 한편 이것은 지불수단을 절약하는 새로운 지렛대가 된다. 여러 차례의 지불이 동일한 장소에 집중됨에 따라 그 지불의 결제를 위한 별도의 기관과 방법이 자연히 발달한다. 예를 들어 중세 리옹에서의 비르망(virement: 어음교환—옮긴이)이 그것이다. B에 대한 A의 채권과 C에 대한 B의 채권 및 A에 대한 C의 채권 등등은 서로간의 대조를 통해서 일정 금액까지는 가감방식으로 상쇄된다. 그런 다음 마지막에 남는 채무차액만이 청산된다. 집중되는 지불의 수가 늘어나면 늘어날수록 상대적으로 결제차액은 줄어들고, 따라서 유통되는 지불수단의 양도 줄어든다.

지불수단으로서의 화폐의 기능은 하나의 무매개적인(unvermittelte) 모순을 포함하고 있다. 여러 지불이 서로 상쇄되는 경우 화폐는 그저 관념적인 형태로 계산상의 화폐로만 또는 가치척도로만 기능할 뿐이다. 그러나 실제로 지불이 이루어지는 경우 화폐는 이제 유통수단으로 등장한다. 즉 단지 물질대사를 일시적으로 매개하는 형태로가 아니라 사회적 노동의 개별적 화신으로〔즉 교환가치의 자립적인 현존재이자 절대적 상품으로〕등장하는 것이다. 이 모순은 대개 화폐공황이라 불리는 생산공황 또는 상업공황의 순간에 폭발한다.[99] 화폐공황은 여러 지불의 연쇄와 그것의 결

99) 이 책에서 모든 일반적 생산·상업공황의 특별한 단계로 규정하고 있는 화폐공황은, 똑같이 화폐공황이라고 부르지만 독립적으로 나타날 수 있는〔즉 산업과 상업에 대해서는 오직 간접적으로만 반향을 불러일으키는 특수한 종류의〕공황(금융공황)과는 당연히 구별되어야 한다. 화폐공황은 그 운동의 중심이 화폐자본이며, 또한 그렇기 때문에 그 직접적인 영역도 은행·증권·재정이다(엥겔스가 제3판에 실은 마르크스의 필사본 주〔註〕).

제를 위한 인위적인 체제가 충분히 발달한 경우에만 일어난다. 이 메커니즘에 전반적인 교란이 발생하면 그 교란의 원인과는 상관 없이 화폐는 계산상의 화폐라는 단지 관념적인 모습으로부터 갑자기 그리고 아무런 매개도 없이 경화(硬貨)로 돌변한다. 이제 세속적인 상품들로는 더 이상 그것을 대체할 수 없게 된다. 상품의 사용가치는 아무런 가치를 갖지 못하고 상품의 가치는 자신의 가치형태 앞에서 그 빛을 상실하고 만다. 호경기에 도취되어 딴에는 개화한 듯한 자부심을 품게 되었던 부르주아들은 바로 조금 전까지도 화폐란 공허한 그림자에 불과하다고 단언하며 상품이야말로 화폐라고 설명하였다. 그런데 이제는 "화폐만이 상품이다!"라고 외치는 소리가 세계시장을 뒤덮는다. 사슴이 신선한 물을 찾아서 울듯이 세계시장의 영혼은 유일한 부(富)인 화폐를 찾아서 울부짖는다.[100] 공황기에는 상품과 그 가치형태[즉 화폐]의 대립이 절대적인 모순으로까지 고양된다. 따라서 여기에서 화폐의 현상형태는 아무래도 상관 없다. 지불에 사용되는 것이 금이든 은행권 같은 신용화폐이든 화폐의 기근에는 변함이 없기 때문이다.[101]

이제 유통수단과 지불수단의 유통속도가 주어져 있을 경우 주어진 기

---

100) "신용체제에서 현금체제로의 이와 같은 돌연한 변화는 실제의 공황에 이론적인 공포를 덧붙인다. 그리하여 유통 당사자들은 그들 자신이 처해 있는 갖가지 경제관계의 헤아릴 수 없는 비밀 앞에서 전율한다"(같은 글, 126쪽). "빈곤한 사람들에게 일자리가 없는 이유는, 부자들이 식량이나 의복을 생산하기 위한 토지와 노동력은 여전히 종전처럼 갖고 있지만 빈곤한 사람들을 고용할 화폐는 갖고 있지 않기 때문이다"(존 벨러스, 『산업대학 설립 제안』, 런던, 1696, 3~4쪽).

101) 이러한 순간이 어떻게 해서 '장사꾼'에게 이용되는가? "언젠가(1839년) (런던의 금융가 시티[City]에 거주하는) 어느 욕심 많은 늙은 은행가가 자기 방에서 자신이 앉아 있던 책상 뚜껑을 들어올려 자기 친구에게 은행권 뭉치를 자랑하면서 매우 즐거운 듯이 말하였다. "여기에 60만 파운드스털링이 있는데 이것은 통화 긴축사태를 일으키기 위해 넣어둔 것이지만 오늘 3시 이후에는 전부 시중에 풀려나갈 것이라네"(로이, 『교환론: 1844년의 은행특별법』, 런던, 1864, 81쪽). 반(半)정부기관지 『옵서버』는 1864년 4월 24일치에 다음과 같이 쓰고 있다. "은행권 부족사태를 일으키기 위해 사용된 수단과 관련해 매우 이상한 소문이 떠돌고 있다. …… 이런 종류의 어떤 속임수가 사용됐을 것이라고 생각하면서도 설마 그럴까 하는 의문도 있지만, 거기에 대한 소문이 너무 널리 퍼져 있기 때문에 이제는 그것을 얘기하지 않으면 안 되게 되었다."

간 내에 유통되는 화폐 총액을 보면, 그것은 실현되어야 할 상품가격의 총액에 만기가 된 여러 지불의 총액을 더하고 다시 이들 지불 가운데 서로 상쇄되는 지불을 빼고 마지막으로 동일한 화폐량이 번갈아가면서 때로는 유통수단으로 때로는 지불수단으로 기능을 한 유통횟수만큼의 액수를 뺀 것과 같다. 예를 들어 농부가 자신의 곡물을 2파운드스털링으로 판매한다면 그 2파운드스털링은 유통수단으로 사용된 것이다. 그는 이 2파운드스털링으로 이전에 직조업자가 자신에게 제공한 아마포의 대가를 그 지불 기일에 지불한다. 동일한 2파운드스털링이 이번에는 지불수단으로 사용된 것이다. 이어서 직조업자는 성경을 현금으로 산다. 그래서 이 2파운드스털링은 다시 유통수단으로 사용되었다. 그래서 가격과 화폐의 유통속도, 그리고 절약된 지불액수 등이 주어져 있다고 해도 어떤 기간〔예를 들어 하루〕동안 유통되는 화폐량과 상품량은 이미 일치하지 않는다. 오래 전에 유통에서 이탈한 상품을 대신하는 화폐가 유통되는 것은 물론 자신의 화폐등가물이 미래가 되어야만 비로소 나타날 그런 상품도 유통되기 때문이다. 게다가 매일 계약되어 있는 지불액과 그날 결제기한이 만료되는 지불액도 완전히 다르다.[102]

신용화폐는 화폐의 지불수단 기능으로부터 직접 발생하는 것으로, 판매된 상품에 대한 채무증서 그 자체가 채권을 이전시키기 위해 계속 유통됨으로써 발생한다. 다른 한편, 신용제도가 확대되면 화폐의 지불수단 기능도 확대된다. 지불수단으로 기능하는 이런 화폐는 독특한 존재형태를 취하고 주로 거액의 상거래 영역에서 사용되는데, 이에 반해 금화나 은화

M154

---

102) "어떤 날 하룻동안 행해진 구매나 계약액은 당장 그날 유통되는 화폐의 양에는 아무런 영향도 끼치지 않고, 대다수는〔기간의 차이는 있겠지만〕뒷날 유통될 화폐량을 기입한 어음의 발행을 통해 처리될 것이다. …… 오늘 발행된 어음이나 개설된 신용은 그 분량이나 금액, 또는 기간에서, 내일이나 모레 발행·개설되는 것들과 비슷해야 할 필요가 전혀 없다. 오히려 오늘 발행된 어음이나 신용 가운데 많은 것은 만기일이 과거의 각기 다른 날짜에 발행된 여러 어음과 일치하기 때문에, 12개월불·6개월불·3개월불 또는 1개월불의 각기 다른 어음이 어떤 때에는 특정한 같은 날짜에 집중되어 유독 그날의 결제채무액을 급증시키기도 한다"(영국의 한 은행가, 『통화이론 논평: 스코틀랜드 인민들에게 보내는 편지』, 에든버러, 1845, 29~30쪽 이하).

는 주로 소액 거래의 영역으로 밀려나게 된다.[103]

상품생산이 일정한 수준에 도달하면 지불수단으로서의 화폐의 기능은 상품유통의 영역을 넘어서게 된다. 화폐는 계약상의 일반적인 상품이 된다.[104] 지대나 조세 등은 현물납부에서 화폐로 납부하는 금납제로 바뀐다. 이 변화가 생산과정의 전반적인 조건에 따라 얼마나 심한 제약을 받을 수 있는지를 우리는 로마 제국에서 모든 공납을 화폐로 징수하려는 기도가 두 번이나 실패로 끝난 사례를 토대로 알 수 있다. 부아기유베르나 보방(Vauban) 장군 등이 그렇게도 소리높여 비난한 루이 14세 치하의 프랑스 농민의 극심한 궁핍은 조세가 높았던 탓도 있지만 현물조세가 화폐조 M155 세로 전화한 때문이기도 하였다.[105] 한편 아시아에서는 국세의 주수입원

---

103) 현실의 화폐 가운데 본래의 상거래에 사용되는 것이 얼마나 적은지를 보여주는 한 예로서, 런던 최대의 상사 가운데 하나인 모리슨 딜런 사의 1년 동안의 화폐 수입과 지출에 관한 일람표를 한번 보도록 하자. 1856년의 실제 거래액은 수백만 파운드스털링에 이르는데, 여기에서는 알아보기 쉽게 총액을 백만 파운드스털링 단위로 줄여서 환산하였다.

(단위: 파운드스털링)

소득		지출	
은행어음과 기한부 후불 상업어음	553,596	기한부 후불 어음	302,674
일람불 은행권과 그밖의 수표	357,715	런던 은행들의 자기앞수표	663,672
지방 은행권	9,627	잉글랜드 은행권	22,743
잉글랜드 은행권	68,554	금화	9,427
금화	28,089	은화 및 동화	1,484
은화 및 동화	1,486		
우편환	933		
합계	1,000,000	합계	1,000,000

* 「은행법 특별위원회 보고서」, 1858년 7월, 71쪽.

104) "거래의 성격이 재화들간의 교환〔또는 인도(引渡)와 인수(引受)〕으로부터 판매와 지불로 변했으므로 모든 거래는 …… 이제 순수한 화폐거래로만 나타난다"(디포〔D. Defoe〕, 『공적 신용에 관하여』, 제3판, 런던, 1710, 8쪽).

105) "화폐는 만물의 사형집행자가 되었다." 재정정책은 "이 불길한 추출물(Extrakt)을 얻기 위해 엄청난 양의 재화와 상품을 증발시킨 증류기이다" "화폐는 인류 전체에 대한 선전포고를 하고 있다"(부아기유베르, 『부・화폐 그리고 조세의 본질에 대한 논고』〔데르 엮음〕, 『18세기의 재정경제학자』 제1권, 파리, 1843, 413쪽, 417~419쪽).

을 이루는 지대가 현물형태를 취하는데, 이것은 그곳의 안정된 자연조건 때문에 변함없이 재생산되고 있는 생산관계에 기초한 것으로, 그러한 지불형태는 거꾸로 이런 낡은 생산형태를 유지시켜주는 역할을 하고 있기도 하다. 이것은 터키 제국을 오랫동안 유지시켜준 한 가지 비밀이다. 유럽에 의해 강요당한 대외무역 때문에 일본이 현물지대에서 화폐지대*로 전화하게 된다면 일본의 전형적인 농업은 종말을 고할 것이다. 즉 이 농업이 의존해 있던 협소한 경제적 존재조건들은 붕괴되고 말 것이다.

어떤 나라에서도 몇 개의 일반적인 지불기일은 고정되어 있게 마련이다. 재생산에서의 다른 순환을 무시한다면, 이들 일자는 계절의 변동과 결부된 자연적 생산조건에 의거한다. 그 조건은 또한 조세나 지대 따위처럼 상품유통에서 직접 발생하지 않는 지불까지도 규제한다. 사회 전체에 흩어져 있는 이들〔연중 몇몇 일자에 몰려 있는〕지불이 동시에 필요로 하는 화폐량 때문에 지불수단의 절약은 주기적으로 전반적인 교란을 겪게 된다.[106]

M156 　지불수단의 유통속도에 관한 법칙을 바탕으로 다음의 주장이 나온다. 즉 그 원인을 불문하고 모든 주기적인 지불에 필요한 지불수단의 양은 지불주기의 길이에 정비례**한다는 것이다.[107]

---

* 제3판과 제4판에는 '금납지대'(Goldrent)라고 되어 있다.

106) 1826년의 의회 조사위원회에서 크레이그(Craig)는 이렇게 말하고 있다. "1824년 성령강림절의 월요일 에든버러 시에서는 은행권에 대한 수요가 너무 커서 11시경에는 벌써 우리 수중에 1장의 은행권도 남아 있지 않았다. 우리는 여러 은행에 차례로 사람을 보내 은행권을 꾸려고 했지만 손에 넣을 수 없었다. 그래서 많은 거래가 전표로만 처리되었다. 그런데 오후 3시경이 되자 모든 은행권이 그것을 발행한 은행으로 되돌아왔다. 은행권은 단지 손에서 손으로만 양도되었을 뿐이었던 것이다." 스코틀랜드에서 은행권의 실제 평균유통액은 300만 파운드 스털링 이하이지만, 1년 중 몇 번의 지불기일에는 은행업자들이 갖고 있는 대략 700만 파운드 스털링의 은행권이 모두 동원된다. 이 경우 은행권은 단 하나의 특수한 기능만 수행하고, 그 기능을 수행하고 나면 즉시 발행된 원래 은행으로 되돌아간다"(존 폴라턴, 앞의 책, 86쪽의 주). 이해를 돕기 위해 한 가지 덧붙여야 할 점은, 폴라턴의 저서가 나올 무렵 스코틀랜드에서는 예금에 대한 지불이 수표로는 불가능하고 은행권으로만 이루어졌다는 것이다.

** 제1판부터 제4판까지는 '반비례'라고 되어 있다.

지불수단으로서의 화폐가 발전하면 채무액의 지불기한에 대비하는 화폐축적이 필요하게 된다. 독립된 치부형태로서의 화폐축적은 부르주아 사회가 진보함에 따라 소멸하지만, 거꾸로 지불수단의 준비금이라는 형태로서의 화폐축적은 이 진보에 따라 증대한다.

다. 세계화폐

국내 유통영역을 벗어나면 화폐는 곧 가격의 도량기준이나 주화·보조화폐·가치표지 등과 같이 국내 유통영역에서 가지고 있던 국지적인 형태를 다시 벗어던지고 귀금속 원래의 지금형태(地金形態)로 되돌아간다. 세계무역에서 상품은 자신의 가치를 보편적으로 전개한다. 그러므로 여기에서는 상품의 자립적인 가치형태도 또한 세계화폐로서 상품들과 마주선다. 세계시장에서 비로소 화폐는 완전한 범위에 걸쳐 상품으로 기능한다. 즉 자신의 현물형태가 곧바로 추상적 인간노동의 직접적인 사회적 실현형태가 되는 그런 상품으로 기능한다. 여기에서 화폐의 존재방식은 화폐의 이상적인 개념과 그대로 들어맞는다.

국내 유통영역에서는 하나의 상품만이 가치척도로서〔즉 화폐로서〕사 M157용될 수 있다. 세계시장에서는 두 개의 가치척도, 즉 금과 은이 지배한다.[108]

---

107) "해마다 4,000만 파운드스털링의 거래가 이루어질 필요가 있을 경우 600만 파운드스털링만 있으면 그만한 거래에 필요한 유통과 순환을 충분히 수행할 수 있을까?" 하는 물음을 던져놓고 페티는 익숙한 자신의 교묘한 논법으로 이렇게 대답한다. "나는 가능하다고 본다. 왜냐하면 회전기간만 짧다면〔예를 들어 가난한 수공업자나 노동자들 사이에서처럼 매주 토요일 저녁마다 지불이 이루어진다면, 다시 말해 일주일 단위로 이루어진다면〕 4,000만 파운드스털링의 거래에는 $\frac{40,000,000}{52}$ 파운드스털링의 화폐만으로도 충분할 것이기 때문이다. 그러나 만약 그 회전기간이〔우리나라에서 관습적으로 이루어지는 지대 지불이나 조세 징수처럼〕 3개월이라면, 이제 여기에는 1,000만 파운드스털링이 필요할 것이다. 따라서 일반적으로 갖가지 지불이 1주나 13주 사이의 각기 다양한 지불기한으로 이루어진다고 가정하면, $\frac{40,000,000}{52}$ 파운드스털링에다 1,000만 파운드스털링을 더한 다음 이것을 2로 나눈 550만 파운드스털링이면 충분할 것이다"(페티, 『아일랜드의 정치적 해부 1672년』, 런던판, 1691, 13~14쪽 [50]).

108) 따라서 중앙은행으로 하여금 국내에서 화폐로 기능하는 귀금속만 축장하도록 명령한 법

세계화폐는 일반적인 지불수단으로, 일반적인 구매수단으로, 그리고 부 일반을 나타내는 절대적인 사회적 물상으로 기능한다. 지불수단으로서의 기능은 국제수지의 결제를 위해 가장 중요한 자리를 차지한다. 그렇기 때문에 중상주의의 표어는 '무역수지!'이다.[109] 금·은이 국제적인 구

률은 모두 어리석은 것이다. 예를 들면 잘 알려진 잉글랜드 은행의 경우가 바로 그런 경우인데, 여기에서는 이 '친절한 금지조치'가 스스로 자신의 손을 포박해버린 결과를 가져왔다. 금·은의 상대적 가치변동이 컸던 역사상의 시기에 대해서는 카를 마르크스, 앞의 책, 136쪽 이하를 보라. 제2판의 주: 로버트 필(Robert Peel) 경은 자신이 입안한 1844년의 은행법에서 잉글랜드 은행에 대하여 은괴를 담보로 은행권을 발행하도록 허용함으로써 위와 같은 불편을 제거하려 했는데, 단, 이때 은 준비는 금 준비의 $\frac{1}{4}$ 을 넘지 않도록 제한하였다. 또한 이 경우 은의 가치는 런던 시장에서 은의 시장가격(금으로 표시된)에 따라 평가되도록 하였다. {제4판의 주: 우리는 다시 금·은의 상대적 가치변동이 심한 시대를 맞고 있다. 약 25년 전에는 은에 대한 금의 가치비율이 $15\frac{1}{2}$: 1이었으나 지금은 그것이 약 22:1이 되었고, 은은 금에 대해 계속해서 가가 하락하고 있다. 이것은 주로 두 금속의 생산방식이 이룩한 혁명의 결과이다. 예전에 금은 대개 금을 함유한 충적층이나 암석의 가루를 물로 세척해내는 방식으로 얻어졌다. 이제 이런 방법은 이미 불충분한 것이 되어 뒷전으로 밀려났는데, 그 대신 새롭게 사용되는 방법은 일찍이 고대인들(디오도로스, 제3권, 12~14쪽) 사이에도 잘 알려져 있었으나 예전에는 단지 부차적으로만 행해지던 것으로, 금을 함유한 석영광맥 자체를 정련하는 방법이다. 거기에다 또다른 한편으로는 북미의 로키 산맥 서부에서 거대한 은광이 발견되고 이들 은광은 물론 멕시코의 은광으로까지 철도가 연결됨으로써 근대적인 기계와 연료가 이들 광산에 대량으로 공급되면서 대량의 은을 매우 낮은 비용으로 채취할 수 있게 되었다. 그러나 두 가지 금속이 광맥에 나타나는 상태에는 큰 차이가 있다. 금은 대체로 순수하지만 대신 석영 속에 극소량으로 산재해 있다. 그렇기 때문에 암석 전체를 분쇄하여 금을 씻어내거나 수은을 통해 추출해내야 한다. 그 결과 100만 그램의 석영에서 겨우 1~3그램의 금밖에 나오지 않는 경우가 자주 있으며, 30~60그램의 금이 나오는 경우는 극히 드물다. 은은 순수한 형태로 나오는 경우는 드물지만, 대신 대개 40~60%의 은을 함유한 독특한 암석에서 나오는데, 이 암석은 광맥에서 비교적 쉽게 분리시킬 수 있다. 그런데 또 은은 그 자체만으로도 정련할 값어치가 있는 동광이나 아연광 등의 광맥 속에 소량이지만 함께 포함되어 있다. 여기에서 분명하게 드러나듯이, 금을 생산하는 데 들어가는 노동은 오히려 증가하고 있는데 은을 생산하는 데 들어가는 노동은 결정적으로 감소했고, 따라서 은의 가치하락은 지극히 당연하다. 이러한 가치하락은 ― 은의 가격이 지금처럼 계속 인위적인 수단으로 높게 유지되지 않는다면 ― 훨씬 더 대폭적으로 이루어질 것이다. 그런데 아메리카 대륙에 매장되어 있는 은은 아직 매우 적은 부분만 채굴되었을 뿐이기 때문에, 은의 가치는 아직도 오랜 기간 계속해서 하락할 것으로 보인다. 더욱이 일용품과 사치품에 사용될 은 수요의 상대적인 감소와 금이나 알루미늄에 의한 은의 대체는 하락을 더욱 부채질하고 있다. 이상에서 볼 때, 국제적인 통용력을 부여함으로써 은을 이전의 $1:15\frac{1}{2}$ 이라는 가치비율로 다시 끌어올리려는 금·은 본위론자의 생각이 얼마나 공상적인지를 알 수 있다. 은은 오히려 세계시장에서 점점 더 화폐 자격을 상실해갈 것이다. ― 엥겔스}

109) 중상주의는 금·은을 통한 무역차액의 결제를 세계무역의 목적으로 취급하지만, 그 반대

매수단으로 사용되는 것은 주로 국가들 사이의 물질대사가 기존의 균형에서 돌연 교란을 보일 때이다. 끝으로, 금과 은이 부의 절대적인 사회적 물상으로 기능하는 것은 구매나 지불이 이루어질 때가 아니라, 한 나라에서 다른 나라로 부가 이전되는 경우이며, 특히 이 이전이 상품시장의 경기변동이나 어떤 의도된 목적 때문에 상품형태로는 이루어지지 않는 경우이다.[110]

어느 나라를 막론하고 국내 유통을 위한 준비금이 필요하듯이 세계시장의 유통에도 준비금이 필요하다. 그래서 축장화폐의 기능 가운데 일부 M159 는 국내의 유통수단 및 지불수단으로서의 화폐의 기능에서 생겨나고, 또 다른 일부는 세계화폐로서의 화폐의 기능에서 생겨난다.[110a] 이 후자의

자들 역시 세계화폐의 기능을 완전히 오해하고 있다. 유통수단의 양을 규제하는 법칙들에 대한 오해가 단지 귀금속의 국제적 운동에 대한 오해를 반영할 뿐이라는 점을 나는 리카도에 대한 비판에서 자세하게 설명한 바 있다(『경제학 비판』, 150쪽 이하). 리카도의 잘못된 설명, 즉 "무역의 역조는 통화의 과잉에서만 발생한다. …… 주화가 수출되는 것은 그것이 저렴하기 때문이며 그것은 무역역조의 결과가 아니라 원인이다"[†51]라는 설명은 이미 바번에게서도 다음과 같이 나타나고 있다. "무역의 차액은 — 만약 그런 것이 있다면 — 일국으로부터의 화폐 수출의 원인이 아니다. 오히려 이 수출은 각국이 보유하고 있는 귀금속의 가치가 서로 다른 데서 일어난다"(바번, 앞의 책, 59쪽). 매컬럭(MaCulloch)은 『경제학 문헌 분류목록』(런던, 1845)에서 바번의 이 선견지명을 찬양하고 있다. 그러나 그는 또 용의주도하게도 바번의 '통화주의'[†52]가 취하고 있는 불합리한 전제들의 엉성한 형태에 관해서는 언급조차 회피한다. 이렇게 무비판적이고 불성실한 이 책의 태도는 화폐이론의 역사를 다룬 부분에서 정점을 이룬다. 왜냐하면 매컬럭은 이 부분에서 그가 "은행가들의 정평 있는 지도자"라고 이름붙인 오버스톤(로이드의 전[前] 은행가)의 추종자로서 그에게 꼬리를 흔들어대고 있기 때문이다.

110) 예를 들어 보조금이라든가 전쟁 수행을 위한 차입금 또는 은행의 현금지불 재개를 위한 차입금 등의 경우, 가치는 곧바로 화폐형태를 취하도록 요구될 수 있다.

110a) 제2판의 주: "태환국가들의 경우 화폐축장 메커니즘이 일반 유통으로부터 아무런 뚜렷한 지원을 받지 않고도 국제적 채무의 지불에 필요한 모든 기능을 수행할 수 있다는 점과 관련하여 나는 다음과 같은 사실 이상의 확실한 증거는 없을 것으로 생각한다. 즉 프랑스는 파괴적인 외적 침입의 타격으로부터 겨우 회복하기 시작했을 때, 눈에 띌 만한 국내 화폐유통의 수축이나 교란 없이, 그리고 외환시세에서도 별로 우려할 만한 변동 없이, 27개월 만에 자신에게 부과된 약 2,000만 파운드스털링(본문에는 화폐단위가 누락되어 있다—옮긴이)의 배상금을 연합국들에 지불하였고, 그것도 액수의 상당 부분을 금속화폐로 쉽게 지불하였던 것이다" — (풀라턴, 앞의 책, 141쪽). {제4판의 주: 좀더 정확한 증거를 하나 더 얘기하자면, 바로 이 프랑스는 1871년에서 1873년 사이 위에서 얘기한 액수의 10배 이상이나 되는 배상금을 지불하였고, 그것도 상당 부분을 30개월에 걸쳐 금속화폐로 쉽게 지불할 수 있었다. — 엥겔스}

역할을 위해서는 언제나 실제의 화폐상품〔즉 실물의 금·은〕이 필요하다. 그래서 제임스 스튜어트는 금·은을 단지 일정한 조건 아래에서만 금·은의 기능을 대신하는 것들과 구별하여 명확히 세계화폐(money of the world)라고 부르고 있다.

금·은의 흐름이 수행하는 운동은 이중운동이다. 일면 금·은의 흐름은 그 원산지에서 나와 모든 세계시장을 전전하는데, 이 과정에서 금·은은 여러 나라의 유통영역에 다양한 액수로 투입되어 각 나라의 국내유통의 수로를 따라 흘러다니면서 마모된 금화와 은화를 보충하기도 하고 사치품의 재료로 사용되기도 하고 또 축장화폐로 응결되기도 한다.[111] 이 첫 번째 운동은 상품에 실현되어 있는 각 나라의 노동과 금·은 생산국의 귀금속에 실현되어 있는 노동 사이의 직접적인 교환을 통해 이루어진다. 또 다른 일면 금·은은 여러 나라의 유통영역 사이를 끊임없이 옮겨다닌다. 이것은 외환시세의 쉴새없는 변동이 불러일으키는 운동이다.[112]

M160 　　부르주아적 생산이 발달한 나라들은 은행이라는 저수지에 대량으로 쌓이는 축장화폐를 그 특유한 기능에 필요한 만큼의 최소한으로 제한한다.[113] 몇몇 예외는 있지만, 축장화폐의 저수지가 평균수준을 넘어 현저하게 과잉상태가 되면 그것은 상품유통의 정체나 상품의 형태변화가 중단된다는 것을 뜻한다.[114]

---

111)　"화폐는 늘 생산물에 의해 끌려나와 …… 수요에 따라 각 나라에 분배된다"(르 트론, 앞의 글, 916쪽). "계속해서 금·은을 산출하는 광산들은 각 나라에서 필요로 하는 수요량을 충분히 공급할 만큼 산출한다"(밴더린트, 앞의 책, 40쪽).

112)　"외환시세는 매주 등락하는데, 연중 어떤 특정 기간에는 한 나라에 대해서 높아졌다가 또 다른 시기에는 반대로 낮아지기도 한다"(바번, 앞의 책, 39쪽).

113)　이들 특유한 기능은 은행권에 대한 태환준비금이라는 기능이 거기에 부가되면서 곧바로 서로 위험한 충돌을 일으킬 수도 있다.

114)　"국내 상업에 꼭 필요한 수준을 넘어서 존재하는 화폐는 사장된 자본이며, 그것은 직접 외국으로 수출되거나 수입되는 경우를 제외하고는 그것을 보유한 나라에 아무런 이익도 가져다 주지 않는다"(벨러스, 『빈민·제조업·상업·식민 및 비행에 관한 논고』, 13쪽). "만약 우리가 너무 많은 주화를 갖고 있다면 어떻게 할 것인가? 그럴 경우 우리는 가장 덜 마모된 주화를 녹여 갖가지 화려한 용기나 집기를 만들든지 아니면 그것을 필요로 하는 곳에 상품으로 보내든

지 아니면 높은 이자를 지불하겠다는 곳에 대부해주고 이자를 받든지 할 수 있다"(페티, 『화폐소론』, 39쪽). "화폐는 국가라는 신체의 지방분에 지나지 않으며, 따라서 그것이 과다하면 신체의 민활성을 저해하고 과소하면 병을 일으킨다. …… 지방이 근육의 움직임을 유연하게 하고 부족한 영양을 보충해주고 주름살을 펴서 육체를 아름답게 하듯이, 화폐는 국가의 운동을 유연하게 하고 국가에 기근이 생겼을 때 외국에서 식량을 가져오고 갖가지 채무를 결제해줌으로써 …… 사회 전체를 아름답게 만든다" "물론 그것은 화폐를 많이 가진 몇몇 인간에게만 전적으로 해당하는 말이다"(페티, 『아일랜드의 정치적 해부』, 14~15쪽 [50]).

제2편

제4장

화폐의 자본으로의 전화

제1절 자본의 일반적 정식

상품유통은 자본의 출발점이다. 상품생산과 발달된 상품유통〔즉 상 M161
업〕은 자본이 성립하기 위한 역사적 전제이다. 16세기에 세계무역과 세계
시장이 형성됨으로써 자본의 근대적 생활사는 시작된다.

상품유통의 소재적 내용이나 다양한 사용가치들 사이의 교환은 무시한
채 이 과정이 만들어내는 경제적 형태만을 고찰한다면, 우리는 이 과정의
최종 산물로 화폐를 발견하게 된다. 이 상품유통의 최종 산물은 자본의 최
초의 현상형태이다.

역사적으로 자본은 어느 곳에서나 처음에는 일단 화폐의 형태로〔즉 상
인자본과 고리대자본이라는 화폐자산의 형태로〕 토지소유와 대립한다.[1]
그러나 화폐를 자본의 최초의 현상형태로 인식하기 위해서 굳이 자본의

---

1) 인격적 지배-예속관계에 기초한 토지소유의 권력과 화폐의 비인격적 권력 사이의 대립은 다
  음의 프랑스 격언 두 개에 뚜렷이 표현되고 있다. "영주 없는 토지는 없다." "화폐에는 주인이
  없다."

발생사를 돌아볼 필요까지는 없다. 똑같은 역사가 날마다 우리 눈앞에서 전개되고 있기 때문이다. 어떤 새로운 자본도 최초에는 늘 화폐〔즉 일정한 과정을 통하여 자본으로 전화할 화폐〕로 무대에〔즉 상품시장이나 노동시장 또는 화폐시장 등의 시장에〕 모습을 드러낸다.

화폐로서의 화폐와 자본으로서의 화폐는 무엇보다도 단지 양자의 유통형태의 차이에 따라 구별된다.

M162 상품유통의 직접적인 형태는 W—G—W로, 그것은 곧 상품의 화폐로의 전화 그리고 화폐의 상품으로의 재전화이며 또한 구매를 위한 판매이기도 하다. 그런데 우리는 이 형태 외에 그것과 구별되는 제2의 독자적 형태인 G—W—G라는 형태, 즉 화폐의 상품으로의 전화와 상품의 화폐로의 재전화, 또는 판매를 위한 구매를 발견하게 된다. 바로 이 운동을 통해 후자의 유통을 담당하는 화폐는 전화되어 자본이 되는 것이며, 이미 그 성격상 자본인 것이다.

유통 G—W—G를 좀더 자세히 살펴보자. 이것은 단순 상품유통과 마찬가지로 대립되는 두 단계를 통과한다. 제1단계 G—W〔구매〕에서는 화폐가 상품으로 전화한다. 제2단계 W—G〔판매〕에서는 상품이 화폐로 재전화한다. 그러나 이 두 단계의 통일은 화폐를 상품과 교환하고 그 상품을 다시 화폐와 교환하는, 다시 말해 상품을 판매하기 위해 상품을 구매하는 하나의 총운동(Gesamtbewegung)이다. 또는 구매와 판매라는 형태적 차이를 무시한다면 화폐로써 상품을 구매하고 상품으로써 화폐를 구매하는 총운동이다.[2] 이 모든 과정이 사라지고 남는 결과는 화폐와 화폐의 교환, G—G이다. 내가 100파운드스털링으로 2,000파운드의 목화를 사고 그 2,000파운드의 목화를 110파운드스털링에 팔았다면 결국 나는 100파운드스털링을 110파운드스털링과, 즉 화폐를 화폐와 교환한 셈이다.

---

2) "화폐로 상품을 구매하고 상품으로 화폐를 구매한다"(메르시에 드 라 리비에르, 앞의 글, 543쪽).

그런데 만일 이런 우회과정을 거쳐서 동일한 화폐가치를 동일한 화폐가치〔예를 들면 100파운드스털링을 100파운드스털링〕와 교환하는 것이 목적이었다면 유통과정 G—W—G는 명백히 아무런 의미도 내용도 없는 것이 될 것이다. 그럴 바에는 차라리 자신의 100파운드스털링을 유통의 위험에 내맡기지 않고 꼭 쥐고 있는 화폐축장자의 방법이 훨씬 더 간단하고 확실할 것이다. 한편 100파운드스털링으로 산 목화를 상인이 110파운드스털링에 팔건 아니면 50파운드스털링만 받고 팔아치우건 두 경우 모두 그의 화폐는 하나의 특유한 독자적인 운동을 보이는데, 이 운동은 단순 상품유통에서 화폐가 보이는 운동〔예를 들면 곡물을 팔아 거기에서 얻은 화폐로 의복을 사는 농민의 손 안에서 이루어지는 운동〕과는 완전히 다른 종류의 운동이다. 그래서 우선 순환 G—W—G와 W—G—W 사이의 형태적인 차이를 한번 살펴볼 필요가 있다. 그렇게 하고 나면 이들 형태적인 차이의 배후에 숨어 있는 내용적인 차이도 함께 드러날 것이다.

먼저 이들 두 형태의 공통점을 살펴보기로 하자.

두 순환은 모두 똑같이 대립적인 두 단계 W—G〔즉 판매〕와 G—W 〔즉 구매〕로 이루어져 있다. 두 단계 모두 상품과 화폐라는 두 개의 똑같은 물적 요소가 대립하고 있고 또 구매자와 판매자라는 똑같은 경제적 가면을 쓴 두 사람이 대립하고 있다. 두 개의 순환 모두 똑같은 대립적 단계들이 합쳐진 것이다. 그리고 두 순환 모두 전체 과정에는 세 명의 당사자가 등장하며, 그 중 한 사람은 구매만 하고 다른 한 사람은 판매만 하지만 나머지 제3의 사람은 판매와 구매를 번갈아 행한다.

그런데 두 순환 W—G—W와 G—W—G를 처음부터 구별해주는 것은 동일한 대립적 유통단계들의 순서가 서로 반대로 되어 있다는 점이다. 단순 상품유통은 판매에서 시작되어 구매로 끝나고, 자본으로서의 화폐의 유통은 구매에서 시작되어 판매로 끝난다. 전자에서는 상품이, 후자에서는 화폐가 운동의 출발점이자 종점을 이룬다. 전자에서는 화폐가, 후자에서는 거꾸로 상품이 전 과정을 매개하고 있다.

유통 W—G—W에서는 최종적으로 화폐가 상품으로 전화하고 이 상품은 사용가치로서의 역할을 한다. 그리하여 화폐는 결국 지출된다. 이와 반대의 형태인 G—W—G에서는 구매자가 화폐를 지출하는 것이 판매자로서 화폐를 취득하기 위해서이다. 그는 상품을 구매하면서 화폐를 유통에 투입하지만, 그것은 그 상품을 팔아서 화폐를 다시 유통으로부터 끌어내기 위한 것이다. 그가 화폐를 내놓는 것은 단지 그것을 다시 손에 넣으려는 숨겨진 의도에서일 뿐이다. 그러므로 화폐는 단지 선대(先貸)된(vorgeschossen) 것일 뿐이다.[3]

W—G—W에서는 동일한 화폐가 위치를 두 번 바꾼다. 판매자는 구매자에게서 화폐를 받아 다른 판매자에게 그것을 지불한다. 상품과의 교환을 통해 화폐를 취득하는 데서 시작하는 총과정은 상품과의 교환을 통해 화폐를 내주는 것으로 끝난다. G—W—G에서는 그것이 반대로 이루어진다. 여기서는 동일한 화폐가 위치를 두 번 바꾸는 것이 아니라 동일한 상품이 위치를 두 번 바꾼다. 구매자는 판매자에게서 상품을 받아 그것을 다른 구매자에게 양도한다. 단순 상품유통에서는 두 번에 걸친 화폐의 위치 변경이 결국은 화폐를 어떤 사람의 손에서 다른 사람의 손으로 이행시키지만, 여기서는 두 번에 걸친 상품의 위치 변경이 화폐를 그 처음의 출발점으로 되돌려보낸다.

M164 　출발점으로의 화폐의 환류는 상품이 구매된 것보다 더 높은 가격으로 판매되는가의 여부와는 아무 상관이 없다. 그런 문제는 단지 환류되는 화폐액의 크기에만 영향을 미칠 뿐이다. 환류라는 현상 그 자체는 구매된 상품이 다시 판매됨으로써, 즉 G—W—G 순환이 완전히 이루어짐으로써 생겨난다. 요컨대 이것이 바로 자본으로서의 화폐유통과 단순한 화폐로

---

3) "어떤 물건이 다시 팔릴 목적으로 구매되는 경우 거기에 사용된 금액을 선대된 화폐(money advanced)라고 한다. 그러나 그것이 팔릴 목적 없이 구매될 때는 그 금액이 지출되었다고 말할 수 있다"(제임스 스튜어트, 『저작집』, 그의 아들 제임스 스튜어트 엮음, 런던, 1805, 제1권, 274쪽).

서의 화폐유통 간의 〔감각적으로 파악될 수 있는〕 차이점이다.

어떤 상품의 판매가 화폐를 가져오고 그 화폐를 다른 상품의 구매가 다시 가져가면 비로소 순환 W—G—W의 모든 과정은 완전히 종결된다. 그런데 여기에서도 화폐는 다시 출발점으로 돌아올 수 있는데, 그러나 그것은 오로지 이 과정 전체가 갱신되거나 반복됨으로써만 이루어진다. 만일 내가 1쿼터의 곡물을 3파운드스털링에 팔고 그 3파운드스털링으로 의복을 산다면 이 3파운드스털링은 나에게서 결국 지출된 셈이다. 나는 더 이상 이 3파운드스털링과 아무 관계도 없다. 그것은 의복 상인의 것이다. 여기서 내가 다시 1쿼터의 곡물을 팔면 화폐는 내게로 환류하겠지만 그것은 첫 번째 거래의 결과가 아니라 다만 그런 거래의 반복에서 생긴 결과일 뿐이다. 그 화폐는 내가 두 번째 거래를 끝내고 새로운 구매를 수행하자마자 다시 내게서 떨어져나간다. 그러므로 유통 W—G—W에서는 화폐의 지출이 화폐의 환류와 아무런 관계가 없다. 반면 G—W—G에서는 화폐의 환류가 화폐의 지출방식 자체에 따라서 결정된다. 만일 화폐가 환류하지 않는다면 그것은 운용이 실패했거나, 아니면 과정의 제2단계, 즉 구매를 보충하여 마무리지을 판매가 이루어지지 않아서 과정이 중단된 채 아직 완료되지 않았거나 둘 중의 하나이다.

순환 W—G—W는 하나의 상품에서 출발하여 다른 한 상품으로 종결되며, 이 후자의 상품은 유통에서 떨어져나와 소비되어버린다. 그러므로 소비와 욕망 충족, 즉 한마디로 말해서 사용가치가 이 순환의 최종 목적이다. 반면 순환 G—W—G는 화폐에서 출발하여 결국 똑같은 화폐로 돌아온다. 그러므로 이 순환의 동기와 목적은 교환가치 그 자체이다.

단순 상품유통에서는 양쪽 끝이 동일한 경제적 형태를 취한다. 그 둘은 모두 상품이다. 또한 그것들은 모두 동일한 가치를 갖는 상품들이다. 그러나 그것들은 질적으로 다른 사용가치〔가령 곡물과 의복〕이다. 여기에서는 생산물의 교환〔즉 사회적 노동이 표시되어 있는 다양한 소재의 변환〕이 운동의 내용을 이루고 있다. 그러나 유통 G—W—G에서는 그렇지 않다. 이 유통은 언뜻 무의미한 것으로 보일 수도 있다. 왜냐하면 동어 반복적이기 때문이다. 순환의 양쪽 끝 모두는 똑같은 경제적 형태를 취한다. 그 둘은 모두 화폐이고, 따라서 질적으로 다른 사용가치들이 아니다. 왜냐하면 화폐는 바로 상품의 전화된 모습이고 또한 상품의 특수한 사용가치가 소멸해버린 모습이기 때문이다. 우선 100파운드스털링을 면화와 교환하고 다음에 그 면화를 100파운드스털링과 교환하는 것, 다시 말해 우회하여 화폐를 화폐와 교환하는 것, 즉 같은 것을 같은 것과 교환하는 것은 목적이 없고 무의미한 행동처럼 보일 것이다.[4] 어떤 화폐액이 다른 화폐액과 구별되는 것은 오로지 그 액수를 통해서만 가능하다. 따라서 과정 G—W—G도 그 양쪽 끝이 모두 화폐이기 때문에 그 과정의 내용은 이들 양쪽 끝의 질적인 차이에 의해서 이루어지는 것이 아니라 양적인 차이에 의해서만 이루어진다. 그래서 마지막에 유통으로부터 회수되는 화폐는 처음 유통에 투입된 것보다 많게 된다. 예를 들어 100파운드스털링을 주고 구매한 면화가 100＋10파운드스털링〔즉 110파운드스털링〕으로 다시 판매된다. 그러므로 이 과정의 더욱 정확한 형태는 G—W—G′이

M165

---

4) 메르시에는 중상주의자들을 향해 이렇게 소리친다. "화폐를 화폐와 교환하지는 않는다"(메르시에, 앞의 글, 486쪽). 또 '상업'과 '투기'를 전문적으로 다룬 한 책에서는 다음과 같이 말하고 있다. "모든 상업은 종류가 다른 물품들의 교환이다. 그리고 이익(상인을 위한?)은 바로 이 종류의 차이에서 생긴다. 1파운드의 빵을 1파운드의 빵과 교환하면 아무 이익도 생기지 않을 것이다. …… 그러므로 상업과 (화폐 대 화폐의 교환일 뿐인) 도박 가운데 어떤 것이 더 이익이 되는지를 비교하는 것은……"(코벳〔T. Corbet〕, 『개인적 부의 원인과 그 양식에 대한 연구: 또는 상업과 투기의 원리 해설』, 런던, 1841, 5쪽). 코벳은 G—G, 곧 화폐와 화폐의 교환이 상업 자본뿐만 아니라 모든 자본의 특유의 유통형태임을 이해하지는 못했지만 적어도 이 형태가 상업의 한 종류인 투기와 도박에 공통된 것이라는 점은 인정한다. 그런데 그뒤에 나타난 매컬럭은 판매하기 위해 구매하는 것은 투기이며 투기와 상업의 차이는 없다는 사실을 밝혀냈다. "한 개인이 어떤 생산물을 되팔기 위해 구매하는 거래는 사실상 모두 투기이다"(매컬럭, 『상업 · 해운관계의 실용 · 이론 · 역사 사전』, 런던, 1847, 1009쪽). 암스테르담 거래소의 핀다로스(그리스의 서정시인—옮긴이)인 핀토는 이보다 좀더 소박하게 다음과 같이 말한다. "상업은 도박이고(이 문구는 로크에게서 빌려온 것이다) 또 걸인에게서는 아무것도 받아낼 수 없다. 만일 오랜 기간에 걸쳐 모든 사람의 밑천을 전부 다 따버린 뒤 새로 도박을 시작하려면 호의적인 타협을 통해 자기가 딴 이익의 대부분을 다시 돌려주어야 할 것이다"(핀토, 『유통과 신용에 관한 이론』, 암스테르담, 1771, 231쪽).

고, G′＝G＋△G, 즉 '처음 투하된 화폐액＋일정 증가분'이 된다. 이 증가분〔또는 처음의 가치 이상의 초과분〕을 나는 잉여가치(Mehrwert)라고 부른다. 그러므로 처음 투하된 가치는 유통을 통해서 단지 자신을 그대로 보존할 뿐만 아니라 그 유통을 통해서 자신의 가치크기를 변화시키고 잉여가치를 덧붙인다. 다시 말해 스스로 가치를 증식한다(verwerten). 그리하여 이 운동은 이 가치를 자본으로 전화시킨다.

물론 W—G—W에서도 양쪽 끝의 W와 W〔예를 들어 곡물과 의복〕가 양적으로 가치크기가 서로 다른 경우가 있을 수 있다. 농민이 자신의 곡물 M166을 가치보다 비싸게 판다든가 의복을 그 가치보다 싸게 사는 일이 있을 수 있으며 농민이 의복 상인에게 속는 일도 있을 수 있다. 그러나 이처럼 가치크기가 서로 다른 경우는 이 유통형태에서 전적으로 우연적인 것이다. 이 유통형태는 그 양쪽 끝〔곡물과 의복〕이 서로 등가물인 경우에도 결코 과정 G—W—G처럼 무의미해지지 않는다. 여기에서는 오히려 양쪽 끝이 서로 등가인 경우가 정상적인 경우에 해당한다.

구매를 위한 판매의 반복과 갱신은—이 과정 자체가 그러한 것처럼—과정의 외부에 있는 최종 목적〔즉 소비, 다시 말해서 특정 욕망의 충족〕의 범위 내에서만 이루어진다. 반면 판매를 위한 구매에서는 시작과 끝이 모두 같은 것〔즉 화폐이자 교환가치〕이다. 그리고 바로 이 때문에 이미 이 운동은 무한한 것이다. 분명 G′는 G＋△G가 되고 100파운드스털링은 100＋10파운드스털링이 되었다. 그러나 단지 질적인 측면에서만 본다면 110파운드스털링은 100파운드스털링과 같은 것, 즉 화폐이다. 또 양적인 측면에서 봐도 110파운드스털링은 100파운드스털링과 마찬가지로 하나의 한정된 가치액이다. 만일 110파운드스털링이 화폐로 지출된다면 그것은 자신의 역할에서 벗어나게 될 것이다. 즉 그것은 더 이상 자본이기를 그만두게 될 것이다. 만일 유통에서 떨어져나온다면 그것은 축장화폐로 화석화하고, 지구 최후의 날이 올 때까지도 단 한 푼도 늘어나지 않을 것이다. 그러나 일단 가치의 증식(Verwertung des Werts)을 목표로 하게 되면 증식을 향한 욕구에서는 110파운드스털링의 경우나 100파운드스털링의 경우나 모두 동일하다. 왜냐하면 양자는 모두 교환가치의 한정된 표현이고, 따라서 양자는 모두 양적 확대를 통해 부(富) 그 자체에 접근하고자 하는 동일한 사명을 갖고 있기 때문이다. 물론 처음 투하된 가치 100파운드스털링은 유통을 통해서 부가된 10파운드스털링의 잉여가치와 일시적으로는 구별되지만 이 구별은 곧 없어져버린다. 과정의 끝부분에서는 원래의 가치 100파운드스털링과 잉여가치 10파운드스털링이 각기 따로 나오지 않는다. 거기에서 나오는 것은 110파운드스털링라는 하나의 가치이며, 이것은 시작부분에 있는 100파운드스털링과 마찬가지로 가치증식과정을 시작할 수 있는 바로 그 형태이다. 화폐는 운동의 끝부분에서 다시 운동의 시작부분으로 나오는 것이다.[5] 그러므로 판매를 위한 구매가 행해지는 순환 각각의 끝부분은 자연히 새로운 각 순환의 첫 부분을 이루게 된다. 단순 상품유통 — 구매를 위한 판매 — 은 사용가치의 취득〔또는 욕망의 충족〕이라는 유통 외부의 최종 목적을 달성하기 위한 수단으로 사용된다. 반면 자본으로서의 화폐유통은 그 자체가 목적(Selbstzweck)인데, 왜냐하면 가치의 증식이 끊임없이 갱신되는 이 운동 내에서만 존재하기 때문이다. 그러므로 자본의 운동은 무한히 계속된다.[6]

---

5) "자본은 …… 본래의 자본(ursprüngliche Kapital)과 이득(Gewinn)〔곧 자본의 증식분〕으로 나누어진다. …… 그러나 실제에서 이 이득은 곧장 다시 자본에 합쳐져서 함께 흐름 속으로 투입되어버린다……"(엥겔스, 앞의 책, 99쪽).

6) 아리스토텔레스는 이재학(理財學)과 경제학(Ökonomik: 고대 그리이스에서 사용된 이 말은 가계를 경제단위로 상정하는 것으로, 근대적인 의미의 경제학과는 구별되는 개념이다—옮긴이)을 서로 대립적인 개념으로 설명한다. 그는 먼저 경제학을 설명한다. 이것이 생계 유지와 관련된 지식인 한 그 범위는 가정이나 국가에서 유용한 생활필수품의 조달에만 한정된다. "참된 부(ὁ ἀληθιτύός πῦλοτος)는 이런 사용가치들로 이루어져 있다. 왜냐하면 쾌적한 생활을 누리기에 충분한 이런 종류의 재산의 양에는 일정한 한도가 있기 때문이다. 그런데 생계 유지와 관련된 지식에는 또 한 가지가 있는데 이것은 따로 이재학이라고 일컬어지는 것으로, 여기에서는 부나 재산의 한계가 존재하지 않는 것처럼 보인다. 상품 거래(카페리케〔ηϰπηλιϰή〕는 문자 그대로 소매업을 뜻하며, 아리스토텔레스가 이것을 예로 든 까닭은 거기에서는 사용가치가 중요하기 때문이다)는 원래 이재학에 속하는 것이 아니었다. 왜냐하면 상품 거래에서는 교환이 각자 자신들(판매자와 구매자)에게 필요한 것만으로 이루어지기 때문이다." 아리스토텔레

화폐소유자는 이 운동을 의식적으로 수행하는 담당자로서 자본가가 된
다. 그의 몸 또는 그의 주머니가 화폐의 출발점이자 귀착점이다. 그리고
그 유통의 객관적 내용〔즉 가치의 증식〕이 곧 그의 주관적 목적이다. 자신
의 모든 행동의 동기를 단지 추상적인 부를 더 많이 벌어들이는 데 두는
한 그는 자본가로 기능하는 것이며 또한 인격화된 자본으로, 즉 의지와 의
식을 부여받은 자본으로 기능한다. 따라서 사용가치는 결코 자본가의 직
접적 목적으로 취급되어서는 안 된다.[7] 그때그때 발생하는 이득 또한 목
적이 아니며 다만 이득을 얻기 위한 쉴새없는 운동만이 자본가의 직접적
인 목적으로 다루어져야 한다.[8] 이 절대적인 치부의 충동, 그리고 이 열정
적인 교환가치의 추구[9]는 자본가에게나 화폐축장자에게나 공통된 것이

M168

스는 계속해서 다음과 같이 말한다: 그러므로 상품 거래의 원래 형태도 물물교환이었지만 그
것이 확대됨에 따라 필연적으로 화폐가 생겨났다. 화폐의 발명과 더불어 물물교환은 필연적으
로 카페리케, 곧 상품 거래로 발전하지 않을 수 없었다. 또한 상품 거래는 본래의 경향과는 모
순되어, 이재학〔곧 화폐를 얻기 위한 지식〕으로 성장해왔다. 이제 이재학은 경제학과 다음과
같은 점에서 구별된다. "이재학에서는 유통이 부의 원천이다. 그리고 이재학은 화폐를 중심으
로 하여 돌아가는 것처럼 보인다. 왜냐하면 화폐야말로 이러한 종류의 교환에서 시작부분이자
끝부분이기 때문이다. 따라서 이재학이 추구하는 부에는 한계가 없다. 즉 목적을 위한 수단만
을 추구하는 지식은 목적 그 자체가 자신의 한계를 설정하기 때문에 무한한 것이 될 수 없지만,
목표가 수단이 아니라 궁극적인 최종 목적인 지식은 끊임없이 그 목적에 접근하려 하기 때문
에 그 추구에는 한계가 없다. 이와 마찬가지로 이재학이 추구하는 부에는 한계가 없으며, 그것
의 목적은 무조건적인 부의 축적이다. 경제학은 이재학과 달리 일정한 한계를 안고 있다. ……
전자는 화폐 그 자체와는 다른 것을 목적으로 삼으며 후자는 화폐의 증식을 목적으로 삼는다.
…… 서로 겹친 부분을 가진 이 두 형태를 혼동함으로써 어떤 사람들은 경제학의 최종 목표가
화폐를 무한정 확보하고 증식시키는 데 있다고 믿기에 이르렀다"(아리스토텔레스, 앞의 책, 제
1권, 제8장과 제9장).

7) "상품(여기에서는 사용가치라는 뜻)은 거래를 수행하는 자본가의 최종 목적이 아니다. ……
    화폐가 바로 그의 최종 목적이다"(찰머스〔T. Chalmers〕, 『경제학 개론』, 제2판, 글래스고,
    1832, 165~166쪽).

8) "상인들이 이미 얻은 이득을 경시하지는 않는다 해도, 그의 눈은 늘 장래의 이득을 향하고
    있다"(제노베시〔A. Jenovesi〕, 『시민경제학 강의』, 1765, 앞의 책〔쿠스토디 엮음〕, 근세편, 제8
    권, 139쪽).

9) "이득을 추구하는 억누를 수 없는 열정, 금을 향한 저주받은 갈망이 늘 자본가를 규정한다"
    (매컬럭, 『경제학 원리』, 런던, 1830, 179쪽). 그러나 매컬럭 자신이나 비슷한 부류의 사람들이
    이론적 곤경에 빠져서〔예를 들어 과잉생산을 논할 때〕바로 그 자본가를 선량한 한 시민으로

지만, 화폐축장자가 광적인 자본가에 지나지 않는 데 반해 자본가는 합리적인 화폐축장자이다. 화폐축장자는 화폐를 유통에서 구출해냄으로써[10] 가치의 쉴새없는 증식을 추구하지만, 좀더 영리한 자본가는 끊임없이 반복하여 화폐를 유통에 투입함으로써 가치의 끊임없는 증식을 달성한다.[10a]

상품의 가치가 단순 유통에서 취하는 자립적인 형태〔즉 화폐형태〕는 오로지 상품교환을 매개하기만 하고, 운동의 마지막 결과에서는 사라져버린다. 반면 유통 G—W—G에서는 양쪽〔상품이든 화폐든〕 모두 가치 그 자체의 각각 다른 존재양식으로만 기능한다. 즉 화폐는 가치의 일반적인 존재양식으로, 상품은 가치의 특수한 존재양식〔곧 이른바 위장을 하고 M169 있을 뿐인 존재양식〕으로만 기능한다.[11] 이 운동을 통해서 가치는 소멸하는 법이 없이 하나의 형태에서 다른 형태로 끊임없이 이행하여 하나의 자동적인 주체로 전화한다. 스스로 증식하는 가치가 생명활동의 순환과정에서 번갈아 취하는 각각의 현상상태를 고정시키면 다음과 같은 두 가지 주장을 얻을 수 있다. 자본은 화폐이다. 그리고 자본은 상품이다.[12] 그러나 사실 여기에서는 가치가 전체 과정의 주체이며 가치는 이 과정을 통해 화폐와 상품으로 번갈아 형태를 바꾸면서 자신의 크기를 변화시키고 또한 자신의 본래 가치로부터 잉여가치를 만들어냄으로써 스스로를 증식시

〔즉 오로지 사용가치만을 중시하고 장화나 모자·달걀·면직물 등 매우 일상적인 사용가치들에 대해 지칠 줄 모르는 굶주림을 보이는 시민으로〕 바꿔치기해버릴 때에는 이런 견해가 아무런 작용도 하지 않는다.

10) 'Σώζειν'(구출하다)라는 말은 화폐축장을 나타내는 그리스인의 특징적인 표현 중 하나이다. 마찬가지로 'to save'에도 '구출하다'라는 뜻과 '저축하다'라는 두 가지 뜻이 있다.

10a) "모든 물적 존재는 전진(前進)을 통해서는 얻지 못하는 무한(無限)을, 순환을 통해서 얻는다"(갈리아니, 앞의 글, 156쪽).

11) "자본을 구성하는 것은 소재가 아니라 이 소재의 가치이다"(세이〔J. B. Say〕, 『경제학 개론』 제2권, 제3판, 파리, 1817, 429쪽).

12) "생산적인 목적을 위해서 사용되는 통화(!)는 자본이다"(매클로드〔Macleod〕, 『은행업의 이론과 실제』, 런던, 1855, 제1권, 제1장, 55쪽). "자본은 상품이다"(제임스 밀, 『경제학 요강』, 런던, 1821, 74쪽; 세이, 『경제학 개론』 제2권, 제3판, 파리, 1817, 429쪽).

킨다. 왜냐하면 가치가 잉여가치를 부가하는 운동은 가치 자신의 운동이
며 가치의 증식이고 따라서 자기증식이기 때문이다. 가치는 그것이 가치
이기 때문에 가치를 낳는다는 신비한 성질이 있다. 그것은 살아 있는 자식
을 낳든가 아니면 적어도 황금의 알을 낳는다.

　이런 과정 — 가치가 화폐형태와 상품형태를 번갈아 취했다 버렸다 하
면서 동시에 그러한 변환과정을 통해 자기를 보존하면서 확대해나가는
과정 — 전체를 포괄하는 주체로서 가치는 무엇보다도 자기동일성을 확인
할 수 있는 하나의 자립적인 형태를 필요로 한다. 그리고 가치는 오로지
화폐를 통해서만 그러한 자립적 형태를 갖는다. 그래서 화폐는 모든 가치
증식 과정에서 항상 출발점과 종점을 이룬다. 즉 가치는 처음 시작할 때
100파운드스털링이었다가 지금 마치고 나서는 110파운드스털링이 되었
다 등등. 그러나 화폐 그 자체는 여기에서 단지 가치의 한 형태로만 간주
될 뿐이다. 왜냐하면 가치는 두 가지 형태를 갖기 때문이다. 상품형태를 취
하지 않고서는 화폐는 자본이 되지 못한다. 그래서 화폐는 여기에서 화폐
축장의 경우처럼 상품에 대해 적대적인 태도를 취하지 않는다. 자본가는
모든 상품이 — 비록 그것이 아무리 초라해 보이고 악취가 난다 해도 —
맹세코 진실에서는 화폐이며 내면적으로는 할례를 받은 유대인이고 나아
가 화폐를 더 많은 화폐로 만드는 기적을 행하는 수단임을 알고 있다.

　단순 유통에서는 상품의 가치가 기껏해야 상품의 사용가치에 대립하여
화폐라는 자립적 형태를 얻을 뿐이지만, 여기에서는 가치가 과정 전체를
거쳐가며 스스로 운동하는 실체로서 홀연히 나타난다. 이 실체에 대하여
상품이나 화폐는 모두 단순한 형태에 지나지 않는다. 또한 그뿐만이 아니
다. 이제 가치는 상품들간의 관계를 나타내는 것이 아니라 이른바 자기 자
신에 대한 사적 관계 속으로 들어간다. 그것은 본원적 가치로서의 자신과
잉여가치로서의 자신을 서로 구별짓는다. 즉 그것은 아버지 신으로서의
자기와 아들 신으로서의 자기를 구별하는데, 아버지와 아들은 나이가 같
고 사실상 한 몸을 이루고 있다. 왜냐하면 선대(先貸)된 100파운드스털링

은 오직 10파운드스털링이라는 잉여가치에 의해서만 자본이 되며, 그것이 자본이 되는 순간, 즉 아들이 태어남으로써 아들에 의해 아버지가 태어나게 되는 순간 양자의 구별은 다시 소멸해버리고 양자는 하나[110파운드스털링]가 되기 때문이다.

그리하여 가치는 과정을 진행하는 가치, 과정을 진행하는 화폐가 되며 그럼으로써 자본이 된다. 그것은 유통에서 나왔다가 다시 유통으로 들어가고, 유통 속에서 자기를 유지하고 배가시키고 증대되어서 유통 밖으로 되돌아나오는 방식으로 동일한 순환을 끊임없이 되풀이하거나 새롭게 시작한다.[13] G — G′, 화폐를 낳는 화폐 — money which begets money, 이것이 자본에 대한 최초의 통역자인 중상주의자들의 입을 통해 나온 자본에 대한 묘사이다.

판매를 위한 구매 또는 좀더 정확하게 말해서 더욱 비싸게 판매하기 위한 구매, 즉 G — W — G′는 분명히 오로지 자본의 한 종류인 상인자본에만 고유한 형태처럼 보인다. 그러나 산업자본도 상품으로 전화한 다음 상품의 판매에 의해 더 많은 화폐로 재전화하는 화폐이다. 구매와 판매의 중간, 즉 유통영역의 외부에서 이루어지는 행위는 이 운동형태를 조금도 변화시키지 않는다. 끝으로, 이자를 낳는 자본에서 이루어지는 유통 G — W — G′는 단축된 형태로 나타나는데, 여기에서는 중간과정 없이 이른바 간결체 형태인 G — G′로 나타난다. 즉 일정량의 화폐가 그보다 더 많은 화폐와 같고, 일정 크기의 가치가 자신보다 더 큰 가치와 같다는 방식으로 나타난다.

그래서 사실상 G — W — G′는 유통영역에서 직접 나타나는 모습 그대로의 자본의 일반적 정식이다.

---

13) "자본 …… 영구적으로 자기를 배가해나가는 가치"(시스몽디[Sismondi], 『신경제학 원리』, 제1권, 89쪽).

제2절 일반적 정식의 모순

화폐가 탈바꿈하여 자본으로 성장하는 경우의 유통형태는 상품이나 가치, 화폐나 유통 그 자체의 본성과 관련하여 지금까지 논의된 모든 법칙과 모순된다. 이 유통형태를 단순 상품유통과 구별짓는 것은 동일한 두 개의 대립적 과정〔즉 판매와 구매〕의 순서가 거꾸로 되어 있다는 점이다. 그러면 어떻게 하여 이런 순전히 형태적인 차이가 이들 과정의 본성까지도 요술처럼 변화시킬 수 있었을까?

뿐만 아니라, 이러한 역전은 서로 거래하는 3인의 거래자 가운데 오직 한 사람에게만 존재한다. 자본가인 나는 A에게서 상품을 사서 B에게 팔지만, 단순 상품소유자는 B에게 상품을 팔고 다음에 A에게서 상품을 산다. 거래자 A와 B에게서는 두 경우 사이에 아무런 차이도 존재하지 않는다. 그들은 그저 상품구매자로 또는 상품판매자로 등장할 뿐이다. 자본가인 나 자신도 이들을 그때그때 단순한 화폐소유자나 단순 상품소유자로 또 는 구매자나 판매자로 상대한다. 더욱이 나는 어느 쪽의 순서에서나 한 사람에게는 그저 구매자로, 다른 사람에게는 단순한 판매자로 상대하며, 한 편으로는 화폐로 상대하고 다른 한편으로는 상품으로 상대할 뿐이다. 어느 쪽 사람에게도 자본이나 자본가로 상대하지는 않는다. 즉 무언가 화폐나 상품 이상의 것이라든가 화폐나 상품의 작용 이외에 다른 작용을 할 수 있는 다른 어떤 것의 대표자로 상대하지는 않는다. 나에게 A로부터의 구매와 B에게로의 판매는 하나의 순서를 이루고 있다. 그러나 이 두 행위간의 관련은 오로지 내게만 존재한다. A는 나와 B의 거래에서는 아무 관계가 없고 B는 나와 A의 거래에서 아무 관계가 없다. 만일 내가 순서를 뒤집어 무언가 특별한 것을 이루고 그 공로를 그들에게 설명하려고 한다면, 그들은 나에게 내가 순서 자체를 잘못 알고 있었으며 이 거래 전체는 구매에서 시작해 판매로 끝나는 것이 아니라 거꾸로 판매에서 시작해 구매로 끝난다는 것을 증명하려 할 것이다. 사실 나의 첫 번째 행위인 구매는 A의 처지에서 보면 판매일 것이고 나의 두 번째 행위인 판매는 B의 처지에서 보면 구매이다. 이것만으로 만족하지 않고 A와 B는 이 전체 순서가 무의미한 것이고 눈속임에 지나지 않는다고 말할 것이다. A는 그 상품을 직접 B에게 팔 것이고, B는 그것을 직접 A에게서 살 것이다. 그러면 전체 거래는 통상적인 상품유통의 일면적인 행동으로 축소되어, A의 처지에서는 단순한 판매가 되고 B의 처지에서는 단순한 구매가 될 것이다. 그러므로 우리가 순서를 뒤집었다고 해서 단순 상품유통의 영역을 벗어나는 것은 아니며 오히려 우리는 단순 상품유통이 그 성질상 그 속에 들어오는 가치의 증식, 즉 잉여가치의 형성을 허용하는지 않는지를 살펴봐야 할 것이다.

유통과정이 단순 상품교환의 형태를 취하고 있는 경우를 가정해보자. 두 명의 상품소유자가 서로 상품을 구매하고 서로간의 화폐청구권 차액을 지불날짜에 결제하는 경우가 바로 그것이다. 이 경우 화폐는 계산화폐로서 상품의 가치를 가격으로 나타내는 구실을 하지만 상품 그 자체에 대해 물적 존재로 상대하지는 않는다. 사용가치에 관한 한 두 교환당사자는 모두 이득을 본다는 것이 분명하다. 두 사람 모두 자신에게 사용가치로 쓸모없는 상품을 양도해주고 자신이 사용하는 데 필요한 상품을 손에 넣는다. 게다가 이득은 여기에서 그치지 않는다. 포도주를 팔아 곡물을 산 A는 아마 곡물농사를 짓는 B가 동일한 노동시간에 생산할 수 있는 것보다 더 많은 포도주를 생산할 것이다. 또 곡물농사를 짓는 B는 동일한 노동시간 안에 포도농사를 짓는 A가 생산할 수 있는 것보다 더 많은 곡물을 생산할 것이다. 그러므로 이 두 사람이 교환 없이 각자 스스로 포도주나 곡물을 생산해야 하는 경우에 비해, 동일한 교환가치로 A는 더 많은 곡물을, B는 더 많은 포도주를 손에 넣는다. 그러므로 사용가치에 관한 한 "교환은 쌍방이 모두 이득을 보는 거래이다!"[14]라고 말할 수 있을 것이다. 그러나 교

M172

---

14) "교환이란 거래 쌍방 모두가 늘(!) 이득을 보는 불가사의한 거래이다"(데스튀트 드 트라시, 『의지와 의지작용론』, 파리, 1826, 68쪽; 같은 책이 『경제학론』으로 간행되기도 하였다).

환가치에서는 그렇지 않다.

포도주는 많이 갖고 있지만 곡물을 갖고 있지 않은 어떤 사람이, 곡물은 많이 갖고 있지만 포도주는 갖고 있지 않은 다른 사람과 거래하여 그들 사이에 50의 가치를 지니는 밀이 50의 가치를 지니는 포도주와 교환된다고 하자. 이 교환은 두 사람 가운데 누구에게도 교환가치를 늘려주지는 않는다. 왜냐하면 그들은 모두 이 거래를 통해 손에 넣은 가치와 동등한 가치를 이미 교환 이전에도 갖고 있었기 때문이다.[15]

화폐가 유통수단으로서 상품과 상품 사이에 들어오고 판매와 구매 행위가 감각적으로 분리되더라도 사정은 전혀 변하지 않는다.[16] 상품의 가치는 상품이 유통으로 들어오기 전에 그 가격을 통해 표시되어 있는 것이고 따라서 그것은 유통의 전제이지 결과는 아니다.[17]

추상화시켜 고찰한다면(즉 단순 상품유통의 내재적 법칙에서 비롯되는 것이 아닌 요인들을 무시한다면) 어떤 사용가치가 다른 사용가치와 바뀌었다는 것 외에 단순 상품유통에서 이루어지는 것은 상품의 전형(즉 단순한 형태변화)뿐이다. 동일한 교환가치(즉 대상화한 사회적 노동의 동일한 양)가 동일한 상품소유자의 손에서 처음에는 그 상품의 모습 그대로, 다음에는 이 상품이 전화한 화폐의 모습으로, 마지막에는 이 화폐가 재전화한 상품의 모습으로 나타난다. 이 형태변화는 가치크기에서는 아무런 변화도 포함하지 않는다. 그런데 이 과정에서 상품가치 그 자체가 경험하는 변환은 그 화폐형태의 전화에 국한된다. 이 화폐형태는 처음에는

---

15) 메르시에, 앞의 책, 544쪽.
16) "이들 두 가치의 한쪽이 화폐이든 아니면 양쪽 모두 보통 상품이든, 그것은 전혀 상관이 없다"(같은 책, 543쪽).
17) "계약 당사자들이 가치를 결정하는 것은 아니다. 가치는 계약이 이루어지기 전에 벌써 정해져 있다"(르 트론, 앞의 글, 906쪽).

판매하기 위해 내놓은 상품의 가격으로, 다음에는 어떤 화폐액〔그것도 이미 가격으로 표현되어 있던 화폐액〕으로, 마지막에는 어떤 등가상품의 가격으로 존재한다. 이 형태변화는 그 자체로는 가치크기의 변화를 포함하지 않는데, 이는 마치 5파운드스털링의 은행권을 소버린화나 $\frac{1}{2}$ 소버린화 또는 실링화와 서로 바꿀 수 있는 것과 마찬가지이다. 이처럼 상품유통이 오직 상품가치의 형태변화만을 일으키고 그것이 순수한 형태로 이루어진다면, 상품유통은 등가물끼리의 교환을 일으키는 것이다. 그러므로 가치가 무엇인지 알아차리지 못한 속류경제학자들에게서조차 그들 나름의 방법으로 현상을 순수하게 고찰하려고 할 때는 늘 수요와 공급이 일치한다는 것, 즉 수요-공급의 작용이 없어진다는 것을 전제한다. 그래서 사용가치에서는 교환 당사자 모두가 이득을 볼 수 있을지 모르지만, 교환가치에서는 두 사람이 모두 이득을 볼 수는 없다. 그래서 여기서는 "평등이 있는 곳에 이득은 없다"[18]는 말이 그대로 적용된다. 물론 상품이 그 가치와는 다른 가격으로 팔릴 수도 있지만, 그러나 이런 경우는 상품교환의 법칙이 훼손된 형태로 나타난다.[19] 순수한 형태의 상품교환은 등가물끼리의 교환이고 따라서 가치를 늘리는 수단이 아니다.[20]

그러므로 상품유통을 잉여가치의 원천이라고 설명하려는 시도의 배후에는 대개 사용가치와 교환가치의 혼동이 자리를 잡고 있다. 그것을 잘 보여주는 예로 콩디야크(Condillac)의 다음과 같은 얘기를 들 수 있다.

상품교환에서 동일한 가치끼리 교환된다는 것은 틀린 말이다. 사실은

---

18) "Dove è egualità, non è lucro"(갈리아니, 앞의 책, 244쪽).

19) "만일 어떤 외부의 요인 때문에 가격이 오르든가 내리든가 하게 되면, 교환의 두 당사자 가운데 한쪽은 불리해진다. 이 경우 평등은 훼손되는데, 그러나 이 훼손은 외부의 다른 요인에 의한 것이지 교환으로 말미암아 야기된 것은 아니다"(르 트론, 앞의 책, 904쪽).

20) "교환은 성질상 동일한 크기의 두 가치 사이에 성립하는 대등한 계약이다. 그러므로 그것은 부를 축적하기 위한 수단이 아니다. 왜냐하면 받는 것만큼을 주기 때문이다"(같은 책, 903~904쪽).

그 반대이다. 두 계약 당사자는 모두 언제나 더 적은 가치를 더 큰 가치와 교환한다. …… 만일 실제로 언제나 동등한 가치끼리 교환된다면 어떤 계약 당사자에게도 이득은 없을 것이다. 그러나 쌍방은 모두 이득을 얻고 있으며 또 이득을 얻어야 한다. 왜 그럴까? 물적 존재의 가치는 오로지 그것들이 우리의 욕망과 관련되어 있기 때문이다. 한 사람에게는 욕망을 충족시키고도 남는 것이 다른 사람에게는 욕망을 충족시키기에 부족한 경우가 있다. 물론 그 반대의 경우도 있다. …… 사람들이 자신들의 소비를 위해 반드시 필요한 것을 판매해버리는 경우는 생각할 수 없다. 우리는 자신에게 필요한 물건을 손에 넣기 위해 자신에게 쓸모없는 것을 내놓으려 한다. 우리는 남아도는 것을 부족한 것과 바꾸려고 한다. …… 교환된 물건들 하나하나가 가치에서 같은 양의 화폐와 동일하다면, 교환이 같은 크기의 가치끼리 이루어지는 것이라고 생각하는 것은 당연한 일이다. …… 그러나 또다른 측면을 고려해야 한다. 쌍방 모두가 남는 여분의 것을 필요한 어떤 것과 바꾸는 것인지 아닌지의 문제가 바로 그것이다.[21]

여기에서 알 수 있듯이 콩디야크는 사용가치와 교환가치를 혼동하고 M174 있을 뿐만 아니라, 유치하게도 생산자가 자신의 생활수단을 스스로 생산하고 자신의 욕망을 채우고 남은 초과분, 곧 잉여분만을 유통에 내놓는 상태를 발달된 상품생산 사회와 슬쩍 바꾸어놓고 있다.[22] 그럼에도 콩디야크의 주장은 근대경제학자들에게서 자주 반복되고 있는데, 특히 상품교환의 발달된 모습인 상업을 잉여가치를 생산하는 것으로 설명하려는 다

---

21) 콩디야크, 『상업과 정부』〔1776〕, 데르·몰리나리(Molinari) 엮음, 『경제학 총서』, 파리, 1848, 267·291쪽.

22) 바로 이런 이유로 르 트론은 자기 친구 콩디야크에게 다음과 같이 매우 정확하게 대답하고 있다. "발달된 사회에는 여분이라는 것이 존재하지 않는다." 동시에 그는 다음과 같은 말로 콩디야크를 비웃는다. "만약 교환 당사자 쌍방이 똑같은 양으로 자신에게 남는 것을 자신에게 부족한 것과 바꾼다면 그들은 모두 같은 양을 받은 셈이 된다." 콩디야크는 교환가치의 성질을 전혀 알지 못했기 때문에 자신의 이 유치한 개념의 보증인으로 빌헬름 로셔를 앞세우고 있다. 로셔, 앞의 책, 제3판, 1858을 보라.

음과 같은 경우가 바로 그런 예이다.

상업은 생산물에 가치를 부여한다. 왜냐하면 동일한 생산물이라도 생산자의 손에 있는 것보다는 소비자의 손에 있는 것이 더 많은 가치를 갖게 되기 때문이다. 따라서 상업은 문자 그대로 생산행위로 간주되어야 한다.[23]

그러나 사람들은 상품에 대하여 이중으로[즉 한 번은 그 사용가치에 대하여, 또 한 번은 가치에 대하여] 지불하지는 않는다. 또한 만일 상품의 사용가치가 판매자에게보다 구매자에게 좀더 유용하다면 그 화폐형태는 구매자보다 판매자에게 좀더 유용하다. 그렇지 않다면 판매자가 그것을 팔 까닭이 있겠는가? 이와 마찬가지로 구매자는 예를 들어 상인의 양말을 화폐로 전화시켜줌으로써 문자 그대로 하나의 '생산행위'를 수행한다고도 말할 수 있을 것이다.

만일 동등한 교환가치의 상품끼리 또는 역시 동등한 교환가치의 상품과 화폐가 교환된다면, 다시 말해서 등가물과 등가물이 교환된다면, 분명히 누구도 자신이 유통에 집어넣은 것보다도 많은 가치를 유통으로부터 빼낼 수는 없을 것이다. 그렇다면 잉여가치는 형성되지 않는다. 그런데 순수한 형태의 상품유통 과정은 언제나 등가물끼리의 교환을 전제로 한다. 그렇지만 현실에서는 모든 사물이 순수한 형태로 진행되는 것이 아니다. 그렇다면 이제 비등가물(非等價物)끼리의 교환을 생각해보자.

어떤 경우건 상품시장에서는 단지 상품소유자와 상품소유자가 만날 뿐이며 이들이 서로에게 미치는 힘은 오직 그들이 가진 상품의 힘뿐이다. 여러 상품들간의 물질적 차이는 교환의 물질적 동인으로 상품소유자들을 서로 의존하게 만드는데, 이는 상품소유자들 모두가 자신이 필요로 하는 M175 욕망의 대상은 갖고 있지 않은 반면 타인이 필요로 하는 욕망의 대상은 갖

---

23) 뉴먼(S.P. Newman), 『경제학 요강』, 앤도버/뉴욕, 1835, 175쪽.

고 있기 때문이다. 사용가치의 이러한 물질적 차이 외에 또다른 상품들간의 차이로는, 상품의 현물형태와 그것의 전화한 형태 사이의 차이 또는 상품과 화폐 간의 차이라는 단 하나의 차이가 있을 뿐이다. 따라서 상품소유자들은 한쪽이 판매자〔곧 상품소유자〕이고, 다른 한쪽이 구매자〔곧 화폐소유자〕라는 점으로만 서로 구별될 뿐이다.

그러면 뭔가 설명할 수 없는 특권에 의해서 상품을 그 가치보다 비싸게〔예를 들어 그 가치가 100이면 110에, 곧 명목상 10% 가격을 인상해서〕 팔 수 있도록 판매자에게 허락한다고 가정해보자. 다시 말해 판매자는 10이라는 잉여가치를 얻는다. 그러나 그는 판매자가 된 뒤에는 구매자가 된다. 이번에는 제3의 상품소유자가 판매자로서 그를 만나고, 이 상품소유자도 역시 상품을 10% 비싸게 팔 수 있는 특권을 갖고 있다. 처음 사람은 판매자로서는 10의 이득을 보았지만 그 다음 구매자로서는 10을 손해보게 된다.[24) 실제로 이러한 과정은 전체적으로 보아, 모든 상품소유자가 서로 자신의 상품을 그 가치보다 10% 비싸게 팔기 때문에, 결국 그들이 상품을 가치대로 판 것과 똑같은 상황이 되고 만다. 모든 상품의 이러한 전반적인 명목적 가격인상은 마치 상품가치가 예를 들어 금 대신 은으로 평가되는 경우와 동일한 결과를 낳는다. 화폐명칭, 곧 상품의 가격은 커질지 모르지만 상품들간의 가치관계는 변함이 없을 것이다.

이번에는 거꾸로 상품을 그 가치보다 싸게 사는 것이 구매자의 특권이라고 가정해보자. 여기서는 구매자가 다시 판매자가 되는 경우를 생각해낼 필요조차 없다. 그는 구매자가 되기 전에 이미 판매자였다. 그는 구매자로서 10% 이익을 보기 전에 이미 판매자로서 10%를 손해보았다.[25) 이

---

24) "생산물의 명목적 가치인상을 통해서는 …… 판매자는 부를 늘리지 못한다. …… 왜냐하면 그가 판매자로서 번 것과 똑같은 만큼을 그는 구매자의 위치에서 도로 내놓기 때문이다"(그레이〔J. Gray〕, 『국부의 주요 원리』, 런던, 1797, 66쪽).

25) "만일 24리브르(Livre)의 가치가 있는 어떤 분량의 생산물을 18리브르에 팔게 된다면, 똑같은 금액을 구매에 사용할 때 역시 18리브르로 24리브르만큼의 것을 얻을 수 있을 것이다"(르트론, 앞의 책, 897쪽).

번에도 역시 모든 것이 원래 그대로이다.

요컨대 잉여가치의 형성과 이에 따른 화폐의 자본으로의 전화는 판매자가 상품을 가치보다 비싸게 팔든가 구매자가 상품을 가치보다 싸게 사는 방식으로는 설명될 수 없다.[26]

M176 토런스의 다음과 같은 말처럼 다른 관계를 여기에 끌어들인다고 해도 문제가 간단해지는 것은 결코 아니다.

> 유효수요는 — 직접적인 교환을 통해서든 간접적인 교환을 통해서든 — 자본의 전체 구성요소 가운데 상품생산에 쓰인 것보다 더 큰 어떤 부분을 그 상품에 대한 대가로 주는 소비자의 지불능력과 성향(!)에 달려 있다.[27]

유통에서 생산자와 소비자는 단지 판매자와 구매자로서만 마주 선다. 소비자가 상품을 가치보다 비싸게 지불함으로써 생산자에 대한 잉여가치가 생겨난다는 주장은 상품소유자가 판매자로서 가치보다 비싼 가격에 팔 수 있는 특권을 갖고 있다는 단순한 사실을 위장하는 것일 뿐이다. 판매자가 그 상품을 스스로 생산했거나 또는 그 생산자를 대표하고 있는 것과 마찬가지로, 구매자는 자신의 화폐를 통해서 표시된 상품을 스스로 생산했거나 또는 그 생산자를 대표한다. 그러므로 실제로 마주 서는 것은 생산자와 생산자이다. 그들을 구별짓는 것은 한쪽은 구매하고 한쪽은 판매한다는 점이다. 상품소유자가 생산자의 명의로 상품을 그 가치보다 비싸게 팔고 소비자의 명의로 상품의 가치 이상의 가격을 지불한다고 해도 사정은 전혀 다를 바가 없다.[28]

---

26) "그러므로 어떤 판매자건 항상 자신의 상품가격을 인상하기 위해서는 자기 자신도 다른 판매자의 상품에 더 비싼 값을 지불해야 한다는 것을 용인해야만 한다. 그리고 같은 이유로 어떤 소비자건 항상 더 값싸게 구입하기 위해서는, 자신이 파는 상품도 마찬가지로 가격을 인하해야만 한다"(리비에르, 앞의 책, 555쪽).

27) 토런스(R. Torrens), 『부의 생산에 관한 고찰』, 런던, 1821, 349쪽.

28) "이윤이 소비자로부터 지불된다는 생각은 단연코 매우 어리석은 것이다. 누가 소비자란 말

그러므로 잉여가치가 명목상의 가격인상에서 생긴다든가 상품을 지나치게 비싼 가격으로 파는 판매자의 특권에서 생긴다든가 하는 환상을 악착같이 주장하는 사람들은 판매는 하지 않고 구매만 하는〔따라서 생산은 하지 않고 소비만 하는〕 어떤 계급을 상정하고 있는 것이다. 이러한 계급의 존재는 지금까지 얘기된 관점〔즉 단순 유통의 관점〕에서는 아직 설명할 수 없다. 그러나 여기에서는 미리 앞질러가보기로 하자. 이런 계급의 경우에는 그들이 끊임없이 구매하기 위해서 사용할 화폐가 교환 없이 무상으로, 그리고 임의의 법적·폭력적 권한에 기초하여 상품소유자에게서 이 계급에게로 계속 흘러들어와야 한다. 이 계급에게 상품을 가치보다 비싸게 판다는 것은 무상으로 주었던 화폐의 일부분을 속여서 다시 회수함을 뜻할 뿐이다.[29] 소아시아의 도시들이 매년 고대 로마에 화폐공납을 바쳤던 것은 바로 이런 이유에서였다. 로마는 이 화폐로 그들 도시로부터 상품을 샀는데, 그것도 지나치게 비싼 가격으로 사곤 하였다. 소아시아인들은 상업이라는 방법을 통해 정복자에게서 공납의 일부분을 다시 회수하는 식으로 로마인들을 속였다. 그러나 그럼에도 소아시아인들 역시 속은 사람들이었다. 그들 상품의 대가는 여전히 그들 자신의 화폐로 자신들에게 지불되는 것이었다. 이런 것은 결코 부를 축적하거나 잉여가치를 형성하는 방법이 아니다. M177

이제 다시 판매자가 구매자가 되고 또 구매자가 판매자가 되는 상품교환의 범위 안으로 돌아가기로 하자. 우리의 어려움은 우리가 등장인물을 인격화된 범주로만 파악하고 실제 사람으로 파악하지 않은 데서 생겼을지도 모른다.

인가?"(램지〔G.Ramsay〕, 『부의 분배에 관한 고찰』, 에든버러, 1836, 183쪽).

29)　맬서스(Malthus)가 자기 제자 찰머스 목사와 마찬가지로 단순한 구매자 계층〔또는 소비자 계층〕을 경제적으로 찬양하는 데 화가 난 리카도학파의 한 사람은 이렇게 묻는다. "맬서스 씨, 당신은 수요가 없어서 물건을 못 팔고 있는 사람에게 이렇게 조언하는 것입니까? 즉 다른 사람에게 돈을 주어 그 사람이 당신 상품을 사게 하라고 말입니다"(『최근 맬서스가 주장하는 수요의 성질과 소비의 필요에 대한 원리 연구』, 런던, 1821, 55쪽).

상품소유자 A는 매우 교활한 사람으로 자기 동료 B나 C를 속였는데 B와 C는 도저히 복수를 할 수 없다고 하자. A는 40파운드스털링의 가치가 있는 포도주를 B에게 팔고 그 대가로 50파운드스털링의 가치가 있는 곡물을 손에 넣었다고 하자. A는 자신의 40파운드스털링을 50파운드스털링으로 전화시켰다. 즉 더 적은 화폐를 더 많은 화폐로 만들고 자신의 상품을 자본으로 전화시켰다. 이것을 좀더 자세히 살펴보자. 교환이 이루어지기 전에는 A의 손에 40파운드스털링의 포도주가 있었고 B의 손에 50파운드스털링의 곡물이 있었으며 총가치는 90파운드스털링였다. 교환이 이루어진 뒤에도 총가치는 마찬가지로 90파운드스털링이다. 유통되는 가치는 조금도 커지지 않았지만 A와 B 사이의 가치배분은 달라졌다. 한편에서 잉여가치로 나타나는 것이 다른 한편에서는 가치의 손실로 나타나고, 한편에서 플러스로 나타나는 것이 다른 한편에서는 마이너스로 나타난다. A가 교환이라는 은폐된 형태를 통하지 않고 직접 B에게서 10파운드스털링을 훔친 경우에도 결과는 마찬가지일 것이다. 유통되는 가치의 총액은 그 배분을 어떻게 변화시켜도 증가시킬 수 없는 것이 분명하며, 그것은 마치 한 유대인이 앤 여왕 시대의 1파딩(Farthing: 1파딩=$\frac{1}{4}$페니, 1페니=$\frac{1}{12}$실링—옮긴이)을 1기니(Guinee: 1기니=21실링—옮긴이)에 판다 해도 그것으로는 영국 전체의 귀금속 양을 증가시키지 못하는 것과 같다. 한 나라의 자본가계급 전체가 모두 자신들에게 속임수를 쓸 수는 없는 일이다.[30]

그리하여 아무리 적당히 속여보려 해도 결국은 마찬가지이다. 등가물끼리 교환되어도 잉여가치가 생기지 않고 비등가물끼리 교환되어도 잉여가치는 생기지 않는다.[31] 유통이나 상품교환은 어떠한 가치도 만들어내

M178

---

30) 데스튀트 드 트라시는 프랑스 학술원 회원[†53]이었는데도 — 어쩌면 그 이유 때문에 — 그 의견에 반대하였다. 그는 이렇게 말한다. "산업자본가들은 '모든 것을 그 생산에 든 비용보다 비싸게 팔아' 이득을 얻는다. 그러면 그들은 누구에게 판매하는가? 우선 서로들에게이다"(『의지와 의지작용론』, 239쪽).

31) "크기가 같은 두 가치 사이의 교환은 사회에 현존하는 가치의 양을 증가시키지도 않고 감소시키지도 않는다. 크기가 다른 두 가치 사이의 교환도 …… 한 사람의 재산을 빼앗아서 그것을

지 못한다.[32)]

　따라서 우리는 자본의 기본형태〔즉 근대 사회의 경제조직을 규정하는 자본의 형태〕를 분석할 때, 왜 그 유명한 이른바 대홍수 이전의 자본의 모습인 상업자본과 고리대자본을 전혀 고려하지 않는가를 이해하게 된다.

　본래의 상업자본에서는 G―W―G′의 형태, 즉 좀더 비싸게 팔기 위해 구매하는 형태가 가장 순수한 형태로 나타난다. 그런데 상업자본의 모든 운동은 유통영역 내부에서 이루어진다. 그리고 화폐의 자본으로의 전화나 잉여가치의 형성을 유통 그 자체로부터 설명할 수는 없기 때문에 등가물끼리 교환되는 순간[33)] 상업자본이라는 존재는 불가능한 것으로 보이고, 상업자본은 오로지 구매하는 상품생산자와 판매하는 상품생산자 사이에 기생적으로 끼어든 상인에 의해 생산자 양쪽이 모두 사취당하는 경우에만 나타날 수 있는 것으로 여겨진다. 이런 의미에서 프랭클린은 "전쟁은 약탈이고 상업은 사기이다"[34)]라고 말한 것이다. 상업자본의 가치증식이 단순히 상품생산자로부터의 사취만으로 설명되지 않으려면 기다란 M179 중간부분이 필요한데, 이는 상품유통과 그 단순한 계기들만을 전제로 하는 현단계에서는 아직 전적으로 결여되어 있다.

　상업자본에 대한 위의 얘기는 고리대자본에도 그대로〔좀더 분명한 형

다른 사람의 재산에 부가해주는 것에 불과하므로 결국 사회의 가치 총액에는 아무런 변화도 없다"(세이, 앞의 책, 제2권, 443~444쪽). 물론 세이는 이 명제의 논리적 귀결에는 개의치 않고 이 얘기를 중농주의자들에게서 그대로 차용하고 있다. 당시에는 아직 세상에 알려지지 않고 있던 중농주의자들의 저작을 세이가 이처럼 자신의 '가치'를 높이기 위해 어떻게 활용했는지를 잘 보여주는 예로 다음의 것을 들 수 있다. 세이의 '가장 유명한' 명제인 "생산물은 생산물로만 살 수 있다"(같은 책, 제2권, 438쪽)는 중농주의자들의 원문에서는 "생산물은 생산물로만 지불된다"(르 트론, 앞의 책, 899쪽)라고 되어 있다.

32)　"교환은 생산물에 어떠한 가치도 부여하지 않는다"(웨일랜드〔F. Wayland〕, 『경제학 요강』, 보스턴, 1843, 168쪽).

33)　"불변적인 등가물의 지배 아래에서는 상업이 불가능해질 것이다"(업다이크〔G. Opdyke〕, 『경제학 개론』, 뉴욕, 1851, 66~69쪽). "실질가치와 교환가치 사이의 차이는 다음과 같은 사실에 근거하고 있다 ― 즉 어떤 물품의 가치는 상업에서 그 물건에 주어지는 이른바 등가와는 다르다는 점, 즉 이 등가는 등가가 아니라는 것이다"(엥겔스, 앞의 책, 95~96쪽).

34)　프랭클린, 「국부에 관해 검토되어야 할 몇 가지 견해」, 『저작집』 제2권〔스파크스 엮음〕, 376쪽.

태로〕 적용된다. 상업자본에서는 유통의 양쪽 끝, 즉 시장에 투입된 화폐
와 시장에서 증식되어 회수된 화폐가 적어도 판매와 구매라는 유통운동
에 의해 매개되어 있다. 그런데 고리대자본에서는 G—W—G′의 형태
가 아무런 매개 없이 양쪽 끝 G—G′만으로 단축되어 있다. 즉 화폐가 더
많은 화폐와 교환되는 형태로, 따라서 화폐의 본성과 모순되는 것은 물론
상품교환의 입장에서는 설명할 수 없는 형태로 단축되어 있다. 그래서 아
리스토텔레스는 다음과 같이 말한다.

> 이재학(理財學, Chrematistik)은 이중적인 것으로, 한편은 상업에 속하고
> 다른 한편은 경제(Ökonomik)에 속한다. 후자는 필요한 것이라서 칭찬할
> 만한 것이지만 전자는 유통에 근거하고 있어서 당연히 비난을 받는다(왜냐
> 하면 그것이 자연에 근거하지 않고 서로간의 사취에 기초해 있기 때문이
> 다). 따라서 고리대는 더욱 증오를 받는다. 왜냐하면 여기서는 화폐 자체가
> 이득의 원천이 되어 애초 그것이 만들어진 목적으로 사용되지 않기 때문이
> 다. 사실 화폐는 상품교환을 위해 생겨난 것임에도 이자는 화폐를 더 많은
> 화폐로 만드는 것이다. 그 명칭(τόκος, 이자 또는 새끼)도 여기에서 나왔는
> 데, 이는 새끼가 그 어미를 닮았기 때문에 붙여진 이름이다. 그러나 이자는
> 화폐에서 나온 화폐이고, 따라서 모든 영리부문 가운데 이것이 가장 반자
> 연적인 것이다.[35]

상업자본과 마찬가지로 이자를 낳는 자본 역시 우리 연구과정에서 파
생적인 형태로 다루어질 것이다. 또한 동시에 왜 그것들이 역사적으로 자
본의 근대적인 기본형태보다 먼저 나타났는가 하는 점도 밝혀질 것이다.
지금까지 밝혀진 바대로 잉여가치는 유통에서 발생할 수 없는 것이므
로, 그것이 만들어지려면 유통 내에서는 볼 수 없는 무엇인가가 유통의 배

---

35) 아리스토텔레스, 앞의 책, 제1권, 제10장, 17쪽.

후에서 일어나야만 한다.[36] 그러나 잉여가치가 유통에서 발생하는 것이 아니라면 외부의 어디에서 발생할 수 있겠는가? 유통이란 것은 상품소유 자들의 모든 상호관계*의 총체이다. 유통의 외부에서는 상품소유자는 오로지 자신의 상품하고만 관계할 뿐이다. 상품가치와 관련하여 이 관계는 그 상품이 일정한 사회적 법칙들에 따라 측정된 상품소유자 자신의 노동량을 포함하고 있다는 데에 국한된다. 이 노동량은 그 상품의 가치크기로 M180 표현되며 가치크기는 계산화폐로 표시된다. 즉 그 노동량은 예컨대 10파운드스털링이라는 가격으로 표시된다. 그러나 그 노동은 그 상품의 가치에 그 가치 이상의 초과분까지를 표시하는 것이 아니다. 즉 11이라는 가격과 같은 크기의 10이라는 가격, 다시 말해서 자신보다 더 큰 가치를 표시하는 것이 아니다. 상품소유자는 자신의 노동으로써 가치를 형성할 수는 있지만 스스로 증식하는 가치를 형성할 수는 없다. 그는 새로운 노동을 통하여 기존의 가치에 새로운 가치를 부가함으로써〔예를 들어 가죽으로 장화를 만듦으로써〕한 상품의 가치를 증대시킬 수 있다. 이제는 동일한 소재가 더 큰 노동량을 포함하므로 더 큰 가치를 갖는다. 따라서 장화는 가죽보다 큰 가치가 있지만 가죽의 가치는 처음 그대로이다. 가죽은 자신의 가치를 증식하지도 않았고 장화가 제조되는 과정에서 잉여가치가 부가된 것도 아니다. 유통영역의 외부에서 상품생산자는 다른 상품소유자와 접촉하지 않은 채로는 가치를 증식시키지도 못하고 따라서 화폐 또는 상품을 자본으로 전화시키지도 못한다.

자본은 유통에서 발생할 수도 없고, 또 마찬가지로 유통에서 발생하지 않을 수도 없다. 자본은 유통에서 발생해야 하는 동시에 유통에서 발생해서는 안 된다.

이리하여 하나의 이중적인 결과가 나왔다.

---

36) "시장의 일상적인 조건 아래에서는 교환을 통해 이윤이 만들어지지 않는다. 만일 그것이 거래 이전에 존재하지 않았다면 그뒤에도 존재할 수 없을 것이다"(램지, 앞의 책, 184쪽).
  * 제3판과 제4판에는 '상품관계'라고 되어 있다.

화폐의 자본으로의 전화는 상품교환에 내재하는 여러 법칙의 기초 위
에서 전개되어야 하며, 따라서 등가물끼리의 교환이 출발점으로 간주된
M181 다.[37) 아직 자본가의 애벌레에 불과한 우리의 화폐소유자는 상품을 그 가
치대로 구매하고 그 가치대로 판매하며, 나아가 그 과정의 끝부분에서는
그가 투입한 것보다 많은 가치를 회수하지 않으면 안 된다. 애벌레로부터
나방으로의 성장은 유통영역에서 일어나야 하며 또한 유통영역에서 일어
나서는 안 된다. 이것이 문제의 조건이다. 여기가 바로 로도스 섬이다. 여
기서 한번 뛰어보아라(Hic Rhodus, hic salta!)[†54]

제3절 노동력의 구매와 판매

자본으로 전화되어야 할 화폐의 가치변동은 화폐 그 자체에서는 일어
나지 않는다. 왜냐하면 화폐는 구매수단으로서든 지불수단으로서든 그것
이 구매하거나 지불하는 상품의 가격을 실현할 뿐이며, 자신의 형태 그대
로 머물러 있을 경우 가치크기가 변하지 않는 화석으로 굳어버리기 때문
이다.[38) 이와 마찬가지로 제2의 유통행위인 상품의 재판매에서도 변동은

---

37) 이 말이 곧 상품가격이 상품가치와 같을 때도 자본 형성이 가능해야 한다는 의미라는 것을
독자들은 위의 설명을 통하여 이해할 수 있을 것이다. 자본 형성은 상품가격의 상품가치로부
터의 괴리를 통해서는 설명될 수 없다. 가격이 실제로 가치에서 괴리되었다면 먼저 가격을 가
치로 환원한 다음, 〔즉 위의 상태를 우연적인 것으로 배제한 다음〕 상품교환에 기초한 자본 형
성의 현상을 순수하게 파악해야 하며, 그럼으로써 그 고찰에서 본래의 과정과는 관계 없는 교
란적이고 부수적인 요인에 현혹되지 않도록 해야 한다. 또 말할 필요도 없이 이 환원은 결코 단
순한 과학적 절차가 아니다. 시장가격의 끊임없는 변동〔그 상승과 하락〕은 서로 상쇄되어 저
절로 그 내적 기준인 평균가격으로 환원된다. 이 내적 기준은 비교적 장기간이 소요되는 사업
에서 모든 상인이나 제조업자가 일종의 안내표지판으로 삼는 것이다. 이들은 비교적 장기간에
걸쳐 볼 때, 상품이 사실 그 평균가격으로 판매된다는 것을 알고 있다. 그러므로 만일 편견 없
는 사고방식이 이들의 관심사라면 이들은 스스로에게 자본 형성의 문제를 다음과 같이 제기해
야 할 것이다. 즉 평균가격에 의해〔다시 말해 궁극적으로는 상품가치에 의해〕 가격이 규제될
때 자본은 어떻게 발생할 수 있을까? 내가 '궁극적으로는'이라고 한 것은 평균가격이 스미스나
리카도 등이 생각한 것처럼 상품의 가치크기와 곧바로 일치하는 것은 아니기 때문이다.

일어나지 않는다. 왜냐하면 이 행위는 그저 상품을 현물형태에서 화폐형태로 재전화시킬 뿐이기 때문이다. 그러면 이 변동은 제1의 행위 G—W에 따라서 구매되는 상품에 의해 일어나야 하는데, 그러나 여기에서도 가치의 변동은 발생하지 않는다. 왜냐하면 교환은 등가물끼리 이루어지고 상품은 가치대로 지불되기 때문이다. 그렇다면 이 변동은 상품의 사용가치 자체에서, 다시 말해 상품의 소비에서만 발생할 수 있다. 어떤 상품의 소비에서 가치를 뽑아내려면 우리의 화폐소유자는 운좋게도 유통영역 내부〔곧 시장〕에서 다음과 같은 특성을 갖는 하나의 상품을 발견해야 한다. 즉 자신의 사용가치가 곧바로 가치의 원천이면서 동시에 그것의 현실적 소비가 곧 노동의 대상화이자 가치의 창출이 되는 그런 상품을 발견해야 하는 것이다. 그리고 화폐소유자는 시장에서 실제로 바로 그런 특수한 상품을 발견한다. 노동능력(Arbeitsvermögen)〔즉 노동력〕이 바로 그것이다.

노동력〔또는 노동능력〕이라고 불리는 것은 인간의 신체, 즉 살아 있는 인격 속에 존재하며 그가 어떤 종류의 사용가치를 생산할 때마다 작동시키는 육체적·정신적 능력의 총체이다.

그러나 화폐소유자가 시장에서 상품으로서의 노동력을 발견하기 위해서는 여러 조건이 충족되어야 한다. 상품교환 그 자체는 그것이 상품 자신의 본성에서 나온다는 사실 이외에는 어떤 다른 관계에도 의존해 있지 않다. 이런 전제 아래에서 본다면 상품으로서의 노동력은 자신의 소유자, 곧 M182 그것을 자신의 노동력으로 갖고 있는 사람이 그것을 상품으로 팔기 위해 내놓든가 또는 판매하는 경우에만 시장에 나타날 수 있다. 노동력의 소유자가 그것을 상품으로 판매하려면 그는 그것을 자유롭게 처분할 수 있어야 하며, 따라서 자신의 노동능력이나 인격에 대해 자유로운 소유자여야 한다.[39] 노동력의 소유자와 화폐소유자는 시장에서 만나 대등한 상품소

---

38) "화폐의 형태로는 …… 자본은 어떠한 이윤도 낳지 않는다"(리카도, 앞의 책, 267쪽).
39) 고전적 고대에 대한 백과사전 속에서 우리는 고대세계에서도 '자유로운 노동자와 신용제

유자로서 상호관계를 맺는데, 두 사람은 한편이 구매자이고 다른 한편이 판매자라는 점에서만 구별될 뿐 법률상으로는 동등한 사람들이다. 이런 관계가 지속되려면 노동력의 소유자는 항상 자기 노동력을 일정한 시간 동안만 판매해야 할 필요가 있다. 왜냐하면 만일 그가 노동력을 일괄해서 한꺼번에 판매해버린다면 그는 그 자신을 판매한 것이 되어 자기를 자유인에서 노예로, 상품소유자에서 상품으로 전화시켜버리게 되기 때문이다. 그는 인격체로서 자신의 노동력을 늘 자신의 소유물이자 자신의 상품으로 취급해야 한다. 그럴 수 있으려면 그는 반드시 자신의 노동력을 항상 일시적으로만〔곧 일정 기간 동안만〕 구매자에게 그 처분과 소비를 맡기고, 따라서 노동력을 양도하기만 할 뿐 그 소유권은 포기하지 않아야만 한다.[40]

M183 화폐소유자가 노동력을 시장에서 상품으로 발견하기 위한 제2의 본질적인 조건은 노동력의 소유자가 자기 노동을 대상화시킨 상품을 판매할 수 없고 그 대신 자신의 살아 있는 육체 안에만 존재하는 자신의 노동력 그 자체를 상품으로 팔기 위해 내놓아야 한다는 것이다.

누구든 자신의 노동력이 아닌 다른 상품을 판매하려면 당연히 생산수단〔예를 들어 원료·노동용구 등〕을 소유해야 한다. 그는 가죽 없이는 장

도가 결여되어 있었다는 점만 제외하면' 자본은 충분히 발달해 있었다는 불합리한 글을 읽을 수 있다. 몸젠(Mommsen)도 그의 『로마사』 속에서 몇 번이나 거듭 똑같은 오류를 범하였다.

40) 그래서 각종 입법은 노동계약의 최대한도를 정해두고 있다. 자유로운 노동이 행해지는 나라들에서는 모든 법전이 계약 해지 예고 조건을 규정하고 있다. 몇몇 국가, 특히 멕시코 같은 나라에서는(미국의 내전 이전 멕시코에서 할양된 지역이나, 쿠자〔Kusa〕혁명[†55] 이전까지의 사실상 도나우 지역에서도) 노예제도가 피오니지(Peonage: 채무노예제의 일종—옮긴이) 형태로 은폐되어 있었다. 여기에서는 노동으로 갚아야 할〔그리고 가족 대대로 전해지는〕 선대금(先貸金)에 따라 노동자 개인만이 아니라 그 가족까지 실제로 다른 개인이나 가족의 소유물이 되었다. 후아레스(Juárez)는 이 피오니지를 폐지하였다. 그런데 자칭 황제 막시밀리안이 칙령으로 다시 피오니지를 부활시키자 워싱턴 하원은 이 칙령을 멕시코의 노예제 부활을 위한 칙령이라는 적절한 표현으로 비난하였다. "나의 특수한 육체적·정신적 활동기능과 활동능력에 대해 나는 …… 제한된 시간 동안 그 사용권을 타인에게 양도할 수 있다. 왜냐하면 이 제한에 따라 그 노동능력은 나 자신에게서 양도된 성격을 띠게 되기 때문이다. 노동을 통해 이루어지는 구체적인 내 모든 시간과 생산물 전체를 양도함으로써 나는 이것들의 실체〔즉 내 일반적인 활동과 현실성 그리고 내 인격체〕를 타인의 소유물로 만들어버린다"(헤겔, 앞의 책, 104쪽, 67절).

화를 만들 수 없다. 그는 또한 생활수단도 필요로 한다. 어느 누구든지〔심지어 공상가조차도〕미래의 생산물, 즉 아직 생산이 완결되지 않은 사용가치를 가지고 생활할 수는 없다. 또한 인간은 지구의 무대 위에 등장한 첫날부터 그랬듯이, 생산을 하기 전이든 하고 나서든 상관 없이 지금도 계속해서 날마다 소비를 해야만 한다. 생산물이 상품으로 생산되려면 그것들은 생산된 뒤에 판매되어야 하며 그렇게 판매된 뒤에야 비로소 생산자들의 욕망을 충족시킬 수 있다. 그래서 생산기간에는 판매에 필요한 시간이 추가되어야 한다.

그리하여 화폐의 자본으로의 전화를 위해 화폐소유자는 상품시장에서 자유로운 노동자를 발견해야 된다. 이 자유롭다는 것은 이중적인 의미가 있는데, 즉 한편으로는 그 노동자가 자유로운 인격체로서 자신의 노동력을 자신의 상품으로 마음대로 처분한다는 의미이며 다른 한편으로는 판매할 아무런 다른 상품도 가지고 있지 않을 뿐만 아니라 자기 노동력의 실현에 필요한 모든 물적 조건에서도 분리되어 있다는 의미이다.

이 자유로운 노동자가 무엇 때문에 유통영역에서 화폐소유자와 대면하는가 하는 문제는 노동시장을 상품시장의 한 특수한 부분으로 찾아내는 화폐소유자에게는 관심 밖의 일이다. 그리고 당분간은 우리에게도 마찬가지이다. 화폐소유자가 실천적으로 사실에 집착하듯이, 우리는 이론적으로 사실에 집착한다. 그러나 한 가지는 분명하다. 자연이 한편으로 화폐소유자 또는 상품소유자를 만들어내고 다른 한편으로 자신의 노동력만을 소유한 자를 만들어내는 것은 아니라는 점이다. 이 관계는 결코 자연사적인 것도 아니며 또 역사적으로 모든 시대에 공통되는 사회적 관계도 아니다. 그것은 분명히 선행한 역사적 발전의 결과이며, 많은 경제적 변혁의 산물이자 일련의 낡은 사회적 생산의 구성체들이 몰락하면서 만들어낸 산물이다.

우리가 앞에서 고찰한 경제적 범주들도 역시 역사적 흔적을 가지고 있다. 생산물의 상품으로서의 현존재 속에는 일정한 역사적 조건들이 내포되어 있다. 상품이 되려면 생산물이 생산자들 자신을 위한 직접적인 생활수단으로 생산되어서는 안 된다. 나아가 모든 생산물 또는 적어도 그 대다수가 어떠한 조건에서 상품의 형태를 취하는지를 탐구해보면, 이것이 단지 하나의 완전히 특수한 생산양식, 즉 자본주의적 생산양식 위에서만 발생한다는 것을 알게 된다. 그러나 이러한 연구는 상품의 분석과는 거리가 멀다. 거의 대부분의 상품 물량이 직접적인 자기 수요를 위한 것이라서 상품으로 전화되지 않는 경우에도, 또 사회적 생산과정이 그 전체 범위나 수준에서 아직 완전히 교환가치의 지배를 받기에는 먼 경우에도, 상품생산과 상품유통은 발생할 수 있다. 생산물이 상품으로 나타나는 것은 사회 내의 분업이 상당히 발달하여 원래 직접적인 물물교환으로 시작된 사용가치와 교환가치 간의 분리가 벌써 충분히 실현되었다는 조건이 필요하다. 그러나 이러한 발전단계는 역사적으로 매우 다양한 경제적 사회구성체(ökonomischen Gesellschaftsformationen)에 공통된 것이다.

또 우리가 만일 화폐에 대해 고찰한다면 이것은 상품교환의 일정한 수준을 전제로 한다. 갖가지 특수한 화폐형태〔즉 단순한 상품등가물·유통수단·지불수단·축장화폐·세계화폐 등〕는 각 기능 범주의 차이와 상대적 중요성에 따라 사회적 생산과정의 여러 단계를 표시한다. 그럼에도 이들 모든 형태는 경험적으로 보아 상품유통이 비교적 덜 발달된 경우에도 충분히 형성될 수 있다. 그러나 자본의 경우는 그렇지 않다. 상품유통과 화폐유통이 이루어지고 있다고 해서 자본이 존재할 수 있는 역사적 조건들이 만들어진 것은 결코 아니다. 자본은 생산수단과 생활수단의 소유자가 시장에서 자신의 노동력을 판매하는 자유로운 노동자를 발견할 때에만 비로소 발생하며, 이것이야말로 세계사적인 역사적 조건을 이룬다. 따라서 자본은 처음부터 사회적 생산과정의 한 시대를 알린다.[41]

---

41) 자본주의 시대의 특징은, 노동력이 노동자 자신의 처지에서 볼 때 스스로 소유한 상품의 형태를 취하고, 따라서 그의 노동이 임노동의 형태를 취한다는 사실이다. 그리고 바로 이 순간부터 비로소 노동생산물의 상품형태가 일반화된다.

이제 이 독특한 상품인 노동력을 좀더 자세히 살펴보도록 하자. 다른 모든 상품과 마찬가지로 이 상품도 가치를 지니고 있다.[42] 이 가치는 어떻게 정해지는 것일까?

노동력의 가치도 다른 모든 상품과 마찬가지로 이 특수한 물품의 생산〔그리고 재생산〕에 필요한 노동시간에 따라 정해진다. 가치라는 점에서 노동력은 거기에 대상화되어 있는 사회적 평균노동의 일정량만을 나타낸다. 노동력은 살아 있는 개인의 능력으로만 존재한다. 따라서 노동력의 생산은 이 개인의 존재를 전제로 한다. 개인의 존재가 주어져 있다면 노동력의 생산은 그 개인의 유지와 재생산을 통해서 이루어진다. 자신을 유지하기 위해서 살아 있는 개인은 일정량의 생활수단을 필요로 한다. 그러므로 노동력의 생산에 필요한 노동시간은 이 생활수단의 생산에 필요한 노동시간으로 귀착된다. 바꿔 말하면 노동력의 가치는 그 소유자의 유지를 위해 필요한 생활수단의 가치이다. 그런데 노동력은 그것을 사용함으로써만 실현되며 따라서 노동을 통해서만 스스로를 입증한다. 그러나 그것을 입증하기 위한 노동에서는 인간의 근육이나 신경·두뇌 등의 일정량이 지출되고 그것은 다시 보충되지 않으면 안 된다. 이 지출의 증가는 수입의 증가를 필요로 한다.[43] 오늘의 노동을 마친 노동력의 소유자는 내일도 동일한 조건의 힘과 건강을 유지한 채 같은 과정을 반복할 수 있어야만 한다. 따라서 생활수단의 총액은 노동하는 개인이 정상적인 생활상태를 유지하기에 충분한 것이어야 한다. 음식물이나 의복·난방·주택 등과 같은 자연적인 욕망은 각 나라의 기후라든가 그밖의 자연적인 특성에 따라 다르다. 한편 이른바 필수적인 욕망의 범위와 그런 욕망의 충족 방식은 하나

---

42) "한 인간의 가치는 다른 모든 물품과 마찬가지로 그의 가격〔즉 그의 힘을 사용하는 데 대한 대가로 지불되는 액수〕이다"(홉스〔T. Hobbes〕, 『리바이어던』, 『저작집』〔몰즈워스 엮음〕, 런던, 1839~44, 제3권, 76쪽).

43) 그래서 고대 로마에서 농업노예의 우두머리를 차지한 관리자였던 빌리쿠스(villicus)는, "노예보다 쉬운 일을 한다는 이유에서 노예보다 못한 대우"를 받았다(몸젠, 『로마사』 제1권, 제2판, 베를린, 1856, 810쪽).

의 역사적 산물이고 따라서 대개 그 나라의 문화적 수준에 의해—특히 자유로운 노동자계급이 어떤 조건 아래에서 형성되었는지, 즉 어떤 습관이나 생활요구를 가지고 형성되었는지에 의해—정해질 것이다.[44] 그러므로 노동력의 가치를 결정하는 데에는 다른 상품의 경우와 달리 역사적·도덕적 요소가 포함된다. 그러나 일정한 시기나 일정한 국가에는 필수적인 생활수단의 평균 범위가 주어져 있다.

노동력의 소유자는 죽기 마련이다. 그러므로 그가 계속해서 시장에 출현하려면〔즉 화폐의 자본으로의 전화가 계속해서 이루어지려면〕"모든 살아 있는 개체가 생식을 통해 영속하듯이"[45] 노동력의 판매자도 생식을 통해 영속하지 않으면 안 된다. 소진되고 죽음으로써 시장에서 방출된 노동력은 최소한 같은 수의 새로운 노동력에 의해 지속적으로 보충되어야 한다. 따라서 노동력의 생산에 필요한 생활수단의 총액에는 보충 인원〔곧 노동자의 자녀들〕의 생활수단이 포함되어야 하며, 그래야만 이 독특한 상품소유자의 종족은 상품시장에서 영속적으로 출현할 수 있게 된다.[46]

일반적인 인간의 본성을 변화시켜 일정한 노동부문에서 숙련과 기능을 습득하게 함으로써 양질의 특수한 노동력을 만들어내기 위해서는 일정한 교육훈련이 필요하고 여기에는 얼마간의 상품액이 소요된다. 노동력이 얼마나 복잡한 성질을 띠고 있는지에 따라서 그 교육훈련비용도 달라진다. 이 교육훈련비용은 보통 노동력의 경우 그 액수가 매우 적긴 하지만 그래도 노동력의 생산을 위해 지출되는 가치 속에 함께 포함된다.

노동력의 가치는 일정 총액의 생활수단의 가치로 귀착된다. 따라서 노동력의 가치는 이 생활수단의 가치, 즉 이 생활수단의 생산에 필요한 노동

---

44) 손턴, 『과잉인구와 그 해결책』, 런던, 1846을 참조하라.

45) 페티.

46) "그〔노동〕의 자연가격은 …… 노동자 자신을 유지시키고, 또한 시장에서 노동 공급이 감소되지 않을 만큼의 가족을 그가 부양하는 데 〔그 나라의 기후나 습관에 따라〕 필요한 생활수단과 향락수단의 양으로 이루어진다"(토런스, 『곡물무역론』, 런던, 1815, 62쪽; 여기에서는 노동이라는 말이 노동력 대신 잘못 쓰이고 있다).

시간의 크기에 따라 변동한다.

생활수단 가운데 어떤 것들, 예를 들어 음식물이나 연료 따위는 매일 새로 소비되며 따라서 매일 새로 보충되어야 한다. 그러나 의복이나 가구 등과 같은 다른 생활수단은 비교적 오랜 기간에 걸쳐 소비되며 따라서 오랜 기간이 지나고 나서야 보충된다. 어떤 종류의 상품은 매일, 또 어떤 종류의 상품은 매주 또는 매분기에 걸쳐 구매되고 지불되어야 한다. 그러나 이 지출의 총액이 예를 들어 1년 동안에 어떻게 배분되든 그것은 매일의 평균수입에 의해 충당되어야 한다. 노동력의 생산에 매일 필요한 상품의 양이 A이고, 매주 필요한 상품의 양은 B이며, 매분기에 필요한 상품의 양은 C라면,

$$\text{이들 상품의 하루 평균량} = \frac{365A + 52B + 4C + \text{기타}}{365}$$

일 것이다. 하룻동안에 필요한 이 평균상품량이 6시간의 사회적 노동에 해당된다면 매일의 노동력에는 반나절의 사회적 평균노동이 대상화되어 있는 셈이고 이는 곧 하룻동안의 노동력 생산에 $\frac{1}{2}$ 노동일이 필요하다는 것을 뜻한다. 매일매일의 노동력 생산에 필요한 이 노동량은 노동력의 하루 가치〔즉 날마다 재생산되는 노동력의 가치〕를 이룬다. 또 반나절의 사회적 평균노동이 3실링 또는 1탈러의 금의 양으로 표시된다면 1탈러는 노동력의 하루 가치에 상당하는 가격이다. 만일 노동력의 소유자가 노동력을 매일 1탈러에 팔려고 내놓는다면 노동력의 판매가격은 노동력의 가치와 같을 것이며, 우리가 전제한 바와 같이 자신이 갖고 있는 탈러를 자본으로 전화시키고자 열망하는 화폐소유자는 이 가치를 지불할 것이다.

노동력 가치의 마지막 한계〔또는 그 최저한도〕는, 노동력의 담당자〔즉 인간〕가 자신의 생활과정을 갱신하기 위해서 매일 공급받지 않으면 안 되는 상품량의 가치〔즉 육체적으로 필수불가결한 생활수단의 가치〕이다.

만일 노동력의 가격이 이 최저한도까지 하락한다면 노동력의 가격은 그 가치 이하로 하락한 것이다. 왜냐하면 이것으로는 노동력이 비정상적으로 쇠약해진 형태로만 유지되고 전개되기 때문이다. 그러나 모든 상품의 가치는 그 상품을 정상적인 품질로 공급하는 데 필요한 노동시간에 따라 정해진다.

　노동력의 가치를 이처럼 그 본질에 의거하여 규정하는 것을 조잡하다고 생각하는 로시의 다음과 같은 얘기는 극히 값싼 센티멘털리즘에 지나지 않는다.

　　생산과정에 있는 노동의 생활수단을 배제한 상태로 노동능력을 파악하는 것은 망상을 좇는 일이나 마찬가지이다. 노동이나 노동능력에 대해서 얘기하는 사람은 이미 노동자와 그 생존수단을, 즉 노동자와 임금에 대해서도 함께 말하고 있는 셈이다.[47]

　노동능력에 대한 얘기가 노동에 대한 얘기가 아닌 것은 소화능력에 대한 얘기가 소화에 대한 얘기가 아닌 것과 똑같다. 소화과정에는 잘 알다시피 튼튼한 위장 이상의 것이 필요하다. 노동능력에 대한 얘기 속에는 노동능력의 유지에 필요한 생활수단이 배제되고 있는 것이 아니다. 거기에서는 오히려 생활수단의 가치가 노동능력의 가치로 표현되고 있다. 만일 노동능력이 판매되지 않는다면 그것은 노동자에게 아무 소용이 없는 것이며, 노동자는 오히려 자기의 노동능력을 생산하는 데 일정량의 생활수단이 필요했다는 점〔또한 노동능력의 재생산에 이 생활수단이 끊임없이 새롭게 필요하다는 점〕을 냉혹한 자연적 필연성으로 느끼고 있다. 그래서 노동자는 "노동능력은 …… 만일 그것이 판매되지 않는다면 아무것도 아니다"[48]라는 시스몽디의 말에 공감하게 된다.

---

[47]　로시, 『경제학 강의』, 브뤼셀, 1843, 370~371쪽.

이 특수한 상품〔노동력〕의 독특한 성질에는 구매자와 판매자가 계약을 체결하더라도 이 상품의 사용가치가 현실적으로 구매자의 손에 곧바로 옮겨지지 않는다는 성질도 포함된다. 노동력의 가치는 다른 모든 상품과 마찬가지로 유통에 들어가기 전에 이미 결정되어 있는데, 이는 노동력의 생산에 일정한 사회적 노동이 지출되었기 때문이다. 그러나 그것의 사용가치는 그 다음에 이루어지는 힘의 발현을 통해서 비로소 성립한다. 그러므로 힘의 양도와 그 현실적 발현〔곧 그 사용가치로서의 현존재〕은 서로 시간적으로 분리된다. 그런데 이러한 상품의 경우, 즉 판매에 의한 사용가치의 형식적 양도와 구매자에 대한 그것의 현실적 인도가 시간적으로 분리되어 있는 상품의 경우[49] 구매자의 화폐는 대개 지불수단으로서 기능한다. 자본주의 생산양식 아래에 있는 나라들에서는 노동력이 구매계약에서 정해진 기간 동안 이미 기능을 발휘한 뒤에야〔가령 매주 말〕 비로소 지불이 이루어진다. 그러므로 노동자는 늘 자본가에게 노동력의 사용가치를 미리 꾸어주는 셈이다. 노동자는 노동력의 가격에 대해 지불을 받기 전에 그것을 구매자로 하여금 소비하게 하며, 따라서 노동자는 자본가에게 항상 신용대부를 해주는 셈이다. 이 신용대부가 결코 공허한 망상이 아니라는 것은 자본가가 파산할 때 신용대부된 임금의 손실이 종종 발생한다는 사실을 통해서뿐만 아니라[50] 좀더 지속적인 방법으로 이루어지는 다른 많은 경우들을 통해서도 알 수 있다.[51] 그러나 화폐가 구매수단으로

---

48) 시스몽디, 앞의 책, 제1권, 113쪽.

49) "모든 노동은 그것이 끝난 뒤에 지불된다"(『최근 맬서스가 주장하는 수요의 성질과 소비의 필요에 대한 원리 연구』, 104쪽. "상업 신용은 생산의 제1의 창조자인 노동자가 스스로 절약함으로써 그 노동의 보수를 1주일이나 2주일 아니면 1개월이나 1분기가 되도록 기다리는 순간에 시작된다"(가닐, 앞의 책, 제2권, 150쪽).

50) "노동자는 자신의 근면을 빌려주긴 하지만," 슈토르흐(Storch)는 교활하게도 여기에 다음의 말을 덧붙인다. "자신의 임금을 잃어버리는 것" 외에는 "아무런 위험도 부담하지 않는다. …… 노동자는 물질적인 것은 아무것도 내놓지 않는다"(슈토르흐, 『경제학 강의』, 상트페테르부르크, 1815, 제2권, 36~37쪽).

51) 한 가지 사례. 런던에는 두 종류의 빵집이 있다. 빵을 '그 가치대로 파는' 빵집과 '그 가치보다 싸게 파는' 빵집이 그것이다. 후자의 부류가 전체 빵집 수의 $\frac{3}{4}$ 이상을 차지하고 있다(『제빵

기능하든 지불수단으로 기능하든 그것은 상품교환 그 자체의 성질을 조금도 변화시키지 않는다. 노동력의 가격은 가옥의 임대가격과 마찬가지로 뒷날에야 비로소 실현되기는 하지만 계약에서 이미 사전에 확정되어 있다. 노동력은 비록 뒷날에야 그 가격을 지불받기는 하지만 판매는 벌써 이루어진 것이다. 그러나 이 관계를 순수하게 파악하기 위해서는 당분간 노동력의 소유자가 노동력을 판매하는 동시에 곧 계약으로 약정된 가격을 받는다고 전제해야 편리하다.

직인들의 고충에 관한 정부위원 트리멘히어의 보고서』, 런던, 1862, 32쪽). 이 할인판매업자들이 파는 빵은 거의 예외 없이 명반, 비누, 조제 탄산칼륨, 석회, 더비셔 돌가루를 비롯해 그밖에 영양상으로나 위생상으로나 이와 비슷한 성분이 첨가된 불순한 것들이다(앞에서 인용한 청서를 볼 것. 또 '불량 빵의 제조에 관한 1855년 위원회'의 보고와 하셀 박사의 『적발된 불량제품』, 제2판, 런던, 1861을 참조하라). 고든 경은 1855년의 위원회에서 다음과 같이 얘기하였다. "이러한 불량제품 때문에 매일 2파운드의 빵으로 살아가는 빈민은 자신들의 건강에 대한 모든 악영향은 차치하고라도 현재 필요한 영양분의 $\frac{1}{4}$도 사실상 섭취하지 못하고 있다." "노동자계급 대다수가" 이 불량제품에 대해 잘 알면서도 명반이나 돌가루 등이 섞여 있는 이 빵을 사는 이유에 대해 트리멘히어(같은 글, 48쪽)는 노동자계급이 "제빵업자나 소매점에서 주는 대로 받아올 수밖에 없기 때문"이라고 얘기한다. 노동자계급은 주말에야 비로소 돈을 받기 때문에 그들도 "자기네 가족이 주중에 소비한 빵의 대가를 주말에야 겨우 지불할" 수 있다. 트리멘히어는 덧붙여서 다음과 같은 증인의 말을 인용하고 있다. "불순물이 뒤섞인 이런 빵이 이런 고객을 대상으로 별도로 제조된다는 것은 공공연하게 알려진 사실이다." "잉글랜드의 많은 농업지역에서는(스코틀랜드에서는 더욱 광범위한 지역에서) 임금이 2주일 만에, 심지어는 1개월 만에 지불되기도 한다. 이렇게 긴 지불 간격 때문에 농업노동자들은 상품을 외상으로 구입해야 한다. …… 그들은 정상가격보다 비싸게 지불해야 하며, 사실상 외상을 얻는 소매점에 예속된다. 그 결과 가령 임금이 1개월 만에 지불되는 월츠 호닝섬 지역의 농업노동자는 다른 곳에서 1스톤당 1실링 10펜스면 살 수 있는 밀가루에 2실링 4펜스나 지불하고 있다"(『공중위생에 관한 추밀원 의무관의 제6차 보고서』, 1864, 264쪽). "페이즐리와 킬마넉(서부 스코틀랜드)의 사라사 염색공은 1853년에 스트라이크를 벌여서 지불기간을 1개월에서 2주간으로 단축시켰다"(『공장감독관 보고서: 1853년 10월 31일』, 34쪽). 그밖에도 노동자가 자본가에게 제공하는 신용이 한층 정교한 형태로 발전한 예로는 영국의 많은 탄광 소유주들이 사용하는 방법이 있다. 여기에 따르면 노동자는 월말에야 지불을 받으며, 그 동안은 자본가에게서 미리 가불을 받는다. 가불은 종종 상품으로 지불되기도 하는데, 이때 노동자들은 그 상품의 가격을 시장가격보다 비싸게 지불해야만 한다(현물지급제도〔Trucksystem〕). "탄광주들은 한 달에 한 번 임금을 지급하고, 그 동안에는 매주 말 가불해주는 것이 상례이다. 이 가불은 소매점〔이른바 토미숍, 즉 회사 내부의 식료품 매점이나 탄광주 자신이 직접 소유한 잡화점〕을 통해서 이루어진다. 노동자들은 잡화점에서 한편으로는 가불을 받고 다른 한편으로는 거기에서 그 가불을 곧바로 다시 지출한다"(『아동노동 조사위원회: 제3차 보고서』, 런던, 1864, 38쪽, 제192호).

이제 우리는 노동력이라는 이 독특한 상품의 소유자에게 화폐소유자가
지불하는 가치가 어떻게 정해지는지를 알았다. 화폐소유자가 교환을 통해서 받게 되는 사용가치는 노동력이 현실적으로 사용됨으로써〔즉 노동력의 소비과정을 통해서〕비로소 나타난다. 원료 등과 같이 이 과정에 필요한 모든 물품을 화폐소유자는 상품시장에서 구매하며 그것들에 대해서는 가격을 모두 지불한다. 노동력의 소비과정은 동시에 상품의 생산과정이기도 하며 또한 잉여가치의 생산과정이기도 하다. 노동력의 소비는 다른 모든 상품의 소비와 마찬가지로 시장〔곧 유통영역〕의 외부에서 이루어진다. 그러면 이제 우리는 모든 것이 드러나 있고 누구에게나 쉽게 눈에 띄는 이 소란스러운 유통영역을 벗어나, 화폐소유자와 노동력의 소유자가 함께 들어가는 비밀스러운 생산의 장소〔곧 출입구에 '관계자 외 출입금지'라는 팻말이 붙어 있는 그 장소〕로 이 두 사람의 뒤를 따라가보도록 하자. 이곳에서는 자본이 어떻게 생산하는지에 대한 것뿐만 아니라, 자본 그 자체가 어떻게 만들어지는지에 대한 것도 함께 밝혀질 것이다. 화폐증식(Plusmacherei)의 비밀이 마침내 드러나게 되는 것이다.

노동력의 판매와 구매가 이루어지는 유통〔또는 상품교환〕의 영역은 사실 천부인권의 진정한 낙원이었다. 이곳을 지배하는 것은 오로지 자유·평등·소유 그리고 벤담〔Bentham: 공리주의자—옮긴이〕이다. 자유! 왜냐하면 상품〔예를 들어 노동력〕교환의 구매자와 판매자는 오로지 그들의 자유
로운 의지에 따라 구매자와 판매자가 되었기 때문이다. 그들은 법적으로 자유롭고 대등한 인간으로서 계약을 맺는다. 계약은 이들의 의지가 공통된 법률적 표현으로 드러난 최종 결과물이다. 평등! 왜냐하면 이들은 오로지 상품소유자로서만 서로 관계하며 등가물을 서로 교환하기 때문이다. 소유! 왜냐하면 이들 각자는 모두 자신의 것만을 처분하기 때문이다. 벤담! 왜냐하면 양쪽 모두에게 중요한 것은 오로지 자기 자신뿐이기 때문이다. 그들을 하나의 관계로 묶어주는 유일한 힘은 그들 자신의 이익〔즉 각자의 개별적인 이익, 각자의 사적인 이해〕이 발휘하는 힘이다. 이렇듯 그

들이 각자 자기만 생각하고 타인을 생각하지 않는 바로 그 이유 때문에 모든 사람은 사물의 예정조화가 빚어내는 결과에 따라〔또는 빈틈없는 섭리의 보호 아래〕오로지 그들 상호간에 이익이 되는 사업〔즉 공익의 사업, 전체에게 이익이 되는 사업〕만을 수행하게 되는 것이다.

속류 자유무역론자들이 자신들의 견해나 개념, 그리고 자본-임노동 사회에 관한 자신들의 판단기준을 세운 것이 바로 이 단순 유통〔또는 상품교환〕의 영역인데, 이제 이 영역을 떠나는 시점에서 우리는 등장인물들의 모습들이 벌써 약간 변해버린 것을 느끼게 된다. 옛날에 화폐소유자였던 사람은 자본가가 되어 앞장을 서고 있고, 노동력의 소유자는 자본가의 노동자로서 그의 뒤를 따라간다. 전자는 의미심장하게 웃음을 띠면서 바쁘게 가고, 후자는 머뭇머뭇 마지못해서 마치 자기의 가죽을 팔아버리고 이제 무두질당하는 것 말고는 아무것도 기대할 수 없는 사람처럼 뒤따라간다.

제3편

_ 절대적 잉여가치의 생산

노동과정과 가치증식과정

제1절 노동과정

노동력의 사용은 노동 그 자체이다. 노동력의 구매자는 노동력의 판매 M192
자를 노동하게 함으로써 노동력을 소비한다. 이를 통하여 노동력의 판매
자는 실제로 활동하는 노동력〔즉 노동자〕이 되는데, 그 이전까지는 그는
단지 잠재적인 노동자로만 머물러 있다. 자신의 노동을 상품으로 나타내
기 위해서 그는 무엇보다도 먼저 그것을 사용가치〔즉 무엇인가의 욕구를
충족시키기에 유용한 물품〕로 나타내지 않으면 안 된다. 따라서 자본가가
노동자로 하여금 만들게 하는 것은 어떤 특수한 사용가치〔곧 어떤 일정한
물품〕이다. 사용가치나 재화의 생산이 갖는 일반적인 성격은 그 생산이
자본가를 위하여 자본가의 통제 아래 이루어진다고 해서 변하는 것이 아
니다. 따라서 노동과정은 일단 모든 특정한 사회형태에서 독립시켜 고찰
되어야 한다.

노동은 우선 무엇보다도 인간과 자연 사이의 한 과정, 다시 말하면 인
간이 자기 자신의 행위를 통해 인간과 자연 사이의 물질대사를 매개하고

규제하며 통제하는 한 과정이다. 인간은 하나의 자연력으로서 자연소재
와 대립한다. 그는 자연소재를 자신의 생활에 유용한 형태로 만들기 위하
여 자신의 타고난 신체의 힘인 팔·다리·머리·손 등을 움직인다. 그는 이
런 움직임을 통해서 자기 외부의 자연에 작용을 가하고 그것을 변화시키
며 또한 이를 통해서 자신의 본성까지도 변화시킨다. 그는 자신의 본성 속
에 잠자고 있는 잠재력을 개발해내고, 그것이 자신의 통제 아래 발휘되게
한다. 여기에서 우리는 동물적이고 본능적인 최초의 노동형태는 다루지
않는다. 노동자가 자기 노동력의 판매자로서 상품시장에 나타나는 것은
M193 인간노동이 아직 그 최초의 본능적인 형태를 탈피하지 못했던 시기부터
엄청난 시간이 경과되고 난 뒤였다. 여기에서 우리가 다루게 될 것은 바로
전자의 노동형태, 즉 오로지 인간에게만 특수하게 나타나는 노동형태이
다. 거미는 직물업자가 하는 것과 비슷한 작업을 수행하고, 또 꿀벌은 자
신의 집을 지음으로써 수많은 인간 건축가를 무색하게 만든다. 그렇지만
아무리 서툰 건축가라도 가장 우수한 꿀벌보다 처음부터 앞서 있는 점은,
건축가는 밀랍으로 집을 짓기 전에 미리 그것을 자신의 머릿속에서 짓는
다는 데에 있다. 노동과정이 끝나고 마지막에 나오는 결과물은 노동과정
이 시작되는 시점에 벌써 노동자의 머릿속에〔따라서 벌써 관념적으로〕존
재하고 있던 것이다. 그는 단지 자연물의 형태를 변화시키는 데 그치는 것
이 아니라, 동시에 그 자연물을 통해 자신의 목적〔즉 그가 잘 알고 있는 것
이면서 동시에 자신의 행동방식을 결정하는 기준이기도 하며 또한 자신
의 의지를 예속시켜야만 하는 그런 자신의 목적〕도 실현한다. 그리고 목
적을 위한 이런 의지의 예속은 노동과정과 별개로 이루어지는 행위가 아
니다. 노동이 이루어지는 전 기간 동안 노동하는 신체기관의 긴장뿐만 아
니라 주의력의 형태로 나타나는 합목적적인 의지도 계속 함께 필요하다.
특히 노동이 그 내용과 수행방식 때문에 노동자의 마음에서 점점 매력을
잃어가고 그 결과 노동자에게 노동이 자신의 육체적·정신적 능력을 발휘
하는 즐거운 활동이던 것에서 점점 멀어져갈수록 이런 합목적적인 의지

는 더욱더 필요해진다.

노동과정을 이루는 기본적인 요소들은 합목적적인 활동〔즉 노동 그 자체〕과 노동대상 그리고 노동수단이다.

인간에게 일차적으로 식량, 즉 당장의 생활수단을 제공해 주는 토지[1](경제학적으로는 물〔水〕도 여기에 포함된다)는 인간의 관여 없이 자연 그대로의 형태로 인간노동의 보편적인 대상으로 존재한다. 노동을 통해 대지와의 직접적인 관련에서 단지 분리되기만 하는 모든 물적 존재는 자연적으로 주어져 있는 노동대상들이다. 예를 들어 자신의 생명 유지에 없어서는 안 될 물에서 격리되어 붙잡힌 물고기나 원시림에서 벌채된 목재 또는 광맥에서 채취된 광석 따위가 그것들이다. 반면 노동대상 자체가 이미 이른바 그 이전의 노동에 의해서 여과되었다면, 우리는 그것을 원료라고 부른다. 예를 들면 이미 채취되어 정제된 광석 같은 것이 바로 그런 것이다. 원료는 전부가 노동대상이지만, 노동대상은 모두 원료가 아니다. 노동대상은 노동에 의해 변화를 겪고 난 이후에만 원료가 된다.

노동수단이란 노동자와 노동대상 사이에 끼어들어가서 노동자가 노동 M194 대상에 자신의 활동을 가할 때 그 활동을 옮겨주는 전도체(傳導體)로 사용되는 물적 존재〔또는 물적 존재들의 복합체〕이다. 노동자는 다른 물체를 자신의 목적에 맞게 변형시키기 위해 이들 노동수단을 사용하면서[2] 이들 노동수단의 역학적·물리학적·화학적 속성들을 이용한다. 노동자 자신의 신체적 기관들만을 노동수단으로 사용하는 경우〔즉 예를 들어 과실 채취처럼 이미 만들어져 있는 생활수단을 획득하는 경우〕를 제외하면 노동자

---

1) 인간에게서 완전히 독립된 얼마 안 되는 토지의 천연생산물은, 마치 젊은 사람에게 약간의 돈을 주어 그것으로 그가 열심히 일해서 재산을 모으도록 하는 것과 마찬가지로 자연이 인간에게 제공해주는 종자돈처럼 보인다(제임스 스튜어트, 『경제학 원리』 제1권, 더블린, 1770, 116쪽).

2) "이성은 강력하면서도 교활하다. 그것이 도대체 얼마나 교활한지는 여러 대상물을 각기 자신들의 본성에 따라 서로 작용시키고 서로 지치도록 일을 시킴으로써 자신은 직접 이 과정에 개입하지 않고도 자신의 목적을 충분히 달성하는 매개적인 활동을 수행한다는 점에 있다"(헤겔, 『엔치클로페디』, 제1부, 『논리학』, 베를린, 1840, 382쪽).

가 직접적으로 점유하는 대상은 노동대상이 아니라 노동수단이다. 따라서 자연은 그 자체로서 노동자의 한 활동기관이 된다. 즉 성서의 말씀(「마태복음」 6: 27, 「누가복음」 12: 5. 너희 중에 누가 염려함으로써 그 키를 한 자라도 더할 수 있겠느냐−옮긴이)에도 불구하고 그가 자신의 신체기관들에 덧붙여 자신의 자연적인 체구를 연장하는 하나의 기관이 된다. 토지는 그의 본원적 식량창고일 뿐만 아니라 그의 노동수단의 본원적 무기고이기도 하다. 예를 들어 토지는 그가 던지고 비비고 누르고 자르는 등등의 용도에 쓰이는 돌을 그에게 공급해준다. 토지는 그 자체로도 하나의 노동수단이지만 그것을 농업에서 노동수단으로 사용하기 위해서는 또다시 다른 여러 노동수단뿐만 아니라 이미 비교적 고도로 발달된 노동력을 전제로 한다.[3] 노동과정은 일반적으로 약간만 발전하고 나면 곧바로 가공된 노동수단을 필요로 한다. 가장 오래된 인간의 동굴에서도 우리는 돌로 만든 도구나 무기를 찾을 수 있다. 인류역사의 초기에는 가공된 돌·나무·뼈·조개껍질 외에도, 길들여져서 그 자체가 이미 노동에 의해 변화되고 사육된 동물이 노동수단으로서 중요한 역할을 한다.[4] 노동수단의 사용과 창조는—비록 맹아적으로는 이미 다른 어떤 동물의 속성이 되어 있기도 하지만—특수한 인간 노동과정의 특징을 이루는 것이며, 따라서 프랭클린은 인간을 '도구를 만드는 동물'(a toolmaking animal)이라고 정의한다. 멸종된 동물의 신체조직을 인식하는 데 유골의 구조가 중요한 것과 마찬가지로 몰락한 경제적 사회구성체를 판단하는 데에는 노동수단의 유물이 똑같은 중요성이 있다. 무엇이 만들어졌느냐가 아니라 어떠한 노동수단을 사용하여 어떻게 만들어졌느냐가 각 경제시대를 구분짓는다.[5] 노동수

---

3)　전반적으로 빈약한 저술인 가닐의 『경제학 이론』(파리, 1815) 가운데 유일하게 뛰어난 부분은 중농주의자들에 반대하여 제대로 된 농업이 이루어지기 위해 필요한 전제로서 어떠한 노동과정이 있었는지를 정확하게 설명한 부분이다.

4)　튀르고는 『부의 형성과 분배에 관한 고찰』(1766)에서 길들여진 동물이 초기 문명에서 얼마나 중요했는지를 잘 설명하고 있다.

5)　모든 상품 가운데 사치품이라고 하는 것이야말로 서로 다른 생산시대를 기술적으로 비교하

단은 인간 노동력의 발전수준을 측정하는 바로미터일 뿐만 아니라 노동이 이루어지는 사회적 관계의 계기판이기도 하다. 노동수단 가운데에서도 총칭해서 생산의 근골격계라고 부를 수 있는 역학적 노동수단이, 총칭해서 생산의 맥관계(脈管系)라고 부를 수 있는 노동수단〔즉 단지 노동대상의 용기로만 쓰이는 것으로, 예를 들어 파이프·통·광주리·항아리 등과 같은〕보다 사회적 생산의 시대를 구분하는 데 훨씬 더 결정적인 특징을 이룬다. 후자가 중요한 역할을 하게 되는 것은 화학공업이 비로소 등장하고 나서부터이다.[5a]

더 넓은 의미의 노동수단은, 노동대상에 대한 노동의 작용을 매개하고 그 결과 갖가지 방식으로 노동활동의 전도체 역할을 하는 물적 존재 외에도, 노동과정이 이루어지는 데 일반적으로 필요한 모든 대상물을 포함한다. 그것들은 직접 노동과정에 들어가지는 않지만, 그것들 없이는 노동과정이 전혀 수행될 수 없거나 또는 불완전하게만 수행된다. 이런 종류의 일반적인 노동수단에는 역시 토지를 다시 들 수 있다. 왜냐하면 토지는 노동자에 대해서 그가 서 있을 장소를 제공하고, 노동과정에 대해서는 그것이 이루어지는 장소를 제공해주기 때문이다. 노동을 통해 이미 매개된 이런 종류의 노동수단들에는 예를 들어 작업장·운하·도로 따위가 있다.

이리하여 노동과정에서는 인간의 활동이 노동수단을 통해 노동대상의 어떤 변화를 만들어내는데, 이 변화야말로 노동과정의 애초의 목적이었다. 이 과정은 생산물이 만들어지면서 소멸된다. 그 생산물은 하나의 사용가치이며 형태변화를 통해서 인간의 욕구에 적합하도록 만들어진 하나의 자연소재이다. 노동은 노동대상과 결합된다. 노동은 대상화하고 대상은 가공된다. 노동자 편에서는 운동의 형태를 띠고 있던 것이 이제 생산물

는 데 가장 무의미한 것이다.

5a) 제2판의 주: 종래의 역사 저술은 모든 사회생활의 기초인 물적 생산의 발전〔즉 사실상의 모든 역사〕를 인식하지 못하지만, 적어도 선사시대는 이른바 역사 연구가 아니라 자연과학적 탐구에 기초하여 도구와 무기의 재료에 따라 석기시대—청동기시대—철기시대로 구분해왔다.

편에서는 움직이지 않는 존재의 형태로 나타난다. 노동자는 방적을 수행하고 생산물은 방적된 직물이 된다.

 이 전 과정을 그 결과물인 생산물의 관점에서 살펴보면 노동수단과 노동대상 양자는 모두 생산수단[6]으로 나타나며, 노동 그 자체는 생산적 노동[7]으로 나타난다.

어떤 사용가치가 생산물이 되어 노동과정에서 산출되는 한편 과거 노동과정의 생산물인 다른 사용가치는 생산수단으로 노동과정에 투입된다. 어떤 노동의 생산물인 사용가치가 다른 노동의 생산수단을 이루기도 한다. 따라서 생산물은 노동과정의 결과일 뿐만 아니라 동시에 그 조건이기도 하다.

채광·수렵·어로 등(농경은 그것이 처녀지를 처음으로 개간하는 경우에만)의 채취산업과 같이 그 노동대상이 천연으로 존재하는 산업을 제외한 모든 산업부문은 원료〔즉 이미 노동을 통해 여과된 노동대상이며 그 자체 이미 노동생산물이기도 한〕를 노동대상으로 다룬다. 예를 들어 농업에서의 종자가 바로 그런 것이다. 보통 자연의 산물로 간주되곤 하는 동물이나 식물도 지난해에 이루어진 노동의 생산물일 수 있으며, 또한 그것들의 현재 형태도 여러 세대를 통하여 인간의 통제 아래 인간노동에 의해 계속 변형되어온 결과물일 수 있다. 특히 노동수단의 경우에는 그 대다수가 극히 피상적인 관찰자의 눈에도 드러날 만큼 과거 노동의 흔적을 뚜렷하게 보여준다.

원료는 생산물의 주요 실체를 이룰 수도 있고 그저 보조재료로 그 생산물의 형성에 투입될 수도 있다. 보조재료는 예를 들어 석탄이 증기기관에 의해, 기름이 차바퀴에 의해, 건초가 수레를 끄는 말에 의해 소비되는 것

---

6) 예를 들어 아직 잡히지 않은 물고기를 어로의 생산수단이라고 하는 것은 역설적으로 보인다. 그러나 물고기가 없는 물에서 물고기를 포획하는 기술은 아직까지 발명되지 않았다.

7) 노동과정 그 자체에서만 얻어지는 생산적 노동에 대한 이런 규정은 자본주의적 생산과정을 다루는 데는 결코 충분한 개념이 아니다.

처럼 노동수단에 의해 소비되기도 하고, 또 염소가 표백되지 않은 아마포에, 석탄이 철에, 염료가 양모에 부가되는 것처럼 원료에 어떤 물질적 변화를 발생시키기 위하여 부가되기도 하며, 또 작업장의 조명이나 난방에 사용되는 재료처럼 노동의 수행을 돕기도 한다. 주재료와 보조재료의 구별은 순수한 화학공업에서는 모호해진다. 왜냐하면 거기에서는 사용된 원료가 생산물의 실체로 다시 모습을 드러내지 않기 때문이다.[8]

모든 물적 존재는 여러 가지 속성을 갖고 있으며 따라서 여러 가지 용M197도로 이용될 수 있기 때문에, 똑같은 생산물이 매우 상이한 노동과정의 원료가 될 수 있다. 예를 들어 곡물은 제분업자·전분제조업자·양조업자·목축업자 등에게서 원료로 사용된다. 곡물은 또한 종자로서 자신을 생산하는 원료가 되기도 한다. 마찬가지로 석탄은 광업의 생산물이기도 하지만 광업의 생산수단으로 사용되기도 한다.

동일한 생산물이 동일한 노동과정에서 노동수단으로 사용될 수도 있고 원료로 사용될 수도 있다. 예를 들어 가축이라는 가공된 원료가 동시에 비료 제조의 수단이 되기도 하는 축산업이 바로 그런 경우이다.

소비를 위하여 완성된 형태로 존재하는 생산물이〔포도가 포도주의 원료가 되듯이〕새로이 다른 생산물의 원료가 될 수도 있다. 또 노동을 통해서 만들어진 생산물이 아예 처음부터 원료로만 사용될 수 있는 형태인 경우도 있다. 이런 상태에 있는 원료〔예를 들어 면화·섬유·실 등과 같은 것〕를 반제품이라고 하는데, 그것은 아마 중간제품이라고 하는 편이 더 나을 것이다. 원료가 그 자체 이미 생산물이지만 아직 여러 과정의 전(全)단계를 거쳐야만 하는 경우도 있는데, 이 경우 그 원료는 최종적으로 생활수단이나 노동수단으로 완성되는 마지막 노동과정에 이를 때까지 계속하여 모습을 변화시키면서 각 단계마다 원료로 기능한다.

---

8) 슈토르흐는 고유한 의미에서의 원료를 'matière', 보조재료를 'matériaux'라고 하며 양자를 구별하고 있다.[†56] 또한 세르빌리에(Cherbuliez)는 보조재료를 "matières instrumentales"이라고 일컬었다.[†57]

그리하여 어떤 사용가치가 원료로 나타날 것인지 노동수단으로 나타날 것인지 아니면 생산물로 나타날 것인지는 전적으로 그 사용가치가 노동과정에서 갖는 특정한 기능〔즉 그 사용가치가 노동과정에서 차지하는 위치〕에 달려 있으며, 이 위치가 변하면 그것이 무엇으로 나타날 것인지도 함께 변한다는 것을 알 수 있다.

그러므로 생산물은 생산수단으로서 새로운 노동과정에 투입되면 생산물의 성격을 상실한다. 그것은 다만 살아 있는 노동(lebendigen Arbeit)의 대상적 요소로만 기능한다. 방적공은 방추를 단지 실을 뽑기 위한 수단으로만 취급하고 아마를 실을 뽑는 대상으로만 취급한다. 물론 방적 재료와 방추가 없이는 실을 뽑을 수 없다. 그러므로 이들 생산물*의 존재는 방적을 시작하는 데 전제가 된다. 그러나 방적과정 그 자체에서는 아마나 방추가 과거 노동(vergangner Arbeit)의 생산물이라는 사실이 별로 중요하지 않은데, 이는 마치 빵이 농민·제분업자·제빵업자 등의 과거 노동의 산물이라는 사실이 영양 섭취행위에서는 별로 중요하지 않은 것과 똑같다. 그러나 만일 어떤 노동과정에서 생산수단의 성격을 과거 노동의 산물로 간주하려는 움직임이 있다면 그것은 대개 그 생산수단의 결함 때문이다. 잘 들지 않는 칼, 잘 끊어지는 실 등은 대장장이 A나 방적공 E를 자꾸만 들먹이게 한다. 품질이 좋은 생산물의 경우에는 그 우수한 품질이 과거 노동과 연계된 것이라는 점이 별로 얘기되지 않는다.

M198 　기계는 노동과정에 사용되지 않으면 쓸모가 없다. 또한 기계는 자연적 물질대사의 파괴력에 의해 손상되기도 한다. 철은 녹슬고 목재는 썩는다. 옷감을 짜지 못하는 실은 못 쓰게 된 면화와 같다. 살아 있는 노동은 이러한 물품들을 다잡아서 그것들을 죽음에서 소생시키고, 그것들을 단지 가능성으로만 머물러 있는 사용가치에서 현실적이고도 효과적인 사용가치로 전화시켜야만 한다. 그것들은 노동의 불에 단련되고 노동의 육신에 동

---

* 제4판에는 '이 생산물'이라고 단수로 표기되어 있다.

화되며 노동과정 속에서 그들의 개념과 직분에 어울리는 기능을 부여받으면서 소모되는데, 그러나 이런 소모과정은 새로운 사용가치〔즉 개인적 소비의 생활수단이나 새로운 노동과정의 생산요소로 투입될 수 있는 새로운 생산물〕의 형성요소로서 합목적적으로 이루어진다.

그러므로 현존하는 생산물이 노동과정의 산물일 뿐만 아니라 그 존재조건이기도 하다면, 다른 한편에서 그런 생산물을 노동과정에 투입하여 살아 있는 노동과 만나게 하는 것은 과거 노동의 이런 생산물을 사용가치로 유지하고 실현하기 위한 유일한 수단이기도 하다.

노동은 그 물적 요소인 노동대상과 노동수단을 소비하는 것으로, 말하자면 하나의 소비과정이다. 이러한 생산적 소비가 개인적 소비와 구별되는 것은, 후자는 생산물을 살아 있는 개인의 생활수단으로 소모하는 반면 전자는 그것을 노동〔즉 살아 있는 개인의 노동력 사용〕의 생활수단으로 소모한다는 점이다. 따라서 개인적 소비의 산물은 소비자 자신이지만, 생산적 소비의 산물은 소비자와는 구별되는 생산물이다.

노동수단과 노동대상이 이미 생산물인 한, 노동은 생산물을 창조하기 위하여 생산물을 소모한다. 바꾸어 말해서 생산물을 생산물의 생산수단으로 소비한다. 그러나 초기에 노동과정이 단지 인간과 인간의 관여 없이 존재하는 토지 사이에서만 이루어진 것과 꼭 마찬가지로 지금도 여전히 자연소재와 인간노동의 어떠한 결합도 나타내지 않는 천연적인 형태의 생산수단이 사용되는 노동과정도 있다.

우리가 지금까지 단순하고 추상적인 계기를 통해서 설명해온 바 그대로, 노동과정은 사용가치를 생산하기 위한 합목적적인 활동이고, 인간의 욕구를 충족시키기 위한 자연물의 취득이며, 인간과 자연 사이의 물질대사의 보편적인 조건이자 인간 생활의 영원한 자연조건이고, 따라서 인간 생활의 모든 사회형태에 똑같이 공통된 것이다. 그러므로 우리는 노동자를 다른 노동자와의 관계를 통해서 서술할 필요가 없었다. 한편에서는 인간과 그의 노동, 다른 한편에서는 자연과 자연소재만으로도 충분하였다. M199

밀의 맛을 보고 그 경작자가 누군지 알아낼 수 없는 것과 마찬가지로, 이 노동과정만 보고는 그것이 어떤 조건 아래에서 행해지는지 알 수 없다. 즉 그것이 노예 감시인의 잔인한 채찍 아래에서 이루어지는지 아니면 자본가의 근심 어린 시선 아래에서 이루어지는지, 아니면 또 킨키나투스(Cincinnatus: 고대 로마의 정치가로, 도덕가의 전형—옮긴이)가 자신의 얼마 안 되는 토지에서 경작한 것인지 아니면 미개인[9]이 돌로 야수를 때려잡은 것인지 알 수 없다.

이제 장차 자본가가 되려는 사람에 대한 논의로 되돌아가보도록 하자. 우리가 그를 떠난 것은 그가 상품시장에서 노동과정에 필요한 모든 요소, 물적 요소인 생산수단과 인적 요소인 노동력을 구입하고 난 이후였다. 그는 빈틈없는 전문가다운 안목을 가지고 방적업이나 제화업 등과 같은 자신의 특수한 사업에 필요한 생산수단과 노동력을 선택했다. 이제 자본가는 자신이 구매한 상품인 노동력의 소비에 착수한다. 즉 그는 노동력의 소유자인 노동자로 하여금 노동을 통해서 생산수단을 소비하게 한다. 노동과정의 일반적인 성격은 그것을 노동자가 자신을 위해서가 아니라 자본가를 위해서 수행한다고 해서 변하는 것이 결코 아니다. 장화를 만들거나 실을 잣는 특정한 방식 역시 자본가가 개입한다고 해서 당장 변하는 것은 아니다. 자본가는 우선 시장에서 눈에 띄는 그대로의 노동력〔그리하여 자본가가 아직 존재하지 않던 시대에 생겨난 그대로의 그의 노동〕을 채용하지 않으면 안 된다. 노동이 자본 아래 종속됨으로써 생산양식 그 자체가 전화하는 것은 나중에야 비로소 생길 수 있는 일이며, 따라서 그것은 나중에 고찰되어야 한다.

---

9) 이처럼 극히 높은 수준의 논리적 추론을 통해 토렌스는 미개인의 돌에서 자본의 기원을 발견하였다. "쫓고 있던 야수에게 미개인이 던진 최초의 돌에서, 손이 미치지 않는 곳에 매달려 있던 과일을 따기 위해 사용한 '최초의 막대기'(ersten Stock)에서, 우리는 다른 재화를 획득하기 위하여 어떤 물건을 취득하는 사례를 보며, 이를 통해서 바로 자본의 기원을 발견한다"(토렌스, 앞의 책, 70~71쪽). 영어의 'stock'이라는 단어가 왜 자본과 동의어인지도 아마 저 최초의 막대기로부터 설명될 수 있을 것이다.

그런데 노동과정은, 그것이 자본가에 의한 노동력의 소비과정으로 수행될 때에는 두 가지 독특한 현상을 드러낸다.

첫째, 노동자는 그의 노동이 귀속되어 있는 자본가의 통제 아래 노동한다. 자본가는 노동이 질서정연하게 진행되고 생산수단이 합목적적으로 사용되어 원료가 조금도 낭비되는 일이 없도록 감시하며, 또 노동수단들이 소중하게 취급되어 작업에서 사용상 불가피한 경우를 제외하고는 그것이 함부로 손상되지 않도록 감시한다.

둘째, 생산물은 자본가의 소유물이지 직접생산자인 노동자의 소유물이 아니다. 자본가는 예를 들어 노동력의 하루 가치를 지불한다. 이리하여 노동력의 사용은 다른 모든 상품[예를 들어 그가 하룻동안 돈을 주고 빌린 말]의 사용과 마찬가지로 그날 하룻동안은 그에게 속한다. 상품의 사용은 상품의 구매자에게 귀속한다. 그리고 노동력의 소유자는 사실상 자신의 노동을 제공함으로써만 자신이 판매한 사용가치를 건네준다. 그가 자본가의 작업장에 들어가는 순간부터 그의 노동력의 사용가치[따라서 노동력의 사용, 즉 노동]는 자본가에게 속하게 된다. 자본가는 노동력을 구매함으로써 살아 있는 효모로서의 노동을, 역시 자신에게 귀속된 생산물의 죽은 요소에 합체시킨다. 그의 처지에서 보면 노동과정이란 자기가 구매한 상품인 노동력의 소비일 뿐이지만, 그러나 그는 이런 노동력에 생산수단을 부가함으로써만 노동력을 소비할 수 있다. 노동과정은 자본가가 구매한[따라서 그에게 속한] 여러 물품 사이의 한 과정이다. 그러므로 이 과정의 생산물은 그의 포도주 창고에서 이루어지는 발효과정의 생산물과 똑같이 그에게 귀속된다.[10]

10) "생산물은 자본으로 전화하기에 앞서 미리 취득된다. 그리고 이 전화가 그 생산물의 취득을 변화시키는 것은 아니다"(셰르뷜리에, 『부유냐 빈곤이냐』, 파리, 1841, 54쪽). "프롤레타리아는 자신의 노동을 팔아 일정량의 생활수단과 교환함으로써 생산물에 대한 어떠한 몫도 모두 포기한다. 생산물의 취득은 종전과 마찬가지로 변함이 없다. 그것은 방금 얘기한 계약과는 무관하게 조금도 변하지 않는다. 생산물은 원료와 생활수단을 제공한 자본가에게 모두 귀속된다. 이것이야말로 취득의 법칙이 가져오는 엄격한 귀결인데, 이 법칙의 기본원리는 그 귀결과

제2절 가치증식과정

생산물─자본가의 소유물─은 실·장화 등과 같은 하나의 사용가치
이다. 그렇지만 비록 예를 들어 장화가 어느 정도 사회적 진보의 기초를
이루는 물건이고, 또 우리의 자본가가 단호한 진보주의자라 할지라도 자
본가는 장화 그 자체를 위해서 장화를 생산하지는 않는다. 상품생산에서
사용가치는 그 자체 때문에 애호받는 물적 존재는 결코 아니다. 상품생산
에서 일반적으로 사용가치는 그것이 오로지 교환가치의 물적 토대
(materielles Substrat), 곧 그 담당자이기 때문에 생산된다. 그런데 우리의
자본가는 두 가지 목적을 갖고 있다. 첫째, 그는 교환가치를 갖는 사용가
치, 즉 판매하기로 되어 있는 물품〔상품〕을 생산하려고 한다. 둘째, 그는
생산을 위해서 필요한 상품의 가치 총액, 즉 그가 상품시장에서 상당한 화
폐를 투하하여 구입한 생산수단과 노동력의 가치 총액보다 큰 가치를 갖
는 상품을 생산하고자 한다. 그는 사용가치뿐만 아니라 상품을, 즉 사용가
치 외에도 가치를 생산하려 하며, 나아가 가치 외에 잉여가치까지도 함께
생산하려 한다.

여기에서 우리가 다루는 것은 상품생산이므로, 사실상 지금까지 우리
는 명확하게 그 과정의 한 측면만을 고찰했을 따름이다. 상품 자체가 사용
가치와 가치의 통일인 것과 마찬가지로, 상품의 생산과정도 노동과정과
가치형성과정의 통일이어야만 한다.

그래서 우리는 이제 생산과정을 가치형성과정의 측면에서 살펴보고자

는 정반대로 자신의 생산물에 대한 각 노동자의 배타적인 소유권이었다"(같은 책, 58쪽). "노
동자들이 임금 때문에 노동하는 경우 …… 자본가는 자본〔즉 생산수단〕의 소유자일 뿐만 아니
라 노동의 소유자이기도 하다. 보통 말하듯이 만약 자본이라는 개념 안에 임금으로 지불된 것
이 포함된다면, 노동을 자본에서 분리시킨다는 말은 불합리하다. 따라서 자본이라는 단어는
자본과 노동 양자를 모두 포함한다"(제임스 밀, 앞의 책, 70~71쪽).

한다.

우리가 알고 있는 바와 같이 각 상품의 가치는 그 상품의 사용가치를 통해 물화되어 있는 노동량에 따라, 즉 그 상품을 생산하는 데 사회적으로 필요한 노동시간에 따라 결정된다. 이는 노동과정의 성과로서 우리 자본가의 손에 들어온 생산물의 경우에도 마찬가지이다. 그러므로 먼저 이 생산물에 대상화되어 있는 노동이 계산되어야만 한다.

이런 생산물이 가령 실이라고 해보자.

실을 생산하는 데에는 우선 그 원료〔예를 들어 10파운드의 면화〕가 필요하다. 면화의 가치는 새삼스럽게 조사하지 않아도 좋다. 왜냐하면 자본가는 그것을 시장에서 그 가치인 10실링으로 구매하였기 때문이다. 면화 생산에 필요한 노동은 면화 가격에 이미 일반적인 사회적 노동으로 표시되어 있다. 나아가 면화를 가공하는 데 소모되는 방추의 양—이것이 사용된 다른 모든 노동수단을 대표한다고 하자—은 2실링의 가치를 지녔다고 가정하자. 12실링의 금의 양이 24노동시(勞動時, Arbeitsstunde: 노동량의 단위로, 시간으로 표시되는 것을 가리킨다—옮긴이) 또는 2노동일(勞動日, Arbeitstag: 역시 노동량의 단위로 하루를 나타내며, 마찬가지 방법으로 노동주나 노동월·노동년이 있을 수 있다. 여기에서 마르크스는 하루의 노동량을 12시간으로 가정하고 있다—옮긴이)의 생산물이라면 실에는 우선 2노동일이 대상화되어 있다고 할 수 있다.

우리는 면화의 형태가 변했고 소모된 방추의 양이 완전히 소멸되었다M202는 상황에 현혹되어서는 안 된다. '40파운드 무게의 실의 가치=40파운드 무게의 면화의 가치+방추 하나의 가치'라면, 즉 이 등식의 양쪽을 생산하는 데에 같은 노동시간이 필요하다면, 일반적 가치법칙에 따라 예를 들어 10파운드 무게의 실은 10파운드 무게의 면화와 $\frac{1}{4}$개 방추의 등가물이다. 이 경우 동일한 노동시간이 한편에서는 실이라는 사용가치로, 다른 한편에서는 면화와 방추라는 사용가치로 표시되고 있다. 그래서 가치는 그것이 실로 나타나든 방추로 나타나든 또는 면화로 나타나든 아무 상관이 없다. 방추와 면화가 그냥 나란히 놓여 있지 않고 방적과정에서 결합되어 사용형태가 변하고 실로 전화한다고 해도 그것들의 가치에는 아무런 변화도 없다. 그것은 마치 그것들이 실이라는 등가물과 그냥 교환되는 경우와 똑같다.

면화의 생산에 필요한 노동시간은 면화를 원료로 하는 실의 생산에 필요한 노동시간의 일부분이며, 따라서 실 속에 포함되어 있다. 면화를 실로 잣는 데 마모되거나 소비되어야 할 만큼의 방추의 양을 생산하는 데 필요한 노동시간에 대해서도 같은 말을 할 수 있다.[11]

그러므로 실의 가치[즉 실의 생산에 필요한 노동시간]를 고찰하는 경우, 면화와 소모된 방추의 양을 생산하기 위하여[최종적으로는 면화와 방추에서 실을 만들어내기 위하여] 통과해야만 하는 시간적·공간적으로 분리된 모든 특수한 노동과정은 하나의 동일한 노동과정의 연속된 각 단계로 간주될 수 있다. 실에 포함되어 있는 노동은 모두 과거 노동이다. 실을 이루는 요소들의 생산에 필요한 노동시간은 그 이전에 지나갔던 것이고 과거완료형의 것인 반면 최종 과정인 방적에 직접 사용되는 노동은 현재에 가까운 것으로서 현재완료형이라는 사실은 아무 문제가 되지 않는다. 한 채의 집을 짓는 데 일정량의 노동[예를 들어 30노동일]이 필요하다면, 30일째의 노동일이 최초의 노동일보다 29일 늦게 생산에 투입되었다고 해서 이 집에 들어간 노동시간의 총량이 변하는 것은 결코 아니다. 그러므로 노동재료와 노동수단에 포함된 노동시간은 그것이 방적의 형태로 최후에 부가된 노동보다 앞서, 즉 단지 방적과정의 한 초기 단계에 지출된 것으로 간주될 수 있다.

따라서 12실링의 가격으로 표현된 생산수단[즉 면화와 방추]의 가치는 실[즉 생산물]의 가치의 구성 부분을 이룬다.

---

11) "상품에 직접 사용된 노동뿐만 아니라 그 노동을 돕는 설비나 도구, 건물에 사용된 노동도 이 상품의 가치에 영향을 끼친다"(리카도, 앞의 책, 16쪽).

그렇지만 여기에는 다음의 두 조건이 충족되어야 한다. 첫째, 면화와 방추가 실제로 어떤 사용가치의 생산에 사용되어야 한다. 우리의 경우에는 그것들에서 실이 만들어져야만 한다. 가치가 어떤 사용가치를 통해서 나타나는지는 가치에 그리 중요한 일이 아니지만, 어쨌든 가치는 일정한 사용가치를 통해서 나타나야만 한다. 둘째, 주어진 사회적 생산조건 아래에서 필요한 노동시간만 사용되었다는 것이 전제되어야 한다. 즉 1파운드의 실을 잣는 데에 1파운드의 면화만 필요하다면 1파운드의 실을 잣는 데에는 1파운드의 면화만 소비되어야 한다. 방추에 대해서도 마찬가지이다. 자본가가 일시적인 기분에서 철로 된 방추 대신 금으로 된 방추를 사용한다고 하더라도, 실의 가치에는 사회적으로 필요한 노동, 즉 철로 된 방추의 생산에 필요한 노동시간만 계산된다.

우리는 이제 실의 가치 가운데 어떤 부분이 생산수단〔즉 면화와 방추〕에 의해 형성되는지를 알게 되었다. 그 부분은 12실링 또는 2노동일의 가치에 해당하는 것이었다. 그렇다면 이제 다음으로 문제가 되는 것은 방적공의 노동이 면화에 부가하는 가치 부분이다.

우리는 이 노동을 이제 노동과정 부분에서 고찰했던 것과는 완전히 다른 견지에서 고찰해야만 한다. 거기에서는 면화를 실로 전화시키는 합목적적 활동이 우리의 관심이었다. 다른 모든 조건이 불변이라면, 노동의 합목적성이 뚜렷할수록 실의 품질은 더욱더 좋아진다. 방적공의 노동은 다른 생산적 노동과는 특수한 차이가 있었다. 또한 그러한 차이는 방적의 특수한 목적, 그 특수한 작업양식과 생산수단의 특수한 성격, 그 생산물의 특수한 사용가치를 통해 주관적으로나 객관적으로 명확하게 드러난다. 면화와 방추는 방적노동의 생산수단으로 사용될 뿐, 그것들을 가지고 대포를 만들 수는 없다. 이와는 반대로, 방적공의 노동이 가치를 형성하는 것인 한〔즉 가치의 원천인 한〕, 그것은 대포 제조공의 노동 또는 — 좀더 가까운 예로 말하면 — 실의 생산수단을 통해서 실현되는 면화 재배자 및 방추 제조공의 노동과 아무런 차이가 없다. 바로 이런 동일성에 의해서만 면화 재배, 방추 제조 그리고 방적은 실의 가치라는 동일한 총가치에서 오로지 양적으로만 다를 뿐인 몇몇 구성 부분을 형성할 수 있다. 여기에서는 이제 노동의 질이나 성격·내용은 문제가 안 되고 그 양만 문제가 된다. 노동의 양은 간단하게 계산될 수 있다. 방적노동을 단순노동, 즉 사회적 평균노동이라고 가정하자. 이와 반대로 가정하더라도 사태가 전혀 변하지 않는다는 것을 우리는 나중에 보게 될 것이다.

노동과정이 이루어지는 동안 노동은 끊임없이 불안정한 형태에서 존재의 형태로〔즉 운동의 형태에서 대상성(Gegenständlichkeit)의 형태로〕 전화한다. 1시간이 끝나면 방적노동은 일정한 양의 실로 표시된다. 즉 1노동시라는 일정량의 노동이 면화에 대상화된 것이다. 우리가 여기에서 1노동시〔즉 방적공의 1시간 동안의 생명력 지출〕라고 부르는 것은 방적노동이 바로 노동력의 지출이기 때문에 그런 것이지, 그것이 방적이라는 특수한 노동이기 때문에 그렇게 부르는 것이 아니다.

이제 결정적으로 중요한 것은 그 과정이 진행되는 동안〔즉 면화가 실로 전화하는 동안〕 사회적으로 필요한 노동시간만이 소비된다는 사실이다. 표준적인, 즉 평균적인 사회적 생산조건 아래에서 a파운드의 면화가 1노동시에 b파운드의 실로 전화해야 한다면, 12×a파운드의 면화를 12×b파운드의 실로 전화시키는 노동일만이 12시간의 노동일로 간주된다. 왜냐하면 사회적으로 필요한 노동시간만이 가치를 형성하는 것으로 계산되기 때문이다.

여기(가치형성과정—옮긴이)에서는 원료와 생산물도 노동의 경우와 마찬가지로 앞서 노동과정 부분에서 본 것과는 완전히 다른 모습을 보인다. 노동과정 부분에서 원료는 일정량의 노동을 흡수하는 기능만 한다. 이런 흡수를 통해서 원료는 사실상 실로 전화하는데, 그것은 노동력이 방적업의 형태로 지출되어 원료에 부가되었기 때문이다. 그러나 이제 그 생산물인 실은 면화에 의해 흡수된 노동의 측정기에 불과하다. 1시간에 $1\frac{2}{3}$파운드의 면화가 방적되어 $1\frac{2}{3}$파운드의 실로 전화한다면, 10파운드의 실은 흡수된 6노동시를 가리킨다. 경험적으로 확정된 일정량의 생산물은 이제 일정량의 노동〔즉 일정량의 응결된 노동시간〕 외에는 아무것도 표시하지 않는다. 그것은 이미 사회적 노동의 1시간치나 2시간치 또는 1일치의 크기일 뿐이다.

그 노동이 바로 방적노동이고 그 재료가 면화이며 그 생산물이 실이라는 것은 여기서는 그 노동대상 자체가 기존의 생산물, 즉 원료라고 하는 경우와 마찬가지로 아무런 문제가 되지 않는다. 노동자가 방적공장이 아니라 탄광에서 노동한다면 그 노동대상, 즉 석탄은 천연적으로 존재할 것이다. 그럼에도 석탄층에서 채취한 일정량의 석탄〔예를 들어 100첸트너의 석탄〕은 일정량의 흡수된 노동을 표시할 것이다.

노동력의 판매에서는 노동력의 하루 가치가 3실링이고 이 3실링에는 6 M205 노동시가 체화되어 있다고〔따라서 이만큼의 노동량이 노동자의 하룻동안의 평균적인 생활수단을 생산하는 데 필요하다고〕 가정하고 있었다. 이제 우리의 방적공이 1노동시 동안 $1\frac{2}{3}$파운드의 면화를 $1\frac{2}{3}$파운드의 실로 전화시킨다면,[12] 6시간 동안 그는 10파운드의 면화를 10파운드의 실로 전화시킨다. 따라서 10파운드의 면화는 방적과정이 진행되는 동안 6노동시를 흡수한다. 이 노동시간은 3실링의 화폐량으로 표시된다. 그리하여 이 면화에는 방적을 통해 3실링의 가치가 부가된다.

이제 10파운드의 실이라는 생산물의 총가치를 살펴보도록 하자. 10파운드의 실에는 $2\frac{1}{2}$의 노동일이 대상화되어 있다. 즉 면화와 방추에 2노동일이 포함되어 있었고, 방적과정 동안에 $\frac{1}{2}$노동일이 흡수되고 있다. 이 노동시간은 15실링의 화폐량으로 표시된다. 그러므로 10파운드의 실의 가치에 해당하는 가격은 15실링이며, 1파운드의 실의 가격은 1실링 6펜스이다.

우리의 자본가는 깜짝 놀란다. 생산물의 가치가 투하된 자본의 가치와

---

12) 이 수치는 완전히 자의적인 것이다.

동등한 것이다. 투하된 가치는 증식되지 않고 아무런 잉여가치도 낳지 못했으며, 따라서 화폐는 자본으로 전화하지 못했다. 10파운드의 실의 가격은 15실링이고, 이 15실링은 상품시장에서 이 생산물의 형성요소들, 즉 노동과정의 요소들에〔예컨대 10실링은 면화에, 2실링은 소모된 방추량에, 3실링은 노동력에〕지출되었다. 늘어난 실의 가치는 아무런 쓸모가 없었다. 왜냐하면 실의 가치는 이전에 면화·방추·노동력에 배분된 각 가치의 합계에 불과한 것이어서, 기존의 여러 가치의 이러한 단순한 합계에서는 아무런 잉여가치도 발생할 수 없기 때문이다.[13] 지금 이들 가치는 하나의 물품에 모두 모여 있지만, 그것들은 15실링이라는 화폐액이 3개의 상품 구매를 통해 분할되기 전에도 이미 이 화폐액을 유지하고 있었던 것이다.

이런 결과는 특별히 이상한 것이 아니다. 1파운드의 실의 가치는 1실링 6펜스이며, 따라서 10파운드의 실을 사기 위해 자본가는 상품시장에서 15실링을 지불하지 않으면 안 된다. 그가 스스로 살 집을 완성된 형태로 시장에 나와 있는 것을 사든 아니면 스스로 짓든, 그가 집을 얻는 데 지출해야 하는 화폐량에는 변화가 없을 것이다.

속류경제학에 정통한 자본가는 아마 자신이 자신의 화폐를 늘리기 위해서 투하했던 것이라고 말할 것이다. 그러나 지옥으로 가는 길이 좋은 의도들로 포장되어 있듯이 그도 생산을 하지 않고 돈을 벌려는 의도를 가지고 있었을 수 있다.[14] 그래서 그는 협박한다. "다시는 속지 않을 거야. 앞

---

13) 이것은 모든 비농업노동이 비생산적이라는 중농주의 이론의 기초를 이루는 기본명제로, 경제학을 전공하는 학자들로서는 논박할 수 없는 명제이다. "어떤 하나의 특정한 대상에 여러 개의 다른 대상의 가치를〔예를 들어 아마포에 직물공의 생계비를〕가산하는 방법, 즉 여러 개의 가치를 어떤 하나의 가치에 차곡차곡 쌓아서 더하는 이 방법은 그렇게 더해진 것만큼 그 하나의 가치를 증대시킨다. …… '가산'이라는 표현은 제조된 생산물의 가격이 형성되는 방식을 잘 그려내고 있다. 이 가격은 소비되어 가산된 여러 가치의 총액에 불과하다. 그렇지만 가산이 곧 증가를 뜻하는 것은 아니다"(리비에르, 앞의 글, 599쪽).

14) 자본가가 1844~47년에 자기 자본의 일부를 빼내어 철도 주식에 투자했다가 그것을 잃어버린 경우라든지 미국의 내전 시기에 자본가가 리버풀의 면화 거래소에 투기하기 위하여 공장문을 닫고 노동자들을 길바닥에 내쫓는 경우 등 이런 예는 허다하다.

으로는 상품을 내가 직접 만들지 않고 만들어놓은 기성품을 시장에서 살 거야!" 그러나 그와 한패인 자본가들이 모두 똑같이 그렇게 한다면, 그는 어느 시장에서 상품을 발견하겠는가? 더구나 화폐는 먹을 수 없다. 그는 열심히 설명한다. "나의 절약정신을 좀 보란 말야. 나는 내가 가진 15실링을 그냥 탕진해버릴 수도 있었어. 그러나 나는 그렇게 하지 않고 그것을 생산적으로 소비하고, 그럼으로써 실을 만들었단 말이야." 그리고 그렇게 한 결과 분명히 그는 후회 대신 실을 손에 넣었다. 금욕이 어떤 결과를 가져올지를 화폐축장자가 우리에게 보여주었기 때문에 그는 결코 화폐축장자의 역할로 되돌아갈 수는 없다. 더구나 아무것도 없는 곳에서는 황제의 권력도 빛을 잃는다. 그의 금욕이 이룬 공로가 무엇이든 생산과정에서 만들어진 생산물의 가치는 투입된 상품들의 가치의 합과 같을 뿐이므로, 그의 금욕을 특별히 보상해주는 어떠한 것도 존재하지 않는다. 그러므로 이 경우 그는 도덕성이라는 대가에 만족할 수밖에 없다. 그렇지만 그 대가 때문에 그에게는 번거로움이 따른다. 실[絲]은 그에게 아무 쓸모가 없다. 그는 그것을 팔기 위하여 생산한 것이다. 그렇다면 그는 그것을 판매해야 하며, 그렇지 않다면 좀더 단순하게 말해서 앞으로는 자기가 필요한 것만 생산해야 한다는 것인데, 이것은 자본가가 고용한 의사 매컬럭이 과잉생산이라는 유행병의 특효약으로 이미 그에게 써주었던 처방전이다. 그는 물러서지 않고 완강하게 계속 주장한다. "노동자가 그냥 손과 발만 가지고 허공에서 노동생산물을 창조하고 상품을 생산한 것은 아니지 않은가? 내가 노동자들에게 재료를 주었기 때문에 노동자는 오직 그것만을 가지고, 또 오직 그것들을 통해서만 자신의 노동을 체화할 수 있었던 것이 아닌가? 그리고 세상사람 대부분이 이런 빈털터리들이므로, 나는 내 생산수단, 즉 내 면화와 방추로써 사회에 대하여 그리고 내가 생활수단을 제공했던 노동자에 대하여, 헤아릴 수 없을 만큼의 봉사를 한 게 아닌가? 그렇다면 나는 그 봉사에 대한 대가를 요구해야 하지 않는가?" 그러나 사실 노동자들도 그에게 면화와 방추를 실로 전화시킴으로써 답례를 하지 않았던가? ^{M207}

더구나 여기에서는 봉사가 중요한 것이 아니다.[15] 봉사란 상품이든 노동이든 어떤 사용가치의 유용한 작용일 뿐이다.[16] 그런데 여기서 우리가 다루는 것은 교환가치이다. 자본가는 노동자에게 3실링의 가치를 지불하였다. 노동자는 그에게 정확히 동일한 가치, 즉 면화에 부가시킨 3실링의 가치로 되돌려주었다. 즉 그는 가치에 대하여 가치를 되돌려주었다. 이제까지는 그렇게도 자본다운 오만함을 보이던 우리의 자본가 친구는 갑자기 자신의 노동자들과 마찬가지의 겸손한 태도로 말한다. "나도 노동을 하지 않았는가? 방적공에 대한 감시나 감독이라는 노동을 하지 않았는가? 나의 이런 노동 또한 가치를 형성하지 않는가?" 자본가가 고용한 감독과 관리자는 어이없다는 표정을 짓는다. 그러자 그는 쾌활하게 웃으며 본래의 표정으로 되돌아가서 말한다. "내가 지금까지 지껄인 것은 모두 농담이야. 이런 말을 해봐야 동전 한 푼 생기지 않아. 이따위 쓸데없는 핑계나 속임수는 내가 고용하고 있는 경제학 교수들에게 일임하겠어. 나 자신은 실천적인 인간이므로, 사업 이외의 일에 대하여 말하는 것은 별로 깊이 생각해 본 적이 없지만 사업을 통해서 내가 무엇을 하고 있는지는 언제나 잘 알고 있지."

이 문제를 좀더 자세히 살펴보자. 노동력의 하루 가치는 3실링인데, 그

---

15) "자랑하고, 장식하고, 꾸미는 것은 좋은 일이다. …… 그러나 자기가 준 것보다 더 많은 것 또는 더 좋은 것을 받는 사람은 고리대금업자이며, 그는 도둑이나 강도와 다름없이 이웃에게 봉사하기보다는 해를 준다. 사람들이 봉사나 선행이라고 하는 것이 모두 이웃에 대한 봉사나 선행은 아니다. 왜냐하면 간통한 남녀도 서로에게는 커다란 봉사와 선행을 행한 것이며, 기사가 방화살인범을 도와서 노상강도짓을 하거나 국가와 국민을 약탈하는 식으로 그 살인범에게 큰 봉사를 행하기도 하기 때문이다. 또한 법왕파도 온갖 사람을 모두 물에 빠뜨리고 불에 태워 죽이고 감옥에 가두는 대신 몇몇 사람의 목숨을 건져주고 그들을 추방하며 또 그들의 재산을 압류하는 방식으로 큰 선행을 베풀기도 한다. 악마도 자신을 섬기는 사람에게는 엄청난 은혜를 베푼다. …… 요컨대 세상은 크고 훌륭한 매일의 봉사와 선행으로 가득 차 있다"(마르틴 루터, 앞의 글).

16) 나는 『경제학 비판』, 14쪽에서 이 점에 관하여 다음과 같이 썼다. "사람들은 봉사(service)라는 범주가 왜 세이라든가 바스티아 같은 부류의 경제학자들에게 '봉사'할 수밖에 없는지를 이해해야 할 것이다."

것은 노동력 자체에 $\frac{1}{2}$노동일이 대상화되기 때문이다. 즉 노동력의 생산을 위해 날마다 필요한 생활수단을 생산하는 데 $\frac{1}{2}$노동일이 소비되기 때문이다. 그렇지만 노동력 안에 포함되어 있는 과거 노동과 노동력이 수행할 수 있는 살아 있는 노동, 즉 노동력의 하루하루의 유지비와 노동력의 하루하루의 지출은 그 크기가 서로 완전히 다르다. 전자는 노동력의 교환 M208 가치를 규정하고, 후자는 노동력의 사용가치를 형성한다. 노동자의 생활을 24시간 동안 유지하는 데 $\frac{1}{2}$노동일이 필요하다는 사실은 노동자가 하루 종일 일하는 것에 아무런 영향을 끼치지 않는다. 그러므로 노동력의 가치와 노동과정에서 노동력의 가치증식은 서로 그 크기가 전혀 다르다. 자본가는 노동력을 구매할 때 이런 가치크기의 차이를 이미 염두에 두고 있었다. 가치를 형성하기 위해서는 노동이 유용한 형태로 지출되어야 하기 때문에, 실이나 장화를 만드는 노동력의 유용성은 불가결한 하나의 조건에 불과하다. 그런데 결정적인 것은 이 상품의 특수한 사용가치인데, 그것은 곧 가치의 원천이면서 동시에 자신이 지니고 있는 것보다 더 많은 가치의 원천이 되기도 한다는 바로 그 성질이다. 이것이야말로 자본가가 이 상품으로부터 기대하는 특수한 봉사이다. 그리고 그는 이 거래에서 영원불멸한 상품교환의 법칙에 따라 행동한다. 사실상 노동력의 판매자는 다른 모든 상품의 판매자가 그렇게 하듯이 노동력의 교환가치를 실현하고 노동력의 사용가치를 양도한다. 그는 후자를 주지 않고서는 전자를 가질 수 없다. 노동력의 사용가치〔즉 노동 그 자체〕는, 판매된 기름의 사용가치가 기름 상인에게 속하지 않는 것과 똑같이, 노동력의 판매자에게 속하지 않는다. 화폐소유자는 이미 노동력의 하루 가치를 지불했다. 그러므로 하룻동안의 노동력의 사용〔즉 하룻동안의 노동〕은 그에게 속한다. 노동력은 하루 종일 사용되고 노동할 수 있지만 그 노동력을 유지하는 데에는 매일 $\frac{1}{2}$노동일밖에 필요하지 않다는 사실, 따라서 노동력의 사용이 하루에 창조하는 가치가 노동력 자체의 하루 가치의 2배 크기라는 사실은 구매자에게는 특별한 행운이지만, 판매자에게도 부당한 일은 결코 아니다.

우리의 자본가는 자신을 즐겁게 만드는 이런 사정[58]을 예전부터 알고 있었다. 그러므로 노동자는 작업장에서 6시간이 아닌 12시간의 노동과정에 필요한 생산수단을 보게 된다. 10파운드의 면화가 6노동시를 흡수하여 10파운드의 실로 전화한다면, 20파운드의 면화는 12노동시를 흡수하여 20파운드의 실로 전화할 것이다. 이 연장된 노동과정의 생산물을 살펴보도록 하자. 20파운드의 실 속에는 5노동일이 대상화되어 있는데, 그 중 4노동일은 소모된 면화와 방추량을 통해서 대상화된 것이고 1노동일은 방적과정 동안 면화에 의해 흡수된 것이다. 5노동일에 대한 금〔화폐〕의 양은 30실링, 곧 1파운드스털링 10실링이다. 즉 이것이 20파운드 실의 가격이다. 1파운드의 실의 가격은 종전과 같이 1실링 6펜스이다. 그런데 생산과정에 투입된 상품들의 가치 총액은 27실링이었다. 실의 가치는 30실링이다. 생산물의 가치는 그것의 생산에 투하된 가치보다도 $\frac{1}{9}$ 만큼 증가했다. 즉 27실링이 30실링으로 전화하였다. 그것은 3실링의 잉여가치를 낳은 것이다. 마침내 요술은 성공하였다. 화폐는 자본으로 전화한 것이다.

M209

문제의 조건은 모두 해결되고, 상품교환의 법칙은 조금도 침해되지 않았다. 등가물이 등가물과 교환되었기 때문이다. 자본가는 구매자로서 면화와 방추 그리고 노동력이라는 각 상품에 대해 그 가치대로 지불하였다. 그래서 그는 다른 모든 상품구매자가 행하는 일을 행했을 뿐이다. 그는 이들 상품의 사용가치를 소비하였다. 노동력의 소비과정은 동시에 상품의 생산과정이어서, 30실링의 가치가 있는 20파운드의 실을 생산물로 산출하였다. 자본가는 시장으로 돌아와서, 이전에는 상품을 샀지만 이제는 상품을 판다. 그는 1파운드의 실을 1실링 6펜스로, 다시 말하면 그 가치 이상도 이하도 아닌 제값으로 팔았다. 그런데도 그는 본래 유통에 투입했던 것보다 3실링 더 많은 가치를 유통에서 끌어낸다. 이 전체 과정, 즉 화폐의 자본으로의 전화는 유통영역에서 일어나는 것인 동시에 또한 유통영역에서 일어나는 것이 아니다. 그것이 유통영역에서 이루어진다고 얘기하는 까닭은 그것이 상품시장에서 노동력의 구매를 통해 이루어지기 때문이다. 반면 그것이 유통영역에서 이루어지지 않는다고 하는 까닭은 그 유통이 단지 생산영역에서 이루어지는 가치증식과정을 준비하는 것에 지나지 않기 때문이다. 이리하여 "더 이상 좋을 수 없는 최고의 세상에서 모든 것이 더 이상 좋을 수 없는 상태로 있게 된다." [59]

자본가는 화폐를 상품으로 전화시키는데, 이 상품은 새로운 생산물의 소재를 형성하는 수단〔또는 노동과정의 요소〕으로 사용된다. 그럼으로써 그는 상품의 죽은 노동에 살아 있는 노동력을 합체시킨다. 그럼으로써 그는 가치〔즉 과거의 대상화된 죽은 노동(tote Arbeit)〕을 자본으로〔즉 자기를 증식하는 가치로, 다시 말해 마치 애욕에 사로잡힌 듯이 [60] '움직이기' 시작하는 살아 있는 괴물로〕 전화시킨다.

이제 가치형성과정과 가치증식과정을 비교해보면, 가치증식과정은 어느 일정한 점을 넘어서 연장된 가치형성과정에 지나지 않는다. 만약 자본에 의해 지불된 노동력의 가치가 새로운 등가물에 의해 보전되는 점까지만 후자가 계속된다면 그것은 단순한 가치형성과정이다. 가치형성과정이 이 점을 넘어서 계속된다면 그것은 가치증식과정이 된다.

더 나아가 가치형성과정을 노동과정과 비교해보면, 후자는 사용가치를 생산하는 유용노동으로 이루어져 있다. 여기서 운동은 질적으로 고찰되며 그것의 특수한 방식이나 목적 그리고 내용에 따라 고찰된다. 똑같은 노동과정이 가치형성과정에서는 양적인 측면으로만 나타난다. 여기에서 문제가 되는 것은 노동이 그 작동에 필요한 시간, 곧 노동력이 유용하게 지출되는 시간뿐이다. 여기에서는 노동과정에 투입되는 상품도 합목적적으로 움직이는 노동력을 위하여 기능적으로 정해진 물적 요소로서의 의미를 더 이상 갖지 못한다. 그것들은 그저 일정량의 대상화된 노동으로만 계산될 뿐이다. 생산수단에 포함되어 있든 아니면 노동력을 통해서 부가되든, 노동은 단지 그 시간의 크기로만 계산된다. 그것은 몇 시간 또는 며칠 등으로 계산된다.

그러나 노동에서 사용가치의 생산에 소비된 시간은 사회적으로 필요한 시간으로만 계산된다. 여기에는 다음과 같은 여러 가지 조건이 포함된다. 첫째, 노동력은 표준적인 조건에서 기능해야만 한다. 만약 방적기계가 방적업에서 사회적으로 일반화된 노동수단이라면, 노동자가 물레를 사용하고 있어서는 안 된다. 면화도 역시 자주 끊어지는 조악한 품질이어서는 안 되고, 표준적인 품질이어야 한다. 그렇지 않다면 그는 1파운드의 실을 생산하기 위하여 사회적으로 필요한 노동시간 이상을 소비하게 되지만, 이런 초과시간은 가치도 화폐도 생산하지 못할 것이다. 그러나 물적인 노동 요소들의 표준적인 성격은 노동자에게 달려 있는 것이 아니라 오히려 자본가에게 달려 있다. 두 번째 조건은 노동력의 표준적인 성격이다. 노동력은 그것이 사용되는 부문에서 지배적인 평균 정도의 숙련과 기능·속도를 갖고 있어야 한다. 그런데 우리의 자본가가 노동시장에서 구매한 것은 표준적인 품질의 노동력이다. 이 노동력은 보통의 평균적인 긴장으로[즉 사회적으로 보통수준의 노동강도로] 지출되어야만 한다. 자본가는 이런 점을 세심하게 감시하는 동시에 또 노동하지 않고 시간이 낭비되는 일이 없도록 유의한다. 그는 일정 시간 동안 노동력을 구매한 것이고, 그 시간 동안 그것을 자기 것으로 소유한다. 그는 그것을 도둑맞고 싶어하지 않는다. 마지막 세 번째 조건으로 — 그리고 이 점에 대해서 자본가는 독자적인 형법전(刑法典, code pénal)을 갖고 있다 — 원료나 노동수단이 목적에 어긋나게 소비되어서는 안 된다. 왜냐하면 이렇게 잘못 소비된 재료나 노동수단은 대상화된 노동에서 여분의 지출량을 나타내고, 따라서 가치를 형성하는 생산물의 계산에는 포함되지 않기 때문이다.[17]

---

17) 이것은 노예제에 기초한 생산이 높은 비용을 치르게 되는 이유 가운데 하나이다. 고대인들의 적절한 표현에 따르면, 이 경우 노동자는 단지 말하는 도구라는 점에서만 소리를 내는 도구인 동물이나 아예 소리도 내지 않는 생명력 없는 작업도구와 구별된다. 그러나 노동자 자신은 동물이나 작업도구를 통하여 자신이 그것들과 같은 것이 아니라 오히려 인간임을 느끼고자 한다. 그는 그것들을 학대하고 마음대로 훼손함으로써 자신이 그것들과는 구별된다는 자부심을 갖는다. 따라서 이 생산양식에서는 가장 조잡하고 가장 무거우면서도 좀처럼 훼손되기 어렵도록 무디게 만들어진 용구만을 사용하는 것이 경제적인 원칙으로 간주된다. 그래서 미국 내전

앞서 상품 분석을 통해 우리는 사용가치를 창출하는 노동과 가치를 창
출하는 노동을 구별할 수 있었는데, 이제는 그것이 생산과정의 상이한 두
측면의 차이로 나타난다는 것을 알게 되었다.

노동과정과 가치형성과정의 통일로서의 생산과정은 상품의 생산과정
이다. 노동과정과 가치증식과정의 통일로서의 생산과정은 자본주의적 생
산과정이며 상품생산의 자본주의적 형태이다.

앞에서 말했던 것처럼 자본가가 취득한 노동이 단순한 사회적 평균노
동인지 아니면 좀더 복잡하고 좀더 고도의 특수한 비중을 가진 노동인지
는 가치증식과정에서 아무런 문제가 되지 않는다. 사회적인 평균노동에
비해 더욱 고도의 노동이나 더욱 복잡한 노동으로 간주되는 노동은 더 많
은 교육비가 들고 따라서 그 생산에 더 많은 노동시간이 드는 노동력, 즉
단순한 노동력보다도 더 높은 가치를 갖는 노동력의 발현이다. 그러므로
노동력의 가치가 더 높을 때 그 노동력은 더 고도의 노동으로 발현되고,
따라서 똑같은 시간에 상대적으로 더 높은 가치로 대상화된다. 그러나 방

이 일어나기 전까지 멕시코 만 연안의 노예주(州)들에서는 고대 중국에서 만들어진 것과 같은
쟁기 외에는 볼 수 없었는데, 그것으로는 두더지나 멧돼지처럼 땅을 팔 수는 있었겠지만 이랑
을 이루거나 땅을 갈 수는 없었다(케언스, 『노예의 힘』, 런던, 1862, 46쪽 이하 참조). 특히 옴스
테드(Olmsted)는 그의 『연안 노예주(州) 여행기』, 46~47쪽에서 다음과 같이 말하고 있다. "내
가 여기에서 보는 작업도구들은 온전한 정신을 가진 사람이라면 자기가 임금을 지불하는 노동
자에게 결코 주지 않을 그런 조악한 것들이다. 내가 판단하기에 이 도구들은 우리가 보통 사용
하는 용구보다 지나치게 무겁고 무뎌서 적어도 10%는 더 일을 하게 만든다. 그러나 내가 확신
하건대, 노예들이 작업도구를 다루는 방법은 너무나 부주의하고 서툴러서, 이들에게는 더 가볍
고 정교한 도구를 맡겨도 그것들이 제대로 성능을 발휘할 가능성이 없다는 것이다. 따라서 우
리가 늘 노동자에게 제공해서 수익을 얻어내는 그런 도구들은 버지니아의 옥수수밭—우리나
라의 밭보다 흙이 부드럽고 돌이 적은 곳이지만—에서는 하루도 배겨낼 수 없다. 또한 왜 농
장에서 일반적으로 말이 노새로 대체되었는지에 대한 가장 일차적이고 명확한 결정적인 답변
은, 말은 흑인들이 지속적으로 거칠게 다루는 것을 견디지 못한다는 것이다. 말은 흑인들의 거
친 대우에 금방 지치고 불구가 되어버리지만, 노새는 몽둥이로 때려도 견뎌내고 또 때때로 한
두 번 끼니를 걸러도 육체적으로 상하지 않는다. 뿐만 아니라 노새는 아무렇게나 방치하고 과
도하게 일을 해도 감기에 걸리거나 병이 나는 일이 없다. 그런데 내가 지금 집필하고 있는 이
방의 창문에서 한 걸음만 걸어나가면, 북부지방의 농장주라면 누구든지 곧 해고하게 될 만큼
가축을 심하게 다루는 일꾼들의 모습을 쉽게 보게 된다."

적노동과 보석세공노동 사이의 수준 차이가 얼마이든, 보석세공 노동자가 단지 자신의 노동력 가치를 보전하는 데 필요한 노동 부분은 잉여가치를 창출하는 추가적인 노동 부분과 질적으로 조금도 구별되지 않는다. 잉여가치는 여전히 노동의 양적인 초과분, 즉 동일한 노동과정〔곧 한편에서는 실의 생산과정이고 다른 한편에서는 보석의 생산과정〕의 시간적 연장에 의해서만 생겨나는 것이다.[18]

M213　　한편 모든 가치형성과정에서 고급노동은 항상 사회적 평균노동으로〔예를 들어 하루치의 고급노동은 x일치의 단순노동으로〕[19] 환산되어야한다. 이처럼 자본에 의해 사용되는 노동자가 단순한 사회적 평균노동을 수행하는 것으로 가정함으로써 우리는 불필요한 조작을 생략하고 분석을 단순하게 수행할 수 있게 된다.

---

18)　더욱 고도의 노동〔숙련노동〕과 단순노동〔미숙련노동〕 사이의 구별은 일부는 단순한 환상이거나 적어도 벌써 오래 전부터 실질적인 의미를 잃고 단지 전통적인 관습으로만 존속하는 여러 가지 차별에 기인한다. 또 일부는 노동자계급 가운데 자신의 노동력 가치를 관철시키는 힘이 다른 계층보다 취약한 계층의 절망적인 상태에 기인한다. 이런 차별에서는 우연적인 요소가 매우 큰 역할을 해서, 종종 똑같은 종류의 노동이 서로 자리를 맞바꾸기까지 한다. 예를 들어 자본주의적 생산이 발달한 나라들의 경우 노동자계급의 육체가 쇠약하고 또 비교적 지쳐 있어서 이들 나라에서는 많은 근력이 필요한 거친 노동이 대개 그보다 훨씬 정밀한 노동보다 더 고급노동으로 역전되어 있으며, 후자는 오히려 더 저급한 노동으로 전락해 있다. 즉 잉글랜드에서 벽돌 조적공의 노동은 무늬직물 직조공의 노동보다 훨씬 고급노동의 지위를 차지한다. 그러나 다른 한편, 면직 재단공의 노동은 고도의 육체적 긴장이 필요하고 또 매우 건강에 해로운데도 '단순'노동으로 간주된다. 아무튼 이른바 '숙련노동'이 국민노동 중에서 양적으로 상당한 범위를 차지하고 있다고 생각해서는 안 된다. 렝의 계산에 따르면 잉글랜드(와 웨일스)에서는 1,100만 명 이상이 단순노동에 의지해 생존해나가고 있다. 그가 집필할 당시의 인구 1,800만 명에서 귀족 100만 명과 빈민·부랑민·범죄자·매춘부 등의 150만 명을 제외하면, 소규모 금리생활자, 관료, 저술가, 학교 교사 등을 포함한 중간계층 465만 명이 남는다. 이 465만 명을 계산해내기 위해서 그는 은행가 등을 뺀 고임금 '공장노동자'를 중간계층 가운데 노동하는 사람들로 포함시켜 계산하고 있다! 벽돌 조적공도 바로 이 '고임금노동자'에 포함된다. 앞서 말한 1,100만 명은 그가 이렇게 계산해낸 결과이다(렝, 『국민적 고난 운운』, 런던, 1844, 49~52쪽 이곳저곳). "식량을 얻기 위하여 보통의 노동 말고는 아무것도 양도할 것이 없는 거대한 계급이 바로 대다수의 인민이다"(제임스 밀, 『식민지』, 『대영 백과전서 보유』, 1831).

19)　"가치척도로서의 노동에 대해 말할 경우 그 노동은 반드시 어떤 특수한 노동을 뜻한다. …… 이 특수한 노동과 다른 종류의 노동 사이의 비율은 쉽게 계산될 수 있다"(〔카제노프,〕 『경제학 개론』, 런던, 1832, 22~23쪽).

제6장

불변자본과 가변자본

노동과정에 투입된 각 요소는 생산물 가치의 형성에서 제각기 다른 역 M214 할을 수행한다.

자신의 노동이 지닌 특수한 내용과 목적 그리고 기술적 성격을 논외로 할 때, 노동자는 일정량의 노동을 부가함으로써 노동대상에 새로운 가치를 부가한다. 한편 우리는 소비된 생산수단의 가치를 생산물 가치의 구성부분으로〔예를 들어 면화와 방추의 가치를 실의 가치 속에서〕 다시 만나게 된다. 즉 생산수단의 가치는 생산물로 이전되어 보존된다. 이 이전은 생산수단이 생산물로 전화하는 동안에〔즉 노동과정 속에서〕 이루어진다. 그것은 노동에 의해서 매개된다. 그러나 어떻게?

노동자가 같은 시간에 이중으로 노동함으로써 그렇게 되는 것은 아니다. 즉 한편으로는 자신의 노동을 통해 면화에 가치를 부가하기 위하여 노동하고, 다른 한편으로는 면화의 원래의 가치를 보존하기 위하여 — 또는 같은 말이지만 자신이 가공하는 면화와 자신의 노동수단인 방추의 가치를 생산물인 실로 이전하기 위하여 — 노동하는 것은 아니다. 오히려 그는 새로운 가치를 부가함으로써 원래의 가치를 보존한다. 그러나 노동대상에 새로운 가치를 부가하는 것과 생산물 속에 원래의 가치를 보존하는 것은 노동자가 같은 시간에 단 한 번밖에 노동하지 않으면서도 동시에 이루어내는 완전히 다른 두 결과이므로 이러한 결과의 양면성은 명확히 오직 그의 노동 자체의 양면성을 통해서만 설명될 수 있다. 그의 노동은 동일한 시점에서 한편의 속성으로는 가치를 창조하고, 다른 한편의 속성으로는 가치를 보존 또는 이전해야 하는 것이다.

노동자는 노동시간, 즉 가치를 어떻게 부가하는가? 그는 언제나 자신의 특유한 생산적 노동방식의 형태를 통해서만 그렇게 한다. 즉 방적공은 실을 방적함으로써만, 직물공은 베를 직조함으로써만, 또 야금공은 철을 단련시킴으로써만 각기 노동시간을 부가한다. 그러나 그들이 노동〔즉 새로운 가치〕을 부가하는 바로 그 형태 — 목적에 따라 제각각의 형태를 갖는 방적이나 직조 또는 철단련 — 를 통해서, 면화와 방추·실과 직기·철과 모루 같은 생산수단은 하나의 생산물〔즉 하나의 새로운 사용가치〕의 형성 요소가 된다.[20] 생산수단의 사용가치의 원래 형태는 소멸되지만, 그것은 단지 새로운 사용가치 형태로 나타나기 위하여 없어지는 것일 뿐이다. 그런데 가치형성과정의 고찰에서 분명하게 드러났듯이, 어떤 사용가치가 새로운 사용가치의 생산을 위하여 합목적적으로 소비되는 한, 소비된 사용가치의 생산에 필요한 노동시간은 새로운 사용가치의 생산에 필요한 노동시간의 일부분을 이루는 것으로, 그것은 곧 소비된 생산수단에서 새로운 생산물로 이전되는 노동시간이다. 그러므로 노동자가 소비된 생산수단의 가치를 보존하고 또 그것을 가치의 한 구성 부분으로 생산물에 이전하는 것은 그가 노동 일반을 부가하는 과정을 통해서가 아니라 이 부가된 노동의 특수한 유용성, 즉 그 특수한 생산형태를 통해서이다. 이 같은 합목적적인 생산활동〔즉 방적과 직조 및 철단련 노동〕은 단지 접촉하는

---

20) "노동은 소멸된 것 대신에 새로운 창조물을 만들어준다"(『국민경제학 소론』, 런던, 1821, 13쪽).

것만으로도 생산수단을 죽음에서 소생시키고 그것들에 활기를 불어넣어 노동과정의 요소들로 만들며 그것들과 결합하여 생산물이 된다.

노동자가 행하는 특수한 생산적 노동이 방적이 아니라면 그는 면화를 실로 만들지 않을 것이며, 면화와 방추의 가치를 실로 이전시키지도 않을 것이다. 반면 이 노동자가 직업을 바꾸어 가구를 만드는 가구공이 될 경우에도 그는 여전히 1노동일의 노동을 통하여 그의 재료에 가치를 부가할 것이다. 그러므로 그가 자신의 노동을 통하여 가치를 부가할 경우 그의 노동은 방적노동이나 가구 제작노동이라는 의미를 갖는 것이 아니라 추상적·사회적 노동이라는 의미를 갖는 것이며, 또 그가 일정량의 가치를 부가하는 것도 그의 노동이 어떤 특수한 사용가치를 갖기 때문이 아니라 그것이 일정한 시간을 소요하기 때문이다. 그리하여 방적공의 노동이 면화와 방추의 가치에 새로운 가치를 부가시키는 것은 그것이 가진 추상적·일반적 속성을 통해서이며[즉 인간 노동력의 지출이라는 의미를 통해서이며], 그 노동이 이들 생산수단의 가치를 생산물로 이전시키고 그것들의 가치를 생산물 속에 보존하는 것은 그 노동이 가진 방적과정으로서의 구체적이고 특수한 사용가치적 성격을 통해서이다. 그리하여 동일한 시점에서 노동의 결과는 양면성을 띠게 된다.

노동의 양적 부가를 통해서는 새로운 가치가 부가되며 부가된 노동의 질을 통해서는 생산수단의 본래 가치가 생산물 속에 보존된다. 이러한 노 _{M216} 동의 양면적 성격이 빚어내는 노동의 양면적 작용은 각종 현상을 통해서 뚜렷하게 드러난다.

어떤 발명으로 인하여 예전에는 방적공이 36시간 만에 방적하던 것과 같은 양의 면화를 6시간 만에 방적하게 되었다고 가정해보자. 합목적적이고 유용한 생산활동의 측면에서 그의 노동은 힘이 6배 늘어났다. 그 생산물은 6배의 실, 즉 6파운드가 아닌 36파운드의 실이 되었다. 그러나 그 36파운드의 면화는 이제 이전에 6파운드의 면화가 흡수하던 것과 동일한 만큼의 노동시간밖에 흡수하지 않는다. 면화에는 낡은 방법에 따를 경우의

$\frac{1}{6}$에 해당하는 새로운 노동이 부가될 뿐이며, 따라서 이전 가치의 $\frac{1}{6}$만이 부가될 뿐이다. 다른 한편 이제는 6배의 면화 가치가 생산물인 36파운드의 실 속에 들어 있다. 6노동시의 방적노동에는 6배의 원료 가치가 보존되어 생산물에 이전되지만 같은 양의 원료에는 예전에 비해 $\frac{1}{6}$만큼의 새로운 가치만 부가된다. 이것은 불가분의 동일한 과정에서 노동이 가치를 보존하는 성질이 노동이 가치를 창조하는 성질과 본질적으로 다른 것임을 보여준다. 방적작업 동안 같은 양의 면화에 대해 수행되는 필요노동시간이 커지면 커질수록 면화에 부가되는 새로운 가치는 그만큼 커지지만, 같은 노동시간 동안 방적된 면화의 양이 많으면 많을수록 생산물 속에 보존되는 원래의 가치는 그만큼 더 커진다.

거꾸로 방적노동의 생산성이 변하지 않고 따라서 방적공이 1파운드의 면화를 실로 만들기 위해서는 종전과 마찬가지의 똑같은 시간이 필요하다고 가정해보자. 그러나 면화 자체의 교환가치는 변하여 1파운드의 면화 가격이 6배로 상승하든가 $\frac{1}{6}$로 하락한다고 해보자. 이 두 경우에 방적공은 계속해서 같은 양의 면화에 같은 노동시간, 따라서 같은 가치를 부가하며, 또 어떤 경우에나 같은 시간에 같은 양의 실을 생산한다. 그럼에도 그가 면화에서 실이라는 생산물로 이전시킨 가치는 종전과 비교하여 한쪽의 경우는 $\frac{1}{6}$이며, 다른 쪽의 경우는 6배이다. 노동수단의 가격이 상승하거나 하락하더라도 그 노동수단이 노동과정에서 수행하는 효율이 변하지 않을 때에도 결과는 마찬가지이다.

방적과정의 기술적인 조건들이 변하지 않고 또 그 생산수단의 가치도 변하지 않는다면 방적공은 늘 같은 노동시간에 똑같은 가치와 똑같은 양의 원료와 기계를 소비한다. 그럴 경우 그가 생산물 속에 보존하는 가치는 그가 부가한 새로운 가치에 정비례한다. 그는 2주 동안에 1주일치 노동의 2배〔따라서 2배의 가치〕를 부가하며, 또 동시에 2배의 가치에 해당하는 원료와 기계를 소모하며, 이리하여 2주 동안의 생산물에 1주 동안의 생산물보다 2배의 가치를 보존한다. 주어진 생산조건이 불변인 상태에서 노동자는 그가 부가한 가치가 많으면 많을수록 보존하는 가치도 함께 많아지는데, 그러나 이때 그가 더 많은 가치를 보존하는 것은 그가 더 많은 가치를 부가하기 때문이 아니라, 그가 이 가치를 자신의 노동과 무관한 불변의 조건들 아래에서 부가하기 때문이다.

물론 상대적인 의미에서 노동자는 언제나 새로운 가치를 부가하는 것과 같은 비율로 원래의 가치를 보존한다고 할 수 있다. 면화가 1실링에서 2실링으로 값이 오르거나 6펜스로 떨어져도 노동자가 1시간의 생산물 속에 보존하는 면화 가치는 그 변동과는 무관하게 늘 그가 2시간의 생산물 속에 보존하는 가치의 절반일 뿐이다. 더욱이 자신의 노동생산성이 변동하여 증가하거나 하락하면 그는 예를 들어 1노동시 동안 예전보다 많거나 적은 면화를 방적할 것이고, 그럼으로써 1노동시의 생산물 속에 예전보다 많거나 적은 면화 가치를 보존할 것이다. 그럼에도 그가 2노동시 동안 보존하는 가치는 언제나 1노동시 동안의 가치에 비해 2배일 것이다.

가치는 가치표지를 통해 단순히 상징적으로만 표시될 경우를 제외하곤 언제나 하나의 사용가치[즉 하나의 물품] 속에만 존재한다.(인간 자신도 노동력의 단순한 현존재로 본다면 하나의 자연대상이며, 비록 생명이 있고 자기의식이 있긴 하지만 분명 하나의 물적 존재이다. 그리고 노동 그 자체는 어떤 힘의 물적인 발현이다.) 따라서 사용가치가 없어지면 가치도 없어진다. 그런데 생산수단은 사용가치를 잃는다고 해서 동시에 그 가치까지 잃는 것이 아니다. 왜냐하면 생산수단이 노동과정을 통하여 그 사용가치 원래의 모습을 잃는 것은 생산물을 통해서 그것이 다른 사용가치의 모습을 획득하기 위한 것일 뿐이기 때문이다. 그러나 가치에서 그것이 무엇인가의 사용가치 속에 존재한다는 것은 중요하지만, 그것이 어떤 사용가치 속에 존재하는가는 상품의 전형(轉形)에서 볼 수 있듯이 별로 중요하지 않다. 이를 토대로 우리는 노동과정에서 가치가 생산수단으로부터 생산물로 이전되는 것은 다만 생산수단이 그 자립적인 사용가치와 더불어 그 교환가치까지도 잃어버리는 경우에만 그러하다는 것을 알 수 있다. 생산수단은 그것이 생산수단으로 잃어버린 가치만을 생산물에 인도할 뿐이다. 그러나 노동과정의 각 물적 요소들은 이 점에서 제각기 다른 방식으로 이를 수행한다.

M218 기관에 열을 가하는 데 사용되는 석탄은 차축에 바르는 기름과 마찬가지로 흔적도 없이 소멸한다. 염료와 그밖의 보조자재도 소멸되지만, 그러나 그것들은 생산물의 속성 속에 나타난다. 원료는 생산물의 실체를 형성하지만 그 형태는 변한다. 따라서 원료와 보조자재는 그것들이 노동과정에 사용가치로 들어갈 때 지니고 있던 자립적인 모습을 잃어버린다. 그런데 노동수단의 경우는 이들과 다르다. 공구와 기계, 공장 건물 그리고 용기 등이 노동과정에서 사용되는 방식은 그것들이 단지 최초의 모습을 유지하며 내일도 어제와 똑같은 형태로 노동과정에 들어가는 형태를 통해서뿐이다. 그것들은 생존해 있는 동안에도〔즉 노동과정 속에 있는 동안에도〕생산물에 대하여 자신의 자립적인 모습을 유지하지만, 죽은 뒤에도 여전히 그러하다. 기계, 도구, 작업용 건물 등의 시체는 그것들의 도움을 받아 만들어진 생산물들과는 계속 분리되어 존재한다. 이제 이러한 노동수단이 일정한 역할을 한 모든 기간, 즉 그것이 작업장에 들어갔던 날부터 헛간으로 추방당한 날까지를 고찰해보면, 이 기간 동안 그것의 사용가치는 노동에 의해 모두 소비되었고 따라서 그 교환가치는 남김없이 생산물로 이전되었다. 예를 들어 어떤 방적기가 10년으로 수명을 다했다면, 10년 동안의 노동과정을 통해서 그 기계의 총가치는 10년 동안의 생산물로 이전되었음을 뜻한다. 따라서 어느 한 노동수단의 생존기간 속에는 이 노동수단을 사용하면서 끊임없이 반복되는 여러 노동과정이 포함되어 있다. 그리고 이런 노동수단의 경우는 인간의 경우와 매우 흡사하다. 인간은 누구나 매일 24시간씩 죽어간다. 그러나 어떤 사람을 보고 그가 이미 며칠을 죽어갔는지를 정확히 알 수 있는 경우는 결코 없다. 그렇지만 이것이 생명보험회사가 인간의 평균수명으로부터 매우 확실한 〔그리고 훨씬 중요한 일이지만〕 수익률을 산출해내는 데 장애가 되지는 않는다. 노동수단의 경

우도 마찬가지이다. 사람들은 경험을 통해서 어떤 노동수단[예를 들어 어떤 종류의 기계]이 평균적으로 얼마나 오래가는지를 알고 있다. 노동과정에서 기계의 사용가치가 6일밖에 지속되지 않는다고 가정해보자. 그렇다면 이 기계는 평균 잡아 각 노동일마다 그 사용가치의 $\frac{1}{6}$을 잃게 되며, 따라서 날마다 자기 가치의 $\frac{1}{6}$을 생산물에 인도한다. 모든 노동수단의 마모, 즉 예를 들어 매일매일의 사용가치 상실과 그에 맞추어 이루어지는 생산물로의 매일매일의 가치 인도는 이런 방식으로 계산된다.

이리하여 생산수단은 노동과정에서 자신의 사용가치를 소멸시키면서 잃는 것보다 더 큰 가치를 생산물에 인도하지는 않는다는 것을 확실히 알 수 있다. 만약 생산수단이 상실할 아무런 가치도 갖고 있지 않다면[즉 그것이 인간노동의 산물이 아니라면], 그것은 생산물에 아무런 가치도 인도하지 않을 것이다. 그 생산수단은 교환가치를 형성하는 데는 아무런 역할을 하지 않고 단지 사용가치를 형성하는 데만 도움을 줄 것이다. 인간의 관여 없이 천연적으로 존재하는 생산수단[예컨대 토지, 바람, 물, 광맥 속의 철, 원시림의 수목 등]의 경우가 모두 그러하다.

여기에서 우리는 또 하나의 흥미로운 현상을 만난다. 예를 들어 어떤 기계가 1,000파운드스털링의 가치가 있고 1,000일 만에 마모되어버린다고 하자. 이 경우 기계 가치의 $\frac{1}{1,000}$이 매일 기계에서 생산물로 이전된다. 생명력이 점점 줄어들긴 하지만 기계는 전체가 계속하여 노동과정에서 기능을 수행한다. 따라서 노동과정의 어떤 요소[즉 어떤 생산수단]는 노동과정에는 전체가 투입되지만 가치증식과정에는 일부만 투입된다는 것을 알 수 있다. 여기에서 노동과정과 가치증식과정의 차이는 이들 과정의 물적 요소들을 통해 반영되고, 그런 반영은 같은 생산수단이 동일한 생산과정에서 노동과정의 한 요소로는 전체로 계산되고, 가치형성의 한 요소로는 일부만 계산되는 방식을 통해 이루어진다.[21]

---

21) 여기에서 노동수단[즉 기계·건물 등]의 수리는 문제 삼지 않는다. 수리되는 기계는 노동수단으로서가 아니라 노동재료로서 기능한다. 즉 그것을 사용해 노동이 이루어지는 것이 아니

한편 그와 반대로 다른 생산수단의 경우 노동과정에는 일부만 투입되지만 가치증식과정에는 전체가 투입되는 수도 있다. 면화를 방적할 때 실이 되지 못하고 폐면이 되어버리는 폐기물이 날마다 115파운드 가운데 15파운드씩 생긴다고 하자. 그런데도 만약 이 15파운드의 폐기물이 표준적인 것이고 면화의 평균 가공과 불가분의 것이라면 실의 요소가 되지 못한 15파운드 면화의 가치도 실의 실체가 된 100파운드 면화의 가치와 똑같이 실의 가치에 포함될 것이다. 100파운드의 실을 만들기 위해서는 15파운드 면화의 사용가치가 폐기물이 되지 않을 수 없다. 따라서 이 면화의 폐기물화는 실의 생산조건 가운데 하나가 된다. 바로 그렇기 때문에 그것은 자신의 가치를 실에 이전한다. 이것은 적어도 어떤 폐기물이 다시 새로운 생산수단이 되거나 따라서 새로운 자립적 사용가치를 형성하지 않는 한 노동과정의 모든 폐기물에 똑같이 적용된다. 그 예외적인 경우로 우리는 맨체스터의 커다란 기계공장에서 산더미 같은 쇠 부스러기가 거대한 기계에 의하여 대팻밥처럼 떨어져나와 저녁이 되면 커다란 차에 실려 공장에서 제철소로 운반되어가는 모습을 볼 수 있는데, 이들 쇠 부스러기들은 뒷날 다시 대량의 철이 되어 제철소에서 공장으로 되돌아온다.

노동과정에 있는 동안 생산수단은 원래의 사용가치 모습에서 가치를 상실하는 경우에만 생산물의 새로운 모습에 가치를 이전한다. 그것이 노동과정에서 상실할 수 있는 가치의 최대량은 명백히 그것이 노동과정에 투입될 때 갖고 있던 원래의 가치크기〔즉 그 자신의 생산에 필요한 노동시간〕에 따라 제한된다. 그러므로 생산수단은 그것이 노동과정에서 얼마나 유용하게 사용되느냐와는 무관하게, 자신이 지니고 있는 가치보다 더 많은 가치를 생산물에 부가할 수는 없다. 어떤 노동재료나 기계〔즉 생산수단〕가 아무리 유용하다 해도 그것이 150파운드스털링〔예를 들어 500노동일〕의 값어치가 있다면, 그것은 그것이 사용되어 만들어낸 총생산물에 150파운드스털링 이상의 가치를 결코 부가하지 못한다. 그 가치는 그것이 생산수단으로 투입되는 노동과정에 따라 정해지는 것이 아니라 그것이 생산물로 산출된 노동과정에 따라 결정되는 것이다. 노동과정에서 그것은 오로지 사용가치〔즉 유용성을 가진 물적 존재〕로서 역할을 할 뿐이며, 따라서 만일 그것이 이 과정에 투입되기 전에 가치를 갖고 있지 않았다면 생산물에는 조금의 가치도 이전하지 않을 것이다.[22)]

22) 우리는 이로부터 생산수단〔즉 토지·공구·피혁 등〕이 노동과정에서 자신의 사용가치를 통해 수행하는 '생산적인 역할들'에서 잉여가치〔즉 이자·이윤·지대〕를 도출하려고 한 저 맹랑한 세이의 어리석음을 파악할 수 있게 된다. 기발한 변론적 발상을 좀처럼 놓치지 않고 꼼꼼히 기록해두는 버릇이 있던 빌헬름 로셔는 다음과 같이 부르짖는다. "세이가 『경제학 개론』 제1권, 제4장에서, 착유기가 만들어낸 가치 가운데 일체의 비용을 공제한 뒤에 남는 가치는 어쨌든 새로운 것이고 착유기 자체를 만들어내는 데 사용된 노동과는 본질적으로 다르다고 말한 것은 극히 정확한 것이다"(앞의 책, 제3판, 1858, 82쪽의 주). 맞다, 그것은 정말로 극히 정확한 것이다! 착유기에 의해 생산된 '기름'은 착유기를 제조하는 데 소비된 노동과는 전혀 다른 것이다. 그리고 '가치'의 개념에 대해서 로셔는 '기름'이 가치를 갖고 있기 때문에 가치가 '기름'과 같은 물건이라고 생각했지만, 단지 석유는 상대적으로 '매우 많은 양은' 아닐지라도 '천연적으로' 존재하는 것으로, 이에 대하여 그는 다음과 같이 말하고 있다. "그것〔자연!〕은 교환가치를 전혀 만들어내지 않는다"(같은 책, 79쪽). 로셔가 말하는 자연과 교환가치의 관계는 어리석은 처녀가 자기가 낳은 아이에 대해 그 아이가 단지 '아주 작았을 뿐'이라고 하는 그런 관계와 같다. 이 '학자'는 곧이어서 또 이렇게 말하고 있다. "리카도학파는 흔히 자본까지도 '저축된 노동'으로서 노동의 개념에 포함시킨다. 이것은 졸렬하다(!). 왜냐하면(!) 실로(!) 자본소유자는(!)

    생산노동이 생산수단을 새로운 생산물의 형성요소로 변화시킴으로써 생산수단의 가치에는 하나의 윤회가 발생한다. 생산수단의 가치는 소비된 육체에서 새로이 형성된 육체로 옮겨간다. 그러나 이 윤회는 이른바 현실 노동의 배후에서 이루어진다. 노동자는 원래의 가치를 보존하지 않고서는 새로운 노동을 부가하거나 새로운 가치를 창조할 수 없다. 왜냐하면 그는 노동을 반드시 특정의 유용한 형태로 부가해야 하기 때문이다. 그리고 그가 유용한 형태로 노동을 부가하기 위해서는 여러 생산물을 새로운 한 생산물의 생산수단으로 삼아 그것들의 가치를 그 새로운 생산물에 이전해야만 한다. 그러므로 가치를 부가함으로써 가치를 보존하는 것은 활동하고 있는 노동력〔즉 살아 있는 노동〕의 천부적인 자질이며, 그것은 또한 노동자에게 아무런 부담도 주지 않으면서 자본가에게 현재의 자본가치를 유지하게 하는 크나큰 이득을 안겨주는 천부적인 자질이기도 하다.[22a] 경기가 좋을 동안에는 자본가는 이익의 증식에 몰두한 나머지 노동이 가져다주는 이 무상(無償)의 선물을 간과하게 된다. 노동과정의 강제적인 중단, 즉 공황은 그로 하여금 이것이 얼마나 중요한 것인지를 절감하게 한다.[23]

확실히(!) 그것의(무엇의?) 단순한(?!) 산출(?)과(??) 보존 이상의 것(!)을 했기 때문이다. 자신의 향락을 억제했다는 바로(?!?) 그러한 이유에서 그는 그 대신에 예를 들면(!!!) 이자를 요구하는 것이다"(같은 책, 82쪽). 얼마나 '훌륭한가'! 단순한 '요구'에서 곧바로 '가치'를 찾아내는 경제학의 이 '해부학적 생리학적 방법'이 말이다.

22a) "농업에 사용되는 모든 보조자재 가운데 인간의 노동이야말로 …… 농민이 자기 자본의 보전을 위해 주로 의지하는 요소이다. 다른 두 가지 요소 ─ 현재 갖고 있는 가축과 …… 짐수레 · 쟁기 · 호미 등 ─ 는 일정량의 인간노동 없이는 아무 쓸모도 없는 것들이다"(버크, 『식량난에 관한 의견과 상세한 논의: 1795년 11월 피트 각하에게 제출』, 런던, 1800년판, 10쪽).

23) 1862년 11월 26일자 『타임스』에서, 800명의 노동자를 사용하여 매주 평균 150두루마리의 동인도 면 또는 약 130두루마리의 아메리카 면을 소비하는 어느 방적공장의 공장주는 자기 공장에서 공장이 쉬는 동안 발생하는 연간비용에 대하여 독자들에게 탄식을 늘어놓고 있다. 그는 이 비용이 6,000파운드스털링에 이른다고 추정한다. 이 비용 속에는 지대 · 조세 · 보험료와 1년 계약의 노동자 · 관리자 · 경리 · 기사 등의 봉급처럼 우리와 아무런 관련이 없는 많은 항목이 들어 있다. 다음으로 그는 때때로 공장을 따뜻하게 하고 증기기관을 가동시키기 위한 석탄과 그밖에도 가끔씩 일시적인 노동을 통해 기계를 '가동상태'로 유지하는 데 소요되는 노동자의

무릇 생산수단에서 소비되는 것은 그것의 사용가치이며 이런 소비를 M222
통해서 노동은 생산물을 만들어낸다. 생산수단의 가치는 실제로는 소비되는 것이 아니며,[24] 따라서 재생산될 수도 없다. 생산수단의 가치는 그대로 보존되는데, 그러나 그러한 보존은, 노동과정에서 가치 그 자체에 조작이 가해지기 때문이 아니라, 본래 그 속에 존재하고 있던 사용가치가 소실되면서 단지 다른 사용가치가 됨으로써만 소실되기 때문이다. 그러므로 생산수단의 가치는 단지 생산물의 가치 속에 재현(再現)되는 것이지 정확히 말해 재생산되는 것은 아니다. 생산되는 것은 원래의 교환가치가 재현하는 바로 그 새로운 사용가치이다.[25]

노동과정의 주관적인 요소, 즉 활동하고 있는 노동력의 경우에는 사정 M223
이 다르다. 노동이 자신의 합목적적인 형태를 통해 생산수단의 가치를 생산물로 이전시켜 보존하는 동안 노동이 수행하는 운동의 각 순간은 모두 추가적인 가치〔즉 새로운 가치〕를 만드는 순간들이다. 가령 노동자가 자

임금을 150파운드스털링으로 계산하고 있다. 끝으로, 기계의 손상으로 인한 1,200파운드스털링이 있다. 왜냐하면 "기후와 부패의 자연법칙은 증기기관이 회전하지 않는다고 해서 그 작용을 중지하지는 않기" 때문이다. 그는 이 1,200파운드스털링이라는 금액도 기계가 벌써 심하게 마모된 상태이기 때문에 그나마 낮게 평가된 것이라고 밝히고 있다.

24) "상품의 소비는 생산과정의 일부를 이루는 생산적 소비이다. …… 이 경우 가치의 소비는 없다"(뉴먼, 앞의 책, 296쪽).

25) 20판이나 중간(重刊)되었으리라 짐작되는 북미의 어떤 개설서에는 다음과 같이 씌어 있다. "어떤 형태로 자본이 재현되는가는 중요하지 않다." 그 가치가 생산물 속에 재현되는 모든 가능한 생산성분을 장황하게 나열하고 나서 이 책에서는 마지막에 다음과 같이 적고 있다. "인간의 생존과 안락을 위해 필요한 갖가지 의식주 물품들 또한 변화한다. 그것들은 수시로 소비되며, 그것들의 가치는 그것들이 인간의 몸과 마음에 부여해준 새로운 힘 속에서 재현되고 새로운 생산과정에서 반복적으로 사용되는 새로운 자본을 형성한다"(웨일랜드, 앞의 책, 31~32쪽). 다른 모든 기묘한 점은 문제 삼지 않는다 해도, 적어도 갱신된 힘 속에서 재현되는 것은 예를 들어 빵의 가격이 아니라 혈액을 형성하는 빵의 실체이다. 또한 반대로 힘의 가치로 재현되는 것은 생활수단이 아니라 그 가치이다. 똑같은 양의 생활수단은 — 그것들이 가령 절반 값밖에 되지 않는다 치더라도 — 똑같은 양의 근육과 골격 등〔요컨대 동일한 힘〕을 생산하지만, 그러나 그것이 동일한 가치가 있는 힘을 생산하는 것은 아니다. 이처럼 '가치'를 '힘'으로 바꾸어버린 개념적 혼동과 바리새인의 위선을 그대로 닮은 모호한 표현들은 투하된 가치의 단순한 재현에서 잉여가치를 무리하게 도출해내려는 분명한 헛수고를 은폐하고 있다.

신의 노동력가치의 등가를 생산한 시점〔예를 들어 6시간의 노동에 의해 3실링의 가치를 부가한 시점〕에서 생산과정이 중단된다고 하자. 이 가치는 생산물가치 가운데, 생산수단의 가치로 이루어진 구성 부분을 넘는 초과분을 이룬다. 이 가치는 이 과정의 내부에서 발생한 유일한 원가치(原價値, Originalwert)이며 생산물가치 가운데 이 과정에 의해 생산된 유일한 가치 부분이다. 물론 그것은 자본가가 노동력을 구매할 때 투하한 화폐〔그리하여 노동자가 자신의 생활수단으로 지출한 화폐〕를 보전하는 것에 지나지 않는다. 지출된 3실링과의 관계에서 본다면 새로운 가치 3실링은 다만 재생산된 것에 지나지 않는다. 그러나 그것은 생산수단의 가치처럼 단지 외견상 재생산된 것처럼 보일 뿐만 아니라 실제로도 재생산된다. 어떤 가치의 다른 가치에 의한 보전이 여기서는 새로운 가치의 창출에 따라 이루어진다.

그러나 이미 우리가 알고 있는 바와 같이, 노동과정은 노동력가치의 등가가 재생산되어 노동대상에 부가되는 시점을 넘어서 계속 진행된다. 이 시점까지는 6시간으로 충분하지만 이 과정은 여기에서 그치지 않고 예를 들어 12시간까지 계속된다. 그 결과 노동력의 활동을 통해서 노동력 자신의 가치가 재생산될 뿐만 아니라, 더 나아가 일정한 초과가치가 생산된다. 이 잉여가치는 생산물가치 가운데 소비된 생산물 형성요소들〔즉 생산수단과 노동력〕의 가치를 넘는 초과분을 이룬다.

우리는 생산물가치의 형성에서 노동과정의 여러 요소가 연출하는 다양한 역할을 서술함으로써 사실상 자본의 가치증식과정에서 자본의 각 구성요소들이 수행하는 기능의 특징을 살펴보았다. 생산물의 총가치 가운데 이 생산물을 형성하는 데 사용된 요소들의 가치 총액을 넘는 초과분은 처음에 투하된 자본가치를 넘는 증식된 자본의 초과분이다. 생산수단과 노동력은 처음의 자본가치가 그 화폐형태를 벗어버리고 노동과정의 요소로 전화하면서 취하는 존재형태에 불과하다.

따라서 생산수단〔즉 원료나 보조재료 또는 노동수단〕으로 전화하는 자본 부분은 생산과정에서 그 가치크기가 변하지 않는다. 그러므로 나는 이것을 불변자본 부분(konstanten Kapitalteil) 또는 더 간단하게 줄여서 불변자본(konstantes Kapital)이라고 부른다.

반면 자본 가운데 노동력으로 전화한 부분은 생산과정에서 그 가치가 변한다. 이 부분은 자신의 등가와 그것을 넘는 초과분〔즉 잉여가치〕을 재생산하는데, 이 잉여가치도 변동할 수 있는 것이어서 커질 수도 있고 작아질 수도 있다. 자본 가운데 이 부분은 하나의 불변적인 크기에서 가변적인 크기로 끊임없이 전화한다. 그래서 나는 이것을 가변자본 부분(variablen Kapitalteil) 또는 더 간단하게 줄여서 가변자본(variables Kapital)이라고 부른다. 노동과정의 관점에서는 객관적인 요소와 주관적인 요소로〔즉 생산수단과 노동력으로〕구별되는 자본의 구성 부분이 가치증식과정의 관점에서는 불변자본과 가변자본으로 구별된다.

불변자본이라는 개념은 그 구성 부분들의 가치가 변동하지 않는다는 것이 결코 아니다. 가령 1파운드의 면화가 오늘은 6펜스였다가 내일은 면화 수확의 부족 때문에 1실링으로 등귀한다고 해보자. 계속해서 가공될 종래의 면화는 6펜스라는 가치로 사들인 것이지만 이제는 생산물에 1실링의 가치를 부가한다. 그리고 이미 방적되어 아마 실로서 벌써 시장에서 유통되고 있을 면화 또한 그 원래 가치의 2배를 생산물에 부가한다. 그러나 이 가치변동은 명백하게 방적과정 그 자체에서의 면화의 가치증식과는 아무런 관련이 없다. 만약 종래의 면화가 아직 노동과정에 투입되지 않았다면 그것은 이제 6펜스가 아닌 1실링에 도로 판매될 수 있을 것이다. 이와 반대로 노동과정을 통과하는 면화의 양이 적으면 적을수록 이 결과는 더욱 확실해진다. 따라서 이런 가치변동이 일어날 때는 가장 적게 가공된 형태의 원료에〔따라서 직물보다는 실에, 그리고 실보다는 면화에〕투기하는 것이 투기의 법칙이다. 여기에서 가치의 변화는 면화를 생산하는 과정에서 생기는 것이지 면화가 생산수단으로〔따라서 불변자본으로〕기능하는 과정에서 생기는 것은 아니다. 상품의 가치는 그 상품에 포함되어 있는 노동량에 따라 결정되지만, 이 양은 다시 사회적으로 정해진다. 만일 그 상품의 생산에 사회적으로 필요한 노동시간이 변한다면—예를 들어 같은 양의 면화도 풍작보다는 흉작일 때 더 많은 양의 노동을 표시한 다—그 변화는 종래의 상품에도 영향을 끼치게 될 것인데, 이때 이 종래 의 상품은 어디까지나 그 상품의 사회적인 성격을 반영하는 하나의 견본 으로만 간주되며[26] 또 그 가치는 언제나 사회적으로 필요한[따라서 언제 나 현재의 사회적 조건에서 필요한] 노동에 의하여 계산된다.

M225

원료의 가치와 마찬가지로 이미 생산과정에서 쓰이고 있는 노동수단 〔즉 기계 따위〕의 가치와 그것들이 생산물에 인도하는 가치 부분 또한 변 동할 수 있다. 가령 새로운 것이 발명됨으로써 같은 종류의 기계가 더 적 은 노동 지출을 통해 재생산된다면 종전의 기계는 많건 적건 그 가치가 감 소하며, 따라서 그에 비례하여 더 적은 가치를 생산물에 이전한다. 그러나 이 경우에도 가치변동은 그 기계가 생산수단으로 기능하는 생산과정의 외부에서 발생한다. 이 과정에서 그 기계는 결코 그것이 이 과정과는 무관 하게 갖고 있는 것보다 더 많은 가치를 인도하지는 않는다.

생산수단의 가치변동이, 생산수단이 이미 과정에 들어와버린 뒤에 발 생했든 아니면 그전에 발생했든 그것과는 상관 없이, 그것이 불변자본이 라는 성격에는 아무런 영향을 끼치지 않는 것과 마찬가지로 불변자본과 가변자본 사이의 비율의 변동도 역시 그것들의 기능적인 차이에는 아무 런 영향을 끼치지 않는다. 가령 종전에는 10명의 노동자가 아주 적은 가치 를 갖는 10개의 도구를 사용하여 비교적 적은 양의 원료를 가공하고 있었 는데 이제는 노동과정의 여러 기술적인 조건이 개선되어 1명의 노동자가 1대의 비싼 기계로 100배의 원료를 가공한다고 해보자. 이런 경우 불변자 본, 즉 사용된 생산수단의 가치크기는 크게 증가하고 노동력에 투하된 가

---

26) "같은 종류의 생산물은 본래 전체가 하나의 덩어리를 이루고 있을 따름이며, 그 전체의 가 격은 특수한 사정과는 관계 없이 일반적으로 결정된다"(르 트롱, 앞의 글, 893쪽).

변자본 부분은 크게 감소한다. 그러나 이 변동은 불변자본과 가변자본 사이의 양적 비율[즉 총자본이 불변자본과 가변자본으로 분할되는 비율]을 변화시킬 뿐이며, 불변자본과 가변자본 사이의 차이에는 아무런 영향을 끼치지 않는다.

제7장

잉여가치율

제1절 노동력의 착취도

M226 　투하자본 C가 생산과정에서 산출한 잉여가치〔즉 투하된 자본가치 C의 가치증식분〕은 생산물가치 가운데 그 생산요소의 가치 총액을 넘는 초과분으로 표시된다.

　자본 C는 두 부분으로 나뉜다. 곧 생산수단에 지출된 화폐액 c와 노동력에 지출된 다른 화폐액 v로 나뉜다. c는 불변자본으로 전화한 가치 부분을 표시하고 v는 가변자본으로 전화한 가치 부분을 표시한다. 이리하여 시작은 C＝c＋v로, 즉 예를 들어 투하자본 500파운드스털링＝410파운드스털링〔c〕＋90파운드스털링〔v〕으로 이루어진다. 생산과정의 끝에서는 상품이 나오는데, m을 잉여가치라고 한다면 그 가치는 (c＋v)＋m이 된다. 즉 예를 들어 (410파운드스털링〔c〕＋90파운드스털링〔v〕)＋90파운드스털링〔m〕이 된다. 최초의 자본 C는 C′가 되었다. 즉 500파운드스털링에서 590파운드스털링이 된 것이다. 이 양자의 차액은 m으로, 즉 90파운드스털링의 잉여가치이다. 생산요소의 가치는 투하자본의 가치와 같으므로,

생산물가치 가운데 그 생산요소의 가치를 넘는 초과분이 투하자본의 증식분과 같다[또는 생산된 잉여가치와 같다]는 말은 사실 동어반복이다.

그렇지만 이 동어반복은 좀더 상세히 규정될 필요가 있다. 생산물가치와 비교되는 것은 그 형성에 소비된 생산요소의 가치이다. 그런데 이미 보았듯이, 사용된 불변자본 가운데 노동수단으로 이루어진 부분은 단지 그 가치의 일부분만을 생산물에 이전할 뿐이며 다른 부분은 원래의 존재형태를 계속 유지한다. 후자는 가치형성에서 아무런 역할도 하지 않으므로 M227 여기에서는 사상해도 좋다. 물론 그것을 계산에 넣는다고 해도 아무런 변화가 없을 것이다. 가령 c는 410파운드스털링으로, 312파운드스털링의 원료와 44파운드스털링의 보조재료 그리고 생산과정에서 소모된 54파운드스털링의 기계류로 구성되어 있는데, 실제로 사용된 기계류의 가치는 1,054파운드스털링이라고 하자. 우리는 기계류가 자신의 기능을 통해서 상실한 가치, 즉 생산물로 이전시킨 54파운드스털링의 가치만을 생산물가치의 생산에 투하된 것으로 계산한다. 만약 우리가 증기기관 등과 같이 원래의 형태 그대로 존속하고 있는 1,000파운드스털링도 계산에 넣는다면, 그것을 투하된 가치와 생산물가치 양쪽 모두에 삽입해야 하며[26a] 그럴 경우 양쪽은 각각 1,500파운드스털링과 1,590파운드스털링이 될 것이다. 그 차액인 잉여가치는 여전히 90파운드스털링이다. 그러므로 우리가 가치생산을 위하여 투하된 불변자본에 대해 말할 때, 그것이 문맥상 특별히 반대 의미를 띠는 것이 아닌 한 우리는 그것을 언제나 생산 중에 소비된 생산수단의 가치로만 생각한다.

이것을 전제로 하고, $C = c + v$라는 식—이 식은 $C' = (c + v) + m$으로 전화하고 또 바로 그럼으로써 C를 C′로 전화시킨다—으로 되돌아가보자. 이미 우리가 알고 있듯이 불변자본의 가치는 생산물 속에서 단지 재현

26a) "사용된 고정자본의 가치를 투하자본의 일부로 계산하는 경우, 이 자본의 나머지 가치는 연말에 연간수익의 일부로 계산해야 된다"(맬서스, 『경제학 원리』, 제2판, 런던, 1836, 269쪽).

될 뿐이다. 그러므로 이 과정에서 실제로 새로 생산되는 가치생산물(Wertprodukt)은 이 과정에서 얻어진 생산물가치(Produktenwert)와는 다르다. 즉 그 가치생산물은 금방 알 수 있듯이 (c+v)＋m, 즉 (410파운드스털링〔c〕＋90파운드스털링〔v〕)＋90파운드스털링〔m〕이 아니라 v+m, 즉 (90파운드스털링〔v〕＋90파운드스털링〔m〕)이며, 590파운드스털링이 아니라 180파운드스털링이다. 가령 c〔불변자본〕=0이면, 다시 말해서 자본가가 생산을 통해 만들어진 어떤 생산수단〔즉 원료나 재료·노동용구 등〕도 사용하지 않고 오로지 천연의 소재와 노동력만 사용해도 되는 그런 산업부문이 존재한다면, 여기에서는 어떠한 불변적 가치 부분도 생산물에 이전되지 않을 것이다. 이 경우 생산물가치 가운데 이 불변적인 부분〔우리의 예에서는 410파운드스털링〕은 없어지고 말겠지만, 90파운드스털링의 잉여가치를 포함한 180파운드스털링의 가치생산물은 c가 훨씬 큰 가치액이었던 경우와 완전히 똑같은 크기가 된다. C=(0+v)=v가 되고 C′〔증식된 자본〕=v+m이 되며, 여전히 C′−C=m이다. 가령 이와 반대로 m=0이라면, 다시 말해서 가변자본으로 투하된 노동력이 오직 자신의 가치와 같은 등가만을 생산한다면 C=c+v이고 C′〔생산물가치〕=(c+v)＋0이며, 따라서 C=C′가 될 것이다. 즉 투하된 자본은 가치를 증식하지 않을 것이다.

사실 우리가 이미 알고 있듯이 잉여가치는 오로지 v〔즉 노동력으로 전화한 자본 부분〕에서 일어나는 가치 변화의 결과일 뿐이며, 따라서 v+m=v＋Δv〔v+v의 증가분〕이다. 그러나 총자본 중 가변적 구성 부분이 증가함에 따라 투하된 총자본 역시 증가한다는 사실 때문에 현실의 가치 변화 및 가치 변화의 비율은 모호해진다. 총투하자본은 500이었는데 이제는 590이 되어 있다. 그러므로 과정을 순수하게 분석하기 위해서는 생산물가치 중에서 불변자본가치가 재현된 것에 지나지 않는 부분을 완전히 사상할〔즉 불변자본 c=0으로 놓을〕 필요가 있다. 즉 가변적 크기〔변수〕와 불변적 크기〔상수〕를 연산하는 방식으로 정리하여 불변적 크기가 단지 가변

적 크기에 덧셈이나 뺄셈 형태로만 결합하게 하는 산술법칙을 적용할 필
요가 있는 것이다.

또 한 가지 어려움은 가변자본의 본래 형태에서 비롯된다. 위의 예에서
C′=410파운드스털링의 불변자본+90파운드스털링의 가변자본+90파
운드스털링의 잉여가치이다. 그러나 중간의 90파운드스털링은 주어진 크
기〔즉 불변적 크기〕이며, 따라서 그것을 가변적 크기로 취급하는 것은 불
합리해 보인다. 그렇지만 여기서 90파운드스털링〔v〕, 즉 90파운드스털링
의 가변자본은 실은 이 가치가 통과하는 과정의 상징일 뿐이다. 노동력을
구매하는 데에 투하된 자본 부분은 일정량의 대상화된 노동이며, 따라서
구매된 노동력의 가치와 마찬가지로 불변적인 가치크기이다. 그런데 막
상 생산과정에서는 투하된 90파운드스털링 대신 살아 움직이는 노동력이
나타난다. 즉 죽은 노동 대신 살아 있는 노동이 나타나고, 움직이지 않는
크기 대신 유동적인 크기가 나타나며, 불변적인 크기 대신 가변적인 크기
가 나타나는 것이다. 그 결과는 'v의 재생산+v의 증가분'이다. 자본주의
적 생산의 관점에서 보면 이 모든 과정은 원래는 불변이었으나 이제는 노
동력으로 전화한, 가치의 자기운동이다. 과정도 그리고 그 결과도 이 가
치 덕분에 존재하는 것이다. 그러므로 90파운드스털링의 가변자본〔즉 자
기를 증식하는 가치〕의 정식(Formel)은 모순된 것처럼 보이지만 그것은
다만 자본주의적 생산에 내재하는 하나의 모순을 나타내는 데 지나지 않
는다.

불변자본을 0으로 놓는 것은 얼핏 보면 이상해 보인다. 그러나 그것은 M229
일상적으로 벌어지고 있는 일이다. 예를 들면 영국이 면공업에서 거두는
이익을 계산해보려는 사람은 제일 먼저 미국과 인도·이집트 등에 지불된
면화 가격을 공제한다. 즉 그는 생산물가치 중에서 재현되기만 한 자본가
치를 0으로 계산하는 것이다.

물론 가변자본〔즉 잉여가치의 직접적 원천이며 그 가치의 변동이 잉여
가치로 표시되는 자본 부분〕에 대한 잉여가치의 비율뿐만 아니라 총투하

자본에 대한 잉여가치의 비율도 경제적으로 매우 중요한 의미가 있다. 그
래서 우리는 이 비율을 제3권에서 자세히 논할 것이다. 자본의 일부분을
노동력으로 전화시켜 가치를 증식시키기 위해서는 자본의 다른 한 부분
이 생산수단으로 전화해야 한다. 가변자본이 기능하기 위해서는 불변자
본이 노동과정의 정해진 기술적 성격에 맞추어 적당한 비율로 함께 투하
되지 않으면 안 된다. 그러나 화학적인 처리를 위해 증류기나 그밖의 다른
용기가 필요하다고 해서 그것 때문에 분석과정에서 증류기를 반드시 포
함시켜야 하는 것은 아니다. 가치창출과 가치변동을 순수한 형태로 고찰
할 때, 생산수단[즉 불변자본의 물적 형태]은 단지 가치를 형성하는 유동
적인 힘을 고정시켜주는 소재의 역할을 수행할 뿐이다. 그러므로 이 소재
의 성질이 면화든 철이든 그것은 아무래도 상관이 없다. 또 이 소재의 가
치도 역시 아무 상관이 없다. 다만 이 소재의 양은 생산과정에서 지출된
노동량을 흡수하는 데 충분할 만큼 존재해야만 한다. 그 정도의 양만 주어
진다면 그것의 가치가 어떻게 변동하든, 또 그것이 토지나 바다처럼 무가
치한 것이든 말든, 가치창출과 가치변동의 과정은 그것에서 아무런 영향
을 받지 않는다.[27]

이런 의미에서 우리는 일단 불변자본 부분을 0으로 잡는다. 따라서 투
하된 자본은 c+v에서 v로, 또 생산물가치[(c+v)+m]는 가치생산물[v+
m]로 축약된다. 가치생산물[=180파운드스털링]이 주어져 있고 이 가치
생산물이 생산과정 전체 기간 동안 움직인 노동을 나타낸다면, 잉여가치
[=90파운드스털링]를 계산하기 위해서는 여기에서 가변자본의 가치[=
90파운드스털링]를 공제해야 한다. 이때 90파운드스털링[=m]이라는 수
M230 는 생산된 잉여가치의 절대적 크기를 나타낸다. 그러나 그 비례적 크기,

---

27) 제2판의 주: 루크레티우스가 말했듯이 "무(無)에서는 아무것도 창조되지 않는다"(nil
posse creari de nihilo)[†61]는 것은 자명한 일이다. 무에서는 아무것도 생겨나지 않는다. '가치
창출'은 노동력의 노동으로의 전화이다. 이 노동력은 무엇보다도 인간 유기체로 전화한 자연
소재이다.

즉 가변자본이 증식된 비율은 가변자본에 대한 잉여가치의 비율에 의하여〔즉 $\frac{m}{v}$으로〕 분명하게 규정된다. 위의 예에서 그것은 $\frac{90}{90}$=100%이다. 이 가변자본의 가치증식 비율〔또는 잉여가치의 비율적 크기〕을 나는 잉여가치율(Rate des Mehrwerts)이라고 부른다.[28]

이미 보았듯이 노동자는 노동과정의 일부분 동안 단지 자신의 노동력가치〔즉 자신의 필요 생활수단의 가치〕만을 생산한다. 그는 사회적 분업에 기초한 상태에서 생산하므로 자신의 생활수단을 직접 생산하지 않고 어떤 특수한 상품〔예를 들어 실〕의 형태로 자신의 생활수단의 가치〔또는 자신의 생활수단을 사들이기 위해 필요한 화폐〕와 같은 크기의 가치를 생산한다. 그의 노동일 가운데 그가 이를 위해 사용하는 부분은 그 자신에게 필요한 하루 평균 생활수단의 가치, 즉 이 생활수단의 생산을 위하여 필요한 하루 평균의 노동시간에 따라 클 수도 있고 작을 수도 있다. 그에게 필요한 하루 생활수단의 가치가 평균 잡아 대상화된 6노동시를 나타낸다면 노동자는 이 가치를 생산하기 위하여 날마다 평균 6시간을 노동해야만 한다. 비록 그가 자본가를 위해서가 아니라 자기 자신을 위하여 독립적으로 노동한다 해도 다른 조건이 변하지 않는다면, 자신의 노동력가치를 생산하고 또 그럼으로써 자신을 유지하고 계속해서 재생산하는 데 필요한 생활수단을 얻기 위해서는 여전히 평균적으로 하루에 그만큼의 노동을 해야 할 것이다. 그러나 전체 노동일 가운데 노동력의 하루 가치〔말하자면 3실링〕를 생산하는 부분에서는 그는 자본가가 이미 지불한[28a] 노동력가치의 등가만을 생산할 뿐이어서〔즉 새로 창출된 가치가 단지 투하된 가변적 자본가치만을 보전할 뿐이어서〕 이 가치생산은 단순재생산으로 나타난

---

28) 이것은 영국인들이 '이윤율' '이자율' 따위의 용어를 사용하는 것과 같은 표현법이다. 제3권을 읽어보면 잉여가치의 법칙을 이해해야 이윤율도 쉽게 이해할 수 있다는 것을 알게 된다. 이와 반대 방향으로 나아가면 전자와 후자 모두를 이해하지 못하게 된다.

28a) 〔제3판의 주: 마르크스는 여기서 시중에서 보통 통용되는 방식으로 얘기하고 있다. 그러나 현실에서는 자본가가 노동자에 대해서가 아니라 노동자가 자본가에 대해서 '선대(先貸)한다'(vorschießen)는 것이 이 책 137쪽에 지적되고 있음을 상기할 필요가 있다. —엥겔스〕

다. 그래서 나는 노동일 가운데 이 재생산이 이루어지는 부분을 필요노동

 시간이라 부르고, 이 시간에 지출되는 노동을 필요노동(notwendige Arbeit)이라 부른다.[29] 이때 '필요'라는 수식어를 사용하는 이유는 그것이 노동자에게서는 그의 노동이 지닌 사회적 형태와는 무관하기 때문이며 자본과 자본의 세계에서는 노동자의 지속적인 존재가 바로 그것(자본—옮긴이)의 토대이기 때문이다.

노동과정의 두 번째 기간, 즉 노동자가 필요노동의 한계를 넘어서 땀을 흘리는 기간은, 그에게는 노동〔곧 노동력의 지출〕을 필요로 한다는 점에서는 차이가 없으면서도 그를 위해서는 아무런 가치도 형성하지 않는다. 그것은 무로부터의 창조가 지니는 온갖 매력을 발휘하면서 자본가에게 웃음을 보내는 잉여가치를 형성한다. 노동일 가운데 이 부분을 나는 잉여노동시간(Surplusarbeitszeit)이라 부르고, 또 거기에 지출된 노동을 잉여노동(Mehrarbeit)이라 부른다. 가치를 일반적으로 올바로 인식하려면 가치를 단순한 노동시간의 응결이나 단지 대상화된 노동으로만 파악하는 것이 결정적으로 중요한 것과 마찬가지로, 잉여가치의 인식에서도 그것을 단순한 잉여노동시간의 응결이나 단지 대상화된 잉여노동으로만 파악하는 것이 결정적으로 중요하다. 여러 경제적 사회구성체〔예를 들어 노예제 사회와 임노동 사회〕를 구별해주는 것은 오직 이 잉여노동이 직접적 생산자인 노동자에게서 강탈되는 형태가 어떻게 다른지를 통해서일 뿐이다.[30]

---

29) 이 책에서 우리는 지금까지 '필요노동시간'이라는 말을 어느 한 상품의 생산을 위하여 일반적으로 필요한 사회적 노동시간이라는 뜻으로 사용해왔다. 우리는 이제부터 이 용어를 노동력이라는 특수한 상품의 생산에 필요한 노동시간이라는 뜻으로도 사용하게 될 것이다. 똑같은 용어를 서로 다른 의미로 사용하는 것은 적절하지 못한 일이지만, 그것은 어떤 과학에서도 완전히 피할 수 있는 문제가 아니다. 예를 들어 고등수학과 초등수학을 비교해보라.

30) 참으로 고트셰트(Gottsched)다운 독창력[†62]을 갖고 빌헬름 투키디데스 로셔[†63](투키디데스는 그리스의 유명한 역사가인데, 여기서는 로셔를 야유하기 위해 사용되었다—옮긴이)가 발견한 바에 따르면, 잉여가치나 잉여생산물의 형성 그리고 이에 따른 축적은 오늘날 자본가의 '절약'에 의한 것이며 자본가는 그 대가로 '예를 들어 이자를 요구'하지만, 이와는 반대로 "극

가변자본의 가치가 그것으로 구매된 노동력의 가치와 같고, 또 이 노동력의 가치가 노동일 가운데 필요 부분을 규정하고 잉여가치가 노동일의 초과 부분에 따라 규정되기 때문에, 자연히 가변자본에 대한 잉여가치의 비율은 필요노동에 대한 잉여노동의 비율이며, 따라서 잉여가치율 $\left[\frac{m}{v}\right] = \frac{\text{잉여노동}}{\text{필요노동}}$ 이 된다. 이 두 비율은 동일한 관계를 서로 다른 형태로, 즉 한쪽 은 대상화된 노동의 형태로, 그리고 다른 한쪽은 유동적인 노동의 형태로 표현한다.

그래서 잉여가치율은 자본에 의한 노동력의 착취도(Exploitationsgrad) 〔또는 자본가에 의한 노동자의 착취도〕의 정확한 표현이다.[30a]

우리의 가정에 따르면 생산물가치는 (410파운드스털링〔c〕+90파운드스털링〔v〕)+90파운드스털링〔m〕이며 투하자본은 500파운드스털링이었다. 잉여가치=90이고 투하자본=500이므로 보통의 계산방법으로는 잉여가치율(사람들이 보통 이윤율〔Profitrate〕과 혼동하는 것)=18%로 산출되므로, 이 비율이 낮다는 것이 케어리 등과 같은 조화론자들을 감동시킬 수도 있다. 그러나 실제 잉여가치율은 $\frac{m}{C}$ 또는 $\frac{m}{c+v}$ 이 아니라 $\frac{m}{v}$ 이고 따라서 $\frac{90}{500}$ 이 아니라 $\frac{90}{90}$ 〔=100%〕이며 겉보기의 착취도보다 5배 이상 크다. 그런데 이 경우 우리는 노동일의 절대적인 크기도 모르고 노동과정의 기간〔일·주 따위〕도 모르며 또한 90파운드스털링이라는 가변자본이 동

히 낮은 문화수준에서는 …… 약자가 강자에게서 절약을 강요받는다"(앞의 책, 82쪽과 78쪽). 노동의 절약이 강요된다는 것인가? 아니면 있지도 않은 잉여생산물의 절약이 강요된다는 것인가? 로셔와 그의 일당이 이 현존하는 잉여가치의 취득에 대한 자본가들의 다소나마 그럴듯한 변명의 근거를 잉여가치의 발생 근거라고 억지로 갖다붙이는 것은 참으로 무지의 소치이며, 또한 가치와 잉여가치에 대한 과학적인 분석이나 원치 않는 난처한 결론에 도달할지 모르는 데 대한 자기방어적인 공포 때문이다.

30a) 제2판의 주: 잉여가치율은 노동력 착취도의 정확한 표현이긴 하지만 착취의 절대적인 크기를 나타내는 것은 아니다. 예를 들어 필요노동이 5시간이고 잉여노동도 5시간이라면 착취도는 100%이다. 이 경우 착취의 크기는 5시간으로 계산된다. 이와는 달리 필요노동이 6시간이고 잉여노동이 6시간이라면 100%라는 착취도에는 변함이 없지만 착취의 크기는 5시간에서 6시간으로 20% 증가하게 된다.

시에 운용하는 노동자의 수도 모르지만, 그럼에도 잉여가치율 $\frac{m}{v}$은 그것이 $\frac{\text{잉여노동}}{\text{필요노동}}$ 으로 전화함으로써 노동일의 두 개 구성 부분간의 비율을 정확히 보여준다. 그것은 100%이다. 이리하여 노동자는 노동일의 반은 자신을 위하여, 그리고 나머지 반은 자본가를 위하여 노동한 것이 된다.

간단히 말하면 잉여가치율을 계산하는 방법은 다음과 같다. 먼저 생산물가치 전체를 잡고 거기에서 단지 재현되기만 한 불변자본가치를 0으로 놓는다. 나머지 가치액은 상품의 형성과정에서 실제로 생산된 유일한 가치생산물이다. 잉여가치가 주어져 있다면 우리는 그것을 가치생산물에서 공제하여 가변자본을 찾아낼 수 있다. 가변자본이 주어져 있고 잉여가치를 구할 때는 그 반대가 될 것이다. 만일 양쪽 모두 주어져 있다면 그저 최후의 연산을 통해서 가변자본에 대한 잉여가치의 비율〔$\frac{m}{v}$〕을 계산하면 된다.

방법은 이처럼 간단하지만, 독자들이 이 낯선 관찰방법에 익숙해지게 하려면 이 방법의 토대를 이루는 관찰방식을 몇 개의 예를 통해서 연습해볼 필요가 있다고 생각된다.

먼저 1만 개의 뮬(Mule) 방추를 가지고 미국산 면화로 32번수 면사를 방적하면서, 매주 1방추당 1파운드의 실을 생산하는 방적공장의 예를 들어보자. 생산과정에서 발생하는 폐면은 6%이다. 그러면 매주 10,600파운드의 면화가 가공되어 10,000파운드의 면사와 600파운드의 폐면이 발생한다. 1871년 4월 현재 이 면화의 가격은 1파운드당 $7\frac{3}{4}$ 펜스이고, 따라서 10,600파운드의 면화 가격은 약 342파운드스털링에 이른다. 1만 개의 방추 가격은 조방기(粗紡機)와 증기기관까지 포함해서 1방추당 1파운드스털링으로 모두 10,000파운드스털링에 달한다. 방추의 마모는 10%=1,000파운드스털링으로 주당 20파운드스털링이 소멸된다. 공장 건물의 임차료는 300파운드스털링으로 주당 6파운드스털링이다. 석탄은 (1시간에 1마력당 4파운드가 소요되고 건물의 난방을 포함하여 100마력으로 매주 60시간 작업한다면) 주당 11톤이 쓰이므로, 1톤당 8실링 6펜스이면 주당 약 $4\frac{1}{2}$ 파운드스털링이 지출된다. 가스에 주당 1파운드스털링, 기름에 주당 $4\frac{1}{2}$ 파운드스털링이 지출된다면, 보조재료에는 도합 주당 10파운드스털링이 지출된다. 이리하여 불변가치 부분은 주당 378파운드스털링이 된다. 임금은 주당 52파운드스털링이 나간다. 실의 가격은 1파운드에 $12\frac{1}{4}$ 펜스, 따라서 10,000파운드=510파운드스털링이며, 따라서 잉여가치는 510−430=80파운드스털링이다. 여기에서 이제 불변가치 부분 378파운드스털링을 0으로 놓기로 하자. 왜냐하면 그것은 매주 진행되는 가치형성에는 참가하지 않기 때문이다. 그러면 남는 것은 주당 가치생산물 132($=52[v]+80[m]$)파운드스털링이다. 따라서 잉여가치율은 $\frac{80}{52}$ $[=153\frac{11}{13}\%]$가 된다. 10시간의 평균노동일에서 필요노동시간은 $3\frac{31}{33}$ 시간이고 잉여노동시간은 $6\frac{2}{33}$ 시간이 된다.[31]

1815년 제이콥은 밀 가격이 1쿼터당 80실링이고, 1에이커당 평균수확 M234 이 22부셸이며, 그 결과 에이커당 수익이 11파운드스털링라고 가정하고 다음과 같은 계산을 제공하고 있는데, 이 계산은 각 항목이 미리 보정(補整)되어 있어서 상당히 불완전한 것이긴 하지만 우리의 목적에는 충분한 것으로 보인다.[†64]

에이커당 가치생산

종자〔밀〕	1파운드스털링 9실링	십분의 일세, 지방세, 국세	1파운드스털링 1실링
비료	2파운드스털링 10실링	지대	1파운드스털링 8실링
임금	3파운드스털링 10실링	차지농업가의 이윤·이자	1파운드스털링 2실링
계	7파운드스털링 9실링	계	3파운드스털링 11실링

생산물의 가격이 그 가치와 같다는 전제가 계속 유지된다면 여기에서

---

31) 제2판의 주: 제1판에서 언급한 1860년 어느 방직공장의 사례는 사실에 대한 몇 가지 오류를 포함하고 있었다. 본문에서 든 수치는 매우 정확한 것으로, 맨체스터의 한 공장주가 나에게 제공한 것이다. ─다만 한 가지 지적해두어야 할 점은, 영국에서 마력수의 계산은 과거에는 실린더의 지름을 기준으로 했지만 지금은 계기에 표시된 실제 마력수를 기준으로 한다는 것이다.

잉여가치는 이윤, 이자, 십분의 일세와 같은 여러 항목으로 분할된다. 이들 항목이 무엇이든 그것은 우리에게 아무 상관이 없다. 우리는 이들 항목을 모두 합해서 3파운드스털링 11실링이라는 잉여가치를 얻게 된다. 종자나 비료의 3파운드스털링 19실링은 불변자본 부분으로 0이라고 놓는다. 이렇게 하면 투하된 가변자본으로 3파운드스털링 10실링이 남고, 그 대신 3파운드스털링 10실링＋3파운드스털링 11실링이라는 새로운 가치가 생산된다. 이리하여 $\frac{m}{v}=\frac{3파운드\ 11실링}{3파운드\ 10실링}$ 으로, 100%를 넘는다. 노동자는 자기 노동일의 절반 이상을 잉여가치의 생산에 소비하며, 이것을 여러 사람들이 갖가지 구실로 자기들끼리 분배하는 것이다.[31a]

제2절 생산물의 비율 부분에 의한 생산물가치의 표시

여기서 우리는 앞서 자본가가 어떻게 화폐를 자본으로 만드는지를 보여준 예로 돌아가보자. 그의 방적공의 필요노동시간은 6시간이고 잉여노동시간도 6시간이며 따라서 노동력의 착취도는 100%였다.

12시간 노동일의 생산물은 30실링의 가치를 갖는 20파운드의 실이다. 이 실의 가치의 $\frac{8}{10}$〔24실링〕은 소비된 생산수단의 가치가 단지 재현되기만 한 것〔20파운드의 면화가 20실링으로, 방추 등이 4실링으로〕, 즉 불변자본으로 이루어져 있다. 뒤에 남은 $\frac{2}{10}$는 방적과정에서 발생한 6실링의 새로운 가치이며 그 절반은 투하된 노동력의 하루 가치〔즉 가변자본〕를 보전하고 나머지 절반은 3실링의 잉여가치를 형성한다. 이리하여 20파운드의 실의 총가치는 다음과 같이 구성된다.

31a) 여기에 제시된 계산은 그저 하나의 예시일 뿐이다. 따라서 여기에서는 가격＝가치라고 상정되어 있다. 그러나 앞으로 제3권에서 보겠지만, 이들 두 요소를 이렇게 단순히 등치시키는 것은 평균가격의 경우에도 불가능하다.

실의 가치 30실링=24실링〔c〕＋(3실링〔v〕＋3실링〔m〕)

이 총가치는 20파운드의 실이라는 총생산물로 표시되는 것이므로, 갖가지의 가치요소 또한 생산물의 구성비율로 표시될 수 있어야 한다.

30실링이라는 실의 가치가 20파운드의 실 속에 있다면, 이 가치의 $\frac{8}{10}$〔즉 그 불변자본 24실링〕은 생산물의 $\frac{8}{10}$〔즉 16파운드의 실〕 속에 있다. 그 중에서 $13\frac{1}{3}$파운드는 원료〔즉 방적된 면화〕의 가치 20실링을 표시하며, $2\frac{2}{3}$파운드는 소비된 보조재료와 노동수단〔즉 방추 등〕의 가치 4실링을 표시하고 있다.

그래서 $13\frac{1}{3}$파운드의 실은 단지 20파운드의 실이라는 총생산물로 방적된 모든 면화〔즉 총생산물의 원료〕만을 표시한다. 그것은 단지 $13\frac{1}{3}$실링의 가치를 갖는 $13\frac{1}{3}$파운드의 면화만을 포함할 뿐이다. 그러나 거기에 부가된 가치 $6\frac{2}{3}$실링은 나머지 $6\frac{2}{3}$파운드의 실을 방적하는 데 사용된 면화와 등가를 이룬다. 그 결과 마치 이 후자의 $6\frac{2}{3}$파운드의 실에는 면화가 전혀 포함되어 있지 않고 20파운드의 총생산물은 $13\frac{1}{3}$파운드의 실만으로 채워진 것처럼 되어버린다. 그런데 또다른 한편 이 $13\frac{1}{3}$파운드의 실에는 소비된 보조재료와 노동수단의 가치는 물론 방적과정에서 창출된 새로운 가치도 전혀 포함되어 있지 않다.

마찬가지로 불변자본의 나머지〔=4실링〕가 포함되어 있는 다른 $2\frac{2}{3}$파운드의 실은 20파운드의 실이라는 총생산물에 사용된 보조재료와 노동수단의 가치 외에는 아무것도 표시하지 않는다.

그러므로 생산물의 $\frac{8}{10}$〔즉 16파운드의 실〕은, 그것을 사용가치〔즉 실〕라는 현물의 관점에서 고찰하면 나머지 생산물 부분과 꼭 마찬가지로 방적노동의 형성물인데도, 이런 맥락에서 보면 방적노동〔즉 방적과정 동안 흡수된 노동〕을 조금도 포함하고 있지 않다. 그것은 마치 방적을 거치지 않고 곧장 실로 전화한 것처럼 보이기도 하며 그 실의 모습은 그저 환상에 불과한 것처럼 보이기도 한다. 실제로 자본가가 그것을 24실링에 팔아 그것으로 생산수단을 구매한다면 16파운드의 실은 다만 면화·방추·석탄 등이 위장을 한 형태에 지나지 않는다는 것이 판명된다.

M236 이와 반대로 나머지 $\frac{2}{10}$의 생산물〔즉 4파운드의 실〕은 이제 12시간의 방적과정에서 생산된 6실링의 새로운 가치를 제외하고는 아무것도 표시하지 않는다. 소비된 원료와 노동수단의 가치 중에서 이 실에 포함되어 있는 부분은 벌써 추출되어서 최초의 16파운드의 실에 합쳐져버렸다. 20파운드의 실로 형체화된 방적노동이 생산물의 $\frac{2}{10}$에 집약되어 있는 것이다. 마치 방적공이 4파운드의 실을 허공 속에서 뽑기라도 한 것처럼, 또는 인간노동의 관여 없이 천연적으로 존재하여 생산물에는 아무런 가치도 부가하지 않는 면화와 방추를 가지고 실을 뽑아낸 것처럼 보이는 것이다.

이리하여 매일의 방적과정에서 만들어진 가치생산물 전체가 4파운드의 실이 되어 존재하는데, 이 4파운드 가운데 절반은 소비된 노동력의 보전가치(Ersatzwert)〔즉 3실링의 가변자본〕만을 나타내며, 나머지 2파운드의 실은 3실링의 잉여가치만을 나타낸다.

방적공의 12노동시가 6실링에 대상화되기 때문에 30실링이라는 실의 가치에는 60노동시가 대상화되어 있다. 그것은 20파운드의 실 속에 존재하지만, 이 실의 $\frac{8}{10}$〔즉 16 파운드〕은 방적과정 이전에 존재하던 48노동시〔즉 실의 생산수단에 대상화된 노동〕의 물상화이며, 나머지 $\frac{2}{10}$〔즉 4파운드〕는 방적과정 자체에서 지출된 12노동시의 물상화이다.

우리가 앞서 보았듯이 실의 가치는 실을 생산하는 도중에 만들어진 새로운 가치와 실의 생산수단 속에 이미 존재하고 있던 가치의 합계와 같다. 이제 기능적으로 또는 개념적으로 서로 다른 생산물가치의 구성 부분은 생산물 그 자체의 여러 구성비율로 표시될 수 있다는 것이 밝혀졌다.

이처럼 — 생산과정의 결과 — 생산물을, 단지 생산수단에만 포함되어 있는 노동〔즉 불변자본 부분〕을 표시하는 생산물의 양과 생산과정에서 부가된 필요노동〔즉 가변자본 부분〕만을 표시하는 또 하나의 생산물의 양, 그리고 같은 과정에서 부가된 잉여노동 또는 잉여가치만을 표시하는 마지막 생산물의 양으로 분할하는 것은 단순하면서도 매우 중요한 일인데, 그것은 나중에 이것을 다시 복잡하고 아직 해결되지 않은 문제들에 적용시킬 때도 역시 중요한 일로 드러나게 될 것이다.

지금까지 우리는 총생산물을 12시간의 노동일이 만들어낸 완성된 결과물로 살펴보았다. 그러나 우리는 총생산물을 그 성립과정을 통해서 살펴볼 수도 있으며, 그럴 경우 총생산물을 구성하는 부분생산물을 기능적으로 각기 다른 생산 부분으로 나타낼 수도 있다.

방적공은 12시간 동안에 20파운드의 실을 생산하고, 따라서 1시간 동안에는 $1\frac{2}{3}$파운드를 생산하고 8시간 동안에는 $13\frac{1}{3}$파운드, 즉 꼬박 1노동일 동안에 방적되는 면화의 총가치에 상당하는 부분생산물을 생산한다. 마찬가지로 그 다음 1시간 36분 동안의 부분생산물은 $2\frac{2}{3}$파운드의 실이며, 따라서 12노동시 동안 사용된 노동수단의 가치를 표시한다. 또 마찬가지로 방적공은 다음의 1시간 12분 동안에는 2파운드의 실〔=3실링〕, 즉 6시간의 필요노동을 통해서 만들어내는 모든 가치생산물과 동등한 생산물가치를 생산한다. 마지막으로 그는 나머지 1시간 12분으로 역시 2파운드의 실을 생산하는데, 그 가치는 그가 $\frac{1}{2}$노동일의 잉여노동에 의해 생산한 잉여가치와 같다. 이와 같은 계산방법은 영국의 공장주들이 일상적으로 사용한 것으로, 예를 들어 그들은 이렇게 말할 것이다. "나는 최초의 8시간〔즉 1노동일의 $\frac{2}{3}$〕을 통해서 나의 면화를 회수하고……" 운운. 물론 이 계산방식은 틀리지 않다. 실제로 그것은 다만 첫 번째 계산식(Formel)을 생산물의 각 구성 부분이 완성된 형태로 나란히 놓여 있는 공간에서 그것들이 차례로 완성되어가는 시간순서대로 번역한 것에 불과하다. 그러나 이 계산식은 아주 조잡한 사고방식을 동반할 수 있는데, 특히 실제로는 가치증식과정에 관심을 기울이면서 이론적으로는 그것을 곡해하는 데 관심을 둔 사람들의 머릿속에서 바로 그러하다. 그래서 예를 들어 다음과 같이 생각할 수도 있다. 즉 우리의 방적공은 자기 노동일의 처음 8시간 동안에는 면화의 가치를 생산·보전하고 다음의 1시간 36분 동안에는 소비된 노동수단의 가치를, 그리고 다음의 1시간 12분 동안에는 임금의 가치를 생산·보전하여 그 유명한 '마지막 1시간'만을 공장주를 위해서〔즉 잉여가치의 생산에〕바친다는 것이다. 이리하여 방적공에게는 이중의 기적을 행할 의무가 주어진다. 즉 면화·방추·증기기관·석탄·기름 등을 사용해 방적을 하는 동시에 그것들을 생산하며, 그리고 주어진 강도를 가진 1노동일로부터 그것과 같은 강도의 5노동일을 만들어내야만 하는 것이다. 왜냐하면 우리의 경우 원료와 노동수단의 생산에는 $\frac{24}{6}=4$노동일(1노동일 $=12$시간)이 필요하며, 그것을 실로 전화시키기 위해서는 다시 1노동일이 필요하기 때문이다. 이런 기적을 믿게 만드는 것은 바로 터무니없는 탐욕이며, 이 기적을 증명하여 곡학아세하는 학자들이 결코 없지 않다는 것을 이제 유명한 역사적 사례를 통해서 살펴보기로 한다.

제3절 시니어의 '마지막 1시간'

1836년의 어느 아름다운 아침, 경제학적 학식과 아름다운 문체로 이름이 높아서 영국 경제학자들 중에서도 특히 클라우렌(H. Clauren: 문체가 아름답기로 유명한 작가—옮긴이)으로 손꼽히는 시니어(Nassau W. Senior)는 옥스퍼드에서 맨체스터로 호출을 받았다. 그가 호출된 이유는 거기에서 옥스퍼드에서처럼 경제학을 가르치기 위한 것이 아니라 거꾸로 경제학을 배우기 위한 것이었다. 공장주들은 최근에 제정된 공장법(Factory Act)[†65]과 거기에서 한 걸음 더 나아가려는 10시간 노동운동에 대항하여 현상금을 받고 싸워줄 투사로 그를 선정했던 것이다. 공장주들은 언제나 그렇듯이 실무적인 면에서 잘 돌아가는 그들의 머리로, 이 교수님은 아직도 "상당한 정도의 마무리 훈련이 필요하다"는 것을 알고 있었다. 그래서 그들은 교수님을 맨체스터로 호출했던 것이다. 교수님께서는 맨체스터에서 공장주들에게서 배운 것을 글로 옮겨 『공장법에 대한 편지—그것이 면직업에 끼치는 영향에 관하여』(런던, 1837)라는 소책자를 펴냈다. 이 책자 속에는 특히 다음과 같은 유익한 말씀이 들어 있다.

> 현행법 아래에서 18세 미만의 사람을 고용한 공장에서는 하루 평균 $11\frac{1}{2}$시간, 즉 주중의 5일간은 12시간, 토요일은 9시간 이상 작업을 할 수 없다. 그런데 다음의 분석(!)은 이런 공장들에서 순이익이 모두 마지막 한 시간에서 나온다는 것을 보여준다. 어떤 공장주가 10만 파운드스털링─8만 파운드스털링은 공장 건물과 기계에, 2만 파운드스털링은 원료와 임금에─을 투자한다고 하자. 이 공장의 연간 매출액은, 자본이 1년에 1회전하고 총수익이 15%라고 가정하면 11만 5,000파운드스털링이 되어야만 한다. …… $11\frac{1}{2}$ 노동시는 매일 11만 5,000파운드스털링의 $\frac{5}{115}$〔즉 $\frac{1}{23}$〕을 생산한다. 11만 5,000파운드스털링 전체를 이루고 있는 $\frac{23}{23}$ 가운데 $\frac{20}{23}$〔즉 $\frac{100,000}{115,000}$〕은 단지 자본만을 보전할 뿐이다. $\frac{1}{23}$〔즉 총수익(!) 1만 5,000파운드스털링 가운데 5,000파운드스털링〕은 공장과 기계류의 소모를 보전한다. 뒤에 남는 $\frac{2}{23}$, 즉 매일의 마지막 1시간은 10%의 순이익을 생산한다. 그러므로 가격이 불변이고 공장에서 $11\frac{1}{2}$시간 대신 13시간을 작업해도 된다면, 유동자본만 약 2,600파운드스털링 추가하면 순이익은 두 배 이상으로 늘어날 것이다. 반면 노동시간이 매일 1시간 단축된다면 순이익은 사라져버릴 것이며, 만약 $1\frac{1}{2}$시간 단축된다면 총수익까지도 소멸해버릴 것이다.[32]

32) 시니어, 같은 책, 12~13쪽. 우리는 우리의 목적과 관련이 없는 희한한 주장, 예를 들어 공장주들은 자본의 한 구성 부분〔예컨대 마모된 기계류 등〕의 보전을 수익─그것이 총이익이든 순이익이든, 또는 더러운 이익이든 깨끗한 이익이든─에 포함시켜 계산한다는 따위의 주장에 대해서는 언급하지 않기로 한다. 또한 예시된 수치들이 맞느냐 맞지 않느냐도 문제 삼지 않기로 한다. 그것이 이른바 '분석' 이상의 가치가 없다는 것은 레너드 호너가 「시니어에게 보내는 편지」(런던, 1837)에서 입증하는 바 그대로이다. 레너드 호너는 1833년 공장조사위원회의 일원이었고 1859년까지 공장감독관〔사실은 공장감찰관〕이었으며 영국의 노동자계급을 위하여 불멸의 공적을 세웠다. 그는 격분한 공장주들에게 대항할 뿐만 아니라, 하원에서 공장주들의 '표'를 세는 일이 공장에서 '직공'들의 노동시간을 헤아리는 일보다 훨씬 더 중요하다고 생각

    그리고 교수님께서는 이것도 '분석'이라고 일컫는다! 만일 그가 노동자들이 하루 중 가장 좋은 시간을 건물·기계·면화·석탄 등의 가치생산〔즉 가치의 재생산 또는 보전〕에 낭비해버린다는 공장주들의 한탄을 그대로 믿었다면, 그는 아예 분석할 필요도 없었을 것이다. 그는 단지 다음과 같이 대답해야 했을 것이다.

여러분, 만약 여러분이 $11\frac{1}{2}$ 시간이 아니라 10시간을 작업시킨다면, 다른 사정이 변하지 않는 한 면화·기계 등의 매일의 소비는 $1\frac{1}{2}$ 시간만큼 줄어들 것입니다. 따라서 여러분은 여러분이 손해를 보는 만큼 이익을 보게 되는 것입니다. 여러분의 노동자들은 장차 투하 자본가치의 재생산 또는 보전을 위하여 $1\frac{1}{2}$ 시간 적게 소비할 것입니다.

또 만일 그가 공장주들의 말을 믿지 않고 전문가로서 분석이 필요하다고 생각했다면 그는 무엇보다도 먼저 공장주들에게 노동일의 크기에 대한 순이익의 비율을 계산하는 데서는 기계류와 공장 건물, 원료와 노동을 마구 뒤섞어 혼동하지 말고 이들을 둘로 분류하도록, 즉 공장 건물, 기계

하던 장관님들을 상대로 평생 동안 계속 싸워왔다. 주 32에 대한 보유(補遺): 시니어의 서술은 내용상의 오류는 차치하고서라도 그야말로 뒤죽박죽이다. 그가 정말 얘기하고 싶었던 것은 이것이다. 공장주는 노동자들에게 매일 $11\frac{1}{2}$ 시간 또는 $\frac{23}{2}$ 시간 일을 시킨다. 1노동일과 똑같이 연간 노동도 $11\frac{1}{2}$ 또는 $\frac{23}{2}$ 시간(에 연간 노동일수를 곱한 것)으로 이루어져 있다. 이렇게 전제할 경우 $\frac{23}{2}$ 노동시는 11만 5,000파운드스털링의 연간 생산물을 생산한다. $\frac{1}{2}$ 노동시는 $\frac{1}{23} \times 11$ 만 5,000파운드스털링을 생산한다. $\frac{20}{2}$ 노동시는 $\frac{20}{23} \times 115,000$〔=100,000〕파운드스털링을 생산한다. 즉 그것은 단지 투하자본만을 보전한다. 그러고 나면 $\frac{3}{2}$ 노동시가 남고, 그것은 $\frac{3}{23} \times 115,000$〔=15,000〕파운드스털링, 즉 총수익을 생산한다. 이 $\frac{3}{2}$ 노동시 가운데 $\frac{1}{2}$ 노동시는 $\frac{1}{23} \times 115,000$〔=5,000〕파운드스털링을 생산한다. 그것은 단지 공장과 기계류의 마모에 대한 보전 부분만을 생산한다. 마지막의 두 $\frac{1}{2}$ 노동시〔즉 '마지막 1노동시'〕는 $\frac{2}{23} \times 115,000$〔=10,000〕파운드스털링의 순이익을 생산한다. 본문에서 시니어는 생산물 가운데 최후의 $\frac{2}{3}$ 를 노동일 그 자체의 부분으로 바꾸어놓고 있다.

류, 원료 따위에 포함되어 있는 불변자본과 임금으로 투하된 자본을 각기 따로 분리하도록 간청해야 했을 것이다. 그런 다음 공장주들의 계산에 노동자가 늘 $\frac{2}{2}$노동시〔즉 1시간〕로 임금을 재생산 또는 보전하는 것으로 나타났다면 분석자는 이어서 다음과 같이 말해야 했을 것이다.

여러분이 말한 바에 따르면 노동자는 마지막에서 두 번째의 1시간으로 자신의 임금을 생산하며 마지막 1시간으로는 여러분의 잉여가치 또는 순이익을 생산한다. 노동자가 동일한 시간에 생산하는 가치는 동등하므로 마지막에서 두 번째 1시간의 생산물은 마지막 1시간의 그것과 동일한 가치가 있다. 더욱이 노동자는 노동을 지출하는 한에서만 가치를 생산하는 것이고 그의 노동량은 그의 노동시간에 따라 계산된다. 여러분의 말에 따르면 이 노동시간은 하루에 $11\frac{1}{2}$ 시간이다. 이 $11\frac{1}{2}$ 시간의 일부분을 노동자는 자기 임금의 생산 또는 보전을 위하여 소비하고 다른 일부분은 여러분의 순이익을 생산하기 위하여 소비한다. 그밖에 1노동일을 통하여 그가 수행하는 것은 아무것도 없다. 그런데 여러분의 진술에 따르면 그의 임금과 그가 제공하는 잉여가치는 같은 크기의 가치이므로 명백히 그는 자신의 임금을 $5\frac{3}{4}$ 시간에 생산하고 여러분의 순이익을 다른 $5\frac{3}{4}$ 시간에 생산한다. 더 나아가 2시간분의 생산물〔즉 실(絲)〕의 가치는 그의 임금에 여러분의 순이익을 더한 가치액과 같으므로 이 실의 가치는 $11\frac{1}{2}$ 노동시로 계산되며, 마지막에서 두 번째 1시간의 생산물은 $5\frac{3}{4}$ 노동시로 계산되고, 마지막 1시간의 생산물 역시 그렇게 계산되지 않으면 안 된다. 우리는 이제야말로 어려운 지점에 도달하였다. 정신 바짝 차리시오! 마지막에서 두 번째 1노동시도 맨 처음의 1노동시와 마찬가지로 보통의 1노동시이다. 그 이상도 이하도 아니다. 그러면 어떻게 방적공은 $5\frac{3}{4}$ 노동시를 표시하는 실의 가치를 1노동시에 생산할 수 있는가? 사실 그는 기적을 행하고 있는 것이 아니다. 그가 1노동시에 사용가치로 생산하는 것은 일정한 양의 실이다. 이 실의 가치는 $5\frac{3}{4}$ 노동시로 계산되어, 그 중 $4\frac{3}{4}$ 은 매시간 소비된 생산수단, 즉 면화·기계류 등에 노동자의 관여 없이 포함되어 있고, $\frac{4}{4}$〔즉 1시간〕는 그 자신에 의하여 부가되고 있다. 그러므로 그의 임금은 $5\frac{3}{4}$시간에 생산되고 또 1노 동시의 방적노동이 만드는 실 생산물 역시 $5\frac{3}{4}$노동시를 포함하기 때문에, 그의 $5\frac{3}{4}$노동시 방적노동의 가치생산물이 1노동시 방적노동의 생산물가 치와 같다는 것은 결코 마술도 다른 무엇도 아니다. 그런데 만약 여러분이 면화·기계류 등의 가치를 재생산 또는 '보전'하기 위하여 노동자가 자기 노동일의 단 한 순간만이라도 상실한다고 생각한다면, 여러분의 생각은 전 적으로 잘못된 것이다. 그의 노동이 면화와 방추를 갖고 실을 만들어냄으 로써〔즉 그가 방적함으로써〕 면화와 방추의 가치는 자연히 실로 옮겨가는 것이다. 이것은 그의 노동의 질 때문이며, 양 때문은 아니다. 물론 그는 $\frac{1}{2}$ 시간보다는 1시간 동안에 더 많은 면화 가치를 실로 옮길 것이다. 그러나 그것은 다만 그가 1시간 동안에 $\frac{1}{2}$시간에 바해 더 많은 면화를 방적하기 때문에 그럴 뿐이다. 노동자가 마지막에서 두 번째 1시간에 자기 임금의 가 치를 생산하고 마지막 1시간에는 순이익을 생산한다는 여러분의 표현은, 그의 노동일 가운데 2시간 동안의 실 생산물에는 그 2시간이 앞에 있든 뒤 에 있든 $11\frac{1}{2}$노동시, 즉 그의 전체 노동일과 똑같은 만큼의 시간이 물화되 어 있다는 것 말고는 아무것도 의미하지 않는다는 것을 이제 여러분도 이 해할 것이다. 그리고 노동자가 앞의 $5\frac{3}{4}$시간에는 자신의 임금을 생산하고

M241 뒤의 $5\frac{3}{4}$시간에는 여러분의 순이익을 생산한다는 표현도 여러분이 앞의 $5\frac{3}{4}$시간에 대해서는 지불하지만 뒤의 $5\frac{3}{4}$시간에 대해서는 지불하지 않는 다는 것을 의미할 뿐이다. 내가 노동력에 대한 지불이라고 하지 않고 노동 에 대한 지불이라고 하는 까닭은 여러분이 늘 쓰는 용어로 얘기하기 위해 서이다. 이제 여러분이 대가를 지불하는 노동시간과 지불하지 않는 노동시 간의 비율을 비교해본다면 여러분은 그것이 $\frac{1}{2}$노동일 대(對) $\frac{1}{2}$노동일, 즉 100%임을 알게 될 것이다. 이것은 물론 굉장한 비율이다. 또 만일 여러 분이 여러분의 '직공'을 $11\frac{1}{2}$시간이 아니라 13시간 동안 일을 시키고 그리 하여—아마도 여러분은 십중팔구 그럴 텐데—여분의 $1\frac{1}{2}$시간을 순전한

잉여노동으로 부가시킨다면, 잉여노동은 $5\frac{3}{4}$ 시간에서 $7\frac{1}{4}$ 시간으로 늘어날 터이며 따라서 잉여가치율은 100%에서 $126\frac{2}{23}$%로 올라갈 것이 분명하다. 그런데 만일 여러분이 $1\frac{1}{2}$ 시간의 추가에 따라 잉여가치율이 100%에서 200%로 오르거나 200% 이상, 즉 '2배 이상' 올라갈 것이라고 기대한다면 여러분은 참으로 철없는 낙천가이다. 다른 한편—사람의 마음이란 이상한 것이고, 특히나 재물에 마음이 쏠릴 때는 더욱 그렇기 때문에—만약 여러분이 $11\frac{1}{2}$ 시간에서 $10\frac{1}{2}$ 시간으로 노동일을 단축하면 여러분의 순이익이 완전히 없어져버리지 않을까 두려워한다면 여러분은 지나치게 상심한 비관론자이다. 결코 그런 일은 없다. 다른 모든 사정이 불변이라고 전제하면 잉여노동은 $5\frac{3}{4}$ 시간에서 $4\frac{3}{4}$ 시간으로 줄어들 것이다. 그러나 여전히 잉여가치율은 충분한 크기로, $82\frac{14}{23}$%이다. 그런데 저 숙명의 '마지막 1시간'에 대하여 여러분은 천년왕국설의 신봉자들[66]이 세계의 종말에 대해서 늘어놓는 말 이상의 말들을 꾸며 내놓았지만 그것은 '새빨간 거짓말'이다. 그 1시간이 없어진다고 해서 여러분의 '순이익'이 희생되는 것도, 여러분이 일을 시키고 있는 소년 소녀들의 '영혼의 순결'이 희생되는 것도 아닐 것이다.[32a)]

32a) 시니어가 '마지막 1노동시'에 공장주들의 순이익과 영국 면직업의 존립 그리고 세계시장에서의 영국의 위대성 따위가 달려 있다고 주장하자, 앤드루 유어 박사[67]는 한술 더 떠서, 공장의 아동과 18세 미만 소년들이 공장 안의 따뜻하고 순결한 도덕적인 분위기 속에 온전히 12시간 갇혀 있지 않고 '1시간'이라도 더 빨리 냉혹하고 혼탁한 바깥 세상에 내던져지면 나태와 악습으로 말미암아 그들의 영혼이 구원받을 길을 잃게 된다고 주장했다. 1848년 이래 공장감독관들은 6개월마다 발간하는 『보고서』에서 그 '마지막'의 '숙명적인 1시간'을 들어 공장주들에 대해 끊임없는 야유를 보내고 있다. 예를 들면 하우엘은 1855년 5월 31일자 『공장보고서』에서 다음과 같이 말하고 있다. "만일 다음과 같은 예리한 계산(그는 시니어를 인용하고 있다)이 맞다면, 영국 내의 면직공장은 모두 1850년 이래 손해를 보면서 영업해왔을 것이다"(『공장감독관 보고서: 1855년 4월 40일까지의 반기보고서』, 19~20쪽). 1848년 10시간 법안이 의회를 통과하자, 공장주들은 도싯 지방과 서머싯 지방 사이에 산재한 아마 방적공장의 몇몇 정규노동자로 하여금 반대청원을 하게끔 강요했는데, 그 중에는 특히 이러한 구절이 들어 있었다. "우리 청원자들은 아이들의 부모로서, 여가시간을 1시간 더 늘린다면 자식들의 타락을 가져올 뿐이라고 확신한다. 나태는 모든 악덕의 시초이기 때문이다." 이에 대하여 1848년 10월 31일자 『공장보고서』에는 다음과 같이 씌어 있다. "이렇게 도덕적이며 정이 깊은 부모들의 자식들

　　언제든 여러분의 '마지막 1시간'〔의 종소리〕이 진짜로 울린다면 그때는
옥스퍼드의 교수를 상기하시오! 저세상에서 다시 봅시다. 안녕!" [33] ……

1836년 시니어에 의하여 발견된 '마지막 1시간'이라는 경보는 1848년

이 일하고 있는 아마 방적공장의 공기는 원료에서 나오는 무수한 먼지와 실밥으로 가득 차 있어, 방적실에서 단 10분 동안만 머물러도 매우 불쾌함을 느끼게 된다. 왜냐하면 실제로 아마에서 나는 먼지가 피할 도리도 없이 눈·귀·코·입으로 들어오기 때문에, 여러분은 극도의 고통을 느끼지 않고서는 그곳에 있을 수 없을 터이기 때문이다. 노동 자체는 놀라우리 만큼 빨리 돌아가는 기계 때문에 정신을 집중시킨 채 숙련된 기술과 몸을 쉴새없이 줄기차게 사용하도록 요구한다. 그리고 식사시간을 빼놓고는 10시간을 모두 이러한 공기 속에서 이러한 일에 묶여 있는 자기 자식들에 대하여 부모들이 '나태'라는 말을 쓴다면 이는 몹시 냉혹해 보인다. …… 이 아이들은 가까운 촌락의 머슴들보다도 더 오랜 시간 노동하고 있다. …… '나태와 악덕'에 관한 이와 같은 비정한 문구는 순진한 헛소리이자 극히 뻔뻔스러운 위선으로 비난받아 마땅하다. …… 공장주의 모든 '순이익'이 '마지막 1시간'의 노동에서 흘러나오기 때문에, 노동일을 1시간 단축하면 순이익은 없어지고 만다는 — 고매한 권위자의 승인 아래 공공연하고 매우 진지하게 — 선언이 발표되었다. 약 12년 전 이런 주장이 제기되었을 때 일부 대중은 크게 격분했다. 그런데 지금 다시 그와 같은 뻔뻔스러운 주장, 즉 '마지막 1시간'의 미덕이 최초로 발견된 이후 그것이 크게 개선되어 '도덕'과 '이윤'을 똑같이 포함하게 되었으며, 또한 아동의 도덕과 아동을 고용한 사람의 순이익이 모두 이 마지막의 숙명적인 1시간에 달려 있기 때문에 아동노동이 정확히 10시간으로 단축되면 이 둘이 한꺼번에 소멸하고 만다는 주장이 제기되었다는 얘기를 듣게 된다면 이들 대중은 아마 자신들의 귀를 의심할 것이다"(『공장감독관 보고서: 1848년 10월 31일』, 101쪽). 같은 『공장보고서』는 이 공장주님들의 '도덕'과 '덕성'의 증거, 즉 완전히 자포자기 상태의 소수 노동자들로 하여금 이 청원서에 서명하게끔 하고서는 의회가 그것을 한 산업부문 전체나 여러 주(州) 전체의 청원이라고 믿게 하려고 사용했던 간계·책략·유혹·협박·위조 따위의 일에 대한 증거를 열거하고 있다. 그뒤 시니어는 자신의 명예를 위하여 열정적으로 공장입법에 찬성했는데, 시니어 자신뿐 아니라 시니어를 처음부터 또는 나중에 반대하게 된 사람들마저도 '최초의 발견'이 보인 궤변을 해결하지 못했다는 사실은 오늘날의 이른바 경제'과학'의 수준을 보여주는 주요한 특징이 되고 있다. 그들은 단지 경험적 사실에 호소한 것이지만, 왜(why)와 무엇 때문에(wherefore)는 그들이 풀지 못한 의문으로 남아 있다.

33) 그렇지만 이 교수님도 맨체스터 여행에서 약간은 얻은 것이 있었다! 『공장법에 대한 편지』에는 모든 순이익, 즉 '이윤'과 '이자'뿐 아니라 '그 이상의 어떤 것'까지도 노동자의 지불받지 못한 노동시간에 달려 있다고 씌어 있는 것이다! 그 1년 전, 시니어는 옥스퍼드의 학생과 교양 있는 속물들을 함께 겨냥하여 쓴 『경제학 개론』에서 아직도 노동시간에 따라 가치가 결정된다는 리카도의 이론에 반대하여, 이윤은 자본가의 노동에서 생겨나고 이자는 자본가의 금욕이나 '절욕'(節慾, Abstinenz)에서 생겨난다는 것을 '발견'하였다. 이 발견 자체는 낡은 것이었으나 '절욕'이라는 용어만은 새로운 것이었다. 로셔는 이것을 'Enthaltung'(절제)이라는 독일어로 번역하였는데, 이것은 올바른 번역으로 보인다. 로셔만큼 라틴어를 잘 알지 못하는 다른 독일 사람들, 즉 비르테(Wirte)·슐첸(Schulzen)·미헬스(Michels) 같은 무리는 이것을 'Entsagung'(금욕)이라는 종교 냄새가 나는 말로 번역하고 있다.

4월 15일 고급 경제관료의 한 사람인 제임스 윌슨에 의하여 10시간 노동법을 반대하기 위한 취지 아래 런던 『이코노미스트』 지상(誌上)에 다시금 울려 퍼졌다.

제4절 잉여생산물

생산물 가운데 잉여가치를 표시하는 부분〔제2절의 예에서는 20파운드 실의 $\frac{1}{10}$, 즉 2파운드의 실〕을 우리는 잉여생산물(Mehrprodukt)이라고 일컫는다. 잉여가치율이 자본 총액에 대해서가 아니라 자본의 가변적인 부분에 대한 잉여가치의 비율에 따라 규정되듯이, 잉여생산물의 비율도 총생산물의 나머지 부분에 대한 비율이 아니라 필요노동을 표시하는 생산물 부분에 대한 잉여생산물의 비율에 따라 규정된다. 잉여가치의 생산이 자본주의적 생산의 명시적인 목적이듯이, 부의 크기를 나타내는 지표도 생산물의 절대적 크기가 아니라 잉여생산물의 상대적 크기에 따라서 계산된다.[34]

---

34) "20,000파운드스털링의 자본을 가지고 해마다 2,000파운드스털링의 이윤을 취득하는 어떤 개인에게는, 그의 자본이 노동자를 100명 고용하든 1,000명 고용하든, 또 생산된 상품이 10,000 파운드스털링에 팔리든 20,000파운드스털링에 팔리든, 그의 이윤이 늘 2,000파운드스털링 이하로 감소하지만 않는다면 전혀 상관이 없다. 한 나라의 실질적인 이해관계도 마찬가지가 아닐까? 그 나라의 실질 순소득인 지대와 이윤이 변하지 않는다면 그 나라가 1,000만 명의 주민으로 이루어져 있느냐 1,200만 명의 주민으로 이루어져 있느냐는 전혀 중요한 문제가 아닐 것이다"(리카도, 앞의 책, 416쪽). 수다쟁이이자 무비판적인 저술가로서 그 명성이 자신의 공적과 반비례하는 잉여생산물의 광신자 아서 영은 리카도보다 훨씬 앞서 다음과 같이 말하였다. "어떤 주의 전체 토지가 고대 로마식으로 독립적인 소농민들에 의하여 잘게 분할되어 있다면, 아무리 잘 경작된다고 해도 그런 주가 근대 왕국에 무슨 소용이 있겠는가? 인간을 먹여 살린다는 단 하나의 목적 — 이것은 그 자체로서는 아무 의미도 없는 것이지만 — 외에 그것이 다른 무슨 의미가 있겠는가?"(아서 영, 앞의 책, 47쪽). 주 34에 대한 보유: 매우 특이하게도 "순수한 의미의 부(net wealth)는 노동자계급에게 유리하다고 주장하는 강한 경향"이 있다. "그러나 그것이 부가 순수한 형태이기 때문에 그런 것은 결코 아니다"(홉킨스〔Thomas Hopkins〕, 『지대에 관하여』, 런던, 1828, 126쪽).

     필요노동과 잉여노동의 합계〔즉 노동자가 자신의 노동력을 보전하는 가치와 잉여가치를 생산하는 시간의 합계〕는 그의 노동시간의 절대적인 크기, 즉 노동일(Arbeitstag)을 이룬다.

제8장

노동일

제1절 노동일의 한계

우리는 노동력이 자신의 가치대로 매매된다는 전제에서 출발했다. 노 M245
동력의 가치도 다른 모든 상품의 가치와 마찬가지로 그것을 생산하는 데
필요한 노동시간에 따라 정해진다. 따라서 만약 노동자의 하루 평균 생활
수단의 생산에 6시간이 필요하다면, 그는 자신의 노동력을 매일 생산하기
위하여〔또는 자신의 노동력을 판매하여 받는 가치를 재생산하기 위하여〕
평균 하루 6시간 동안 노동하지 않으면 안 된다. 이 경우 그의 노동일 가
운데 필요 부분은 6시간이며, 따라서 다른 조건이 불변인 한 이것은 하나
의 주어진 크기이다. 그러나 그것만으로 아직 노동일 전체의 크기가 주어
지는 것은 아니다.

선분(線分) a ——— b가 필요노동시간의 길이〔즉 6시간〕를 표시하는
것이라고 가정해보자. 노동이 ab를 넘어서 1시간, 3시간, 6시간씩 연장됨
에 따라 우리는 다음과 같은 세 개의 선분을 얻는다.

노동일 I　　　a —— b-c

노동일 II　　a —— b — c

노동일 III　　a —— b —— c

이 3개의 선분은 각각 7시간, 9시간, 12시간으로 이루어진 3개의 서로 다른 노동일을 나타낸다. 연장선 bc는 잉여노동의 길이를 표시한다. 1노동일=ab+bc〔=ac〕이므로 1노동일은 가변적 크기 bc에 따라서 함께 변한다. ab는 주어진 것이므로 ab에 대한 bc의 비율은 언제나 계산될 수 있다. bc는 노동일 I에서는 ab의 $\frac{1}{6}$, 노동일 II에서는 $\frac{3}{6}$, 노동일 III에서는 $\frac{6}{6}$이다. 또한 $\frac{잉여노동시간}{필요노동시간}$ 이라는 비율은 잉여가치율을 규정하는 것이므로 이들 비율은 그대로 잉여가치율로 주어진다. 그래서 3개의 서로 다른 노동일에서 잉여가치율은 각각 $16\frac{2}{3}$%, 50%, 100%이다. 그러나 거꾸로 잉여가치율만으로는 노동일의 길이가 주어지지 않는다. 가령 그것이 100%라고 해도 노동일은 8시간, 10시간, 12시간 등으로 달라질 수 있다. 이 잉여가치율은 노동일의 두 가지 성분, 곧 필요노동과 잉여노동의 크기가 같다는 것을 표시하긴 하지만, 그 두 구성 부분의 절대적인 크기가 얼마인지는 나타내지 않는다.

그러므로 노동일은 불변적 크기가 아니고 가변적 크기이다. 그것의 두 부분 가운데 한쪽은 노동자 자신의 끊임없는 재생산에 필요한 노동시간에 따라 정해지지만, 노동일 전체의 크기는 잉여노동의 길이와 함께 변동한다. 따라서 노동일은, 정해질 수 있는 것이긴 하지만 혼자서 정해지는 것은 아니다.[35]

그런데 이처럼 노동일이 고정적인 크기가 아니라 유동적인 크기라고 해도 다른 한편 그것은 단지 일정한 한계 내에서만 변동할 수 있다. 그렇

---

35) "노동일은 길이가 정해져 있는 것이 아니다. 그것은 길 수도 있고 짧을 수도 있다"(『산업과 상업에 관한 에세이: 조세에 관한 고찰을 포함하여……』, 런던, 1770, 73쪽).

지만 그것의 최저한도는 정해져 있지 않다. 물론 연장선 bc〔곧 잉여노동〕를 0으로 놓으면 하나의 최저한도, 즉 하루 중 노동자가 자신을 유지하기 위하여 반드시 노동하지 않으면 안 되는 부분이 얻어진다. 그러나 자본주의적 생산양식의 기초 위에서 필요노동은 언제나 그의 노동일의 일부만을 구성할 수 있을 뿐이며, 따라서 노동일은 결코 이 최저한도까지 단축될 수 없다. 반면 노동일에는 최대한도가 있다. 노동일은 어떤 한계 이상으로는 연장될 수 없다. 이 최대한도는 이중으로 정해진다. 첫째는 노동력의 육체적인 한계에 의해서이다. 인간은 24시간이라는 자연적 하루(natürliche Tag) 중에서 일정한 양의 생명력밖에는 지출할 수 없다. 가령 말이 매일 8시간밖에 노동할 수 없는 것과 마찬가지이다. 인간은 하루 가운데 일부분 동안에는 체력을 쉬게 하고 수면을 취해야만 하며, 또다른 일부분 동안은 그밖의 육체적인 욕망을〔즉 먹는다든지 몸을 씻는다든지 옷을 입는다든지 하는 등의 그런 욕망을〕 충족시켜야만 한다. 이같이 순수한 육체적 한계 말고도 노동일의 연장은 도덕적인 한계에 부딪힌다. 노동자는 정신적·사회적 욕망을 충족시키기 위한 시간을 필요로 하며 이들 욕망의 크기와 종류는 일반적으로 문화수준에 따라 정해진다. 그러므로 노동일의 변화는 육체적·사회적 한계 내에서 움직이는 것이다. 그러나 이들 한계는 어느 것이나 매우 탄력적이어서 큰 폭으로 변동할 수 있다. 그 M247 래서 우리는 8시간, 10시간, 12시간, 14시간, 16시간, 18시간이라는 각각 다른 길이의 노동일을 발견하게 된다.

자본가는 노동력을 그것의 하루분 가치로 구매하였다. 그래서 1노동일 동안 노동력의 사용가치는 자본가의 소유가 되었다. 즉 자본가는 하룻동안 자기를 위하여 노동자에게 일을 시킬 권리를 얻은 것이다. 그러나 1노동일이란 무엇인가?[36] 어떤 경우든 그것은 일단 자연생활의 하루보다는

---

36) 이 질문은 로버트 필이 버밍엄 상업회의소에 제기했던 "1파운드스털링이란 무엇인가?"라는 유명한 질문보다 훨씬 더 중요하다. 필의 질문은 그가 버밍엄의 '소(小)실링론자' †68들과 마찬가지로 화폐의 성질을 제대로 알지 못했기 때문에 제기할 수 있었던 것이다.

짧다. 그러면 얼마나 짧은가? 자본가는 이 극한[즉 노동력의 필연적인 한계]에 대해서 자기만의 고유한 견해를 갖고 있다. 자본가로서 그는 오로지 인격화된 자본일 뿐이다. 그의 영혼은 자본의 영혼이다. 그런데 자본은 단 하나의 생명력, 즉 자신을 가치증식하고 잉여가치를 창조하며, 자신의 불변 부분인 생산수단을 통해 가능한 한 최대한의 잉여노동을 흡수하려는 생명력만을 갖고 있다.[37] 자본은 죽은 노동(verstorben Arbeit)이며, 이 노동은 오직 흡혈귀처럼 살아 있는 노동을 흡수함으로써만 활기를 띠며, 그리고 그것을 흡수하면 할수록 더욱더 활기를 띠어간다. 노동자가 노동하는 시간은 자본가가 구매한 노동력을 소비하는 시간이다.[38] 만일 노동자가 자신이 처분할 수 있는 시간을 자기 자신을 위하여 소비한다면 그는 자본가의 것을 훔치는 셈이 된다.[39]

그래서 자본가는 상품교환의 법칙을 끌어들인다. 그는 다른 모든 구매자와 마찬가지로 자신이 구매한 상품의 사용가치에서 가능한 한 최대의 효용을 얻어내려고 한다. 그런데 갑자기 생산과정의 질풍노도 속에서 침묵하고 있던 노동자의 목소리가 들려온다.

M248

"내가 너에게 판매한 상품은, 사용됨으로써 가치를, 그것도 자신의 가치보다도 더 큰 가치를 창조한다는 점에서 다른 여느 상품들과 구별된다. 이것이 곧 네가 그것을 산 이유였다. 너에게 자본의 가치증식으로 나타나는 것이 나에게는 노동력의 초과지출이다. 너나 나나 시장에서는 단 하나의 법칙, 즉 상품교환의 법칙밖에 모른다. 그리고 상품의 소비는 그것을

---

37) "자본가의 임무는 지출된 자본을 통해서 가능한 한 최대한의 노동을 손에 넣는 일이다"(쿠르셀 스뇌유, 『공업·상업·농업 기업의 이론과 실제』, 제2판, 파리, 1857, 62쪽).

38) "날마다 1시간씩의 노동을 잃는다면 이것은 상업국가에 큰 손해이다." "이 나라 노동빈민의 사치품 소비는 몹시 심하다. 특히 제조업에 종사하는 빈민들 사이에서 그러하다. 이로 말미암아 그들은 자신들의 시간도 소비하는데, 이는 가장 치명적인 소비이다"(『산업과 상업에 관한 소론』, 런던, 1770, 47쪽과 153쪽).

39) "자유로운 노동자가 잠시라도 휴식을 취하면 인색한 경영자들은 불안한 눈초리로 그를 쳐다보면서, 그가 자신들의 몫을 훔치고 있다고 주장한다"(랭게[N. Linguet], 『민법이론』, 제2권, 런던, 1767, 466쪽).

양도하는 판매자에게 속하는 것이 아니라 그것을 획득하는 구매자에게 속하는 일이다. 그러므로 내 노동력의 하룻동안의 사용은 네 것이다. 그러나 내 노동력의 매일의 판매가격에 따라 나는 매일 노동력을 재생산하여 새롭게 팔 수 있어야만 된다. 나이로 말미암은 자연적인 소모는 별도로 치더라도, 나는 내일도 오늘과 마찬가지로 정상적인 상태의 힘·건강·원기를 갖고 노동할 수 있어야 한다. 너는 언제나 나에게 '근검'과 '절약'이라는 복음을 설교한다. 좋다! 나는 분별력 있는 절약가처럼 내 유일한 재산인 노동력을 절약하고, 그것을 어리석게 낭비하는 일을 일절 그만두겠다. 나는 매일 내 노동력을 오로지 그것이 정상적으로 지속되고 건강하게 발전할 수 있을 만큼만 사용〔즉 움직여서 노동으로 전환〕하겠다. 그런데 너는 노동일을 무제한 연장함으로써 하룻동안에, 내가 3일이 걸려야 회복할 수 있는 것보다 많은 양의 내 노동력을 움직일 수도 있다. 그럴 경우 나는 네가 벌어들이는 노동만큼을 내 노동력에서 잃는다. 내 노동력을 이용하는 것과 그것을 강탈하는 것은 전혀 다른 문제이다. 평균적인 노동자가 합리적인 노동기준 아래 생존할 수 있는 평균기간이 30년이라면 네가 매일 나에게 지불하는 내 노동력의 가치는 그 총가치의 $\frac{1}{365 \times 30}$, 즉 $\frac{1}{10,950}$ 이다. 그런데 만일 네가 내 노동력을 10년 만에 소비한다면 너는 나에게 매일 그 총가치의 $\frac{1}{3,650}$ 이 아닌 $\frac{1}{10,950}$〔즉 그 하루 가치의 $\frac{1}{3}$〕만을 지불하면서 내 상품가치의 $\frac{2}{3}$ 를 날마다 훔치는 셈이 된다. 너는 사흘치의 노동력을 사용하면서 나에게는 하루치만을 지불하는 셈이 되는 것이다. 이것은 우리의 계약에 어긋나는 일이며, 상품교환의 법칙에도 어긋나는 일이다. 그러므로 나는 너에게 표준적인 길이의 노동일을 요구하는 것이며, 그것은 동정을 호소하는 것이 아니다. 왜냐하면 상거래에서는 인정이 통하지 않기 때문이다. 너는 모범시민이고, 아마도 동물학대방지협회 회원일지도 모르며, 게다가 성인(聖人)이라는 평판을 얻고 있을지도 모르겠다. 그렇지만 나에 대해 네가 대표하는 물적 존재는 가슴속에 고동치는 심장을 가지고 있지 않다. 그곳에서 고동치고 있는 듯이 보이는 것은 바로 나

 자신의 심장의 고동이다. 나는 표준노동일을 요구한다. 왜냐하면 다른 모든 상품판매자와 마찬가지로 나도 나 자신의 상품가치를 요구하기 때문이다." [40]

요컨대 완전히 탄력적인 갖가지 제약조건을 제외한다면 상품교환 그 자체의 성질에서는 노동일의 한계가 생겨날 수 없으며, 따라서 잉여노동의 한계도 생겨나지 않는다. 자본가가 될 수 있는 대로 노동일을 연장하고 그리하여 가능하다면 1노동일을 2노동일로 만들려고 애쓰는 경우 그는 구매자로서의 자신의 권리를 주장하는 것이다. 그러나 다른 한편 이 판매된 상품의 특수한 본성은 구매자가 그것을 소비하는 데 대한 제한을 포함하고 있으며, 따라서 노동자가 노동일을 일정한 표준적인 길이로 제한하려고 하는 경우 그는 판매자로서의 그의 권리를 주장하는 것이다. 따라서 여기에서는 권리 대 권리라는 이율배반이 발생하는데, 이들 두 권리는 똑같이 상품교환의 법칙에 의해 보증되는 것들이다. 동등한 권리와 권리 사이에서는 힘이 사태를 결정짓는다. 이리하여 자본주의 생산의 역사에서 노동일의 표준화는 노동일의 한계를 둘러싼 투쟁 — 총자본가〔즉 자본가계급〕와 총노동자〔즉 노동자계급〕 사이의 투쟁 — 으로 나타나게 된다.

제2절 잉여노동에 대한 갈망 — 공장주와 보야르

자본이 잉여노동을 발명한 것은 아니다. 사회의 일부 사람들이 생산수단을 독점하고 있는 곳에서는 어디에서나 노동자는 — 자유롭든 자유롭지

---

40)　1860~61년 런던의 건축노동자들이 노동일을 9시간으로 단축하려고 벌였던 대파업 도중, 그들의 위원회는 위에 나온 우리 노동자들의 변론과 거의 일치하는 성명서를 발표했다. 이 성명서는 '건축청부업자' 가운데 가장 탐욕스러운 피토라는 자가 '성인이라는 평판'을 듣는 것을 야유하여 풍자하고 있다(이 피토도 1867년부터는 몰락하고 말았다 — 성자 슈트라우스베르크와 더불어!).

않든—자신을 유지하는 데 필요한 노동시간을 초과하는 노동시간을 부가적으로 제공하여, 생산수단의 소유자를 위한 생활수단을 생산하지 않으면 안 된다.[41] 이 생산수단의 소유자가 아테네의 귀족이든, 에트루리아의 신정관(神政官)이든, 로마의 시민이든, 노르만의 남작이든, 미국의 노예 소유자이든, 왈라키아의 보야르(Bojar : 러시아와 발칸의 봉건적 대지주—옮긴이)이든, 근대적인 지주이든, 자본가이든 그것은 여기에서 아무 상관 없 M250 다.[42] 그런데 생산물의 교환가치보다 사용가치가 더 큰 중요성을 띠는 경제적 사회구성체에서는 잉여노동이 어느 정도 욕망의 크기에 따라 제한을 받는 게 사실이지만, 그렇다고 해서 잉여노동에 대한 무제한적인 욕망도 생산 그 자체의 성격에서 생겨나는 것은 분명히 아니다. 그러므로 고대에도 교환가치를 그 독립된 화폐형태로 획득〔즉 금·은을 생산〕하려는 경우에는 놀랄 만한 과도노동이 나타났다. 이런 경우에는 폭력적인 살인적 노동이 과도노동의 공공연한 형태였다. 디오도로스 시켈루스(Diodōros Sikelus)가 쓴 글을 읽어보면 금세 그것을 알 수 있다.[43] 그러나 이런 것들은 고대세계에서는 예외적인 것이었다. 그런데 아직도 노예노동과 부역노동 등과 같은 저급한 생산형태를 취하고 있는 나라들이 자본주의적 생산양식이 지배하는 세계시장에 편입되어 자신들의 생산물을 해외로 판매하는 데 혈안이 되어버리면 그런 곳에서는 곧바로 노예제나 농노제 같은 야만적인 잔학성에 과도노동이라는 문명화한 잔학성이 접목된다. 그래서

---

41) "노동하는 사람들이 …… 사실상 이른바 부자라고 불리는 연금수령자들과 자신들을 먹여 살린다"(에드먼드 버크, 앞의 글, 2~3쪽).

42) 니부어는 『로마사』에서 매우 소박하게 다음과 같이 말하고 있다. "에트루리아의 건축물처럼 그 폐허조차 보는 이를 경탄케 하는 건축물들이 그처럼 작은(!) 나라들에 존재한다는 사실은 영주와 노예의 존재를 전제로 해야 한다는 것을 아무리 싫어도 인정하지 않을 수 없다." 시스몽디는 훨씬 더 진지하게 '브뤼셀의 레이스'는 고용주와 피고용인을 전제로 한다고 말했다.

43) "몸을 깨끗이 할 수도, 벌거벗은 몸을 가릴 수도 없는 이들 불행한 사람들(이집트·에티오피아·아라비아의 경계에 있는 금광의 사람들)을 보면 그네들의 비참한 운명을 한탄하지 않을 수 없다. 왜냐하면 그곳에서는 병자건 불구자건 노인이건 여자건 사정을 봐주지 않기 때문이다. 모든 사람들은 채찍의 강제 아래 죽음이 그들의 고통과 궁핍을 종식시킬 때까지 계속해서 노동하지 않으면 안 된다"(디오도로스 시켈루스, 『역사 문고』, 제3부, 제13장, 260쪽).

미국 남부 여러 주의 흑인노동도 생산이 주로 직접적인 자가수요를 지향하고 있을 동안에는 적당한 가부장제적인 성격을 유지하고 있었다. 그러나 면화의 수출이 이들 남부 여러 주의 사활문제가 되어감에 따라서 흑인에게 과도한 노동을 시키는 것은 수지타산에서 중요한 요인이 되어버렸고, 그 결과 흑인의 생명은 7년의 노동으로 모두 소진되어버리게 되었다. 이제는 흑인에게서 얼마나 많은 양의 유용한 생산물을 뽑아내는가는 중요하지 않게 되었다. 이제 중요한 것은 잉여가치 그 자체의 생산으로 간주되었다. 예를 들어 도나우 지방의 공국(公國)들 같은 곳에서 이루어졌던 부역노동도 마찬가지 경우이다.

도나우의 공국들에서 나타났던 잉여노동에 대한 갈망을 영국 공장들에서 나타나는 그것과 비교하는 것은 매우 흥미로운 일인데, 왜냐하면 부역노동에서의 잉여노동은 자립적인 형태, 즉 감각적으로 인지될 수 있는 형태를 취하기 때문이다.

M251

1노동일이 6시간의 필요노동과 6시간의 잉여노동으로 이루어져 있다고 가정해보자. 그렇다면 자유로운 노동자는 자본가에게 매주 6×6시간〔즉 36시간〕의 잉여노동을 제공하는 셈이다. 이것은 그가 1주일 중 3일은 자신을 위하여 노동하고 3일은 무상으로 자본가를 위하여 노동하는 것과 마찬가지이다. 그러나 이것은 눈에는 보이지 않는다. 잉여노동과 필요노동은 서로 융합되어 있다. 따라서 나는 동일한 비율의 형태로, 예를 들어 이 노동자가 매분마다 30초는 자신을 위하여 노동하고 30초는 자본가를 위하여 노동한다는 식으로도 표현할 수 있다. 그러나 부역노동의 경우에는 사정이 다르다. 예를 들어 왈라키아의 농민이 자신을 유지하기 위하여 행하는 필요노동은 그가 보야르를 위하여 행하는 잉여노동과 공간적으로 분리되어 있다. 그는 전자〔필요노동〕를 자신의 경작지에서 행하고 후자〔잉여노동〕를 영주의 농장에서 행한다. 그러므로 노동시간의 두 부분은 자립적으로 나란히 존재한다. 부역노동의 형태에서는 잉여노동이 필요노동과 명확히 구분된다. 이와 같은 현상형태의 차이가 잉여노동과 필요노동의 양적인 비율을 변화시키는 것은 결코 아니다. 그것이 부역노동이라고 불리든 잉여노동이라고 불리든, 1주일에 3일의 잉여노동이 노동자 자신을 위해서 아무런 등가도 만들어내지 않는 3일의 노동이라는 점에는 변함이 없다. 그러나 잉여노동에 대한 갈망은 자본가에게서는 노동일을 무한히 연장하고 싶은 충동으로 나타나며, 보야르에게서는 단지 부역일(賦役日)을 직접 요구하는 형태로 나타난다.[44]

부역은 도나우 지방 공국들에서 현물지대와 그밖에 농노제의 여러 부속물과 결부되어 있었는데, 지배계급에게는 그것이 가장 중요한 공납 부분을 이루고 있었다. 사정이 이런 곳에서는 부역노동이 농노제에서 발생한 경우가 드물고 오히려 거꾸로 농노제가 부역노동에서 발생하는 경우가 대부분이었다.[44a] 루마니아의 여러 주에서도 바로 그러했다. 이들 여 M252러 주의 원래 생산양식은 공동소유에 기초하고 있었는데, 그것은 슬라브적인 형태의 공동소유는 아니었고 인도적인 형태의 공동소유는 더더욱 아니었다. 토지의 일부분은 자유로운 사적 소유로 공동체의 성원들에 의해 개별적으로 관리되었고, 다른 부분, 즉 공유지(ager publicus)는 공동으로 경작되었다. 이 공동노동의 생산물 가운데 일부는 흉작이나 그밖의 재해에 대비한 예비자원으로 사용되었고, 일부는 전쟁비용과 종교비용 그리고 기타 공동체 지출에 충당될 국고로 사용되었다. 시간이 흐름에 따라

---

44) 이하의 서술은 크리미아 전쟁 이후의 변혁[†55] 이전에 형성된 루마니아 여러 주의 상태에 관한 것이다.

44a) {제3판의 주: 이것은 독일에도 해당하며, 특히 엘베 강 동쪽의 프로이센에 해당한다. 15세기 독일의 농민은 거의 어디에서나 생산물과 노동의 일정량을 공납할 의무를 지고 있었지만 적어도 사실상의 자유인이었다. 게다가 브란덴부르크·포메른·슐레지엔·동프로이센 등지의 식민지 개척자들은 법률상으로도 자유인으로 인정받고 있었다. 농민전쟁에서 귀족의 승리는 이런 상태의 종언을 가져왔다. 패배한 남부 독일의 농민들은 당연히 다시 농노가 되었고, 이미 16세기 중엽 이래 자유농민이었던 동프로이센·브란덴부르크·포메른·슐레지엔의 농민들도 농노로 전락했으며, 그뒤 얼마 안 되어 슐레스비히-홀슈타인의 자유농민들 또한 농노로 전락하였다〔마우러〔Maurer〕, 『독일 부역농장·농민농장·농민조직의 역사』 제4권; 마이첸〔Meitzen〕, 『1866년 이전의 판도에 따른 프로이센 국가의 토지관계와 농업관계』; 한센〔Hansen〕, 『슐레스비히·홀슈타인의 농노제』〕. —엥겔스}

군사부문과 교회부문의 고위직들은 공유재산과 함께 그 공유재산을 위해 바쳐진 갖가지 공납을 횡령하였다. 자유로운 농민들이 자신들의 공유지에서 행하던 노동이 공유지 횡령자들을 위한 부역으로 변했다. 그와 동시에 농노제적인 관계들이 발전했다. 그러나 그것은 세계의 해방자인 러시아가 농노제를 폐지한다는 구실 아래 농노제를 법제화할 때까지는 그저 사실적으로만 그랬던 것이지 법률적으로까지 그랬던 것은 아니었다. 1831년 러시아의 장군 키셀료프(Kisselew)가 공포한 부역노동법전은 물론 보야르들이 불러주는 것을 그대로 받아적은 것이었다. 그래서 러시아는 일거에 도나우 지방 공국의 귀족과 온 유럽의 자유주의 백치들에게서 박수를 받았다.

'레글망 오르가니크'(Règlement Organique)[†69]라고 일컬어지는 저 부역노동법전에 따르면, 왈라키아의 농민은 누구나 상세히 규정되어 있는 일정 분량의 현물공조를 바치는 것 말고도 이른바 토지소유자를 위하여 ① 12일간의 노동일, ② 하루의 경작지 노동, ③ 하루의 목재 운반작업을 할 의무를 지고 있다. 합하면 1년에 14일이다. 그런데 여기에서 말하는 노동일은 경제학에 대한 깊은 조예를 바탕으로 얘기할 때의 그런 뜻이 아니라 단지 1일분의 평균생산물을 만들어내는 데 필요한 노동일이라는 의미가 있는데, 이 1일분의 평균생산물이라는 것이 키클롭스라는 거인도 24시간 동안 종일 생산해도 도저히 만들어낼 수 없을 만큼의 분량으로 교묘하게 규정되어 있다. 그래서 '레글망 오르가니크' 스스로도 진짜 러시아식 야유를 담은 노골적인 표현을 통해서, 12노동일은 36일의 육체노동의 생산물로, 1일의 경작지노동은 3일의 경작지노동으로, 그리고 1일의 목재 운반작업도 그 3배로 해석해야 한다고 밝히고 있다. 그리하여 이들을 모두 합하면 42부역일이 된다. 게다가 이른바 요바기(Jobagie)가 여기에 더해진다. 이것은 임시적인 생산을 위해 영주에게 바쳐지는 부역이다. 각 마을은 인구수에 비례하여 해마다 요바기를 위하여 일정한 비율의 사람들을 차출해야 한다. 이 추가 부역노동은 왈라키아의 농민 한 명당 14일로 산정된다. 이리하여 법으로 정해진 부역노동은 연간 56노동일이 된다. 그러나 왈라키아는 기후가 나빠서 연간 농경일수가 210일에 지나지 않는데다 그 중에서도 다시 일요일이나 휴일 40일과 악천후로 말미암은 평균 30일, 합계 70일은 날아가버린다. 그래서 140일이 남는다. 필요노동에 대한 M253 부역노동의 비율 $\frac{56}{84}$〔즉 $66\frac{2}{3}\%$〕은 영국의 농업노동자나 공장노동자의 노동을 규제하는 잉여가치율보다 훨씬 적은 잉여가치율을 나타내고 있다. 그러나 이것은 법률로 규정된 부역노동일 뿐이다. 영국의 공장법보다도 훨씬 '자유주의적인' 정신을 발휘하여 '레글망 오르가니크'는 이 규정을 부풀릴 수 있는 방법을 잘 알고 있다. 그것은 먼저 12일을 54일(56일을 잘못 표기한 것으로 보인다—옮긴이)로 만든 다음, 다시 그 54부역일도 명목상의 하루 작업량 가운데 일부가 다음날까지 이어지지 않을 수 없도록 만들어놓고 있다. 예를 들어 하룻동안의 제초작업량으로 규정되어 있는 것이 실제로는〔특히 예를 들어 옥수수밭에서는〕두 배의 노동시간이 소요되는 것으로 이루어져 있는 것이다. 그래서 법으로 정해진 농업노동에 대한 부역은 사실상 5월에 시작해 10월에나 끝나는 것으로 해석할 수 있다. 블타바 지방의 규정은 더욱 가혹해서, 승리에 도취한 보야르는 다음과 같이 부르짖고 있다.

'레글망 오르가니크'의 12부역일은 연간 꼬박 365일 모두에 달한다![45]

도나우 공국들의 '레글망 오르가니크'는 잉여노동을 향한 갈망의 적극적인 표현이고 각 조항이 그 갈망에 합법성을 부여하고 있다면, 영국의 공장법은 바로 그 갈망의 소극적인 표현이다. 이 법률은 국가〔그것도 자본가와 대지주가 지배하는 국가〕에 의해 노동일을 강제로 제한함으로써 노동력의 무제한적인 착취를 향한 자본의 충동을 억제한다. 날이 갈수록 위

---

45) 더 자세한 것은 르노(E. Regnault), 『도나우 공국들의 정치 · 사회사』, 파리, 1855, 304쪽 이하를 참조하라.

협적으로 팽창해가는 노동운동의 영향을 배제하더라도, 공장노동의 제한은 영국의 경작지에 구아노(바닷새의 배설물이 바위 위에 쌓여 굳어진 덩어리. 남미의 칠레 연안과 남태평양 제도에 많이 생기며, 비료로 쓰인다—옮긴이) 비료를 주는 것과 마찬가지의 필연성의 명령에 따른 것이다. 경작지에서 지력(地力)을 고갈시킨 그 맹목적인 약탈욕이, 공장에서는 국민의 생명력의 근원을 침략하였던 것이다. 독일과 프랑스에서 병사들의 체격을 줄어들게 만든 원인이 영국에서는 주기적인 질병을 통해서 입증되었다.[46]

M254 　현재(1867년)도 유효한 1850년 공장법은 주간 평균 10시간 노동일을 허가하고 있다. 곧 주중 5일 동안은 아침 6시부터 저녁 6시까지 12시간이지만, 법률에 따라 거기에서 아침식사 시간으로 $\frac{1}{2}$ 시간을 빼고 점심시간으로 1시간을 빼면 $10\frac{1}{2}$ 시간이 남는다. 토요일은 아침 6시부터 오후 2시까지 8시간인데, 거기에서 아침식사 시간으로 $\frac{1}{2}$ 시간을 뺀다. 그렇게 되면 모두 합쳐 60시간이 되는데, 주중 5일은 $10\frac{1}{2}$ 시간, 주말 하루는 $7\frac{1}{2}$ 시간이 된다.[47] 이 법률의 특별 파수꾼으로 내무장관 직속의 공장감독관이 임명되어 있으며, 이들 감독관의 보고서는 반년마다 의회에서 발간한다. 따라서 이 보고서는 잉여노동을 향한 자본가들의 갈망에 관해 계속적이며 공식적인 통계를 제공한다.

---

46) 일반적으로 유기체가 그 종(種)의 평균 크기를 넘는 것은 어느 정도까지는 그 유기체가 번성하고 있다는 것을 증명한다. 인간의 경우 체격이 줄어드는 것은, 자연적인 사정 때문이든 사회적인 사정 때문이든, 그것이 성장을 방해받고 있기 때문이다. 징병제도를 실시하고 있는 모든 유럽 국가에서 이 제도를 채택한 뒤로 성인남자의 평균체격과 전반적인 신체검사 통과수준이 저하되어왔다. 혁명(1789년) 이전 프랑스 보병의 최저 신장 기준은 165cm였다. 1818년(3월 10일의 법률) 그것은 157cm가 되었고, 1832년 3월 21일의 법률에서는 156cm가 되었다. 그런데 프랑스에서는 평균 절반 이상이 신장 미달과 신체 허약으로 말미암아 불합격 판정을 받았다. 작센에서는 병역 합격 최저표준이 1780년에는 178cm였지만 지금은 155cm이다. 프로이센에서는 157cm이다. 마이어가 1862년 5월 9일자 『바이리셴 차이퉁』 지에 보고한 바에 따르면 9년 동안을 평균해보니 프로이센에서는 징집대상자 1,000명당 716명이 병역 부적격 판정을 받았는데, 그 중 317명은 신장 미달, 399명은 신체 허약 때문이었다고 한다. …… 베를린 시는 1858년에 할당된 보충병을 공급하지 못했는데, 156명이 부족하였다(리비히〔J. von Liebig〕, 『농업과 생리학에 대한 화학의 응용』, 제7판, 1862, 제1부, 117~118쪽).

47) 1850년 공장법의 역사는 이 장에서 계속 이어지며 이야기될 것이다.

잠시 공장감독관들의 애기를 들어보자.[48]

사기꾼 같은 공장주는 아침 6시 15분 전에〔때로는 그보다 일찍, 때로는 그보다 늦게〕작업을 시작하고, 오후 6시 15분에〔때로는 그보다 일찍, 때로는 그보다 늦게〕작업을 끝마친다. 그는 명목상 아침식사 시간으로 정해진 $\frac{1}{2}$ 시간에서 앞뒤 5분씩을 떼어내고, 점심식사 시간으로 정해진 1시간에서 앞뒤 10분씩을 삭감한다. 토요일에는 오후 2시를 지나서도 15분씩 — 때로 길어지거나 짧아지지만 — 더 작업을 시킨다. 이리하여 그의 이득은 다음과 같이 계산된다.

오전 6시 이전	15분
오후 6시 이후	15분
아침식사 시간	10분
점심식사 시간	20분
	계 60분

5일 동안의 합계 300분

---

[48] 영국 대규모 공업의 발단부터 1845년까지의 시기에 대해서는 그때그때 조금씩 언급하는 것으로 그친다. 이 시기에 대해서는 프리드리히 엥겔스의 『영국 노동자계급의 상태』(라이프치히, 1845, MEW Bd.2)를 참조하라. 엥겔스가 자본주의적 생산양식의 정신을 얼마나 깊이 파악했는지는 1845년 이래 발간된 『공장보고서』 『광산보고서』 등을 보면 알 수 있을 것이며, 또 그가 실태를 얼마나 꼼꼼히 놀라우리 만큼 묘사했는지는 그의 저술을 그보다 18~20년 뒤에 출간된 '아동노동 조사위원회'의 『공식보고서』(1863~67년)와 얼핏 비교해봐도 금방 알 수 있다. 이들 보고서가 다루는 산업부문은 1862년까지 공장법이 도입되지 않았고 또 부분적으로는 지금까지도 도입되지 않고 있다. 따라서 이들 부문에서는, 엥겔스가 기술했던 상태가 아직도 외부로부터의 별다른 충격 없이 변화되지 않은 채로 남아 있다. 내가 인용하는 사례는 주로 1848년 이후 자유무역시대의 것인데, 이 시기는 큰소리나 잘 칠 뿐 학문적으로는 엉터리인 자유무역주의자들이 독일 사람들에게 곧잘 떠벌리는 바로 그 낙원의 시대이기도 하다. 또한 여기에서 영국이 전면에 등장하는 까닭은, 영국이 자본주의적 생산을 고전적으로 대표하는 나라이면서 또한 우리가 다루는 대상들에 대한 공식적이고 지속적인 통계를 갖춘 유일한 나라이기 때문이다.

토요일에는

오전 6시 이전	15분
아침식사 시간	10분
오후 2시 이후	15분

1주일 동안의 총계 340분

즉 1주일 동안에 5시간 40분이며, 여기에서 휴일과 임시휴업으로 인한 2주일을 공제한 50노동주로 곱하면 27노동일이 된다.[49]

노동일이 매일 5분씩 표준시간 이상으로 연장된다면 그것은 연간 $2\frac{1}{2}$ 생산일이 된다.[50]

여기저기서 자투리 시간을 조금씩 우려내어 매일 1시간씩 추가하면 연간 노동월 12개월은 13개월이 된다.[51]

공황 때에는 생산이 중단되고 오로지 '짧은 시간' 동안만, 즉 일주일에 2~3일 동안만 작업이 진행되지만, 그 공황도 물론 노동일을 연장하려는 충동에는 아무런 영향을 끼치지 않는다. 작업량이 적으면 적을수록 그만큼 그 작업량에서 얻어내는 수익은 더 커져야만 한다. 노동시간이 적으면 적을수록 그만큼 잉여노동시간은 더 커져야만 한다. 그래서 공장감독관들은 1857년부터 1858년에 걸친 공황기에 대하여 다음과 같이 보고하고 있다.

---

49) 『공장규제법』(하원의 명령으로 1859년 8월 9일 인쇄)에 있는 「공장감독관 레너드 호너의 공장법 개정안」, 4~5쪽.
50) 『공장감독관 보고서: 1856년 10월 31일』, 35쪽.
51) 같은 글(1858년 4월 30일), 9쪽.

이처럼 경기가 나쁜 시기에 과도노동이라는 것이 이루어지고 있다는 사실이 모순된 것처럼 생각될지 모르지만, 이 불경기가 무법자들로 하여금 법률을 위반하게 한다. 그들은 이런 방식으로 …… 초과이윤을 확보한다. M256

레너드 호너(Leonard Horner)는 이렇게 말한다.

내 담당구역에서 122개 공장이 완전히 폐업하고 143개 공장이 휴업하며, 그밖의 모든 공장들도 조업을 단축하고 있는 바로 이 시기에도 법정시간을 초과하는 과도노동은 계속되고 있다.[52]

또 하우웰(Howell)은 이렇게 말한다.

대개의 공장에서는 불경기로 말미암아 절반가량의 시간밖에 조업을 하지 않고 있는데도, 법률로 노동자에게 보장된 식사시간과 휴식시간을 침범함으로써 매일 $\frac{1}{2}$ 시간이나 $\frac{3}{4}$ 시간을 노동자에게서 탈취한다는 호소를 나는 여전히 많이 듣고 있다.[53]

더 적은 규모이긴 하지만 1861~65년의 격심한 면화공황 때에도 똑같은 현상이 되풀이되었다.[54]

식사시간이라든가 그밖에 법률로 금지된 시간에 노동자들이 일하고 있는 현장을 적발하면, 공장주들은 노동자들이 절대로 공장을 떠나려고 하지

---

52) 같은 글, 10쪽.
53) 같은 글, 25쪽.
54) 같은 글(1861년 4월 30일까지의 반년 동안)의 부록 제2호 참조. 같은 글(1862년 10월 31일), 7쪽과 52~53쪽. 법률 위반은 1863년 후반부터 다시 늘어난다. 같은 글(1863년 10월 31일), 7쪽 참조.

않는다든지 그들의 노동(기계의 청소 따위)을 멈추게 하려면〔특히 토요일 오후에는〕강제가 필요하다고 구실 삼아 말한다. 그러나 기계가 멈춘 뒤에도 '직공'이 공장에 남아 있다면, 그것은 다만 아침 6시에서 저녁 6시 사이〔즉 법정노동시간 중〕에는 그런 일을 할 틈이 주어지지 않았기 때문이다.[55]

많은 공장주들에게, 법정시간을 넘어선 초과노동에 의해 얻어지는 초과이윤은 거부하기에는 지나치게 큰 유혹일 것이다. 그들은 요행수로 발각되지 않기를 기대하고 있으며, 또 발각된 경우에도 벌금과 재판 비용은 별게 아니므로 그것을 제하고도 이득이 있다는 것을 계산에 넣고 있다.[56]

M257

하루에 여러 번 조금씩 훔친 것을 모아 추가시간을 얻는 경우에는, 공장

---

55) 같은 글(1860년 10월 31일), 23쪽. 공장주들의 법정 진술에 따르면, 그들의 공장노동자들이 공장노동이 중단되는 것에 얼마나 격렬하게 반대하는지를 다음 사례가 잘 보여주고 있다고 한다. 1836년 6월 초 듀스베리(요크셔)의 치안판사에게 베틀리 근처 8곳의 대공장 소유자들이 공장법을 위반했다는 고발장이 제출되었다. 그들 공장주 가운데 일부는 12~15세의 소년 5명을 금요일 오전 6시부터 다음날인 토요일 오후 4시까지 식사시간과 심야에 1시간의 수면시간만 주고 하나도 쉬게 하지 않은 채 일을 시켰다는 이유로 고소당했다. 그리고 이 아이들은 '넝마구덩이'라고 불러도 좋을 만한 굴 속에서 휴식 없이 30시간의 노동을 해야 했는데, 그곳은 양모 헝겊 조각을 해체하는 곳이어서 공기중에 양모 보푸라기와 먼지 등이 가득 차 있기 때문에 성인 노동자라도 자신의 폐를 보호하기 위해서 늘 수건을 입에 대고 있어야만 하는 곳이었다! 피고인들께서는 선서를 하는 대신 — 퀘이커 교도로서 그들은 선서를 하기에는 너무나 양심적이고 신앙심 깊은 사람들이었기 때문에 — 다음과 같이 단언했다. 자신들은 넓은 자비심으로 불쌍한 아이들에게 4시간의 수면을 허락했으나 아이들은 한사코 잠을 자려 하지 않았다는 것이다! 퀘이커 교도님들께서는 20파운드스털링의 벌금형을 선고받았다. 드라이덴은 이런 퀘이커 교도들에게 꼭 맞는 얘기를 다음과 같이 해주고 있다.
"겉보기로만 신앙심 깊은 여우,
비록 선서하기는 두려워했어도,
악마처럼 거짓말은 할 수 있었다.
부드러운 추파로, 단식과 참회를
하는 척도 하지만,
기도만 끝나면
곧바로 죄를 짓는다!"[†70]
56) 『공장감독관 보고서: 1856년 10월 31일』, 34쪽.

감독관들이 그것을 입증해내기가 매우 어렵다.[57]

이처럼 노동자의 식사시간과 휴식시간을 자본이 '조금씩 훔치는 것'을 공장감독관들은 '몇 분 훔치기'[58] 또는 '몇 분 가로채기'[59]라고 부르며, 또는 노동자들이 그것을 기술적으로 일컫는 것처럼 '식사시간 야금야금 잘라먹기'[60]라고도 부른다.

보다시피 이러한 분위기에서는 잉여노동에 의한 잉여가치의 형성은 조금도 비밀이 아니다.

매우 믿을 만한 어떤 공장주가 내게 이렇게 말했다. "만일 당신이 나에게 매일 10분씩만 더 초과노동을 시키도록 눈감아준다면 그것만으로도 당신은 1년에 1,000파운드스털링씩을 내 호주머니에 넣어주는 셈이라오."[61]

1분 1초가 수익의 요소인 것이다.[62]

이런 관점에서 본다면 하루 종일 노동하는 노동자를 전일(全日)노동자(full timer)라고 하고, 6시간만 노동하도록 허용된 13세 미만의 아동을 반일(半日)노동자(half timer)[63]라고 하는 것은 매우 적절한 표현이다. 여기 M258 에서 노동자는 인격화한 노동시간일 뿐이다. 모든 개인적인 차이는 '전일노동자'와 '반일노동자'의 차이 속에서 사라져버린다.

---

57) 같은 글, 35쪽.
58) 같은 글, 48쪽.
59) 같은 곳.
60) 같은 곳.
61) 같은 글, 48쪽.
62) "Moments are the elements of profit"(『공장감독관 보고서: 1860년 4월 30일』, 56쪽).
63) 이 말은 공장에서나 『공장감독관 보고서』에서나 모두 공공연하게 사용되는 말이다.

제3절 착취에 대한 법적 제약이 없는 영국의 여러 산업부문

우리가 지금까지 노동일을 연장하려는 충동〔즉 잉여노동에 대한 야수적인 갈망〕에 대해 살펴본 영역은, 영국의 어떤 부르주아 경제학자가 말했듯이 아메리카 인디언에 대한 스페인 사람들의 잔학행위에 뒤지지 않을 만큼[64] 극도의 탈선이 자행됨으로써 결국 자본이 법적 단속의 족쇄에 묶이게 된 영역이었다. 이제는 노동력의 착취가 최근까지도 구속을 받지 않고 있는 몇몇 생산부문을 고찰해보기로 하자.

지방 치안판사 브로튼은 1860년 1월 14일 노팅엄 시의 공회당에서 열린 한 집회의 의장으로서, 도시 주민 가운데 레이스 제조에 종사하는 사람들이 다른 문명사회에서는 예를 찾아 볼 수 없는 고통과 궁핍에 시달리고 있다고 밝혔다. …… 새벽 2시, 3시, 4시경에, 9~10세 정도 되는 어린이들이 더러운 침대에서 끌려나와 그저 입에 풀칠만이라도 하기 위해 밤 10시, 11시, 12시까지 노동을 강제당하고 있는데, 그 동안 그들의 팔다리는 시들어버리고 몸은 왜소해지며 표정은 마치 얼빠진 듯하고 그들의 인간성은 돌과 같은 무감각상태로 굳어져버려 눈으로 보기에도 끔찍할 지경이다. 우리는 맬릿이나 다른 공장주들이 모든 토론을 거부하기 위해 궐기한 것을 뜻밖이라고 생각하지 않는다. …… 이 제도는 몬터규 밸피 목사가 서술한 바와 같이 아무런 제약 없는 노예제도이다. 그것은 사회적으로나 육체적으로, 도덕적으로나 지적으로, 그리고 어느 점으로 보나 명백한 노예제도이다. ……

---

64) "이윤을 추구하는 공장주들의 탐욕이 빚어낸 잔학성은 스페인 사람들이 아메리카를 정복할 때 금을 차지하기 위해 저지른 잔학성에 거의 뒤지지 않는다"(웨이드〔John Wade〕, 『중간계층과 노동자계급의 역사』, 제3판, 런던, 1835, 114쪽). 이 책의 이론 부분은 일종의 경제학 요강으로, 그때로서는 몇몇 독창적인 것, 예를 들어 상업공황에 관한 것 등을 포함하고 있다. 역사적인 부분은 뻔뻔스럽게 이든(M. Eden) 경의 『빈민의 상태』(런던, 1797)에서 표절한 것으로 거의 쓸모가 없다.

남성의 노동시간을 1일 18시간으로 제한하라고 청원하기 위해 공공집회를 개최하려는 도시가 있다는 것을 도대체 어떻게 생각해야 할까. …… 우리는 버지니아나 캐롤라이나의 식민지 농장주들을 비난한다. 그러나 그곳에 어떠한 채찍의 공포나 인신매매가 있다 하더라도 그들의 흑인시장이, 자본가의 이익을 위해 망사와 옷깃을 제조하면서 자행되고 있는 이 완만한 인간 학살에 비해 더 참혹하기야 하겠는가?[65]

스태퍼드셔의 도자기 제조업은 최근 22년 동안 세 차례에 걸쳐 의회의 조사대상이 되었다. 그 결과는 '아동노동 조사위원회'에 보낸 스크리븐의 1841년 보고서와 추밀원[†71] 의무관의 명령으로 공표된 그린하우 박사의 보고서(『공중위생 제3차 보고서』, 제1권, 102~113쪽) 그리고 1863년 6월 13일의 『아동노동조사위원회 제1차 보고서』에 실린 론지의 1863년 보고서에 적혀 있다. 내 얘기를 위해서는 1860년과 1863년의 보고서 가운데 착취당하는 아동들 자신의 몇몇 증언을 인용하는 것만으로도 충분할 것이다. 아동의 상태를 알면 성인, 특히 미혼 및 기혼 여성들의 — 그리고 도자기 제조업에 비해 훨씬 쾌적하고 위생적인 일로 여겨지는 면방직업 같은 산업부문에서의 — 상태를 추론해볼 수 있을 것이다.[66]

9세 소년 윌리엄 우드는 "노동을 시작한 것이 7세 10개월부터였다"고 말한다. 그는 처음에 "틀을 운반하는"(틀 속에 들어 있는 완성된 물건을 건조실까지 운반하고 빈 틀을 갖고 다시 돌아온다) 일부터 시작하였다. 그는 평일에는 매일 아침 6시에 와서 밤 9시쯤 일을 마친다. "나는 평일에는 매일 밤 9시까지 노동을 합니다. 예를 들어 요즈음 7, 8주 동안은 그랬습니다." 이처럼 7세 어린이에게 15시간의 노동이 부여되고 있다! 머레이라는 12세 소년은 다음과 같이 말하고 있다.

---

65) 런던, 『데일리 텔레그래프』, 1860년 1월 17일.
66) 엥겔스, 앞의 책, 249~251쪽을 보라.

나는 틀을 운반하고 도르래를 돌리고 있습니다. 출근시각은 아침 6시이
고 4시에 출근할 때도 종종 있습니다. 나는 어제 밤을 새우고 오늘 아침 6
시까지 일했습니다. 어젯밤 이후 나는 한숨도 잠을 자지 않았습니다. 나 말
고도 8명에서 9명의 아이들이 어제 밤새도록 일했습니다. 한 아이를 빼놓
고는 모두 오늘 아침에도 일을 하고 있습니다. 나는 1주에 3실링 6펜스〔1
탈러 5그로셴〕을 받습니다. 밤새도록 일해도 더 이상은 받지 못합니다. 나
는 지난주에도 철야노동을 이틀 했습니다.

10세의 퍼니하우는 다음과 같이 말하고 있다.

점심시간도 온전한 1시간을 가질 수 없습니다. 30분밖에 안 될 때가 종
종 있습니다. 목·금·토요일은 언제나 그랬습니다.[67]

M260 그린하우 박사는 스토크어폰트렌트나 월스탠턴의 도자기 공장 지역에
서는 주민들의 수명이 특히 짧다고 밝히고 있다. 스토크 지방에서는 20세
이상의 남성 인구 가운데 도자기 제조공장에서 일하는 사람이 불과
30.6%, 또 월스탠턴에서는 30.4%뿐이었다. 그런데도 스토크 지방에서
20세 이상 남성 가운데 폐병으로 죽은 사람의 절반 이상이, 그리고 월스탠
턴 지방에서는 약 $\frac{2}{5}$가 도자기공이었다. 핸리의 개업 의사 부스로이드 박
사는 이렇게 증언하고 있다.

뒷세대 도자기공들은 모두 앞세대보다 키가 작고 허약하다.

또다른 의사 맥빈은 이렇게 말하고 있다.

---

67) 『아동노동 조사위원회 제1차 보고서: 1863년』 부록, 16·19쪽과 18쪽.

내가 25년 전 도자기공들 사이에서 개업한 이래, 이 계층은 지속적인 신장과 체중의 감소를 보이면서 현저하게 퇴화해왔다.

이 증언들은 1860년 그린하우 박사의 보고서에서 인용한 것들이다.[68] 다음은 1863년 위원회의 보고서에서 인용한 것으로, 노스스태퍼드셔 병원의 수석의사 알레지 박사는 다음과 같이 말하고 있다.

도자기공은 남녀 모두에서 …… 육체적·정신적으로 퇴화한 대표적인 계층이다. 그들은 일반적으로 발육부진으로 말미암아 체격이 나쁘고 가슴이 기형적으로 변하는 경우가 많다. 그들은 빨리 늙고 일찍 죽는다. 그들은 둔하고 원기가 없으며 체질도 허약한데, 이는 그들이 위장병이나 간질환·류머티즘 따위의 고질병을 앓고 있는 데서 알 수 있다. 그러나 그들은 특히 폐렴·폐결핵·기관지염·천식 등의 폐질환에 잘 걸린다. 천식 가운데 한 가지 형태는 그들에게서만 나타나는 특이한 것으로, 대개 도자기 천식 또는 도자기공 폐병이라는 명칭으로 알려져 있다. 도자기공의 $\frac{2}{3}$ 이상이 임파선이나 뼈 또는 그밖의 신체 부분을 침범하는 연주창에 걸려 있다. …… 이 지방 주민들의 퇴화가 더 심해지지 않는 것은 오로지 주변 농촌지역에서 사람들이 계속 보충되고 건강이 좀더 나은 사람들과 결혼이 이루어진 덕택이다.

최근까지 같은 병원의 외과의사였던 찰스 파슨스는 론지 위원에게 보내는 편지에서 다음과 같이 말하고 있다.

나는 다만 개인적인 관찰에 입각하여 말할 수 있을 뿐이고 통계적으로는

---

68) 『공중위생 제3차 보고서』, 103쪽과 105쪽.

말할 수 없으나, 이들 불쌍한 아동들의 건강이 그의 양친과 고용주의 욕심 때문에 희생당하는 것을 보고 몇 번이나 분개하였다는 것을 단연코 확언할 수 있다.

M261 그는 도자기공의 질병 원인을 열거하면서 장시간 노동을 가장 중요한 원인으로 보고 있다. 위원회 보고서는 다음과 같이 희망하고 있다.

> 온 세계의 시선을 한 몸에 받으며 이렇게 탁월한 지위를 차지하게 된 제조업부문이 그 위대한 성공을 위해서, 자신들의 노동과 숙련에 의해 이렇게 위대한 성과를 달성시킨 노동자들의 육체적 퇴화와 갖가지 신체적 고통 그리고 조기 사망을 가져왔다는 오명을 더 이상 뒤집어쓰지 않기를…….[69]

잉글랜드 도자기 제조업의 이런 사정은 스코틀랜드 도자기 제조업에도 그대로 적용된다.[70]

성냥 제조업은 1833년, 나뭇개비에 인을 직접 붙이는 방법이 발명됨으로써 시작되었다. 성냥 제조업은 1845년 이후 잉글랜드에서 급속하게 발전하여 런던의 인구 과밀지역에서 특히 맨체스터·버밍엄·리버풀·브리스톨·노위치·뉴캐슬·글래스고 등지로 퍼져나갔는데, 이와 더불어 이미 1845년 빈(Wien)의 한 의사가 발견한 성냥 제조공에게 특유한 질병인 입경련증도 퍼져나갔다. 이 산업의 노동자 절반은 13세 미만의 어린이와 18세 미만의 청소년들이었다. 이 산업은 비위생적이고 불쾌감을 주는 작업 환경 때문에 평판이 나빠서 이곳에 취업하는 아이들은 "누더기 옷에 굶주리고 돌보아줄 사람 없이 교육도 받지 못한 아이들"[71]로, 노동자계급 중에서도 가장 영락한 계층과 굶주려 죽기 직전의 과부 집안 출신들뿐이었

---

69) 『아동노동 조사위원회 보고서: 1863년』, 24쪽과 22쪽, 별첨 11쪽.
70) 같은 글, 별첨 47쪽.
71) 같은 글, 별첨 54쪽.

다. 1863년 화이트 위원이 심문한 증인 가운데 270명은 18세 미만이었고 40명은 10세 미만이었으며 10명은 겨우 8세, 그리고 5명은 겨우 6세였다. 12시간에서 14~15시간으로 늘어난 노동일의 변경, 야간노동, 인독(燐毒)으로 가득 찬 작업실, 그 속에서 먹는 불규칙한 식사. 만일 단테가 이러한 공장들을 보았더라면, 그가 상상한 참혹하기 짝이 없는 지옥의 모습도 여기에는 미치지 못한다고 생각했을 것이다.

벽지 공장에서는 조잡한 종류의 벽지는 기계로 인쇄하고 정교한 종류는 손으로(block printing, 목판날염법) 인쇄한다. 가장 바쁜 달은 10월 초에서 4월 말까지이다. 이 기간 동안 작업은 때때로 거의 중단 없이 오전 6시에서 밤 10시 또는 심야까지 계속된다.

리치는 이렇게 증언하고 있다.

이번 겨울 동안(1862년) 19명의 소녀 가운데 6명은 과로로 인한 질병 때문에 공장에 나오지 못했습니다. 소녀들이 졸지 않도록 하기 위해서 나는 고함을 쳐야 합니다.

더피: 아이들은 종종 피로 때문에 눈을 뜰 수조차 없습니다. 사실 우리도 그럴 때가 자주 있습니다.

라이트본: 나는 13세입니다. …… 우리는 올 겨울에는 밤 9시까지 일했고 지난해 겨울에는 10시까지 일했습니다. 이번 겨울 동안 나는 상처난 발 M262 이 아파서 매일 밤 울곤 했습니다.

아스텐: 이 어린 것이 7세일 때 나는 매일 이 아이를 등에 업고 눈길을 업어다주곤 했습니다. 이 아이는 보통 16시간이나 일해야 했습니다! …… 이 아이가 기계 옆에 서 있는 동안 나는 종종 무릎을 꿇고 밥을 먹여 주곤 했습니다. 왜냐하면 이 아이는 기계 곁을 떠나거나 기계를 멈추게 해서는 안 되었기 때문입니다.

맨체스터의 한 공장 작업관리 사원 스미스: 우리(그가 우리라고 하는 것은 '우리들'을 위해서 노동하는 그의 '직공들'이다)는 식사시간을 위한 휴식도 없이 일하기 때문에 $10\frac{1}{2}$ 시간의 하루 작업은 오후 4시 반에 끝나고 그뒤부터는 모두 초과노동시간이다.[72] (스미스 자신도 과연 10시간 반 동안 식사시간을 전혀 갖지 않는 것일까?) 우리(바로 그 스미스)는 저녁 6시 전에 끝마치는(그가 말하고 있는 것은 '우리'의 노동력 기계가 소비를 끝마친다는 의미) 일이 거의 없으므로 우리(이번에도 같은 인물, 스미스)[†72]는 사실상 1년 내내 초과노동을 하는 셈이다. …… 아동이나 그리고 성인 모두(152명의 아동과 18세 미만의 소년, 그리고 140명의 성인) 똑같이 최근 18개월 동안은 평균적으로 매주 적어도 7일 5시간, 즉 $78\frac{1}{2}$ 시간을 일했다. 올해(1863년) 5월 2일까지 6주 동안은 평균이 조금 더 증가하였다 — 주 8일, 즉 84시간이었다!

그러나 '우리'라는 복수형에 몹시 집착하고 있는 이 스미스는 웃음지으면서 "기계노동(Maschinenarbeit)은 편하다"고 부언한다. 그런데 목판날염법을 채택하고 있는 사람들은 "수작업(Handarbeit)이 기계노동보다 위생적이다"라고 말한다. 전반적으로 공장주들은 "적어도 식사시간만은 기계를 멈추도록 하라"는 제안에 분통을 터뜨리면서 반대한다.

(런던에 있는) 버러의 한 벽지 공장 지배인 오틀리는 다음과 같이 말하고 있다. "만일 노동시간을 아침 6시부터 밤 9시까지 허용하는 법률이 있다면 그것이야말로 우리(!)에게 꼭 들어맞는 법일 텐데, 공장법은 아침 6시부터

---

72) 이것은 우리가 말하는 잉여노동시간의 의미로 파악되어서는 안 된다. 이 신사양반들은 10시간 반을 표준노동일, 곧 표준적인 잉여노동을 포함한 노동일로 간주한다. 이 시간이 채워지고 나서야 비로소 '초과노동시간'이 시작되고 여기에는 약간의 할증이 붙는다. 나중에 다시 서술하겠지만 이른바 표준일 동안의 노동력 사용은 가치 이하로 지불되고 따라서 '초과노동시간'은 더 많은 '잉여노동'을 짜내기 위한 자본가의 책략에 불과한데, 이것은 물론 '표준일' 동안에 사용되는 노동력이 실제로 온전한 가치대로 지불되는 경우에도 역시 마찬가지이다.

저녁 6시까지로 노동시간을 제한하고 있어서 우리(!)에게는 맞지 않는 법이다. …… 우리 기계는 점심식사 시간 동안은(얼마나 관대한가!) 멈춰 있다. 이 정지로 말미암아 종이나 물감 따위의 손실이 생기는 것은 아니다." "그러나(그는 동정적으로 부언한다) 그에 수반되는 손실이 바람직하지 못하다는 것은 알고 있다."

위원회 보고서는 소박하게도 다음과 같이 말하고 있다. 즉 시간〔다시 말해 타인의 노동을 점유하는 시간〕을 잃고, 그로 인해 '이윤을 잃게 된다'는 몇몇 '유력회사'의 걱정은 13세 미만의 아동이나 18세 미만의 소년 M263 들에게 12~16시간 동안 점심을 '주지 않아도' 될 만큼의 '충분한 이유'도 아니지만 또한 증기기관에 석탄이나 물을 공급하고 양모에 비누를 칠하거나 바퀴에 기름을 치는 등과 같이 생산과정 동안 단순한 노동수단의 보조재료에 불과한 그들 노동자들에게 점심을 주어야 할 만큼의 '충분한 이유'도 되지 않는다는 것이다.[73]

영국의 어느 산업부문을 보아도 제빵업만큼(근래에 겨우 시작된 기계 빵을 제외하면) 고대적이고〔그렇다, 제정 로마 시대 시인들의 작품에서 엿볼 수 있는 것과 같은〕 기원전의 생산양식을 오늘날까지 유지하고 있는 것은 없다. 그러나 앞서 서술한 바와 같이 자본은 자기가 점령한 노동과정의 기술적인 성격에 대해서는 일단 무관심하다. 자본은 우선 노동과정을 눈에 보이는 모습 그대로 장악한다.

믿기 어려울 정도로 불량한 빵의 제조는 특히 런던의 경우 '식품 불량 제조에 관한' 하원위원회(1855~56년)와 하셀 박사의 저서『적발된 불량제품』에 의해 처음 폭로되었다.[74] 이 폭로의 결과 1860년 8월 6일 '음식물 불량제조 방지를 위한' 법률이 제정되었으나 이 법은 별로 효과를 발휘하

---

73) 『아동노동 조사위원회: 1863년』, 부록, 123 · 124 · 125 · 140쪽과 별첨 64쪽.

74) 곱게 빻거나 소금을 섞은 명반이 '빵 재료'라는 이름이 붙은 하나의 정상적인 거래 물품이었다.

지 못하였다. 왜냐하면 이것은 불량품의 매매로 '정직하게 돈을 벌려는'
자유상업주의자들에게도 최대한의 아량을 베푸는 것이었기 때문이다.[75]
위원회 스스로도 자유상업은 본질적으로 불량품 또는 — 영국인들이 재치
있게 말하는 바의 — '궤변적인 물품'의 거래를 뜻한다는 자기확신을 다
소 소박하게 표명하였다. 사실 이런 종류의 '궤변'은 흰 것을 검은 것으로
만들고 검은 것을 흰 것으로 만드는 방법을 프로타고라스보다도 더 잘 알
고 있으며, 모든 실재적인 것이 그저 가상일뿐이라고 눈앞에서 실증해 보
이는 법을 엘레아학파[†73]보다도 더 잘 알고 있다.[76]

여하튼 위원회는 대중으로 하여금 자기네가 매일 먹는 '나날의 빵'은
물론 제빵업에까지 눈을 돌리게 만들었다. 그와 더불어 공공집회나 의회
에 대한 청원에서도 과도노동에 대한 런던 제빵직공의 부르짖음이 울려
퍼지게 되었다. 그 부르짖음이 하도 절박해져서 결국 앞서 언급했던 1863
년 위원회의 한 사람인 트리멘히어가 왕립조사위원으로 임명되었다. 여
러 증언과 더불어 그의 보고서[77]는 대중을〔그들의 심장이 아니라 그들의
위장을〕 격분시켰다. 물론 성서에 정통해 있는 영국인들은 신의 은총에
의해 선택된 자본가나 지주 또는 하는 일 없이 국록만 축내는 관리가 아닌

75) 검댕이(카본블랙─옮긴이)는 잘 알다시피 매우 높은 에너지의 탄소형태인데, 자본가적 굴
뚝 청소업자가 영국의 차지농업가에게 판매하는 비료의 일종이 되었다. 그런데 1862년 영국의
'배심원'은 어떤 소송사건에서 구매자 몰래 90%의 먼지나 모래를 섞은 검댕이가 '상업적'인
의미에서 '진짜' 검댕이인가 아니면 '법률적'인 의미에서 '불량' 검댕이인가를 결정해야 했다.
'상업의 벗'들은 그것이 '진짜' 상업적 검댕이라고 결정함으로써 원고인 차지농업가를 패소시
켰으며, 원고는 그후 소송비용까지 부담해야 했다.

76) 프랑스의 화학자 슈발리에는 상품의 '위조'에 관한 논문에서 자신이 검사한 600여 종의 품
목 가운데 많은 것에서, 10가지부터 20~30가지나 되는 여러 가지 위조방법이 있다면서 이를
열거하고 있다. 그는 자신이 모든 방법을 다 아는 것도 아니며 또 자기가 아는 것을 모두 열거
한 것도 아니라고 덧붙이고 있다. 그는 설탕에 대해서는 6가지 위조방법을 들고 있으며, 올리
브유에는 9가지, 버터에는 10가지, 소금에는 12가지, 우유에는 19가지, 빵에는 20가지, 브랜디
에는 23가지, 밀가루에는 24가지, 초콜릿에는 28가지, 포도주에는 30가지, 커피에는 32가지의
속임수를 열거하고 있다. 하늘에 계신 우리의 주님조차도 이 운명에서 벗어나지 못한다. 루아
르, 『성체의 위조에 관하여』, 파리, 1856년 참조.

77) 『제빵 직인들의 고충에 관한 보고서』, 런던, 1862; 『제2차 보고서』, 런던, 1863.

이상 인간은 누구나 이마에 땀을 흘리고 빵을 먹어야 하는 운명이라는 것을 알고 있었지만, 그 영국인들도 인간이, 일정량의 땀과 함께 명반이나 모래 또는 그밖의 적당한 광물질은 고사하고 상처의 고름이나 거미줄 또는 진딧물의 시체나 부패한 독일제 효모 등이 섞인 빵을 먹어야 한다는 것은 몰랐기 때문이다. 그리하여 그들은 자신들이 신성시하던 '자유로운 상업'의 개념을 모두 유보시킨 채 지금까지 '자유'였던 제빵업을 정부감독관의 감시 아래로 집어넣었고(1863년 의회의 회기 말), 같은 법률에 의거하여 18세 미만의 제빵직공에게는 밤 9시에서 아침 5시 사이의 노동을 금지시켰다. 이 마지막 법률조항은 우리에게 먼 옛날을 떠올리게 하는 이 산업부문에서의 과도노동에 대해 많은 것을 얘기해준다.

런던 제빵직공의 노동은 보통 밤 11시에 시작된다. 이 시간에 그는 가루를 반죽하는데, 이것은 구울 빵의 양과 그 품질 여하에 따라 30분에서 45분이 걸리는 매우 힘든 과정이다. 그 다음 그는 널빤지 — 이것은 동시에 가루를 반죽하는 통의 뚜껑으로도 사용된다 — 위에 누워서 밀가루 포대 하나 M265 로 베개를 삼고 또 하나의 밀가루 포대로 이불을 삼아 두세 시간 동안 잠을 잔다. 그 다음에는 반죽을 던지고, 무게를 달고, 모양을 만들고, 오븐에 밀어넣고 다시 빼는 등의 계속되는 격심한 노동이 시작된다. 제빵실의 온도는 화씨 75도에서 90도에 달하는데, 제빵실의 규모가 작을 때 온도는 더 높아진다. 식빵과 롤빵 등을 만드는 일이 끝나면 빵 배달이 시작된다. 일용노동자의 상당수가 앞에서 말한 격심한 노동에 이어 낮에는 빵을 바구니에 담거나 손수레에 싣고 집집마다 배달하며 그 사이에도 또한 몇 번이나 제빵실에서 작업을 한다. 계절에 따라 또 영업규모에 따라 노동은 오후 1시에서 6시 사이에 끝나지만, 직공들 가운데 몇몇은 밤늦게까지 제빵실에서 노동한다.[78] 런던 시즌(영국의 귀족과 자본가들이 런던에 모여서 환락하는 계

---

78) 같은 글(제1차 보고서), 별첨 6~7쪽.

절—옮긴이) 중에는 웨스트엔드(런던의 부르주아가 모여 있는 구역—옮긴이)
의 '정가'(定價)로 빵을 파는 제빵업자(상류계층을 상대로 영업하는 제빵업
자—옮긴이)에게 고용된 직공들은 보통 밤 11시에 일을 시작하여—한두
번 매우 짧은 중간휴식이 있기는 하나—이튿날 아침 8시까지 계속 제빵작
업을 한다. 그런 다음 그들은 4시, 5시, 6시, 심지어는 7시까지도 빵 배달에
동원되고 때로는 제빵실에서 비스킷 제조에 투입되기도 한다. 이런 일들을
모두 끝낸 다음 그들은 6시간, 어떤 때는 겨우 5시간이나 4시간의 수면을
취한다. 금요일에는 더 일찍〔예컨대 밤 10시에〕노동이 시작되어 휴식 없
이 제빵작업이나 배달작업이 이어지는데, 이것은 다음날인 토요일 저녁 8
시까지 계속된다. 그러나 많은 경우 이것은 일요일 아침 4시나 5시까지 계
속되기도 한다. 빵을 '정가'대로 판매하는 일류 제빵공장에서도 역시 일요
일에는 다음날을 위한 예비작업이 4, 5시간 동안 수행되어야 한다. ……
'싸구려 제빵업자'(빵을 정가보다 싸게 파는 업자—옮긴이)—이들은 앞에
서 서술한 바와 같이 런던 제빵업자의 $\frac{3}{4}$ 에 달한다—밑에 있는 직공들의
노동시간은 더 길긴 하지만 그들의 노동은 거의 제빵실에 국한되어 있다.
왜냐하면 이들 업자들은 조그만 소매점에 공급하는 것 말고는 대부분 자기
점포에서만 판매하기 때문이다. 주말이 가까워지면 …… 즉 목요일에는,
이곳에서는 밤 10시에 노동이 시작되어, 매우 짧은 중간휴식이 있을 뿐, 일
요일 밤늦게까지 계속된다."[79]

'싸구려 제빵업자' 들의 경우는 부르주아적인 입장에서 보더라도 "직
공들의 불불노동이 그들간의 경쟁의 기초를 이루고 있는"[80] 것으로 파악
된다. 그리고 '정가대로 판매하는 제빵업자' 는 그의 '싸구려' 경쟁자들
을 남의 노동을 훔치는 자들이자 불량품 제조업자들로 조사위원회에 고

---

79) 같은 글, 별첨 71쪽.
80) 조지 리드(George Read), 『제빵업의 역사』, 런던, 1848, 16쪽.

발하고 있다.

그들은 오직 대중을 기만함으로써, 또 그들의 직공들에게서 12시간분의 임금으로 18시간을 짜냄으로써 번창하고 있다.[81]

불량 빵을 제조하고 빵을 정가보다 싸게 파는 제빵업자 계층은, 영국에 M266 서 18세기 초 이래 이 산업의 동직조합(Zunft)적인 성격이 소멸하고 자본 가가 제분업자 또는 밀가루 도매상의 모습으로 명목상의 제빵업자 배후 에 나타나자마자 곧바로 나타나기 시작하여 발전해왔다.[82] 그와 동시에 자본주의적 생산의 기초, 즉 노동일의 무제한적 연장과 야간노동 — 런던 에서도 야간노동은 1824년에야 비로소 확립된 것이기는 하지만 — 의 기 초도 이때 함께 마련되었다.[83]

앞서 얘기한 데서 알 수 있듯이 이 위원회의 보고서에서는 제빵직공들 을 수명이 짧은 노동자계층으로 분류하고 있는데, 이들은 대부분의 노동 자계급이 일상적으로 겪는 아동사망 — 열 명 가운데 한 명꼴로 발생한 다 — 을 용케 이겨낸 경우에도 42세 이상 생존하는 경우가 매우 드물었 다. 그런데도 제빵업부문에는 구직자가 늘 흘러넘칠 지경이었다. 런던으 로 이런 '노동력'을 공급해주는 원천은 스코틀랜드와 잉글랜드의 서부 농 업지역 그리고 독일이다.

1858~60년에 아일랜드의 제빵직공들은 야간노동과 일요노동에 반대 하는 운동을 위해 자체 비용으로 대규모집회를 조직하였다. 대중은 아일

---

81) 『보고서(제1차) 증거자료』, 「'정가대로 파는 제조업자' 치즈 맨의 증언」, 108쪽.
82) 조지 리드, 앞의 책. 17세기 말과 18세기 초 온갖 사업에 침투해 있던 도매상들은 공공연하게 '공공의 적'(public nuisance)으로 비난받았다. 예를 들어 서머싯 주 사분기 치안법정의 대배 심원[†74]이 하원에 제출한 '고발장' 하나에는 다음과 같이 씌어 있다. "블랙웰 홀의 이들 도매 상은 공공의 적이며 제빵업자에게 피해를 입히고 있으므로 사회의 악으로 축출되어야 한다" (『우리 영국의 양모 사례』, 런던, 1685년, 6~7쪽).
83) 『제1차 보고서』, 별첨 8쪽.

랜드인다운 온정으로 이들을 지지하였는데, 예를 들어 1860년 5월 더블린 집회가 바로 그러했다. 실제로 웩스퍼드·킬케니·클론멜·워터퍼드 등지에서는 이 운동에 의해 야간노동이 성공적으로 철폐되기도 하였다.

임금직공들의 고통이 극도에 달해 있는 것으로 잘 알려진 리머릭에서는 이 운동이 제빵업자, 특히 제빵 겸 제분업자의 반대로 좌절되었다. 리머릭의 좌절은 다시 엔니스와 티퍼레리에서의 이 운동의 퇴조를 가져왔다. 대중의 분노가 가장 격심한 형태로 나타난 코크에서는 장인들이 직인을 해고할 수 있는 자신들의 권력을 이용하여 운동을 좌절시켰다. 더블린에서는 장인들이 매우 강하게 저항했으며 운동의 선두에 섰던 직인들을 박해함으로써 나머지 직인들에게 양보를 강요하고 야간노동과 일요노동에 복무하게 만들었다.[84]

M267   아일랜드에서는 완전무장상태를 취하고 있던 영국 정부의 위원회조차도 더블린·리머릭·코크 등의 완고한 제빵업자들에 대해서는 다음과 같이 애원을 담은 항의를 제기하였다.

우리 위원회가 믿는바, 노동시간은 자연법칙에 따라 제한되어 있고 이 법칙을 어기면 반드시 벌을 받는다. 장인들은 해고의 위협을 이용해 자기네 노동자를 강요하여 노동자들의 종교적 신조를 손상시키고 있으며, 국법을 어기고 여론을 무시함으로써(이것들은 모두 일요노동과 관련된 것이다) 자본과 노동 사이에 악감정을 일으키고, 또 종교와 도덕 그리고 공공질서에 대하여 하나의 위험한 본보기를 보이고 있다. …… 우리 위원회가 믿는바, 노동일을 12시간 이상으로 연장하는 것은 노동자의 가정생활과 사생활에 대한 약탈적 침해이며 각 개인의 가정생활을 방해하고 또한 아들이나

---

84) 『1861년도 아일랜드 제빵업에 관한 조사위원회 보고서』.

형제 또는 남편이나 아버지로서의 그의 가족적 의무의 수행을 방해함으로써 좋지 못한 도덕적 결과를 초래한다. 12시간 이상의 노동은 노동자의 건강을 파괴시킬 우려가 있으며 조로와 요절을 초래하고 따라서 노동자의 가족들에게서 가장 필요한 시기에 가장(家長)의 보살핌과 도움을 빼앗아버리는 불행을 초래한다.[85]

이상은 아일랜드에 관한 것이다. 해협 건너편 스코틀랜드에서는 쟁기질을 하는 농업노동자가 엄동설한에 13~14시간의 노동을 하며 일요일에도 4시간의 추가노동을 한다(안식일을 엄격히 지키는 이 나라에서!)는 고발이 있었다.[86] 비슷한 시기에 런던의 대배심원에서는 3명의 철도노동자〔여객승무원과 기관수와 신호수 각각 한 사람〕가 소환되어 있었다. 대형철도사고로 승객 수백 명이 생명을 잃었는데, 사고의 원인이 철도노동자들의 근무태만에 있었던 것이다. 그들은 배심원 앞에서 이구동성으로 다음과 같이 설명하였다. "10~12년 전까지만 해도 우리의 노동은 하루 8시 ^{M268} 간에 머물러 있었다. 그런데 최근 5, 6년 동안 우리의 노동은 14시간에서 18시간 심지어는 20시간으로까지 늘어났고, 특히 행락철같이 여행을 즐기는 사람들이 많이 몰려드는 때가 되면 우리의 노동은 종종 휴식 없이 40~50시간씩 계속된다. 우리는 보통 사람들이지 키클롭스(그리스 신화에 나오는 거인족으로, 이마 한가운데에 눈이 있다―옮긴이)가 아니다. 일정한 시

---

85) 같은 글.

86) 1866년 1월 5일 글래스고 부근의 라스웨이드에서 열린 농업노동자 공개집회(1866년 1월 13일자 『노동자의 변호인』지 참조). 1865년 말 이후 스코틀랜드에서 최초로 농업노동자들 사이에 노동조합이 결성된 것은 역사적인 사건이다. 잉글랜드에서 가장 억압받는 농업지역 가운데 하나인 버킹엄셔에서는 임노동자들이 1867년 3월 주급을 9~10실링에서 12실링으로 인상하기 위해 일대 파업을 단행하였다. — (제3판의 보유: 앞서 얘기한 바와 같이 영국 농업 프롤레타리아의 운동은 1830년 이후 그들의 격렬한 시위운동이 진압되고 특히 신구빈법〔新救貧法〕이 실시된 뒤로는 완전히 좌절되었으나, 1860년대에 다시 시작되어 마침내 1872년에는 획기적인 수준으로 발전하였다. 나는 이와 관련된 내용을 제2권에서 다시 다룰 텐데, 제2권에서는 바로 1867년 이후 발간된 영국 농업노동자들의 상태에 관한 청서가 다루어질 것이다.)

점에 다다르면 우리의 노동력은 말을 듣지 않는다. 즉 지각이 마비되어간다. 우리의 두뇌는 생각을 멈추고 우리의 눈은 보는 것을 멈추게 된다.” 이에 대해 참으로 ‘존경할 만한 영국의 배심원’들은 그들을 ‘살인’혐의로 배심재판에 부친다는 판결로 대답하였다. 거기에다 온화하게 덧붙여, 아무쪼록 철도부문의 대자본가들께서는 앞으로 필요한 수의 ‘노동력’을 구입하는 데에 좀더 많은 비용을 들이고, 대가를 지불한 노동력을 착취하는 데에는 ‘더욱 절제적’이고 ‘더욱 금욕적’이거나 ‘더욱 검약적’이 되기를 바란다는 천진난만한 희망을 표명하였다.[87]

살해된 사람들의 영혼이 오디세이에게 몰려드는 것보다 더 결사적으로 우리에게 몰려드는〔그리고 그들의 옆구리에 낀 청서(靑書)를 보지 않아도 한눈에 그들의 과도노동을 알 수 있는〕온갖 직업, 온갖 연령의 다양한 남녀 노동자들 무리 속에서 두 명의 인물을 골라보자. 이 두 사람의 현저히 대조적인 모습은 자본 앞에서 만인이 평등하다는 것을 그대로 보여준다. M269 그들은 여성모자 제조공과 대장장이다.

1863년 6월 마지막 주, 런던의 모든 일간신문은 ‘단순한 과도노동에 기인한 사망’이라는 ‘충격적인’ 제목의 기사를 보도하였다. 문제가 된 것은, 앨리스라는 고운 이름을 가진 부인이 경영하는 매우 평판이 좋은 고급 여

---

87) 『레널즈 신문』, 1866년 1월 21일. 그 직후부터 이 주간신문은 매주 ‘끔찍하고 치명적인 사고’ ‘전율할 참극’ 등과 같은 센세이셔널한 표제를 붙인 많은 새로운 철도사고를 보도하고 있다. 노스스태퍼드선(線)의 한 노동자는 이에 대해 이렇게 말하고 있다. “기관수나 화부의 주의가 한순간이라도 해이해지면 그 결과가 어떻게 되는지는 누구나 알고 있다. 그러나 극히 사나운 날씨에 휴식도 휴일도 없이 노동이 무제한으로 연장된다면 어떻게 그렇게 되지 않을 수 있겠는가? 매일 일상적으로 벌어지고 있는 다음의 경우를 예로 들어보자. 지난 월요일, 한 화부가 이른 새벽에 작업을 시작하였다. 그는 14시간 50분 뒤에 그 일을 마쳤다. 차를 마실 시간도 없이 그는 다시 작업에 호출되었다. 이리하여 그는 29시간 15분 동안이나 쉴새없이 작업을 계속해야 했다. 그뒤 다른 요일의 작업은 다음과 같이 이루어졌다. —수요일 15시간, 목요일 15시간 35분, 금요일 14시간 30분, 토요일 14시간 10분, 일주일 합계 88시간 30분. 그런데 그런 다음 그가 지불받은 임금은 6노동일치뿐이었으니 그가 얼마나 놀랐겠는지 생각해보라. 신참자였던 이 사람은 1노동일이 몇 시간인지 물어보았다. 대답은 13시간, 즉 1주일에 78시간이라는 것이었다. 그러면 나머지 10시간 30분에 대한 지불은 어찌되었는가? 긴 논쟁 끝에 그는 추가로 10펜스(은화 10그로센도 안 된다)의 수당을 지급받았다”(같은 신문, 1866년 2월 4일치).

성모자 제조회사에 고용되어 착취당하고 있던 20세의 여성모자 제조공 메리 앤 워클리의 사망이었다. 그것은 우리가 이미 앞서 여러 번 언급한 얘기가 새로 알려진 것이었는데,[88] 이 젊은 여성은 매일 평균 16시간 30분이나 노동했으며, 더구나 성수기에는 30시간 동안 중단 없이 노동하곤 하였다. 그리고 과로로 그녀의 '노동력'이 마비될 때는 종종 셰리주나 포트와인 또는 커피를 먹여가며 노동력을 되살려내곤 하였다. 그런데 이때가 바로 성수기였다. 새로운 영국 황태자비에게 충성을 서약하는 무도회에서 귀부인들이 입을 화려한 옷들이 마술처럼 눈 깜짝할 사이에 만들어져야 했다. 메리 앤 워클리는 다른 60여 명의 처녀들과 함께, 필요한 공기량의 $\frac{1}{3}$ 도 주어지지 않는 방에 30명씩 들어가 26시간 30분이나 쉬지 않고 노동하고 또 밤에는 침실 하나를 몇 개의 널빤지로 나누어 질식해버릴 것처럼 작은 침실에서 한 침대에 2명씩 잠을 잤다.[89] 이것이 바로 영국의 고급 여성모자 제조회사 가운데 하나의 실상이었다. 메리 앤 워클리는 금 M270

---

88) 엥겔스, 앞의 책, 253~254쪽.

89) 보건국에서 근무하는 의사 리스비는 그때 다음과 같이 설명하였다. "성인에게 필요한 공기는 최소한 침실에서는 300평방피트, 거실에서는 500평방피트가 되어야 한다." 런던 어느 병원의 수석의사인 리처드슨 박사는 다음과 같이 말하였다. "모든 종류의 봉제 여공, 곧 여성모자 제조 여공이나 의복 제조 여공 그리고 일반 봉제 여공은 삼중고에 시달리고 있다. 과도한 노동, 공기의 부족, 영양결핍 또는 소화불량이 그것이다. 대체로 이런 종류의 노동은 어떤 경우에나 항상 남자보다는 여자에게 더 적합하다. 그런데 이 사업의 문제점은 그것이 〔특히 수도의 경우〕 겨우 26명의 자본가에게 독점되어 있고, 그들 자본가가 자본에서 생겨난 권력수단을 통해 노동으로부터 절약을 강제로 뽑아낸다는 점에 있다(그가 얘기하는 이 말의 참뜻은 노동력을 낭비함으로써 비용을 절약한다는 의미이다). 그들의 권력은 이 부류의 여공들 전체 사이에서 감지되고 있다. 어떤 의복 제조 여공이 적은 수의 고객이나마 확보할 수 있으려면 치열한 경쟁 때문에 그녀는 자기 집에서 죽도록 노동해야 하고, 똑같은 과도노동을 자기 조수들에게도 어쩔 수 없이 부과해야만 한다. 만약 그녀가 고객 확보에 실패하거나 자립해나갈 수 없게 되면, 그녀는 일을 줄이기보다는 지불이 더 확실한 다른 의복공장에 몸을 팔게 된다. 일단 그렇게 되고 나면 그녀는 완전히 노예가 되어 온갖 세파에 이리저리 농락당하게 된다. 처음에는 자기 집의 조그만 방에서 기아상태 또는 그에 가까운 상태에 놓여 있다가, 그 다음에는 24시간 가운데 15시간이나 16시간 또는 18시간씩이나 견디기 어려운 공기 속에서 일하게 되는데, 그 환기상태는 너무 나빠서 아무리 좋은 음식을 먹어도 거의 소화가 되지 않을 정도이다. 이들 여공 사이에서는 일종의 공기병이라고밖에 할 수 없는 폐병이 퍼져나가고 있다"(리처드슨, 「노동과 과도노동」, 『사회과학 평론』, 1863년 7월 18일자).

요일에 앓아 누워 마지막 일을 끝맺지도 못하고(그것은 앨리스 부인에게 는 청천벽력과도 같은 일이었다) 일요일에 죽었다. 뒤늦게 죽음의 침상에 불려온 의사 키즈는 '검시배심원' 앞에서 솔직한 말로 다음과 같이 증언하 였다.

> 메리 앤 워클리는 과포화상태의 작업실에서의 장시간 노동과 너무 좁고 환기가 나쁜 침실 때문에 죽은 것이다.

그런데 '검시배심원'은 이 의사에게 예의범절을 가르치기 위해 다음과 같이 설명하였다.

> 사망자는 졸도 때문에 죽은 것이지만, 그 사망 원인이 과포화상태의 작 업장에서의 과도노동 등으로 촉진되었다고 할 수도 있다.

자유무역론자 코브던(Cobden)과 브라이트(Bright)의 기관지 『모닝 스 타』는 우리들의 '백인노예'에 대해서 이렇게 부르짖는다.

> 우리들의 백인노예는 무덤에 들어갈 때까지 혹사당하며, 너무도 피곤하 여 소리도 내지 못하고 죽어간다.[90]

90) 『모닝 스타』, 1863년 6월 23일자. 『타임스』지는 브라이트 등에 반대하여 미국의 노예 소유 주들을 변호할 목적으로 이 사건을 이용하였다. 이 신문은 다음과 같이 말하고 있다. "우리 가 운데 대다수는, 우리가 젊은 여성들을 채찍질 대신 기아의 고통을 이용해 죽도록 일을 시키는 한, 우리에게는 노예 소유주로 태어나 자신의 노예들을 잘 양육하고 적당히 노동시키고 있는 사람들을 향해 포탄과 칼을 들이밀 권리가 거의 없다고 생각한다"(『타임스』, 1863년 7월 2일). 같은 방식으로 토리당의 기관지 『스탠더드』는 뉴먼 홀 목사를 비난하며 다음과 같이 말하고 있 다. "그는 노예 소유주들을 파문하고 있지만, 그가 함께 기도하는 그 훌륭한 사람들은 바로 런 던의 마부나 합승마차의 차장들에게 쥐꼬리만한 임금을 주면서 매일 16시간씩이나 일을 시키 는 사람들이다." 끝으로 칼라일(Thomas Carlyle)은 신탁을 들먹이고 있는데, 이 인물에 대해서 나는 이미 1850년에 "천재는 사라져버리고 숭배만이 남아 있다"고 평한 바 있다.[†75] 그는 짧은 우화 하나를 통해 현대사에서 특이한 대사건인 미국의 내전을 다음과 같이 함축적으로 비유하

죽도록 노동하는 것은 여성모자 제조 여공의 작업장뿐만 아니라 숱한 작
업장에서, 아니, 사업이 번창하고 있는 사업장이면 어느 곳에서나 일상적
인 통례가 되어 있다. …… 대장장이의 예를 들어보자. 만일 시인을 믿어도
좋다면 대장장이만큼 활기차고 유쾌한 사람은 없다. 그는 일찍 일어나서
태양보다 먼저 불꽃을 터뜨린다. 그는 다른 어떤 사람보다도 잘 먹고, 잘
마시고, 잘 잔다. 육체적인 측면에서만 본다면, 그는 노동이 적당하기만 하
면 최상의 인간적인 상태에 놓이게 된다. 그러나 그를 따라 도시로 나가서
이 건장한 사나이에게 부과된 노동의 하중을 보도록 하자. 또 우리나라(영
국—옮긴이)의 사망률 표에서 그가 어떤 순위를 차지하고 있는지 보도록 하
자. 매러번(런던에서 가장 큰 구의 하나)에서는 대장장이의 사망률이 연간
1,000명당 31명으로, 영국 성인 남자의 평균사망률보다 11명이나 더 많다.
대장장이의 기술은 거의 본능에 가까운 인간의 한 기능이며 그 자체로서는
비난받을 점이 없지만, 단지 과도한 노동으로 이루어지기만 하면 바로 이
남자의 파괴자가 된다. 그가 매일 일정한 횟수만큼 해머를 휘두르고 일정
한 거리를 걷고 일정한 간격으로 호흡하며 일정한 정도로 일하면서 평균
잡아 약 50년의 수명을 누린다고 가정하자. 그런데 만일 누가 그에게 강제
로 매일 더 많은 횟수로 해머를 휘두르게 하고 더 먼 거리를 걷게 하며 더
짧은 간격으로 호흡하게 하면 그의 생명은 매일 $\frac{1}{4}$ 만큼 단축된다. 실제로
그렇게 할 경우 결국 그는 일정한 기간 동안 $\frac{1}{4}$ 만큼 더 많은 일을 하고, 그
대신 50세가 아니라 37세에 죽게 된다.[91]

고 있다. 즉 이 전쟁은 북부의 베드로가 남부 바울의 머리를 힘껏 내려치는 것과 마찬가지인데,
이는 북부의 베드로가 자신의 노동자들을 '그날그날' 고용하는 데 비해 남부의 바울은 '한평
생 고용하기' 때문이라는 것이다(「미국의 소〔小〕일리아드」, 『맥밀런 매거진』, 1863년 8월호).
이리하여 도시의 — 결코 농촌이 아니다! — 임노동자에 대한 토리당의 거품과 같은 동정심은
마침내 날아가버렸다. 그렇게 된 핵심적인 요인은 바로 노예제였다!

91) 리처드슨, 앞의 책.

제4절 주간노동과 야간노동 — 교대제

가치증식과정의 시각에서 보면 불변자본인 생산수단은 그저 노동과 거기에 비례하는 일정량의 잉여노동을 흡수하기 위해서 존재할 뿐이다. 생산수단이 이런 일을 하지 않으면 생산수단의 존재는 자본가에게 소극적인 의미의 손실이 된다. 왜냐하면 아무것도 하지 않고 쉬고 있는 동안에는 생산수단은 그저 쓸모없는 자본투하를 나타낼 뿐이기 때문이다. 이 중단으로 말미암아 나중에 작업을 다시 개시할 때 추가지출이 필요해지면 이 손실은 적극적인 것이 된다. 자연일의 한계를 넘어 노동일을 야간까지 연장하는 것은 단지 진통제나 마찬가지로 노동의 생생한 피에 대한 흡혈귀적인 갈망을 약간 누그러뜨리는 것에 불과하다. 따라서 노동을 하루 24시간 내내 점유하는 것이야말로 자본주의적 생산의 내재적 충동이다. 그러나 같은 노동력이 밤낮으로 계속해서 착취당한다는 것은 육체적으로 불가능하므로, 이 육체적인 장애를 극복하기 위해서는 주간에 탕진되는 노동력과 야간에 탕진되는 노동력 사이의 교대가 필요하다. 이 교대에는 여러 가지 방법이 있을 수 있다. 예를 들어 노동자 인력 가운데 일부분이 일주일씩 주간근무와 야간근무를 번갈아 할 수 있다. 이미 알고 있는 바와 같이 이런 교대제(Ablösungssystem)는 영국의 면공업 등이 혈기왕성한 청년기에 널리 행해졌으며, 지금은 모스크바의 방적공장에서 성행하고 있다. 이렇듯 24시간 동안 계속되는 생산과정은 아직 영국의 '자유로운' 많은 산업부문에서, 특히 잉글랜드·웨일스 그리고 스코틀랜드의 용광로·단철공장·압연공장과 그밖의 금속공업에서 오늘날까지도 제도적인 형태로 존재하고 있다. 이 경우 노동과정은 6일 동안 24시간 내내 이루어지는 것은 물론 대부분의 경우 일요일에도 24시간 동안 이루어진다. 노동자는 남녀노소를 가리지 않고 모든 계층으로 이루어져 있다. 아동과 청소년계층의 연령은 8세에서(어떤 경우에는 6세에서) 18세까지의 모든 연령층에 걸쳐 있다. [92] 몇몇 산업부문에서는 미혼 여성이나 기혼 여성 모두 남성 노동자들과 함께 야간노동을 한다. [93]

야간노동이 빚어내는 일반적인 해악을 무시한다면[94] 생산과정이 24시간 내내 중단 없이 계속된다는 것은 명목노동일(nominellen Arbeitstags) M273 의 한계를 넘을 수 있는 절호의 기회를 제공한다. 예를 들어 앞에서 서술한, 매우 높은 긴장이 요구되는 산업부문에서 모든 노동에 적용되는 공식적인 노동일은 야간이나 주간이나 대체로 12시간이다. 그러나 많은 경우 이 한계를 벗어나는 초과노동은 영국의 공식보고서에서 표현하고 있는 말 그대로 '참으로 끔찍할 정도' [95]이다.

92) 『아동노동 조사위원회: 제3차 보고서』, 런던, 1864년, 별첨 4~6쪽.

93) "스태퍼드셔와 사우스 웨일스에서도 미혼여성이나 기혼여성들이 탄광이나 코크스 저장소에서 주간은 물론이고 야간에도 노동하고 있다. 의회에 제출된 보고서에서는 이런 관행이 중대하고 명백한 폐해를 수반하는 것이라고 여러 번 언급하고 있다. 이 여성들은 남자와 함께 일하며 옷차림이 남자와 거의 구별되지 않고 오물과 연기로 더럽혀져서 품성이 타락할 위기에 놓여 있다. 왜냐하면 그 여성들은 그와 같은 비여성적인 직업의 거의 필연적인 결과로 자존심을 잃어버리고 있기 때문이다"(같은 글, 194호, 별첨 26쪽: 『제4차 보고서: 1865년』, 제61호, 별첨 13쪽 참조). 유리공장에서도 이와 마찬가지의 일이 벌어지고 있다.

94) 아동에게 야간노동을 시키고 있는 어느 제강업자는 다음과 같이 말하였다. "야간에 노동하는 소년들이 낮 동안 잠을 자거나 제대로 쉴 수 없어서 다음날 낮에 끊임없이 이리저리 배회하는 것은 당연한 일이라 생각된다"(같은 글〔제4차 보고서〕, 제63호, 별첨 13쪽). 신체의 유지와 발달에 태양광선이 얼마나 중요한지에 대해서 한 의사는 다음과 같이 말한다. "광선은 육체의 조직에 직접 영향을 끼쳐서 거기에 강인함과 탄력성을 부여한다. 표준량의 광선을 받지 못한 동물의 근육은 해면질이 되어 탄력을 잃고 신경은 자극에 제대로 반응하지 못해 활력을 잃게 되며, 발육상태에 있는 모든 것은 충분한 발육을 이루지 못한다. …… 아동의 경우에는 건강을 위해 반드시 풍부한 태양 광선이 계속해서 주어지고 또 하루에 얼마씩 일정 시간 동안은 태양의 직사광선을 받을 필요가 있다. 광선은 음식물이 좋은 혈액으로 바뀌는 것을 도와주고 섬유조직이 형성된 다음 그것을 강인하게 만들어준다. 또한 광선은 시각기관에 대한 자극으로 작용함으로써 각종 뇌수기능의 더욱 왕성한 활동을 불러일으킨다." 이 문구는 워스터 종합병원의 원장 스트레인지의 '건강'에 관한 저술(1864년)[†76]에서 빌려온 것인데, 그는 조사위원회의 한 사람인 화이트에게 보내는 편지에서 다음과 같이 쓰고 있다. "전에 나는 랭커셔에서 야간노동이 공장에서 일하는 아동들에게 끼치는 영향을 관찰할 기회가 있었는데, 몇몇 고용주들이 흔히 장담하는 것과는 반대로 나는 야간노동이 아동들의 건강을 심각하게 해치고 있다는 것을 단언할 수 있습니다"(『아동노동 조사위원회: 제4차 보고서』, 제284호, 55쪽). 도대체 이런 것이 진지한 논쟁의 대상이 된다는 것 자체가 자본주의적 생산이 자본가들과 그 하수인들의 '뇌기능'에 어떤 작용을 하고 있는지를 잘 보여준다.

여러 증언을 통해서 밝혀진 9~12세 아동들이 수행하는 노동량을 보면, 인간의 마음을 가진 자라면 누구나 이 아이들의 부모와 고용주가 저지르고 있는 이러한 권력 남용을 더 이상 허용해서는 안 된다는 결론에 이르게 될 것이다.[96]

일반적으로 아동을 주야로 교대하여 노동하게 하는 방법은 일이 바쁠 때나 평상시나 마찬가지로 노동일의 극심한 연장을 초래한다. 이러한 연장은 대개가 끔찍할 정도일 뿐만 아니라 실로 믿을 수 없을 정도이기까지 하다. 어떤 이유에서든 교대할 아동이 결원이 되는 일은 있을 수 있다. 그럴 경우가 생기면 출근한 아동 중에서 자기 노동일을 끝마친 몇 명이 이 결원을 채워야 한다. 이 제도는 일반적으로 잘 알려져 있어서, 어떤 압연공장의 지배인은 교대할 아동이 결근했을 때 이 자리를 어떻게 메우느냐는 나의 질문에, 아마도 나 또한 자기와 마찬가지로 잘 알고 있을 것이라면서 아무런 거리낌 없이 사실을 인정하였다.[97]

명목노동일이 아침 6시부터 저녁 5시 반까지였던 어떤 압연공장에서는 한 아동이 일주일에 적어도 나흘은 다음날 밤 8시 반까지 노동하였다. …… 그리고 이것이 6개월 동안 계속되었다.

다른 어떤 소년은 9세 때 한 번에 12시간의 노동을 세 번에 걸쳐 계속한 적이 여러 번 있었고, 10세 때에는 이틀 밤낮을 계속 노동한 적이 있었다.

올해 10세가 된 어떤 소년은 사흘 동안은 아침 6시부터 밤 12시까지, 나머지 날은 9시까지 노동하였다.

올해 13세가 된 어떤 소년은 일주일 내내 오후 6시부터 다음날 정오 12

M274

---

95) 같은 글, 제57호, 별첨 12쪽.
96) 같은 글(제4차 보고서: 1865년), 제58호, 별첨 12쪽.
97) 같은 글.

시까지 노동하고, 때로는 3교대분을 〔예를 들면 월요일 아침부터 화요일 밤까지〕 계속하여 노동하곤 하였다.

올해 12세의 또다른 어떤 소년은 스테이블리의 한 주물공장에서 14일 동안 아침 6시부터 밤 12시까지 노동하였는데, 그 이상 더 계속한다는 것은 불가능했다.

9세의 조지 앨린스워스는 다음과 같이 말한다. "나는 지난주 금요일 이곳에 왔습니다. 그 다음날 나는 오전 3시부터 일을 시작해야 했습니다. 그래서 나는 밤새 이곳에 머물러 있었습니다. 집은 여기에서 5마일이나 떨어져 있지요. 가죽 앞치마를 밑에 깔고 조그만 재킷을 덮고 마루에서 잤어요. 그 다음 이틀은 아침 6시에 출근하였습니다. 이곳은 정말이지 무척 덥습니다. 여기로 오기 전에 나는 역시 1년 동안 용광로에서 일했는데, 그것은 매우 큰 공장이었습니다. 그곳에서도 토요일에는 오전 3시에 일을 시작했지만, 집이 가까워서 그래도 집에서 잘 수는 있었습니다. 다른 날은 아침 6시에 일을 시작하여 저녁 6시나 7시에 끝마쳤습니다." [98]

<hr>

98)　같은 글, 별첨 13쪽. 이들 '노동력'의 교육 정도가 조사위원과의 다음과 같은 대화에서 드러나는 바와 같을 수밖에 없는 것은 당연한 일일 것이다. 제리미어 헤인스, 12세: "…… 4곱하기 4는 8이지만, 4를 4개 더하면 16입니다. …… 왕이란 모든 화폐와 황금을 가지고 있는 사람을 말합니다. 우리나라에도 왕이 있는데 그는 여왕이고, 그녀의 이름은 알렉산드라 왕녀라고 합니다. 그녀는 여왕의 아들과 결혼했다고 합니다. 왕녀는 남자입니다." 윌리엄 터너, 12세: "나는 잉글랜드에 살지 않습니다. 그런 나라가 있다고는 생각합니다만, 전에는 있는지 없는지도 몰랐습니다." 존 모리스, 14세: "하느님이 이 세상을 만들었고, 하나만 제외하고 모든 것이 물에 빠져 죽었는데 그 하나가 한 마리 작은 새라는 얘기를 들었습니다." 윌리엄 스미스, 15세: "하느님이 남자를 만들었고 그 남자가 여자를 만들었습니다." 에드워드 테일러, 15세: "런던이 무엇인지 모르겠습니다." 헨리 매튜맨, 17세: "자주 교회에 다녔습니다. 설교에 나오는 이름 가운데 하나는 예수 그리스도인데 그밖에 다른 이름은 하나도 모르겠습니다. 또한 그리스도에 대해서도 아무것도 모릅니다. 그는 살해당한 것이 아니라 다른 사람들과 마찬가지로 죽었습니다. 그는 다른 사람들과는 뭔가가 다릅니다. 이는 그가 신심이 깊은 데가 있는 반면 다른 사람들은 그렇지 않기 때문입니다"(같은 글, 제74호, 별첨 15쪽). "악마는 착한 사람입니다. 그가 어디에 살고 있는지는 모릅니다. 그리스도는 나쁜 놈이었습니다." "이 소녀(10세)는 'god' 〔신〕을 'dog'〔개〕라고 쓰고 여왕의 이름도 몰랐다"(『아동노동 조사위원회 제5차 보고서: 1866년』, 55쪽, 제278호). 앞에서 서술한 금속공장의 제도와 마찬가지 제도가 유리공장이나 제지공장에서도 시행되고 있었다. 기계로 종이를 만드는 제지공장에서는 넝마 선별 이외의 모든

　　이제 이 24시간 노동제도를 자본 자신은 어떻게 생각하고 있는지 들어보도록 하자. 이 제도의 과도한 운용, 즉 '끔찍하고도 믿을 수 없을 정도의' 노동일의 연장에까지 이르른 이 제도의 악용에 대하여 자본은 당연히 침묵을 지킨다. 자본은 다만 이 제도의 '표준적인' 운용형태에 대해서만 언급할 뿐이다.

　　제강공장 네일러 앤 빅커스 사(社)의 공장주들은 600~700명을 고용하고 있는데, 이 가운데 18세 미만은 10%에 불과하고 그 중에서도 다시 야간작업원은 20명뿐이라고 말한다. 이들은 다음과 같이 말하고 있다.

　　소년들이 고온으로 고생하는 일은 전혀 없다. 온도는 대개 화씨 86도에서 90도이다. …… 단철공장이나 압연공장에서는 직공들이 주야간 맞교대로 일하지만, 나머지 다른 모든 공장에서는 아침 6시부터 저녁 6시까지 주간작업만 이루어진다. 단철공장의 교대제는 낮12시부터 밤 12시까지로 이루어져 있다. 몇몇 직공은 주간조와 야간조 교대 없이 계속해서 야간조로

공정에서 야간노동이 통례가 되어 있었다. 몇몇 경우에는 교대제를 통하여 야간노동이 일주일 동안 중단 없이 이루어지는데, 보통 일요일 밤부터 다음 토요일 밤 12시까지 계속된다. 주간근무에 배당된 조는 매주 닷새 동안은 12시간, 하루는 18시간 일하며, 야간근무조는 닷새 밤은 12시간, 하룻밤은 6시간 동안 일한다. 그밖의 경우에는 몇 개 조가 하루씩 번갈아가며 24시간을 일한다. 각 조는 월요일에는 6시간, 토요일에는 18시간을 일해서 합계 24시간을 일한다. 또다른 경우에는 그 중간 정도의 제도가 채택되고 있는데, 이 제도에서는 제지 기계에 딸린 종업원 모두가 요일 구분 없이 매일 15~16시간 동안 노동한다. 조사위원 로드는 이 제도가 12시간 교대제와 24시간 교대제의 나쁜 점만을 결합한 것처럼 보인다고 말한다. 13세 미만의 아동과 18세 미만의 청소년 그리고 부인들이 이 야근제도 아래 노동하고 있다. 이들은 12시간 교대제 아래 종종 교대 노동자가 결근하면 두 배의 근무시간인 24시간 동안 노동해야 한다. 몇몇 증언에 따르면 소년 소녀들은 매우 자주 시간외노동을 하고 있으며, 이 때문에 노동시간이 24시간은 보통이고 36시간으로까지 연장되는 경우도 흔하다고 한다. 유약실의 '연속적이고 변화 없는' 공정에서는 12세 소녀들이 꼬박 한 달 동안 매일 14시간씩 "식사를 위해 두 차례 또는 기껏해야 3차례, 30분 동안의 휴식 말고는 어떤 규칙적인 휴식이나 중단도 없이" 노동하는 것을 볼 수 있다. 정규 야간노동이 완전히 폐지된 몇몇 공장에서는 놀라울 정도로 많은 시간외 노동이 행해지고 있으며, 더구나 "이것은 흔히 매우 불결하고 무덥고 단조로운 공정에서" 이루어지고 있다(『아동노동 조사위원회 제4차 보고서: 1865년』, 별첨 38~39쪽).

만 일한다. …… 우리는 주간노동과 야간노동간에 뭔가 건강상의(공장주인 네일러와 빅커스의 건강?) 차이점이 있다고는 생각하지 않으며, 직공들은 아마도 휴식시간이 바뀔 때보다 날마다 같은 시간에 휴식시간을 얻어야 더 잘 자게 될 것이다. …… 18세 미만의 소년 약 20명이 야간조와 함께 작업을 하고 있다. …… 18세 미만의 소년들에게 야간노동을 시키지 않는다면 우리는 곤란을 겪게 될 것이다. 생산비의 증가, 이것이 우리의 골칫거리이다. 숙련공이나 부서장은 구하기 어렵지만 소년들이라면 얼마든지 구할 수 있다. …… 물론 우리는 소년을 고용하는 비율이 미미하기 때문에 야간노 M276 동을 제한하는 여러 가지 제도에 대해서 관심도 중요성도 별로 부여하지 않는다.[99]

존 브라운 사는 철강공장으로 3,000명의 성인과 청소년을 고용하고 있으며, 또 철강작업 중에서도 힘든 노동의 일부를 '주야 맞교대'로 운용하고 있다. 이 공장을 운영하는 엘리스의 말에 따르면, 힘든 제강작업에는 성인 2명에 청소년 1~2명의 비율로 일하고 있다고 한다. 이 회사에는 18세 미만의 청소년 노동자가 500명 있고, 그 가운데 약 $\frac{1}{3}$ 〔즉 170명〕이 13세 미만이다. 제출된 법률 개정안에 대하여 엘리스는 다음과 같이 말한다.

18세 미만의 종업원에게 하루 12시간 이상은 결코 일을 시키지 말라는 것은 그렇게 부당한 것이 아니라고 나는 생각한다. 그러나 나는 야간작업을 금지하는 청소년의 연령 하한선을 12세 이상으로 올리는 데에는 반대한다. 우리는 이미 고용한 청소년을 야간작업에 쓰지 못하도록 금지하는 것보다는 차라리 13세 미만의 (또는 15세 미만까지라도) 청소년을 아예 고용하지 말게 하는 법안이 더 낫다고 생각한다. 주간조에서 일하는 소년은 교대로 야간조에서도 일을 해야만 한다. 왜냐하면 야간작업을 성인 작업자들

---

99) 같은 글(제4차 보고서: 1865년), 제79호, 별첨 16쪽.

만 계속해서 할 수는 없기 때문이다. 그렇게 되면 그들은 건강을 망쳐버리게 될 것이다. 그러나 야간노동도 일주일 단위로 번갈아가면서 한다면 그다지 해가 되지 않으리라 생각한다.

(반면 네일러 앤 빅커스 사는 공장 운용의 편의성에 맞추어, 계속적인 야간노동보다는 오히려 주기적으로 번갈아 이루어지는 야간노동이야말로 해가 될 우려가 있다고 생각하였다.)

우리는 번갈아가며 야간노동을 하는 사람들이 주간에만 노동하는 사람들과 완전히 똑같이 건강하다는 사실을 알고 있다. …… 우리가 18세 미만의 청소년을 야간노동에 쓰지 말라는 것에 반대하는 이유는 비용의 증가 때문이며 그것이 사실상 유일한 이유이기도 하다.(얼마나 뻔뻔스럽게도 솔직한가!) 나는 이 비용의 증가가 사업을 성공적으로 이루기 위해서 마땅히 부담해야 할 적절한 비용에 비해 너무 클 것이라고 생각한다.(얼마나 말주변이 좋은가!) 여기서는 노동이 귀하기 때문에 그런 규제가 가해지면 노동력 부족사태가 나타날 수도 있을 것이다.

(즉 엘리스 브라운 사는 노동력의 가치를 완전히 지불하지 않을 수 없는 치명적인 궁지에 빠질지도 모른다는 것이다.)[100]

캠멜 사의 '키클롭스 철강공장'도 앞서 말한 존 브라운 사와 비슷한 규모로 경영되고 있었다. 이 회사의 관리이사는 정부위원 화이트에게 자신의 증언을 서면으로 제출했는데, 나중에 수정을 위해 그 증언 초고가 자신에게 되돌아오자 아예 그것을 없애버리는 편이 낫겠다고 생각하였다. 그러나 화이트는 기억력이 좋은 사람이었다. 그가 정확하게 기억한 것은, 이 회사에서 아동과 청소년의 야간노동 금지는 "불가능한 일이며 그것은 공

---

100) 같은 글, 제80호, 별첨 16~17쪽.

장을 정지시키는 것과 다름없다"는 것과, 그럼에도 이 회사에는 18세 미만의 청소년은 6% 정도이고 13세 미만은 겨우 1%밖에 안 된다(!)는 것이었다.[101]

애터클리프에 있는 제강압연 단철공장 샌더슨 사의 샌더슨은 같은 문제에 대해 다음과 같이 말하고 있다.

18세 미만의 청소년에게 야간노동을 시키지 못하도록 금지한다면 여러 가지 큰 어려움이 생길 텐데, 이 중 가장 큰 어려움은 청소년 대신 성인 노동자를 사용함으로써 반드시 초래될 비용의 증가일 것이다. 그 액수가 얼마나 될지는 말할 수 없지만, 아마도 제조업자가 강철 가격을 그만큼 올리기는 어려울 것이므로 결국 손실은 제조업자의 몫이 될 것이다. 왜냐하면 성인 노동자들은(얼마나 성질이 비뚤어진 인간들인가!) 당연히 그것을 부담하지 않으려 할 것이기 때문이다.

샌더슨은 자기가 청소년들에게 얼마를 지불하고 있는지 몰랐지만,

그것은 아마 주급 4~5실링일 것이다. …… 청소년노동은 일반적으로 (물론 '특수한 경우에는' 그렇지 않을 수 있다) 청소년의 체력으로 충분히 감당해낼 만한 것들이며, 따라서 성인의 더 강한 체력을 동원하더라도 비용증가를 보전할 정도의 수익이 생기지 않는 것들이다. 물론 예외적으로 그런 수익이 생겨날 수도 있는데 그것은 단지 금속의 하중이 매우 무거운 그런 몇몇 경우뿐이다. 또한 성인 노동자들은 자기들 밑에 청소년을 조수로 거느리지 못하면 별로 탐탁찮게 여기는데, 이는 성인 노동자들은 청소년만큼 말을 잘 듣지 않기 때문이다. 게다가 청소년은 일을 배우기 위하여 어려서부터 일을 시작해야 한다. 청소년을 주간노동에만 쓰도록 제한하는

101) 같은 글, 제82호, 별첨 17쪽.

것은 이런 목적을 달성하지 못하게 할 것이다.

왜 그런가? 왜 청소년은 주간에는 일을 배울 수 없는가? 당신의 이유는 무엇인가?

왜냐하면, 그렇게 할 경우, 일주일 단위로 주·야간 맞교대로 일하는 성인 노동자들은 자기 조의 청소년들과 격주로 만나지 못하게 되고, 그 때문에 이들은 자신들이 청소년들에게서 뽑아낼 수 있는 이득의 절반을 잃게 될 것이기 때문이다. 좀더 자세히 말하면 그들이 청소년들에게 베풀어주는 지도는 이 청소년들의 임금의 일부로 계산되고, 따라서 성인 노동자들은 청소년 노동자들을 좀더 값싸게 손에 넣을 수 있게 해주는 것이다. 따라서 모든 성인 노동자들은 자기 이득의 절반을 잃게 될 것이다.

바꾸어 말해 샌더슨 사의 주장은 성인 노동자의 임금 일부를 청소년들의 야간노동으로 지불하는 대신 자기 주머니에서 지불해야 할 것이라는 뜻이다. 샌더슨 사의 이익은 이것으로 어느 정도 감소할 것이다. 그리고 M278 바로 이것이야말로 왜 청소년들이 자기들의 일을 주간에는 배울 수 없는 지에 대한 샌더슨의 그럴듯한 이유이다.[102] 게다가 이것은 청소년들에게 금지된 정규 야간노동을 성인들에게 떠넘기게 만들 것이고 성인 노동자들은 그것을 견디지 못할 것이다. 간단히 말해서 어려움은 너무 많고 이들 어려움은 아마 야간노동에 대한 전면적인 압력을 초래하게 될 것이다. "강철생산 그 자체만 놓고 말한다면" — 하고 샌더슨은 말한다 — "적어도 그것으로 인해 차질이 생기지는 않겠지만, 그러나!" 그러나 샌더슨 사는 강철을 만드는 것 이상의 일을 해야만 한다. 강철을 만드는 것은 이득

---

102) "오늘날처럼 반성도 많고 이유도 많은 시대에는 모든 일에 — 아무리 나쁜 일이나 무리한 일에 대해서도 — 그럴듯한 이유를 붙일 줄 모르는 사람은 그리 대단한 인물이 못 될 것이다. 이 세상에서 부패한 것은 모두 그만한 이유가 있어 부패한 것이다"(헤겔, 앞의 책, 249쪽).

을 만들기 위한 구실에 지나지 않는다. 용광로나 압연공장·건물·기계·철·석탄 등등은 강철을 만들어내는 것 이상의 일을 해야만 한다. 이것들은 잉여노동을 흡수하기 위해 존재하는 것이며, 그것들이 12시간보다는 24시간 동안에 더 많은 잉여노동을 흡수할 수 있다는 것은 당연한 일이다. 이것들은 사실상 샌더슨 사에게 하느님과 법의 이름으로, 일정 수의 직공이 수행하는 하루 24시간 전체의 노동시간에 대한 어음을 주는 셈인데, 만일 이것들의 노동 흡수기능이 중단되면 이것들이 갖고 있던 자본으로서의 성격은 사라지고, 따라서 샌더슨 사의 입장에서는 그것들이 순수한 손실로 되어버린다.

그러나 그럴 경우에는 비싼 기계가 하루의 절반 동안은 가동되지 않음으로써 그만큼의 손실이 발생할 것이고, 또 현재의 제도에서 우리가 공급할 수 있는 생산량을 그대로 공급하기 위해서는 공장과 기계설비를 두 배로 늘려야 할 것이며, 그 결과 지출도 두 배로 늘어나게 될 것이다.

그러나 다른 자본가들은 주간에만 일을 시킬 수 있고 따라서 그들의 건물·기계·원료가 야간에는 '놀고' 있는데, 왜 이 샌더슨 사만이 특권을 요구하는가?
"사실" — 샌더슨은 모든 샌더슨의 이름으로 대답한다.

사실 이처럼 기계가 노는 데 따른 손실은 낮에만 작업하는 공장의 경우 어디에서나 발생하고 있다. 그러나 우리의 경우에는 용광로의 가동이 특별한 손실의 원인이 된다. 용광로의 불을 끄지 않고 그대로 유지하면 연료가 낭비되고(지금처럼 노동자들의 생명이 낭비되는 대신에), 또 그 불을 꺼뜨리면 다시 불을 붙여 적절한 온도에 이를 때까지의 시간적 손실이 생길 뿐만 아니라(반면 8세 아동의 수면시간의 손실은 샌더슨 사에 노동시간의 이득이 된다), 또 용광로 그 자체도 온도의 변화 때문에 상하게 될 것이다.(그

런데 같은 용광로가 주야간 맞교대 노동으로는 조금도 상하지 않는다.)[103]

제5절 표준노동일을 위한 투쟁 — 14세기 중엽부터 17세기 말까지의 노동일 연장을 위한 강제법

M279 '노동일(Arbeitstag)이란 무엇인가?' 하루의 가치가 지불된 노동력을

103) 『아동노동 조사위원회 제4차 보고서: 1865년』, 제85호, 별첨 17쪽. 이와 비슷한 유리 제조업자들의 신중한 계산—아동들의 '규칙적인 식사'는 불가능한데, 왜냐하면 그 때문에 화로에서 나오는 일정량의 열이 '완전히 유실'되는 '낭비'가 발생할 것이기 때문이라는—에 대하여 조사위원 화이트는 다음과 같이 대답하고 있다. 그의 대답은 화폐 지출행태에서 자본가들이 보이는 '절제'나 '금욕' 또는 '검약' 그리고 티무르 타멜란(14세기 후반에 아시아 서쪽을 정벌하여 대제국을 건설했던 사람—옮긴이)처럼 인간의 목숨을 파리 목숨처럼 '낭비'해버리는 태도 등에 깊은 감명을 표명한 유어나 시니어 그리고 독일에 있는 그들의 변변치 못한 모방자로서 들과는 완전히 다른 것이었다. "규칙적인 식사를 보장하면 그 결과 일정량의 열이 지금보다 더 많이 낭비될지는 모르지만, 그것은 유리공장에 고용되어 있는 발육기의 아동들이 편안하게 식사하고 소화시킬 수 있는 여가를 갖지 못함으로써 현재 우리나라에서 자행되고 있는 생명력의 낭비에 비하면 화폐가치로 따지더라도 도저히 비교할 수 없는 것이다"(같은 글, 별첨 45쪽). 더욱이 지금은 '진보의 해'인 1865년이 아닌가! 들어올리거나 운반하는 데 지출되는 노동량은 차치하더라도 병이나 납유리를 제조하는 공장에서는 이런 아동들이 노동이 이루어지는 동안 평균 6시간 기준으로 15~20마일의 거리를 걷는다! 그런데 바로 그런 노동이 대개 14~15시간 정도 계속된다! 이런 유리공장들의 대부분은 모스크바의 방적공장처럼 6시간 교대제를 채택하고 있다. 주중에는 계속해서 주어지는 휴식시간이 하루 최대 6시간인데, 여기에서 다시 공장 출퇴근 시간과 세수하고 옷 입고 식사하는 데—이러한 것은 모두 시간을 요한다—사용되는 시간만큼을 공제해야만 하기 때문에 실제로 남는 순수한 휴식시간은 매우 짧다. 이렇게 더운 공기 속에서 이렇게 힘든 작업을 하는 아동들에게는 수면이 반드시 필요한데, 이 수면을 희생시키지 않고서는 놀거나 신선한 공기를 마실 시간은 조금도 생기지 않는다. …… 짧은 수면조차 야간에는 아동 스스로 일어나야 하고, 낮에는 바깥 소음 때문에 깨어나거나 함으로써 중단되기 일쑤이다." 화이트는 36시간 동안 계속 노동하는 소년의 경우라든가 그 밖에도 12세 소년이 새벽 2시까지 격심한 노동을 하고 나서 아침 5시까지(3시간!) 공장에서 잔 뒤에 다시 주간작업을 시작하는(!) 여러 사례를 제시하고 있다. 일반 보고서 작성자인 트리멘히어와 투프넬은 다음과 같이 말하고 있다. "소년이나 소녀 또는 부인들이 주간 또는 야간 근무시간 중 수행하는 노동량은 대단한 것이다"(같은 글, 별첨 43~44쪽). 그러는 사이에 밤이 깊어가면 '너무나 금욕적인' 우리 자본가께서는 포도주에 얼큰하게 취해서 "영국 사람이 노예가 된다니 말이 되느냐!" 하고 얼빠진 놈처럼 떠들면서 클럽에서 나와 집으로 비틀거리며 돌아올 것이다.

자본이 소비할 수 있는 시간은 어느 정도일까? 노동일은 노동력 그 자체의 재생산에 필요한 노동시간을 넘어 얼마나 연장될 수 있을까? 이런 질문에 대해서 이미 우리가 보았듯이 자본은 다음과 같이 대답한다. 노동일은 매일 만 24시간에서, 노동력이 그 일을 반복하기 위해 절대로 빼놓을 수 없는 약간의 휴식시간을 제외한 것이다. 우선 무엇보다도 자명한 것은 노동자는 그의 하루 전체를 통하여 노동력 이외의 아무것도 아니라는 것, 또 그가 처분할 수 있는 시간은 모두 자연적으로나 법적으로나 노동시간이고 따라서 자본의 자기증식을 위한 것이라는 사실이다. 교육이나 지적 발달, 또는 사회적 기능의 수행이나 사교를 위한 시간은 물론 육체적·정신적 생명력의 자유로운 활동을 위한 시간과 일요일의 안식시간조차도—안식일을 엄격히 지키는 나라라 할지라도[104]—전혀 당치않은 일이다! 그러나 잉여노동을 갈구하는 무한히 맹목적인 충동〔늑대 같은 갈망〕을 통해서 자본은 노동일의 도덕적인 한계는 물론 순수한 물리적 한계까지도 돌파한다. 자본은 신체의 성장·발달과 건강 유지를 위한 시간을 가로챈다. 자본은 바깥 공기를 마시고 햇빛을 쬐기 위해 필요한 시간을 빼앗아버린다. 자본은 식사시간을 빼앗아서, 가능한 한 그것을 생산과정에 통합시켜버린다. 따라서 노동자는 단지 생산수단으로만 간주되어, 그에게 음식물이 공급되는 것은 보일러에 석탄이 공급되고 기계에 기름이 주어지는 것과 마찬가지로 이해된다. 자본은 생명력을 축적하고 갱신하며 활

M280

104) 예를 들어, 영국에서는 아직도 곳곳의 농촌에서 자기 집 앞의 조그만 뜰에서 노동함으로써 안식일을 모독했다는 이유로 노동자에게 금고형을 선고하는 일이 종종 있다. 그런데 바로 그 노동자가 가령 갑자기 신앙심이 생겨서 일요일에 금속공장이나 제지공장 또는 유리공장을 쉬게 되면, 그는 계약 위반으로 처벌받게 된다. 정통파의 의회도 안식일 모독이 자본의 '가치증식과정'에서 이루어질 때는 이를 모르는 체한다. 런던의 생선가게나 정육점 일용노동자들이 일요노동의 폐지를 요구하는 어떤 진정서(1863년 8월)를 보면 그들은 평일 6일 동안은 날마다 평균 15시간, 일요일은 8~10시간을 노동한다고 한다. 또한 이 진정서를 통해 우리는 이런 '일요노동'을 장려하는 것이 바로 엑스터 홀[†77]의 이 귀족적인 위선자들의 까다로운 식도락 때문이라는 것을 알 수 있다. 이 '성자들'은 '자신의 몸을 돌보는 데에는' 그토록 열중하면서도 제3자의 과도노동이나 궁핍·굶주림에 대해서는 인내의 정신으로 참고 견딤으로써, 그들의 기독교 신앙을 증명하고 있다. 배가 부르다는 것은 그들〔노동자〕에게는 매우 유해한 일이다.

성화시키는 데 필요한 건강한 수면을 완전히 피로에 지친 생명체의 소생에 요구되는 최소한의 시간으로 압축시킨다. 여기에서는 노동력의 정상적인 유지가 노동일의 한계를 결정하는 것이 아니라, 거꾸로 하루에 가능한 최대한의 노동력 지출이 —비록 그것이 아무리 건강에 해롭고 무리이며 고통스럽다 해도—노동자의 휴식시간의 한계를 결정한다. 자본은 노동력의 수명을 문제 삼지 않는다. 자본이 관심을 쏟는 것은 오로지 1노동일 가운데 사용 가능한 노동력의 최대한뿐이다. 자본이 노동력의 수명을 단축시켜서라도 이 목표에 도달하려는 것은 마치 탐욕스러운 농부가 지력(地力)을 수탈함으로써 수확을 증대시키려는 것과 같은 원리이다.

결국 본질적으로 잉여가치의 생산이자 동시에 잉여노동의 흡수인 자본주의적 생산은 노동일의 연장을 통해서 인간 노동력의 위축을 낳고, 그로 인해 노동력은 정상적인 정신적·육체적 발달과 활동의 조건을 빼앗기게 된다. 그러나 문제는 여기에서 그치지 않는다. 자본주의적 생산은 노동력 그 자체의 너무 이른 소진과 사멸을 낳는다.[105] 그것은 노동자의 생명시간을 단축시킴으로써 주어진 기간 동안 노동자의 생산시간을 연장하기 때문이다.

그러나 노동력의 가치는 노동자 또는 노동자계급의 재생산에 필요한 여러 상품의 가치를 포함하고 있다. 그러므로 자본이 무한한 자기증식욕구에 따라 필연적으로 추구하게 되는 노동일의 과도한 연장이 노동자 개개인의 생존기간을 단축시키고 따라서 그들 노동력의 내구연한을 단축시킨다면, 소모된 노동력의 더욱 급속한 보전이 필요해지고 그 결과 노동력의 재생산에는 더욱 많은 보전비용이 들어가게 된다. 이것은 마치 기계의 소모가 빠르면 빠를수록 매일 재생산되어야 할 가치 부분도 함께 커지는 것과 마찬가지이다. 바로 그 때문에 자본은 자신의 이해관계를 위해서라

---

105) "우리가 낸 이전 보고서에는 시간외 노동이 …… 분명 사람들의 노동력을 조기에 소진시킬 위험이 있다는 여러 경험 있는 공장주들의 진술이 기록되어 있다"(같은 글, 제64호, 부록 13쪽).

도 표준노동일을 설정할 필요가 있는 것처럼 보인다.

　노예 소유주는 말을 사듯이 노동자를 산다. 그가 노예를 잃는 것은 자본을—그것을 보전하기 위해서는 노예시장에서 새로 돈을 내고 사들여야 하기 때문이다—잃는 것이다. 그런데,

　조지아의 논이나 미시시피의 늪지대는 인체에 치명적인 파괴작용을 할 것이다. 그렇지만 이 인명 낭비의 크기는 버지니아나 켄터키의 풍부한 (노예—옮긴이) 사육장에서 충분히 보충될 수 있는 정도이다. 노예를 인간적으로 취급하는 것은 경제적인 계산에서 주인의 이익이 노예를 오래 존속시키는 것과 일치하는 경우에만 가능하며, 노예무역이 시작하면 이런 경제적인 계산은 반대로 극도의 노예 학대 원인으로 변한다. 왜냐하면 일단 외국의 흑인 사육장에서 노예가 공급될 수만 있으면, 이때부터 노예의 생명의 길이는 그 생명이 존속하는 동안의 생산성보다 덜 중요하기 때문이다. 바로 이 때문에 되도록이면 짧은 기간에 이른바 인간가축(human cattle)에게서 되도록이면 많은 노역을 짜내는 것이 가장 경제적이라는 생각이, 노예를 수입하는 나라들에서는 노예경영의 준칙이 되고 있다. 연간 이윤이 농장의 총자본과 맞먹곤 하는 열대경작에서 흑인의 생명은 가장 가치 없이 희생당한다. 몇 세기 전부터 상상하기 어려울 만큼 거대한 부의 요람이 되어온 서인도제도의 농업이야말로 수백만의 아프리카 인종을 탕진한 요인이었다. 오늘날 수백만 파운드스털링에 달하는 수익을 올리면서 농장주가 왕족처럼 살아가는 쿠바에서 우리는 무수히 많은 노예계급이 극히 조악한 음식물과 끊임없는 극도의 혹사는 물론 과도노동과 수면·휴식의 부족으로 해마다 고통 속에서 서서히 파괴되고 있는 것을 볼 수 있다![106]

　이름만 다를 뿐 바로 네 얘기이다![†78] 노예무역을 노동시장으로 바꾸

---

106) 케언스, 앞의 책, 110~111쪽.

고, 켄터키나 버지니아를 잉글랜드·스코틀랜드·웨일스의 농업지역이나 아일랜드로 바꾸고, 아프리카를 독일로 바꾸어서 읽어보라! 이미 들은 바와 같이 과도노동은 런던의 제빵공들을 죽이고 있지만, 런던의 노동시장은 독일인과 목숨을 건 다른 제빵공 지원자들로 여전히 넘쳐나고 있다. 우리가 본 바와 같이 도자기 제조업은 노동자들의 수명이 가장 짧은 산업부문의 하나이다. 그렇다고 도자기공이 부족한가? 근대적인 도자기 제조법의 발명자이자 그 자신도 일반 노동자 출신인 조사이어 웨지우드가 1785년 하원에서 밝힌 바로는 당시 이 산업에 고용된 총 노동자 수는 1만 5,000~2만 명이었다.[107] 그런데 1861년에는 영국에서 이 산업의 중심도시만 인구가 10만 1,302명이었다.

> 면직산업은 90년의 역사를 가지고 있다. …… 그런데 영국에서 3세대가 지나는 동안 이 산업은 면직노동자의 9세대를 삼켜버렸다.[108]

물론 몇 차례 열병과도 같았던 호황기에는 노동시장이 걱정스러울 정도로 바닥을 드러내기도 했다. 예를 들면 1834년이 그러하였다. 그렇지만 그때 공장주들은 농업지역의 '과잉인구'를 북부로 보내자고 구빈법위원회에 제안하면서, "공장주들이 이들을 흡수하고 소비하게 될 것"이라는 설명을 덧붙였다. 사실 이것이야말로 그들의 본심이었다.[109]

구빈법위원회의 승인에 따라 맨체스터에 사무소가 설치되었다. 농업노동자 명부가 작성되어 이들 사무소에 넘겨졌다. 공장주들이 사무소로 달려가 자기들 마음에 드는 사람을 선택하면, 선택된 가족은 잉글랜드 남부에

---

107)　워드〔John Ward〕, 『스토크어폰트렌트시의 역사』, 런던, 1843, 43쪽.

108)　1863년 4월 27일 '하원'에서 페런드의 연설.

109)　"That the manufacturers would absorb it and use it up. Those were the very words used by the cotton manufacturers" (같은 글).

서 송치되었다. 이들 인간 소화물은 일반 화물과 마찬가지로 꼬리표가 붙여져서 운하나 짐마차로 운반되었다. 일부는 뒤에서 걸어서 따라갔으며, 또 그 중에는 길을 잘못 들어 반(半)기아상태에서 공업지대를 헤매는 사람도 많았다. 이것은 점차 본격적인 상거래부문으로 발전하였다. 의회는 이것을 거의 믿을 수 없을 것이다. 이 규칙적인 거래, 즉 인신매매는 지속적으로 이루어졌고, 이 사람들은 흑인이 미국 남부의 여러 주에서 면화 재배업자에게 팔리는 것과 완전히 똑같이, 정기적으로 맨체스터의 사무소들을 통해서 맨체스터의 공장주들에게 넘겨졌다. …… 1860년에는 면직산업의 융성이 극에 달했다. …… 다시금 일손이 부족해졌다. 공장주들은 또다시 인신매매인들에게 의뢰했다. 그리고 이들 인신매매업자들은 도싯의 사막과 데번의 구릉지대 그리고 월츠의 평원을 샅샅이 뒤졌으나, 과잉인구는 이미 다 소진되어 있었다.

『베리 가디언』(*Bury Guardian*)지는 영불 통상조약이 체결된 뒤에는 1만 명의 추가 노동자가 흡수될 수 있을 테지만, 금방 또다시 3만~4만 명이 더 필요하게 될 것이라고 개탄하였다. 인신매매업자와 그 하수인들이 1860년 농업지역을 아무런 성과 없이 찾아 돌아다닌 뒤에,

한 공장주 대표는 구빈국 장관 빌러스에게 구빈원에서 빈민아동과 고아를 공급받을 수 있도록 다시 허가해달라고 청원했다.[110]

110) 같은 글. 빌리어스는 그렇게 해주고 싶었지만, '법률상'으로는 공장주의 간청을 거절해야만 하는 처지였다. 그러나 공장주들은 지방의 구빈원 당국이 베푼 호의 덕분에 그 목적을 달성했다. 공장감독관 레드그레이브가 확인한 바로는, 고아나 빈민아동을 '법률상' 도제로 인정하는 제도가 "스코틀랜드 농업지대에서 랭커셔나 체셔로 데려온 소녀와 젊은 처자들에 대해서 남용된" 적이 있긴 했지만, 이번에는 '과거의 폐해' ― (이 '폐해'에 관해서는 엥겔스, 앞의 책 참조)―가 수반되지는 않았다. 이 '제도'를 통해서 공장주는 일정 기간 구빈원 당국과 계약을 맺는다. 그는 아동들에게 의식주를 제공하고 약간의 수당을 화폐로 준다. 레드그레이브의 다음과 같은 말은 좀 기묘하게 들리는데, 다음과 같은 사정을 생각해보면 특히 그러하다. 즉 영국 면직산업이 번영한 해 중에서도 1860년은 특히 비할 데 없는 해로서 임금이 매우 높았는데, 이

    자본가들이 일반적으로 경험하는 것은 항상적인 과잉인구〔즉 자본이 당면한 증식욕구에 비해 상대적으로 과잉인 인구〕이다. 그러나 이 과잉인구는 발육이 불완전하고 단명하며 급속히 교체된다. 말하자면 미처 자라

 기도 전에 잘려나가버리는 여러 세대의 인간으로 구성되어 있다.[111] 물론 현명한 관찰자의 시각에서는 이 경험이 다르게 보인다. 즉 그것은 역사적으로 볼 때 겨우 어제 시작된 자본주의적 생산이 얼마나 빨리 그리고 얼마나 깊숙이 민중의 생명력의 근원을 장악해버렸는지를 보여주며, 또한 공

는 아일랜드의 인구가 감소하고 잉글랜드와 스코틀랜드 양쪽의 농업지대에서 오스트레일리아와 아메리카로 전례가 없을 정도로 많은 사람들이 이주했으며 잉글랜드의 몇몇 농업지대에서도 인구가 현격하게 감소함으로써 특별히 많은 노동수요가 발생했기 때문이다. 그런데 이 잉글랜드에서의 인구감소는 한편으로는 성공적으로 달성된 생명력 파괴의 결과였으며, 또다른 한편으로는 사용 가능한 인구가 그 이전에 벌써 인신매매인의 손에 탕진되어버린 결과였다. 그런데도 레드그레이브는 다음과 같이 말하고 있다. "그러나 이런(구빈원 아동의) 노동은 다른 노동을 찾을 수 없는 경우에만 찾게 된다. 왜냐하면 그것은 고가의 노동이기 때문이다. 13세 소년 한 사람의 통상임금은 주급 4실링 정도이다. 그런데 50~100명의 이런 소년들에게 의식주를 제공하고 의료진과 관리자를 배치할 뿐만 아니라 거기에 약간의 수당을 다시 화폐로 지불하는 일은 1인당 주급 4실링보다 훨씬 더 비용이 많이 먹히는 일이기 때문이다"(『공장감독관 보고서: 1860년 4월 30일』, 27쪽). 레드그레이브는 공장주가 4실링의 비용으로는 50~100명의 소년에게 의식주를 제공하면서 감독하기가 불가능한 그 일을, 노동자들 자신은 바로 그 임금으로 어떻게 자기 아이들을 먹이고 재우고 관리할 수 있는지에 대해서는 말하지 않는다. 그릇된 결론이 도출되는 것을 막기 위해서 여기에서 또 하나 말해두어야 할 것은, 노동시간의 규제를 포함한 1850년의 공장법이 적용된 뒤로 영국의 면직산업은 영국의 모범 산업으로 간주되어야만 한다는 사실이다. 영국의 면직산업 노동자는 대륙의 면직산업 노동자들보다는 모든 점에서 처지가 더 낫다. "프로이센의 공장노동자는 영국의 경쟁상대보다도 적어도 주당 10시간은 더 많이 노동한다. 또한 그가 자기 기계로 자기 집에서 일하는 경우에는 도대체 얼마나 더 일하는지조차도 알 수 없다"(『공장감독관 보고서: 1855년 10월 31일』, 103쪽). 위의 공장감독관 레드그레이브는 1851년 산업박람회가 끝난 뒤 대륙의 프랑스와 프로이센 등지를 여행하며 그 지역의 공장 사정을 조사하였다. 그는 프로이센의 공장노동자에 관해서 다음과 같이 말한다. "그는 자신이 익숙해 있고 만족해하는 정도의 간소한 음식물을 손에 넣고 약간의 위안을 얻을 수 있을 정도의 임금만을 받는다. …… 그는 영국의 경쟁상대보다 더 열악하게 생활하고 더 많이 노동한다"(『공장감독관 보고서: 1853년 10월 31일』, 85쪽).

111) "과도한 노동을 하는 자는 놀라울 정도로 일찍 죽는다. 그러나 사라져가는 자의 자리는 곧바로 다시 메워져, 등장인물이 빈번히 바뀌어도 무대에는 변화가 없다"(웨이크필드〔E. G. Wakefield〕, 『영국과 미국』, 런던, 1833, 제1권, 55쪽).

업인구의 쇠퇴가 오로지 농촌으로부터의 자연발생적인 생명요소를 끊임없이 흡수함으로써만 완화될 수 있으며, 나아가 농촌노동자들이 — 자유로운 공기와 그들을 가장 강력하게 지배하는 자연도태의 법칙, 즉 가장 강한 개체만을 성장시키는 그 법칙에도 불구하고 — 이미 쇠약해지기 시작했다는 것을 보여준다.[112] 자신을 에워싸고 있는 노동자들의 고통을 부인하기에 '충분한 이유'를 갖고 있는 자본은, 인류가 장차 멸망할 것이라든지 결국은 인구가 끊임없이 감소할 것이라든지 하는 정도의 예상에 대해서는 〔지구가 태양에 부딪힐지 모른다는 예상이나 마찬가지로〕 자신의 실제 행동에서 눈도 깜짝하지 않는다. 모든 주식 투기의 경우 사람들은 언젠가 폭풍우가 몰아칠 것이라는 사실을 누구나 알고 있지만, 모두들 그 폭풍우가, 자신이 돈벼락을 맞고 안전한 곳으로 대피한 다음에야 덮칠 것이고 그것도 자신을 비켜가서 이웃을 덮치리라고 생각한다. 뒷일은 난 몰라 (Après nous le déluge)![†79] 이것이 모든 자본가, 모든 자본주의 국가의 표어이다. 그러므로 자본은 사회가 강요하지 않는 한 노동자의 건강이나 수명에는 전혀 관심을 두지 않는다.[113] 육체적·정신적 위축과 요절 그리고 M286 과도노동의 고통에 관한 불평에 대해서 자본은 다음과 같이 대답한다.

112) 『공중위생, 추밀원 의무관 제6차 보고서: 1863년』을 보라. 이것은 1864년에 런던에서 간행되었다. 이 보고서는 특히 농업노동자에 대한 문제를 다루고 있다. "서덜랜드 주는 매우 개명된 주라고 평가되어왔지만, 최근의 어떤 조사에서 발견된 바에 따르면, 예전에는 건장한 남자와 용맹스런 병사로 무척 유명했던 이곳의 여러 지방에서도 주민들이 쇠약해져서 빈약하고 왜소한 종족으로 변하고 있다. 바다를 마주한 언덕바지에 자리잡고 있어 건강에는 가장 좋은 장소인데도 이곳 아이들의 얼굴은 런던 뒷골목의 썩은 공기 속에서나 볼 수 있을 만큼 창백하기 짝이 없다"(손튼, 앞의 책, 74~75쪽). 사실 그들은 글래스고의 뒷골목이나 길거리에서 매춘부 또는 도둑들과 함께 생활하는 3만 명의 '용감한 스코틀랜드 하이랜더(Highlander)'와 마찬가지 처지에 놓여 있다.

113) "주민의 건강이 국가 자산의 매우 중요한 한 요소인데도, 우리는 자본가들이 이 보물을 보존하고 존중할 의사가 전혀 없음을 인정하지 않을 수 없다. …… 노동자들의 건강을 배려해야 할 의무가 공장주들에게 강제로 부과되었다"(『타임스』, 1861년 11월 5일자). "웨스트 라이딩의 사람들은 온 인류를 상대로 직물을 제조하는 사람들이 되었다. …… 노동 대중의 건강이 희생되어 겨우 몇 세대 만에 종족 전체가 멸종되어버릴 지경이었는데, 하나의 반동이 나타났다. 아동노동시간이 제한된 것이다. 운운"(『호적장관 제22차 연차보고서』, 1861).

"이 고통은 우리의 기쁨(이윤)을 증가시키는데, 우리가 그것 때문에 고민할 이유가 어디에 있겠는가!" [80] 그러나 일반적으로 이것은 개별 자본가들의 심성에 달린 문제도 아니다. 자유경쟁은 자본주의적 생산의 내재적인 법칙을 개별 자본가들에 대해서 외적인 강제법칙(äußerliches Zwangsgesetz)으로 작용하게 만든다.[114]

표준노동일의 제정은 자본가와 노동자 사이의 몇 세기에 걸친 투쟁의 결과이다. 그러나 이 투쟁의 역사는 서로 대립하는 두 가지 흐름을 보여준다. 예를 들어 현재 영국의 공장법을 14세기부터 한참 뒤인 18세기 중엽까지의 영국 노동법령들과 비교해보자.[115] 현재의 공장법이 노동일을 강제로 단축하려는 데 반해 이전의 법령들은 그것을 강제로 연장하려고 하였다. 물론 겨우 싹이 튼 상태에서 아직 경제적 관계의 힘만으로는 잉여노동을 충분히 흡수할 수 없어서 국가권력의 도움을 받고자 했던 맹아기 자본의 요구는, 이제 성년이 되어 마지못해 감수하는 양보에 비하면 정말로 겸손해 보인다. 자본주의적 생산양식이 발전한 결과, '자유로운' 노동자가 자신의 일상적인 생활수단의 가격으로 자신의 활동시간 전체(즉 자신

M287

114) 그러므로 우리는 예를 들어 1863년 초 웨지우드 부자(父子)상회를 포함하여 스태퍼드서 지역의 도자기 제조회사 26개 사가 제출한 청원서에서 이들이 '국가의 강제적 간섭'을 요청하고 있음을 보게 된다. '다른 자본가들과의 경쟁'은 그들이 아동의 노동시간 따위를 '자발적으로' 제한하도록 허용하지 않는다. "그 때문에 우리가 앞서 말한 폐해를 아무리 떠들어대더라도, 그것을 공장주들간의 어떤 협정으로 막을 수는 없을 것이다. …… 이런 모든 점을 고려한 끝에 우리는 하나의 강제적인 법이 필요하다는 확신에 도달하였다"(『아동노동 조사위원회 제1차 보고서: 1863년』, 322쪽). 주 114의 보유: 최근에 더욱 확실한 사례가 드러나고 있다. 열병과도 같은 호황기에 면화가격이 치솟자 블랙번의 면직공장주들은 공동협정을 맺어 일정 기간 동안 그들 공장의 노동시간을 단축하고 있었다. 이 협정은 11월 말경(1871년)에 기한이 끝났다. 방직업과 방적업을 함께 경영하는 비교적 부유한 공장주들은 그 동안 협정 때문에 발생한 생산의 감소를 이용해 자신들의 영업을 확장하고 소규모 고용주들을 회생시켜 막대한 이윤을 올리려고 하였다. 그리하여 어려움에 처한 소규모 고용주들은 공장 노동자들에게 도움을 청하여, 9시간 노동운동을 열심히 추진하도록 그들에게 호소하고 이를 위해 기부금을 내놓겠다고 약속한 것이다!
115) 이런 노동법령은 프랑스나 네덜란드 등에서도 볼 수 있는데, 영국에서는 그것이 실제 생산 관계에서는 벌써 오래 전에 폐기되었지만 형식적으로는 1813년에야 비로소 폐지되었다.

의 노동능력 그 자체〕를 자유의지로 동의하면서〔즉 사회적으로 그것을 강요당하면서〕 팔게 되기까지는〔다시 말해 자신의 장자권(長子權)을 한 접시의 팥죽에 팔게 되기까지는(「창세기」 25:29 이하—옮긴이)〕 몇 세기의 세월이 필요하였다. 따라서 14세기 중엽부터 17세기 말까지 자본이 국가권력의 힘을 빌려 성년 노동자에게 강요하려 했던 노동일의 연장이, 19세기 후반에는 아동의 피가 자본으로 전화하는 것을 막기 위하여 때때로 국가에 의해 가해진 노동시간의 제한과 거의 일치하는 것은 당연하다. 예를 들어 오늘날 미국에서 가장 자유로운 주인 매사추세츠 주에서 12세 미만의 아동노동에 대해 국가가 포고하고 있는 노동일의 제한은, 영국에서는 17세기 중엽 무렵까지도 혈기왕성한 수공업자나 건장한 머슴 또는 몸집이 거구인 대장장이의 표준노동일이었다.[116]

최초의 '노동자 단속법'(Statute of Labourers: 에드워드 3세 치하 23년, 1349년)은 그 직접적인 구실(그 원인은 아니다. 왜냐하면 이런 종류의 입법은 아무런 구실이 없어도 몇 세기나 존속하기 때문이다)을 페스트의 창궐[†81]에서 찾는다. 토리당의 한 저술가에 따르면 이 페스트는 "노동자를 적당한 가격으로〔곧 그들의 고용주에게 적당한 양의 잉여노동을 남겨주는 가격으로〕 일하게 만드는 것을 사실상 어렵게 만들 정도로"[117] 인구를 M288

---

116) "어떤 공장에서도 12세 미만의 아동에게는 하루에 10시간 이상 일을 시킬 수 없다"(『매사추세츠 일반법령』, 제60장, 제3조. 이 법령은 1836년에 공포되어 1858년까지 지속되었다). "모든 목면·양모·비단·종이·유리·아마 공장이나 철 그리고 그밖의 금속가공 공장에서는 하루에 10시간 동안 수행되는 노동을 법정 하루노동으로 간주해야 한다. 또한 앞으로 모든 공장에 고용된 미성년자는 하루에 10시간 이상 또는 1주일에 60시간 이상 노동을 위해 억류되거나 노동을 강요받아서는 안 된다. 또한 앞으로 우리 주(州)에 있는 모든 공장에서는 10세 미만의 미성년자를 노동자로 채용해서는 안 된다"(『뉴저지 주 노동시간의 제한 등에 관한 법령』, 제1조와 제2조, 1851년 3월 18일의 법령). "12세 이상 15세 미만의 미성년자는 어떤 공장에서도 하루에 11시간 이상 또는 아침 5시 이전이나 저녁 7시 30분 이후에는 일을 시켜서는 안 된다"(『로드아일랜드 주 개정법령』, 제139장, 제23조, 1857년 7월 1일).

117) 바일스(J. B. Byles), 『자유무역의 궤변』, 제7판, 런던, 1850, 205쪽. 이 토리당원은 또 다음과 같이 고백하고 있다. "임금을 노동자에게는 불리하고 고용주에게는 유리하도록 규제한 법률이 464년이라는 긴 세월 동안 존속하였다. 그 동안 인구는 증가하였다. 그래서 이제 이들 법률은 불필요하고 성가신 것이 되었다"(같은 책, 206쪽).

감소시켰다. 그래서 노동일의 한계와 마찬가지로 적당한 임금도 법률적 강제로 지정되었다. 지금 우리의 관심사가 되고 있는 노동일의 한계는 1496년(헨리 7세 치하)의 법령에서도 되풀이되고 있다. 3월부터 9월 사이에 모든 수공업자(artificers)와 농업노동자의 노동일은—결코 제대로 지켜진 적은 없지만—아침 5시부터 저녁 7~8시까지로 되어 있었다. 그리고 식사시간은 아침 1시간과 점심 1시간 30분, 오후 4시의 간식 30분이어서 현행 공장법에서 규정하고 있는 식사시간의 꼭 2배였다.[118] 겨울에는 중간 휴식시간은 똑같고 노동시간만 아침 5시부터 날이 저물 때까지로 되어 있었다. 1562년 엘리자베스의 한 법령은 '일급 또는 주급으로 고용되는' 모든 노동자들에 대해 노동일의 길이는 그대로 두고, 중간 휴식시간만 여름에는 2시간 30분으로, 겨울에는 2시간으로 줄이려고 하였다. 점심시간은 1시간으로 제한되었고 '30분의 낮잠'은 5월 중순경과 8월 중순경 사이에만 허용되었다. 노동일의 길이가 정해진 시간보다 줄면 시간당 1다임(약 8페니히)씩 임금에서 공제하게 되어 있었다. 그러나 실제 사정은 법조문에 있는 것보다도 노동자에게 훨씬 유리하였다. 경제학의 아버지이자 통계학의 창시자라고도 할 수 있는 윌리엄 페티(William Petty)는 1670년경에 저술한 책에서 다음과 같이 말하고 있다.

노동자(labouring men. 엄밀하게 말하자면 당시의 농업노동자)는 날마다 10시간씩 노동하고 매주 20회〔주중에는 하루 3회, 일요일에는 2회〕의 식사시간을 가지고 있다. 여기에서 확실히 알 수 있는 것은, 만일 그들이 금요

M289

---

118) 이 법령에 대한 존 웨이드의 다음 얘기는 정확한 것이다. "1496년의 법령에서는 음식물 비용이 수공업자 소득의 $\frac{1}{4}$, 농업노동자 소득의 $\frac{1}{2}$을 차지하는 것으로 간주되고 있다. 이것은 노동자들의 자립도가 전반적으로 오늘날보다 높았음을 보여준다. 오늘날 농업이나 공업 부문 노동자들의 음식물비용이 그들의 임금에서 차지하는 비중은 이보다 훨씬 높게 나타나고 있다"(존 웨이드, 앞의 책, 24~25쪽과 577쪽). 이 차이가 식료품 가격과 의류 가격 간의 차이에서 비롯된다는 견해는 플리트우드(W. Fleetwood) 주교(主敎)의 『물가 연표』(초판, 런던, 1707; 제2판, 런던, 1745)를 그냥 피상적으로 훑어보기만 해도 틀렸다는 것을 알 수 있다.

일 저녁을 굶고 현재 오전 11시부터 오후 1시까지 2시간을 소비하고 있는 점심시간을 1시간 30분으로 줄여준다면, 즉 그들이 $\frac{1}{20}$ 만큼 더 일하고 $\frac{1}{20}$ 만큼 적게 소비한다면, 앞서 말한 조세의 $\frac{1}{10}$ 을 더 거둘 수 있을 것이다.[119]

앤드루 유어(Andrew Ure) 박사가 1833년의 12시간 법안을 암흑시대로의 후퇴라고 비난할 만하지 않았을까? 물론 페티도 언급하고 있는 여러 법령의 이 규정들은 '도제들'(apprentices)에게도 똑같이 적용된다. 그렇지만 17세기 말까지만 해도 아동노동의 상태가 어떠했는지는 다음의 얘기를 통해서도 잘 알 수 있다.

우리 영국의 소년들은 도제가 되기 전까지는 아무 일도 하지 않는다. 그리고 도제가 된 다음에도 완전한 수공업자가 될 때까지 아주 오랜 기간— 7년—을 필요로 한다.

이와 반대로 독일은 칭찬받는다. 왜냐하면 그곳에서는 아동들이 요람 속에서부터 적어도 '조금이나마 일을 배우기'[120] 때문이다.

---

119) 페티, 『아일랜드의 정치적 해부: 1672년판』, 1691년판 10쪽. †50

120) 『기계공업 장려의 필요에 관한 고찰』, 런던, 1690, 13쪽. 영국의 역사를 휘그당과 부르주아의 이익에 합치하도록 위조한 매콜리(Macaulay)는 다음과 같이 말하고 있다. "아동을 어릴 때부터 노동에 종사하게 하는 관습은 …… 17세기 당시의 산업상태에 비추어서는 놀라울 정도로 널리 퍼져 있었다. 모직산업의 중심지 노위치에서는 6세만 되어도 노동능력이 있는 것으로 취급되었다. 당시의 여러 저술가—그 중에는 꽤 자비로운 마음씨를 가진 것으로 보이는 사람도 여럿 있었는데—는 이 도시에서만 소년 소녀들이 만들어내는 부가 이 아이들 자신의 생활비를 공제하고도 1년에 1만 2,000파운드스털링에 이른다는 사실을 '경탄스럽게' 말하고 있다. 옛날 역사를 자세히 살펴볼수록 우리는 우리 시대가 새로운 사회적 병폐로 가득 찼다고 생각하는 사람들의 견해를 물리칠 수 있는 반대근거를 더 많이 발견하게 된다. …… 새로운 것은 이 병폐를 발견하는 지성과 그것을 치유하는 휴머니즘이다"(제임스 2세 이후의 『영국사』 제1권, 417쪽). 매콜리는 또한 17세기에 상업에 종사하는 '매우 마음씨가 착한' 어떤 친구가 네덜란드의 어느 구빈원에서 4세의 아동이 일하는 것을 '경탄스럽게' 말했다는 사실은 물론 이 '실천에 옮겨진 덕성'의 사례가 애덤 스미스 시대에 이르기까지 매콜리 같은 부류의 인도주의자들의 온갖 저서에서 모범적인 사례로 다루어진다는 사실도 전할 수 있었을 것이다. 수공업과는 달리 매뉴팩처가 나타나게 되면 아동 착취의 흔적이 더욱 뚜렷하게 나타나고, 이 착취는 예

　　18세기가 거의 다 지나가고 대공업 시대에 이를 때까지도 영국의 자본은 아직 노동력의 1주일 가치를 지불하고 노동자의 1주일 시간 전체를 자기 것으로 만들지 못하였다. 단지 농업노동자만은 예외였다. 4일치 임금으로 1주일을 살아갈 수 있다는 사실이 노동자들에게는 나머지 이틀도 자본가를 위해서 노동해야 하는 충분한 이유라고는 생각되지 않았다. 영국의 경제학자들 가운데 일부는 자본을 위해서 노동자들의 이런 생각을 격렬히 비난했으나 다른 일부는 노동자를 옹호하였다. 예를 들어 당시 상업사전의 편찬자로서 오늘날의 매컬럭과 맥그리거만큼의 명성을 얻고 있던 포슬스웨이트(Postlethwayt)와 앞에서 인용한 『산업과 상업에 관한 에세이』의 저자 사이의 논쟁을 들어보자.[121]

　　포슬스웨이트는 다음과 같이 말한다.

　　내가 이 간단한 논문을 끝맺으면서 한마디 하지 않을 수 없는 것은, 만약 노동자(industrious poor)가 5일 동안의 임금으로 충분히 생활할 수 있다면

전부터 농민들 사이에 어느 정도 존재하고 있었으며 농민들에게 가해지는 압박이 가혹해질수록 점점 더 심해진다는 것은 맞는 말이다. 자본의 경향은 명백한 것이지만, 그것이 실제 사실로 확인되는 것은 머리가 둘 달린 아이의 출생만큼이나 매우 드물게 이루어지는 현상이다. 바로 그 때문에 그 일은 주목하고 또 경탄할 만한 가치가 있는 것으로서, 선견지명이 있는 '상업에 종사하는 친구'에 의해 동시대인을 위해서나 후세를 위해서 '경탄스럽게' 얘기되고, 또한 그러도록 권장되었다. 스코틀랜드 태생의 아첨가로 말주변이 좋은 매콜리는 "오늘날 들리는 것은 오로지 퇴보뿐이고, 보이는 것은 오직 진보뿐이다"라고 말했다. 도대체 그 눈은 어떻게 생겨먹은 눈이며, 더욱이 그 귀는 도대체 어떻게 된 귀란 말인가!

121) 노동자를 비난하는 사람들 가운데 가장 격렬하게 분노하는 자는 본문에서 언급한 『산업과 상업에 관한 에세이: 조세의 고찰을 포함하여』(런던, 1770)의 익명의 저자로, 그는 이미 그 이전의 저서 『조세에 관한 고찰』(런던 1765년)에서도 그러했다. 폴로니우스 아서 영(폴로니우스는 『햄릿』에 나오는 수다스러운 궁내관─옮긴이)은 통계국의 말할 수 없이 심한 수다쟁이로, 이 사람 또한 그러했다. 노동자를 옹호하는 사람들 가운데 앞장선 사람으로는 『화폐 만능론』(런던, 1734년)의 저자 제이콥 밴더린트와 『최근 식량가격 폭등의 원인에 대한 연구』(런던, 1767년)의 저자인 신학박사 너새니얼 포스터(Nathaniel Forster) 목사와 프라이스(Price) 박사 그리고 『상공업 대사전』의 부록과 『영국의 상업적 이익의 해명과 개선』(제2판, 런던, 1759)을 집필한 포슬스웨이트 등을 들 수 있다. 역사적인 사실에 대해서는 조시아 터커 등과 같은 동시대의 다른 많은 저술가들에 의해서 확인될 수 있다.

6일 모두를 노동하려 하지 않을 것이라는, 너무나 많은 사람의 입에 오르내리는 평범한 이치에 관해서이다. 이 점을 근거로 그들은 수공업자와 매뉴팩처 노동자에게 지속적인 주 6일간의 노동을 강제하기 위해서는 조세나 그밖의 다른 수단을 통해 생활필수품의 가격을 올릴 필요조차 있다는 결론을 내린다. 유감스럽게도 나는 우리 영국 노동대중의 영구적인 노예상태를 위해서 창(槍)을 준비하는 이들 위대한 정치가와는 견해가 다르다. 그들은 일만 하고 놀지 않으면 바보가 된다는 격언을 잊고 있다. 지금까지 영국 상 품에 전반적인 신용과 명성을 안겨준 영국의 수공업자와 매뉴팩처 노동자의 독창성과 숙련은 영국인들의 자랑거리가 아니었던가? 그런데 독창성과 숙련은 어디서 오는 것인가? 아마도 우리의 노동대중이 자기네만의 특유한 방법으로 기분을 푸는 것 이외의 어떤 이유도 없을 것이다. 만일 그들이 1주에 6일을 계속해서 똑같은 일을 반복하면서 1년 내내 일하도록 강요당한다면 그것은 그들의 독창력을 무디게 하고, 그들을 원기 있고 민활하게 하기보다는 우둔하게 만들 것이 아닌가? 그리고 이러한 영구적인 노예상태로 결국 우리 노동자들은 그 명성을 유지하기보다는 잃어버리지 않겠는가? …… 이처럼 심하게 혹사당하는 동물에게서 우리는 어떤 종류의 지능을 기대할 수 있는가? …… 프랑스인이라면 5~6일 걸리는 노동을 그들은 4일 만에 해낸다. 그러나 만일 영국인이 영원한 노역노동자가 된다면, 그들은 프랑스인보다 더 퇴화할 우려가 있다. 우리 국민이 전쟁터에서 용맹을 떨칠 때, 우리는 그것이 한편으로는 그들의 배를 채우고 있는 영국의 우수한 로스트비프와 푸딩 덕택이고, 다른 한편으로는 우리의 입헌적 자유주의 정신 덕택이라고 말하지 않는가? 그렇다면 우리 수공업자와 매뉴팩처 노동자의 뛰어난 독창력과 에너지와 숙련은 왜 그들이 그들 특유의 방식으로 기분을 푸는 자유 덕분이 아니란 말인가? 나는 그들이 이런 특권을 결코 잃어버리지 않을 것을, 또 그들 기량의 원천인 동시에 그들 원기의 원천이기도 한 질 높은 생활을 잃지 않게 되기를 희망한다![122]

이에 대하여 『산업과 상업에 관한 에세이』의 저자는 다음과 같이 답한다.

만일 한 주의 일곱 번째 날에 쉬게 하는 것이 신의 섭리라면, 그것은 나머지 요일은 노동에(곧 다들 알게 되겠지만 이것은 실은 '자본에'라는 뜻이다) 속한다는 것을 뜻한다. 그러므로 이러한 신의 명령을 강행하는 것이 잔혹하다고 질타해서는 안 된다. …… 대체로 인간이 천성적으로 안락과 나태함을 즐긴다는 것은 불행하게도 우리들 매뉴팩처 노동자대중의 행동으로부터 경험하는 터이고, 이들 대중은 생활수단의 가격이 상승하는 경우 이외에는 평균적으로 일주일에 4일 이상은 노동하지 않는다. …… 1부셸의 밀이 노동자의 전체 생활수단을 대표하고 그 가격이 5실링이며, 노동자는 매일 노동을 통해 하루 1실링을 번다고 가정하자. 그 경우 그는 1주에 5일만 노동하면 된다. 만일 1부셸이 4실링이라면 4일만 노동하면 된다. …… 그런데 우리 영국에서는 임금이 생활수단의 가격보다 훨씬 높기 때문에 4일 노동하는 매뉴팩처 노동자는 여분의 돈을 갖고 그 돈으로 그 주의 나머지 요일을 놀고 지내는 것이다. …… 내가 충분히 말했듯이 주 6일의 적당한 노동이 결코 노예상태가 아니라는 점이 분명해졌으면 한다. 우리의 농업노동자는 이 제도를 시행하고 있으며 어느 모로 보더라도 그들은 노동자들 중에서도 가장 행복한 사람들이다.[123] 그러나 네덜란드인은 매뉴팩처에서 이 제도를 시행하고 있어서 매우 행복한 국민처럼 보인다. 프랑스인은 많은 휴일이 끼어 있지 않은 주간에는 이 제도를 시행하고 있다.[124] 그런데 우리나라의 노동대중은 그들이 영국인으로서 타고난 권리가 있으므로 유럽의 다른 어떤 나라(의 노동대중)보다도 더 자유롭고 독립적이어야

M292

---

122) 포슬스웨이트, 앞의 책, 「제1서론」, 14쪽.

123) 『산업과 상업에 관한 에세이』. 그는 스스로 96쪽에서 벌써 1770년 당시 영국 농업노동자의 '행복'이 무엇이었는지를 설명하고 있다. "그들의 노동력은 언제나 고도의 긴장상태에 있다. 그들은 더 이상 나쁜 생활을 할 수가 없고 또 더 이상 격심하게 노동할 수도 없다."

124) 신교는 전통적인 휴일을 거의 모두 작업일로 만들어놓음으로써 이미 자본의 발생사에서 중요한 역할을 하고 있다.

할 특권을 갖고 있다는 고정관념을 자신의 머리에 심어놓았다. 그리고 이 관념은 우리 병사들의 용맹에는 약간 유익한 방향으로 작용할 수도 있다. 그러나 매뉴팩처 노동자는 그런 관념을 적게 가질수록 그들 자신을 위해서도 국가를 위해서도 좋다. 노동자는 결코 자신들의 상사로부터 독립되어 있다고 생각해서는 안 된다. …… 총인구의 $\frac{7}{8}$ 이 재산을 거의 또는 전혀 갖지 못한 우리나라와 같은 상업국가에서는 민중을 고무하는 것이 위험천만한 일이다.[125] …… 우리나라의 산업빈민이 오늘날 그들이 4일 동안 버는 것과 같은 금액으로 6일 동안 노동하기를 받아들이기 전까지는 치료가 완전히 끝난 것이 아니다.[126]

이 목적을 위해서, 또 '나태와 방탕 또는 낭만적인 자유의 환상을 근절'시키기 위해서, 그리고 더 나아가 '구빈세의 경감과 근로정신의 조장 그리고 매뉴팩처에서 노동가격의 인하를 위해서', 자본의 충실한 대변자인 우리의 에크하르트(독일 영웅시 속의 충신—옮긴이)는 공적 자선에 의지하는 이런 노동자〔즉 피구휼민〕를 하나의 '이상적 구빈원'(an ideal Workhouse)에 가두어두자는 확실한 수단을 제안한다. "이런 집은 공포의 집(House of Terror)이 되어야만 한다.[127] 이 '공포의 집', 즉 이 '전형적인 구빈원'에서는 "완전히 12시간이 남도록, 다시 말해서 적당한 식사시간을 포함하여 하루 14시간"의 노동이 수행되어야 한다.[128]

---

125) 『산업과 상업에 관한 에세이』, 41 · 15 · 96~97쪽과 55~57쪽.

126) 밴더린트, 앞의 책, 69쪽. 밴더린트는 벌써 1734년에, 노동대중의 나태함에 대한 자본가의 불평이 사실은 오로지 자본가들이 똑같은 임금으로 4노동일 대신 6노동일을 요구한 데서 비롯되었다는 점을 명확히 밝혀냈다.

127) 같은 책, 242~243쪽. "이런 이상적인 구빈원은 '공포의 집'이 되어야지, 빈민들이 배불리 먹고 따뜻하고 말쑥하게 차려입은 채로 일은 별로 하지 않는 피난처가 되어서는 안 된다."

128) "In this ideal workhouse the poor shall work 14 hours in a day, allowing proper time for meals, in such manner that there shall remain 12 hours of neat labour"(같은 책, 260쪽). 그는 이렇게 말한다. "프랑스인들은 자유를 열광적으로 신봉하는 우리의 이념을 비웃는다"(같은 책, 78쪽).

  ‘이상적 구빈원’, 즉 1770년의 공포의 집에서는 하루 12시간의 노동이 이루어졌다! 그때부터 63년 뒤인 1833년 영국 의회가 4개 공업부문에서 13~18세 청소년의 노동일을 12시간으로 단축했을 때 마치 영국 공업에는 최후의 심판일이 닥친 것 같았다! 1852년 루이 보나파르트가 법정노동일을 폐지함으로써 부르주아의 지지를 얻으려 했을 때 프랑스 노동대중 (Arbeitervolk)*은 하나같이 이렇게 절규하였다.

> 노동일을 12시간으로 단축하는 법률은 공화국의 입법 중 우리 손에 남은 유일한 재산이다![129]

취리히에서는 10세 이상의 아동노동은 12시간으로 제한되고 있었다. 아르가우(스위스의 한 주―옮긴이)에서는 1862년 13~16세의 청소년노동이 $12\frac{1}{2}$ 시간에서 12시간으로 단축되었고, 오스트리아에서는 1860년 14~16세의 청소년노동이 똑같이 12시간으로 단축되었다.[130] ‘1770년 이후 이루어진 진보’가 얼마나 대단한 것인지를 알면 매콜리는 ‘경탄을 보내며’ 환호할 것이다!

---

* 제3판과 제4판에는 ‘민중’(Volk)이라고 되어 있다.

129) “하루 12시간 이상의 노동에 그들이 특별히 반대한 까닭은 노동시간을 확정한 이 법률이 공화국의 입법 가운데 그들 손에 남은 오직 하나의 재산이라는 데에 있다”(『공장감독관 보고서: 1855년 10월 31일』, 80쪽). 1850년 9월 5일 프랑스의 12시간 노동법은 1848년 3월 2일 임시정부의 포고를 부르주아적인 방식으로 공포한 것인데, 이것은 모든 작업장에 차별 없이 적용된다. 이 법률이 있기 전 프랑스의 노동일에는 아무런 제약이 없었다. 공장의 노동일은 14~15시간 또는 그 이상 계속되기도 하였다. 블랑키(Blanqui)의 『1848년 프랑스 노동자계급에 관하여』를 볼 것. 혁명가가 아닌 경제학자 블랑키(혁명가 루이 오귀스트 블랑키의 형 아돌프 블랑키―옮긴이)는 정부의 명령으로 노동자의 상태에 관한 연구를 위촉받았다.

130) 벨기에는 노동일의 규제에 관해서도 모범적인 부르주아 국가임을 입증한다. 브뤼셀 주재 영국 전권공사 하워드 드 월든 경은 1862년 5월 12일, 영국 외무성에 다음과 같이 보고하였다. “로저 장관이 나에게 설명한 바에 따르면, 일반 법률이나 지방법 어디에서도 아동노동에 대한 제한규정이 전혀 없다. 정부는 최근 3년 동안 매 회기마다 이 문제에 관한 법률을 의회에 제출할 생각을 하고 있었으나, 완전한 노동 자유의 원칙과 모순되는 어떠한 입법에 대해서도 반대하는 세력이 있어서 계속 좌절하고 있다!”

자본의 혼이 아직 꿈만 꾸고 있던 1770년의 피구휼민을 위한 '공포의 집'이 불과 몇 년 뒤에는 매뉴팩처 노동자들을 위한 거대한 '구빈원'으로 나타났다. 그것은 공장(Fabrik)이라고 일컬어진다. 그리고 이번에는 이상이 현실 앞에서 무색해지고 말았다.

제6절 표준노동일을 위한 투쟁 ─ 노동시간 제한의 법률적 강제. 1833~64년 영국의 공장입법

자본이 노동일을 표준노동시간의 최대치까지 연장하고 또 그 다음에 M294 는 이 한계를 넘어 12시간이라는 자연노동일의 한계로까지 연장하는 데에는[131] 여러 세기가 걸렸지만, 이제 1760년대에 대공업이 등장한 이후부터는 눈사태처럼 폭력적이고 무제한적인 노동일 연장의 태풍이 밀어닥쳤다. 도덕과 자연, 연령과 성, 낮과 밤의 모든 제약이 분쇄되었다. 옛날의 법령에서는 너무도 단순했던 낮과 밤에 대한 개념조차 모호해져서, 1860년에 이르자 영국의 한 재판관은 낮과 밤이 무엇인지를 '판결상 유효하게' 설명하기 위하여 유대교 율법 학자만큼의 기지를 발휘하지 않으면 안될 정도였다.[132] 자본은 그야말로 방자한 향연을 벌였다.

새로운 생산체제의 혼란스러운 소란 때문에 잠시 정신을 차리지 못하

---

131) "어떤 계급의 사람들이 날마다 12시간이나 고되게 일하지 않으면 안 된다는 사실은 참으로 가슴 아픈 일이다. 식사시간과 작업장으로 오가는 시간까지 더하면 이것은 실제로 하루 24시간 가운데 14시간에 달하는 노동시간이다. …… 건강은 둘째 치고, 노동계급의 시간을 13세라는 어린 시절부터〔'규제 없이 자유로운' 산업부문에서는 이보다 훨씬 더 어린 시절부터〕 그렇게 끊임없이, 그리고 그렇게 남김없이 깡그리 흡수해버리는 것은 도덕적인 견지에서 대단히 유해하며 무서운 해악이라는 것을 아무도 부인할 수 없을 것이다. …… 공공의 도덕을 위해서, 훌륭한 시민을 양성하기 위해서, 그리고 국민의 대부분이 합리적인 생활을 누릴 수 있기 위해서는, 모든 업종부문에서 모든 노동일의 일부분이 회복과 휴식을 위해 남겨질 필요가 강력하게 요구된다"(『공장감독관 보고서: 1841년 12월 31일』에 실린 레너드 호너의 말).

132) 『1860년 앤트림 군 벨파스트 고등법원 힐러리 개정기(Hilary Sessions: 1월 11~31일 동안의 영국 상급법원 개정기간〔開廷期間〕─옮긴이) 오트웨이의 판결』 참조.

고 있던 노동자계급이 어느 정도 다시 제정신으로 돌아가자 그들의 저항은 먼저 대공업의 출생지인 영국에서 시작되었다. 그러나 30년 동안 노동자계급이 획득하였던 이런저런 양보는 순전히 명목적인 것에 지나지 않았다. 1802년부터 1833년까지 의회는 5개의 노동관계법을 통과시켰지만 교활하게도 그것을 강제로 시행하고 운용하는 데 필요한 행정인력 등을 위해서 단 한 푼의 지출도 의결하지 않았다.[133] 그것들은 사문화한 문구에 지나지 않았다.

M295   사실 1833년의 법률 이전까지 아동과 청소년들은 밤이나 낮 전체 12시간, 또는 밤낮 24시간 동안 뼈빠지게 노동에 종사해야만 하였다.[134]

1833년의 공장법 — 면직공장·모직공장·아마공장·견직공장을 모두 포함하는 — 이후에야 비로소 근대적 공업에서의 표준노동일이 시작된다. 1833~64년의 영국 공장입법의 역사만큼 자본의 정신을 더 잘 특징짓는 것은 없다!

1833년의 법률이 선언한 바에 따르면, 보통의 공장노동일은 아침 5시 반에 시작하여 저녁 8시 반에 끝나야 한다. 그리고 이 15시간의 범위 내에서는 청소년〔즉 13~18세의 사람〕을 하루 중 아무 시간대에 사용해도 그것이 몇 가지 특별히 규정된 경우에 저촉되지 않고, 또 같은 청소년을 하

---

133) 부르주아 왕 루이 필리프의 통치에서 특징적으로 드러나는 것은, 그의 치하에서 제정된 유일한 공장법인 1841년 3월 22일의 공장법이 한 번도 실시된 적이 없다는 사실이다. 더구나 이 법률은 아동노동에만 관련된 것이었다. 이 법은 8~12세의 아동에게는 8시간, 12~16세의 아동에게는 12시간 이내에서 일을 시키도록 규정했으나, 8세의 아동에게까지 야간작업을 허가하는 등의 많은 예외규정이 있었다. 쥐 한 마리까지도 경찰에 의해 단속되는 이 나라에서, 이 법률과 관련된 감시와 강제는 '상업을 하는 친구들'의 선의에 맡겨져 있었다. 1853년이 되어서야 비로소 한 군데, 즉 노르드 구에 유급 정부감독관 한 명이 배치되었다. 그에 못지않게 프랑스 사회 전반의 발전에서 특징적으로 나타나는 것은, 모든 것을 법망 속에 포괄하는 법률공장인 프랑스에서 1848년 혁명까지는 루이 필리프의 이 공장법이 유일한 공장법이었다는 사실이다!

134) 『공장감독관 보고서: 1860년 4월 30일』, 50쪽.

루 12시간 이상 노동하게 하지 않는다면 그것은 합법적인 것으로 인정되었다. 이 법률의 제6절은 "이렇게 노동시간이 한정되어 있는 각 개인들에게는 하루에 적어도 1시간 반의 식사시간이 주어져야 한다"고 규정하고 있다. 나중에 얘기하게 될 예외를 제외하고는, 9세 미만 아동의 고용은 금지되었으며, 9~13세의 아동노동은 1일 8시간으로 제한되었다. 야간노동〔즉 이 법률에 따르면 저녁 8시 반부터 아침 5시 반까지의 노동〕은 9~18세의 청소년에 대해서 전면 금지되었다.

입법자들은 성인 노동력을 착취하는 경우에도 결코 자본의 자유나 그들이 말하는 바의 '노동의 자유'를 침해하려고 하지 않았기 때문에, 그들은 공장법의 이렇게 소름끼치는 결과를 예방하기 위해 하나의 독특한 제도를 고안해냈다.

1833년 6월 25일의 중앙위원회 「제1차 보고서」는 이렇게 적고 있었다.

현재 시행되고 있는 공장제도의 커다란 폐해는, 그것이 아동노동을 성인 M296 노동일의 최대한까지 연장할 필요성을 갖고 있다는 데 있다. 이 폐해를 해결할 수 있는 유일한 방법은, 그 폐해를 막기 위해 성인노동을 제한함으로써 더 큰 폐해가 발생하도록 만들 것이 아니라 차라리 아동 2개조를 사용하는 방법이라고 생각된다. [82]

그리하여 이 방안은 릴레이 제도(system of relays: 영어나 프랑스어에서 뜻하는 이 말의 의미는, 각 역에서 우편마차의 말을 교대시키는 것을 말한다)라는 이름 아래 가령 아침 5시 반부터 오후 1시 반까지는 9~13세의 아동들 한 조가, 오후 1시 반부터 저녁 8시 반까지는 다른 조의 아동들이 교체되는 식으로 실시되었다.

과거 22년 동안 제정된 아동노동에 관한 모든 법률을 공장주들이 아주 철면피하게 무시한 대가로 이제 그들은 또다시 완곡한 충고를 듣게 되었다. 의회는 1834년 3월 1일 이후에는 11세 미만의 아동에 대해, 1835년 3

월 1일 이후에는 12세 미만의 아동에 대해, 1836년 3월 1일 이후에는 13세 미만의 아동에 대해 공장에서 8시간 이상 일을 시켜서는 안 된다고 규정하였다! ‘자본’에 대해서 이렇게도 자비로운 ‘자유주의’는 파르와 칼라일 그리고 브로디·벨·거스리 등〔요컨대 런던의 가장 저명한 내과 및 외과 의사들〕이 이미 하원에서 증언하는 도중에 “더 이상 그대로 두어서는 위험하다(periculum in mora)!” [83]고 얘기했던 것에 비하면 훨씬 너그러운 것이었다. 실제로 파르는 매우 노골적으로 증언하였다.

> 일어날 수 있는 모든 형태의 죽음을 방지하기 위해서는 역시 입법이 필요하다. 그리고 이것〔공장방식들〕은 분명 사람을 죽게 하는 가장 잔혹한 방법의 하나로 간주되어야 한다.[135]

공장주들을 배려하느라 13세 미만의 아동들을 몇 년 동안이나 더 주 72시간의 공장노동이라는 지옥 속에 묶어 놓은 바로 이 ‘개혁된’ 의회(1832년 선거법 개정 후의 의회─옮긴이)는, 자유를 겨우 몇 방울 섞었을 뿐인 노예해방령에서는 이와 반대로 처음부터 농장주들에게 그 어떠한 흑인노예라도 주 45시간 이상 일을 시키지 못하도록 금지하였다!

그러나 자본은 결코 뉘우치지 않았으며, 오히려 그때부터 수년 동안 요란한 선동을 시작하였다. 그것은 주로 아동이라는 명목으로 노동이 8시간으로 제한되고 또 일정한 취학의무가 부과되는 연령층이 도대체 몇 살까지인지를 문제로 삼은 것이었다. 자본주의 인류학에 따르면 아동기는 10세 아니면 기껏해야 11세로 끝난다. 공장법이 전면적으로 시행되는 기한인, 운명의 1836년이 가까워옴에 따라 공장주 무리들은 점점 더 광포해졌다. 사실 그들은 1835년 정부를 위협하여 정부가 아동 범주의 연령을 13

---

135) “Legislation is equally necessary for the prevention of death, in any form in which it can be prematurely inflicted, and certainly this must be veiwed as a most cruel mode of inflicting it.” [84]

세에서 12세로 내리는 제안을 하도록 만드는 데 성공하였다. 그렇지만 외부로부터의 압력은 위협적으로 증가하였다. 하원은 용기를 잃었다. 하원은 13세의 아동을 하루 8시간 이상 자본의 저거노트 차바퀴[†85] 아래에 던져넣기를 거부하였고 1833년의 법률은 전면적으로 발효되었다. 그것은 1844년 6월까지 변함없이 유지되었다.

이 법률이 공장노동을 〔처음에는 부분적으로 나중에는 전면적으로〕 규제하고 있던 10년 동안 공장감독관의 공식보고서는 이 법률의 시행이 불가능하다는 데에 대한 불평으로 가득 차 있었다. 1833년 법률은 아침 5시 반부터 저녁 8시 반까지의 15시간 범위 내에서 모든 '청소년'과 '아동'들에 대한 12시간 및 8시간 노동의 시작과 휴식·종료 시간을 정하는 일과, 또 각자의 식사시간을 각기 달리 지정하는 일은 자본가들이 임의대로 할 수 있도록 맡겼다. 그래서 자본가들은 곧 새로운 '릴레이 제도'를 하나 고안해냈는데, 이는 노동마(勞動馬: 원래의 릴레이 제도가 우편마차의 말을 각 역에서 교대시키는 것에 비유하여 노동자를 이들 말에 비유한 것—옮긴이)들을 정해진 역에서 교대시키는 것이 아니라 계속 여러 역을 바꾸어가며 교대시키는 방식이다. 우리는 나중에 이 제도의 장점으로 다시 돌아와야 하기 때문에 이 얘기는 여기에서 더 이상 하지 않겠다. 그러나 언뜻 보아도 아주 명백한 것은 이 제도가 공장법 전체를 그 입법정신뿐만 아니라 그 법조문 자체까지도 무효화시켰다는 점이다. 개별 아동과 청소년들에 관한 이 복잡한 장부 앞에서 어떻게 공장감독관들이 법으로 정해진 노동시간과 식사시간을 지키라고 요구할 수 있었겠는가? 대부분의 공장에서는 낡은 야만적 부정이 아무런 처벌도 받지 않은 채 금방 또다시 성행되었다. 내무부 장관과의 한 회견(1844년)에서 공장감독관들은 새로이 고안된 릴레이 제도 아래에서는 어떤 통제도 불가능하다는 것을 증명해 보였다.[136] 그러나 그 사이에 상황이 많이 바뀌었다. 공장노동자들은 특히 1838년 이래

136) 같은 글(1849년 10월 31일), 6쪽.

「인민헌장」[†86]을 정치적 선거 슬로건으로 내거는 동시에 10시간 노동법을 그들의 경제적 선거 슬로건으로 내걸었다. 공장을 1833년 법률의 규제에 맞추어 경영해온 일부 공장주들도 〔더 철면피스러운 덕분에 또는 비교적 운이 좋은 지방 사정 덕분에〕 대담하게 법률을 위반한 '불성실한 형제들'의 비도덕적인 '경쟁'에 관하여 의회에 진정서를 퍼부었다. 게다가 각 공장주들이 낡은 강탈욕구를 마음대로 부려보고 싶어도 이제는 공장주계층의 대변인과 정치적 지도자들이 노동자들에 대한 태도와 언사를 바꾸도록 명령하고 있었다. 그들은 이미 곡물법 폐지 투쟁을 시작하고 있었으며 승리를 위해서는 노동자들의 원조가 필요했던 것이다! 그러므로 그들은 자유무역의 천년왕국에서는 빵의 크기가 2배[†87]가 될 뿐만 아니라 10시간 노동법도 채택될 것이라고 약속하였다.[137] 그리하여 단지 1833년 법률을 거짓 없이 시행하기만 한다는 조치에 그들은 더 이상 반대할 수 없었다. 토리당은 자신들의 가장 신성한 이익인 지대를 위협당하자 종국에는 자기네 적의 '파렴치한 술책'[138]을 박애주의의 이름으로 비난하였다.

이리하여 1844년 6월 7일 새로운 공장법이 추가로 제정되었다. 그것은 1844년 9월 10일에 시행되었다. 그것은 노동자계층 가운데 새로운 범주인 18세 이상의 여성을 보호대상 노동자계층에 편입시키고 있다. 그들은 모든 점에서 청소년들과 동등하게 취급되었다. 즉 노동시간은 12시간으로 제한되고 야간노동은 금지되었다. 이로써 입법은 비로소 성년의 노동에 대해서도 직접적으로 그리고 공적으로 통제하게 되었다. 1844/1845년의 공장보고서는 다음과 같이 비꼬아서 말하고 있다.

성인 여성들이 자신들의 권리를 이렇게 침해하는 조치에 대하여 불평한 사례는 한 번도 들어본 적이 없다.[139]

---

137) 같은 글(1848년 10월 31일), 98쪽.

138) 그밖에도 레너드 호너는 '흉악한 술책'이라는 표현을 공공연하게 사용하고 있다(같은 글〔1859년 10월 31일〕, 7쪽).

13세 이하의 아동노동은 1일 6시간 반으로〔일정 조건에서는 7시간으로〕단축되었다.[140]

부정한 '릴레이 제도'의 남용을 배제하기 위하여 이 법률은 다음과 같은 중요한 세칙을 정해두었다.

아동과 청소년의 노동일은 단 한 명의 아동이나 청소년이라도 그가 아침 에 공장에서 일을 시작하는 시간부터 계산할 것.

이리하여 가령 A는 아침 8시, B는 10시에 일을 시작했더라도 B의 노동일은 A와 같은 시간에 끝나지 않으면 안 된다. 노동일의 시작은 공인(公認) 시계, 예컨대 가장 가까운 철도시계를 기준으로 표시되며 공장의 시계는 여기에 맞춰져야 한다. 공장주는 노동일의 시작·종료·중단을 표시하는 큼직하게 인쇄된 공고문을 공장 안에 게시해야만 한다. 오전의 노동을 12시 이전에 시작한 아동은 오후 1시 이후에는 다시 사용할 수 없다. 따라서 오후 조는 오전 조와는 다른 아동들로 구성되어야 한다. 식사시간 1시간 반은 모든 보호대상 노동자들에게 하루 중 같은 시각에 부여하고, 적어도 1시간은 오후 3시 이전에 주어져야 한다. 아동이나 청소년에게는 오후 1시 이전에 5시간 이상 작업이 있을 경우 적어도 30분의 식사시간이 주어져야 한다. 아동이나 청소년 또는 여성들은 식사시간 동안에는 조금이라도 작업이 진행되고 있는 작업실에 남아 있어서는 안 된다 등등.

이미 보았듯이 작업의 시작과 종료·중단 등을 종소리에 따라 군대식으로 일률적으로 규제하는 이러한 세밀한 규정은 결코 의회의 머리에서 나온 산물이 아니었다. 그것들은 근대적 생산양식의 자연법칙들로 여러 가

---

139) 같은 글(1844년 9월 30일), 15쪽.

140) 이 법률은 아동들이 매일이 아니라 격일로만 노동할 때는 10시간 일을 시킬 수 있도록 허용하고 있다. 그러나 대체로 이 조항은 효력이 없었다.

지 상황을 통해 점차로 발전해온 것들이었다. 그것들이 하나의 기준으로 만들어져서 공인된 다음 국가에 의해 공포된 것은 오랜 기간에 걸친 계급투쟁의 결과였다. 이것들이 가져온 그 다음의 결과 가운데 하나는, 대부분의 생산과정에서는 아동이나 청소년·여성의 협력이 불가결했기 때문에 그것이 사실상 성인 남성노동자의 노동일까지도 동일한 제한을 받게 만들었다는 사실이다. 따라서 대체로 1844~47년에는 공장입법의 적용을 받는 모든 산업부문에서 12시간 노동일이 전반적으로 그리고 일률적으로 시행되었다.

그러나 공장주들은 '후퇴'에 대한 보상 없이는 이런 '전진'을 허락하지 않았다. 그들의 사주를 받아 하원은 신과 법의 이름으로 자본에 대한 '공장 아동의 추가적 공급'을 보장하기 위해, 일을 시킬 수 있는 아동의 최저연령을 9세에서 8세로 내렸다.[141]

M300 1846/1847년은 영국 경제의 역사에서 시대적인 전환점을 이룬다. 곡물법이 폐지되고 면화와 그밖의 원료에 대한 수입관세가 철폐되었으며 자유무역이 입법에서의 북극성으로 선언되었다! 요컨대 천년왕국이 시작되었던 것이다. 다른 한편, 바로 이 해에 차티스트 운동과 10시간 노동일 운동이 정점에 이르렀다. 이들 운동은 복수심에 불타고 있는 토리당에서 동맹군을 발견하였다. 거짓말쟁이 자유무역주의자들 — 브라이트와 코브던이 선두에 서 있었다 — 의 격렬한 저항을 무릅쓰고 그렇게 오랫동안 추구해온 10시간 노동법은 의회를 통과하였다.

1847년 6월 8일의 새로운 공장법은 1847년 7월 1일부터 〔13~18세의〕 '청소년'과 모든 여성노동자의 노동일을 과도적으로 11시간으로 단축하고, 1848년 5월 1일부터는 최종적으로 10시간으로 제한할 것을 확정하였다. 그외에는 단지 1833년과 1844년 법률을 수정·보완하는 내용으로만

---

141) "그들의 노동시간이 단축되면 일을 시켜야 될 (아동의) 수가 늘어날 것이므로, 8~9세 아동의 추가공급이 늘어난 수요를 보전해줄 것이다"(같은 글, 13쪽).

되어 있었다.

1848년 5월 1일부터 이 법률이 전면적으로 시행되는 것을 방해하기 위하여 자본은 하나의 전초전을 기도하였다. 더욱이 경험을 통해 어느 정도 현명해진 노동자들도 그들 자신의 성과를 다시 파괴하도록 협조하게 될 것이었다. 그 시기는 교묘하게 선택되었다.

1846/1847년 무서운 공황의 결과, 많은 공장은 짧은 시간밖에 조업할 수 없었으며 나머지는 아예 휴업을 했기 때문에 공장노동자들이 큰 고통을 받았다는 사실을 상기해야만 한다. 그로 인하여 상당수의 노동자들이 극히 궁핍한 상태에 있었고 채무를 진 자도 많았다. 그렇기 때문에 그들이 과거의 손실을 만회하거나 채무를 변제하고, 또 전당포에서 자신의 가구를 찾거나 팔아치웠던 물건들을 다시 구입하고, 그들 자신과 가족들의 옷을 새로 마련하기 위하여 더 장시간의 노동을 선호하리라는 것은 분명 충분히 예상할 수 있었다.[142]

공장주들은 10%의 전반적인 임금인하를 통해 이런 상황의 필연적인 효과를 더욱 높이려고 하였다. 말하자면 이것은 새로운 자유무역시대의 개막에 대한 축하로서 행해졌다. 그후 노동일이 11시간으로 단축되자 임금은 추가로 $8\frac{1}{3}$% 인하되었고, 마지막에 10시간으로 단축되자 다시 그 두 배만큼 인하되었다. 그리하여 일이 잘 진행된 곳에서는 임금이 적어도 25% 인하되었다.[143] 이렇게 유리하게 만들어진 기회를 이용하여 노동자들 사이에서 1847년 법률의 폐지를 위한 선동이 시작되었다. 사기·매수· ^{M301} 협박 따위의 모든 수단이 동원되었지만, 그것은 모두 수포로 돌아갔다. 노

---

142) 같은 글(1848년 10월 31일), 16쪽.

143) "나는 1주일에 10실링을 받던 사람들이 10%의 전반적인 임금인하로 말미암아 1실링을 깎인데다 노동시간 단축 때문에 또다시 1실링 6펜스를 깎여 모두 2실링 6펜스를 인하당했는데도 대다수가 10시간 노동법안을 계속해서 주장하는 것을 보았다"(같은 글).

동자들로 하여금 '법률에 의해 그들이 억압받고 있다는 것'을 호소하게
했던 6개의 청원서와 관련해서도, 청원자들에 대한 구두심문이 막상 이루
어지자 청원자들은 자신들의 서명이 강요된 것이었다고 진술해버렸다.
"그들은 억압당하고 있긴 했지만, 그들을 억압한 것은 공장법이 아니라
다른 것이었다."[144] 그러나 공장주들은 노동자들로 하여금 자신들의 뜻대
로 진술하게 하는 데 실패하자 그들 스스로 신문이나 의회를 통해서 더 큰
목소리로 노동자들의 이름을 팔면서 떠들어댔다. 그들은 공장감독관들이
자신들의 세계 개조의 망상을 위해 불행한 노동자들을 무자비하게 희생
시키는 일종의 국민공회 의원들[†88]이라고 비난하였다. 그러나 이런 술책
도 실패했다. 공장감독관 레너드 호너는 자신이 직접, 또는 자신의 부감독
관들을 통해 랭커셔의 공장에서 수많은 증인을 심문하였다. 심문받은 노
동자의 약 70%가 10시간에, 그보다 훨씬 적은 비율이 11시간에, 그리고
거의 무시해도 될 정도의 소수가 옛날의 12시간에 찬성했다.[145]

　　다른 또 하나의 '온건한' 술책은 성인 남성노동자를 12∼15시간 노동
하게 하고 이것이 프롤레타리아의 열망을 가장 잘 표현하는 사실이라고
말하는 것이었다. 그러나 '무자비한' 공장감독관 레너드 호너가 다시 그
현장에 와 있었다. 대부분의 '초과노동 작업자들'이 진술한 바에 따르면,

　　그들은 더 적은 임금을 받고 10시간 일하는 것이 훨씬 좋겠지만 그들에
게는 선택권이 없다. 그들 가운데 상당수는 실업상태에 있고, 또 상당수의
방직공들은 어쩔 수 없이 단순한 수선공(piecers)으로 일하고 있다. 그러므

---

144)　"청원서에 서명하면서 나는 내가 지금 나쁜 짓을 저지르고 있다고 말했습니다. ― 그렇
　　다면 당신은 왜 서명을 하였습니까? ― 거절하면 해고당할 것이기 때문입니다. ― 이 청원자는
　　실제로 '억압당하고 있다'는 느낌을 받고 있었지만 그것은 결코 공장법 때문이 아니었다"(같
　　은 글, 102쪽).
145)　같은 글, 17쪽. 호너의 관할구에서는 이런 방식으로 181개 공장에서 성인 남성노동자 1만
　　270명이 심문을 받았다. 그들의 증언은 1848년 10월에 끝나는 『반기 공장보고서』 부록 속에 있
　　다. 이 증인심문은 다른 측면에서도 귀중한 자료를 제공한다.

로 만약 그들이 더 긴 노동시간을 거부한다면 다른 노동자들이 즉시 그들의 자리를 차지할 것이다. 따라서 그들의 문제는 더 오랜 시간 동안 노동할 것인가 아니면 해고당할 것인가에 있다.[146]

자본의 전초전은 실패했다. 그리고 10시간 노동법은 1848년 5월 1일부 M302터 시행되었다. 그러나 그러는 사이에 지도자가 감금당하고 조직이 분쇄된 차티스트당의 대실패는 이미 영국 노동자계급의 자신감을 흔들어놓고 있었다. 그후 곧바로 뒤이은 파리의 6월 봉기와 유혈진압은 유럽 대륙과 마찬가지로 영국에서도 지배계급의 온갖 분파, 즉 지주와 자본가, 투기꾼과 소상인, 보호무역주의자와 자유무역주의자, 정부와 야당, 성직자와 무신론자, 젊은 매춘부와 늙은 수녀 등을 재산·종교·가족·사회를 구출하자는 공동의 구호 아래 뭉치게 만들었다! 노동자계급은 도처에서 법률의 보호 밖으로 밀려나고 추방당했으며 '용의자법'(loi des suspects)[†89]의 탄압을 받았다. 공장주들은 이제 더 이상 주저할 필요가 없게 되었다. 그들은 10시간 노동법뿐만 아니라 1833년 이후 노동력의 '자유로운' 착취를 어느 정도 제어하기 위해 만든 모든 법령에 대해 공개적인 반란을 일으켰다. 그것은 노예제 옹호 반란[†15]의 축소판이었으며, 2년여에 걸쳐 철면피처럼 무자비하고 테러리스트처럼 정력적인 방법으로 수행되었다. 이들 두 반란에서 반역의 주역인 자본가가 부담해야 할 비용은 자신이 고용한 노동자의 피부 색깔이 다른 것 외에는 아무것도 없었기 때문에 그것은 너무도 값싼 것이었다.

그뒤에 일어난 일들을 이해하기 위해서는 다음과 같은 사실을 기억해두어야 한다. 즉 1833년과 1844년 그리고 1847년의 공장법은 똑같은 내용이 다른 것으로 수정된 것 외에는 세 개의 법령이 모두 효력을 갖고 있었

---

146) 같은 글의 부록에 실린 레너드 호너 자신이 모은 증언 제69~72호와 제92·93호 그리고 부감독관 A가 모은 증언 제51·52·58·59·62·70호를 볼 것. 어떤 공장주는 스스로 진상을 밝히기도 하였다. 같은 글, 제14호와 제265호를 보라.

으며, 이들 중 어느 것도 18세 이상 남성노동자의 노동일을 제한하지는 않았다는 점이다. 또한 1833년 이후에는 아침 5시 반부터 저녁 8시 반까지의 15시간이 법적인 '낮'으로 되어 있었으며, 그 범위 안에서 청소년과 부녀자의 노동이 처음에는 12시간, 나중에는 10시간 동안 규정된 조건 아래에서만 수행될 수 있었다.

공장주들은 도처에서 그들이 고용한 청소년과 여성노동자들 가운데 일부, 때로는 그 절반을 해고하기 시작했으며, 다른 한편으로 거의 폐지된 야간노동을 성인 남성노동자들 사이에서 부활시켰다. 10시간 노동법은 그들에게 이 방법 외에 어떤 다른 방법도 허용하지 않는다고 그들은 주장하였다![147]

그 다음에 그들이 공격한 것은 식사를 위한 법정 휴식시간이었다. 공장 감독관들의 말을 들어보자.

노동시간이 10시간으로 제한된 이후 공장주들은 — 실제로는 아직 그들의 견해를 끝까지 밀고 나간 것은 아니었지만 — 다음과 같이 주장하고 있다. 즉 예를 들어 아침 9시부터 저녁 7시까지 일을 시킨다면 그들은 식사시간으로 아침 9시 전에 1시간을 주고 저녁 7시 이후에 30분을 주며, 이로써 1시간 반을 제공하기 때문에 법적 규정을 충분히 지키고 있는 셈이라는 것이다. 가끔 그들은 점심시간으로 현재 30분이나 1시간을 허용하는 경우도 있지만, 그렇다고 해서 반드시 10시간의 작업시간 중간에 1시간 반의 휴식시간 일부를 배치해야 할 의무는 전혀 없다고 주장한다.[148]

이리하여 공장주들은 식사시간에 관한 1844년 법령의 상세한 규정이 노동자들에게 공장에 들어오기 전과 공장을 나선 뒤, 즉 집에서 식사하고

147) 같은 글, 133~134쪽.
148) 같은 글(1848년 4월 30일), 47쪽.

마시는 것을 허가하는 것에 지나지 않는다고 주장했다! 그리고 노동자들이 아침 9시 이전에 점심을 먹어서는 안 되는 이유가 도대체 무엇이란 말인가라고 반문하였다. 그러나 고등재판관들은 규정된 식사시간에 대해 이렇게 판결하였다.

(식사시간은) 실제 노동일의 중간에 휴식시간으로 주어져야 하며, 아침 9시부터 저녁 7시까지 10시간 동안 연속으로 노동을 시키는 것은 위법이다.[149]

이렇게 기분좋은 시위를 벌인 다음 자본은 1844년의 법조항에 맞는 합법적인 수단을 통하여 반역을 꾀하였다.

1844년 법은 물론 정오 이전에 작업에 투입된 8~13세의 아동은 오후 1시 이후에 다시 작업에 투입하지 못하도록 금하고 있었다. 그러나 이 법은 작업시간이 정오 또는 그 이후에 시작되는 6시간 반의 아동노동에 대해서는 아무런 규제도 하지 않았다! 그러므로 8세의 아동들은 정오에 일을 시작했다면 정오부터 오후 1시까지 1시간, 2시부터 4시까지 2시간, 그리고 5시부터 저녁 8시 반까지 3시간 반, 모두 합쳐서 법으로 정해진 6시간 반 동안 사용될 수 있었다! 아니면 더 좋은 방법도 있었다. 아동들의 사용을 저녁 8시 반까지 이루어지는 성인 남성노동자의 노동시간에 맞추기 위해서 공장주들은 아동들에게 오후 2시 이전에는 아무런 일도 주지 않음으로써 저녁 8시 반까지 계속 공장에 붙들어둘 수 있었다!

그리고 최근 영국에서는 기계를 10시간 이상 가동시키려는 공장주들의 열망 때문에 8~13세의 남녀 아동을 청소년과 부인들이 모두 공장에서 퇴근한 뒤 저녁 8시 반까지 성인 남자들하고만 함께 일을 시키는 관행이 뚜렷 M304

---

149) 같은 글(1848년 10월 31일), 130쪽.

하게 나타났다.[150]

노동자들과 공장감독관들은 건강상의 이유와 도덕적인 이유를 들어 여기에 항의하였다. 그러나 자본은 다음과 같이 대답했다.

내 행동은 내 몫이다! 내가 요구하는 것은 나의 권리이다! 벌금이나 추징금을 물더라도 그것은 내가 지불할 것이다![+90]

실제로 1850년 7월 26일 하원에 제출된 통계자료에 따르면, 온갖 항의에도 불구하고 1850년 7월 15일 현재 257개 공장에서 3,742명의 아동들이 이 '관행'의 지배를 받고 있었다.[151] 그러나 아직 그것으로는 충분치 않았다! 자본의 교활한 눈은, 1844년의 법이 오전 동안에는 적어도 30분 동안의 원기를 회복하기 위한 휴식 없이는 5시간의 노동을 허용하지 않지만, 오후 노동에 대해서는 아무런 규정도 하지 않는다는 것을 발견했다. 그리하여 자본은 8세의 아동노동자를 2시부터 저녁 8시 반까지 계속해서 혹사시키고 굶기는 즐거움을 요구했으며, 결국 그것을 성취하였다!

"예, 심장입니다.
문서에 그렇게 써 있습니다."[152][+91]

---

150) 같은 글, 142쪽.

151) 같은 글(1850년 10월 31일), 5~6쪽.

152) 자본의 본성은 그것이 아직 미숙한 형태를 띠고 있을 때에도 여전히 변함이 없다. 미국 내전이 일어나기 직전 노예 소유자들이 뉴멕시코 지역에 적용한 법전에는 자본가가 노동자의 노동력을 구매한 이상 노동자는 '그의〔자본가의〕 화폐'라고 되어 있다. 이와 똑같은 견해를 로마의 귀족들도 갖고 있었다. 그들이 평민 채무자에게 빌려준 화폐는 채무자의 생활수단을 매개로 채무자의 피와 살로 전화하였다. 그러므로 이 '피와 살'은 '그들의 화폐'였다. 따라서 10동판법[+91]이라는 샤일록적 법률이 있는 것이다! 귀족 채권자들이 티베르 강 건너편에서 때때로 채무자의 인간 요리로 향연을 베풀었다는 랭게의 가설[+92]은 예수의 만찬에 관한 다우머의 가설[+93]과 마찬가지로 그 진위 여부를 묻지 말기로 하자.

그러나 1844년의 법령 가운데 아동노동 규제 부분에 대한 샤일록 같은
자본가들의 집착은 이 법률 가운데 '청소년과 여성' 노동에 대한 규제 부
분에 대해서도 공개적인 반역을 불러일으킬 수밖에 없었다. 원래 이 규제
부분은 '부정한 릴레이 제도'를 폐지하는 것이 주된 목적이자 내용이었음
을 우리는 기억한다. 공장주들은 다음과 같은 단적인 선언으로 반역을 개 ^{M305}
시하였다. 즉 하루 15시간의 작업시간 가운데 고용주가 임의로 선택한 자
투리 시간에 청소년과 여성을 임의로 고용하는 것을 금지하는 1844년 법
의 조항들은,

> 노동시간의 제한이 12시간으로 되어 있는 경우에서는 비교적 견딜 만한
> 조건이다. 그러나 10시간 노동법 아래에서는 그것은 도저히 받아들이기 어
> 려운 조건이다.[153]

이리하여 그들은 감독관들에게 극히 냉정한 태도로 자신들이 법률의 문
구를 무시하고 옛 제도를 임의대로 다시 도입할 것이라고 통고하였다.[154]
그것은 "노동자들에게 더 높은 임금을 주기 위한 것이며," 나쁜 조언에 홀
려 있는 노동자들 자신의 이익을 위한 것이라고 그들은 주장하였다.

> 그것은 10시간 노동법 아래에서 영국의 산업적 패권을 유지하기 위한
> 단 하나의 가능한 방안이다.[155]

---

153) 같은 글(1848년 10월 31일), 133쪽.
154) 특히 레너드 호너에게 보낸 박애주의자 애시워스의 편지는 퀘이커 교도(17세기 미국에 널
리 포교된 기독교의 일파로, 일반 사람들과는 구별되는 특이한 신앙활동으로 유명하다―옮긴
이)에게서 풍기는 것과 같은 이단적인 내용으로 이루어져 있다(같은 글〔1849년 4월〕, 4쪽).
155) 같은 글(1848년 10월 31일), 138쪽.

릴레이 제도 아래에서는 부정행위를 포착하기가 약간 어려울 수 있겠지만, 그러나 그것이 어떻단 말인가? 공장 감독관과 부감독관들의 수고를 약간 덜어주기 위해 이 나라의 중차대한 공업의 이익이 부차적인 것으로 취급되어야 한단 말인가?[156]

물론 이런 모든 속임수는 아무 소용이 없었다. 공장감독관들은 고발이라는 수단을 취했다. 그러나 공장주들의 청원이 내무장관 조지 그레이 경에게 벌 떼처럼 쏟아지자, 그는 1848년 8월 5일의 공문에서 감독관들에게 다음과 같이 지시하였다.

청소년과 여성을 10시간 이상 노동시키기 위하여 릴레이 제도가 명백히 악용된 것이 아닐 경우에는, 일반적으로 법 조항의 위반이라는 이유만으로는 고발하지 말 것.

이 공문에 의거하여 공장감독관 스튜어트는 15시간의 작업시간 안에서의 이른바 교대제도를 스코틀랜드 전역에 걸쳐 허용하였고, 그 결과 이곳에서 교대제도는 곧 다시 예전과 같이 성행하게 되었다. 이에 반해 잉글랜드의 공장감독관들은 장관이 법률을 정지시킬 어떠한 독재적 권한도 없다고 선언하고 노예제 옹호 반란자에 대항하는 법적 조치를 계속해서 집행해나갔다.

M306 그러나 재판관들〔즉 지방 치안판사들〕[157]이 무죄를 선고한다면, 법정에 소환하는 일이 무슨 소용이 있겠는가? 이들 법정에서는 공장주들이 자기 스스로를 재판하였다. 한 예를 들어보자. 커쇼 리즈 사의 방적업자 에

---

156) 같은 글, 140쪽.
157) 이 '지방 치안판사', 즉 코벳이 '위대한 무보수 봉사자들'이라고 한 이들은 여러 지방의 명사들로 구성된 일종의 무보수 치안판사를 말한다. 그것은 사실상 지배계급의 영주재판소이다.

스크리지라는 사람은 자기 공장에 사용할 릴레이 제도 방안을 해당 구역의 공장감독관에게 제출하였다. 거절한다는 회답을 받자 그는 일단 그 결정을 받아들였다. 몇 달 뒤, 역시 방적업자로서 프라이데이(로빈슨 크루소의 시종—옮긴이)는 아니지만 어쨌든 에스크리지의 친척인 로빈슨이라는 사람이 에스크리지가 고안한 것과 똑같은 릴레이 제도 방안을 도입했다는 죄목으로 스톡포트의 시(市) 치안판사 앞에 서게 되었다. 4명의 판사가 앉아 있었는데, 그 가운데 3명이 방적업자였고 수석판사 자리에는 바로 그 당사자인 에스크리지가 앉아 있었다. 에스크리지는 로빈슨에게 무죄를 선고했고, 로빈슨에게 정당한 것은 에스크리지에게도 정당하다고 선언하였다. 그 자신이 내렸던 법률상 유효한 판결에 의거하여 그는 즉시 그 제도를 자신의 공장에 도입하였다.[158] 물론 이 법정의 구성 자체가 이미 하나의 공공연한 법률 위반이었다.[159]

감독관 하우웰은 다음과 같이 부르짖는다.

> 이러한 종류의 법정 코미디를 구제할 수단이 절실히 필요하다. …… 이런 모든 경우에 대해서는…… 법률을 이들 판결에 맞춰 개정하든가, 아니면 판결을 법률에 제대로 맞춰 내리는 재판소에 사건을 맡기든가 둘 중 하나를 택해야 한다. 그러기 위해서는 유급판사가 절실히 필요하다![160]

고등재판관들은 1848년 법에 대한 공장주들의 해석을 말도 안 되는 것이라고 선언했지만, 사회를 구제하려는 자들은 흔들리지 않았다.

레너드 호너는 다음과 같이 보고하고 있다.

---

158) 같은 글(1849년 4월 30일), 21~22쪽. 비슷한 실례에 관해서는 같은 글, 4~5쪽을 보라.

159) 「존 홉하우스 경의 공장법」으로 알려진 — 윌리엄 4세 원년과 그 이듬해의 — 법률 제29장 제10절에 따르면, 방적공장이나 방직공장의 소유자 또는 이 소유자의 부친과 자식·형제들은 공장법과 관련된 사안에 대해서는 치안판사의 직무를 수행하지 못하도록 금지되어 있었다.

160) 『공장감독관 보고서: 1849년 4월 30일』, 22쪽.

나는 서로 다른 7군데의 재판구역에서 10번의 고발을 통해 법률이 지켜지도록 노력했다. 그러나 치안판사의 지지를 받은 것은 단 한 번밖에 없었다. …… 나는 법률 위반을 이유로 고발한다는 것이 더 이상 소용없는 일이라고 생각했다. 이 법률 가운데 노동시간을 통일하기 위하여 제정된 부분은 …… 랭커셔에서는 더 이상 존재의 의미를 잃었다. 또 나와 부하직원들은 이른바 릴레이 제도가 지배하는 공장에서 청소년과 여성에게 10시간 이상 일을 시키지 못하도록 할 수 있는 수단을 전혀 갖고 있지 않다. …… 1849년 4월 말에 벌써 내 관할구역에 있는 114개 공장이 이 방법을 사용하여 작업하고 있으며, 그 수는 최근 급격히 증가하고 있다. 대체로 이들 공장에서는 이제 아침 6시부터 저녁 7시 반까지 $13\frac{1}{2}$ 시간 동안 작업하며, 그 중 몇 군데에서는 아침 5시 반부터 저녁 8시 반까지 15시간이나 일을 시키고 있다.[161]

1848년 12월에 이미 레너드 호너는, 이러한 릴레이 제도에서는 어떠한 감독제도도 과도한 초과노동을 막을 수 없다고 이구동성으로 말한 공장주 65명과 공장관리인 29명의 명부를 갖고 있었다.[162] 아동과 청소년들은 15시간 동안에 방적실에서 직조실 등으로 부서를 옮기거나 또는 한 공장에서 다른 공장으로 옮겨가며 일을 했다.[163]

직공들을 카드처럼 무한히 다양하게 뒤섞고, 또 같은 반의 직공 모두가 같은 장소와 같은 시간에 함께 작업하는 일이 결코 없도록 개개인의 노동시간과 휴식시간을 날마다 변경하기 위하여 교대라는 말을 악용하는[164]

---

161) 같은 글, 5쪽.
162) 같은 글(1849년 10월 31일), 6쪽.
163) 같은 글(1849년 4월 30일), 21쪽.
164) 같은 글(1848년 10월 31일), 95쪽.

이런 제도를 어떻게 통제할 수 있겠는가!

그러나 현실의 과도노동을 완전히 제외한다면, 이 릴레이 제도는 푸리에(Fourier)가 유머러스하게 묘사했던 단시간 교대노동(courtes séances)[†94]보다도 훨씬 더 뛰어난 자본의 상상력이 만들어낸 소산이었다. 다만 다른 점은 노동의 매력이 자본의 매력으로 바뀐 것뿐이었다. 어느 훌륭한 신문이 "적절한 수준의 배려와 방법이 이루어낼 수 있는" 전형적인 사례라고 칭찬한 그 작업방안을 좀더 자세히 살펴보자. 노동자들은 모두 12~15개 범주로 나뉘고 각 범주는 다시 계속해서 그 구성원이 변한다. 공장이 가동되는 15시간 동안 자본은 노동자를 때로는 30분씩, 때로는 1시간씩 투입과 방출을 반복하기도 하고, 또 어떤 때는 공장을 단위로 투입과 방출을 번갈아 하면서 10시간의 노동을 채울 때까지 그들을 놓아주지 않고 각 자투리 시간대에 맞추어 그들을 이리저리 몰고 다닌다. 무대에서처럼 똑같은 인물들이 번갈아가며 연극의 여러 장면에 등장해야 한다. 그런데 연극이 상연되는 전체 시간 동안 배우가 무대에 붙잡혀 있는 것과 마찬가지로, 노동자들은 이제 공장을 오고 가는 시간을 뺀 나머지 15시간 동안 공장에 붙잡혀 있게 된다. 휴식시간은 젊은 남성노동자들을 술집으로 몰아내고 젊은 여성노동자들을 사창가로 몰아내는 강제된 나태의 시간으로 변한다. 자본가가 노동자 수를 늘리지 않고 자신의 기계를 12~15시간 돌리기 위하여 날마다 새로운 방법을 고안해낼 때마다 노동자는 이런저런 자투리 시간에 그의 식사를 끝내야만 한다. 10시간 노동일 운동 당시 공장주들은 노동자 무리가 10시간의 노동으로 12시간의 임금을 받기 위하여 청원하는 것이라고 부르짖었다. 그들은 이제 동전의 앞뒤를 뒤집었다. 그들은 노동력을 12시간이든 15시간이든 자유롭게 사용하면서 10시간의 임금을 지불한다![165] 이것이 사태의 진상이었으며, 이것이 10시간 노동법의 공장

---

165) 같은 글(1849년 4월 30일), 6쪽과 같은 글(1848년 10월 31일)에서 공장감독관 하우웰과 손더스가 '교대제'(shifting system)에 대해 자세히 설명한 것을 보라. 그리고 또 1849년 봄 애슈턴과 인근 성직자들이 '교대제'에 반대하여 여왕에게 올린 청원서를 보라.

주판(版)이었다! 곡물법 반대운동이 있던 10년 동안 자유로이 곡물을 수입할 수만 있다면 영국 산업의 경쟁력을 감안할 때 10시간 노동만으로도 자본가들이 충분히 부유해질 수 있으리라고 동전 한 푼까지 계산해 보이면서 노동자들에게 얘기했던 사람들이 바로 이 열렬한 인류애에 넘치는 자유무역론자들이었다.[166]

2년에 걸친 자본의 반란은 마침내 영국의 4대 최고재판소 가운데 하나인 재정법원(Court of Exchequer)의 판결에 따라 승리를 차지하게 되었다. 이 재판소는 1850년 2월 8일에 제소된 사건에 대하여 공장주들이 1844년 공장법의 취지에 위반되는 행위를 하긴 했지만, 그러나 이 법 자체가 그런 취지를 무의미하게 만드는 어떤 문구를 포함하고 있다고 판결하였다. "이 판결로써 10시간 노동법은 폐기되었다."[167] 그때까지 아직도 청소년과 부녀 노동자들에 대한 릴레이 제도를 도입하지 못하고 있던 다수의 공장주들은 이제 쌍수를 들고 달려들었다.[168]

M309   그러나 외견상 결정적인 것처럼 보였던 자본의 이러한 승리에 뒤이어 곧바로 하나의 반격이 나타났다. 노동자들은 지금까지 굽힘 없이 매일매일 새롭게 저항하긴 했지만 비교적 수동적으로만 저항해왔다. 그런데 이제 그들은 랭커셔와 요크셔에서 요란하고 위협적인 집회들을 열어 저항하였다. 즉 이른바 10시간 노동법은 단순한 속임수에 불과하고 의회를 이용한 사기이며 실제로는 전혀 존재한 적이 없는 법이라는 것이다! 공장감독관들은 계급간의 적대감이 믿을 수 없을 정도로 고조되고 있다고 정부에 강력하게 경고하였다. 일부 공장주들까지도 다음과 같이 불평을 쏟아내었다.

---

166) 예를 들면 그레그(R. H. Greg), 『공장문제와 10시간 노동법안』, 1837 참조.

167) 엥겔스, 『영국의 10시간 노동법안』(내가 편집한 『신라인 신문: 정치경제평론』, 1850년 4월호, 13쪽). 이 '상급' 재판소는 미국 내전 중에 해적선의 무장을 금하는 법률이 그 반대 내용으로 해석되는 문구를 포함하고 있다는 것을 발견하기도 하였다.

168) 『공장감독관 보고서: 1850년 4월 30일』.

치안판사들이 서로 모순된 판결을 내림으로써 완전히 비정상적이고 무정부적인 상황이 지배하고 있다. 요크셔에서는 이런 법률이 시행되고 있는데 랭커셔에서는 저런 법률이 시행되고 있으며, 랭커셔의 한 교구에서는 이런 법률이 시행되고 있는 반면 바로 그 옆 교구에서는 저런 법률이 시행되고 있다. 대도시의 공장주는 법망을 피할 수 있지만 지방의 공장주는 릴레이 제도에 필요한 인력을 찾을 수 없으며, 노동자를 한 공장에서 다른 공장으로 이동시키는 데 필요한 인원은 더더욱 찾을 수 없다.

그러나 평등한 노동력 착취는 자본의 제1의 인권이다.

이런 상황에서 공장주와 노동자 사이의 타협이 이루어졌는데, 이 타협은 1850년 8월 5일의 공장법 추가개정안을 통해서 이루어졌다. 그리하여 "청소년과 부녀 노동자"의 노동일은 주중 5일 동안은 10시간에서 $10\frac{1}{2}$시간으로 늘어나고 토요일에는 $7\frac{1}{2}$시간으로 제한되었다. 노동은 아침 6시부터 저녁 6시 사이에 이루어지고,[169] 식사시간으로 1시간 반의 휴식시간이 주어져야 하는데 이 휴식시간은 1844년 법조항에 맞추어 주어져야만 하게 되었다. 그리하여 릴레이 제도는 완전히 종말을 고하고 말았다.[170] 아동노동에 대해서는 여전히 1844년의 법률이 유효했다.

어떤 부류의 공장주들은 이전과 마찬가지로 이번에도 프롤레타리아 아동에 대한 특수한 영주권(領主權: 중세 봉건제에서 농노들에 대해 영주가 행사하던 권한으로, 인신의 사용권이 중요한 내용을 이루고 있었다—옮긴이)을 확보하였다. 그들은 견직공장주들이었다. 1833년 그들은 "만일 각 연령층의 아동들에게서 하루에 10시간씩 일하는 자유를 박탈한다면 그것은 그들이

---

169) 겨울에는 아침 7시부터 저녁 7시까지로 바꿀 수 있다.

170) "(1850년의) 현행법은 하나의 타협으로, 노동자들은 노동시간의 제한을 받는 사람들이 노동의 시작시각과 종료시각을 통일함으로써 이익을 보는 대신 10시간 노동법의 혜택을 양보한 것이었다"(같은 글[1852년 4월 30일], 14쪽).

 일하는 공장을 닫으라는 것이나 마찬가지이다"라고 으름장을 놓았다. 13세 이상의 아동을 충분한 수만큼 구매하는 것이 그들에게는 불가능한 일이라는 것이었다. 그리하여 그들은 열망하던 그 특권을 강제로 탈취하였다. 그들이 둘러댔던 구실은 나중의 조사에서 명백한 거짓말임이 밝혀졌지만,[171] 그럼에도 그들은 일을 시키기 위해서 의자에 앉혀주지 않으면 안 될 정도로 어린 아동들의 피를 이용하여 10년 동안 매일 10시간씩 견직물을 뽑아낼 수 있었다.[172] 1844년 공장법은 11세 이하의 아동을 $6\frac{1}{2}$시간 이상 일을 시키는 '자유'를 그들에게서 '박탈'해 갔지만, 그 대신 11~13세의 아동을 날마다 10시간씩 부려먹을 수 있는 특권을 그들에게 보장하였으며, 다른 공장 아동들에 대해서는 규정된 취학의무를 면제해주었다. 이번의 구실은 이런 것이었다.

> 섬세한 직물은 손가락의 유연성을 필요로 하는데, 이는 어려서부터 공장에 들어감으로써만 보장된다.[173]

남부 러시아의 뿔 달린 가축이 가죽과 지방질 때문에 도살당하는 것과 마찬가지로 아동들은 섬세한 손가락 때문에 완전히 도살당하는 셈이다. 결국 1850년에는 1844년에 허용된 특권이 비단실 꼬는 작업부문과 비단실 감는 작업부문에 제한되었지만, 그러나 여기서는 다시 '자유'를 박탈당한 자본의 손해를 보전해주기 위하여 11~13세 아동의 노동시간이 10시간에서 $10\frac{1}{2}$시간으로 늘어났다. "견직공장 노동은 다른 공장의 노동보다 쉬우며, 건강에 그다지 해롭지 않다"는 것이 그 구실이었다.[174] 그뒤 정부

------

171) 같은 글(1844년 9월 30일), 13쪽.
172) 같은 글, 같은 쪽.
173) "The delicate texture of the fabric in which they were employed requiring a lightness of touch, only to be acquired by their early introduction to these factories" (같은 글〔1846년 10월 31일〕, 20쪽).
174) 같은 글(1861년 10월 31일), 26쪽.

의 의학적 조사는 그와는 반대로 다음과 같은 사실을 증명하였다.

견직업 지방의 평균사망률은 예외적으로 높으며, 여성의 경우에는 랭커셔의 면직업 지방보다도 오히려 높다.[175]

반년마다 반복된 공장감독관들의 항의에도 불구하고 그 횡포는 오늘날 까지도 계속되고 있다.[176]

1850년 공장법은 다만 '청소년과 여성'에 대한 노동시간만 아침 5시 반에서 저녁 8시 반까지의 15시간에서 아침 6시에서 저녁 6시까지의 12시간

---

175) 같은 글, 27쪽. 일반적으로 공장법의 적용을 받는 노동자들은 신체적으로 상당히 개선되어왔다. 의사들의 증언은 모두 이 점에서 일치하며, 몇몇 시기에 대한 관찰을 통해 나 스스로도 이를 확신하였다. 그렇지만 유년기 아동의 가공할 만한 사망률은 둘째 치고라도, 그린하우 박사의 공식 보고들은 공장지방(노동자)의 건강상태가 '농업지방(노동자)의 표준적인 건강상태'보다 훨씬 불량하다는 것을 나타내고 있다. 그 증거로 1861년 그의 보고서에서 다음의 표를 인용해보기로 한다.

지방명	공장에서 일하는 성인남자의 백분율	남자 10만 명당 폐병 사망률	여자 10만 명당 폐병 사망률	공장에서 일하는 여자의 백분율	여자 취업부문
위건	14.9	598	644	18.0	면화
블랙번	42.6	708	734	34.9	면화
핼리팩스	37.3	547	564	20.4	양모
브래드퍼드	41.9	611	603	30.0	양모
매클스필드	31.0	691	804	26.0	견
리크	14.9	588	705	17.2	견
스토크어폰트렌트	36.6	721	665	19.3	토기
울스탠턴	30.4	726	727	13.9	토기
건강상태가 좋은 8개 농업지역	—	305	340	—	—

176) 사람들이 잘 알고 있듯이 영국의 '자유무역론자'들은 마지못해 견직공업을 위한 보호관세를 단념했다. 프랑스 수입품들로부터 보호하는 대신 이제 영국의 공장에서는 아동들에 대한 무(無)보호가 행해지고 있는 것이다.

으로 변화시켰을 뿐이다. 따라서 아동들에 대한 노동시간은 변화가 없었다. 그 결과 아동들의 경우 총노동시간은 $6\frac{1}{2}$ 시간으로 제한되었지만, 위의 12시간을 시작하기 전에 $\frac{1}{2}$ 시간, 그리고 끝난 뒤에 $2\frac{1}{2}$ 시간 동안 이들을 부리는 관행은 그대로 지속되었다. 이 법률이 심의되고 있는 도중에 공장감독관들은 이런 변칙들이 파렴치하게 남용되고 있는 사례들의 통계를 의회에 제출하였다. 그러나 아무런 소용이 없었다. 그렇게 된 배경에는, 호경기가 되면 아동을 이용하여 성인노동자의 노동일을 다시 15시간으로 늘리려는 의도가 숨겨져 있었다. 그러나 그뒤 3년 동안의 경험은 이런 의도가 성인 남성노동자들의 저항으로 실패할 수밖에 없다는 것을 보여주었다.[177] 그리하여 1850년의 공장법은 결국 1853년에 "아동을 아침에는 청소년과 부녀자들의 노동이 시작되기 전에, 저녁에는 그뒤에 사용하는 것"을 금지하는 형태로 보완되었다. 그때부터 약간의 예외를 제외하고, M312 1850년의 공장법은 그 적용을 받는 산업부문에서 모든 노동자의 노동일을 규제하게 되었다.[178] 최초의 공장법이 제정된 이래 이제 반세기가 흘러갔다.[179]

입법은 1845년 「날염공장법」을 통해서 처음으로 그 본래의 입법취지에서 벗어났다. 자본이 이 새로운 '무절제'를 받아들이면서 느낀 불쾌감은

---

177) 같은 글(1853년 4월 30일), 30쪽.

178) 영국 면공업의 전성기인 1859년과 1860년에 몇몇 공장주는 초과노동시간에 따른 추가적인 임금을 미끼로 성년 남자 방적공들에게서 노동일 연장에 대한 찬성을 얻어내고자 하였다. 수동 뮬 방적공장과 자동기계 감시공들은 공장주들에게 보낸 건의서를 통해 이 실험을 중지시켰는데, 거기에는 다음과 같이 씌어 있었다. "솔직히 말해서 우리의 생활은 우리 스스로에게 짐이 되고 있다. 그리고 우리가 다른 노동자들에 비해 1주일에 거의 2일쯤 (20시간) 더 오래 공장에 묶여 있는 한, 우리는 스스로를 노예와 같다고 느끼게 되며, 또 우리 자신과 후손들에게 육체적으로나 정신적으로나 해로운 제도를 영속화시킨다는 자책감을 갖게 된다. …… 따라서 우리는 새해부터 1시간 반의 법정 휴식시간을 포함하여 6시에서 6시까지, 주 60시간 이상은 단 1분이라도 더 일하지 않을 것을 여기에 삼가 알리는 바이다"(같은 글〔1860년 4월 30일〕, 30쪽).

179) 이 법률의 용어가 이 법률을 위반하게 하는 수단이 되고 있는데, 이에 대해서는 의회보고서인 『공장규제법』(1859년 8월 9일), 그 중에서도 특히 레너드 호너의 「현재 성행하고 있는 불법작업을 감독관이 방지할 수 있도록 하기 위한 공장법 개정안」을 참조하라.

이 법률 조목조목마다에서 그대로 드러나고 있다! 그것은 8~13세의 아동과 여자들의 노동일을 — 식사시간을 위한 어떠한 법정 휴식도 없이 — 아침 6시에서 저녁 10시까지의 16시간으로 제한하고 있다. 또 13세 이상의 남성노동자를 임의대로 주야간 계속 노동시킬 수 있도록 허용하고 있다.[180] 그것은 의회가 낳은 기형아였다.[181]

그럼에도 원칙은 근대적 생산양식의 가장 독특한 창조물인 대공업부문에서 벌써 승리를 거두고 있었다. 공장노동자들의 육체적·정신적 갱생을 가져온 1853~60년의 대공업부문에서 이루어진 놀라운 발전은 아무리 귀가 어두운 사람에게도 뚜렷하게 알려졌다. 반세기 동안의 내전을 통하여 노동일의 법적 제한과 규제를 겨우 한 발짝 한 발짝씩 받아들이게 된 공장주들조차도 아직 '자유롭게 방치된' 다른 착취영역들과의 차이점을 거만하게 과시하기까지에 이르렀다.[182] '경제학'의 바리새인들은 이제 노동일에 대한 법적 규제의 불가피성을 통찰하는 것이 그들 '과학'의 특징적인 개혁이라고 선언하였다.[183] 대공장주들이 그 불가피성을 수용하고 그것과 타협한 이후부터 자본의 저항력은 점점 약해지고, 반면 그와 함께 노동자계급의 공격력은 — 직접적으로 이해관계가 없는 사회계층 가운데 노동자들을 편드는 사람들이 늘어난 것과 함께 — 증대되었으리라는 것은 쉽게 알 수 있는 일이다. 이리하여 1860년 이후부터는 비교적 급속한 진보가 이루어졌다.

염색공장과 표백공장[184]에는 1860년부터, 레이스 공장과 양말공장에

---

180) "최근 반년 동안(1857년) 내 관할구에서는 8세 이상의 아이들이 실제로 아침 6시부터 저녁 9시까지 혹사당하고 있다"(『공장감독관 보고서: 1857년 10월 31일』, 39쪽).

181) "날염공장법은 교육조항으로 보나 보호조항으로 보나 실패작으로 인정되고 있다"(같은 글〔1862년 10월 31일〕, 52쪽).

182) 예를 들면 1863년 3월 24일의 『타임스』지는 포터의 편지를 실으면서 10시간 노동법에 대한 공장주들의 반역을 상기시키고 있다.

183) 그 가운데서도 투크(Tookes)의 『물가의 역사』의 공동 저자이자 편집자인 뉴마치(W. Newmarch)가 그러하다. 여론에 대하여 비겁한 양보를 하는 것이 과학적 진보인가?

184) 1860년에 공포된 표백공장과 염색공장에 관한 법률은 노동일을 1861년 8월 1일부터 과도

는 1861년부터 '1850년 공장법'이 적용되었다. 「아동노동조사위원회 제1
차 보고서: 1863년」에 따르면, 모든 종류의 토기 제조공장(도자기 공장만
이 아니라), 성냥공장, 뇌관공장, 탄약공장, 벽지공장, 무명빌로드 전모업
(剪毛業)을 비롯해 '마무리작업'으로 표현되는 숱한 공정이 같은 운명을
맞았다. 1863년에는 '옥외 표백업' [185]과 제빵업이 별도의 법률을 적용받

적으로 12시간으로 단축하고 1862년 8월 1일부터는 최종적으로 10시간〔즉 평일에는 $10\frac{1}{2}$ 시간,
토요일에는 $7\frac{1}{2}$ 시간〕으로 단축하도록 규정하고 있다. 그런데 문제의 1862년이 되자 종전과 같
은 코미디가 되풀이되었다. 공장주들은 1년만 더 청소년과 부인들에 대한 노동을 12시간으로
용인해줄 것을 …… 의회에 청원하였다. "지금 같은 경기상태(면화기근의 시대)에서 노동자들
에게 1일 12시간 노동을 시키고 가능한 한 많은 임금을 주도록 허락한다면, 이것은 노동자들에
게 큰 이익이 되리라는 것이었다. …… 이런 취지의 법안은 벌써 하원에 제출되어 있었다. 그
러나 그것은 스코틀랜드의 표백업 노동자들의 운동에 의해 기각되었다" (『공장감독관 보고서:
1862년 10월 31일』, 14~15쪽). 노동자의 이름으로 말하는 척하였으나 그 노동자들에게서 일격
을 당하자, 자본은 이제 법률가의 안경을 빌려 1860년 법률이 다른 모든 노동보호입법과 마찬
가지로 의미가 불분명한 문구로 씌어 있다는 사실을 발견했으며, 그 결과 '윤택공'과 '마무리
공'이 이 법률의 적용에서 제외될 수 있다는 것을 알아냈다. 언제나 자본의 충실한 하수인 역할
을 수행하던 영국의 법률체계는 '민사재판소'를 통해서 이 얼렁뚱땅한 속임수를 인가하였다.
"그것은 노동자들 사이에서 큰 불만을 불러일으켰다. 또한 그 문구의 정의가 불완전하다는 이
유로 입법의 명백한 취지가 훼손된다는 것은 매우 유감스러운 일이다" (같은 글, 18쪽).

185) '옥외 표백업자들'은 야간에는 여성에게 일을 시키지 않는다는 거짓말로써 '표백업'에
관한 1860년의 법률 적용을 모면했다. 이 거짓말은 공장감독관들에 의해 폭로되었지만, 의회
도 이미 노동자의 청원을 통해 '옥외 표백업'이 푸른 초원처럼 깨끗한 영역이라는 생각을 버리
고 있었다. 이 옥외 표백업에서는 화씨 90~100도에 이르는 건조실이 사용되며 그곳에서는 주
로 소녀들이 일하고 있다. 이 분야에서 사용하는 '냉각'이라는 말은 때때로 이 건조실에서 나
와 바깥 공기를 쏘이는 것을 표현하는 말이다. "건조실에서 작업하는 소녀는 모두 15명이다.
온도는 아마포의 경우 80~90도이고, 케임브릭(고급 아마포―옮긴이)은 100도 이상이다. 소녀
들 가운데 12명은 한가운데 밀폐된 화로가 있고 너비 약 10평방피트의 조그만 방에서 천을 펼
쳐 다리미질을 한다. 소녀들은 화로 주변을 둘러싸고 서 있는데, 화로는 놀라울 정도의 열기를
내뿜으면서 여공들이 다리미질을 하는 케임브릭을 급속히 말린다. 이 여공들의 작업시간은 제
한이 없다. 바쁠 때는 며칠이고 계속해서 밤 9시~12시까지 노동한다" (같은 글〔1862년 10월
31일〕, 56쪽). 어떤 의사는 다음과 같이 말하고 있다. "냉각을 위해 특별히 시간이 주어지지는
않지만, 견디기 힘들 정도로 온도가 올라가거나 여공들의 손이 땀으로 더러워졌을 때는 몇 분
동안 나가는 것이 허락된다. …… 이들 여공의 병을 다루어본 내 경험에 따르면 나는 그녀들의
건강상태가 방적여공들보다도 훨씬 나쁘다는 것을 확신한다. (그러나 자본은 의회에 제출한
청원서에서 이 여공들을 루벤스 같은 화풍으로 건강이 넘치는 모습으로 그려냈다!) 가장 눈에
잘 띄는 병은 폐결핵 · 기관지염 · 자궁병이나 극도의 히스테리 · 류머티즘이다. 내 생각에 이

게 되었는데, 이 법률에 따라 전자에서는 특히 아동과 청소년 그리고 여성들의 야간노동(저녁 8시부터 아침 6시까지의)이 금지되었고, 후자에서는 18세 미만의 제빵 도제를 저녁 9시부터 아침 5시까지는 사용할 수 없도록 금지되었다. 이제 앞서 말한 위원회가 내놓은 후속 법안들, 즉 농업·광산업·운송업을 제외한 영국의 모든 중요한 산업부문에서 '자유'를 박탈하려는 법안들로 되돌아가보자.[185a] M315

제7절 표준노동일을 위한 투쟁 — 영국의 공장입법이 다른 나라에 끼친 영향

노동이 자본에 종속됨으로써 발생하는 생산양식 자체의 온갖 변형을 무시한다면, 잉여가치의 생산이나 잉여노동의 추출이 자본주의적 생산양식의 특수한 내용과 목적을 이룬다는 것을 독자들은 기억할 것이다. 또한 지금까지 논의된 관점에서 본다면, 자립적이고 따라서 법적으로 성년인 노동자만이 상품판매자로서 자본가와 계약을 체결한다는 사실도 독자는 기억할 것이다. 따라서 우리가 개괄한 역사 속에서 주역을 담당한 것이 한

런 모든 병은 직접 또는 간접으로, 작업실 안의 공기가 너무 뜨거운데다 겨울철에 퇴근하여 집으로 돌아갈 때 차고 습한 대기에서 충분히 몸을 보호해줄 만한 포근한 의복을 입지 않은 데서 비롯된 것이다"(같은 글, 56~57쪽). 공장감독관들은 맹랑하기 짝이 없는 이들 '옥외 표백업자'들에게 뒤늦게 적용된 1863년 법률에 관하여 다음과 같이 말하고 있다. "이 법률은 그것이 보호해줄 것처럼 보였던 노동자들을 보호하지 못했을 뿐만 아니라 …… 아동이나 여성들이 저녁 8시 이후에 노동하고 있는 현장을 포착했을 때에야 비로소 보호가 이루어지도록 씌어 있으며, 그럴 경우에도 일정한 증거자료만 갖추면 거의 처벌할 수 없도록 단서를 달고 있다"(같은 글, 52쪽). "인도적인 목적과 교육적인 목적을 가진 법률로서 이 법률은 완전한 실패작이다. 왜냐하면 연령에 관한 제한도 없고 남자와 여자의 구별도 없으며, 표백공장 인근 주민들의 사회관습에 대한 고려도 없고 식사시간은 경우에 따라 있기도 없기도 하며, 여성과 아동에게 하루 14시간 또는 더 오랜 시간 동안 일을 시킬 수 있도록 허용하거나 — 같은 말이지만 — 강제하는 것을 인도적이라고는 할 수 없기 때문이다"(같은 글〔1863년 4월 30일〕, 40쪽).

185a) 제2판의 주: 내가 본문에서 상황을 서술한 1866년 이후 다시 한 차례 반동이 밀어닥쳤다.

편으로는 근대공업이었고 또다른 한편으로는 육체적·법적 미성년자들의 노동이긴 하지만, 우리에게 전자는 단지 노동을 흡수하는 특수한 영역으로만 간주되고 후자는 그렇게 노동을 흡수하는 매우 적절하고 특수한 사례로만 간주되었다. 그러나 앞으로 진행될 논의를 미리 알고 있지 못하다 하더라도 우리는 단지 주어진 역사적 사실들의 단순한 관련에서 이미 다음과 같은 결론을 얻을 수 있다.

첫째, 물·증기·기계에 의하여 제일 먼저 혁명이 일어난 여러 산업부문〔즉 근대적 생산양식의 최초의 창조물인 면화·양모·아마·명주의 방적업 및 방직업〕에서 노동일의 무제한적이고 무자비한 연장을 위한 자본의 열망이 일차적으로 충족되었다. 변화된 물적 생산양식과 이에 상응하여 변화된 생산자들의 사회적 관계[186]는 처음에는 아무런 제약 없는 무절제를 M316 낳았지만, 그런 다음에는 반대로 휴식시간을 포함한 노동일을 법적으로 제한하고 규제하고 통일하는 사회적 통제를 가져왔다. 따라서 이런 통제는 19세기 전반 동안에는 단지 예외적인 입법으로만 나타났다.[187] 이 통제가 새로운 생산양식의 본원적 영역들을 정복했을 때, 그 동안 다른 많은 생산부문도 이미 본격적인 공장제로 돌입하였으며, 도자기 제조업이나 유리 제조업 등과 같이 다소 시대에 뒤떨어진 경영방식을 보여왔던 매뉴팩처와 제빵업 같은 구식 수공업, 그리고 마지막으로 의복 제조업 등[188]과 같이 산재된 형태로 이루어지는 이른바 가내노동까지도 공장과 마찬가지로 벌써 오래 전부터 자본주의적 착취의 지배를 받고 있었다는 사실이 밝혀졌다. 그리하여 입법은 그 예외적인 성격을 점차 벗어나지 않을 수 없었

---

186) "이들 계급〔자본가와 노동자〕의 태도는 그들 각자가 처해 있는 입장의 결과였다"(같은 글〔1848년 10월 31일〕, 113쪽).

187) "제한받고 있는 업종들은 증기력 또는 수력에 의한 섬유제품의 제조와 관련된 부문이었다. 어떤 사업에 대해 공장감독이 이루어지려면 두 가지 조건, 즉 증기력이나 수력의 사용과 특정한 섬유의 가공이라는 조건을 모두 충족시켜야만 했다"(같은 글〔1864년 10월 31일〕, 8쪽).

188) 이른바 이런 가내공업의 상태에 대해서는 아동노동 조사위원회의 최근 보고서들이 풍부한 자료를 제공한다.

다. 말하자면 영국에서처럼 입법이 로마법이나 결의론(決疑論, Kasuistik: 사회적 관례나 법률 또는 율법 따위에 비추어 양심이나 도덕의 문제를 해결하려 는 학문―옮긴이) 방식으로 이루어지는 곳에서는 노동이 행해지는 모든 가 옥이 공장으로 판정받게 되었던 것이다.[189]

둘째, 자본주의적 생산의 일정한 성숙단계에서는 개별 노동자〔즉 자기 노동력의 '자유로운' 판매자로서의 노동자〕가 저항을 하지 못하고 단지 굴복하고 있었을 뿐이라는 사실이, 몇몇 생산양식에서의 노동일 규제에 대한 역사와 그런 규제를 둘러싸고 지금도 계속되는 투쟁을 통해 명백히 드러나고 있다. 따라서 표준노동일(Normalarbeitstag)의 탄생은 자본가계 급과 노동자계급 사이의 오랜 동안의 다소 은폐된 내전의 산물이다. 이 투 쟁은 근대산업의 영역에서 시작되기 때문에 근대산업의 모국인 영국에서 제일 먼저 일어났다.[190] 영국의 공장노동자들은 영국뿐만 아니라 근대 노 동자계급 전체의 최전방에 선 첨병이었으며, 그들의 이론가들은 자본의 이론에 대한 최초의 도전자들이었다.[191] 그래서 공장철학자 유어는 영국

M317

---

189) "지난 의회(1864년)의 법률들은 관습이 서로 많이 다른 갖가지 직종영역을 포괄하며, 기 계를 움직이기 위한 기계력의 사용은 이제는 더 이상 예전처럼 법률적인 의미의 공장으로 간 주되기 위한 요건에 포함되지 않게 되었다"(같은 글, 8쪽).

190) 대륙에서 자유주의의 천국을 이루고 있는 벨기에에서도 이 운동의 조짐은 전혀 나타나지 않고 있다. 이 나라에서는 탄광과 광산에서조차 모든 연령층의 남녀 노동자들이 노동시간에서 아무런 제약도 받지 않고 '자유'롭게 사용되고 있다. 그곳의 노동자들은 1,000명당 남자가 733 명, 여자가 88명, 16세 미만의 소년이 135명, 16세 미만의 소녀가 44명 등으로 구성되어 있다. 용광로 작업 등에는 1,000명당 남자가 668명, 여자가 149명, 16세 미만의 소년이 98명, 소녀가 85명으로 구성되어 있다. 게다가 성인 노동력과 미성년 노동력 모두에 대한 가공할 착취에도 불구하고, 하루 평균 남자는 2실링 8펜스, 여자는 1실링 8펜스, 청소년은 1실링 $2\frac{1}{2}$ 펜스라는 낮 은 임금만 지불받고 있다. 게다가 또한 1863년 벨기에의 석탄·철 등의 수출량과 가치는 1850 년보다 거의 두 배로 증가하였다.

191) 1810년 직후 오언(Robert Owen)이 이론적으로 노동일을 제한할 필요성을 주장하고 실제 로 자신의 뉴라나크 공장에 10시간 노동일을 도입했을 때, 그것은 그가 제기한 다른 프로그램 〔즉 '생산노동과 아동교육의 결합'이나 그가 창설한 노동자 협동조합사업〕과 똑같이 공산주의 적 이상론이라는 비웃음을 받았다. 오늘날에는 그의 첫 번째 이상론은 공장법으로 실현되었 고, 두 번째 이상론은 모든 '공장법' 안에 공식적인 문구로 기록되어 있으며, 세 번째 이상론 은 이미 반동적인 사기극의 가면으로 이용되고 있다.

의 노동자계급이 '노동의 완전한 자유'를 위해 씩씩하게 진군하는 자본에 대항하여 '공장법이라는 노예제'를 자신의 기치로 내세운 것은 그들의 지울 수 없는 수치라고 비난했던 것이다.[192]

프랑스는 영국 뒤를 느릿느릿 뒤따라오고 있다. 12시간 노동법[193]이 생겨나기 위해서는 2월혁명이 필요했는데, 이것은 본래의 영국 노동법보다 훨씬 결함이 많았다. 그럼에도 프랑스의 혁명적인 방법은 나름의 장점도 지니고 있다. 그것은 한꺼번에 모든 작업장과 공장에 대하여 무차별적으로 노동일을 제한했는데, 영국의 입법은 이와 달리 때때로 여기저기서 본의 아닌 갖가지 사정의 압박에 굴복하고 있었으며, 그래서 새로운 재판상의 분규가 일어나기 쉬웠다.[194] 다른 한편 영국에서는 아동과 미성년자·여성에 대해서만 쟁취되었다가 최근에야 비로소 일반법으로 요구된 것을,[195] 프랑스의 법률은 이를 원칙적인 것으로 공표하고 있다.

M318

---

192) 유어, 『공장철학』(프랑스어 번역), 파리, 1836, 제2권, 39~40쪽, 67쪽과 77쪽 등등.

193) '1855년 파리 국제통계회의'의 보고서에는 다음과 같이 씌어 있다. "공장과 작업장의 1일 노동시간을 12시간으로 제한하는 프랑스의 법률은 이 노동을 일정하게 고정된 시간의 범위 안에 국한시키지 않고 단지 아동노동에 대해서만 그 시간범위를 오전 5시부터 오후 9시까지로 정해두었을 뿐이다. 따라서 일부 공장주들은 재앙을 잉태한 이 침묵이 그들에게 부여한 권리를 이용하여 대개 일요일만 제외하고 날마다 24시간 동안 꼬박 공장을 가동한다. 그러기 위해 그들은 노동자를 2개조로 편성하여 사용하는데, 각 조는 모두 12시간 이상 작업장에서 지내는 일이 없지만 공장의 작업은 주야로 계속된다. 법률은 지켜지고 있지만, 사람의 도리도 지켜지고 있는가?" 보고서는 '야간노동이 인체에 미치는 파괴적인 영향'과 함께 '조명이 나쁜 작업장 안에서 남녀가 야간에 함께 작업하는 데서 오는 나쁜 영향'도 강조하고 있다.

194) "예를 들어 내 관할구에서는 같은 공장 건물 안에서 동일한 공장주가 '표백공장 및 염색공장법' 아래에서는 표백업자 및 염색업자가 되고, '날염공장법' 아래에서는 날염업자가 되며, '공장법' 아래에서는 완제품업자가 된다"(『공장감독관 보고서: 1861년 10월 31일』, 20쪽에 있는 베이커의 보고). 이들 법률의 갖가지 상이한 규정과 그로 말미암은 혼란을 열거한 뒤 베이커는 다음과 같이 말한다. "만약 공장 소유자들이 법률을 회피하려고 마음을 먹는다면, 우리는 이들 세 법률의 시행을 보장하기가 얼마나 어려울 것인지를 알 수 있다"(같은 글, 21쪽). 그러나 이 때문에 변호사들에게 보장되는 것이 있으니, 그것은 소송사건이다.

195) 그리하여 결국 공장감독관들은 결연히 다음과 같이 말한다. "이 같은 (노동시간의 법적 제한에 대한 자본의) 반대는 노동의 권리라는 대원칙 앞에 무릎을 꿇어야만 한다. …… 노동자가 아직 완전히 지치지 않았다 해도, 노동자의 노동에 대한 고용주의 권리가 정지되고 노동자의 시간이 노동자 자신의 것이 되는 시점이 존재한다"(같은 글〔1862년 10월 31일〕, 54쪽).

미국에서는 노예제가 공화국의 일부를 불구로 만들고 있던 시기였으므로 모든 자립적인 노동운동은 마비상태에 있었다. 흑인의 노동이 낙인찍힌 곳에서는 백인의 노동도 해방될 수 없다. 그러나 노예제가 숨을 거두자 곧바로 새로운 젊은 생명의 싹이 돋아났다. 내전의 첫 번째 성과는 한 걸음에 7마일을 가는 기관차라는 축지법 장화로 대서양에서 태평양까지, 뉴잉글랜드에서 캘리포니아까지 단숨에 달려간 '8시간 운동'이었다. 볼티모어에서 열린 전국노동자대회[†95](1866년 8월)는 다음과 같이 선언하고 있다.

> 이 나라의 노동을 자본주의적 노예제에서 해방시키기 위해 가장 먼저 필요한 당면의 과제는 미연방의 모든 주에서 표준노동일을 8시간으로 하는 법률을 제정하는 일이다. 우리는 이 찬란한 성과에 도달할 때까지 우리의 전력을 다할 것을 결의한다.[196]

그와 동시에(1866년 9월 초) 제네바에서 열린 '국제노동자대회'는 런 M319 던 총평의회의 제안에 따라 다음과 같이 결의하였다.

> 우리는 노동일의 제한이 해방을 위한 다른 모든 노력의 좌절을 막기 위한 선결조건이라고 선언한다. …… 우리는 8시간 노동을 노동일의 법적 한도로 정할 것을 제안한다.[†96]

이리하여 대서양 양쪽에서 생산관계 그 자체에서 본능적으로 자라난

---

196) "우리 던커크의 노동자는 다음과 같이 선언한다. 현재의 제도가 요구하는 노동시간은 너무나 길어서 우리 노동자에게 휴식과 교육을 위한 시간을 조금도 남겨주지 않으며, 차라리 노예제도와 다를 바 없는 예속상태로 노동자들을 억압하고 있다. 따라서 우리는 1노동일이 8시간으로 충분하고 또 법률적으로도 충분하다고 인정되어야 한다는 것을 결의하며, 또한 강력한 지렛대인 신문에 도움을 요청하는바 …… 이 도움을 거부하는 자는 누구든 노동개혁과 노동자 권리에 대한 적으로 간주할 것을 결의한다"(「뉴욕 주 던커크에서의 노동자의 결의: 1866년」).

노동운동은 영국의 공장감독관 손더스의 얘기를 그대로 확인해주었다.

> 노동일이 먼저 제한되지 않거나 또는 그 규정된 제한이 엄격하게 강제되지 않고서는, 사회개혁을 향한 발걸음은 한 발짝도 더 이상 나아갈 수 없을 것이다.[197]

우리는 우리의 노동자가 생산과정에 들어갈 때와는 다른 모습으로 그곳에서 나오게 되었다는 것을 인정해야만 한다. 시장에서 그는 '노동력'이라는 상품의 소유자로서 다른 상품소유자와 마주 본다. 즉 상품소유자와 상품소유자가 서로 마주 보는 것이다. 그가 자본가에게 자신의 노동력을 판매한 계약은 그가 자유롭게 자기 자신을 처분하였다는 것을 서면으로 증명하고 있다. 그러나 거래가 끝나고 나면 그는 자신이 결코 '자유로운 거래자'가 아니라는 것, 자신이 자유롭게 노동력을 팔 수 있는 시간은 노동력을 팔지 않으면 안 되도록 강제된 시간이라는 것,[198] 그리고 사실상 M320 그의 흡혈귀는 "아직 한 조각의 근육, 한 가닥의 힘줄, 한 방울의 피라도 남아 있는 한,"[199] 결코 그를 자유롭게 놓아주지 않는다는 것을 알게 된다. 그리하여 자기들을 괴롭히는 뱀[†97]으로부터 자신들을 보호하기 위해 노동자들은 동료들을 규합하여 하나의 계급을 이룬 다음 강력한 국가법〔즉 사회적 방지책〕을 — 스스로 자유의지에 따라 자본과 계약을 맺음으

---

197) 『공장감독관 보고서: 1848년 10월 31일』, 112쪽.

198) "게다가 이러한 음모(예를 들면 1848~1850년의 자본의 술책)는 종종 제기되는 다음과 같은 주장이 그릇된 것이라는 반박의 여지가 없는 증거를 제공했다. 그것은 노동자들이 아무런 보호도 필요로 하지 않으며, 그들은 자신이 소유한 유일한 재산인 자신의 노동과 땀방울을 자유로이 처분할 권리가 있는 소유자로 간주되어야 한다는 주장이었다"(같은 글〔1850년 4월 30일〕, 45쪽). "자유로운 노동〔만약 그렇게 부를 수 있다면〕은 자유로운 국가에서조차 자신을 보호하기 위한 법률의 강력한 힘을 필요로 한다"(같은 글〔1864년 10월 31일〕, 34쪽). "식사시간 여부와는 무관하게 하루 14시간 노동하도록 허용한다는 것, 그것은 강제하는 것과 마찬가지이지만……"(같은 글〔1863년 4월 30일〕, 40쪽).

199) 엥겔스, 『영국의 10시간 노동법』, 5쪽.

로써 자신과 자기 종족을 죽음과 노예상태 속으로 팔아넘기지 못하도록
방지하는[200] — 쟁취해야만 하게 되었다. 그 결과 '양도할 수 없는 인권'
이라는 화려한 표제 대신 "노동자가 판매한 시간이 언제 끝나며 그에게
속하는 시간은 언제 시작되는지를 궁극적으로 명백히 하는"[201] 소박한 대
헌장[†98](즉 법적으로 제한된 노동일)이 나타난 것이다. 얼마나 기막힌 변
화인가!(Quantum mutatus ab illo)[†99]

200) 10시간 노동법은 그것이 적용되는 산업부문에서 "노동자를 완전한 육체적 쇠락에서 구
    해냈다"(『공장감독관 보고서: 1859년 10월 31일』, 47쪽). "공장의 자본은 고용된 노동자의 건
    강과 도덕성을 해치지 않고서는 결코 기계를 제한된 시간 이상으로 가동할 수 없다. 그리고 노
    동자들은 자기 자신을 보호할 수 있는 처지에 놓여 있지 않다"(같은 글, 8쪽).
201) "더 큰 이익은 노동자 자신의 시간과 그가 고용주에게 속하는 시간 사이의 구별이 드디어
    명확해졌다는 것이다. 이제 노동자는 자기가 판매한 시간이 언제 끝나는지, 자신의 시간이 언
    제 시작되는지를 알게 되었다. 또한 이것을 확실히 알게 됨으로써 그는 자신의 시간을 자신의
    목적을 위해 미리 배분해둘 수 있게 되었다"(같은 글, 52쪽). "그들은 (공장법을 통해) 자신의
    시간에 대한 주인이 됨으로써 궁극적으로 정치적 권력의 획득을 향한 도덕적 에너지를 얻게
    되었다"(같은 글, 47쪽). "공장감독관들은 절제된 풍자와 정제된 표현으로, 현재의 10시간 노
    동법이 바로 자본의 화신인 자본가에게도 그 태생적인 난폭함으로부터 그들을 어느 정도 해방
    시켜 약간의 '교양'을 위한 시간을 부여해주었다고 넌지시 말하고 있다." "(이전에) 고용주는
    화폐 이외의 다른 어떤 것을 위한 시간도 갖지 않았고, 노동자는 노동 이외의 다른 어떤 것을
    위한 시간도 갖고 있지 않았다"(같은 글, 48쪽).

제9장

잉여가치율과 잉여가치량

M321 지금까지와 마찬가지로 이 장에서도 노동력의 가치〔즉 노동일 가운데 노동력의 재생산 또는 그 유지에 필요한 부분〕는 주어진 불변적 크기로 가정한다.

이렇게 전제하면, 개별 노동자가 일정 시간 동안 자본가에게 제공하는 잉여가치의 비율과 양도 모두 주어진다. 예를 들어 필요노동이 1일 6시간이고 이것이 3실링〔=1탈러(Taler)〕의 화폐량으로 표시된다면, 1탈러는 노동력 한 사람의 하루 가치이며 따라서 노동력 한 사람의 매입에 투하되는 자본가치이다. 또 잉여가치율이 100%라면 이 1탈러의 가변자본은 1탈러의 잉여가치량을 생산한다. 즉 노동자는 1일 6시간의 잉여노동량을 제공하는 것이다.

그러나 가변자본은 자본가가 동시에 사용하는 모든 노동력의 총가치를 나타내는 화폐 표현이다. 그러므로 가변자본의 가치는 노동력 한 사람의 평균가치에 사용된 노동력의 수를 곱한 것과 같다. 따라서 노동력의 가치가 주어져 있다면 가변자본의 크기는 동시에 사용되는 노동자 수에 정비례한다. 이리하여 노동력 한 사람의 하루 가치가 1탈러라면 자본은 날마다 100명의 노동력을 착취하기 위해서는 100탈러를, n명의 노동력을 착취하기 위해서는 n탈러를 투하해야 한다.

이와 마찬가지로 1탈러의 가변자본〔즉 노동력 한 사람의 하루 가치〕이 하루에 1탈러의 잉여가치를 생산한다면, 100탈러의 가변자본은 매일 100탈러의 잉여가치를, n탈러의 가변자본은 매일 1탈러×n의 잉여가치를 생산한다. 따라서 생산된 잉여가치의 양은 노동자 한 사람의 1노동일이 제공하는 잉여가치에 사용된 노동자 수를 곱한 것과 같다. 그러나 또 노동력의 가치가 주어져 있다면 노동자 한 사람이 생산하는 잉여가치량은 잉여가치율에 따라 정해지므로, 결국 다음과 같은 제1법칙이 도출된다. 즉 생산된 잉여가치의 양은 투하된 가변자본의 양에 잉여가치율을 곱한 것과 M322 같다. 바꾸어 말해서 그것은 한 자본가에 의해 동시에 착취당하는 노동력의 수와 개별 노동력의 착취도를 합한 비율에 따라 정해진다.[*]

이리하여 잉여가치량을 M, 한 사람의 노동자가 하루에 제공하는 평균 잉여가치를 m, 한 사람의 노동력을 매입하는 데 날마다 투하되는 가변자본을 v, 가변자본의 총액을 V, 평균노동력 한 사람의 가치를 k, 그 착취도를 $\frac{a'}{a}$ 〔$\frac{잉여노동}{필요노동}$〕, 사용된 노동자 수를 n이라고 하면,

$$M = \left[\begin{array}{l} \dfrac{m}{v} \times V \\[2em] k \times \dfrac{a'}{a} \times n \end{array} \right.$$

이 된다. 평균노동력 한 사람의 가치가 불변이고, 한 사람의 자본가가 사용하는 노동자들이 평균노동자로 환산된다는 가정은 그대로 유지된다. 생산되는 잉여가치가 착취당하는 노동자의 수에 비례하여 증대하지 않는

---

[*] 저자가 교열을 본 프랑스어판에는 이 문장의 두 번째 부분이 다음과 같이 번역되어 있다. "바꾸어 말하자면 바로 그것은 한 사람의 노동력가치에 그 착취도를 곱하고, 거기에 함께 착취당하는 노동력의 수를 곱한 것과 같다."

예외적인 경우도 있지만, 그럴 경우에는 노동력의 가치도 불변인 상태로 머물러 있지 않다.

그러므로 일정량의 잉여가치생산에서 한쪽 요인의 감소는 다른 쪽 요인의 증가에 의해서 상쇄될 수 있다. 가변자본이 감소하더라도 동시에 같은 비율로 잉여가치율이 증가한다면 생산되는 잉여가치의 양은 변하지 않는다. 앞에서 가정한 바와 같이 자본가가 하루에 100명의 노동자를 착취하기 위해서는 100탈러를 투하해야 하고 잉여가치율이 50%라고 한다면, 이 100탈러의 가변자본은 50탈러의 잉여가치, 곧 100×3노동시의 잉여가치를 생산한다. 잉여가치율이 2배로 증가하면〔즉 노동일이 6시간에서 9시간이 아니라 6시간에서 12시간으로 늘어난다면〕 50탈러로 반감된 가변자본은 역시 50탈러의 잉여가치〔즉 50×6 노동시의 잉여가치〕를 생산한다. 이리하여 가변자본의 감소는 노동력 착취도의 비례적인 증가로 상쇄되고 또 사용노동자 수의 감소는 노동일의 비례적 연장으로 상쇄될 수 있다. 따라서 일정한 범위 내에서는 자본이 짜낼 수 있는 노동의 공급이 노동자의 공급에 의존하지 않게 된다.[202] 거꾸로 가변자본의 크기〔또는 사용노동자 수〕가 비례적으로 증가할 때는, 잉여가치율이 감소하더라도 생산되는 잉여가치의 양은 변화되지 않는다.

그러나 노동자 수나 가변자본의 크기를 잉여가치율의 증가 또는 노동일의 연장을 통해 보전하는 데에는 넘을 수 없는 한계가 있다. 노동력의 가치가 얼마이든〔즉 노동자의 생존에 필요한 노동시간이 2시간이든 10시간이든〕 한 사람의 노동자가 하루에 생산할 수 있는 총가치는 늘 24노동시가 대상화되는 가치보다도 적으며, 만일 대상화된 24노동시의 화폐 표현이 12실링이나 4탈러라면 그것은 이 금액보다도 적다. 우리가 앞서 가정한 바에 따르면 노동력 그 자체를 재생산하거나 노동력의 매입에 투하

---

202)　이 기본법칙을 속류경제학자들은 모르는 듯하다. 그들〔즉 거꾸로 된 아르키메데스들〕은 수요-공급에 따라 노동의 시장가격이 결정되는 과정에서, 세계를 들어올리기 위한 것이 아니라 세계를 정지시키기 위한 지렛대를 발견했다고 생각하는 것이다.

된 자본가치를 보전하기 위해서는 하루에 6노동시가 필요했는데, 이런 가정 아래에서는 100%의 잉여가치율[12시간의 노동일]로 500명의 노동자를 사용하는 500탈러의 가변자본은 날마다 500탈러의 잉여가치 또는 6×500노동시의 잉여가치를 생산한다. 200%의 잉여가치율[18시간의 노동일]로 하루에 100명의 노동자를 사용하는 100탈러의 자본은 단지 200탈러의 잉여가치 또는 12×100노동시의 잉여가치만을 생산할 뿐이다. 그리고 이 자본의 총가치생산물[즉 투하 가변자본의 등가+잉여가치]은 결코 하루에 400탈러 또는 24×100노동시라는 액수에 이를 수 없다. 원래 언제나 24시간보다 짧은 평균노동일의 절대적 한계는 가변자본의 감소를 잉여가치율의 증대로써 상쇄하거나 착취당하는 노동자 수의 감소를 노동력 착취도의 증대로 보전하는 데 절대적인 한계를 이루고 있다. 이 명약관화한 제2의 법칙은 뒤에 논의할 자본의 경향, 즉 자본이 고용한 노동자 수 또는 노동력으로 전화하는 가변자본 부분을 될 수 있는 한 축소하려는 자본의 경향[다시 말해서 가능한 한 많은 양의 잉여가치를 생산하려는 자본의 또다른 경향과는 모순되는 경향]에서 발생하는 많은 현상을 설명하는 데 매우 중요하다. 반대로, 사용되는 노동력의 양이나 가변자본의 크기가 증가하더라도 그것이 잉여가치율의 저하에 미치지 못하면 생산되는 잉여가치의 양은 감소한다. M324

제3의 법칙은 생산되는 잉여가치의 양이 잉여가치율과 투하된 가변자본의 크기라는 두 가지 요인에 따라 결정된다는 점에서 나온다. 잉여가치율[또는 노동력의 착취도]이 주어져 있고 또 노동력의 가치[또는 필요노동시간의 길이]가 주어져 있다면, 가변자본이 커지는 만큼 생산되는 가치와 잉여가치의 양도 커진다는 것은 자명한 일이다. 노동일의 한계가 주어져 있고 그 필요노동 부분의 한계도 주어져 있다면 한 사람의 자본가가 생산하는 가치와 잉여가치의 양은 명백히 그가 운용하는 노동량에 따라서만 결정된다. 그런데 주어진 가정 아래에서 이 노동량은 그가 착취하는 노동력의 양[또는 노동자 수]에 따라 정해지고 그것은 그가 투하하는 가변자본의 크기에 따라 결정된다. 즉 잉여가치율과 노동력의 가치가 주어져 있다면 생산되는 잉여가치의 양은 투하되는 가변자본의 크기에 정비례한다. 그러나 우리가 알고 있듯이 자본가는 자신의 자본을 두 개의 부분으로 나눈다. 한 부분을 그는 생산수단에 지출한다. 이것은 그의 자본 가운데 변하지 않는 부분이다. 다른 한 부분을 그는 살아 있는 노동력으로 바꾼다. 이 부분은 그의 가변자본을 이룬다. 동일한 생산양식의 기초 위에서도 생산부문이 다르면 불변 부분과 가변 부분으로의 자본의 분할도 달라지게 된다. 같은 생산부문 안에서도 생산과정의 기술적 기초나 사회적 결합이 변동하면 이 비율도 함께 변동한다. 주어진 자본의 불변 부분과 가변 부분으로의 분할비율이 얼마이든[즉 둘 사이의 비율이 1:2이든 1:10이든 1:x이든〕지금 얘기한 이 법칙은 그것과 아무 상관이 없다. 왜냐하면 앞의 분석에 따라 불변자본(konstanten Kapital)의 가치는 생산물가치 속에서 재현되기는 하지만, 새로 형성되는 가치생산물 속에는 들어가지 않기 때문이다. 1,000명의 방적공을 사용하는 데에는 반드시 100명을 사용할 때보다 더 많은 원료나 방추 따위가 필요하다. 그러나 이들 추가되는 생산수단의 가치가 증가하든 감소하든 변하지 않든 또는 크든 작든, 그것은 이들 생산수단을 움직이는 노동력의 가치증식과정에는 아무런 영향도 끼치지 M325 않는다. 따라서 위에서 확인된 법칙은 다음과 같은 형태를 띠게 된다. 즉 노동력의 가치가 주어져 있고 노동력의 착취도가 같을 때는, 이들 각 자본에 의해서 생산되는 가치와 잉여가치의 양은 이들 자본의 가변 부분[즉 살아 있는 노동력으로 전화하는 부분〕의 크기에 정비례한다.

이 법칙은 겉으로 보이는 모든 경험과는 명백히 모순된다. 널리 알려진 바와 같이 어떤 방적업자가, 사용된 총자본의 백분비를 기준으로 불변자본에 비교적 높은 비율, 가변자본에 낮은 비율을 사용한다고 해서 상대적으로 가변자본에 높은 비율, 불변자본에 낮은 비율을 사용하는 제빵업자보다 이익이나 잉여가치를 적게 얻는 것은 아니다. 겉으로 보이는 이 모순을 해결하려면 수많은 매개항이 필요한데, 그것은 마치 초등수학에서 $\frac{0}{0}$

이 하나의 실수를 나타낼 수 있음을 이해하기 위해서는 숱한 매개항이 필요한 것과 마찬가지이다. 고전파 경제학은 이 법칙을 정식화하지 못했으면서도 본능적으로 이에 집착하는데, 그것은 이 법칙이 가치법칙 일반의 필연적인 귀결이기 때문이다. 고전파 경제학은 무리한 추상화를 통하여 이 법칙을 현상의 온갖 모순에서 구출하려 하고 있다. 리카도학파가 어떻게 하여 이 걸림돌에 걸려 넘어졌는지는 뒤에[203] 보여줄 것이다. "실제로는 아무것도 배우지 못한"[†100] 속류경제학은 언제나 그렇듯이 여기에서도 현상의 법칙을 무시하고 그것의 겉모습에만 집착하고 있다. 그들은 스피노자와는 반대로 "무지는 충분한 근거가 된다"[†101]고 믿고 있다.

한 사회의 총자본에 의해서 날마다 움직여지는 노동은 하나의 단일한 노동일로 간주할 수 있다. 예를 들어 노동자의 수가 100만 명이고, 노동자 한 사람의 평균노동일이 10시간이라면, 사회적 노동일은 1,000만 시간으로 이루어지게 된다. 이 노동일의 한계가—육체적인 것이든 사회적인 것이든—주어져 있다면, 잉여가치의 양은 오로지 노동자의 수〔즉 노동자 인구〕의 증가를 통해서만 증대될 수 있다. 이 경우에는 인구의 증대가 사회적 총자본에 의한 잉여가치생산의 수학적 한계를 이룬다. 거꾸로 인구의 크기가 주어져 있다면, 이 한계는 노동일을 얼마나 연장할 수 있는가에 의해서 주어진다.[204] 다음 장에서 보여주는 것처럼, 이 법칙은 지금까지 다루어진 잉여가치 형태에만 적용된다.

잉여가치의 생산에 관한 지금까지의 고찰에서 밝혀졌듯이, 임의의 화 M326 폐액이나 가치액이 모두 자본으로 전화할 수 있는 것은 아니다. 이 전화를 위해서는 각 개별 화폐소유자나 상품소유자의 수중에 일정한 최소한의

---

203) 제4권(잉여가치학설사—옮긴이)에서 이 문제를 자세히 다룰 것이다.

204) "한 사회의 노동〔즉 어떤 사회에서 경제적으로 사용되는 시간〕은 하나의 주어진 크기를 나타낸다. 즉 예를 들어 100만 명이 하루에 10시간이면 그것은 1,000만 시간을 나타낸다. …… 자본의 증가에는 한계가 있다. 이 한계는 어떤 주어진 시기에 경제적으로 사용되는 시간의 실제 길이에 따라 정해진다"(『각 나라의 경제학에 관하여』, 런던, 1821, 47쪽과 49쪽).

화폐〔또는 교환가치〕가 존재하고 있어야 한다. 가변자본의 최소한은 1년 동안 매일 잉여가치를 획득하기 위해서 사용되는 노동력 한 사람의 비용가격(Kostenpreis)이다. 이 노동자가 자신의 생산수단을 갖고 있고 노동자로서 생활하는 데 만족한다면, 그에게는 자신의 생활수단을 재생산하는 데 필요한 노동시간〔예를 들어 매일 8시간의 노동시간〕으로 충분할 것이다. 따라서 그에게 필요한 생산수단도 8노동시 동안 사용될 수 있는 것만으로 충분할 것이다. 반면 자본가는 그에게 이 8시간 외에 예를 들어 4시간의 잉여노동을 시키기 위해서 추가적인 생산수단을 수중에 넣기 위한 추가 화폐액이 필요하다. 그러나 우리의 가정에 따르면 이 자본가는, 매일 취득하는 잉여가치로 노동자와 똑같은 생활을 유지하기 위해서라도, 즉 꼭 필요한 자신의 여러 욕망을 충족시키기 위해서라도 벌써 두 사람의 노동자를 사용해야만 한다. 이 경우 그의 생산의 목적은 단순한 생활의 유지이지 부의 증가〔즉 자본주의적 생산에서 상정하는 목적〕는 아니다. 만일 그가 보통 노동자의 2배만큼만 풍요롭게 생활하고 또 생산되는 잉여가치의 반을 자본으로 재전화시키려고 한다면, 그는 노동자 수와 투하자본을 최소한 8배 증대시켜야 할 것이다. 물론 그 자신이 자기 노동자와 똑같이 생산과정에서 직접 일을 할 수도 있지만, 그 경우에는 그는 오로지 자본가와 노동자 사이의 중간물인 '소장인'(小匠人, kleine Meister)에 지나지 않는다. 자본주의적 생산이 어느 정도 고도화되려면 자본가가 자본가〔즉 인격화된 자본〕로서의 기능을 담당하는 전 기간을 타인의 노동에 대한 취득과 통제, 그리고 이 노동의 생산물에 대한 판매를 위해서 사용할 수 있다는 조건이 마련되어야 한다.[205] 중세의 동직조합제도는 한 사람의 장인이

M327

---

[205] "차지농업가는 자신의 노동에 의존해서는 안 된다. 만일 그가 그렇게 한다면, 내 생각에 그는 손해를 볼 것이다. 그의 일은 전반적인 감독활동이어야 한다. 그는 탈곡을 하는 자신의 피고용인을 감독해야만 한다. 왜냐하면 그렇게 하지 않을 경우, 그는 탈곡되지 않은 곡물에 대해서는 그만큼의 임금을 더 지불해야 하기 때문이다. 마찬가지로 그는 자신이 고용한 제초 작업자와 밀 베기 작업자도 감독해야만 한다. 그는 끊임없이 자신의 울타리 주위를 돌아다녀야만 한다. 그는 어떤 것도 소홀히 다루어지지 않도록 주의를 기울여야 한다. 만일 그가 한 군데

고용할 수 있는 노동자 수의 최대치를 제한함으로써, 수공업 장인이 자본가가 되는 것을 강제로 막으려고 하였다. 생산을 위해 투하되는 최소액이 중세의 최대치를 훨씬 넘어설 때에 비로소 화폐소유자나 상품소유자는 현실적으로 자본가가 된다. 여기에서도 자연과학의 경우와 똑같이, 헤겔이 자신의 『대논리학』(*Logik*)에서 밝히고 있는 그 법칙〔즉 단순한 양적 변화가 일정한 점에 다다르면 질적인 차이로 전화한다는 법칙〕이 맞다는 것이 확인된다.[205a]

한 사람의 화폐소유자나 상품소유자가 자본가가 되기 위해 갖추어야 할 최소가치액은 자본주의적 생산의 발전단계에 따라 달라지며, 또 주어진 발전단계에서도 각 생산부문의 특수한 기술적 조건에 따라 달라진다. 어떤 생산부문은 자본주의적 생산의 초기부터 —아직 개인의 수중에는 M328 존재하지도 않는— 최소한의 자본을 필요로 한다. 그래서 어떤 경우에는 콜베르 시대의 프랑스나 우리 시대에 이르기까지의 몇몇 독일 지방에서처럼, 이런 산업분야에 종사하는 사적 개인들에 대해서 국가보조금이 지급되기도 하고, 또 어떤 경우에는 특정 산업부문이나 상업부문의 사업에

에만 주의를 기울이면 다른 부분이 소홀해질 것이다"(어느 농업가〔아버스넛 J. Arbuthnot〕, 『식량의 현재 가격과 농장규모와의 관련에 대한 연구』, 런던, 1773, 12쪽). 이것은 매우 흥미로운 책이다. 이 책에서 우리는 'capitalist farmer'(자본주의적 농업가) 또는 'merchant farmer'(상업적 농업가)라고 일컬어지는 사람들의 발생사를 연구할 수 있고, 이들이 생계 유지를 주로 하는 'small farmer'(소농업가)와 비교해 스스로를 찬미한 얘기를 들을 수 있다. "자본가계급은 처음에는 부분적으로, 그리고 드디어는 완전히, 육체노동의 필요에서 해방된다"(리처드 존스〔Richard Jones〕 목사, 『국민경제학 교본』, 허트퍼드, 1852, 제3강, 39쪽).

205a) 근대화학에서 사용되는 분자설〔이것은 로랑과 제라르가 처음으로 과학적으로 밝혀냈다〕도 바로 이 법칙에 근거한 것이다. 〔제3판에 대한 보유: 화학자가 아닌 사람에게는 얼른 이해되지 않는 이 주(註)를 좀더 자세히 설명해보면 다음과 같다. 저자가 여기에서 말하는 것은 1843년 제라르(C. Gerhardt)가 처음으로 이름을 붙인 탄화수소 화합물의 '동족계열'(同族系列)인데, 이들 계열은 각각 독특한 대수학적 구조식을 갖고 있다. 예를 들면 파라핀계는 C_nH_{2n+2} 이고 표준 알코올계는 $C_nH_{2n+2}O$이며, 표준지방산계는 $C_nH_{2n}O_2$ 등이다. 이들 예에서는 분자식에 CH_2를 단순히 양적으로 추가하기만 하면 그때마다 하나의 질적으로 다른 물체가 형성된다. 이렇듯 중요한 사실을 확인하는 데 기여한 로랑과 제라르의 공헌(마르크스는 그것을 과대평가하였다)에 관해서는 코프의 『화학의 발전』(뮌헨, 1873, 709·716쪽)과 쇼를레머의 『유기화학의 등장과 발전』〔런던, 1879, 54쪽〕을 참조하라. —엥겔스〕

대해 법적으로 독점권을 갖는 회사[206] — 이것이 바로 근대적 주식회사의 선구이다 — 가 만들어지기도 한다.

생산이 진행되는 과정에서 자본가와 임노동자의 관계가 겪는 자질구레한 변화에 대해서나 자본 자체의 성격에 대한 더 이상의 논의는 이제 그만하도록 하겠다. 다만 여기에서는 몇 가지 요점만을 강조해두고자 한다.

생산과정 내에서 자본은 노동[활동하고 있는 노동력, 즉 노동자 그 자체]에 대한 지휘권으로까지 발전하였다. 인격화한 자본인 자본가는 노동자가 자신의 일을 질서정연하게, 충분한 강도로 수행하도록 감시한다.

자본은 또 노동자계급이 자신들의 생활을 영위하는 데 필요한 좁은 범위의 욕망보다 더 많은 노동을 수행하도록 강요하는 하나의 강제관계(Zwangsverhältnis)로까지 발전하였다. 그리고 자본은, 타인의 노동을 만들어내고, 잉여노동을 수취하고, 노동력을 착취하는 점에서 직접적 강제노동(direkter Zwangsarbeit)에 기반하는 그 이전의 모든 생산제도에 비해 그 정력이나 무절제함 그리고 그 효과에서 이들을 훨씬 능가한다.

자본은 일단 역사적으로 주어진 기술적 조건들에 기초하여 노동을 자신에게 종속시킨다. 따라서 자본은 직접적으로 생산양식을 변화시키지는 않는다. 그러므로 지금까지 살펴본 형태와 같이 노동일의 단순한 연장을 통한 잉여가치의 생산은 생산양식 그 자체의 변화와는 아무 상관이 없는 것이었다. 그것은 구식의 제빵업에서도 근대적 방적업의 경우에 못지않게 효과적이었다.

생산과정을 노동과정의 관점에서 살펴보면, 노동자가 관계하는 생산수단은 자본으로서가 아니라 노동자의 합목적적 생산활동의 단순한 수단과 재료로서의 의미를 갖는다. 예를 들어 가죽 제조업에서 노동자는 동물의 가죽을 자신의 단순한 노동대상으로 취급한다. 그가 가죽을 무두질하는 것은 자본가를 위해서가 아니다. 그러나 우리가 생산과정을 가치증식과

---

206) 이런 종류의 회사를 마르틴 루터는 'Gesellschaft Monopolia'(독점회사)라고 일컫는다.

정의 관점에서 고찰하면 문제가 달라진다. 생산수단은 이제 타인의 노동 을 흡수하기 위한 수단으로 바뀐다. 이제는 더 이상 노동자가 생산수단을 사용하는 것이 아니라 생산수단이 노동자를 사용하게 된다. 노동자가 생산수단을 자신의 생산활동의 재료로 소비하는 것이 아니라, 오히려 생산수단이 노동자를 생산수단 자신의 생활과정의 효소로 소비하는 것이며, 자본의 생활과정은 자기 자신을 증식하는 가치로서의 자본의 운동일 따름이다. 용광로나 작업장이 야간에는 문을 닫고 살아 있는 노동을 흡수하지 않는다면, 그것은 자본가에게 '순손실'(mere loss)이다. 바로 그 때문에 용광로나 작업장은 노동력의 '야간노동에 대한 청구권'을 갖고자 한다. 화폐가 단지 생산과정의 여러 대상적 요소[즉 생산수단]로 전화하기만 하면 그 생산수단은 타인의 노동과 잉여노동에 대한 권리 증명과 강제권으로 전화된다. 마지막으로 또 하나의 예를 통해서, 이처럼 자본주의적인 생산에만 존재하고 또한 그 특징을 잘 나타내고 있는 전도(轉倒), 즉 죽은 노동과 살아 있는 노동[즉 가치와 가치창조력] 사이의 관계가 서로 자리를 맞바꾸는 현상이 자본가의 의식에 어떻게 반영되는지를 보여주고자 한다. 1848~50년 영국 공장주들의 반역이 한창일 때였다.

　　서부 스코틀랜드에서 가장 오래되고 이름있는 회사의 하나인 칼라일 사(페이즐리에 소재하는 아마 및 면방직 공장) — 이 회사는 1752년에 개업한 이래 대대로 가족이 경영하고 있다 — 의 사장

이자 아주 현명한 이 신사는 1849년 4월 25일치 『글래스고 데일리 메일』(*Glasgow Daily Mail*)지에 「릴레이 제도」라는 제목으로 한 장의 편지[207]를 보냈는데, 거기에는 다음과 같은 아주 소박한 문구가 섞여 있었다.

---

207) 『공장감독관 보고서: 1849년 4월 30일』, 59쪽.

이제 노동시간을 12시간에서 10시간으로 단축함으로써 생기는 폐단을 보도록 하자. …… 그것은 공장주의 기대와 재산에 대한 지극히 중대한 손실이 '된다'. 만일 그(즉 그의 '노동자')가 지금까지 12시간 노동하고 있었는데 그것이 10시간으로 제한된다면, 그의 공장에 있는 기계나 방추는 각각 12개에서 10개로 줄어들 터이고, 그가 그 공장을 팔려고 할 경우 그것들은 10개로밖에 평가되지 않으므로 전국의 모든 공장의 가치도 $\frac{1}{6}$씩 감소하게 될 것이다.[208]

M330 서부 스코틀랜드의 이 세습자본가의 머릿속에서는 (방추 등과 같은) 생산수단의 가치와 자기 자신을 가치증식하는(즉 날마다 일정량의 타인의 무상노동을 먹어치우는) 생산수단의 자본속성 사이의 구별이 매우 모호하게 뒤엉켜 있다. 그래서 이 칼라일 사의 사장은 자기가 공장을 팔 때 방추의 가치뿐만 아니라 방추에 의한 가치증식까지도 판매한다는 망상을 하고 있다. 말하자면 방추에 포함되어 있는(즉 방추의 생산에 필요한) 노동뿐만 아니라 방추의 도움으로 날마다 페이즐리의 부지런한 서부 스코틀랜드인들에게서 빨아들이는 잉여노동까지 판매하는 것으로 생각하는 것이다. 바로 그 때문에 그는 '노동일을 2시간 줄이면 방적기 12대의 매각가격도 10대 값으로 줄어들어버린다!'라고 생각하는 것이다.

---

208) 같은 글, 60쪽. 공장감독관 스튜어트는 그 자신 스코틀랜드인으로서 잉글랜드의 공장감독관들과는 반대로 완전히 자본가적인 사고방식에 사로잡혀 있는데, 자신의 보고서에 수록한 이 편지에 관해 "그것은 '릴레이 제도'를 사용하는 어떤 공장주가 쓴 것으로, 특히 이 제도에 대한 편견이나 의심을 제거할 목적으로 쓴 매우 유익한 서신이다"라고 밝히고 있다.

제4편

제10장

상대적 잉여가치의 개념

지금까지 우리는 노동일 가운데 자본에 의해 지불되는 노동력가치만큼
을 생산하는 부분을 불변의 크기로 간주해왔는데, 그것은 생산조건이 주
어진 상태에서는〔즉 현존하는 사회의 일정한 경제적 발전단계에서는〕실
제로 그렇게 불변의 크기이다. 노동자는 이러한 자신의 필요노동시간을
넘어서서 2시간, 3시간, 4시간, 6시간 등등을 더 일할 수 있었다. 잉여가치
율과 노동일의 길이는 이것이 얼마나 연장되는가에 달려 있었다. 필요노
동시간은 불변적인 반면 노동일 전체는 가변적이었다. 이제 1노동일의 크
기와 그것이 필요노동과 잉여노동(Mehrarbeit)으로 분할되는 비율이 주어
져 있다고 가정하자. 예를 들어 선분 ac, 곧 a ——— b — c는 12시간 노
동일을 표시하고, 선분 ab는 10시간의 필요노동을 표시하며, 선분 bc는 2
시간의 잉여노동을 표시한다고 하자. 이럴 때 ac를 더 이상 연장하지 않고
〔또는 ac의 연장과 무관하게〕잉여가치의 생산이 증대〔즉 잉여노동이 연
장〕될 수 있을까?

노동일 ac의 한계가 주어져 있고, 또 bc가 자신의 종점이자 동시에 노
동일 ac의 종점이기도 한 c를 넘어서서 연장되지 않는다 하더라도, bc는

자신의 출발점 b를 반대방향인 a 쪽으로 이동시킴으로써 연장될 수 있을 것처럼 보인다. a——b′−b−c에서 b′−b가 bc의 절반 즉, 1노동시간과 같다고 가정해보자. 이제 12시간 노동일 ac에서 점 b가 b′로 이동한다면 이 노동일은 종전과 마찬가지로 12시간이지만 bc는 b′c로 연장되고 잉여노동은 이전의 절반만큼 증가하여 2시간에서 3시간으로 늘어난다. 그러나 bc에서 b′c로, 즉 2시간에서 3시간으로 잉여노동을 연장시키는 것은 동시에 필요노동시간을 ab에서 ab′로, 즉 10시간에서 9시간으로 단축시키지 않고서는 불가능하다. 잉여노동의 연장은 필요노동의 단축과 일치한다. 다시 말해서 노동자가 사실상 지금까지 자기 자신을 위하여 소비하던 노동시간의 일부가 자본가를 위한 노동시간으로 전화한다. 즉 변하는 것은 노동일의 길이가 아니라 그것이 필요노동과 잉여노동으로 분할되는 비율인 것이다.

다른 한편 노동일의 길이와 노동력의 가치가 주어진다면 잉여노동의 크기는 명백히 저절로 주어진다. 노동력의 가치〔곧 노동력의 생산에 필요한 노동시간〕는 노동력의 가치를 재생산하는 데 필요한 노동시간을 결정한다. 1노동시간이 $\frac{1}{2}$ 실링, 곧 6펜스의 금액으로 표시되고 노동력의 하루 가치가 5실링이라면, 노동자가 자본으로부터 지불받은 자기 노동력의 하루 가치를 보전하기 위해서는〔다시 말해 자기에게 필요한 하루 생활수단의 가치만큼을 생산하기 위해서는〕 하루에 10시간을 노동해야만 한다. 이처럼 생활수단의 가치가 주어지면 그의 노동력[1]의 가치도 주어지고, 그의

1) 하루 평균임금의 가치는 노동자가 '생활하고 노동하고 생식하기 위해서' 필요로 하는 것에 따라 결정된다(윌리엄 페티, 『아일랜드의 정치적 해부』, 1672, 64쪽). "노동의 가격은 언제나 필요생활수단의 가격에 따라 결정된다. …… 노동자들 대부분이 숙명적으로 거느리게 되는 많은 가족을 노동자로서의 그의 낮은 지위와 처지에 맞추어 부양하는데, 그의 임금이 충분하지 않다면 언제나 …… 그는 적절한 임금을 받지 않는 셈이다"(밴더린트, 『화폐 만능론』, 15쪽). "자신의 사지와 근면성 말고는 아무것도 갖고 있지 않은 노동자는 자신의 노동을 다른 사람에게 팔 수 있을 때에만 무엇인가를 갖게 된다. …… 어떠한 종류의 노동에서나 노동자의 임금은 그가 생계를 유지하기 위하여 필요한 것에 한정될 수밖에 없으며 그것은 실제로 그러하다"(튀르고, 『고찰』〔데르 엮음〕, 『작품집』 제1권, 10쪽). "생활필수품의 가격은 사실상 노동의 생산비

노동력가치가 주어지면 그의 필요노동시간의 크기도 주어진다. 그런데 잉여노동의 크기는 1노동일 전체에서 필요노동시간을 공제함으로써 얻어진다. 12시간에서 10시간을 공제하면 2시간이 남는데, 그러나 주어진 조건 아래에서 잉여노동이 어떻게 2시간 이상으로 연장될 수 있는지는 알 수 없다. 물론 자본가가 노동자에게 5실링 대신 4실링 6펜스 또는 그보다 더 적게 지불하는 경우를 생각해볼 수도 있다. 그럴 경우 이 4실링 6펜스의 가치를 재생산하기 위해서는 9노동시간으로 충분할 것이며, 따라서 12시간 노동일 중에서 잉여노동이 2시간 대신 3시간이 되고, 그 결과 잉여가치도 1실링에서 1실링 6펜스로 증대할 수 있을 것이다. 그러나 이런 결과는 오직 노동자의 임금을 그의 노동력가치 이하로 떨어뜨림으로써만 얻어질 수 있다. 노동자는 9시간에 생산하는 4실링 6펜스로 이전보다 $\frac{1}{10}$ 만 ^{M333} 큼 적은 양의 생활수단을 얻게 되고, 따라서 그의 노동력은 축소재생산 (verkümmerte Reproduktion)을 이루게 된다. 여기에서 잉여노동은 단지 스스로의 정상적인 한계를 넘어섬으로써만 증가하며, 잉여노동의 영역은 필요노동시간의 영역을 찬탈적으로 침해함으로써만 연장될 수 있을 뿐이다. 이런 방법이 임금의 실제 운동에서는 중요한 역할을 하는 것이 맞지만, 여기에서는 모든 상품이〔따라서 노동력도〕가치대로 매매되는 것을 전제로 하기 때문에 이런 경우를 배제하기로 한다. 이런 전제 아래에서는 노동력의 생산이나 그 가치의 재생산에 필요한 노동시간이 감소할 수 있는 경우란, 노동자의 임금이 그의 노동력가치 이하로 하락할 때가 아니라 단지 이 가치 자체가 하락할 때뿐이다. 노동일의 길이가 주어져 있다면 잉여노동의 연장은 필요노동시간의 단축에서 생겨나는 것이지, 그와 반대로 필요노동시간의 단축이 잉여노동의 연장에서 생겨나는 것은 아니다. 우리의 예에서 말한다면 필요노동시간이 10시간에서 9시간으로 $\frac{1}{10}$ 만큼 감소하고 따라서 잉여노동도 2시간에서 3시간으로 늘어나기 위해서는 노

와 같다"(맬서스, 『지대의 성질과 증진에 대한 연구』, 런던, 1815, 48쪽의 주).

동력의 가치가 실제로 $\frac{1}{10}$만큼 하락하지 않으면 안 되는 것이다.

그러나 이렇게 노동력의 가치가 $\frac{1}{10}$만큼 하락한다는 것은 그 자체가 벌써 이전에는 10시간에 생산되었던 것과 똑같은 양의 생활수단이 이제는 9시간에 생산된다는 것을 전제로 한다. 그렇지만 이것은 노동생산력의 향상 없이는 불가능한 일이다. 예를 들어 어떤 제화공이 주어진 온갖 수단을 동원하여 12시간의 노동일 동안 한 켤레의 장화를 만들 수 있다고 하자. 그가 같은 시간에 2켤레의 장화를 만들려면 그의 노동생산력은 두 배가 되어야 한다. 그리고 그처럼 노동생산력이 두 배가 되는 것은 그의 노동수단이나 그의 노동방법 또는 이 두 가지 모두가 동시에 변화하지 않고서는 불가능하다. 그러므로 그의 노동이 이루어지는 여러 생산조건〔즉 그의 생산방식(Produktionsweise), 따라서 노동과정 그 자체〕속에서 하나의 혁명이 일어나지 않으면 안 된다. 우리가 여기에서 노동생산력의 향상이라고 말하는 것은 일반적으로 한 상품을 생산하는 데 사회적으로 필요한 노동시간을 단축시키는〔즉 더 적은 양의 노동으로 더 많은 양의 사용가치를 생산하는 힘을 획득하게 되는〕 노동과정에서의 변화를 뜻한다.[2] 따라서 지금까지 살펴본 잉여가치의 생산형태에서는 생산양식이 주어진 것으로 가정되었지만, 사실 필요노동을 잉여노동으로 전화함으로써 잉여가치를 생산하는 방법으로는 자본이 옛날부터 전래된 형태나 현존형태의 노동과정을 통해서 단지 그 지속시간을 연장하는 방법만으로는 결코 충분하지 않다. 즉 자본은 노동생산력을 향상시키고, 그럼으로써 노동력의 가치를 하락시켜서 노동일 가운데 이 노동력가치의 재생산에 필요한 부분을 단축시키기 위해 노동과정의 온갖 기술적·사회적인 조건〔즉 생산양식 그 자체〕을 변혁시켜야 하는 것이다.

---

2) "산업이 개선된다는 말은, 곧 생산물을 더 적은 수의 사람을 통해 또는 (같은 말이지만) 더 적은 시간 동안에 만들어낼 수 있는 새로운 방법이 발견되었다는 것을 뜻한다"(갈리아니, 『화폐에 관하여』, 158·159쪽). "생산비의 절약은 생산에 사용된 노동량의 절약 이외의 것이 될 수 없다"(시스몽디, 『경제학 연구』 제1권, 22쪽).

노동일의 연장을 통해서 생산된 잉여가치를 나는 절대적 잉여가치라고
부른다. 반면 필요노동시간의 단축과 그에 상응하는 노동일의 두 구성 부
분 사이의 비율의 변화에서 생겨나는 잉여가치는 상대적 잉여가치라고
부른다.

노동력의 가치를 저하시키기 위해서는 노동력의 가치를 결정하는 생산
물, 즉 일상적인 생활수단의 범위에 속하거나 또는 그것을 대체할 수 있는
생산물이 생산되는 산업부문들에서 생산력이 상승하지 않으면 안 된다.
그러나 한 상품의 가치는 그 상품에 최종적인 형태를 부여하는 노동량뿐
만 아니라 그 상품의 생산수단에 포함되어 있는 노동량에 의해서도 결정
된다. 예를 들어 장화의 가치는 제화노동에 의해서뿐만 아니라 가죽·수
지·실 따위의 가치에 의해서도 결정된다. 따라서 필요생활수단의 생산에
사용되는 불변자본의 물질적인 요소, 즉 노동수단과 노동재료를 공급하
는 산업들에서 생산력이 상승하고 그에 따라 상품가격이 하락한다면 이
것도 역시 노동력의 가치를 떨어뜨리게 된다. 반면 필요생활수단을 공급
하는 것도 아니고, 그것을 생산하기 위한 생산수단을 공급하는 것도 아닌
다른 생산부문들에서는 생산력이 상승하더라도 노동력가치에 영향을 끼
치지 않는다.

물론 가격이 하락한 상품은 그것이 노동력의 재생산에 개입하는 비율
만큼만 노동력의 가치를 저하시킨다. 예를 들어 내의는 필요생활수단이
지만 많은 필요생활수단 가운데 하나일 뿐이다. 내의가격의 하락은 단지
노동자의 지출 가운데 내의에 대한 지출만 감소시킬 뿐이다. 그렇지만 필
요생활수단의 총량은 여러 개별 산업부문에서 제각기 생산된 다양한 상
품들로 구성되어 있으며, 이들 각 상품의 가치는 늘 노동력가치 가운데 일 M335
부를 형성하고 있다. 노동력의 가치는 그 재생산에 필요한 노동시간과 함
께 감소하며, 이 노동시간 전체의 감소는 바로 그 개별 생산부문에서의 노
동시간 감소의 합계와 같다. 우리는 이 일반적인 결과를 여기에서는 마치
그것이 모든 개별적 경우의 직접적 결과이고 직접적 목적인 것처럼 취급

한다. 물론 한 개별 자본가가 노동생산력을 향상시킴으로써 예를 들어 내의의 가격을 떨어뜨린다 할지라도, 그것이 반드시 그가 그만큼의 노동력 가치〔즉 그만큼의 필요노동시간〕를 줄이려는 목적을 염두에 둔 것이라고는 할 수 없다. 그러나 결과적으로는 그는 이런 결과에 기여한 셈이 되며, 그런 한에서 그는 전반적인 잉여가치율의 상승에 기여한 셈이 된다.[3] 자본의 모든 일반적·필연적인 경향은 그 현상형태와 구별되어야 한다.

자본주의적 생산의 내재적 법칙이 자본의 외적 운동으로 나타나는 방식, 즉 경쟁의 강제법칙으로 관철되고, 그리하여 개별 자본가에게 강력한 유인으로 의식되는 방식을 여기서 고찰할 수는 없다. 그러나 천체(天體)의 외관상의 운동이 〔현실적이긴 하지만 감각적으로는 느낄 수 없는〕 그 운동을 알고 있는 사람에게만 이해될 수 있듯이, 경쟁의 과학적 분석도 자본의 내적 본질이 파악될 때에만 비로소 가능해진다. 그러나 지금까지 얻어진 결과만을 토대로 상대적 잉여가치의 생산을 이해하기 위해서는 다음 사항에 주의하지 않으면 안 된다.

1노동시간이 6펜스, 즉 $\frac{1}{2}$ 실링의 금액으로 표시된다면 12시간의 노동일은 6실링의 가치를 생산한다. 주어진 노동생산력 아래에서 이 12시간 동안 12개의 상품이 생산된다고 가정해보자. 그리고 이 상품 한 개에 사용된 원료 등의 생산수단 가치가 6펜스라고 하자. 이런 상황에서 개별 상품의 가치는 1실링이다. 즉 6펜스는 생산수단의 가치에 해당하는 것이고, 나머지 6펜스는 이 생산수단을 가공할 때 새롭게 부가되는 가치에 해당한다. 그런데 이제 어떤 자본가가 노동생산력을 두 배로 증가시켜 12시간의 노동일 동안 이 상품을 12개가 아니라 24개를 생산하는 데 성공했다고 하자. 생산수단의 가치가 불변이라면 개별 상품의 가치는 이제 9펜스로 떨

M336

---

3) "공장주가 기계를 개량함으로써 그 생산물을 두 배로 생산할 수 있게 되면, …… (결과적으로) 그는 그것을 통하여 노동자에게 더 값싼 의복을 입힐 수 있게 되고 …… 그리하여 총수익 가운데 노동자에게 돌아가는 몫을 줄이게 됨으로써 그는 그만큼 더 이익을 얻게 된다"(램지, 『부의 분배에 관한 고찰』, 168·169쪽).

어진다. 즉 6펜스는 생산수단의 가치를, 3펜스는 최종 노동에 의해 새로
부가된 가치를 이룬다. 노동생산력이 두 배가 되었는데도 1노동일은 종전
대로 6실링의 새로운 가치를 창출할 뿐이고 다만 이 새로운 가치가 이제
는 두 배의 생산물에 배분될 뿐이다. 따라서 각 생산물에는 이 총가치의
$\frac{1}{12}$이 아닌 $\frac{1}{24}$만이, 즉 6펜스가 아닌 3펜스만이 할당된다. 다시 말해서 생
산수단이 생산물로 전화할 때 생산물 1개당 생산수단에 부가되는 노동시
간은 종전과 같이 1시간이 아닌 $\frac{1}{2}$시간이다. 이 상품의 개별적 가치는 이
제 그것의 사회적 가치보다 낮다. 즉 이 상품은 사회적 평균조건 아래에서
생산된 대다수의 같은 상품들보다 더 적은 노동시간을 필요로 한다. 변화
된 생산방식에서 그것은 단지 9펜스에 불과하고, 따라서 $1\frac{1}{2}$노동시간만
을 포함한다. 그러나 한 상품의 현실적인 가치는 그것의 개별적 가치가 아
니라 그것의 사회적 가치이다. 즉 이 현실적인 가치는 각각의 경우 생산자
가 그 상품에 실제로 소비하는 노동시간에 의해서가 아니라 그 상품의 생
산에 사회적으로 필요한 노동시간에 의해서 측정된다. 따라서 새로운 방
법을 사용하는 자본가가 자기 상품을 그 사회적 가치인 1실링으로 판매한
다면, 그는 그것을 그것의 개별적 가치보다 3펜스 높게 판매한 것이고 그
럼으로써 3펜스의 특별잉여가치(Extramehrwert)를 실현하게 된다. 그러
나 다른 한편 12시간의 노동일은 이제 그에게 이전의 12개가 아닌 24개의
상품으로 표시된다. 그러므로 1노동일의 생산물을 판매하기 위해서 자본
가는 2배의 판매, 즉 2배로 큰 시장을 필요로 한다. 다른 조건이 불변이라
면 그의 상품은 가격인하를 통해서만 더 큰 시장을 차지할 수 있다. 따라
서 그는 상품을 그 개별적 가치보다 높게, 그러나 그 사회적 가치보다는
낮게, 예를 들어 1개당 10펜스로 판매할 것이다. 그렇게 한다 해도 그는
여전히 상품 1개당 1펜스씩의 특별잉여가치를 뽑아낸다. 그에게 이러한
잉여가치의 증대는 그의 상품이 필요생활수단의 범위에 속하든 속하지
않든, 따라서 그의 상품이 노동력의 일반적 가치에 결정적으로 관여하든
관여하지 않든 간에 상관 없이 일어난다. 따라서 그런 문제와는 별개로 개

별 자본가들은 노동생산력을 높여서 상품가격을 낮추려는 동기를 갖게 된다.

그러나 이 경우에도 잉여가치생산의 증대는 필요노동시간의 단축과 그에 상응하는 잉여노동의 연장에서 발생한다.[3a] 필요노동시간을 10시간〔즉 노동력의 하루 가치를 5실링〕이라고 하고 잉여노동을 2시간〔즉 하루에 생산되는 잉여가치를 1실링〕이라고 하자. 그러나 우리의 자본가는 이제 24개를 생산하여 이것을 1개당 10펜스, 모두 합해서 20실링에 판매한다. 생산수단의 가치가 12실링(6펜스×24개—옮긴이)이기 때문에 $14\frac{2}{5}$ 개 (12실링÷10펜스—옮긴이)의 상품은 단지 투하된 불변자본을 보전(補塡)할 뿐이다. 12시간의 노동일은 나머지 $9\frac{3}{5}$ 개의 상품으로 표시된다. 노동력의 가격=5실링이므로 필요노동시간은 6개의 생산물로 표시되고 잉여노동은 $3\frac{3}{5}$ 개의 생산물로 표시된다. 사회적인 평균조건에서는 5:1이었던 필요노동과 잉여노동 사이의 비율이 이제는 5:3이 된다. 같은 결과가 다음과 같은 방식으로도 얻어질 수 있다. 즉 12시간 노동일의 생산물가치는 20실링이다. 그 중에서 12실링은 재현된 생산수단의 가치에 해당한다. 그리하여 8실링이 노동일을 나타내는 가치의 화폐 표현으로 남는다. 이 화폐 표현은 같은 종류의 사회적 평균노동의 화폐 표현보다 큰데, 왜냐하면 사회적 평균노동에서는 12시간이 6실링으로 표현되기 때문이다. 예외적으로 생산력이 높은 노동은 몇 곱 더 높은 노동으로 작용한다. 다시 말해서 같은 시간에 같은 종류의 사회적 평균노동보다 더 높은 가치를 창출한다. 그러나 우리의 자본가는 노동력의 하루 가치에 대하여 여전히 종전과 마찬가지로 5실링만을 지불한다. 그러므로 노동자는 이제는 노동력가치

3a) "어떤 사람의 이윤은 그가 다른 사람의 노동생산물을 지배하는 데 달려 있는 것이 아니라 노동 자체를 지배하는 데 달려 있다. 노동자의 임금은 불변인데, 자신의 상품을 더 높은 가격에 판매할 수 있다면 그는 명백히 이득을 얻게 된다. …… 노동자가 노동하게 하는 데에는 그 노동자가 생산한 것 가운데 더 작은 부분으로도 충분하며, 따라서 더 큰 부분이 그에게 남겨진다"(카제노프〔J. Cazenove〕, 『경제학 개론』, 런던, 1832, 49·50쪽).

의 재생산을 위해 이전과 같은 10시간이 아닌 $7\frac{1}{2}$시간(12시간:8실링=$7\frac{1}{2}$시간:5실링—옮긴이)만을 필요로 한다. 따라서 그의 잉여노동은 $2\frac{1}{2}$시간 증가하여, 그가 생산하는 잉여가치는 1실링에서 3실링(8실링÷12시간×$4\frac{1}{2}$시간—옮긴이)으로 증가한다. 이리하여 개선된 생산방식을 사용하는 자본가는 같은 업종의 다른 자본가들보다 노동일 가운데 더 큰 부분을 잉여노동으로 취득한다. 자본이 상대적 잉여가치의 생산에서 전반적으로 행하는 일을 그는 개별적으로 행하는 것이다. 그러나 다른 한편, 새로운 생산방식이 일반화하고 따라서 저렴하게 생산된 상품의 개별적 가치와 그 사회적 가치 사이의 차이가 소멸하게 되면 그 특별잉여가치는 소멸해 버린다. 가치가 노동시간에 따라 결정되는 법칙은 새로운 방법을 이용하는 자본가에게는 자신의 상품을 그 사회적 가치 이하로 판매하지 않으면 안 되게끔 하고, 그리고 또한 바로 이 법칙이 경쟁의 강제법칙으로 작용하여 그의 경쟁자들로 하여금 새로운 생산방식을 채택하지 않을 수 없도록 만들게 된다.[4] 따라서 일반적 잉여가치율은 필요생활수단의 생산부문에서 생산력이 상승하여 필요생활수단에 속하는〔따라서 노동력가치를 구성하는〕상품들의 가격이 하락할 때에만 비로소 전 과정을 통하여 영향을 받는다.M338

상품의 가치는 노동생산력에 반비례한다. 노동력의 가치도, 그것이 여러 상품의 가치에 의해 정해지기 때문에 역시 마찬가지이다. 반면 상대적 잉여가치는 노동생산력에 정비례한다. 그것은 노동생산력이 상승 또는 하락할 때마다 함께 상승 또는 하락한다. 화폐가치가 불변이라고 가정한다면 12시간의 사회적 평균노동일은 늘 6실링이라는 동일한 가치생산물

---

4) "만일 내 이웃이 더 적은 노동으로 더 많은 양을 생산해냄으로써 값싸게 팔 수 있다면, 나도 그 사람만큼 싸게 팔 수 있는 방법을 궁리해야만 한다. 그리하여 더 적은 수의 직공으로, 따라서 더 값싸게 노동하는 모든 기술이나 방법·기계는 다른 사람에게도 똑같은 기술이나 방법·기계를 사용하게 하거나 아니면 그와 비슷한 어떤 것을 발명하게 하는 일종의 강제와 경쟁을 가져온다. 그럼으로써 모든 사람은 똑같은 처지에 서게 되며, 아무도 자기 이웃사람보다 싸게 팔 수 없게 될 것이다"(『동인도 무역이 영국에 가져다주는 이익』, 런던, 1720, 67쪽).

을 생산하는데, 이것은 이 가치총액이 노동력의 가치액과 잉여가치로 어떻게 배분되든 그것과는 별개의 문제이다. 그러나 생산력이 상승하여 하루 생활수단의 가치, 즉 노동력의 하루 가치가 5실링에서 3실링으로 하락하면 잉여가치는 1실링에서 3실링으로 상승한다. 노동력의 가치를 재생산하기 위해서 지금까지는 10노동시간이 필요했지만 이제는 6노동시간만 필요하게 된다. 4노동시간이 남게 되었으며, 이것은 잉여노동의 영역에 합쳐질 수 있게 되었다. 따라서 상품의 가격을 떨어뜨리고 그럼으로써 노동자 자체의 가격을 떨어뜨리기 위해 노동생산력을 증대시키는 것은 자본의 내재적 충동이자 끊임없이 지속되는 경향이다.[5]

상품을 생산하는 자본가에게 상품의 절대적인 가치 그 자체는 아무런 관심사도 아니다. 그가 관심을 기울이는 것은 단지 상품 속에 포함되어 있는 [그리고 판매를 통해서 실현될 수 있는] 잉여가치뿐이다. 잉여가치의 실현은 당연히 투하된 가치의 보전을 포함한다. 상품의 가치는 노동생산력의 발전에 반비례하여 감소하지만 상대적 잉여가치는 그 발전에 정비례하여 증가하므로, 결국 같은 하나의 과정이 상품의 가격을 하락시키면서 동시에 그 속에 포함된 잉여가치를 증가시킨다. 그리하여 교환가치의 생산에만 관심이 있는 자본가가 왜 상품의 교환가치를 끊임없이 저하시키려고 노력하는지 그 수수께끼가 해명되는데, 이것이야말로 경제학의 창시자 가운데 한 사람인 케네가 자기 논적들을 곤란에 빠뜨리고, 그의 논적들이 그의 물음에 아직 답을 제시하지 못하고 있는 바로 그 모순이다.

M339

---

5) "한 노동자의 지출이 어떤 비율로 감소하든 간에, 그와 동시에 산업에 대한 규제들이 폐지된다면 그의 임금도 같은 비율로 감소한다"(『곡물 수출장려금의 폐지에 관한 고찰』, 런던, 1753, 7쪽). "산업의 이익을 위해서는 곡물과 모든 식료품의 가격이 가능한 한 낮추어질 필요가 있다. 그것들의 가격을 상승시키는 요인은 모두 노동의 가격 또한 상승시키게 된다. …… 산업이 아무런 규제도 받지 않는 모든 나라에서는 식료품의 가격이 노동의 가격에 반드시 영향을 끼치게 된다. 필요생활수단의 가격이 하락하면 노동의 가격은 언제나 하락하게 된다"(같은 책, 3쪽). "임금은 생산력이 증대하는 비율과 같은 비율로 하락한다. 기계는 필요생활수단의 가격을 떨어뜨리면서 동시에 노동자의 가격도 떨어뜨린다"(『경쟁과 협동의 상대적인 장점에 대한 현상논문』, 런던, 1834, 27쪽).

케네는 다음과 같이 말하고 있다.

> 생산에 지장을 초래하지 않고 공산품의 제조에 들어가는 비용이나 노동을 절약하면 할수록 이 절약을 통해서 제품의 가격이 인하됨으로써 그것이 결국 더 큰 이익이 된다는 것을 그대들은 인정하고 있다. 그럼에도 그대들은 제조업자가 고용한 노동이 만들어내는 부의 생산이 그들 제품의 교환가치의 증대에 있다고 믿고 있다.[6]

따라서 자본주의적 생산에서 노동생산력의 발전을 통한 노동의 절약[7]은 노동일의 단축을 목적으로 하는 것이 결코 아니다. 그것은 다만 일정 상품량의 생산에 필요한 노동시간의 단축을 목적으로 할 뿐이다. 자신의 노동생산력이 상승하여 노동자가 1시간 동안 예를 들어 과거에 비해 10배의 상품을 생산하게 되고, 그리하여 하나의 상품을 생산하는 데 필요한 노 M340 동시간이 과거에 비해 $\frac{1}{10}$만 소요된다 해도, 이것은 그가 여전히 종전처럼 12시간 동안 노동하고 또 그 12시간 동안에 종전의 120개 대신 이제 1,200개를 생산한다는 사실에는 아무런 영향을 주지 않는다. 아니, 오히려 그의 노동일은 더욱 연장되어 이제 그는 14시간 동안 1,400개를 생산하게 될지도 모른다. 그래서 매컬럭이나 유어 또는 시니어 같은 부류의 경제학자들

---

6) "Ils conviennent que plus on peut, sans préjudice épargner de frais ou de travaux dispendieux dans la fabrication des ouvrages des artisans, plus cette énegne est profitable par la diminution des prix de ces ouvrages. Cependant ils croient que la production de richesse qui résulte des travaux des artisans consiste dans l'augmentation de la valeur vénale de leurs ouvrages"(케네, 『상업 및 수공업자의 노동에 관한 대화』, 188 · 189쪽).

7) "자신들이 지불해야 할 노동자의 노동을 이렇게까지 절약하는 이 투기꾼들"(비도〔J. N. Bidaut〕, 『대규모 제조기술에 의한 공업기술과 상업의 내부에서 발생하는 독점에 관하여』, 파리, 1828, 13쪽). "기업가는 늘 전력을 다하여 시간과 노동을 절약하려 할 것이다"(스튜어트〔Dugald Stewart〕, 『경제학 강의』, 해밀턴〔W. Hamilton〕 엮음, 『전집』 제8권, 에든버러, 1885, 318쪽). "그들(자본가들)의 관심거리는 그들이 고용하는 노동자들의 생산력이 가능한 한 최대가 되도록 만드는 일이다. 그들은 오로지 이 생산력을 증진시키는 데에만 온통 주의를 기울인다"(존스〔R. Jones〕, 『국민경제학 교본』, 제3장).

의 저서를 보면, 어떤 곳에서는 생산력의 발전이 필요노동시간을 단축시키기 때문에 노동자는 그 점에 대해 자본에 감사해야 한다고 씌어 있는가 하면, 또다른 곳에서는 노동자가 10시간이 아니라 이제는 15시간을 노동함으로써 이에 대한 감사를 표명해야 한다고 씌어 있는 것이다. 노동생산력의 발전은 자본주의적 생산의 내부에서 노동자가 노동일 가운데 자신을 위해 노동해야 하는 부분을 줄이고, 바로 그럼으로써 노동일의 다른 부분, 즉 그가 자본가를 위해 무상으로 노동하게 되는 부분을 늘리는 것을 목적으로 한다. 이런 결과가 상품의 가격을 떨어뜨리지 않고도 어느 정도까지 달성될 수 있을지는 우리가 이제부터 살펴보게 될 상대적 잉여가치의 여러 특수한 생산방법을 통해서 밝혀질 것이다.

협업

이미 본 바와 같이 자본주의적 생산은 사실상 동일한 개별 자본이 아주 M341
많은 수의 노동자를 동시에 고용하고, 따라서 그 노동과정이 규모를 확장
하여 아주 큰 양적 규모로 생산물을 공급할 때 비로소 시작된다. 아주 많
은 수의 노동자가 같은 시간에 같은 공간에서(또는 같은 작업장이라고 해
도 좋다) 같은 종류의 상품을 생산하기 위하여 같은 자본가의 지휘 아래
일한다는 것은 역사적으로나 개념적으로나 자본주의적 생산의 출발점을
이룬다. 생산양식 그 자체와 관련하여 가령 매뉴팩처는 그 초기에는 같은
자본에 의해 동시에 고용되는 노동자의 수가 좀더 많다는 것 말고는 동직
조합 방식의 수공업과 거의 구별되지 않는다. 즉 동직조합 장인의 작업장
이 확대된 것에 지나지 않는 것이다.

따라서 이 둘 사이의 차이점은 단지 양적인 것에 지나지 않는다. 이미
본 바와 같이 어떤 주어진 자본이 생산하는 잉여가치의 양은 개별 노동자
가 제공하는 잉여가치에 함께 고용된 노동자 수를 곱한 것과 같다. 이 노
동자 수 그 자체는 잉여가치율〔또는 노동력의 착취도〕을 조금도 변화시키
지 않는다. 그리고 상품가치생산의 일반적인 성격과 관련하여 노동과정

의 모든 질적 변화는 아무런 영향을 끼치지 않는 것처럼 보인다. 이것은 가치의 본성 때문이다. 12시간의 노동일이 6실링으로 표현된다면 그런 노동일 1,200일은 6실링의 1,200배로 표현된다. 후자의 경우에는 12시간 노동의 1,200배가, 전자의 경우에는 12시간의 노동이 각기 생산물 속에 들어가 있다. 가치 생산에서 다수는 늘 개별의 합으로만 계산된다. 그러므로 가치 생산에서는 1,200명의 노동자가 따로따로 생산하든 아니면 동일한 자본의 지휘 아래 모여서 생산하든 아무런 차이도 생기지 않는다.

그럼에도 일정한 한계 내에서는 약간의 변화가 발생한다. 가치를 통해서 표현되는 노동은 사회적으로 평균적인 질의 노동이다. 다시 말하면 그것은 평균적 노동력의 발현이다. 그렇지만 평균량이라는 것은 늘 동일한 종류의 크기가 서로 다른 다수 개별량의 평균으로만 존재한다. 어떤 산업 부문에서든 개별 노동자는, 그가 베드로이건 바울이건 간에, 평균노동자와는 많든 적든 차이가 있다. 수학적으로 '오차'라고 일컬어지는 이 개별적 편차는 더 많은 수의 노동자를 합하면 금방 서로 상쇄되어 소멸해버린다. 유명한 궤변가이자 아첨꾼이기도 한 에드먼드 버크(Edmund Burke)는 차지농업가로서의 자신의 실제 경험을 통해 다음과 같이 주장하고 있다. 즉 5명의 머슴으로 구성되는 '매우 작은 한 집단을 보더라도' 벌써 노동의 모든 개별적인 차이가 서로 상쇄되어버려서 장년기에 있는 영국의 머슴 중 5명을 임의로 모아보면 다른 임의의 영국 머슴 5명과 비교해볼 때 같은 시간에 똑같은 정도의 노동을 수행한다는 것이다.[8] 아무튼 함께 고

M342

---

8) "한 사람의 노동의 가치와 다른 한 사람의 노동의 가치 사이에는 힘과 숙련수준 그리고 열성이라는 측면에서 꽤 차이가 있을 것이 분명하다. 그러나 내가 면밀한 관찰을 통해 확신하게 된 바로는, 임의의 5명을 전체적으로 합해보면 이들이 공급하는 노동량은 앞서 얘기한 연령층에 속한 다른 임의의 5명이 공급하는 노동량과 동일하다. 이를테면 이들 5명 가운데 1명은 우수한 노동자로서의 자질을 모두 갖추고 있고 다른 1명은 열등하며, 나머지 3명은 그 중간으로서 전자 또는 후자에 가까울 것이다. 그러므로 5명밖에 안 되는 이 작은 집단에서도 5명의 인간이 만들어낼 수 있는 합계가 어떤 것인지는 모두 볼 수 있을 것이다"(버크, 『식량난에 관한 의견과 상세한 논의』, 15·16쪽). 평균적 개인에 대해서는 케틀레[L. A. J. Quételet]가 논하는 바를 참조하라.

용된 다수 노동자들의 총노동일을 그 노동자 수로 나눈 것이 바로 사회적 평균노동의 1노동일이라는 것은 명백하다. 예를 들어 개별 노동자의 노동일을 12시간이라고 하자. 그러면 함께 고용된 12명 노동자의 노동일은 144시간이라는 총노동일을 형성한다. 그리고 12명 각각의 노동이 사회적 평균노동과 어느 정도 편차가 있다 해도〔따라서 각각의 노동자가 동일한 작업에 들이는 시간이 제각기 다르다고 할지라도〕각 개별 노동자의 노동일은 총노동일 144시간의 $\frac{1}{12}$ 이라는 사회적 평균의 내용을 갖는다. 그러나 12명을 고용하고 있는 자본가 처지에서 보면 노동일은 12명 전체의 총노동일로 존재한다. 각 개별 노동자의 노동일은 총노동일의 일부로만 존재하는데, 그것은 이들 12명이 서로 협력하여 노동하든 아니면 제각기 독립적으로 노동하든〔그래서 그들 사이의 관계가 그들이 모두 동일한 자본가를 위해서 일한다는 점뿐이라고 할지라도〕그것과는 아무 상관이 없다. 그러나 만일 12명의 노동자들이 각각 2명씩 소규모 장인에게 고용된다면 M343 각 소규모 장인이 동일한 가치량을 생산할 것인지〔따라서 일반적 잉여가치율을 실현할 것인지〕의 여부는 우연에 맡겨진다. 여기서는 개별적 편차가 나타날 것이다. 만일 어떤 노동자가 한 상품의 생산에 사회적으로 필요한 시간보다 훨씬 많은 시간을 소비했다고 한다면, 그리하여 그에게 개별적으로 필요한 노동시간이 사회적으로 필요한 노동시간〔즉 평균노동시간〕과 많은 차이가 나게 되었다면 그의 노동은 평균노동으로 인정될 수 없으며 따라서 그의 노동력도 평균노동력으로 인정받을 수 없을 것이다. 그것은 아예 팔리지 않든가 또는 노동력의 평균가치 이하로만 팔릴 것이다. 그러므로 노동의 숙련수준에 대해서는 일정한 최저수준이 전제되어 있으며, 나중에 보게 되겠지만, 자본주의적 생산은 이 최저수준을 측정하는 방법을 찾아낸다. 그런데 이 최저수준은 평균과 차이가 나지만, 그럼에도 노동력의 평균가치는 여기에 대해서도 똑같이 지불되어야 한다. 따라서 6명의 소장인(小匠人) 가운데 몇몇은 일반적 잉여가치율보다 더 높은 잉여가치율을, 또다른 몇몇은 더 낮은 잉여가치율을 달성하게 될 것이다.

이 불균등은 사회 전체적으로는 상쇄되지만 개별 소장인들에게는 그렇지 못하다. 따라서 가치증식 일반의 법칙은 개별 생산자들에게는 그가 자본가로서 생산할 때, 즉 많은 수의 노동자를 동시에 사용하고, 그럼으로써 처음부터 사회적 평균노동을 사용할 때 비로소 완전히 실현된다.[9]

노동방식이 변하지 않더라도, 상당히 많은 수의 노동자를 동시에 사용하는 일은 노동과정의 여러 물적 조건에 하나의 혁명을 불러일으킨다. 많은 사람들이 노동을 수행하는 건물, 원료 창고, 그리고 많은 사람들이 동시에 또는 번갈아가며 사용하는 용기나 용구·장치 등〔말하자면 생산수단의 일부분〕이 이제는 노동과정에서 공동으로 소비된다. 한편으로 보면 상품〔즉 생산수단〕의 교환가치는 이로 인해 전혀 증가하지 않는다. 왜냐하면 상품의 교환가치는 사용가치의 이용률이 높아진다고 증가하는 것이 아니기 때문이다. 그러나 다른 한편, 공동으로 사용되는 생산수단의 규모는 커진다. 20명의 직공(織工)이 20대의 직기로 작업하는 방은 한 명의 독립된 직장(織匠)이 2명의 직인을 데리고 작업하는 방보다 넓어야 한다. 그러나 20인용 작업장을 하나 만드는 데에는 2인용의 작업장 10개를 만드는 것보다 적은 노동이 소비된다. 따라서 일반적으로 대량으로 집적되어 공동으로 사용되는 생산수단의 가치가 꼭 그 규모와 유용성에 비례하여 증대하는 것은 아니다. 공동으로 사용되는 생산수단은 개별 생산물에 더 적은 양의 가치를 이전한다. 이것은, 한편 그것들이 이전하는 총가치가 동시에 더 많은 양의 생산물 사이에 배분되기 때문이며, 또다른 한편 이 생산수단들이 각기 따로 사용되는 생산수단들에 비하여 절대적으로는 큰 가치가 있지만, 그것의 작용범위에서는 상대적으로 더 작은 가치를 갖고 생산과정에 투입되기 때문이다. 이로 말미암아 불변자본의 가치 부분은 하

9) 로셔 교수는 자기 부인이 이틀 동안 고용한 한 명의 삯바느질꾼이 하룻동안 고용한 두 명의 삯바느질꾼보다 더 많은 노동을 제공한다는 사실을 발견했다고 주장한다.[†102] 그러나 그가 관찰한 이런 자본주의적 생산과정은 어린아이의 소꿉장난 속에서나, 즉 그 생산과정의 주인공인 자본가가 없는 곳에서나 이루어질 수 있을 것이다.

락하며, 따라서 이 가치 부분의 감소분만큼 상품의 총가치도 하락한다. 그 결과는 마치 이 상품의 생산수단이 더 값싸게 생산되는 경우와 같아진다. 생산수단의 사용에서의 이러한 절약은 많은 사람들이 노동과정에서 그것을 공동으로 소비함으로써만 가능하다. 그리고 이런 생산수단은 독립적인 개별 노동자나 소규모 장인의 분산되고 비교적 값비싼 생산수단들과는 달리 많은 사람들이 단지 공간적으로만 함께 모여 노동할 뿐 협력적으로는 노동하지 않는 경우에도 사회적 노동의 조건〔즉 노동의 사회적 조건〕이라는 이러한 성격을 획득한다. 노동수단의 일부는 노동과정 그 자체가 아직 사회적 성격을 획득하기도 전에 벌써 이러한 성격을 획득하고 있다.

생산수단의 절약은 일반적으로 두 가지 측면에서 고찰되어야 한다. 첫째는 이 절약이 상품의 가격을 떨어뜨리고 그럼으로써 노동력의 가치를 저하시키는 경우이며, 둘째는 그것이 총투하자본〔즉 불변자본과 가변자본의 가치총액〕에 대한 잉여가치의 비율을 변화시키는 경우이다. 두 번째 경우에 대해서는 이 저작의 제3권 제1편에서 비로소 고찰될 것이기 때문에, 우리가 지금 얘기하는 생산수단 절약의 문제도 거기에서 다룰 것이다. 이처럼 연구대상을 분할하는 것은 분석을 진행하는 과정에서 불가피하게 요구되는데, 그것은 곧바로 자본주의적 생산의 정신과도 부합하는 것이다. 왜냐하면 자본주의적 생산에서 노동조건은 노동자와 무관하게 자립적인 것으로 나타나고, 노동조건의 절약 또한 노동자와는 아무런 관계도 없는 하나의 특수한 조작으로 〔따라서 노동자 자신의 생산성을 높이는 방법과는 분리된 것으로〕 나타나기 때문이다.

동일한 하나의 생산과정〔또는 서로 다르지만 관련되어 있는 생산과정들〕에서 많은 사람들이 계획적으로 함께 협력하면서 일하는 노동의 형태를 협업(Kooperation)이라고 한다.[10]

---

10) "Concours de forces"(힘의 결합—옮긴이)(데스튀트 드 트라시, 『의지와 의지작용론』, 80쪽).

기병 1개 중대의 공격력이나 보병 1개 연대의 방어력이 기병 1기와 보병 1명이 각기 발휘하는 공격력과 방어력의 합계와는 본질적으로 다른 것과 마찬가지로, 개별 노동자들의 힘의 기계적 합계는 다수 노동자들이 통합된 동일한 공정에서 동시에 함께 작업하는 경우〔즉 예를 들어 무거운 짐을 들어올린다든지 크랭크를 돌린다든지 또는 장애물을 치운다든지 하는 경우〕에 발휘하는 사회적인 잠재력과는 본질적으로 다르다.[11] 이런 경우에 생겨나는 결합노동의 성과는 개별 노동에서는 전혀 생기지 않거나 매우 오랜 기간이 지나고 나서야 생겨날 수 있으며, 그것도 매우 미미한 정도로만 가까스로 생겨날 수 있을 것이다. 여기서 문제는 단지 협업에 의해서 개별 생산력이 증대된다는 점만이 아니라 그 자체 집단적이지 않으면 안 되는 생산력이 창조된다는 점에 있다.[11a]

다수의 힘이 하나의 총력으로 융합함으로써 만들어지는 새로운 잠재력은 별개로 하더라도, 대개의 생산적 노동에서는 단지 사회적 접촉만으로도 경쟁심과 활력이라는 독특한 자극이 주어져서 이로 인해 개별 노동자들의 작업능력이 높아지기 때문에, 12명이 함께 노동하는 144시간의 노동일을 통해서 생산하는 총생산물은 각기 12시간씩 따로따로 노동하는 12명의 노동자들이 생산하는 생산물들의 합계보다 훨씬 크다.[12] 이것은 인

---

11) "여러 부분으로 분할될 수 없는 단순한 종류의 작업 중에도 여러 일손의 협력 없이는 수행될 수 없는 것이 많다. 예를 들면 커다란 목재를 화물차에 올려 싣는 일 따위나 …… 요컨대 분할되지 않은 동일한 작업에서 매우 많은 일손이 동시에 상호협력하지 않고는 수행할 수 없는 모든 일이 바로 그런 것들이다"(웨이크필드〔E. G. Wakefield〕, 『식민의 방법에 관한 견해』, 런던, 1849, 168쪽).

11a) "1톤의 중량을 끌어올리는 일은 한 사람으로는 아예 불가능하며 10명으로도 큰 노력이 필요하지만, 100명이라면 그들 각각의 손가락 하나의 힘만으로도 가능하다"(벨러스〔John Bellers〕, 『산업대학 설립 제안』, 런던, 1696, 21쪽).

12) "또한 이 경우(같은 수의 농업노동자가 각기 30에이커를 가진 10명의 차지농업가에게 고용되지 않고 300에이커를 가진 1명의 차지농업가에게 고용되는 경우)에도 농업노동자의 수가 많아짐으로써 생겨나는 이익이 있는데, 이것은 그것을 실제로 해본 사람이 아니면 쉽게 이해할 수 없을 것이다. 4:1이 12:3과 같다는 것은 당연한 말이지만, 실제에서는 그렇지 않다. 왜냐하면 수확기의 작업이나 신속하게 수행해야 할 필요가 있는 다른 많은 작업에서는 다수의 일손을 모음으로써 더 잘, 그리고 더 빨리 일을 해치울 수 있기 때문이다. 예를 들어 수확작업의 경

간이 본래 아리스토텔레스가 말한 것처럼 정치적 동물[13]까지는 아니라 할지라도 적어도 사회적 동물이기는 하기 때문이다.

다수의 사람들이 같은〔또는 같은 종류의〕작업을 동시에 협력하면서 수행한다 해도 각자의 개별적 노동은 총노동의 일부로서 노동과정의 각 단계를 이루며, 노동대상은 협업 덕분에 이 단계들을 더욱 신속하게 통과한다. 예를 들어 벽돌을 작업대의 맨 아래에서 꼭대기까지 운반하기 위하여 여러 명의 벽돌 조적공이 한 줄로 선다면 그들은 각자 똑같은 일을 하지만, 그럼에도 각각의 작업은 하나의 전체적인 작업의 여러 연속적인 부분〔즉 모든 벽돌이 노동과정에서 통과해야만 하는 특수한 단계들〕을 이루는 것이며, 그럼으로써 전체 노동자의〔예를 들어 24개의〕손은 작업대를 일일이 오르내리면서 벽돌을 운반하는 개별 노동자의 손 2개보다도 더 빨리 벽돌을 운반한다.[14] 노동대상이 동일한 공간을 더 짧은 시간에 통과하는 것이다. 다른 한편 예를 들어 건물 하나를 짓는데 몇 개의 다른 방면으로부터 동시에 작업이 착수되는 경우에는 같은〔또는 같은 종류의〕일을 하는 협업노동자들에게서 노동의 결합이 발생한다. 144시간의 결합노동일은 공간적으로 여러 방면에서 노동대상에 투입되는데, 이는 결합노동자〔또는 전체 노동자〕들이 전방과 후방에서 동시에 눈과 손으로 작업을

우 마차를 끄는 사람 2명, 쌓는 일을 하는 사람 2명, 던지는 일을 하는 사람 2명, 갈퀴로 일하는 사람 2명, 그밖에 짚을 쌓거나 곡물창고에서 일하는 사람들은 같은 수의 일꾼들이 서로 다른 농장에서 서로 다른 조로 각각 1명씩 나뉘어 일하는 경우보다 2배의 일을 해낼 것이다"(아버스넛〔J. Arbuthnot〕, 『식량의 현재 가격과 농장규모 사이의 관계 연구』, 런던, 1773, 7·8쪽).

13) 아리스토텔레스의 정의는 원래 인간은 태어나면서부터 시민이라는 것이다. 이 정의는 고전적인 고대의 특징을 나타내는데, 이는 마치 인간은 도구를 만드는 동물이라고 한 프랭클린의 정의가 양키적인 특징을 나타내는 것과 비슷하다.

14) "거듭 확인되어야 할 것은, 노동자들이 똑같은 하나의 작업을 하고 있을 때도 이런 부분적인 분업이 생길 수 있다는 점이다. 예를 들어 손에 손을 거쳐서 벽돌을 더 높은 작업대로 옮기는 일에 종사하는 벽돌 조적공들은 모두 똑같은 노동을 하지만 그럼에도 그들 사이에는 일종의 분업이 이루어지고 있으며, 이 분업은 그들 각자가 벽돌을 일정한 거리씩 옮겨놓는 방식으로 이루어지고, 그 결과 이들 전체는 각자가 개별적으로 벽돌을 더 높은 작업대로 옮길 때보다 훨씬 빠르게 그것을 정해진 장소에 옮겨놓는다"(스카르벡〔F. Skarbek〕, 『사회적 부의 이론』, 제2판, 파리, 1839, 제1권, 97·98쪽).

수행하고 어느 정도까지는 사방 모두에서 동시에 작업을 수행하기 때문이다. 따라서 이 결합노동일은 각자의 작업을 한쪽 방향에서만 착수해야 하는 개별 노동자 12명의 12시간 노동일보다 더 빨리 총생산물을 만들어낸다. 생산물의 여러 공간 부분이 동일한 시간에 만들어지는 것이다.

우리는 서로 보완적인 다수의 사람들이 같은〔또는 같은 종류의〕일을 한다고 강조하였는데, 이것은 공동노동의 이러한 가장 단순한 형태가 협업의 가장 완성된 형태에서도 커다란 일익을 담당하기 때문이다. 노동과정이 복잡해지면 함께 노동하는 사람들이 많다는 이유만으로도 각종 작업을 각각 다른 사람들에게 분배하여 이들의 작업이 동시에 이루어지도록 하고, 그럼으로써 총생산물의 생산에 필요한 노동시간을 단축할 수 있게 된다.[15]

많은 생산부문에는 어떤 결정적인 순간, 즉 노동과정 그 자체의 성질을 통해 결정되면서 동시에 일정한 노동성과가 달성되어야 하는 특정한 시기가 있다. 예를 들어 한 떼의 양털을 깎든가 일정한 면적의 밭에서 곡물을 베어 수확할 경우 생산물의 양과 질은 작업이 어떤 시기에 시작되어 어떤 시기에 끝나느냐에 달려 있다. 이 경우 노동과정이 차지해야 하는 기간은 예를 들어 청어잡이의 경우처럼 미리 정해져 있다. 한 사람은 하루에 가령 12시간이라는 노동일만을 할애할 수 있을 뿐이지만, 예를 들어 100명의 협업은 12시간의 하루를 1,200시간의 노동일로 확대한다. 노동기간의 짧은 길이는 결정적인 순간에 생산현장에 투하되는 노동량의 크기에 따라 상쇄된다. 이 경우 적기에 성과를 거두느냐 못 거두느냐는 다수의 결합노동일을 동시에 사용하느냐 못 하느냐에 달려 있으며, 그것이 거둘 수

---

15) "복잡한 노동을 수행하려고 할 때는 여러 가지 일이 동시에 행해지지 않으면 안 된다. 한 사람이 하나의 일을 하는 동안 다른 사람은 다른 일을 하고, 그리하여 모두가 한 사람만으로는 산출해낼 수 없는 결과를 만들어내는 데 기여한다. 한 명이 노를 젓는 동안 다른 한 명은 키를 잡고, 세 번째 사람은 그물을 던지든지 작살을 쏘아 고기를 잡는다. 그리하여 어업은 이런 협력 없이는 얻을 수 없는 성과를 거둔다"(데스튀트 드 트라시, 앞의 책, 78쪽).

있는 성과의 크기는 노동자 수에 달려 있다고 할 수 있다. 그러나 이때의 노동자 수는 똑같은 기간과 똑같은 작업공간에서 개별적으로 작업할 때 필요한 노동자 수보다는 항상 적다.[16] 이러한 협업이 행해지지 않기 때문에 미국 서부에서는 많은 양의 곡물이 못 쓰게 되고, 또한 영국의 지배로 말미암아 예부터 내려온 공동체를 파괴당한 동인도의 여러 지방에서는 다량의 면화가 매년 못 쓰게 된다.[17]

한편으로 협업은 노동의 공간범위를 확장시키기 때문에, 어떤 노동과 M348정에서는 무엇보다도 노동대상의 공간적인 성격 때문에 협업을 필요로 한다. 예를 들어 토지의 간척, 제방 쌓기, 관개, 운하 건설, 도로 건설, 철도 건설 등의 경우가 그러하다. 다른 한편 협업은 생산규모에 비하여 생산영역을 공간적으로 축소시킬 수 있게 한다. 노동의 작용범위를 확대시키는 동시에 노동의 공간적 범위를 제한하는 것은 대량의 낭비를 막을 수 있게 하는데, 이 공간적 범위의 제한은 노동자를 한 군데로 모으고 여러 노동과정을 통합하거나 생산수단을 집중시킴으로써 이루어내는 것이다.[18]

따로따로 떨어져 있는 개별 노동일의 총계와 그것과 같은 크기의 결합 노동일을 비교해보면, 후자는 더 많은 양의 사용가치를 생산하고 따라서

16) "그것(농업노동)을 결정적인 순간에 행한다면 더욱 큰 결과를 얻게 된다"(『식량의 현재 가격과 농장규모 사이의 관계 연구』, 7쪽). "농업에서 시기라는 요인보다 더 중요한 요인은 없다"(리비히〔Liebig〕, 『농업의 이론과 실제에 관하여』, 브라운슈바이크, 1856, 23쪽).

17) "아마 중국과 영국을 제외하고는 세계의 다른 어떤 나라보다 더 많은 노동을 수출하는 이 나라(인도—옮긴이)에서 설마 일어나리라고는 생각하기 어려운 또 하나의 병폐가 있는데, 그것은 면화 수확에 필요한 충분한 일손을 구할 수 없다는 사실이다. 그 결과 다량의 면화가 수확되지 않은 채로 내버려지며 또 일부분은 땅에 떨어진 상태에서 수집되는데, 물론 그것들은 변색되거나 부분적으로 썩어 있다. 그리하여 필요한 시기에 노동력이 부족해 농장주들은 영국이 그렇게도 갈망하는 작물의 상당 부분을 어쩔 수 없이 잃어버리고 있다"(『벵골 후르카루. 격월 해외정보 요약』, 1861년 7월 22일자).

18) "농경의 진보에 따라 예전에는 500에이커의 토지에 분산적으로 사용되던 자본과 노동이 이제는 모두 〔그리고 어쩌면 그 이상으로〕 100에이커의 토지를 더 집약적으로 경작하는 데 집중된다." 비록 "사용되는 자본과 노동의 양에 비하여 면적은 축소되지만, 그 면적은 생산범위에서 독립적인 생산자 한 명이 경작할 경우에 비해 더욱 확대된 생산범위를 나타낸다"(존스〔R. Jones〕, 『부의 분배에 관한 고찰』, 「지대론」, 런던, 1831, 191쪽).

일정 크기의 유용성을 생산하는 데 필요한 노동시간을 감소시킨다. 결합노동일이 이처럼 더 높은 생산력을 보일 경우, 그 이유가 어디에 있든—즉 결합노동일이 노동의 기계적 잠재력을 높이는 데에 있든, 노동의 공간적 작용범위를 확대하는 데에 있든, 생산규모에 비하여 공간적 생산현장을 축소하는 데에 있든, 결정적인 순간에 많은 노동을 신속하게 가동하는 데에 있든, 개별 노동자의 경쟁심을 자극하여 활력을 불러일으키는 데에 있든, 많은 사람들이 수행하는 같은 종류의 작업에 연속성과 다면성을 부여하는 데에 있든, 다양한 작업을 동시에 행하는 데에 있든, 생산수단을 M349 공동으로 사용함으로써 그것을 절약하는 데에 있든, 개개인의 노동에 사회적 평균노동의 성격을 부여하는 데에 있든—그것과는 상관 없이 결합노동일의 이 특수한 생산력은 언제나 노동의 사회적 생산력 또는 사회적 노동의 생산력이다. 이 생산력은 협업 그 자체에서 발생한다. 다른 사람과의 계획적인 협력을 통해서 노동자는 자신의 개인적인 한계를 벗어나 자신의 유적(類的) 능력(Gattungsvermögen)을 발휘한다.[19]

대체로 노동자들은 함께 있지 않으면 직접 협동할 수 없다. 따라서 그들이 일정한 장소에 모이는 것이 협업의 조건이라면, 임노동자들은 동일한 자본, 즉 동일한 자본가가 그들을 동시에 고용하지 않을〔즉 그들의 노동력을 동시에 팔 수 없을〕 때는 협업을 수행할 수 없다. 그러므로 이들의 노동력 자체가 생산과정에서 결합되기 전에 먼저 이들 노동력의 총가치〔즉 1일 또는 1주일치의 노동자들에 대한 임금 총액〕가 자본가의 주머니 속에 미리 준비되어 있어야 한다. 300명의 노동자에게 단 1일치라도 한꺼번에 지불하는 일은 소수의 노동자에게 1년 내내 1주일 단위로 지불하는 경우보다 많은 자본지출을 필요로 한다. 따라서 협업하는 노동자의 수나

---

19) "개개인의 힘은 아주 작지만, 이 아주 작은 몇 개의 힘을 결합하면 모든 부분적인 힘의 합계보다 큰 하나의 전체적인 힘을 만들어내며, 따라서 여러 힘의 단순한 결합만으로도 시간을 단축하고 여러 힘의 작용범위를 확대시킬 수 있다"(베리〔P. Verri〕, 『경제학 고찰』 제15권, 196쪽에 대한 카를리〔G. R. Carli〕의 주〔註〕).

협업의 규모는 무엇보다 한 명의 자본가가 노동력의 구매에 투하할 수 있는 자본의 크기[즉 자본가 한 사람이 얼마나 많은 노동자의 생활수단을 구매할 수 있는가]에 따라 정해진다.

그리고 불변자본의 경우도 가변자본의 경우와 같다. 예를 들어 300명의 노동자를 고용하고 있는 한 명의 자본가가 원료에 대해 지출하는 액수는 각각 10명씩의 노동자를 고용하고 있는 자본가 30명 각자가 지출하는 양의 30배에 달한다. 공동으로 이용되는 노동수단의 가치액과 물적 크기도, 고용된 노동자 수와 같은 비율은 아닐지라도 상당히 함께 증가한다. 따라서 개별 자본가의 수중에 더 많은 양의 생산수단이 집적되는 것은 임노동자들의 협업을 위한 물적 조건이 되며, 협업과 생산의 규모는 이 집적의 정도에 따라 정해진다.

앞서 개별 자본의 최소규모는, 함께 착취당하는 노동자 수[따라서 생 ^{M350} 산되는 잉여가치의 양]가 고용주 자신을 육체노동에서 해방시키고 소규모 장인을 자본가로 만들어 자본관계의 형태를 만들어내기에 충분할 정도가 되기 위해 필요한 것으로 나타났다. 그런데 이제 이 최소규모는 다수의 분산되고 상호독립적인 개별 노동과정이 하나의 결합된 사회적 노동과정으로 전화하기 위한 물적 조건으로 나타난다.

이와 마찬가지로 노동에 대한 자본의 지휘도, 앞서의 논의에서는 단지 노동자가 자신을 위해서가 아니라 자본가를 위해서[즉 자본가 밑에서] 노동하는 데서 비롯된 형태적인 결과로만 나타났다. 이제 다수 임노동자들의 협업이 발전함에 따라 자본의 지휘는 노동과정 자체의 수행을 위한 필요조건[즉 하나의 현실적인 생산조건]으로 발전해간다. 생산현장에서 내려지는 자본의 명령은 이제 전장에서의 장군의 명령처럼 불가결한 것이 된다.

비교적 규모가 큰 모든 직접적인 사회적 노동[또는 공동노동]은 많건 적건 하나의 지휘를 필요로 하는데, 이 지휘를 통해서 모든 개별 활동이 서로 조화를 이룰 뿐만 아니라 독립된 개별 기관의 운동과는 구별되는, 전체 생산단위가 만들어내는 갖가지 일반적인 기능들이 완수된다. 바이올린 독주자는 자기 자신이 곧바로 지휘자가 되지만 교향악단은 별도의 지휘자를 필요로 한다. 자본에 종속된 노동이 협업화되면 이 협업의 지휘·감독·매개의 기능은 자본의 기능이 된다. 일단 지휘의 기능이 자본의 기능이 되면, 그것은 특수한 성격을 띠게 된다.

우선 첫째로, 자본주의적 생산과정을 추진하는 동기이자 그것을 규정하는 목적은 가능한 한 최대로 자본을 자기증식시키는 것,[20] 다시 말하면 가능한 한 잉여가치의 생산을 최대화하는 것〔즉 노동력을 최대한으로 착취하는 것〕이다. 한꺼번에 고용된 노동자 수가 증가함에 따라 그들의 저항도 커지며, 또한 이 저항을 억압하기 위한 자본의 압력도 필연적으로 커진다. 자본가의 지휘는 사회적 노동과정의 본성에서 생겨난 자본가만의 독특한 기능일 뿐만 아니라, 동시에 사회적 노동과정이 지니는 착취의 기능이기도 하며, 따라서 착취자와 그 착취대상 사이의 불가피한 적대관계에 기초한 것이다. 마찬가지로 임노동자에 대하여 타인의 소유물로서 대립하는 생산수단의 경우에도 그 규모가 차차 증대함에 따라 그것이 제대로 사용되는지 감독할 필요성이 커진다.[21] 게다가 임노동자의 협업은 전적으로 그들을 한꺼번에 사용하는 자본에 의해 수행된다. 노동자들의 각 기능을 결합시키고 그들을 하나의 총생산단위로 통합해내는 일은 모두 그들의 외부에서〔즉 그들을 모으고 함께 뭉치게 하는 자본에 의해서〕 이

----

20) "이윤은 …… 사업의 유일한 목적이다"(밴더린트, 『화폐만능론』, 11쪽).

21) 영국의 속류 신문 『스펙테이터』(*Spectator*) 1866년 5월 26일치에 보도된 바에 따르면, '맨체스터 철사 제조회사'에서 자본가와 노동자 사이의 일종의 공동출자제도가 도입된 후에 거둔 "최초의 성과는 물자의 낭비가 놀랄 만큼 감소하였다는 것이다. 이는 노동자들이 그들 자신의 재산을 자본가의 재산보다 더 낭비해야 할 이유를 찾지 못했기 때문이다. 물자의 낭비는 아마도 악성채무 다음으로 사업에 손실을 가져오는 가장 큰 원인일 것이다." 이 신문은 로치데일 협동조합의 실험[†103]이 지닌 근본결함으로 다음과 같은 점을 들고 있다. "이들의 실험은 노동자들의 협동조합이 매점과 공장 그리고 거의 모든 형태의 산업을 성공적으로 관리할 수 있음을 보여주었으며 또한 노동자의 상태를 크게 개선하기도 했지만, 그러나 고용주를 위해서는 어떠한 자리도 남겨놓지 않았다." 이 얼마나 경악스러운 일인가(Quelle horreur)!

루어진다. 그러므로 그 노동들간의 관계는 관념적으로는 자본가의 계획으로서, 실제적으로는 자본가의 권위로서〔즉 그들의 행위를 자신의 목적에 종속시키려는 타인의 의지의 힘으로서〕그들에 대하여 마주 서 있다.

그러므로 자본가의 지휘는 내용상으로 보면 이중적인데, 그 까닭은 그의 지휘를 받는 생산과정 자체가 한편으로는 생산물의 생산을 위한 사회적 노동과정이고, 다른 한편으로는 자본의 가치증식과정이라는 이중성을 갖고 있기 때문이다. 그러나 이 지휘는 또 형태상으로 보면 전제주의적(despotisch)이다. 협업이 더욱 큰 규모로 발전해감에 따라 이 전제주의는 그 특유의 형태들을 발전시켜나간다. 자본가가 자신의 자본이 제대로 된 자본주의적 생산을 시작하는 데 꼭 필요한 최소규모에 도달할 때 비로소 육체노동에서 해방되는 것과 마찬가지로, 그는 이제 개별 노동자와 노동자집단을 지속적으로 직접 감독하는 기능을 특정한 유형의 임노동자에게 다시 양도한다. 군대가 장교와 하사관을 필요로 하는 것처럼 동일한 자본의 지휘 아래 함께 일하는 노동자집단은 노동과정에서 자본의 이름으로 지휘하는 산업장교(지배인, managers)와 산업하사관(직공장, foremen, overlookers, contre-maîtres)을 필요로 한다. 감독이라는 노동이 그들의 배타적 기능으로 고정된다. 독립자영농이나 독립수공업자의 생산양식을 M352 노예제에 바탕을 둔 식민지 농장경영과 비교할 때 정치경제학자는 이 감독노동을 생산에서의 낭비로 계산한다.[21a] 반면 자본주의적 생산양식을 고찰하면서 그는 공동 노동과정의 성질에서 발생하는 지휘기능과 자본주의적〔따라서 적대적인 성격을 띠는〕노동과정의 지휘기능을 동일시한다.[22] 자본가는 산업의 지휘자인 까닭에 자본가인 것이 아니라, 자본가이

21a) 케언스(Cairnes) 교수는 '노동의 감독'을 북아메리카 남부 여러 주의 노예 생산이 보여주는 주요한 특징의 하나라고 서술한 뒤 다음과 같이 덧붙인다. "(북부의) 농민적 토지소유자는 자기 토지의 생산물을 모두 자기 것으로 삼기 때문에 노동에 대한 별도의 자극을 필요로 하지 않는다. 여기에서는 감독이라는 것이 전혀 불필요하다"(케언스, 『노예의 힘』, 48·49쪽).

22) 갖가지 다양한 생산양식의 특징적인 사회적 차이를 파악해내는 데에 탁월한 제임스 스튜어트 경은 다음과 같이 말한다. "노예노동의 단순성에 접근하는 방법이 없었다면 어떻게 매뉴팩

기 때문에 산업의 사령관이 되는 것이다. 산업의 최고지휘권이 자본의 속성인 것은 봉건시대에 전쟁과 재판에서 최고지휘권이 토지소유의 속성이었던 것과 마찬가지이다.[22a]

노동자는 자기 노동력의 판매자로서 자본가와 거래하는 동안에는 자기 노동력의 소유자이다. 그리고 이 경우 그가 판매할 수 있는 것은 오직 자기가 소유하고 있는 것, 즉 자신의 개인적·개별적 노동력뿐이다. 이 관계는, 자본가가 하나의 노동력이 아닌 100명의 노동력을 한꺼번에 사들이든 또는 각각의 독립된 100명의 노동자들과 제각각 계약을 맺든 그것과는 아무 상관이 없다. 자본가는 100명의 노동자를 협업화하지 않고 사용할 수도 있다. 그러므로 자본가는 단지 100명의 개별 노동력의 가치를 지불하는 것이며, 100이라는 결합노동력의 가치를 지불하는 것은 아니다. 독립된 인간으로서의 노동자들은 제각각인 사람들이며, 그들은 동일한 자본과 관계를 맺으면서도 서로간에는 아무런 관계를 맺지 않는다. 그들의 협업은 노동과정에 들어가면서부터 비로소 시작되지만 노동과정에서 그들은 더 이상 자기 자신의 소유자가 아니다. 노동과정에 들어감과 동시에 그들은 자본과 합쳐진다. 협업자로서〔즉 움직이는 유기체의 한 부분으로서〕그들 자신은 단지 자본의 한 특수한 존재양식에 지나지 않는다. 바로 그렇기 때문에 노동자가 사회적 노동자로서 발휘하는 생산력은 자본의 생산력이다. 노동의 사회적 생산력은 노동자가 일정한 조건에 놓이면 무상으로 발휘되는데, 이런 조건을 부여하는 것은 바로 자본이다. 노동의 사회적 생산력은 자본에는 아무런 비용도 들지 않는 것이고, 또다른 한편 이 생산력은 노동자의 노동 그 자체가 자본가의 소유가 될 때까지는 노동자에 의해서 발휘되지 않기 때문에 자본의 타고난 생산력, 즉 자본의 내재적

처 대경영이 가내수공업을 절멸시킬 수 있었겠는가?"(『경제학 원리』, 런던, 1767, 제1권, 167·168쪽).

22a) 그러므로 콩트와 그의 학파는 그들이 자본가를 위해 행했던 것과 같은 방식으로 봉건영주의 영구적인 필연성을 논증할 수 있었을 것이다.

인 생산력으로 나타난다.

단순한 협업의 효과는 고대 아시아인·이집트인·에트루리아인 등의 대규모 공사에서 잘 나타난다.

과거의 이들 아시아 국가들은 행정비와 군사비를 지출한 뒤에도 잉여분의 생활수단을 갖고 있어서, 그들은 그것을 사치스러운 일이나 실용적인 공사에 지출할 수 있었다. 거의 모든 비농경인구의 손과 팔에 미친 그들의 명령권과 잉여물에 대한 군주 및 승려계층의 배타적 처분권은 국토를 가득 채운 저 거대한 기념물들을 만들어 세울 수 있는 수단을 그들에게 부여하였다. …… 거대한 조상(彫像)과 엄청난 양의 재료들이 어떻게 운반되었을지는 우리에게 놀라움을 불러일으키는데, 여기에는 단지 거의 인간의 노동력만이 물 쓰듯 사용되었다. 노동자 수를 늘리고 그들의 노고를 집중시키는 것만으로도 충분했던 것이다. 예를 들어 하나하나의 퇴적물(depositary)은 비록 빈약하고 극히 작더라도 우리는 그것들로 형성된 거대한 산호초가 대양의 깊은 곳에서 솟아올라 섬이 되고 육지를 형성하는 것을 본다. 아시아 왕국의 비농경 노동자들은 자신의 개인적인 육체적 노고 말고는 공사에 기여할 만한 것을 거의 아무것도 갖고 있지 않았지만, 그러나 그들의 수는 그들의 힘이었고, 그 큰 무리를 지휘하는 권력이 저 거대한 공사의 원동력이 되었다. 노동자들이 살아가기 위한 수입이 한 사람 또는 몇몇 소수의 손에 집중되어 있다는 것이야말로 그런 사업을 가능하게 했던 것이다.[23]

이러한 아시아와 이집트의 왕들과 에트루리아의 신정관들의 권력은 근대사회에서 자본가의 손으로 옮겨졌으며, 그것은 그가 단독의 자본가로 등장하든 주식회사처럼 결합자본가로 등장하든 변함없는 사실이다.

23) 존스, 『국민경제학 교본』, 77·78쪽. 런던이나 그밖의 유럽 주요 도시들에 있는 고대 아시리아와 이집트 등의 수집품을 보면 우리는 저 협업적 노동과정을 확인할 수 있다.

인류문화의 초기, 즉 수렵민족들에게서[23a] 또는 인도의 농업공동체에
M354 서 지배적으로 나타나고 있는 바와 같이 노동과정에서의 협업은 한편으
로는 생산조건의 공유에 그 기초를 두고 있으며, 다른 한편으로는 하나하
나의 꿀벌이 벌집에서 떨어져나오지 않는 것처럼 각각의 개인도 종족이
나 공동체의 탯줄에서 아직 떨어져나오지 않고 있는 데에 기초해 있다. 이
두 가지 조건은 이들 협업을 자본주의적 협업과 구별짓는다. 협업의 대규
모 적용은 고대세계와 중세 그리고 근대 식민지에서도 드문드문 나타나
지만, 그것은 직접적인 지배와 예속의 관계〔대부분 노예제〕에 바탕을 두
고 있다. 반면 자본주의적 형태의 협업은 처음부터 자신의 노동력을 자본
가에게 판매하는 자유로운 임노동자를 전제로 한다. 그러나 역사적으로
자본주의적 형태의 협업은 농민 경영과 독립수공업 경영에〔그것이 동직
조합적 형태를 갖추고 있든 아니든 관계 없이〕대립하여 발전한다.[24] 이
들 형태에 대하여 자본주의적 협업은 협업의 특수한 역사적 형태로 나타
나는 것이 아니라, 협업 그 자체가 자본주의적 생산과정에 특유한〔그리고
이 생산과정을 특수하게 구별짓는〕역사적 형태로 나타난다.

협업을 통하여 발휘된 노동의 사회적 생산력이 자본의 생산력으로 나
타나는 것처럼, 협업 그 자체도 따로따로 떨어진 독립된 노동자와 소규모
장인의 생산과정에 대립하여 자본주의적 생산과정의 특수한 형태로 나타
난다. 그것은 현실의 노동과정이 자본에 포섭됨으로 말미암아 겪게 되는
최초의 변화이다. 이 변화는 자연발생적으로 일어난다. 그 전제〔즉 동일
한 노동과정에 비교적 다수의 임노동자를 동시에 사용하는 것〕는 자본주
의적 생산의 출발점을 이룬다. 이 출발점은 자본 그 자체의 출현과 일치한

23a) 랭게는 『민법이론』에서 수렵이 최초의 협업형태이며 인간사냥(전쟁)이 최초의 수렵형태
가운데 하나였다고 설명하는데, 이는 아마도 틀린 말이 아닐 것이다.

24) 소농적 경영과 독립수공업 경영은 모두 그 일부는 봉건적 생산양식의 기초를 이루고 또다
른 일부는 이 생산양식이 붕괴한 뒤에도 자본주의적 경영과 나란히 나타난다. 또한 그것들은
최전성기에 있던 — 원래의 동양적 공동소유제가 붕괴되고 나서 아직 노예제가 생산을 지배하
기 전에 — 고전적 공동체의 경제적인 기초를 이루기도 한다.

다. 그러므로 한편으로 자본주의적 생산양식은 노동과정이 하나의 사회적 과정으로 전화하기 위한 역사적 필연성으로 나타나지만, 다른 한편으로 노동과정의 이 사회적 형태는 그 생산력을 증대시킴으로써 노동과정을 한층 유리하게 착취하기 위하여 자본이 이용하는 하나의 방법으로 나타난다.

지금까지 고찰해온 바와 같은 단순한 형태의 협업은 비교적 대규모의 생산과 함께 나타나지만, 그러나 그것이 자본주의적 생산양식의 어떤 특정한 발전시기를 나타내는 고정적이고 특징적인 형태는 아니다. M355 그것이 대강 이런 모습으로나마 나타나는 것은 아직 수공업의 태를 벗지 못한 초기 매뉴팩처[25)]와 매뉴팩처 시대에 맞추어 나타난 〔본질적으로는 한꺼번에 사용되는 노동자의 수와 집적된 생산수단의 양에 의해 농민적 경영과는 구별되는〕 대농업에서이다. 단순한 협업은, 자본이 대규모로 운용되기는 하지만 분업과 기계가 아직 중요한 역할을 하지 못하는 그런 생산부문에서 늘 주요한 형태로 등장한다.

협업의 단순한 형태가 한층 더 발전한 다른 형태들과 나란히 특수한 형태로 나타난다 하더라도, 협업은 언제나 자본주의적 생산양식의 기본형태를 이룬다.

25) "같은 일을 함께 하는 많은 사람들의 숙련과 근면성·경쟁심을 통합해내는 것이 곧 진보가 아니고 무엇이겠는가? 그리고 영국의 양모공업이 저렇게 고도로 발전한 것이 이 방법을 통하지 않고 어떻게 가능했겠는가?" (버클리[Berkeley], 『질문자』, 런던, 1750, 56쪽, 제521절).

분업과 매뉴팩처

제1절 매뉴팩처의 두 가지 기원

M356   분업에 기초한 협업은 매뉴팩처에서 그 전형적인 모습을 드러낸다. 매뉴팩처가 자본주의적 생산과정의 특징적 형태로 지배적인 위치를 차지하게 된 것은 대략 16세기 중엽부터 1760년대 후반까지 계속된 이른바 매뉴팩처 시대였다.

매뉴팩처는 두 가지 방식으로 발생한다.

첫 번째 방식은 다양한 종류의 독립수공업부문—하나의 생산물이 완성될 때까지는 반드시 이들의 손을 거쳐야만 한다—노동자들이 동일한 자본가의 지휘를 받는 하나의 작업장 속으로 통합되는 경우이다. 예를 들어 한 대의 마차는 수레공·마구공·조각공·철물공·주조공·선반공·레이스공·유리공·화공·도색공·도금공 등과 같은 다수 독립수공업자들의 노동의 총생산물이다. 마차 매뉴팩처는 이들 다양한 수공업자들을 모두 하나의 작업장에 집결시키며, 그곳에서 그들은 서로 협력하며 함께 작업한다. 물론 마차가 만들어지기도 전에 마차에 도금을 할 수는 없다. 그러나 여러 대의 마차가 동시에 만들어지게 되면, 어느 하나의 마차가 생산과정의 앞단계를 통과하는 동안 다른 마차가 도금될 수 있다. 지금까지 우리의 논의는 아직 눈 앞에 존재하는 인간과 물건을 그 재료로 하는 단순협업의 영역을 벗어나지 않았다. 그런데 이제 곧 중요한 한 가지 변화가 일어난다. 마차 제조에만 종사하는 조각공·철물공·주조공들은 종래 자신의 수공업을 그 모든 범위에 걸쳐 경영하던 습관과 능력을 점차 잃어간다. 한편한 부분만 담당하게 된 그의 작업행위는 이제 협소해진 활동범위에 가장적합한 형태를 취하게 된다. 원래 마차 매뉴팩처는 각종 독립수공업의 결합체로 나타났다. 그러던 것이 점차 마차 생산을 여러 가지 특수작업으로 ^{M357} 분할해가고, 이들 하나하나의 작업은 노동자 1명의 배타적인 기능으로 굳어지며, 그런 작업들의 총체는 이들 부분노동자의 결합체에 따라 이루어지게 된다. 이와 마찬가지로 직물 매뉴팩처나 그밖의 많은 다른 매뉴팩처도 동일한 자본의 지휘를 받는 갖가지 수공업의 결합을 통해서 생겨났다.[26]

그러나 매뉴팩처는 이와 반대되는 경로를 통해서도 발생한다. 즉 같은일 또는 같은 종류의 일을 행하는[즉 예를 들어 종이나 활자, 또는 바늘 따위를 만드는] 여러 수공업자가 같은 자본에 의해 같은 작업장에 동시에

---

26) 이와 같은 매뉴팩처 형성방식의 더욱 근대적인 한 예를 다음 인용문에서 보도록 하자. 리옹이나 님의 견방적업이나 방직업은 "전적으로 가부장제적이다. 노동자들은 수많은 여자들과 아동을 고용하지만 그들을 과로하게 만들거나 망치게 하는 일은 없다. 노동자들은 드롬과 바르 또는 이제르나 보클뤼즈의 아름다운 계곡 지방에 살면서 누에를 치며 실을 뽑는다. 그러나 그것은 결코 본격적인 공장 경영은 아니다. 그럼에도 분업의 원리가 고도로 적용될 수 있도록 …… 여기에서 분업의 원리는 하나의 특수한 성격을 띠게 된다. 여기에서는 상당수의 실을 감는 직공, 실을 꼬는 직공, 염색공, 풀칠공 등이 있으며 또한 직물공도 있다. 그렇지만 그들은 한 작업장에 모여 있지도 않고 한 명의 주인에게 종속되어 있지도 않다. 그들은 모두 독립해 있다"(블랑키[A. Blanqui], 『산업경제학 강의』, 블레즈[A. Blaise] 엮음, 파리, 1838~1839, 79쪽). 블랑키가 이 책을 쓴 뒤 다양한 독립적인 노동자들이 일부 공장으로 모여들었다. {제4판의 보유: 그리고 마르크스가 위의 글을 쓴 뒤 이들 공장에서는 역직기(力織機)가 도입되어 수직기(手織機)를 급속하게 몰아냈다. 크레펠더의 견직공업도 이와 똑같은 경험을 갖고 있다.—엥겔스}

고용되는 경우가 바로 그것이다. 이것은 가장 단순한 형태의 협업이다. 이들 수공업자는 각자(아마도 1~2명의 직인과 함께) 완전한 상품을 만들며, 따라서 그 생산에 필요한 여러 가지 작업을 차례로 수행한다. 그는 자신의 낡은 수공업적 방식으로 계속 작업한다. 그러나 점차 외부의 사정 때문에 같은 장소에 노동자가 모여 있다는 점과 그들이 동시에 노동한다는 점은 이제 다른 방식으로 이용된다. 예를 들어 많은 양의 완성된 상품을 일정 기간 안에 공급할 필요가 생겼다고 가정하자. 그러면 노동은 분할된다. 여러 가지 작업을 한 사람의 수공업자로 하여금 순차적으로 수행하게 하는 대신, 이 작업들을 서로 분리시켜 따로 떼어낸 다음 공간적으로 나란히 배치하여 각 작업을 서로 다른 수공업자에게 할당함으로써 모든 작업이 협업적 방식으로 동시에 이루어지게 한다. 이런 우연적 분할이 되풀이되면서 그 특유한 이점이 드러나고, 이리하여 점차 체계적 분업으로 굳어져간다. 상품은 이제 여러 가지 작업을 수행하는 독립수공업자 한 명의 개별적 생산물에서, 각자가 계속해서 하나의 똑같은 부분작업만을 수행하는 수공업자들의 결합체가 만들어내는 사회적 생산물로 전화한다. 독일의 동직조합 제지업자가 순차적으로 행하는 작업으로 서로 융합되어 있던 작업이, 네덜란드의 제지 매뉴팩처에서는 다수의 협업노동자가 병행적으로 수행하는 부분작업들로 분할되었다. 또 뉘른베르크의 동직조합 바늘 제조업자가 영국 바늘 매뉴팩처의 기본구성원을 이루었는데, 뉘른베르크의 바늘 제조업자는 거의 20가지에 이르는 일련의 작업을 한 사람이 순차적으로 행한 반면 영국의 매뉴팩처에서는 20명의 바늘 제조공이 각기 20가지의 작업 가운데 하나만을 병행적으로 수행하였다. 그 결과 이 작업들은 경험이 쌓여감에 따라 훨씬 세분화되고 분리되어 각 개별 노동자의 배타적인 기능으로 독립해갔다.

이처럼 매뉴팩처의 발생양식, 즉 그것이 수공업에서 생성되어나간 방식은 이중적이다. 하나는 매뉴팩처가 각기 다른 종류의 독립수공업들의 결합을 통해 발생한 것으로, 이들 수공업은 자립성을 잃고 일면화되어 이

옥고 하나의 동일한 상품의 생산과정에서 상호보완적인 부분작업만을 이루게 된다. 다른 하나는 매뉴팩처가 같은 종류의 수공업자들의 협업에서 출발하여 똑같은 개별 수공업을 다양한 특수작업들로 분해한 다음 이들 특수작업들을 따로따로 떼어내 독립시킴으로써 각 작업이 각각의 특수노동자의 배타적인 기능이 되는 방식이다. 이리하여 매뉴팩처는 한편으로는 하나의 생산과정에 분업을 도입하든가 또는 한층 더 발전시키고, 다른 한편으로는 지금까지 분리되어 있던 여러 수공업을 결합시킨다. 그러나 그 출발점이 어떤 것이든 그 마지막 모습은 똑같은 것, 즉 그 기관(器官)들이 인간으로 구성되는 하나의 생산 메커니즘으로 나타난다.

매뉴팩처에서의 분업을 올바르게 이해하기 위해 무엇보다 중요한 것은 다음 사항들을 분명히 인식하는 일이다. 우선 생산과정을 그 특수한 단계들로 분해하는 것은 이 경우 하나의 수공업적 활동을 다양한 부분작업으로 분해하는 것과 전적으로 일치한다. 복합적인 것이든 단순한 것이든 작업은 변함없이 수공업적이고, 따라서 그것은 개별 노동자가 자신의 도구를 조작할 때의 힘·숙련·속도·정확성에 의존한다. 각 부분작업의 토대는 여전히 수공업이다. 그 좁은 기술적 기초는 생산과정의 진정한 과학적 분해를 배제한다. 왜냐하면 생산물이 통과하는 각 부분과정은 수공업적 부분노동으로 수행될 수 있어야 하기 때문이다. 이처럼 수공업적 숙련이 여전히 생산과정의 기초를 이루기 때문에 모든 노동자는 제각기 단 하나 M359 의 부분기능만을 맡게 되고, 그의 노동력은 이 부분기능의 종신기관이 되어버린다. 결국 이 분업은 협업의 특수한 한 종류로, 그 이점(利點)의 대부분은 협업의 일반적인 본성에서 생기는 것이지 협업의 이 특수한 형태에서 생기는 것은 아니다.

제2절 부분노동자와 그의 도구

이제 각각의 항목을 좀더 세부적으로 살펴보도록 하자. 무엇보다도 먼저 명백한 것은, 일생 동안 똑같은 하나의 단순작업에 종사하는 노동자는 자신의 신체 모두를 이 작업에 맞추어 자동적이고 일면적인 기관으로 전환시키며, 따라서 많은 작업을 순차적으로 행하는 수공업자에 비해 그 작업에 더 적은 시간을 소비한다는 점이다. 그런데 매뉴팩처의 살아 있는 도구로서의 결합노동자 전체는 오로지 이런 일면적인 부분노동자들로만 이루어져 있다. 그러므로 이들은 독립수공업자보다 더 적은 시간에 더 많은 것을 생산한다. 바꾸어 말해 노동생산력이 높아진다.[27] 부분노동이 어느 한 사람의 배타적 기능으로 독립하고 나면 부분노동의 방법도 더욱 개량된다. 제한된 같은 행위의 끊임없는 반복과 그 제한된 것에 대한 주의 집중은 경험을 통해 소기의 목적을 최소의 힘만 소비하고도 달성할 수 있도록 가르친다. 그런데 연령이 각기 다른 노동자들이 계속해서 같은 시간에 함께 생활하고 같은 매뉴팩처에서 함께 노동하기 때문에 이렇게 획득된 기술적인 요령은 차차 고정되고 집적된 뒤에 다음 세대로 전수된다.[28]

매뉴팩처는 실제로 이미 사회에 존재하고 있던 직업의 자연발생적인 분화를 작업장 내부에서 재생산하고 그것을 체계적으로 극단화함으로써 세부노동자의 숙련을 만들어낸다. 한편 매뉴팩처가 부분노동을 어느 한 사람의 평생직업으로 전화시키는 것은, 이전 사회에서 직업을 세습시켜 카스트로 굳혀버리든가 아니면 일정한 역사적 조건이 카스트 제도와 모순되는 개인들간의 다양한 차이를 만들어낸 경우 그 직업을 동직조합으

M360

---

27) "공정이 매우 다양한 하나의 작업이 여러 직공에게 세밀하게 분할되어 할당되면 될수록 그 작업은 더 적은 시간과 노동을 들여 더 훌륭하고 더 빨리 수행될 것임에 틀림없다"(『동인도 무역이 영국에 가져다주는 이익』, 런던, 1720, 71쪽).

28) "쉬운 노동은 전승된 기술이다"(호지스킨〔T. Hodgskin〕, 『민중경제학』, 48쪽).

로 속박시켰던 경향과 일치한다. 카스트나 동직조합도 동물과 식물의 종 및 아종(亞種)으로의 분화를 규제하는 것과 똑같은 자연법칙에서 생겨난 것으로, 다만 일정한 발전수준에 이르면 카스트의 세습성이나 동직조합 의 배타성이 사회적 법칙으로 확립된다는 점만 다를 뿐이다.[29]

다카에서 생산되는 모슬린(얇고 보드라운 모직물―옮긴이)은 뛰어나게 아름답다는 점에서, 코로만델에서 생산되는 사라사(saraça)나 그밖의 직물 은 염색이 미려하고 내구적이라는 점에서 단연 으뜸을 차지한다. 게다가 이것들은 자본·기계·분업 또는 유럽의 직물업에 그렇게 많은 이익을 주는 그 어떤 수단도 없이 생산되고 있다. 직물공은 독립된 개인으로서 고객의 주문에 따라 직물을 만들며, 그가 사용하는 직기는 극히 단순한 구조로 이 루어져 있으며 대부분 나무막대기로 조잡하게 만들어졌다. 그것에는 날실 을 감는 장치조차 없으며 따라서 직기는 그대로 길게 펴두어야 하고, 또한 그것은 생산자의 작은 집에는 놓아둘 장소가 없을 만큼 꼴사납게 크기 때 문에 생산자의 노동은 집 밖에서 이루어진다. 따라서 날씨가 바뀔 때마다 작업은 중단된다.[30]

29) "기술 역시 …… 이집트에서는 상당한 정도로 발달해 있었다. 왜냐하면 오로지 이 나라에 서만은 수공업자들이 결코 다른 시민계급의 사업영역에 개입하지 못하게 되었으며, 법률에 따 라 그들 일족에게 세습되는 직업에만 종사하도록 허용되었기 때문이다. …… 다른 나라의 경 우에는 제조업 종사자들이 지나치게 많은 분야에 주의력을 분산시키고 있는 것을 볼 수 있다. …… 그들은 때로는 경작을 하고 때로는 상업에 종사하며 또 때로는 두 세 개의 기술에 동시에 관계하기도 한다. 자유국가에서 그들은 대개 대중집회에 나간다. …… 그런데 이집트에서는 어떤 수공업자든 나랏일에 개입한다든지 동시에 여러 가지 일에 종사한다든지 하면 중벌을 받 는다. 따라서 그들의 직업적인 근면성을 방해할 수 있는 것은 아무것도 없다. 게다가 그들은 선조에게서 직업상의 많은 비법을 이어받았고, 이런 비법을 더더욱 발전시키기 위해 열심히 궁리를 거듭하고 있다"(디오도로스 시켈루스, 『역사 문고』 제1권, 제74장).
30) 『영국령 인도에 관한 역사적·기술적(記述的) 보고』, 머리〔Hugh Murray〕·윌슨〔James Wilson〕 등 지음, 에든버러, 1832, 제2권, 449·450쪽. 인도의 직기는 직립식이다. 즉 날실이 수 직으로 늘어놓여진다.

이 거미 같은 직조기술을 인도인들에게 넘겨준 것은 오로지 대대로 쌓이면서 아버지에게서 아들에게로 전해내려온 특별한 기능뿐이다. 그럼에도 인도의 이런 직물공은 대부분의 매뉴팩처 노동자들보다 훨씬 복잡한 노동을 하고 있다.

어떤 제품 하나를 생산할 때 거쳐야 하는 여러 부분과정을 혼자서 차례대로 수행해가는 수공업자는 장소와 용구를 번갈아가며 바꾸지 않으면 안 된다. 한 작업에서 다른 작업으로 넘어가는 것은 그의 노동의 흐름을 중단시키고, 그의 노동일 가운데 약간의 빈틈을 만들어낸다. 그가 하루 종일 똑같은 하나의 작업을 계속해서 수행하면 이 빈틈은 감소하며, 또는 그의 작업전환이 줄어들면 그만큼 함께 감소하기도 한다. 이 경우 생산성의 상승은 그의 작업시간 동안의 노동력 지출의 증가〔즉 노동강도의 증대〕때문이거나 그렇지 않으면 노동력의 비생산적 소비의 감소 때문이다. 다시 말해 일단 도달된 표준속도가 오래 지속되면 될수록 정지상태에서 운동상태로 이행하는 데 필요한 여분의 힘의 소모는 줄어든다. 그러나 다른 한편 단조로운 노동이 계속됨에 따라 동작의 변화를 통해서 그 회복과 자극을 얻게 되는 정신의 긴장력이나 고양력은 파괴된다.

노동생산성은 노동자의 기량뿐 아니라 그의 도구의 완성도에도 달려 있다. 가령 절단기나 착공기·분쇄기·타격기 등과 같은 동일한 종류의 용구가 다양한 노동과정에서 사용되고 있으며, 똑같은 노동과정에서도 같은 용구가 여러 작업에 이용된다. 그런데 한 노동과정의 여러 작업이 서로 분리되어 각 부분작업이 부분노동자의 손 안에서 가장 적당한〔따라서 배타적인〕형태를 띠게 되면, 이전에는 여러 가지 목적에 사용되던 도구가 필연적으로 변화하게 된다. 도구의 이런 형태변화가 어떤 방향으로 진행될지는 형태가 변하지 않아서 겪게 되는 특수한 어려움들을 통해 정해진다. 노동용구의 분화가 진행되면 같은 종류의 용구들이 각각의 특수한 용도에 따라 특수하고 고정된 형태를 얻게 되고, 또 노동용구의 전문화가 진행되면 이런 특수용구는 각각 전문화된 부분노동자들의 손을 통해서만 충분히 그 기능을 발휘하게 되는데, 이런 분화와 전문화는 매뉴팩처의 중요한 특징을 이룬다. 버밍엄에서만 해도 약 500종의 해머가 생산되고 그 하나하나가 하나의 특수한 생산과정에만 사용되며, 더욱이 몇몇 종류는 같은 노동과정의 서로 다른 작업에만 사용된다. 매뉴팩처 시대는 노동용구를 부분노동자의 배타적인 특수기능에 적합하게 맞춤으로써 노동용구를 단순화시키고 개량하며 다양화시킨다.[31] 그럼으로써 이 시대는 단순한 용구들의 결합으로 이루어진 기계의 물적 조건 가운데 하나를 창출한다. M362

세부노동자와 그의 용구는 매뉴팩처의 여러 단순한 요소들을 구성한다. 그러면 이제 매뉴팩처의 전체 모습으로 눈을 돌려보자.

제3절 매뉴팩처의 두 가지 기본형태 —
이종적(異種的) 매뉴팩처와 유기적(有機的) 매뉴팩처

매뉴팩처의 구조에는 두 가지 기본형태가 있는데, 이들은 가끔 서로 뒤엉켜 있을 때도 있지만 본질적으로는 완전히 다른 두 가지 유형을 이루며, 특히 나중에 매뉴팩처가 기계제 대공업으로 전화할 때도 완전히 다른 역할을 수행한다. 매뉴팩처의 이 두 형태는 생산되는 제품 그 자체의 성질에서 비롯된 것이다. 제품은 독립된 부분생산물들의 단순한 기계적 조립으로 만들어지기도 하고 상호관련된 일련의 노동과정이나 조작을 통해 그 완성된 모습을 얻는다.

---

31) 다윈(C. Darwin)은 자신의 획기적인 저작 『종의 기원』에서 동식물의 자연적인 기관에 대해 다음과 같이 서술하고 있다. "똑같은 하나의 기관이 여러 가지 일을 해야 한다면 그렇게 여러 가지 일을 할 수 있는 근거는 아마도 다음과 같은 점에 있을 것이다. 즉 자연도태는 형태상의 모든 작은 차이점을 줄이고 억압하는 경향을 띠지만, 이것은 동일한 기관이 단지 하나의 특수 목적을 위해서만 사용될 경우에는 덜 작용한다는 점이다. 예를 들어 여러 가지 물건을 자르는 데 사용되는 칼은 대체로 단 하나의 형태를 취할 수 있지만, 한 가지 용도만을 위해 만들어진 도구는 다른 용도에 사용될 때는 다른 형태를 취하지 않으면 안 된다."

예를 들어 한 대의 기관차는 5,000개 이상의 독립된 부품들로 이루어져 있다. 그러나 그것은 대공업의 산물이기 때문에 진정한 의미에서 매뉴팩처의 첫 번째 유형의 예로 인정되지 않는다. 그러나 시계라면 그 예가 될 수 있으며 페티(William Petty)도 시계를 통해서 매뉴팩처 방식의 분업을 설명하고 있다. 시계는 뉘른베르크의 한 수공업자의 개인적인 제품에서 다음과 같은 무수한 부분노동자들의 사회적 생산물로 전화하였다. 즉 1차 가공 작업공, 시계태엽 제조공, 문자판 제조공, 용수철 제조공, 돌구멍과 루비축 제조공, 시계침 제조공, 케이스 제조공, 시계테 제조공, 도금공 그리고 이에 부수되는 많은 하위부품 노동자들, 즉 예를 들어 톱니바퀴 제조공(이것은 또 놋쇠 톱니바퀴와 강철 톱니바퀴로 나뉜다), 톱니바퀴축 제조공, 시계침장치 제조공, 톱니바퀴를 축에 고정시키고 모서리를 연마하는 사람, 추축 제조공, 각종 톱니바퀴와 축을 조립하는 사람, 톱니바퀴의 톱니를 새기고 구멍을 적당한 크기로 민들며 조정바퀴나 제역바퀴를 고정시키는 사람, 제동장치 제조공, 실린더 제동장치일 경우에는 실린더 제조공, 제동바퀴 제조공, 평형바퀴 제조공, 완급침(빠르기를 조절하는 장치) 제조공, 본래적 의미의 제동장치 제조공 그리고 태엽집과 조정바퀴를 마무리짓는 사람, 강철 연마공, 톱니바퀴 연마공, 시계테 연마공, 문자공, 에나멜공(동〔銅〕에 에나멜을 칠하는 사람), 케이스 용두고리만 만드는 사람, 케이스의 한가운데에 놋쇠못 꽂는 일을 하는 사람, 뚜껑이 열리게 하는 스프링을 케이스에 넣는 사람, 조각공, 세각공, 케이스 연마공 그리고 마지막으로 검사공〔즉 시계 전체를 조립하고 움직이게 하여 공급하는 사람〕 등등이 바로 그러하다. 시계의 여러 부품 가운데 여러 직공의 손을 거친 것은 얼마 되지 않으며, 하나씩 따로 분산되어 만들어지는 이들 부품은 이것들을 최종적으로 하나의 기계적인 완성품으로 결합하는 직공들의 손에 비로소 모두 집결하게 된다. 그 다양한 구성요소들과 완성된 생산물 간의 이러한 외적 관계는 이와 비슷한 제품의 경우처럼 이 경우에도 동일 작업장에서의 부분노동자의 결합을 우연한 것으로 만든다. 부분노동들은 바트 주(州)나 뇌샤텔 주에서처럼 각기 독립된 수공업으로 운영되기도 하지만, 제네바 같은 곳에서는 대규모 시계 매뉴팩처가 만들어져서 자본가 한 사람의 지휘 아래 부분노동자들의 직접적인 협업이 이루어지기도 한다. 그러나 이 경우에도 문자판·태엽·케이스 등이 매뉴팩처 자체 내에서 만들어지는 일은 거의 없다. 이 경우 결합적 매뉴팩처 경영은 오직 예외적인 조건에서만 유리하다. 왜냐하면 자기 집에서 작업하기를 원하는 노동자들 사이에서는 경쟁이 치열하고, 생산이 제각기 다른 여러 작업과정으로 분화해 있어서 노동수단의 공동이용이 불가능할 뿐만 아니라, 또한 이처럼 분산적 방식의 생산을 통해서 자본가는 작업용 건물에 대한 지출도 절약할 수 있기 때문이다.[32] 그러나 집에서 작업하는 경우에도 한 명의 자 M364 본가(공장주·기업가)를 위해 노동하는 이들 노동자들의 지위는 자신의 고객을 위하여 노동하는 독립수공업자의 지위와는 완전히 다르다.[33]

두 번째 유형의 매뉴팩처〔즉 매뉴팩처의 완성된 형태〕는 서로 연관된 몇몇 발전단계〔즉 일련의 단계적 과정〕를 통과하는 제품을 생산하는 것이다. 예를 들어 바늘 매뉴팩처 같은 것이 바로 그런 유형인데, 여기에서는 철선이 72종에서 92종에 이르는 독자적인 부분노동자들의 손을 거친다.

원래 분산되어 있던 수공업을 결합시키는 경우 이런 매뉴팩처는 제품

32)　1854년 제네바에서는 8만 개의 시계가 생산되었는데, 이것은 아직 뇌샤텔 주 시계 생산의 5분의 1에도 미치지 못한다. 유일한 시계 매뉴팩처라고 볼 수 있는 쇼드퐁에서만도 해마다 제네바의 2배가 되는 시계를 공급하고 있다. 1850~61년에 제네바는 72만 개의 시계를 공급했다(『상공업 등에 관한 영국 대공사관 서기관 보고서』, 제6호, 1863 중 「시계업에 관한 제네바로부터의 보고」를 참조하라). 조립되는 부품의 생산이 각기 분리되어 서로 아무런 연관을 맺지 못한다는 점은 그 자체 이런 매뉴팩처가 기계제 대공업 경영으로 전화하는 것을 매우 어렵게 만든다. 그런데 시계의 경우에는 거기에 다시 두 가지 어려움이 추가된다. 즉 시계는 그 부속품들이 작고 섬세하다는 점과, 또한 사치품으로서의 성격을 띠기 때문에 종류가 다양하다는 점이 바로 그것이다. 예를 들어 런던의 최고급 제조업체에서는 1년 내내 비슷한 모양의 시계가 1타스 이상 제조되는 일이 거의 없을 정도이다. 기계를 성공적으로 사용하는 바셰론 앤드 콘스탄틴 시계공장은 크기나 모양에서 기껏해야 3~4종류만 공급할 뿐이다.

33)　시계 제조라는 이 이종적 매뉴팩처의 전형적인 예에서는 앞에서 서술한 바와 같은 수공업적 활동의 분해로부터 생기는 노동용구의 분화와 전문화를 매우 상세하게 연구할 수 있다.

의 각 생산단계 사이의 공간적 분리를 감소시킨다. 제품이 하나의 단계에서 다른 단계로 옮겨가는 데 걸리는 시간이 단축되고 이런 이행을 매개하는 노동도 단축된다.[34] 이리하여 이 매뉴팩처에서는 수공업에서보다 생산력이 증대하는데, 이 증대는 매뉴팩처의 전반적인 협업적 성격에서 생겨난다. 한편 매뉴팩처에 특유한 분업의 원칙은 다양한 생산단계들을 제각각 분리시키고, 그 결과 이들 생산단계는 그 수만큼의 수공업적 부분노동으로 각기 독립한다. 분리된 기능들 사이의 관련을 확립하고 유지하기 위해서는 제품을 끊임없이 한 사람의 손에서 다른 사람의 손으로, 또 한 노동과정에서 다른 노동과정으로 옮길 필요가 있다. 대공업의 관점에서 보면 이것은 하나의 특징적이고 비용을 증가시키는 〔그리고 매뉴팩처의 원칙에 내재하는〕 결점에 해당한다.[35]

일정량의 원료〔예를 들어 종이 매뉴팩처의 넝마나 바늘 매뉴팩처의 철선〕를 곰곰이 추적해보면 그것들은 최종적인 모습이 될 때까지 시간적으로 여러 노동자의 손을 거치면서 다양한 생산단계의 순차적인 과정을 거친다. 반면 작업장을 하나의 전체적인 구조로 살펴보면 원료는 모든 생산단계에서 동시에 발견된다. 다양한 부분노동자들이 결합되어 이루어진 전체 노동자는 도구로 무장된 그의 많은 일손 가운데 한 명의 손으로는 철선을 만들고, 동시에 다른 손이나 도구로는 철선을 똑바로 펴며, 또다른 손으로는 그것을 자르거나 뾰족하게 한다. 이전에는 시간적인 순서에 따라 차례차례 이루어졌던 단계적 과정들이 이제는 같은 공간에서 동시에 이루어지게 된다. 따라서 같은 시간에 더 많은 완성품이 공급된다.[36] 이

---

34) "이처럼 사람들이 밀집하여 노동하는 곳에서는 당연히 운반도 훨씬 줄어들 것이다"(『동인도 무역이 영국에 가져다주는 이익』, 106쪽).

35) "육체노동의 사용을 통하여 형성되는 매뉴팩처에서 다양한 생산단계가 분리되면 생산비는 크게 증가하는데, 이런 손실은 주로 한 노동과정에서 다른 노동과정으로 제품이 옮겨지는 비용 때문에 발생한다"(『각국의 산업』, 런던, 1855, 제2부, 200쪽).

36) "그것(분업)은 또한 한 가지 일을 동시에 실행되는 여러 작업 부분으로 분할함으로써 시간의 절약도 가져온다. …… 한 사람이 수행한다면 하나씩 차례대로 해야만 하는 서로 다른 온갖 노동과정을 동시에 수행함으로써, 예를 들어 혼자서 한다면 단 한 개의 핀을 자르거나 끝을 뾰

동시성은 분명히 총과정의 일반적인 협업적 형태에서 생겨나는 것이기는 하지만, 매뉴팩처는 단지 협업의 조건을 기존의 작업형태 속에서 찾아낼 뿐만 아니라 부분적으로는 수공업적 활동을 분해함으로써 협업의 조건을 직접 창출해내기도 한다. 한편 매뉴팩처는 같은 노동자를 동일한 세부작업에 묶어둠으로써만 노동과정의 이러한 사회적 조직을 만들어낸다.

각 부분노동자들의 부분생산물은 모두 같은 제품의 한 특수한 발전단계에 불과하기 때문에 한 명의 노동자가 다른 노동자에게 또는 하나의 노동자 무리가 다른 노동자 무리에게 그 원료를 공급하는 것과 같다. 한쪽 노동자의 노동성과는 다른 쪽 노동자의 노동을 위한 출발점이 된다. 그러므로 이 경우 한쪽 노동자는 곧바로 다른 쪽 노동자의 일자리를 제공하게 된다. 각 부분과정에서 소기의 효과를 달성하기 위해 필요한 노동시간은 경험적으로 정해지며, 매뉴팩처의 전체 구조는 일정한 노동시간에 일정한 성과가 획득된다는 전제 위에 서 있다. 오로지 이 전제 아래에서만 상호보완적인 다양한 노동과정이 중단 없이 시간적으로나 공간적으로 함께 진행될 수 있다. 이와 같은 노동과 노동 사이의 〔따라서 노동자들끼리의〕 직접적 의존관계는 각각의 노동자에게 자신의 기능에 필요한 시간만을 소비하도록 강제하며, 따라서 독립수공업이나 단순협업의 경우와는 완전히 다른 노동의 연속성·획일성·규칙성·질서[37] 그리고 노동강도까지 만들어진다. 한 상품에 소비되는 노동시간이 오로지 그 상품의 생산에 사회 M366 적으로 필요한 노동시간뿐이라는 것은 상품생산 전반에서 경쟁에 의한 외적 강제로 나타나는데, 그것은 피상적으로 말해 개별 생산자는 누구든지 상품을 그 시장가격으로 팔지 않으면 안 되기 때문이다. 그러나 매뉴팩

족하게 만들 수 있을 뿐인 그 시간에 다수의 완성품을 생산할 수 있다"(스튜어트〔D. Stewart〕, 『경제학 강의』, 319쪽).

37) "어떤 매뉴팩처에서든 전문노동자가 다양하면 다양할수록 …… 각 노동은 더욱더 질서정연하고 규칙적이 되고, 또 똑같은 작업이 필연적으로 더 짧은 시간에 이루어지며, 그리하여 결국 노동은 분명 감소하게 될 것이다"(『동인도 무역이 영국에 가져다주는 이익』, 68쪽).

처에서는 일정한 노동시간 내에 일정량의 생산물을 공급해야 한다는 것이 생산과정 자체의 기술적 법칙을 이루게 된다.[38]

그렇지만 각 작업은 각기 다른 길이의 시간을 필요로 하며, 따라서 똑같은 시간에 서로 다른 양의 부분생산물을 공급한다. 그러므로 만일 똑같은 한 명의 노동자가 매일 같은 작업만을 수행한다면 각 작업에는 각기 다른 수의 노동자가 사용되지 않으면 안 된다. 예를 들어 어느 활자 매뉴팩처에서 주물공 1명이 1시간에 2,000개의 활자를 주조하고, 분철공 1명은 4,000개를 분철하며, 연마공 1명은 8,000개를 연마한다면, 이 매뉴팩처에서는 연마공 1명에 대하여 주물공 4명과 분철공 2명이 사용되어야 할 것이다. 여기에서는 같은 종류의 작업을 하는 여러 사람이 한꺼번에 고용되는 가장 단순한 형태의 협업 원칙이 재현되지만, 또한 이제 이 원칙은 하나의 유기적인 관계도 나타낸다. 즉 매뉴팩처 분업은 사회적 총노동자의 질적으로 상이한 부속기관들을 단순화히고 다양화시킬 뿐만 아니라, 이들 부속기관의 양적인 규모도 규정한다. 말하자면 각 특수기능을 수행하는 노동자의 상대적인 수〔또는 노동자 무리의 상대적인 크기〕에 대한 수학적으로 확정된 비율도 만들어낸다. 그것은 사회적 노동과정의 질적인 편제와 더불어 양적인 규모와 비율도 함께 발전시킨다.

일정 생산규모에 대하여 가장 적당한 비율의 부분노동자 수가 경험적으로 정해져 있다면, 이 규모는 오로지 각 부분노동자 조합의 배수를 사용함으로써만 확대될 수 있다.[39] 그리고 한 가지 덧붙이자면, 어떤 작업의 경우에는 한 사람의 노동자가 규모의 크기와는 무관하게 그것을 수행한

---

38) 그렇지만 매뉴팩처 경영은 이런 성과를 많은 부분에서 단지 불완전한 수준으로만 달성한다. 왜냐하면 매뉴팩처 경영은 생산과정의 일반적인 화학적 · 물리적 조건을 확실하게 통제할 수 없기 때문이다.

39) "매뉴팩처 생산물의 개별 특성에 따라 전체 공정을 부분작업으로 나누는 가장 유리한 방식과 거기에 필요한 노동자 수를 경험적으로 알고 있다면, 이 수의 정확한 배수를 사용하지 않는 모든 공장은 제조비용을 더 많이 들이게 될 것이다. …… 이것은 공장들이 거대하게 확장되는 원인 가운데 하나이다"(배비지〔C. Babbage〕, 『기계경제론』, 런던, 1832, 제21장, 172 · 173쪽).

다는 것이다. 예를 들어 감독이나, 부분생산물을 한 생산단계에서 다른 생
산단계로 운반하는 노동 등이 그러하다. 그러므로 이러한 기능을 독립시
키거나 특별한 노동자에게 맡기는 것은 고용된 노동자의 수가 증가할 때
만 비로소 유리해진다. 그런데 그러한 증가는 모든 부분노동자들에게서
정해진 비율에 따라 동시에 이루어져야만 한다.

똑같은 부분기능을 수행하는 각각의 노동자 무리는 동질적인 요소들로
구성되어 전체 생산 메커니즘의 한 부속기관이 된다. 그러나 각 매뉴팩처
에서 이들 무리는 그 자체가 하나의 조직화된 작업단위이고 전체 매뉴팩
처는 이들 기본 생산단위들이 중복되거나 배가되는 방식으로 이루어진
다. 한 예로 유리병 매뉴팩처를 들어보자. 그것은 본질적으로 구분되는 3
개의 단계로 나누어진다. 첫째는 준비단계로, 모래나 석회 등을 섞어 유리
혼합물을 준비하는 일과 이 혼합물을 유동상태의 유리액으로 융해시키는
일이다.[40] 제1단계에서는 여러 부분노동자가 고용되는데 이것은 최종단
계에서도, 즉 건조로에서 병을 꺼내는 작업이나 그 선별작업·포장 등에서
도 마찬가지이다. 이 두 단계의 중간에 본래의 유리 제조, 즉 유동상태의
유리액을 가공하는 작업이 있다. 한 유리화로의 같은 입구에서 한 무리의
노동자가 작업하고 있는데, 이 무리는— 영국에서는 이들을 'hole'(아궁
이)이라고 부른다— 병 제조공〔또는 완성공〕 1명, 부는 직공 1명, 수집공
1명, 쌓는 직공 1명과 운반공 1명으로 구성되어 있다. 이들 5명의 부분노
동자가 한 작업단위의 5개 개별 기관이 되며, 이 작업단위는 오로지 하나
의 단위로만〔즉 5명의 직접적 협업에 의해서만〕 작업을 수행할 수 있다.
만일 5개 부분으로 이루어진 이 작업단위 가운데 어느 한 부분이라도 없
으면 이 작업단위는 마비되어버린다. 그런데 영국에서는 하나의 유리화
로에 입구가 여러 개〔예를 들면 4~6개〕 있고 각 입구마다 유동상태의 유

---

40) 영국에서는 융해화로가 유리를 가공하는 유리화로와는 분리되어 있는데, 예를 들어 벨기
  에에서는 똑같은 화로가 두 공정 모두에 사용된다.

리가 들어 있는 흙으로 된 도가니가 딸려 있어서 어느 입구에서나 똑같이 5명 1조 형태의 전속 노동자 무리가 노동을 하고 있다. 여기에서 각 무리의 편제는 곧바로 분업에 기초하는데, 같은 종류의 각 무리 사이의 유대는 단순협업, 즉 하나의 생산수단〔여기에서는 유리화로〕을 공동으로 소비함으로써 절약을 이루어내는 협업이다. 이처럼 유리화로 하나와 4~6개의 노동자 무리가 모여 하나의 유리작업장이 이루어지며, 하나의 유리 매뉴팩처는 이런 유리작업장 몇 개와 그밖에 생산의 준비단계 및 최종단계에 소요되는 설비와 노동자들을 포괄한다.

M368

마지막으로 매뉴팩처는 그것이 부분적으로 다양한 수공업의 결합에서 생겨났듯이 다양한 매뉴팩처의 결합으로 발전할 수도 있다. 가령 영국의 몇몇 대규모 유리공장은 자기가 사용할 흙으로 된 융해 도가니를 직접 만든다. 왜냐하면 생산물의 품질이 주로 도가니의 품질에 달려 있기 때문이다. 이것은 생산수단을 생산하는 매뉴팩치기 생산물을 생산하는 매뉴팩처와 결합하는 경우이다. 다른 한편 생산물을 생산하는 매뉴팩처가 이 생산물을 다시 원료로 이용하는 매뉴팩처에, 또는 뒤에 그것과 합성되는 생산물을 생산하는 매뉴팩처와 결합하는 경우도 있다. 예를 들어 납유리 매뉴팩처는 유리연마업이나 황동주조업과 결합하는데, 황동주조업에서는 갖가지 유리제품에 금속테를 박아넣는 작업이 수행된다. 이 경우 결합된 여러 매뉴팩처는 전체 매뉴팩처에서 어느 정도 공간적으로 분리된 부문을 형성하며, 또한 각기 고유한 분업을 행하는 서로 독립된 여러 생산과정을 이룬다. 결합 매뉴팩처는 많은 이점을 제공하기는 하지만 그것으로부터 실질적인 기술적 통일은 달성되지 못한다. 이 통일은 결합 매뉴팩처가 기계제 경영으로 전화할 때 비로소 생겨난다.

매뉴팩처 시대는 상품생산에 필요한 노동시간의 단축을 일찍부터 의식적인 원칙으로 표명했으며[41] 또한 기계의 사용도 산발적인 형태로 발전시

---

41) 이것은 특히 페티, 존 벨러스, 앤드루 야랜턴(Andrew Yarranton), 『동인도 무역이 영국에 가져다주는 이익』과 밴더린트의 설명에서 추정해낼 수 있다.

켰는데, 특히 큰 동력을 사용해야 하는 대량생산과정의 간단한 초보적인
단계에서 그러하였다. 예를 들어 일찍이 제지 매뉴팩처에서는 제지용 분
쇄기로 넝마를 분쇄하였으며 또 야금업에서는 이른바 쇄광기로 광석을
분쇄하였다.[42] 모든 기계의 기본적인 형태는 로마 제국의 수차(水車)에서
전래되었다.[43] 수공업시대는 나침반·화약·인쇄기·자동시계와 같은 위 M369
대한 발명을 남겼다. 그러나 대체로 기계는 스미스가 분업과 대비하여 거
기에 부여했던 부차적인 역할을 수행하였다.[44] 17세기에 산발적으로 나
타난 기계의 사용은 당시의 대수학자(大數學者)들에게 근대적 역학의 창
출을 위한 현실적인 근거와 유인을 제공했다는 점에서 매우 중요하다.

매뉴팩처 시대에 특유했던 기계적 장치는 여전히 다수의 부분노동자들
로 결합된 전체 노동자 그 자체였다. 한 상품의 생산자가 순차적으로 수행
하는 〔그리하여 그의 전 노동과정 속에 서로 얽혀 있는〕 여러 작업은 그에
게 많은 것을 요구한다. 즉 어떤 작업에서는 더 큰 힘을, 또 어떤 작업에서
는 더 높은 숙련을, 그리고 또다른 제3의 작업에서는 더욱 고도의 정신적
집중력을 발휘해야 한다. 그러나 한 사람이 이런 속성들을 모두 똑같은 수
준으로 갖추고 있을 수는 없다. 서로 다른 여러 작업이 각기 분리되고 독
립되고 나면 노동자들은 자신의 비교적 뛰어난 속성에 따라 구분되고 분

---

42) 16세기 말쯤만 해도 프랑스에서는 아직 광석을 분쇄하여 세척하는 데 절구와 체를 이용하
고 있었다.

43) 기계 발달의 전체 역사는 제분수차의 역사를 통해 추적할 수 있다. 공장은 지금도 영어로
'mill'(수차)이라고 일컬어진다. 19세기 초의 몇십 년 동안 독일의 기술서적에서는 자연력으로
움직이는 모든 기계뿐만 아니라 기계적 장치를 이용하는 모든 공장을 나타내는 데 'Mühle'(수
차)이라는 표현을 사용하는 것을 볼 수 있다.

44) 이 책의 제4권에서 좀더 자세히 살펴보겠지만, 스미스는 분업에 대해서는 새로운 명제를
하나도 세우지 않았다. 그러나 그를 매뉴팩처 시대를 총괄하는 정치경제학자로 규정하는 까닭
은 그가 분업을 강조했기 때문이다. 기계에 대해 종속적인 역할을 부여한 그의 주장은 대공업
초기 로더데일(Lauderdales)의 반론을 불러일으켰고, 이어서 그후에는 유어(Ure)의 반론을 불
러일으켰다. 스미스는 또 매뉴팩처의 부분노동자들이 깊숙이 관여해왔던 도구의 분화와 기계
의 발명을 혼동하고 있다. 기계의 발명에서 중요한 역할을 한 사람들은 매뉴팩처 노동자가 아
니라 학자나 수공업자 또는 농민(Brindley)들이었다.

류되어 편성된다. 그들 각자의 타고난 속성이 기초가 되고 그 위에 분업이 접목된다면, 매뉴팩처는, 일단 도입되고 나면, 자연히 일면적이고 특수한 기능에만 적합한 노동력을 발달시키게 된다. 이제 전체 노동자는 모든 생산적 속성에서 같은 정도의 기량을 갖추게 되고 동시에 이것들을 가장 경제적으로 지출하게 된다. 왜냐하면 전체 노동자는 노동자나 노동자 무리로 개별화되어 있는 그의 모든 부속기관들을 오로지 각각의 특수한 기능에만 사용하기 때문이다.[45] 부분노동자의 일면성이나 불완전성도 그것이 전체 노동자의 손과 발이 되면 완성된 체계를 만들어내게 된다.[46] 하나의 일면적 기능만 수행하는 관행이 지속되면서 그는 자연적으로 그리고 확실하게 이 기능을 수행하는 기관으로 전화하며, 또한 그와 전체 생산 메커니즘과의 관련은 그에게 기계의 일부분과 같은 규칙성을 강제로 부여한다.[47]

M370

전체 노동자의 갖가지 기능에는 간단한 것과 복잡한 것, 저급한 것과 고급스러운 것이 있으므로 그것의 부속기관인 각각의 노동력은 서로 매우 다른 수준의 교육을 필요로 하고 따라서 매우 상이한 가치를 갖는다. 그러므로 매뉴팩처는 임금이 각기 다른 노동력간의 위계구조를 발전시킨다. 한편 개별 노동자가 하나의 일면적 기능에 편입되어 한평생 여기에 매여 있으면 그런 위계에 따라 분류된 각각의 작업은 노동자들간의 〔선천적이든 후천적이든〕 숙련의 위계와도 일치하게 된다.[48] 그런데 어떤 생산과

---

45) "서로 다른 수준의 숙련이나 근력이 필요한 여러 개의 서로 다른 작업으로 공정을 분할함으로써 공장주들은 각 작업에 적합한 근력이나 숙련의 양을 정확하게 파악할 수 있다. 이에 반해 만약 전체 작업이 한 노동자에 의해 수행된다면, 그 노동자는 극히 까다로운 작업에 필요한 높은 숙련 수준과 매우 힘이 많이 들어가는 작업에 필요한 상당한 근력을 동시에 갖추고 있어야 할 것이다"(배비지, 앞의 책, 제19장).

46) 예를 들어 어떤 근육의 일면적인 발달이나 뼈의 굴절 따위.

47) 어떻게 하면 청소년 직공들의 근면성을 지속시킬 수 있는지에 대한 조사위원의 질문에 대해 한 유리 매뉴팩처의 총지배인 윌리엄 마셜은 다음과 같이 매우 정확하게 대답했다. "그들은 자기네 일을 결코 게을리할 수 없다. 그들은 일단 일을 시작하면 그 일을 계속해야 한다. 그들은 마치 기계의 부품이나 마찬가지이다"(『아동노동 조사위원회 제4차 보고서: 1865년』, 247쪽).

정에서도 누구나 쉽게 할 수 있는 종류의 단순작업이 필요하다. 이런 작업도 이제는 좀더 내용이 풍부한 여러 작업 사이의 유동적인 연관에서 분리되어 배타적인 기능으로 고정된다.

그리하여 매뉴팩처는 그것이 장악한 모든 수공업 내에서 이른바 비숙 M371
련노동자라는 하나의 부류를 만들어내는데, 이들은 수공업 경영에서는 엄격하게 배제되었던 노동자 부류였다. 매뉴팩처가 전반적인 노동능력을 희생시켜 철저하게 일면화된 전문성을 숙달의 경지로까지 발달시킨다면 매뉴팩처는 또한 일체의 발달이 배제된 전문성을 만들기 시작한다. 위계적인 등급화와 함께 숙련노동자와 비숙련노동자의 단적인 구분이 나타난다. 후자에서는 교육비가 전혀 필요없으며 전자에서는 단순화된 기능 때문에 수공업자에 비해 교육비가 감소한다. 두 경우 모두에서 노동력의 가치는 하락한다.[49] 여기에서 예외적인 경우는 노동과정의 분해로 말미암아 수공업 경영에서는 전혀 없었거나 또는 수준이 완전히 다른 새로운 총괄적 기능이 생길 경우이다. 교육비의 소멸 또는 감소에서 생기는 노동력의 상대적 가치저하는 곧바로 자본의 더 높은 가치증식을 포함한다. 왜냐하면 노동력의 재생산에 필요한 시간을 단축시키는 것은 모두 잉여노동의 영역을 확대하는 것이기 때문이다.

---

48) 대공업에 찬사를 보내면서 유어 박사는 매뉴팩처의 특유한 성격에 대해 〔이 문제에 대한 논쟁적 관심이 없던〕 이전의 경제학자들은 물론 동시대의 학자들, 가령 배비지보다도 더 예리하게 감지하고 있었다. 배비지는 수학자나 공학자로서는 확실히 그보다 뛰어났지만, 대공업을 바라보는 데서는 오로지 매뉴팩처의 관점을 벗어나지 못하고 있다. 반면 유어는 "각 개별 작업에 노동자를 귀속시키는 것이 분업의 본질을 이룬다"고 말한다. 또한 그는 이 분업을 "다양한 개인적 능력에 따라 작업을 배치하는 것"이라고 표현하고, 마지막으로 매뉴팩처 제도 전체를 "숙련수준의 차이에 따른 분업"이라고 규정한다(유어, 『공장철학』, 19~23쪽 곳곳).

49) "모든 수공업자는 …… 하나의 개별 작업을 수행함으로써 한 작업에 숙달하게 되고 …… 마침내 더 값싼 노동자가 되었다"(유어, 같은 책, 19쪽).

제4절 매뉴팩처 내 분업과 사회 내 분업

우리는 먼저 매뉴팩처의 기원에 대해, 그 다음에는 그 구성요소들〔즉 부분노동자와 그의 도구〕에 대해, 그리고 마지막에는 매뉴팩처의 전체 메커니즘에 대해 고찰하였다. 그러면 이제 매뉴팩처에서의 분업과 모든 상품 생산의 일반적 기초를 이루는 사회적 분업 간의 관계를 간단히 언급해보기로 하자.

단지 노동 그 자체만 고려한다면 농업이나 공업 등과 같이 대분류로 사회적 생산이 분할되는 것을 일반적(allgemeine) 분업, 그리고 이들 산업 내에서 다시 중분류나 소분류로 사회적 생산이 특화하는 것을 특수적(besondere) 분업, 그리고 다시 한 작업장 내에서의 분업을 개별적(einzelne) 분업이라고 부를 수 있다.[50]

M372 　　사회 내에서의 분업〔그리고 거기에 맞추어 각 개인을 특수한 직업영역에 국한시키는 현상〕은 매뉴팩처 내에서의 분업과 마찬가지로 서로 상반되는 출발점으로부터 발전해나간다. 한 가족 안에서,[50a] 더 나아가 한 종족 안에서 성의 구별이나 연령의 차이에서〔즉 순전히 생리학적인 바탕 위

---

50) "분업은 갖가지 직업 구분부터 시작하여 매뉴팩처에서처럼 동일한 생산물의 완성을 많은 노동자가 분담하는 분업에 이르기까지 다양한 형태가 있다"(슈토르흐, 『경제학 강의』, 파리판, 제1권, 173쪽). "문명이 일정 수준에 도달한 나라들에서는 세 가지 종류의 분업이 나타난다. 우리가 일반적 분업이라고 일컫는 첫 번째는 생산자를 농업가와 공업가·상업가로 나누는 것으로, 이것은 한 나라 전체 노동의 3대 주요부문에 해당한다. 두 번째는 특수적 분업이라고 할 수 있는 것으로, 각 노동부문을 다시 세분화한다. …… 마지막으로 세 번째 분업은 작업의 분할로서 본래적 의미의 분업이라고 해야 하는 것으로, 이것은 개별 수공업과 개별 직종 내에서 발생하며 …… 대부분의 매뉴팩처나 작업장에서 행해지고 있다"(스카르벡, 『사회적 부의 이론』, 84·85쪽).

50a) 〔제3판의 주: 인류의 원시상태에 관한 극히 근본적인 연구〔그뒤에 진행된〕에 따라 저자는 다음과 같은 결론에 도달했다. 즉 원래 가족이 발달하여 종족이 되는 것이 아니라, 거꾸로 종족 그 자체가 혈연관계에 기초한 인류사회 형성의 본원적이고 자연발생적인 형태이며, 따라서 종족적 유대가 해체되기 시작함으로써 비로소 여러 상이한 가족형태가 발전하게 된 것이다.—엥겔스〕

에서〕 자연발생적인 분업이 발생하고, 이것은 공동체의 확대나 인구의 증가, 특히 여러 종족 사이의 분쟁이나 한 종족에 의한 다른 종족의 정복을 통해 더욱 그 범위를 넓혀간다. 다른 한편, 앞에서 서술한 바와 같이(M102를 보라—옮긴이) 생산물의 교환은 상이한 가족이나 종족·공동체가 접촉하는 지점에서 발생한다. 왜냐하면 문명 초기에 서로 자립적으로 대면하는 것은 개인이 아니라 가족이나 종족이기 때문이다. 공동체가 다르면 그것이 자연환경 속에서 만들어내는 생산수단이나 생활수단도 달라진다. 그에 따라 이들 공동체의 생산양식이나 생활양식 그리고 생산물도 달라진다. 바로 이 자연발생적인 차이가 서로 다른 공동체가 접촉할 때 이들간의 생산물교환을 불러일으키고, 그 결과 이들 생산물을 점차 상품으로 전화시키게 된다. 교환은 생산영역간의 차이를 만들어내는 것이 아니라 서로 다른 생산영역을 연계시키고 그것들을 하나의 사회적 총생산 내에서 〔정도의 차이는 있겠지만〕 서로 의존하는 부문으로 전화시킨다. 이 경우 사회적 분업이 발생하는 것은 본래부터 서로 다르지만 각기 독립된 생산 M373 영역들 사이의 교환에 의해서이다. 생리학적 분업이 그 출발점을 이루는 전자의 경우에는 하나의 전체 속에서 직접적으로 서로 연결되어 있는 개별 기관들이 다른 공동체와의 상품교환에서 심각한 충격을 받아 분해과정을 겪어 서로 분리되고 분해되고 독립함으로써, 마침내 각 노동 사이의 관련이 상품으로서의 생산물교환에 의해 매개되기에 이른다. 어떤 경우에는 이전에 독립적이던 것들이 의존적으로 되고, 또다른 어떤 경우에는 이전에 의존적이던 것들이 독립적으로 된다.

이미 발전된 〔그 결과 상품교환에 의해 매개되는〕 모든 분업의 토대는 도시와 농촌의 분리이다.[51] 사회의 경제사 전체는 이 양자간의 대립의 운

---

51) 이 점에 대해 가장 잘 설명하고 있는 사람은 제임스 스튜어트이다. 『국부론』보다 10년 먼저 나온 그의 저작이 오늘날 사람들에게 얼마나 잘 알려져 있지 않은지는 다음을 보면 잘 알 수 있다. 즉 맬서스는 '인구'에 관한 자신의 저서 초판에서 단순히 선언적인 부분을 제외하면 승려 월리스나 타운센드 말고는 거의 언제나 스튜어트만 표절하고 있는데, 이런 사실을 맬서스의

동으로 요약된다고 말할 수 있는데, 그러나 여기에서는 이에 대해 더 이상 언급하지 않겠다.

동시에 사용되는 노동자의 일정한 수가 매뉴팩처 내에서의 분업을 위한 물적 전제인 것과 마찬가지로 인구의 크기와 밀도는 사회 내에서의 분업을 위한 물적 전제를 이루는데, 이 경우 인구의 밀도는 동일 작업장 내에서의 노동자들의 밀도를 대신한다.[52] 그러나 이 밀도는 상대적인 것이다. 인구가 비교적 희박하면서도 교통수단이 발달한 나라는, 인구가 비교적 많지만 교통수단이 발달하지 않은 나라보다 인구밀도가 높으며, 이런 의미에서 예를 들면 미국의 북부 여러 주는 인도보다도 인구밀도가 높다.[53]

M374 상품생산과 상품유통은 자본주의적 생산양식의 일반적 전제이므로 매뉴팩처 분업은 사회 내에서의 분업이 벌써 일정한 발전수준에 도달해 있을 것을 필요로 한다. 또 거꾸로 매뉴팩처 분업은 사회적 분업에 반작용을 가하여 이것을 발전시키고 몇 배나 복잡하게 만든다. 노동용구의 분화와 더불어 이러한 용구를 생산하는 산업도 점점 분화한다.[54] 그때까지는 본업 또는 부업으로서 다른 산업에 연계되어 동일한 생산자가 수행해오던 산업도 매뉴팩처 경영형태를 취하게 되면 금방 분리되면서 제각기 독립을 이루게 된다. 매뉴팩처 경영이 한 상품의 어떤 특수한 생산단계를 장악하면 그 상품의 각 생산단계는 모두 독립된 산업으로 전화한다. 이미 시사

숭배자들은 전혀 모르고 있다.

52) "사회적인 교류에도 도움이 되고 노동생산물을 증가시키는 힘의 결합에도 도움이 되는 일정한 인구밀도가 있는 법이다"(밀〔James Mill〕, 『경제학 요강』, 50쪽). "노동자 수가 증가하는 경우 사회의 생산력은 그 증가에 분업의 효과를 곱한 것과 같은 비율로 증대한다"(호지스킨, 『민중경제학』, 120쪽).

53) 1861년 이래 면화 수요가 증가한 결과, 그러지 않아도 인구가 많은 동인도의 몇몇 지방에서 면화 생산은 미곡 생산을 희생시키면서 확대되었다. 그리하여 부분적인 기근이 발생했는데, 이는 교통수단의 부족과 이에 따른 물리적 연결의 결함으로 말미암아 한 지방의 미곡 부족이 다른 지방으로부터의 공급으로 보충될 수 없었기 때문이다.

54) 이리하여 방추(Weberschiffchen) 제조는 벌써 17세기 네덜란드에서 별개의 한 산업부문을 형성하였다.

한 바와 같이, 어떤 제품이 부분생산물들을 단지 기계적으로 결합하여 하나의 전체를 이루고 있을 경우 그 부분노동들은 다시 독자적인 수공업들로 자립할 수 있다. 한 매뉴팩처 내에서 분업이 좀더 완전한 형태로 이루어지기 위해서는 동일한 생산부문이 그 원료가 차이에 따라서〔또는 같은 원료라 하더라도 그것이 취할 수 있는 형태의 차이에 따라서〕 서로 완전히 다른〔또는 부분적으로 완전히 새로운〕 매뉴팩처들로 분할된다. 이리하여 18세기 전반기에는 프랑스에서만 해도 100종류 이상의 견직물이 생산되었으며, 예를 들어 아비뇽에서는 "모든 도제는 반드시 한 종류의 제조에만 전념할 것이며, 여러 종류의 직물 제조방법을 동시에 배우려고 해서는 안 된다"는 법규까지 있었다. 특정 생산부문을 한 나라의 특정한 지방에 배속시키는 지역적 분업은 모든 특수성을 최대한 이용하려는 매뉴팩처 경영에 의해 더욱더 촉진된다.[55] 매뉴팩처 시대의 일반적 존재조건에 속하는 세계시장의 확대와 식민제도는 매뉴팩처 시대에 사회 내에서 M375의 분업을 위한 풍부한 재료를 제공한다. 여기서 더 이상 자세하게 얘기할 수는 없지만, 분업은 경제적인 분야뿐만 아니라 사회의 다른 모든 분야들까지도 장악하여 도처에서 인간을 특정 분야의 전문가로 세분화하는 토대를 제공하였는데, 이러한 인간의 세분화야말로 이미 애덤 스미스의 스승인 퍼거슨(A. Ferguson)이 "우리는 노예에 지나지 않는 국민이 되었으며, 우리들 가운데 자유인은 하나도 없다"[56]고 부르짖었던 바로 그 이유였다.

그러나 사회 내에서의 분업과 작업장 내에서의 분업 사이에는 많은 유사점과 관련성이 있지만 양자는 단지 정도의 차이뿐 아니라 본질적인 면

---

55) "영국의 모직공업은 몇 개의 특정 지방에서 각 지방별로 특정 품목 하나만〔또는 주로 한 가지만〕 생산하는 형태로 분할되어 있지 않은가? 즉 세포(細布)는 서머싯셔에서, 조포(粗布)는 요크셔에서, 광폭은 엑스터에서, 견직물은 서드베리에서, 크레이프는 노위치, 교직물은 켄들, 모포는 휘트니에서 생산되고 있지 않은가!" (버클리, 『질문자』, 1750, 제520절).

56) A. 퍼거슨, 『시민사회의 역사』, 에든버러, 1767, 제4부, 제2장, 285쪽.

에서도 구별된다. 하나의 내적 유대가 여러 업종을 얽어매고 있는 경우에는 유사점이 특히 두드러지는 것처럼 보인다. 예를 들어 목축업자는 가죽을 생산하고 제혁업자는 가죽을 유피(무두질한 가죽—옮긴이)로 전화시키며 제화업자는 유피를 신발로 전화시킨다. 이 경우 각 업자는 하나의 중간생산물을 생산하는 것이고 최후의 완성된 모습은 그들 각자의 특수노동이 결합된 생산물이다. 이밖에도 목축업자·제혁업자·제화업자에게 생산수단을 공급하는 여러 노동부문이 있다. 그리하여 우리는 스미스처럼, 이 사회적 분업이 단지 주관적으로만〔즉 관찰자에게만〕 매뉴팩처 분업과 구별된다고 생각할 수 있는데, 왜냐하면 이 관찰자는 매뉴팩처 분업에서는 여러 부분노동을 공간적으로 한눈에 둘러볼 수 있지만 사회적 분업에서는 부분노동들이 넓은 면적에 걸쳐 산재해 있고 또 각 특수부문에서 일하고 있는 사람의 수가 많아서 전체적인 관련을 뚜렷하게 파악하기 어려워

M376 지기 때문이다.[57] 그러면 목축업자나 제혁업자·제화업자의 각기 독립된 노동 사이에 관련을 만들어내는 것은 무엇인가? 그것은 그들 각자의 생산물이 바로 상품이라는 점이다. 반면 매뉴팩처 분업의 특징을 이루는 것은 무엇인가? 부분노동자가 생산하는 것은 상품이 아니라는 점이 바로 그것이다.[58] 부분노동자의 공동생산물이 되어야만 비로소 그 생산물은 상품

57) 그는 말한다. 본래적인 매뉴팩처에서 분업이 더 잘 진행되는 것처럼 보이는 까닭은 "각 작업부문에 종사하는 사람들이 한 작업장에 모여 있고 그들을 관찰자가 한눈에 볼 수 있기 때문이다. …… 이와는 반대로 다수 대중의 주요 욕망을 충족시켜야 할 대(大)매뉴팩처(!)에서는 각 작업부문마다 다수의 노동자가 고용되어 있어서 그들 전부를 한 작업장에 모으기는 불가능하다. …… 분업은 그다지 명료하게 드러나지 않는다"(스미스, 『국부론』, 제1편, 제1장). 같은 장(章)에는 맨더빌(B. de Mandevilles)의 『꿀벌 이야기 또는 사적 죄악과 공적 복리』(초판은 주〔註〕 없이 1705년에, 주가 있는 판은 1714년에 나왔다)의 주에서 한 마디도 빼놓지 않고 모두 베낀 유명한 구절이 있다. 그 구절은 "문명화하여 번영을 누리고 있는 한 나라의 가장 평범한 수공업자 또는 일용노동자의 가재도구를 관찰해보자"라는 말로 시작해 보통의 노동자 한 사람의 욕망을 충족시키려면 얼마나 많은 갖가지 직종이 서로 공동으로 작업을 수행해야 하는지를 묘사하고 있다.

58) "우리가 개개의 노동에 대한 자연임금이라고 할 수 있는 것은 이제 아무것도 없다. 각 노동자는 전체의 일부분만을 생산할 뿐이고 각 부분은 그 자체만으로는 가치(Wert)나 효용(Nutzen)이 없기 때문에 노동자가 그 부분생산물에 대해 '이것은 내가 내 것으로 하기 위해 만

으로 전화한다.[58a] 사회 내에서의 분업은 여러 노동부문의 생산물이 매매됨으로써 이루어지고, 또 매뉴팩처 내의 여러 부분노동간의 연결은 갖가지 다른 노동력이 똑같은 자본가에게 구매되어 결합노동력으로 사용됨으로써 만들어진다. 매뉴팩처 분업은 한 자본가의 수중으로 생산수단이 집중되는 것을 전제로 하며, 사회적 분업은 서로 독립된 다수의 상품생산자들 사이에 생산수단이 분산되는 것을 전제로 한다. 매뉴팩처에서는 일정 수의 노동자무리를 일정한 기능들에 배치할 때 일정 비율의 철칙이 작용하지만, 상품생산자와 그들의 생산수단을 각 사회적 노동부문으로 배분하는 데서는 우연성과 자의성이 복잡하게 작용한다. 사실 각각의 생산영역은 끊임없이 서로 균형을 유지하려고 한다. 왜냐하면 한편으로는 각 상품생산자가 하나의 사용가치를 생산함으로써 하나의 특수한 사회적 욕망 M377을 충족시켜야 하지만 이 욕망의 크기는 양적으로 달라서 하나의 내적인 유대가 다양한 욕망을 하나의 자연발생적인 체계로 결합시키기 때문이고, 다른 한편으로는 사회가 자유로이 처분할 수 있는 전체 노동시간 가운데 얼마만큼씩을 각 특수한 상품종류의 생산에 지출할 수 있는가는 상품의 가치법칙에 따라 결정되기 때문이다. 그러나 다양한 생산영역이 끊임

든 나의 생산물이다'라고 말할 만한 건덕지가 이제 하나도 없는 것이다"(『자본의 요구에 대한 노동의 방어』, 런던, 1825, 25쪽). 이 탁월한 저서의 저자는 앞서 인용한 호지스킨이다.

58a) 제2판의 주: 사회적 분업과 매뉴팩처 분업 사이의 이러한 구별은 양키에 의하여 실천적으로 예증되었다. 미국 내전 중에 워싱턴에서 새로이 고안된 조세 가운데 하나는 '모든 공업생산물'에 부과되는 6%의 간접세였다. 질문: "공업생산물이란 무엇인가?" 입법자의 답변: 어떤 물건이 생산되는 것은 '그것이 만들어지는 때'이며 그것이 만들어지는 것은 판매될 수 있도록 완성되는 때이다. 많은 예 가운데서 하나를 들어보자. 뉴욕과 필라델피아의 우산 매뉴팩처들은 예전에는 부속품을 모두 직접 '만들었다'. 그런데 우산은 완전히 이질적인 구성 부분들의 합성체이기 때문에, 이들 구성 부분은 차차 서로 다른 장소에서 독립적으로 경영되는 여러 공장에서 따로 만들어지게 되었다. 이들 부분생산물은 각자 별개의 상품으로 우산 매뉴팩처에 납품되고 우산 매뉴팩처는 이제 그것들을 하나의 전체로 조립하는 작업만 수행한다. 양키들은 이런 종류의 제품을 '조립품'(assembled articles)이라고 불렀는데, 이 이름은 그것이 곧 조세의 집합장소이기도 했기 때문에 더욱 어울리는 것이었다. 이리하여 우산은 먼저 자신의 모든 부속품 가격에 대해 6%의 소비세를 '조립한 다음' 다시 자신의 총가격에 대하여 6%를 '조립하였다'.

없이 균형을 유지하려는 이 경향은 이 균형을 끊임없이 파괴하려는 데 대한 반동으로만 작용한다. 작업장 분업에서는 선험적으로(a priori) 그리고 계획적으로 준수되는 규칙이, 사회적 분업에서는 시장의 가격지수 변동을 통해서만 지각될 수 있고 상품생산자들의 아무런 규율 없는 자의성을 압도하는 내적이고 말없는 자연필연성으로서 경험적(a posteriori)으로만 작용한다. 매뉴팩처 분업은 자본가가 장악하고 있는 전체 메커니즘의 단지 구성원에 불과한 사람들에 대한 자본가의 무조건적인 권위를 전제로 한다. 반면 사회적 분업은 독립된 상품생산자들을 서로 대립시키는데, 이 상품생산자들은 경쟁이라는 권위〔즉 그들 상호 이해관계의 압박이 주는 강제〕이외에는 아무런 권위도 인정하지 않으며 이것은 마치 동물의 세계에서 만인에 대한 만인의 투쟁†104이 모든 종의 생존조건을 이루는 것과 같다. 그렇기 때문에 매뉴팩처 분업〔즉 세분화된 작업에 노동자를 평생동안 묶어두고 이늘 부분노동자를 자본의 통제 아래 무조건 예속시키는 것〕을 노동의 생산력을 높이는 노동조직이라고 찬미하는 부르주아적 의식은 또한 사회적 생산과정에 대한 일체의 의식적·사회적 통제나 규제를 개별 자본가의 불가침적인 소유권이자 자유〔그리고 자율적인 '독창성'〕에 대한 침해라고 목청 높여 비난한다. 공장제의 열광적인 옹호자들이 사회적 노동의 모든 일반적인 조직에 대해서 그것이 사회 전체를 하나의 공장으로 만들어버릴 것이라는 말 외에는 달리 그것을 비난할 줄 모른다는 것은 매우 특이한 일이다.

자본주의적 생산이 이루어지고 있는 사회에서는 사회적 분업의 무정부성과 매뉴팩처 분업의 전제성(專制性)이 서로를 전제로 하고 있다. 그러나 이와 반대로 여러 산업의 분화가 자연발생적으로 발전하여 정착된 다음 마침내 법적으로 고착화된 종전의 사회형태들은, 한편으로는 사회적 노동의 계획적이고 권위적인 조직의 모습을 나타내면서 다른 한편에서는 M378 작업장 내의 분업을 전적으로 배제하거나 또는 소규모로 산발적이고 우연적인 형태로만 발전시킨다.[59]

예를 들어 아직도 부분적으로 존속하고 있는 인도의 오랜 소공동체는
토지의 공유와 농업 및 수공업의 직접적 결합 그리고 고착화된 분업을 토
대로 하는데, 이 분업은 새로운 공동체의 건설에서 주어진 계획 및 설계도
로서의 역할을 하고 있다. 이들 공동체는 자급자족적인 생산단위
(Produktionsganze)를 형성하고 있으며 그 생산면적은 100에이커에서 수
천 에이커에 이르기까지 여러 가지가 있다. 생산물의 대부분은 공동체의
직접적인 자기 수요를 위해 생산되고 상품으로 생산되는 것이 아니다. 따
라서 생산 그 자체는 상품교환을 통해 매개되는 인도 사회 전체의 분업체
계와는 독립되어 있다. 생산물 가운데 잉여만 상품으로 전화하는데, 그것
조차 부분적으로는 까마득한 옛날부터 일정량의 생산물을 현물지대로 거
두어들이고 있는 국가의 손을 거쳐서 비로소 상품으로 전화한다. 인도에
서는 지방마다 공동체의 형태도 다르다. 가장 간단한 형태의 공동체는 토
지를 공동으로 경작하여 그 생산물을 성원들에게 분배하는 한편 각 가족
은 실잣기와 길쌈 따위를 가내부업으로 운영하고 있다. 이런 종류의 일을
하는 대중 말고도 재판관·경찰관·징세관을 혼자서 겸하는 '촌장', 농경
에 관한 계산을 담당하고 농경과 관련된 모든 것을 기록하는 서기, 범죄자
를 고발하고 외래 여행자를 경호하면서 한 마을에서 다른 마을로 안내하
는 제3의 관리, 이웃 공동체와 자기 공동체 간의 경계를 감시하는 경계 관
리인, 농경을 위해 공동저수지에서 물을 분배하는 용수 감시인, 종교적인
행사와 관련된 일을 수행하는 브라만, 공동체의 아동들에게 모래사장에
서 읽기와 쓰기를 가르치는 교사, 점성가로서 파종과 수확의 시기 및 모든
특수한 농경작업의 적절한 시기를 알려주는 역술 브라만, 농기구를 제조 M379
하고 수선하는 대장장이와 목수, 마을에 필요한 모든 도기를 만드는 도공,

---

59) "사회적 분업을 지배하는 권위가 적으면 적을수록 작업장 분업은 더욱더 발전하며 개별 노
동에 대한 권위도 그만큼 더 커진다는 것을 우리는 일반적 원칙으로 얘기할 수 있다. 그리하여
작업장 내의 권위와 사회 내의 권위는 분업과 관련하여 서로 반비례한다"(마르크스, 『철학의
빈곤』, 130·131쪽).

이발사, 옷을 세탁하는 세탁수, 은(銀) 세공사, 또 곳에 따라서는 시인 —
그는 어떤 공동체에서는 은 세공사를 겸하고 또 어떤 공동체에서는 교사
를 겸하고 있다 — 들이 있다. 10여 명이 넘는 이들은 공동체 전체의 비용
으로 유지된다. 인구가 늘어나면 기존의 공동체를 모방한 새로운 공동체
가 미경작지에 세워진다. 공동체의 생산 메커니즘은 계획적인 분업을 보
여주지만 매뉴팩처 분업은 불가능하다. 왜냐하면 대장장이나 목수 등에
대한 시장이 변하지 않으며, 부락의 크기가 클 경우에도 대장장이나 도공
은 기껏해야 1명에서 2~3명으로 늘어날 뿐이기 때문이다.[60) 공동체 노동
의 분할을 규제하는 법칙은 여기에서는 일종의 자연법칙과 같은 불가침
적 권위로 작용하는 한편, 대장장이 등과 같이 특수한 개별 수공업자는 전
통적인 방식에 따라 자립적인 방식으로 〔자신의 작업장 내에서는 그 어떤
권위도 인정하지 않고〕 자신의 전문영역에 속하는 온갖 작업을 수행한다.
늘 같은 형태로 재생산되고, 실령 우연히 붕괴된다 하더라도 같은 장소에
같은 이름으로 재건되는 이 자급자족적 공동체의 단순한 생산조직[61)]은
아시아 사회의 불변성 — 아시아 국가들의 부단한 흥망과 쉴새없는 왕조
의 교체와는 현저하게 대조를 이루는 — 의 비밀을 푸는 열쇠를 제공한다.
사회의 경제적 기본요소의 구조는 정치적 기상도의 폭풍우로부터 아무런
영향을 받지 않은 채 보존된다.

M380   이미 서술한 바와 같이 동직조합의 규칙은 한 사람의 장인이 고용할 수

---

60) 육군중령 윌크스(Mark Wilks), 『인도 남부의 역사적 개관』, 런던, 1810~1817, 제1권, 118~
   120쪽. 인도 공동체의 여러 형태를 잘 정리해놓은 글로는 캠벨(George Campbell), 『근대 인
   도』(런던, 1852)를 보면 된다.
61) "이 단순한 형태 아래에서 …… 이 나라의 주민들은 까마득한 옛날부터 살아왔다. 부락의
   경계는 좀처럼 변경되지 않았다. 그리고 부락 그 자체는 때때로 전쟁·기근·질병으로 재난을
   입고 황폐해지기도 하였으나 똑같은 이름과 똑같은 경계, 똑같은 이해관계 그리고 똑같은 가족
   을 유지하면서 오랜 세월 동안 지속되어왔다. 주민들은 왕국의 멸망이나 분할에는 조금도 개의
   치 않는다. 부락이 온전한 상태로 유지되는 한 그들의 부락이 어떤 권력에 넘어가든 또 어떤 군
   주에게 귀속되든 그들은 관심을 두지 않는다. 부락의 내부 경제는 변함없이 그대로 유지된다"
   (전〔前〕 자바 부총독 래플스〔Th. Stamfort Raffles〕, 『자바의 역사』, 런던, 1817, 제1권, 285쪽).

있는 직인의 수를 극도로 제한함으로써 장인이 자본가로 전화하는 것을
계획적으로 가로막았다. 또 장인은 각자가 속해 있는 특정 수공업에서만
직인을 고용할 수 있었다. 동직조합은 자신과 대립하는 단 하나의 자유로
운 자본형태인 상인자본의 모든 공격에 강력하게 대항하였다. 상인은 모
든 상품을 구입할 수 있었지만 오로지 노동만은 상품으로 구입할 수 없었
다. 그는 단지 수공업 생산물의 판매자로서만 용인되었다. 외부의 조건들
이 분업을 한 걸음 더 진보시키면 기존의 동직조합이 더욱 세분화된 형태
로 분열되든가 아니면 새로운 동직조합이 기존의 동직조합 옆에 나란히
설립되었지만 각기 다른 수공업이 한 작업장으로 합병되지는 않았다. 따
라서 동직조합 조직 내에서 이루어지는 직종별 특화나 분리 또는 형성이
모두 매뉴팩처 시대의 물적 존재조건에 속하는 것이긴 하지만 매뉴팩처
분업은 거기에서 철저하게 배제되었다. 대체로 노동자와 그의 생산수단
은 달팽이와 달팽이집 사이의 관계처럼 서로 결합되어 있었으며, 따라서
매뉴팩처의 1차적 토대〔즉 노동자에 대립하는 자본으로서의 생산수단의
자립화〕는 결여되어 있었다.

한 사회 전체의 분업은 그것이 상품교환을 통해 매개되든 매개되지 않
든 매우 다양한 경제적 사회구성체 어디에서나 볼 수 있는 것이지만, 매뉴
팩처 분업은 전적으로 자본주의적 생산양식에서만 볼 수 있는 특수한 창
조물이다.

제5절 매뉴팩처의 자본주의적 성격

동일한 자본의 지휘를 받는 노동자 수의 증가는 협업 일반과 마찬가지
로 매뉴팩처에서도 그 자연발생적인 출발점이 된다. 또 거꾸로 매뉴팩처
분업은 이 사용되는 노동자 수를 기술적 필요에 따라 증가시킨다. 이제 개
별 자본가가 사용해야 하는 최소 노동자 수는 현재의 분업체계에 따라 정

해진다. 다른 한편, 더욱 진전된 분업의 이익은 노동자 수의 증가를 통해서[그것도 몇 곱절의 증가를 통해서] 결정된다. 그러나 자본의 가변적 구성 부분과 더불어 불변적 구성 부분 또한 증가되어야만 한다. 즉 건물이나 화로 등과 같은 공동 생산조건의 규모와 함께, 원료도 노동자 수의 증가보다 훨씬 빠르게 증가하지 않으면 안 된다. 주어진 시간 동안 주어진 노동량에 따라 소모되는 원료의 양은 분업의 결과 노동생산력이 증가하는 것과 같은 비율로 증가한다. 그래서 개별 자본가의 수중에 있어야 할 최소자본의 크기가 증가하고 또 사회적 생활수단과 생산수단이 점점 더 많이 자본으로 전화해가는 것은 매뉴팩처의 기술적 성격이 만들어내는 하나의 법칙이다.[62]

기능을 발휘하는 작업조직체는 단순협업에서와 마찬가지로 매뉴팩처에서도 자본의 한 존재형태이다. 다수의 개별 부분노동자로 구성되어 있는 사회적 생산 메커니즘은 자본가에게 속해 있다. 따라서 갖가지 노동의 결합에서 생겨나는 생산력은 자본의 생산력으로 나타난다. 매뉴팩처는 이전의 자립적인 노동자를 자본의 지휘와 규율에 종속시킬 뿐만 아니라 노동자 자신들 사이에서도 하나의 위계적 구조를 만들어낸다. 단순협업은 각 개인의 노동양식을 거의 변화시키지 않지만 매뉴팩처는 그것을 근본적으로 변혁하고 개별적 노동력을 근원적으로 장악한다. 라플라타(La Plata: 아르헨티나와 우르과이의 국경을 이루는 강 이름—옮긴이) 유역 지방에서 동물의 모피와 지방을 얻기 위하여 동물을 통째로 도살하는 것과 마찬가지로, 매뉴팩처는 노동자의 전반적 생산능력과 그 소질의 세계를 억압

---

62) "수공업의 세분화에 필요한 자본(수공업의 세분화에 필요한 생활수단과 생산수단이라고 해야 할 것이다)이 사회 내에 존재하는 것만으로는 충분하지 않다. 거기에 다시 대규모로 작업할 수 있을 만큼의 충분한 자본이 기업가의 수중에 축적되어 있을 필요가 있다. …… 분업이 발달하면 할수록 같은 수의 노동자를 끊임없이 사용하기 위해 도구나 원료 따위에 더 많은 자본이 계속 필요하다"(슈토르흐, 『경제학 강의』, 250·251쪽). "마치 정치의 영역에서 공적 권력의 집중과 사적 이해관계의 분열이 서로 떼어놓을 수 없는 관계인 것처럼 생산수단의 집중과 분업도 서로 불가분의 관계이다"(마르크스, 앞의 책, 134쪽).

하고 단지 노동자의 일면적 기능만을 집중적으로 육성함으로써 노동자를 하나의 기형적인 불구로 만들어버린다. 각각의 특수한 부분노동이 각 개인들 사이에 분배될 뿐 아니라 개인 그 자체가 분할되어 하나의 부분노동의 자동장치로 전화하며,[63] 그리하여 인간을 그 자신의 신체의 단순한 한 조각으로 묘사한 메네니우스 아그리파의 우화[†105]가 현실이 된다.[64] 원래 노동자에게는 상품의 생산에 필요한 물적 수단이 없었기 때문에 그가 자신의 노동력을 자본에게 판매하지 않는 한 그의 노동력은 아무런 쓸모가 없었다. 그것은 판매되고 나서야 비로소 만들어진 관계를 통해 이제 자본가의 작업장 안에서 기능을 수행한다. 매뉴팩처 노동자는 자신의 자연적 속성을 박탈당하여 어떤 자립적인 것도 만들 수 없게 되었으며, 이제 자본가의 작업장 부속물로서만 생산적인 활동을 전개하게 된다.[65] 여호와에게 선택받은 민족의 이마에 그가 여호와의 소유물이라고 씌어 있는 것과 마찬가지로, 분업은 매뉴팩처 노동자에게 그가 자본의 소유물임을 표시하는 낙인을 찍는다.

미개인이 모든 전쟁기술을 개인의 책략으로만 수행하는 것과 마찬가지로 자립적인 농민이나 수공업자가 비록 소규모로나마 발휘하는 지식과 통찰력 그리고 의지는, 이제 작업장 전체를 위해서만 필요하다. 생산에 대한 정신적 능력이 많은 방면에서 소멸되고 그 때문에 한 방면에서는 그것이 오히려 확대된다. 부분노동자들이 잃어버린 것은 그들과 대립되는 자

M382

---

63) 스튜어트는 매뉴팩처 노동자들을 "부분노동에 사용되는 …… 살아 있는 자동장치"라고 일컫는다(듀걸드 스튜어트, 『경제학 강의』, 318쪽).

64) 산호의 경우, 각 개체는 실제로 전체 덩어리를 위한 위(胃)를 이루고 있다. 그러나 그것은 로마의 귀족들처럼 전체 덩어리에서 영양분을 가져가는 것이 아니라, 그 영양분을 전체 덩어리에 공급한다.

65) "하나의 수공업 전체에 숙달된 노동자는 어니에서는 일할 수 있으며 자신의 생계수단을 찾아낼 수 있다. 그러나 다른 노동자(매뉴팩처 노동자)들은 하나의 부속물에 지나지 않으며, 자기 작업동료들에게서 분리되면 아무런 능력과 독립성도 갖지 못한다. 따라서 그들은 자신에게 부과되는 것이 옳다고 생각되는 법칙에 따르지 않을 수 없게 된다"(슈토르흐, 앞의 책, 페테르부르크판, 1815, 제1권, 204쪽).

본에서 집적된다.[66] 부분노동자들에게 물적 생산과정의 정신적 능력들이 타인의 소유로〔또 자신들을 지배하는 권력으로〕나타나는 것은 매뉴팩처 분업이 만들어낸 하나의 산물이다. 이 분리과정은 각 노동자들에 대해 자본가가 사회적 노동조직체의 통일성과 의지를 대변하는 단순협업에서 시작되어, 노동자를 부분노동자로서 불구로 만드는 매뉴팩처를 통해 더욱 발전하며, 과학을 자립적인 생산능력으로서 노동에서 분리시켜 자본에 봉사하게끔 만드는 대공업에서 완성된다.[67]

M383 매뉴팩처에서 총노동자〔따라서 자본〕의 사회적 생산력이 증가하는 것은 노동자의 개별 생산력이 감소하는 것을 그 조건으로 한다.

무지는 그것이 미신의 어머니인 것과 마찬가지로 근로의 어머니이기도 하다. 반성이나 상상력은 오류에 빠지기 쉽다. 그러나 손발을 움직이는 습관은 이 둘 가운데 어떤 것과도 상관 없다. 그리므로 매뉴팩처는 사람이 정신을 적게 쓸 때, 즉 작업장이 인간을 그 부품으로 하는 하나의 기계로 간주될 수 있을 때 가장 번창한다.[68]

사실 18세기 중엽, 매뉴팩처들 중에는 몇몇 단순한 작업에 백치나 다름없는 노동자들을 즐겨 사용하는 곳들이 있었는데 이것은 그 공장들에서 일종의 비밀을 이루고 있었다.[69]

애덤 스미스는 다음과 같이 말하고 있다.

---

66) "전자는 후자가 잃은 것을 획득하였을 것이다"(퍼거슨, 앞의 책, 281쪽).

67) "학식의 소유자와 생산적 노동자는 서로 완전히 분리되어 있다. 그리고 과학은 노동자의 수중에서 노동자를 위하여 그의 생산력을 증가시켜주기는커녕 거의 모든 곳에서 노동자와 대립한다. …… 지식은 노동에서 분리되어 그와 대립하는 하나의 도구가 된다"(톰프슨〔W. Thompson〕, 『부의 분배원리에 대한 연구』, 런던, 1824, 274쪽).

68) 퍼거슨, 앞의 책, 280쪽.

69) 터켓(J. D. Tuckett), 『노동인구의 과거와 현재 상태에 관한 역사』, 런던, 1846, 제1권, 148쪽.

대다수 인간의 정신은 필연적으로 그들의 일상적인 작업을 통해 발전한
다. 사소한 단순작업들을 수행하는 데 자신의 전 생애를 보내는 인간은
…… 자신의 오성(悟性)을 사용할 기회가 없다. …… 대체로 그는 한 인간
으로서 더할 나위 없이 우둔하고 무지해진다.

스미스는 부분노동자의 우둔함을 묘사한 뒤 다음과 같이 계속한다.

그의 정체된 생활의 단조로움은 당연히 그의 정신적인 용기마저 꺾어버
린다. …… 그것은 그의 육체적 에너지까지도 파괴하여 그가 자신이 참여
하고 있는 세부작업 이외에는 어디에서도 힘을 활력있게 지속적으로 사용
할 수 없게 만든다. 이리하여 특정 직종에서 그가 발휘하는 기능은 그의 지
적·사회적·도전적 자질을 희생시켜 획득한 것처럼 보인다. 그런데 모든
산업화된 문명사회에서는 이것이야말로 노동빈민〔즉 국민 대다수〕이 필연
적으로 처하게 되는 상태이다.[70]

분업 때문에 국민 대중이 완전히 위축되지 않도록 하기 위하여 스미스
는 — 비록 신중하게 극소 부분으로 한정하고는 있지만 — 국가에 의한 국
민교육을 추천한다. 스미스 저서의 프랑스어 번역자이자 주석자인 가르
니에(G. Garnier) — 그는 프랑스 제1제정 시기에 자연스럽게 가면을 벗고
상원의원이 되었다 — 는 이에 대하여 철저히 반대하고 있다. 그에 따르면
국민교육은 분업의 제1법칙에 반하는 것으로, 그것이 시행될 경우 "우리

---

70) 애덤 스미스, 『국부론』, 제5편, 제1장, 제2절. 일찍이 분업의 해로운 결과를 개진했던 퍼거
슨의 제자로서, 스미스는 이 점에 관해 아주 분명했다. 자신의 저작 첫머리에서 스미스는 분업
을 의도적으로 찬미하는데, 거기에서 그는 그저 지나가는 말로만 분업이 사회적 불평등의 근원
이라고 시사했을 뿐이다. 국가 세입에 관한 제5편에 이르러서야 비로소 그는 퍼거슨을 되살려
놓고 있다. 나는 『철학의 빈곤』에서 분업의 비판과 관련해 퍼거슨·스미스·르몽테(Lemontey)
그리고 세이(Say) 사이의 역사적인 관계에 유의할 필요가 있다는 점을 제기했으며, 또 거기에
서 처음으로 매뉴팩처 분업이 자본주의적 생산양식의 특수한 형태라고 서술하였다(마르크스,
앞의 책, 122쪽 이하).

의 사회제도 전체가 엉망이 된다"는 것이었다. 그는 다음과 같이 말하고 있다.

> 다른 모든 분업과 마찬가지로 육체노동과 정신노동의 분업[71]도 사회(그는 이 말을 틀림없이 자본과 토지 소유 및 이 양자의 국가라는 의미로 사용하고 있다)가 부유해짐에 따라 점점 더 명료해지고 결정적인 것이 된다. 다른 모든 것과 마찬가지로 이 분업도 과거의 진보의 결과이며 미래의 진보의 원인이다. …… 그런데도 정부가 이 분업을 방해하고 그것의 자연스러운 발전을 저지해도 좋단 말인가? 정부가 분업을 향해 나아가는 두 종류의 노동을 한데 뒤섞어버리는 일에 국가의 세입 가운데 일부를 사용해도 좋단 말인가?[72]

정신적 · 육체적 불구 가운데 상당수는 사회 전체의 분업과 불가분의 관계가 있다. 그러나 매뉴팩처 시대는 노동부문들의 이러한 사회적 분할을 더욱더 촉진시키는 한편 그 시대 특유의 분업을 통해 처음으로 개인을 그 생명의 근원부터 장악하기 때문에, 그 시대는 또 처음으로 산업병리학[73]을 위한 소재와 유인을 제공한다.

---

71) 퍼거슨은 이미 『시민사회의 역사』, 281쪽에서 이렇게 말하고 있다. "생각한다는 것 자체가 이런 분업시대에는 하나의 특수한 직업이 될 수 있다."

72) 가르니에, 자신의 『국부론』 프랑스어 번역본, 제5권, 4~5쪽.

73) 파도바의 임상의학 교수 라마치니는 1713년 『수공업자의 질병에 대하여』를 출판했는데, 이것은 1777년 프랑스어로 번역되었으며 다시 1841년 『의학백과전서. 제7부, 고전적 저술가편』에 수록되었다. 대공업시대는 당연히 노동자 질병의 목록을 크게 증가시켰다. 이에 관해서는 특히 퐁트레(A. L. Fonteret) 박사의 『대도시 노동자의 육체적 · 정신적 상태 —특히 리옹의 경우』(파리, 1858)와 로하치(R. H. Rohatzsch)가 편집한 『각종 신분 · 연령과 성별에 따른 특유의 질병』(전 6권, 울름, 1840)을 참고할 만하다. 1854년에는 기술협회[†106]가 산업질병에 관한 조사위원회를 구성하였다. 이 위원회가 수집한 문서들에 관한 목록은 '트위크넘 경제박물관'의 목록 안에 있다. 정부의 『공중위생 보고서』도 매우 중요하다. 또 의학박사 에두아르트 라이히의 『인류의 퇴화에 관하여』(에를랑겐, 1868)도 참고할 만하다.

한 사람을 세분한다는 것은 곧 그가 죽을 죄를 지어서 사형에 처하는 것과 같고 그렇지 않다면 그를 암살하는 것과 마찬가지이다. 노동을 세분화하는 것은 국민에 대한 암살이다.[74]

분배에 기초한 협업〔즉 매뉴팩처〕은 처음에는 하나의 자연발생적인 산물이었다. 그 현존재가 어느 정도 자리를 잡고 약간의 범위로 확대되자마자 그것은 곧바로 자본주의적 생산양식의 의식적이고 계획적이며 조직적인 형태가 된다. 매뉴팩처의 역사가 보여주는 바와 같이 매뉴팩처 특유의 분업은 처음에는 경험에 따라〔말하자면 당사자들의 배후에서〕 적합한 형태를 획득한다. 그러나 그뒤에는 동직조합 수공업과 마찬가지로 일단 획득된 형태를 전통으로 고수하려고 하며, 몇몇 경우에는 실제로 몇 세기 동안이나 고수하기도 한다. 만약 이 형태가 변화한다면, 지엽적인 것을 무시할 경우, 그것은 늘 작업도구의 혁명의 결과일 뿐이다. 근대적 매뉴팩처—이것은 기계에 기초한 대공업을 말하는 것이 아니다—는 어떤 때에는 예를 들어 의류 매뉴팩처처럼 그것이 발생한 대도시들에서 벌써 완성된 모습을 갖추고 흩어져 있는 자신의 사지[108]를 단지 한 군데로 모으기만 하면 된다. 그리고 또 어떤 경우에는 수공업적 생산의 갖가지 작업을 (예를 들어 제본작업의 경우처럼) 그냥 특정 노동자들에게 전담시킴으로써 분업의 원리를 쉽게 적용할 수도 있다. 이럴 때 각 기능에 필요한 노동자 수의 비율을 찾아내는 데에는 일주일도 채 걸리지 않았다.[75]

---

74) "To subdivide a man is to execute him, if he deserves the sentence, to assassinate him, if he does not …… the subdivision of labour is the assassination of a people" (어커트〔D. Urquhart〕, 『상용어』, 런던, 1855, 119쪽). 헤겔은 분업에 관하여 매우 이단적인 견해를 가지고 있었다. 그는 『법철학』에서 "교양을 갖추었다는 것은 다른 사람이 하는 것은 모두 할 수 있다는 것으로 이해할 수 있다"고 말하였다. [107]

75) 분업의 발명에서 개개의 자본가들이 선천적인 천재성을 발휘한다는 호의적인 믿음은 이제는 단지 독일 교수들 사이에서만 찾아볼 수 있다. 예를 들어 로셔 같은 사람은 분업이 자본가의 전능한 두뇌에서 만들어져 나온다고 하면서 그 보답으로 '다양한 임금들'을 자본가에게 바치고 있다. 그러나 분업이 적용되는 범위는 지갑의 크기에 달려 있는 것이지 천재성의 크기에 달

 매뉴팩처 분업은 수공업적 활동을 분해하고 작업도구를 전문화하며 부분노동자를 만들어내어, 이들을 하나의 전체 메커니즘 속에서 분류하고 조합해냄으로써 사회적 생산과정의 질적 편제와 양적 비율을 창조하고 따라서 일정한 사회적 노동조직을 창조하며, 또 그럼으로써 동시에 노동의 새로운 사회적 생산력을 발전시킨다. 사회적 생산과정의 특수한 자본주의적 형태로서—그것은 기존의 토대 위에서는 자본주의적인 형태로밖에 발전할 수 없었다—매뉴팩처 분업은 상대적 잉여가치를 만들어내기 위한 방법〔즉 노동자를 희생시켜 자본—사회적 부 또는 '국부' 등으로 불리는 것—의 자기증식을 높이기 위한 하나의 특수한 방법〕에 지나지 않는다. 그것이 노동의 사회적 생산력을 발전시키는 것은 노동자를 위한 것이 아니라 자본가를 위한 것이며, 더구나 그것은 개별 노동자의 불구화를 통해서 이루어진다. 그것은 노동에 대한 자본의 지배를 위한 새로운 조건을 만들어낸다. 따라서 그것은 한편에서는 역사적 진보로〔즉 사회의 경제적 형성과정에 필연적인 발전계기로〕 나타나지만, 다른 한편에서는 문명화되고 세련된 착취의 수단으로 나타난다.

매뉴팩처 시대에 와서야 독자적인 학문으로 출현한 경제학은 사회적 분업 일반을 오로지 매뉴팩처 분업의 시각에서만 고찰한다.[76] 즉 그것을 같은 양의 노동으로 더 많은 상품을 생산하기 위한 수단〔따라서 상품가격을 낮추고 자본의 축적을 촉진하기 위한 수단〕으로만 간주한다. 이들이 이처럼 양적인 측면과 교환가치를 강조하는 것과는 정반대로 고전적 고 대의 저술가들은 오직 질적인 측면과 사용가치에만 집착한다.[77] 갖가지

려 있는 것이 아니다.

76) 이전의 저술가들, 즉 윌리엄 페티나 『동인도 무역이 영국에 가져다주는 이익』의 익명의 저자 등이 스미스보다 매뉴팩처 분업의 자본주의적 성격에 대해 더 분명하게 얘기하고 있다.

77) 베카리아(Beccaria)나 해리스(James Harris) 같은 18세기의 몇몇 저술가들은 예외에 속하는데, 이들은 분업에 관해서는 거의 전적으로 고대인들의 말을 따르고 있다. 베카리아는 이렇게 말한다. "손과 머리를 언제나 같은 종류의 노동과 생산물에 사용하면 각 개인은 자기가 필요한 것을 스스로 생산할 때보다 더 쉽고 풍부하고 질 높게 생산하리라는 것을 누구나 자기의 경험

사회적 생산부문들을 분할한 결과, 모든 상품은 더욱 질 높게 생산되고 인간들은 각자의 다양한 성향과 재능에 따라 자신에게 맞는 활동영역을 선택하게 되며[78] 별다른 제약이 없다면 어디에서든 상당한 성과를 거둘 수 있게 된다.[79] 그리하여 분업을 통해 생산물과 생산자는 더 나아진다. 때때로 생산물의 양적 증가가 언급되기도 하지만 그것은 사용가치가 좀더 풍족해지는 것과 관련될 경우뿐이다. 교환가치와 상품가격의 하락은 전혀 고려되고 있지 않다. 이러한 사용가치적 시각은 분업을 신분의 사회적 분할의 기초로 간주하는 플라톤[80]에게서나 또는 이미 작업장 내 분업에 M388

을 통해 잘 알고 있다. …… 이러한 방식으로 인간은 공공의 편익과 자신의 이익을 위해 다양한 계급과 신분으로 분할된다"(베카리아〔Cesare Beccaria〕, 『사회경제 원리』, 쿠스토디 엮음, 근대편, 제11권, 28쪽). 페테르부르크 대사 시절의 『일기』로 유명한—나중에 맘스버리 백작이 되었다—제임스 해리스는 『행복에 관한 대화』, 런던, 1741[†109]—나중에 『세 논문』, 개정 제3판, 런던, 1772에 재수록되었다—의 주에서 다음과 같이 말하고 있다. "사회가 자연적이라는 것(즉 직업의 분할에 따라)을 증명하기 위한 모든 논거는 플라톤의 『국가론』 제2권에서 빌려왔다."

78) 『오디세이』, 제14장, 제228절에서는 "사람이 다르면 좋아하는 일도 다르다"고 씌어 있고, 아르킬로쿠스는 섹스투스 엠피리쿠스의 저서에서 "사람들은 각자 서로 다른 일에서 활력을 보인다." [†110]

79) "아무것이나 할 수 있는 사람은 무엇이든 잘 못한다." 아테네인들은 자신들이 상품생산자로서는 스파르타인들보다 우수하다고 느끼고 있었다. 왜냐하면 스파르타인들은 전쟁에서 인간들은 잘 다룰 수 있었지만 화폐는 잘 다룰 수 없었기 때문이다. 이는 투키디데스가 페리클레스에게 펠로폰네소스 전쟁을 위해 아테네인들을 독려하는 연설에서 다음과 같이 말하도록 한 데서 드러난다. "경제를 자급자족적으로 운영하는 자는 화폐보다는 자신의 육체로 전쟁을 수행하려 한다"(투키디데스, 『펠레폰네소스 전쟁사』 제1권, 제141장). 그러나 아테네인들의 이상은 물적 생산에서는 분업에 대립되는 자급자족이었다. "왜냐하면 분업이 있는 곳에서는 부가 있었지만 자급자족에서는 독립도 있기 때문이다." 여기서 깊이 고려해야 할 점은 30인 참주[†111]가 몰락할 당시 아테네인 가운데 토지를 소유하지 않은 사람은 5,000명도 채 되지 않았다는 사실이다.

80) 플라톤(Plato)은 공동체 내부의 분업을 각 개인의 욕망의 다면성과 소질의 일면성에 기초하여 설명한다. 그의 주요 관점은 노동자가 일에 맞추어야지 일을 노동자에게 맞추어서는—이것은 노동자가 여러 가지 기술을 동시에 가지고 있어서 그 여러 가지 기술을 부업으로 영위할 경우에 불가피할 것이다—안 된다는 것이다. "왜냐하면 일은 그 일을 하는 사람에게 시간이 나기를 기다리지 않으며, 또한 노동자는 가벼운 방식으로 일을 해서는 안 되고 일을 할 때는 진지하게 달라붙어야만 하기 때문이다(이것은 반드시 필요하다). 그리하여 결론적으로 말하자면 한 사람이 다른 업무에서 해방되어 자신의 타고난 자질에 따라 적절한 시기에 하나의 물건만을 만든다면 우리는 더 많은 물건을 더 훌륭하고 용이하게 만들어낼 수 있을 것이다"(『국가

제12장 분업과 매뉴팩처　501

대하여 그 특유의 부르주아적 본능을 가지고 접근하는 크세노폰
(Xenophon)[81]에게서도 지배적으로 나타난다. 플라톤의 공화국[†112]은, 그
속에서 분업이 국가의 형성 원리로 전개되는 한 이집트적 카스트 제도의
아테네적 이상화에 지나지 않는다. 이집트는 그 시대의 다른 사람들, 예를
들어 이소크라테스[82]에게서도 산업적인 면에서 모범국으로 인정받았으

론』, 제2부, 제2판, 바이터〔Baiter〕·오렐리〔Orelli〕 외 엮음). 투키디데스, 앞의 책, 제142장에도
이와 비슷한 글이 있다. "항해술도 다른 일과 마찬가지로 하나의 기술이며 어떤 경우에도 부업
으로 경영될 수는 없다. 또한 그것은 다른 어떤 것과 함께 부업으로 병존할 수도 없다." 플라톤
은 이렇게 말한다. 만약 일이 노동자를 기다려야 한다면 종종 생산의 결정적인 시점을 놓치게
되어 생산물은 부패해버리고 '일하기에 적합한 시기를 잃게 된다'. 플라톤의 이런 생각과 똑
같은 생각을, 모든 노동자들에게 일정한 식사시간을 제공하도록 규정해놓은 공장법 조항에 반
대한 영국 표백공장 소유주들의 항의 속에서 우리는 다시 발견할 수 있다. 즉 그들은 자신들의
사업을 노동자들의 형편에 맞출 수는 없다고 주장한다. 왜냐하면 "건조·세탁·표백·윤내기·
다림질 및 염색이라는 갖가지 작업 가운데 아무런 손해 없이 특정 순간에 중지될 수 있는 것은
하나도 없기 때문이다. …… 또한 모든 노동자들을 위하여 똑같은 식사시간을 강제한다면 이
는 가끔씩 노동과정을 끝냈시 못하게 힘으로써 거중한 재화를 위험에 빠뜨릴 것"이기 때문이
다. 플라톤주의는 도대체 어디에 가 버렸단 말인가!

81) 크세노폰(Xenophon)은 페르시아 왕의 식탁에서 음식을 먹는다면, 이는 명예스러운 일일
뿐만 아니라 음식도 다른 곳에서 먹을 때보다 훨씬 맛있을 것이라고 말한다. "그리고 이것은
전혀 놀라운 일이 아니다. 왜냐하면 몇몇 기술이 특히 대도시에서만 완벽한 수준을 보이는 것
과 마찬가지로 왕의 음식도 역시 아주 특별하게 준비될 것이기 때문이다. 소도시에서는 한 사
람이 침대와 문·쟁기·책상을 모두 만들고 때로는 그밖에 집도 짓는 수가 있는데, 그런 방식
으로 그는 자신의 생계를 유지하는 데 충분한 고객을 발견하기만 하면 그것으로 만족해한다.
이렇게 여러 가지 일을 하는 사람이 그 모든 것을 다 잘한다는 일은 절대 있을 수 없다. 그러나
각 개인이 다수의 구매자를 발견할 수 있는 대도시에서는 하나의 수공업만으로도 생활을 유지
하기에 충분하다. 아니, 하나의 수공업 전체를 한꺼번에 할 필요가 없을 때도 흔히 있다. 즉 어
떤 사람은 남자용 구두를 만들고 다른 사람은 여자용 구두를 만들며, 때때로 어떤 사람은 구두
를 깁기만 하고 또 어떤 사람은 구두를 재단하기만 하며, 한 사람은 의류를 재단하기만 하고 다
른 한 사람은 조각을 깁기만 하기도 하면서 생활을 영위해나갈 수 있다. 이제 가장 단순한 노동
을 수행하는 사람이 무조건 최고로 일을 잘하리라는 것은 당연한 일이다. 요리기술에서도 이
것은 꼭 마찬가지이다"(크세노폰, 『큐로피디아』 제8권, 제2장). 크세노폰은 이미 분업의 규모
가 시장의 크기에 달려 있다는 것을 알고 있었지만, 여기에서 그가 주목하고 있는 것은 단지 소
기의 사용가치뿐이다.

82) "그(부시리스)는 모든 사람을 특수한 카스트로 분할하고 …… 각자가 항상 같은 업무에만
종사하도록 명령하였다. 왜냐하면 그는 자기 일을 자꾸 바꾸는 사람들은 어떤 업무에도 정통
할 수 없으며, 늘 같은 일을 하는 사람은 어떤 것이든 가장 완벽하게 해낼 수 있다는 것을 알았
기 때문이다. 실제로 기술과 작업에 관해서 이집트인들은 장인과 초보자의 차이만큼이나 자신
들의 경쟁국들을 앞지르고 있었으며, 또한 왕정이나 다른 국가제도를 유지시키는 장치에서도

며 로마 제정 시대의 그리스인들에게서도 그렇게 인정받았다.[83]

매뉴팩처 시대〔즉 매뉴팩처가 자본주의적 생산양식의 지배적 형태인 시대〕에는 매뉴팩처의 독자적인 경향이 충분히 발달하기에는 여러 측면에서 갖가지 장애물이 있었다. 우리가 이미 살펴보았듯이 매뉴팩처가 노동자 사이의 위계적 편제를 만들어내고 또한 숙련노동자와 비숙련노동자 사이의 단순한 구분을 만들어낸다 해도, 숙련노동자의 압도적인 우위로 말미암아 비숙련노동자의 수는 여전히 매우 제한되어 있었다. 매뉴팩처가 자신의 살아 있는 작업도구들의 성숙도나 힘 그리고 그 발달수준에 맞추어 여러 특수작업을 만들어내고 그에 따라 여성 또는 아동의 생산적 착취를 촉진시킨다 하더라도, 이 경향은 대체로 관습이나 남성노동자의 저항에 부딪쳐 좌절되기 일쑤였다. 수공업적 활동의 분해가 노동자의 훈련비용을 줄이고 따라서 노동자의 가치를 저하시킨다고는 하지만, 비교적 어려운 세부노동에는 더 오랜 기간의 훈련이 필요하였고, 이런 훈련기간이 지나치게 길 때도 노동자들은 강력하게 이를 지켜내었다. 예를 들어 우리는 영국에서 7년의 훈련기간을 규정한 도제법이 매뉴팩처 시대 말기까지도 전적으로 살아 있었으며 대공업이 들어서고 나서야 비로소 폐기되었음을 보게 된다. 수공업적 숙련은 여전히 매뉴팩처의 토대였으며, 매뉴팩처를 통해서 기능을 발휘하는 전체 메커니즘도 노동자에게서 완전히 독립된 객관적 골격을 전혀 갖지 않았기 때문에 자본은 끊임없이 노동자의 불복종과 싸웠다. 자본가들의 친구 유어는 이렇게 외치고 있다.

인간 본성의 약점으로 말미암아 노동자는 숙련이 높아질수록 점점 더 제멋대로 되고 다루기 어려워진다. 따라서 전체 메커니즘은 그의 발광적인

매우 탁월하여 이 주제를 다루고자 했던 유명한 철학자들은 이집트의 국가제도를 가장 뛰어난 것으로 칭찬해마지 않았다는 사실을 우리는 알게 될 것이다" (이소크라테스〔Isokrates〕, 『부시리스』〔Busiris〕, 제8장).

83) 디오도로스 시켈루스를 참조하라.

변덕에 의해 심각한 손해를 입게 된다.[84]

 그래서 매뉴팩처 시대 전체에 걸쳐 노동자에게 규율이 부족하다는 데
대한 불평이 끊이지 않았다.[85] 그리고 그 시대 저술가들의 증언은 없지
만, 16세기부터 대공업시대에 이르기까지 자본이 매뉴팩처 노동자에게서
이용할 수 있는 모든 노동시간을 자신의 것으로 만드는 데 실패했다든가
또는 매뉴팩처는 단명했으며 노동자의 유입과 유출에 따라 한 지방에서
다른 지방으로 소재지를 옮겨간다든가 하는 사실들에 관한 얘기는 도서
관을 가득 메우고 있다. 여러 번 인용된 『산업과 상업에 관한 에세이』의
저자는 1770년 "어떻게 해서든 질서가 확립되지 않으면 안 된다"고 외치
고 있다. "질서", 그것은 66년 뒤 앤드루 유어 박사의 입을 통해 다음과 같
이 메아리쳤다. "분업이라는 스콜라적 독단"에 기초한 매뉴팩처에는 없던
그 "질서"가 바로 "아크라이트(Arkwright)에 의해서 비로소 창조되었다."

매뉴팩처는 사회적 생산을 모든 범위에 걸쳐 장악할 수도 없었으며 그
것을 근저에서부터 변혁시킬 수도 없었다. 매뉴팩처는 도시의 수공업과
농촌의 가내공업이라는 넓은 기초 위에 경제적 작품으로 우뚝 솟아 있었
다. 매뉴팩처 자신의 협소한 기술적 기초는 그것이 일정한 발전수준에 도
달하자 매뉴팩처 자신에 의하여 창출된 생산의 요구들과 모순에 부딪쳤다.

매뉴팩처가 만든 가장 완성된 성과물 가운데 하나는 노동용구를 생산
하기 위한 작업장, 특히 벌써 사용되고 있던 복잡한 기계적 장치를 생산하
기 위한 작업장이었다. 유어는 다음과 같이 말한다.

이런 작업장은 다양한 수준의 분업을 보여주고 있었다. 송곳·끌·선반
은 각각 숙련수준에 따라 위계적으로 편성된 자신들만의 노동자를 갖고 있

---

84) 유어, 『공장철학』, 20쪽.
85) 이 말은 프랑스보다 영국에, 네덜란드보다 프랑스에 훨씬 더 타당하다.

었다.[113]

매뉴팩처 분업의 산물인 이 작업장이 생산한 것은 바로 기계였다. 기계는 사회적 생산의 규제적 원리였던 수공업적 활동을 폐기한다. 그리하여 한편에서는 노동자를 부분적 기능에 평생토록 결박시키는 기술적 토대가 제거되고, 다른 한편에서는 바로 그 원리가 자본의 지배에 대하여 부과하고 있던 제약들도 사라진다.

기계와 대공업

제1절 기계의 발달

M391 존 스튜어트 밀(John Stuart Mill)은 자신의 저서 『경제학 원리』에서 다음과 같이 말하고 있다.

지금까지 이루어진 모든 기계의 발명이 과연 인간의 일상적인 노고를 덜어준 것인지 참으로 의문스럽다.[86]

그러나 자본주의적으로 사용되는 기계의 목적은 결코 그런 것이 아니다. 다른 모든 노동생산력의 발전과 똑같이 기계는 상품가격을 낮추는 것이며, 노동일 가운데 노동자가 자신을 위해 필요로 하는 부분을 단축하여

---

86) "It is questionable, if all the mechanical inventions yet made have lightened the day's toil of any human being." 밀은 "다른 사람의 노동으로 살아가지 않는 인간의"(of any human being not fed by other people's labour)라고 말했어야 했다. 왜냐하면 기계가 팔자 좋은 게으름뱅이의 수만 잔뜩 늘려놓았다는 것은 논란의 여지가 없는 사실이기 때문이다.

그가 자본가에게 무상으로 주는 다른 부분을 연장시키는 것이다. 그것은 잉여가치를 생산하기 위한 수단이다.

생산양식의 변혁은 매뉴팩처에서는 노동력을 출발점으로 삼고 대공업에서는 노동수단을 출발점으로 삼는다. 그러므로 무엇보다도 먼저 규명해야만 하는 것은 노동수단이 어떻게 하여 도구에서 기계로 전화하는지, 그리고 어떤 점에서 기계가 수공업 용구와 구별되는지에 관한 것이다. 여기서 중요한 것은 단지 커다란 일반적 특징들이다. 왜냐하면 사회사(社會史)의 각 시대는 지구사(地球史)의 각 시대와 마찬가지로 추상적으로 엄밀한 경계선에 따라 구분되지 않기 때문이다.

수학자나 공학자는 — 영국의 경제학자들도 곳곳에서 이 점을 되풀이하여 말하고 있는 것을 볼 수 있다 — 도구를 단순한 기계라고, 기계를 복잡한 도구라고 설명한다. 그들은 여기에서 본질적인 차이를 보지 못하고, 단순한 역학적 수단에 불과한 지렛대·경사판·나사·쐐기 따위까지도 기계라고 일컫는다.[87] 사실 모든 기계는 어떤 모습으로 결합되어 있더라도 이들 단순한 역학적 단위들로 이루어져 있다. 그러나 경제학의 입장에서 보면 이런 설명은 아무런 도움도 되지 못한다. 거기에는 역사적인 요소가 빠져 있기 때문이다. 다른 한편, 도구와 기계 사이의 구별을, 도구는 인간을 동력으로 하는 데 반해 기계는 동물이나 물·바람 등처럼 인간이 아닌 다른 자연력을 동력으로 한다는 점에서 찾는 사람들도 있다.[88] 이 구분에 따르면 매우 다양한 생산시대마다 등장하는 소가 끄는 쟁기는 기계이지만, 한 사람의 노동자 손으로 가동되어 1분에 9만 6,000코를 짜내는 클라우센(Claussen)식 회전직기는 단지 도구에 불과할 것이다. 아니, 똑같

---

87) 예를 들면 허턴(Hutton)의 『수학교본』을 보라.

88) "이런 관점에서도 도구와 기계 사이의 명확한 경계선을 그을 수 있다. 삽·망치·끌 따위나 또 아무리 정교하더라도 인간을 동력으로 하는 지레장치나 나사장치 …… 이런 것들은 모두 도구의 개념에 들어간다. 그러나 바람의 힘으로 돌아가는 풍차나 동물을 동력으로 하는 쟁기 따위는 기계로 분류된다"(슐츠〔Wilhelm Schulz〕, 『생산의 운동』, 취리히, 1843, 38쪽). 이 책은 여러 가지 점에서 칭찬할 만한 책이다.

은 직기라도 손으로 운전하면 도구이지만 증기로 운전하면 기계가 될 것이다. 동물의 힘을 사용하는 것은 인류의 오래된 발명 가운데 하나이므로, 사실 기계생산이 수공업생산을 앞지르게 될 것이다. 1735년 존 와이엇 (John Wyatt)이 그의 방적기계를〔또한 그것을 통해서 18세기의 산업혁명을〕 세상에 널리 알렸을 때 그는 인간 대신 나귀가 이 기계를 운전한다는 말은 한마디도 하지 않았지만, 그럼에도 이 역할은 나귀의 것이 되었다. '손가락을 사용하지 않고 방적하기 위한' 기계, 이것이 그의 계획이었던 것이다.[89]

M393   충분히 진화한 모든 기계는 3개의 근본적으로 다른 부분으로 이루어져 있다. 동력기, 전동(傳動)장치, 그리고 공작기계〔또는 작업기계〕가 그것이다. 동력기는 전체 메커니즘의 동력을 제공한다. 이런 동력기 가운데에는 증기기관, 열기관,[†114] 전자기기관(電磁氣機關) 등과 같이 스스로 동력을 만들어내는 것이 있는가 하면, 수차나 풍차처럼 물이나 바람에서, 즉 이미 외부에 존재하는 자연력에서 동력을 얻어내는 것들도 있다. 전동장치는 평형바퀴·운전축·톱니바퀴·날개바퀴·회전축·강·벨트·조대를 비롯한

---

89) 아주 불완전하기는 했어도 방적기는 와이엇 이전에 벌써 이탈리아에서 처음 사용되었던 것 같다. 만일 비판적인 기술사(技術史)가 있다면 그것은 대체로 18세기의 발명 가운데 한 개인에 의해서 이루어진 발명이 얼마나 드문가를 보여줄 수 있을 것이다. 그러나 아직까지 그런 저작은 나오지 않았다. 다윈은 자연의 기술사, 즉 동식물이 자신들의 생활을 영위하기 위한 생산용구로서 자신들의 갖가지 기관을 어떻게 형성해왔는가에 관심을 기울였다. 사회적 인간의 갖가지 생산기관의 형성사나 각 개별 사회조직의 물적 토대에 대한 형성사도 마찬가지로 관심을 기울일 만한 분야가 아닐까? 그리고 사실 이 분야가 더 쉬운 분야가 아닐까? 왜냐하면 비코 (Vico)의 말대로 인간의 역사가 자연의 역사와 구별되는 까닭은, 전자는 우리가 만든 것이지만 후자는 그렇지 않기 때문이다. 공학은 자연에 대한 인간의 능동적인 태도, 즉 인간생활〔따라서 인간생활의 온갖 사회적 관계와 거기에서 생겨나는 정신적 표상들〕의 직접적인 생산과정을 밝혀주고 있다. 이 물적 토대를 무시한다면, 어떤 종교사도 몰비판적인 것이다. 분석을 통해 종교적 환상의 현세적인 본질을 찾아내는 것은, 거꾸로 그때그때 현실의 온갖 생활관계들에서 그것의 종교적인 형태를 설명해내는 것보다 훨씬 쉬운 일이다. 후자가 곧 유물론적인〔따라서 과학적인〕 방법이다. 역사적 과정을 배제하는 추상적·자연과학적 유물론의 결함은 그 대변인들이 자신들의 전문영역을 벗어나자마자 보여주는 추상적이고 이데올로기적인 견해에 의해 분명히 드러난다.

많은 종류의 중간축들로 구성되어 운동을 조절하고 필요할 경우 운동의 형태를 예를 들면 왕복형태에서 회전형태로 변화시켜 그것을 공작기계에 배분하고 전달한다. 전체 메커니즘 가운데 이 두 부분은 단지 공작기계에 동력을 전달함으로써 공작기계로 하여금 작업대상을 포착하여 원하는 형태로 그것을 변화시키기 위해서 존재한다. 기계의 마지막 부분, 즉 공작기계야말로 18세기 산업혁명의 출발점이다. 수공업 경영이나 매뉴팩처 경영이 기계 경영으로 이행할 때에는 이것이 언제나 새로운 출발점이 되었던 것이다.

여기서 공작기계〔또는 본래의 작업기계〕를 좀더 자세히 고찰해보자. 그것은 종종 상당히 변화된 형태를 띠긴 하지만 대체로 수공업자나 매뉴팩처 노동자의 작업에 사용되는 장치나 도구가 재현된 것인데, 단지 오늘날에는 인간의 도구로서가 아니라 하나의 전체 메커니즘의 도구로〔또는 기계적인 도구로〕 재현되어 있다. 기계라는 것들은 모두가 가령 역직기의 경우처럼[90] 그저 옛날의 수공업 용구에다 약간의 변화를 주어 기계화시킨 것에 지나지 않거나 아니면 작업기계의 본체에 부착하여 작동시키는 부속기관으로, 오래 전부터 널리 알려져 있는 방적기의 방추나 양말 편직기의 바늘 또는 기계톱의 톱날 및 절단기의 칼 등과 같은 것들이다. 이들 도구와 작업기계 본체와의 구별은 그것들의 발생시기로까지 거슬러 올라간다. 즉 원래 이들 도구 대부분은 수공업이나 매뉴팩처 방식으로 생산되다가 나중에야 비로소 기계적으로 생산된 작업기계 본체에 장착된다.[91] 결국 공작기계라는 것은 이전에 노동자가 비슷한 도구로 수행하던 것과 똑같은 작업을 적당한 동력을 전달받아 자신의 도구로 수행하는 하나의

M394

---

90) 특히 역직기의 최초 형태에서는 구식 직기가 재현되어 있음을 한눈에 알 수 있다. 역직기가 근본적으로 변화한 형태를 취하는 것은 그것이 근대적인 형태를 띠게 되면서부터이다.

91) 영국에서는 대략 1850년 이후 비로소 작업기계의 도구 가운데 점차 많은 부분이 — 비록 그 기계를 제작하는 바로 그 공장주에 의한 것은 아닐지라도 — 기계적인 방식으로 제작되고 있다. 이런 기계적인 도구를 제조하기 위한 기계로는 자동 실타래 제조기, 빗날 세우는 기계, 북 제조기, 뮬 방추와 스로슬 방추 제조기 등이 있다.

역학적 장치이다. 그 동력이 인간에게서 나오든 아니면 하나의 기계에서 나오든 그것은 적어도 사태의 본질에 아무런 영향을 끼치지 않는다. 도구가 인간의 손에서 역학적 장치로 옮겨지면 도구 대신 기계가 나타난다. 인간이 여전히 일차적인 동력이라 하더라도 그 차이는 금방 눈에 들어온다. 인간이 작업을 위해서 동시에 사용할 수 있는 노동용구의 수는 그의 자연적 생산용구[즉 자신의 육체기관]의 수에 따라 제한된다. 독일에서는 일찍이 한 명의 방적공에게 2개의 방차를 밟게 하려는 시도[말하자면 동시에 양손과 양발로 작업하게 하려는 시도]가 있었다. 이것은 너무 힘들어서 중단되었다. 그뒤 2개의 방추를 한꺼번에 돌릴 수 있는 방차가 발명되었으나, 동시에 두 줄의 실을 뽑아낼 수 있는 숙련 방적공은 머리가 둘 달린 인간만큼이나 매우 드물었다. 그러나 제니 방적기[†115]는 처음부터 12~18개의 방추로 방적하며, 양말 편직기는 한꺼번에 수천 개의 바늘로 짜기도 한다. 하나의 공작기계가 동시에 운전하는 도구의 수는 처음부터 한 명의 노동자가 사용하는 수공업 도구를 좁은 범위에 국한시키는 생물학적 한계에서 해방되어 있는 것이다.

M395 　많은 수공업 도구들에서는, 단순한 동력원으로서의 인간과 특유의 조작기능을 갖춘 노동자로서의 인간이 감각적으로 뚜렷이 구별된다. 예를 들면 방차의 경우 발은 단지 동력원으로서만 움직이고 손은 방추를 조작하여 실을 뽑아냄으로써 본래의 방적작업을 수행한다. 산업혁명은 무엇보다도 수공업 용구 가운데 바로 이 후자 부분을 장악했던 것이고, 동력원이라는 순수한 역학적 역할은 자신의 눈으로 기계를 감시하고 자신의 손으로 기계의 잘못을 바로잡는 새로운 노동과 더불어 아직은 인간에게 맡겨져 있었다. 반면 인간이 처음부터 단순히 동력으로만 작용하는 도구, 예를 들면 연자방아를 돌린다든지[92] 펌프질을 한다든지 풀무질을 한다든지

---

92) 이집트의 모세는 "탈곡을 하는 소에게 입마개를 씌우지 말지어다"[†116]라고 말했다. 이와 반대로 기독교 신자인 게르만 박애주의자들은 곡물을 맷돌 위에 얹기 위한 동력원으로 사용한 농노의 목둘레에 커다란 나무원판을 씌워서 이들이 곡물을 주워 먹지 못하게 하였다.

절구질을 한다든지 하는 경우의 도구들에서는 먼저 동력원으로 동물이나 물 또는 바람[93]을 이용하게 된다. 이 같은 도구는 부분적으로는 벌써 매뉴팩처 시대에—그보다 훨씬 이전부터일 경우도 드물게 있지만—기계로까지 발전했지만 그것이 생산양식을 바꾸지는 못하였다. 그것들이 수공업적 형태를 띠고 있지만 이미 기계였다는 것은 대공업시대가 되면서 분명해진다. 예를 들어 1836~37년 네덜란드인이 할레 호(湖)를 간척하는 데 사용한 펌프는 보통 펌프의 원리에 따라 조립되어 있었으나, 다만 인간의 손 대신 거대한 증기기관이 그 피스톤을 움직이고 있었을 뿐이다. 영국에서는 아직도 대장장이가 사용하는 매우 불완전한 보통 풀무를 가끔, 그저 그 풀무 자루와 증기기관을 결합시키기만 함으로써 기계식 공기 펌프로 전화시키기도 한다. 17세기 말의 매뉴팩처 시대에 발명되어 1780년대 초까지 존속한 증기기관[94]은 어떠한 산업혁명도 일으키지 못했다. 오히 M396 려 거꾸로 공작기계의 창조야말로 증기기관의 혁명을 필연적으로 가져왔다. 인간이 도구를 이용하여 노동대상을 움직이는 것이 아니라 단지 동력원으로서 공작기계를 움직이는 것에 지나지 않는다면, 동력이 인간 근육의 모습을 갖는 경우는 거의 우연에 지나지 않게 되고 바람·물·증기 등이 그것을 대신할 것이다. 물론 이것이 종종 이런 교체로 말미암아 원래 인간 동력에 맞춰서 만들어진 역학적 장치에 커다란 기술적 변화가 일어날 수도 있음을 배제하는 것은 아니다. 오늘날의 재봉틀이나 제빵기처럼

---

93) 한편으로는 힘찬 폭포가 없었고 또다른 한편으로는 옛날부터 범람하는 물과 싸워야 했기 때문에, 네덜란드인들은 바람을 동력으로 사용할 수밖에 없었다. 풍차 그 자체는 독일에서 들여온 것으로, 이 풍차의 발명으로 말미암아 독일에서는 귀족과 성직자와 황제 사이에서 도대체 바람은 이 세 사람 가운데 '누구의 것인가'라는 애교스러운 싸움이 일어났다. 독일에서는 공기가 사람을 노예로 만든다고들 하지만, 바람은 네덜란드를 자유롭게 만들어주었다. 네덜란드에서 바람이 노예로 만든 것은 네덜란드인이 아니라 네덜란드인을 위한 토지였다. 1836년까지만 해도 여전히 네덜란드인들은 국토의 $\frac{2}{3}$가 다시 습지로 바뀌지 않게 하려고 6,000마력을 가진 1만 2,000개의 풍차를 사용하고 있었다.

94) 증기기관은 와트가 처음 발명한 이른바 단동식(單動式, single-acting) 증기기관에 의하여 훌륭히 개량되었지만, 이것은 여전히 물과 소금물을 퍼올리는 기계에 머물러 있었다.

앞으로 개척할 여지가 많이 남아 있는 기계들은 모두—그 쓰임새 때문에 처음부터 소규모여야 할 필요가 있는 것이 아니라면— 인간 동력이나 순전히 기계적인 동력 모두에서 쓰일 수 있게끔 조립된다.

산업혁명의 출발점이 된 기계는 오로지 1개의 도구만 취급하는 노동자를 하나의 역학적 장치—똑같은〔또는 같은 종류의〕많은 도구를 한꺼번에 사용하는 방식으로 작업하고 (어떤 형태이든) 단 하나의 동력원에 의해 움직여지는—로 대체하였다.[95] 이때의 기계는 아직 단지 기계적 생산의 한 요소로서의 성격만 갖는다.

작업기계의 규모가 커지고 그것과 함께 조작되는 도구의 수가 증가하면서 한층 더 큰 규모의 운동장치가 요구되고, 이 장치는 자체 저항을 극복하기 위해 인적 동력보다 훨씬 큰 동력을 요구한다. 즉 인간이 균등하고 연속적인 운동을 수행하는 생산용구가 되기에는 매우 불완전한 존재라는 사실은 무시하더라도, 인간이 단지 동력으로만 작용한다고〔그리하여 그의 도구 대신 공작기계가 나왔다고〕전제하면, 이제 자연력은 동력의 측면에서도 인간을 대체할 수 있게 된다. 매뉴팩처 시대부터 전해오는 모든 대규모 동력 가운데 마력은 가장 열악한 것이었다. 그것은 말이 자신의 머리를 갖고 있는데다 비용이 들 뿐만 아니라 공장 안에서 단독으로 사용될 수 있는 범위가 한정되어 있기 때문이었다.[96] 그럼에도 대공업의 유년기

M397

---

95) "이들 간단한 용구 모두가 결합되어 단 하나의 동력원에 의해 움직이는 것, 그것이 기계이다"(배비지, 『기계경제론』, 136쪽).

96) 모턴(John C. Morton)은 1859년 12월 기술협회에서 「농업에 사용되는 동력」에 관한 글을 하나 발표했다. 거기에는 다음과 같은 구절이 있었다. "토지의 균일화를 촉진하는 개량은 모두 증기기관을 순전히 기계적인 힘을 만들어내는 용도에 더 잘 사용할 수 있도록 만든다. …… 꾸불꾸불한 울타리나 그밖의 장애물이 균일화하는 행동을 방해하는 곳에서는 말의 힘이 필요하다. 이러한 장애물은 나날이 점차 사라져간다. 실질적인 힘보다는 의지를 더 많이 행사해야 하는 작업에서는 늘 인간정신의 지휘를 받는 힘, 즉 인력만이 사용될 수 있다." 이어서 모튼은 증기력 · 마력 · 인력을 증기기관에서 일반적으로 사용되는 척도, 즉 33,000파운드를 1분에 1피트 들어올리는 힘으로 환산하여, 1증기마력의 비용을 증기기관의 경우 1시간에 5½펜스로 계산하고 있다. 게다가 말은 그 건강을 완벽하게 지키기 위해서는 하루에 8시간밖에 사용할 수 없다. 경작지에서 증기력을 사용하면 만 1년 동안에 말 7마리마다 적어도 3마리씩을 절약할 수

에는 말이 자주 사용되었는데, 당시 농민들의 고충과는 무관하게 오늘날
까지도 전통적으로 기계력을 마력으로 표현하고 있는 사실이 바로 그것
을 입증해준다. 바람은 너무 일정하지 않고 제어하기도 어려웠다. 그밖에
대공업의 발생지인 영국에서는 이미 매뉴팩처 시대부터 수력이 널리 사
용되고 있었다. 17세기에 벌써 한 개의 수차로 2개의 맷돌을 움직이려는
시도가 있었다. 그렇지만 전동장치의 크기가 대형화함에 따라 이제 수력
으로는 불충분하게 되었다. 그리고 이것이 마찰법칙을 더욱 세밀히 연구
하게 만든 요인의 하나가 되었다. 마찬가지로, 크랭크를 앞뒤로 움직이는
방식으로 운전되던 제분기에서는 동력의 작용이 불균등해서, 나중에 대
공업에서 매우 중요한 역할을 하게 되는 제동 기어[97]의 이론과 응용방법
이 생겨났다. 이런 식으로 매뉴팩처 시대는 대공업 초기의 과학적·기술
적 요소들을 발전시켜나갔다. 아크라이트의 스로슬(Throstle) 방적기는
처음부터 수력으로 가동되었다. 그러나 수력을 주 동력원으로 사용하는
데에는 난점이 있었다. 수력은 임의로 높일 수도, 그 부족을 보충할 수도
없었다. 그것은 때때로 고갈되었고, 또 무엇보다도 매우 국지적인 성질을 M398
지녔다는 문제점이 있었다.[98] 와트의 이른바 제2 복동식(複動式) 증기기
관이 출현함으로써 비로소 다음과 같은 동력기관이 발명되었다. 즉 그것
은 석탄과 물을 소비하면서 스스로 동력을 만들어내는데, 그 힘은 완벽하
게 인간의 제어를 받는다. 그것은 또한 장소를 옮겨다닐 수 있는 것이면서
동시에 이동수단이 되기도 하고 수차처럼 농촌을 벗어나지 못하는 것이
아니라 도시에 자리를 잡을 수 있어서 생산을 농촌으로 분산시키지 않고

있으며, 이 증기력의 비용은 필요가 없어진 말의 3~4개월치 비용을 넘지 않는다. 그리고 말이
실제로 이용되는 것은 이 3~4개월뿐이다. 마지막으로, 농사일에 증기력을 사용하면 말을 사용
할 때보다 작물의 품질이 더 나아진다. 증기기관이 하는 만큼의 일을 하려면 시간당 합계 15실
링의 임금으로 66명의 노동자가 사용되어야 하며, 말이 하는 만큼의 일을 하려면 시간당 합계
8실링의 임금으로 32명의 노동자가 사용되어야 할 것이다.

97) 파울하버(Faulhaber)식(式)은 1625년, 드쿠(De Cous)식은 1688년에 발명되었다.

98) 근대적인 터빈의 발명은 수력의 산업적 이용을 과거의 수많은 제약에서 해방시켰다.

도시로 집중시킬 수 있었다.[99) 그것은 기술적으로 온갖 영역에 모두 응용되었고, 설치 장소에서도 비교적 지역적인 제약을 받지 않는 동력기관이었다. 와트의 위대한 천재성은 1784년 4월 그가 취득한 특허의 설명서에 보이는데, 거기에서는 그의 증기기관을 어떤 특정한 목적의 발명으로 설명하지 않고 대공업의 일반적인 원동력으로 설명하고 있다. 그가 거기에서 암시한 응용방법 가운데 몇 가지는〔예를 들어 증기 해머와 같은 경우〕반세기 이상이나 지나서야 비로소 도입되었다. 그러나 그는 증기기관이 항해에 이용될 수 있으리라는 데에는 의구심을 품고 있었다. 그의 후계자들인 볼턴과 와트는 1851년 해양 증기선에 사용할 거대한 증기기관을 런던 산업박람회에 출품하였다.

우선 도구가 인간이라는 유기체의 도구에서 하나의 기계장치〔즉 공작기계〕의 도구로 전화하고 나자 동력기관도 이제 하나의 자립적인 형태를〔즉 인력의 한계에서 완전히 해방된 형태를〕부여받았다. 동시에 우리가 지금까지 고찰해온 공작기계는 모두가 기계적 생산의 단순한 한 요소로 M399 전락한다. 바야흐로 하나의 동력기가 다수의 작업기계를 동시에 움직일 수 있게 되었다. 동시에 가동되는 작업기계의 수가 증가함에 따라 이 동력기도 커지게 되며, 전동장치 또한 거대한 장치로 팽창되어간다.

이제는 같은 종류의 수많은 기계의 협업과 기계제(Maschinensystem)라는 두 가지를 구별하지 않으면 안 된다.

전자의 경우 하나의 제품은 동일한 작업기계로 완성된다. 이 작업기계는 제품을 완성하기 위한 다양한 여러 작업을 모두 수행하는데, 그런 작업

---

99) "섬유공업 초기에 공장의 위치는 수차를 돌리기에 충분할 만큼의 낙차를 가진 물이 흐르는 곳이어야 했다. 또 수차의 설치가 가내공업제 붕괴의 발단이기는 했지만, 수차는 반드시 흐르는 물가에 배치되었을 뿐만 아니라 대부분 서로 상당히 떨어져서 배치되어야 했다. 그것은 도시적인 체제라기보다는 오히려 농촌체제의 일부를 이루고 있었다. 그리고 흐르는 물 대신 증기력이 사용되기 시작한 뒤에야 비로소 공장은 증기의 생산에 필요한 석탄과 물이 충분한 도시나 지방으로 모여들었다. 증기기관은 산업도시의 어머니이다"(『공장감독관 보고서: 1860년 4월 30일』, 36쪽에 있는 레드그레이브의 말).

은 한 명의 수공업자가 자신의 도구로〔예를 들어 직장(織匠)이 그의 직기로, 또는 몇몇 수공업자가 여러 가지 도구로〕순서에 따라 — 그것이 자립적으로 이루어진 것이든 아니면 매뉴팩처의 한 성원으로 이루어진 것이든 — 수행하는 것이다.[100] 봉투를 만드는 근대적 매뉴팩처에서는 첫 번째 노동자가 접지주걱칼로 종이를 접고, 두 번째 노동자가 고무풀을 붙이고, 세 번째 노동자기 격언이 찍혀질 뚜껑면을 다시 접고, 네 번째 노동자가 격언을 찍게 되어 있는데, 이들 각 부분작업에서 모든 봉투는 일일이 여러 사람의 손을 거치지 않으면 안 되었다. 그러나 봉투 제조기는 단 한 대로 이들 작업을 모두 한 번에 해치워버림으로써 1시간에 3,000장 이상의 봉투를 만들어낸다. 1862년 런던 산업박람회에 진열된 미국제 종이포대 제조기는 종이를 자르고 풀을 붙이고 접기까지 하여 1분에 300장을 만들어내었다. 매뉴팩처 내에서는 각기 분할되어 순서를 따라 수행되던 전체 과정이 이 경우에는 여러 가지 도구의 결합을 통해 작동하는 한 대의 작업기계에 의해서 완료되는 것이다. 그런데 이런 작업기계가 복잡한 수공업 도구들을 하나의 기계로 재생시킨 것이든 또는 매뉴팩처 방식으로 특화된 갖가지 단순용구를 결합시킨 것이든 공장〔즉 기계제 경영〕에 기반을 둔 작업장에서는 늘 단순협업이 재현되는데, 그것도 우선은 (여기에서는 노동자는 무시하기로 한다) 동시에 함께 움직이는 같은 종류의 작업기계의 공간적 집합으로 재현된다. 이리하여 직물공장은 같은 작업 건물 안에 수많은 역직기가 나란히 함께 배치됨으로써 이루어지고, 봉제공장 ^{M400}은 많은 재봉기가 나란히 함께 배치됨으로써 만들어진다. 그러나 여기에는 하나의 기술적 통일이 존재한다. 그것은 공동의 동력기가 내는 심장의

---

100) 매뉴팩처 분업의 입장에서 본다면 방직은 단순하기보다는 오히려 복잡한 수공업적 노동이고, 따라서 역직기는 매우 다양한 작업을 수행하는 기계이다. 근대적인 기계가 원래 매뉴팩처 분업을 통해 이미 단순화해버린 작업을 정복한다는 견해는 대체로 그릇된 생각이다. 방적과 방직은 매뉴팩처 시대 동안에 몇 개의 새로운 종(種)으로 분화했으며, 또 그 도구는 개량과 변화를 겪었지만 노동과정 그 자체는 조금도 분할되지 않고 변함없이 수공업적이었다. 따라서 기계의 출발점은 노동이 아니라 노동수단이었다.

고동이 전동장치를 통하여 수많은 같은 종류의 작업기계로 전달되고 거기에서 이들 작업기계가 동시에 균등하게 충격을 받기 때문이다. 그리고 이 전동장치 또한 어느 정도까지는 이들 작업기계와 통합되어 있다. 왜냐하면 이 전동장치의 일부가 마치 나뭇가지처럼 갈라져서 각 공작기계 모두와 연결되어 있기 때문이다. 마치 수많은 도구가 한 작업기계의 여러 부속기관을 이루는 것처럼, 이제는 다수의 작업기계가 하나의 동력체계 내에서 같은 종류의 여러 기관을 이루는 것이다.

그러나 본격적인 기계제가 자립적인 개별 기계들을 대신하여 처음으로 나타난 것은, 노동대상이 서로 연결된 일련의 단계적인 공정을 거쳐서 생산되고 이들 단계적인 공정은 다양하면서도 상호보완적인 일련의 공작기계들에 의해서 수행되는 경우이다. 여기에서는 매뉴팩처에 고유한 이른바 분업에 기초한 협업이 재현되지만, 그러나 이제 그 협업은 부분작업 기계들의 결합으로 나타난다. 여러 부분노동자, 예를 들어 양모 매뉴팩처라면 양털 털기공, 양털 빗기공, 양털 깎기공, 양털 방적공들의 특수한 도구가 이제는 특수화된 작업기계의 도구로 전화하고, 각 작업기계는 결합된 공작기계장치 체계 속에서 하나의 특수한 기능을 위한 특수한 기관을 이룬다. 기계제가 처음으로 도입된 부문에서 대체로 매뉴팩처 그 자체는 그 기계제에 생산과정의 분할과 그에 따른 생산과정 조직의 자연발생적인 기초를 제공한다.[101] 그러나 곧 본질적인 차이가 나타난다. 매뉴팩처에서

M401

101) 대공업시대 이전에는 양모 매뉴팩처가 영국의 지배적인 매뉴팩처였다. 18세기 전반에 있었던 대부분의 실험은 양모 매뉴팩처에서 이루어졌다. 면화는 그것을 기계적으로 가공하기 위한 준비작업에 힘이 덜 들었으며 양모에서 얻어진 경험이 큰 도움이 되었다. 나중에는 거꾸로 기계 양모공업이 기계 면방적과 면방직을 기초로 하여 발전하였다. 양모 매뉴팩처의 요소, 예를 들면 털빗는 작업 같은 것 하나하나는 10여 년 전부터야 비로소 공장제에 통합되었다. "털빗기 과정에 기계력을 널리 사용한 것은 …… '털빗는 기계', 특히 리스터식 기계를 도입하고 나서였는데 …… 확실히 아주 많은 노동자들의 일자리를 줄이는 효과가 있었다. 양털빗기는 이전에는 손으로 수행되었고, 그 일은 대개 양털빗기 업자의 오두막에서 수행되었다. 그러나 이제는 거의 대부분 공장에서 수행되고 있으며, 손으로 빗질한 양모를 여전히 선호하는 몇몇 특수한 종류의 작업 말고는 손으로 하는 작업은 뒷전으로 밀려났다. 빗질공 가운데 일부는 공장에서 다시 일자리를 얻었지만 그들의 생산물은 기계에 비하여 몹시 적었기 때문에 그들 중

노동자는 개별적으로 또는 조별로 나뉘어 각자의 수공업 도구로 각각의 부분노동과정을 수행해야만 한다. 노동자는 비록 노동과정에 통합되긴 하지만, 사전에 이미 각자가 그 노동과정에 숙달되어 있다. 이런 주관적 분업원리가 기계제 생산에서는 없어져버린다. 기계제 생산에서는 총노동과정이 그 자체 객관적으로〔즉 노동자와는 무관하게〕고찰되고 그것을 구성하는 여러 단계로 분해된다. 그리고 각 부분노동과정을 수행하고 서로 결합시키는 문제는 역학이나 화학 등의 기술적 응용을 통해서 해결된다.[102] 물론 그 경우에도 이론적 개념은 역시 대규모로 축적된 실제 경험에 의해 완성되어야 한다. 각 부분기계는 다음 순서의 부분기계에 그 원료를 공급하고 또 그것들은 모두 동시에 움직이기 때문에, 생산물은 그 제조과정의 각 단계마다 지속적으로 존재하면서 또한 끊임없이 한 생산단계에서 다른 생산단계로 옮겨간다. 매뉴팩처에서는 부분노동자의 직접적 협업이 각각의 특정 노동자 무리 사이의 일정한 수적 비율을 만들어내는데, 기계제의 편제에서도 이와 마찬가지로 각 부분기계가 끊임없이 서로 연계되어 움직임으로써 그것들의 수·크기·속도 등에서 일정한 비율을 만들어낸다. 결합된 작업기계〔이제는 서로 상이한 종류의 개별 작업기계들 또는 동일한 작업기계 집단으로 편성된 하나의 체계〕는 그 총과정이 연속적이면 연속적일수록 점점 더 완전해진다. 즉 원료가 첫 번째 단계로부터 마지막 단계까지 옮겨가는 도중에 중단되는 일이 적어지면 적어질수록〔다시 말해 원료를 한 생산단계에서 다음 생산단계로 나아가게 하는 일을 사람 손 대신 기계제 스스로가 하면 할수록〕그것은 점점 완전한 것이 된다. 매뉴팩처에서는 각 개별 노동과정의 분리가 분업 그 자체에 의해 주어진 원리라고 한다면, 발달된 공장제에서는 그와 반대로 연속성이 각 개별 노동과정을 지배한다.

대다수는 일자리를 잃었다"(『공장감독관 보고서: 1856년 10월 31일』, 16쪽).

102) "그러므로 공장제의 원리는 …… 개별 수공업자들 사이에 노동을 분할한다든지 단계화하는 대신 노동과정을 그 본질적인 구성 부분들로 분할하는 데 있다"(유어, 『공장철학』, 20쪽).

기계제가, 방직업의 경우처럼 종류가 같은 작업기계들의 단순협업에 기초해 있든, 또는 방적업의 경우처럼 종류가 다른 작업기계들의 결합에 기초해 있든, 그것이 하나의 자동적인 동력기에 의해서 운전되면 기계제 ^{M402} 는 그 자체 하나의 커다란 자동장치를 이루게 된다. 그러나 체계 전체가 예를 들어 증기기관의 힘으로 가동되더라도 개개의 공작기계는, 예를 들어 뮬 방적기의 경우 자동식이 도입되기 전에는 시동을 걸기 위해 노동자를 필요로 하였고, 기계 제작의 경우에도 슬라이드 레스트(회전장치)가 자동장치로 바뀌기 전에는 기계 가운데 일부는 마치 하나의 작업도구처럼 노동자가 그것을 직접 조작해야만 비로소 작동되었다. 작업기계가 원료가공에 필요한 모든 운동을 인간의 도움 없이 수행하게 되고 인간은 다만 감독으로서만 필요하게 되면—세밀한 부분에서는 끊임없이 개량할 여지가 있겠지만—거기에서 기계의 자동체계가 등장한다. 예를 들어 단한 올의 실이 끊어져도 곧 방적기를 정지시키는 장치나, 북의 실패에 씨실이 없어지면 곧바로 개량식 증기직기를 정지시키는 자동 정지장치는 완전히 근대적인 발명품들이다. 생산의 연속성이라는 점에서나 자동원리의 일관성이라는 점에서나 하나의 좋은 사례로 간주할 수 있는 것으로 근대적인 제지공장이 있다. 일반적으로 종이의 생산에서는, 각기 다른 생산수단에 기초한 여러 생산양식들 사이의 차이나 이들 생산양식과 사회적 생산관계 사이의 관련을 상세하고도 유익하게 연구할 수 있다. 그 이유는, 과거의 독일 제지업이 이 부문에서의 수공업생산의 전형을 보여주며, 17세기의 네덜란드나 18세기의 프랑스가 본래적인 매뉴팩처의 전형을 보여줄 뿐 아니라 근대 영국이 자동 제조방식의 전형을 우리에게 제공하는데다, 나아가 중국이나 인도에는 아직도 이 산업의 서로 다른 두 아시아적 형태가 존재하고 있기 때문이다.

기계제 경영은 전동장치에 의해 하나의 중앙 자동장치로부터 각 운동을 받아들이기만 하는 작업기계들의 편제를 통해 가장 발전된 모습을 갖추게 된다. 여기에서는 하나하나의 기계 대신 하나의 기계적인 괴물이 나타나는데, 그 괴물의 몸체는 공장 건물을 가득 채운다. 그 악마적인 힘은 처음에는 그 거대한 손발의 움직임이 거의 장엄하다고 할 정도로까지 지나치게 느려서 은폐되어 있지만, 이윽고 그 무수한 자체 작업기계들의 열광적인 난무를 통해서 폭발하게 된다.

뮬 방적기나 증기기관 등은 그것만을 전문으로 제작하는 노동자가 있기 전부터 있었는데, 그것은 마치 세상에 재단사가 있기 전부터 인간이 옷을 입고 있었던 것과 마찬가지이다. 그러나 보캉송(Vaucanson)이나 아크라이트 또는 와트 등등의 발명이 이루어질 수 있었던 것은 오로지 이들 발명가들의 눈앞에 매뉴팩처 시대에 이미 만들어져서 전래되고 있던 상당 수의 숙련된 기계노동자들이 있었기 때문이다. 이들 노동자 가운데 일부는 각기 다른 직업을 가진 독립수공업자들이었고 또다른 일부는 매뉴팩처에 모여 있었는데, 앞에서도 말했듯이 이런 매뉴팩처에서는 분업이 매우 엄격하게 이루어져 있었다. 발명이 증가하고 새로 발명된 기계의 수요가 증가함에 따라 한편으로는 기계 제조가 다양한 독립부문으로 분화해 갔고, 다른 한편에서는 기계 제조 매뉴팩처 내에서의 분업이 점점 발전해 갔다. 그래서 우리는 이 경우 매뉴팩처 내에서 대공업의 직접적인 기술적 토대를 본다. 이 매뉴팩처가 생산한 기계를 사용하여 대공업은 자신이 장악한 생산영역에서 수공업 경영과 매뉴팩처 경영을 하나하나 몰아내버렸다. 그리하여 기계제 경영은 자신에게 맞지 않는 물적 토대 위에서 자연발생적으로 등장하였다. 어느 정도의 발전수준에 도달하고 나자 기계제 경영은 이전의 방식에 따라 발전해오던 기존의 주어진 토대 그 자체를 뒤집어엎고 자신의 생산양식에 적합한 새로운 토대를 만들어내야만 했다. 각 기계가 인력으로만 가동되는 한 그것은 언제까지나 소규모 상태로 머물 수밖에 없었고, 또 증기기관이 기존의 동력 — 동물이나 바람 그리고 물 — 을 대신하기 전까지는 기계제가 자유로이 발전할 수 없었듯이, 대공업의 특징을 이루는 생산수단, 즉 기계 그 자체가 인간의 힘이나 숙련에 의존하고 있는 동안에는〔즉 매뉴팩처 내의 부분노동자나 매뉴팩처 외부

제13장 기계와 대공업 519

의 수공업자들이 자신들의 소규모 용구들을 사용하는 데 필요한 근육의 발달이나 눈썰미 또는 손의 정교함에 의지하는 동안에는〕 대공업은 충분한 발전을 이룩할 수 없었다. 이런 발생과정으로 인한 기계가격의 상승— 이는 사업을 확장하려는 자본의 의식적 동기 때문에 그렇게 된다 —은 차치하더라도, 이미 기계제 방식으로 경영되고 있던 산업의 확대나 새로운 생산부문으로의 기계의 확산도 순전히 특정 노동자 부류〔즉 고도의 숙련을 요구하는 작업내용 때문에 급속히 증가할 수 없고 매우 완만하게만 증가할 수 있는 그런 영역의 노동자 부류〕가 얼마나 증가하는지에 전적으로 달려 있었다. 그런데 일정한 발전단계에 도달하고 나면 대공업은 그 수공업적 토대나 매뉴팩처적인 토대와의 기술적인 충돌 또한 피할 수 없었다. 공작기계가 원래 그 구조에 지배적이었던 수공업적 원형에서 점점 멀어지고 단지 그 기계적 과제에 따라 정해진 자유로운 형태를 부여받음에 따라,[103) 동력기나 전동장치 및 공작기계의 규모기 커지고 그들의 여러 구성 부분이 더욱 복잡하고 다양해지며 더욱 엄격한 규칙성을 갖게 될 뿐만 아니라 자동체계가 완성되고 사용하기 어려운 재료〔예를 들면 목재를 대신하여 철〕의 사용이 점점 불가피해진다. 자연발생적으로 생겨나는 이들 모든 과제의 해결은 어디서나 인간과 관련된 제약에 부딪치고, 이 제약은 매뉴팩처를 통해 결합된 노동자 무리를 통해서 어느 정도는 타파되지만 근본적으로는 타파되지 않았다. 예를 들어 근대적인 인쇄기나 근대적인 증기직기, 근대적인 양털 빗는 기계 같은 것들은 매뉴팩처에 의해

103) 역직기의 초기 형태는 주로 목재로 만들어졌고, 개량된 근대적 형태는 주로 철로 만들어졌다. 초기에는 생산수단의 낡은 형태가 새로운 형태를 얼마나 압도하는지를 우리는 근대적 증기직기와 구식 증기직기 사이의 비교를 통해서, 또는 제철소의 근대적 송풍장치와 별다른 개량 없이 단순히 기계적으로 재생했을 뿐인 보통 풍구(풀무) 사이의 비교를 통해서 쉽게 알 수 있으며, 그리고 아마 다른 무엇보다도 현재의 기관차가 발명되기 전 실험상태에 있던 기관차를 보면 특히 잘 알 수 있을 것이다. 그 기관차는 사실 발이 두 개였으며, 말처럼 두 발을 번갈아 올렸다내렸다 하였다. 역학이 계속 발전하여 실천적인 경험이 쌓이고 난 뒤에야 비로소 그 형태는 완전한 기계적 원리에 따라 결정되기 시작했으며, 따라서 기계로 탈바꿈한 도구의 낡은 체형에서 완전히 해방되었다.

서는 공급될 수가 없었던 것이다.

　어떤 하나의 산업영역에서 나타나는 생산양식의 변혁은 다른 산업영역에서 변혁을 불러일으킨다. 이것이 우선 적용되는 곳은, 사회적 분업에 따라 고립되어 있어서 각기 독립적인 상품을 생산하고는 있지만 그럼에도 하나의 총과정의 여러 단계로 얽혀 있는 산업부문에서이다. 예를 들면 기계 방적은 기계 방직을 필요하게 만들고 이들 둘은 다시 표백업·날염업·염색업에서의 기계적·화학적 혁명을 필요로 한다. 다른 한편 면방적업에서의 혁명은 목화씨와 면을 분리하기 위한 조면기(繰綿機)의 발명을 불러일으키고 그럼으로써 당시 요구되고 있던 대규모 면화 생산이 비로소 가능해졌다.[104] 특히 공업이나 농업의 생산방식에서 일어난 혁명은 사회적 생산과정의 일반적 조건인 교통·통신수단의 혁명도 필요로 하였다. 푸 ^{M405} 리에(Fourier)의 표현을 빌리자면, 가내공업적 부업을 수반하는 소규모 농업이나 도시 수공업을 주축으로 하던 사회에서의 교통·통신수단은 이미 사회적 분업이 확대되고 노동수단과 노동자가 집적되었으며 또한 식민지 시장이 존재하는 매뉴팩처 시대의 생산적 요구에 완전히 따를 수 없게 되었고 따라서 실제로 변혁되었다. 마찬가지로 생산속도가 빠르고 생산규모가 거대할 뿐만 아니라 대량의 자본과 노동자들이 한 생산영역에서 다른 생산영역으로 끊임없이 이동하고 또 새로 만들어진 세계시장과의 관련 아래 놓여 있는 대공업에서는 매뉴팩처 시대부터 전래된 교통·통신기관 또한 금방 견딜 수 없는 속박이 되었다. 그래서 완전히 혁신된 범선 건조는 차치하더라도, 교통·통신사업은 하천기선이나 철도 또는 해양기선이나 전신체계에 의해 점차 대공업의 생산양식에 적합한 형태로 바뀌어갔다. 게다가 그것을 위해 단련과 용접·절단·천공 그리고 성형의 과

---

104)　양키인 일라이 휘트니의 조면기는 18세기의 다른 어떤 기계들보다도 최근까지 질적인 변화를 가장 적게 겪었다. 최근 몇십 년 사이(1867년 이전)에 비로소 또다른 미국인, 즉 뉴욕 주 올버니의 에머리가 단순하지만 효과적인 개량에 성공함으로써 휘트니의 기계는 고물이 되었다.

정을 겪어야 했던 엄청난 양의 철 그 자체도 거대한 기계를 필요로 하였고, 이런 기계를 만들어내는 데는 매뉴팩처 방식의 기계 제작은 적합하지 않았다.

이리하여 대공업은 그 특유의 생산수단인 기계 그 자체를 먼저 자신의 것으로 장악한 다음 그 기계를 통해서 다시 기계를 생산해야만 하였다. 이리하여 비로소 대공업은 자신에 적합한 기술적 기초를 창출함으로써 자신의 발로 서게 되었다. 19세기의 처음 몇십 년 동안, 기계제 경영이 확대됨에 따라 기계는 점차 공작기계의 제조를 사실상 지배하게 되었다. 그럼에도 초기의 동력기 제작에 사용되는 거대한 기계들은 최근 몇십 년 동안에 이르러서야 비로소 대규모 철도 건설과 해양기선의 건조를 통해서 나타났다.

기계를 통한 기계의 제조를 위해 가장 중요한 생산조건은 어떤 출력이라도 낼 수 있으면서 동시에 인간이 완전하게 제어할 수 있는 동력기였다. 그것은 이미 증기기관으로 존재하고 있었다. 그러나 동시에 각각의 기계 부분을 위해서 필요한 엄격한 기하학적 형상, 즉 선·평면·원·원통·원추·구 따위가 기계로 생산될 필요가 있었다. 이 문제는 1810년대에 헨리 모즐리(Henry Maudslay)가 슬라이드 레스트(왕복활대—옮긴이)를 발명 ^{M406} 함으로써 해결되었는데, 이것은 곧 자동화되고 또 변형되어 원래 선반용이던 것에서 다른 조립기계에도 전용되었다. 이 기계장치는 어떤 특수한 도구를 대신하는 것이 아니라 예를 들어 철 같은 작업재료에 절삭공구의 칼날을 댄다든가 맞춘다든가 세운다든가 함으로써 일정한 형상을 만들어내는 인간의 손 그 자체를 대신하는 것이다. 이리하여 각 기계 부분의 기하학적 형상을

"가장 숙련된 노동자의 손에 쌓인 경험으로도 불가능할 만큼 쉽고 정확하고 신속하게 생산하는 데"[105] 성공하였다.

다음으로 기계 제작을 위해서 사용되는 기계 가운데 본래의 공작기계에 해당하는 부분을 고찰한다면, 거기에서는 수공업적 용구가 재현되는데, 단 그것은 거대한 규모로 재현된다. 예를 들어 천공기의 작업기기는 거대한 송곳이고 이 송곳은 증기기관으로 작동되지만, 거꾸로 이 송곳 없이는 커다란 증기기관이나 수압기의 실린더 또한 생산할 수 없을 것이다. 기계선반은 발로 밟는 보통 선반이 거대한 규모로 재현된 것이고, 평삭기는 목수가 목재 가공에 사용하는 것과 같은 도구로 철을 가공하는 쇠로 된 목수나 다름없다. 런던의 조선소에서 합판을 자르는 도구는 거대한 면도칼이고, 재봉가위가 옷감을 자르듯이 철을 자르는 절단기의 도구는 괴물 가위이다. 또 증기 해머는 보통 해머의 머리와 똑같은 망치로 작동되지만, 이 망치는 천둥의 신(神)도 휘두를 수 없을 만큼 무거운 것이다.[106] 예를 들어 이런 증기 해머 가운데 네이스미스가 발명한 해머는 무게가 6파운드 이상 나가고 7피트의 수직낙하로 무게 36톤의 모루(불린 쇠를 올려놓고 두드릴 때 쓰는 쇳덩이―옮긴이) 위에 떨어진다. 그것은 화강암 덩어리를 쉽게 분쇄하기도 하고, 또 마찬가지로 계속 가볍게 두들겨서 연한 목재에 못을 박을 수도 있다.[107] _{M407}

기계로서의 노동수단은 인력 대신 반드시 자연력을 이용하고 경험적 숙련 대신 자연과학을 의식적으로 사용하는 물적 존재양식을 취한다. 매뉴팩처에서 사회적 노동과정의 편제는 순전히 주관적이고, 부분노동자의 결합으로 이루어진다. 반면 기계제 대공업은 하나의 완전히 객관적인 생

---

105) 『각국의 산업』, 런던, 1855, 제2부, 239쪽. 이 책에는 다음과 같이 서술되어 있다. "이 선반 부속물은 겉으로 보기에 단순하고 중요하지 않게 보일지 모르지만, 그것이 기계 사용의 개량이나 보급에 끼친 영향은 와트의 증기기관 개량이 가져왔던 효과에 필적한다고 단언해도 과언이 아니라고 생각된다. 그것의 도입은 금방 모든 기계를 개선하고 값싸게 만들었을 뿐 아니라 계속적인 발명과 개량을 촉진하였다."

106) 런던에서 기선의 외륜축을 담금질하기 위해 사용하는 이러한 기계 가운데 '천둥'이라는 이름을 가진 것도 있다. 그것은 무게 16.5톤의 축을 ― 대장장이가 말굽쇠를 단련하듯이 ― 손쉽게 단련할 수 있다.

107) 소규모로 사용할 수 있는 목재 가공기계는 대개 미국에서 발명되었다.

산유기체를 갖는데, 이것을 노동자는 이미 만들어진 물적 생산조건으로서 발견한다. 단순협업이나 분업에 따라 특화된 협업의 경우에도, 독립적인 노동자가 사회화한 노동자에 의해 밀려나는 것은 아직은 어느 정도 우연적인 일에 속한다. 뒤에서 얘기할 몇몇 예외를 제외하면, 기계는 직접적으로 사회화한 노동, 즉 공동노동을 통해서만 기능한다. 그러므로 노동과정의 협업적 성격은 오늘날 노동수단 자체의 성격에 의해 규정되는 기술적 필연이 된다.

제2절 기계에서 생산물로의 가치 이전

이미 보았듯이, 협업과 분업에서 생겨나는 생산력은 자본에는 한 푼의 비용도 발생시키지 않는다. 그것은 사회적 노동이 만들어내는 자연력이다. 생산과정에 사용되는 증기·물 등과 같은 자연력도 마찬가지로 아무 비용이 들지 않는다. 그러나 인간이 호흡하기 위해서는 허파가 필요하듯이 자연력을 생산적으로 소비하기 위해서는 ‘인간의 손으로 만든 형성물’이 필요하다. 수력을 이용하기 위해서는 수차가 필요하고, 증기의 탄성을 이용하기 위해서는 증기기관이 필요하다. 과학도 이 자연력과 마찬가지이다. 전류의 작용범위 안에서는 자석이 한쪽으로 기운다는 사실과 주위에 전류가 흐르면 철에 자기가 발생한다는 사실에 관한 법칙은 그것이 한번 발견되면 한 푼의 비용도 더 들지 않는다.[108] 그러나 이런 법칙을 전신 등에 이용하려면 매우 비싸고 커다란 장치가 필요하다. 앞서 살펴본 바

M408

---

108) 자본가는 일반적으로 과학에 ‘전혀’ 비용을 들이지 않지만, 그렇다고 해서 그가 과학을 이용할 수 없는 것은 결코 아니다. ‘다른 사람의’ 과학은 다른 사람의 노동과 마찬가지로 자본에 통합된다. 그러나 과학에 관한 것이든 물질적인 부에 관한 것이든 ‘자본가적’ 취득과 ‘개인적’ 취득은 완전히 별개의 것이다. 유어 박사조차 기계를 이용하는 그의 친애하는 공장주들이 역학에 대해 너무 무식하다고 개탄했으며, 리비히도 영국의 화학공장 공장주들이 화학에 대해 아주 무식하다는 것을 얘기해야 한다고 생각하였다.

와 같이 도구는 결코 기계에 의해 밀려나지 않는다. 그것은 인체에 맞는 조그마한 도구에서 규모로나 수적으로나 인간이 창조한 한 메커니즘의 도구로 성장한다.

자본은 이제 수공업적 도구가 아니라 스스로 자신의 도구를 거느리는 기계를 가지고 노동자에게 작업을 시킨다. 대공업이 이렇듯 거대한 자연력과 자연과학을 생산과정에 통합함으로써 노동생산성을 놀라울 정도로 향상시키게 된다는 사실은 매우 명백하지만, 이 향상된 생산력이 다른 측면에서 노동 지출의 증가를 통해 얻어진 것이 아니라고는 결코 분명하게 말할 수 없다. 불변자본의 다른 모든 성분과 마찬가지로, 기계는 가치를 직접 창출하지는 않지만 그것을 사용해 만들어진 생산물에 자신의 가치를 이전한다. 기계는 가치를 지니고 있고, 따라서 가치를 생산물에 이전함으로써 생산물가치의 한 구성 부분을 이룬다. 기계는 생산물의 가격을 하락시키는 것이 아니라 오히려 자신의 가치에 비례하여 생산물의 가격을 상승시킨다. 따라서 기계와 체계적으로 발달한 기계설비, 곧 대공업의 특징을 이루는 노동수단이 수공업 경영이나 매뉴팩처 경영에서의 노동수단에 견주어 비교도 안 될 정도로 생산물의 가치를 크게 높이고 있다는 것은 누가 보아도 분명하다.

이제 가장 먼저 주의해야 할 것은, 기계는 노동과정에는 전체가 모두 투입되지만 가치증식과정에는 일부만 투입된다는 점이다. 기계는 자신의 마모를 통해서 유실되는 평균가치보다 더 많은 가치를 이전할 수는 없다. 따라서 기계 전체의 가치와 주기적으로 기계에서 생산물로 이전되는 가치 사이에는 큰 차이가 있다. 가치 형성요소로서의 기계와 생산물 형성요소로서의 기계 사이에는 큰 차이가 있는 것이다. 똑같은 기계가 동일한 노동과정에서 반복적으로 사용되는 기간이 길면 길수록 이 차이는 더욱 커진다. 물론 이미 본 바와 같이 원래의 노동수단이나 생산용구는 어떤 것이든지 노동과정에는 전체가 투입되지만, 가치증식과정에는 매일 평균적으로 마모되는 양만큼 조금씩 부분적으로만 투입된다. 그러나 사용과 마모

 사이의 차이는 도구에서보다도 기계의 경우가 훨씬 크다. 왜냐하면 기계는 내구력이 큰 재료로 만들어져 있어서 수명이 길고, 또 사용방식도 엄밀한 과학적 법칙에 따라 통제되기 때문에 그 구성 부분과 그 소비수단의 지출을 한층 절약할 수 있을 뿐 아니라 기계의 생산작용 범위도 도구보다 비교가 안 될 만큼 크기 때문이다. 만약 이들 기계와 도구에서 이것들의 하루 평균비용〔즉 그것들이 날마다 평균적으로 마모되고 기름이나 석탄 같은 보조재료의 소비를 통해 생산물에 이전하는 가치성분〕을 빼면, 기계와 도구는 인간노동의 작용 없이 존재하는 자연력과 마찬가지로 무상으로 작용하는 것이 된다. 기계의 생산작용 범위가 도구보다 큰 만큼 기계가 무상으로 작용하는 역할의 범위도 도구보다 크다. 대공업에 와서야 인간은 과거에 이미 대상화한 자신의 노동생산물을 대규모로, 또 자연력과 마찬가지로 무상으로 작용시킬 수 있게 되었다.[109]

협업과 매뉴팩처에 대한 고찰에서 밝혔듯이, 건물과 같은 일반적인 생산조건은 공동소비를 통해서 개별화된 노동자들의 분산된 생산조건에 비해 훨씬 절약할 수 있어서 생산물의 가격상승을 줄일 수 있다. 기계의 경우 작업기계 하나의 몸체가 그것의 여러 도구에 의해 공동으로 사용되며, 하나의 동력기가 전동장치 일부와 함께 수많은 작업기계에 의해 공동으로 소비된다.

기계의 가치와 그것이 매일 생산물에 이전하는 가치 부분 사이의 차이가 주어져 있다면 이 가치 부분이 생산물가격을 어느 정도 상승시킬지는

---

109) 리카도는 노동과정과 가치증식과정 사이의 일반적인 차이에 대해서와 마찬가지로 기계의 이런 작용에 대해서도 별로 설명하지 않지만, 그래도 자주 그것을 강조함으로써 종종 기계가 생산물에 이전하는 가치성분을 망각하고 기계를 자연력과 완전히 혼동하고 있다는 것을 스스로 보여주고 있다. 예를 들면 그는 다음과 같이 말하고 있다. "애덤 스미스는 자연력과 기계가 우리를 위해 수행하는 역할을 과소평가하지는 않지만, 그래도 그것들이 상품에 부가하는 가치의 성질을 매우 올바르게 구별하고 있다. …… 자연력과 기계는 무상으로 일하기 때문에 그것들이 우리에게 주는 도움은 교환가치에는 아무것도 보태주지 않는다"(리카도, 『경제학 원리』, 336·337쪽). 리카도의 논평이, 기계는 '이윤'의 일부를 이루는 가치를 창출하는 '역할'을 행한다고 멋대로 생각하는 세이에 대한 것이라면 물론 그것은 맞는 말이다.

무엇보다도 생산물의 크기, 예컨대 생산물의 표면적에 의해 정해진다. 블랙번의 베인스는 1857년 출간된 강의록 안에서 다음과 같은 평가를 내리고 있다.

실제 1기계마력[109a]은 선행작업장치를 갖춘 450개의 뮬 방추나 200개의 스로슬 방추 또는 날실을 달고 풀칠을 하는 장치들이 갖추어진 40인치 직물용 역직기 15대를 운전한다. [†117] M410

1증기마력의 하루 비용과 그것으로 운전되는 기계의 마모가 첫 번째 경우에는 뮬 방추 450개의 하루 생산물에, 두 번째는 스로슬 방추 200개의 생산물에, 세 번째는 역직기 15대의 생산물에 배분되었기 때문에 1온스의 실이나 1엘레의 직물에는 아주 적은 양의 가치 부분만 이전된다. 앞에서 들었던 증기 해머의 예에서도 마찬가지이다. 증기 해머가 하루에 마모되는 부분과 소비하는 석탄 등이 그 해머가 하루에 두들기는 엄청난 양의 철에 배분될 경우 1첸트너의 철에는 근소한 가치 부분밖에 부가되지 않지만, 만약 이 거대한 용구가 조그마한 못을 박는다면 이때의 가치 부분은

109a) 〔제3판의 주: 1 '마력'은 분당 33,000피트파운드의 힘, 곧 분당 33,000파운드를 1피트 들어올리거나 1파운드를 33,000피트 들어올리는 힘과 같다. 본문에서 말하는 마력은 바로 이것이다. 그러나 보통 업계에서 얘기할 때, 그리고 이 책의 여기저기에서 인용하는 문장들에서는 똑같은 기계에서도 '명목'마력과 '상업'〔또는 '지시'〕마력을 구별한다. 구(舊)마력〔또는 명목마력〕은 단지 피스톤의 이동거리와 실린더의 지름만으로 계산될 뿐, 증기압과 피스톤의 속도는 전혀 고려되지 않는다. 실제로 어떤 증기기관을 예를 들어 구마력으로 50마력이라고 표시했다면, 그것은 이 증기기관이 볼턴이나 와트 시대처럼 낮은 증기압과 저속의 피스톤으로 운전될 때 50마력을 발휘한다는 것을 의미한다. 그러나 증기압과 피스톤의 속도라는 이 두 요소는 그뒤 꽤 증대하여, 오늘날에는 기계 하나가 실제로 내는 기계력을 측정하기 위해 증기압을 나타내는 계기(計器)가 발명되었다. 또한 피스톤의 속도는 쉽게 확인될 수 있다. 그리하여 어떤 기계의 '계기'마력〔또는 '상업'마력〕의 척도는 실린더의 지름과 피스톤의 이동거리 및 속도 그리고 증기압을 동시에 고려한 하나의 수학적 정식이 되며, 이 정식은 이 기계가 분당 33,000피트파운드의 몇 배의 일을 실제로 수행할 수 있는지를 나타낸다. 그렇기 때문에 1명목마력은 실제로는 계기마력 또는 실제마력으로 볼 때 3~4마력, 심지어는 5마력까지도 수행할 수 있다. 이들 설명은 다음에 나오는 여러 인용문의 이해를 돕기 위한 것이다.─엥겔스〕

매우 커질 것이다.

작업기계의 작용범위〔즉 작업기계에 부속된 도구의 수, 또는 힘을 기준으로 할 경우에는 그 작업기계의 크기〕가 주어진다면 생산물의 양은 작업기계가 움직이는 속도, 즉 예를 들어 방추의 회전속도나 해머가 1분 동안에 두들기는 횟수에 따라 정해진다. 저 거대한 해머 중에는 1분 동안 70회를 두들기는 것도 많고, 방추를 단조하기 위해 비교적 소형 증기 해머를 사용하는 라이더의 특허 단조기는 1분에 700회를 두들긴다.

기계가 생산물에 이전하는 가치의 비율이 일정하다면 이 가치 부분의 크기는 기계 자체의 가치크기에 따라 정해진다.[110] 기계에 포함되어 있는 노동이 적으면 적을수록 기계가 생산물에 부가하는 가치는 적어진다. 이전하는 가치가 적으면 적을수록 기계는 더욱 생산적이 되고 기계의 기여는 점점 자연력의 기여에 가까워진다. 그런데 기계에 의한 기계의 생산은 기계의 크기와 효과에 비례하여 기계의 가치를 감소시킨다.

수공업적으로 또는 매뉴팩처 방식으로 생산된 상품의 가격과 기계에 의해 생산된 똑같은 상품의 가격을 비교·분석해본다면, 일반적으로 기계생산물의 경우 노동수단에서 이전되는 가치성분이 상대적으로는 증대하지만 절대적으로는 감소한다는 결론이 나온다. 다시 말해서 가치성분의 절대적인 크기는 감소하지만 예를 들어 1파운드의 실이라는 생산물의 총가치에 대한 비율은 증가한다.[111]

---

110) 자본가적인 사고방식에 젖어 있는 독자는 여기에서 당연히 기계가 그 자본가치에 비례해서 생산물에 부가하는 '이자'가 빠져 있다고 생각할 것이다. 그러나 기계는 다른 불변자본 성분과 마찬가지로 새로운 가치를 만들어내지 않기 때문에 '이자'라는 이름으로 새로운 가치를 부가할 수 없다는 사실은 쉽게 이해할 수 있다. 더욱이 잉여가치의 생산에 초점을 맞추고 있는 여기에서는 잉여가치의 어떤 부분도 '이자'라는 이름으로 선험적으로 전제될수는 없다는 것이 분명하다. 언뜻 보아도 불합리하고 가치형성의 갖가지 법칙들과 모순되어 보이는 자본주의적 계산방법에 대해서는 이 책의 제3권에서 자세히 설명할 것이다.

111) 기계가, 일반적으로 동력으로만 이용되고 물질대사 기계로는 이용되지 않는 말〔馬〕과 같은 역축(役畜)을 몰아내는 경우, 기계에 의해 부가되는 이런 가치성분은 절대적으로나 상대적으로나 모두 감소한다. 덧붙여 말하자면 데카르트(Descartes)는 동물을 단순한 기계라고 정의했는데, 이는 중세 때와는 구별되는 매뉴팩처 시대의 눈으로 본 것이다. 중세에는 동물을 인간

만약 기계 하나를 생산하는 데 들어가는 노동량이 기계의 사용으로 말 ^{M412}
미암아 절약되는 노동량과 같다면, 이런 경우에는 노동의 단순한 자리바
꿈만 있을 뿐이어서 상품생산에 필요한 노동의 총량은 감소하지 않으며,
따라서 노동생산력도 증가하지 않을 것이 분명하다. 그렇지만 기계의 생
산에 들어간 노동과 기계의 사용으로 절약된 노동 사이의 차이〔즉 기계의
생산성 수준〕는 분명히 기계 자체의 가치와 기계에 의해 대체된 도구의
가치 사이의 차이에 따라서 정해지는 것은 아니다. 이 차이는 기계의 노동
비용〔즉 기계가 생산물에 부가하는 가치 부분〕이 노동자가 자신의 도구를
사용해서 노동대상에 부가하는 가치 부분보다 적을 때만 발생한다. 그러
므로 기계의 생산성은 그 기계가 인간의 노동력을 대체하는 정도에 따라
서 계산된다. 베인스에 따르면, 1증기마력으로 운전되는 450개의 뮬 방추
와 그 선행장치에는 $2\frac{1}{2}$ 명의 노동자가 필요하며,[112] 자동 뮬 방추 하나당
10시간의 노동일 동안 13온스의 실(평균번수)이 생산된다. 따라서 1주일

의 보조자로 보았고, 그런 관점은 그뒤 폰 할러(von Haller)의 저서 『국가학의 부흥』에서도 다
시 나타난다. 베이컨과 마찬가지로 데카르트도 생산의 변화된 모습과 인간에 의한 자연의 실
질적인 지배를 사유방법의 변화 결과로 간주한다는 사실이 그의 『방법서설』에 잘 나타나 있는
데, 거기에는 다음과 같이 씌어 있다. "(그가 철학에 도입한 방법을 이용하면) 생활에 매우 유
익한 지식에 도달할 수 있을 뿐만 아니라 학교에서 배우는 사변적인 철학 대신 하나의 실천적
인 철학을 발견할 수도 있다. 이 철학을 통해 불이나 물, 공기, 천체 그리고 그밖에 우리를 둘러
싸고 있는 온갖 물체의 힘과 작용에 대해 다양한 직종의 우리 수공업자들만큼이나 자세히 앎
으로써 우리는 그것들이 적용될 수 있는 모든 쓰임새에 그것들을 이용할 수 있을 것이다. 이리
하여 우리는 자연의 주인이자 자연의 소유주가 될 수 있으며" 또한 그렇게 해서 "인간 생활의
완성에 기여할 수 있을 것이다." 노스(Dudley North) 경의 『상업론』(1691) 서문에는 데카르트
의 방법론이 경제학에 응용됨으로써 화폐나 상업에 대한 낡은 동화와 미신적인 관념에서 경제
학을 해방시키기 시작했다고 씌어 있다. 그러나 초기의 영국 경제학자들은 대체로 그들의 철
학자로서 베이컨과 홉스(Hobbes)를 지지하였고, 단지 로크(Locke)만이 나중에 영국 · 프랑
스 · 이탈리아 모두에서 경제학의 '철학자'가 되었다.

112)　에센 상입회의소의 연차보고서(1863년 10월)에 따르면 크루프 칠강공장은 1862년에 161
　기의 용광로 · 도가니 · 제강화로, 32개의 증기기관(맨체스터에서 1800년 한 해 동안 사용된 증
　기기관의 총수와 거의 같다), 총 1,236마력을 갖는 14개의 증기 해머, 49기의 단철로, 203대의
　공작기계와 약 2,400명의 노동자를 가지고 1,300만 파운드의 주강(鑄鋼)을 생산했다. 이 경우 1
　마력당 노동자 수는 2명도 되지 않는다.

동안에는 $365\frac{5}{8}$ 파운드의 실이 $2\frac{1}{2}$ 명의 노동자에 의해 방적된다. 이렇게 하여 약 366파운드의 면화(간단히 하기 위해 소수점 이하는 무시하자)가 실로 변하는 데에는 단지 150노동시간〔즉 10시간 노동일의 15일치〕만이 소요되지만, 만약 1명의 수작업 방적공이 13온스의 실을 60시간 동안에 방적할 수 있는 방차에서 실을 잣는다면 같은 양의 면화는 2,700노동일, 즉 2만 7,000노동시간이 소요된다.[113] 종래의 블록프린팅(blockprinting), 즉 수공업적 사라사 날염법이 기계 날염법에 의해 밀려난 곳에서는 기계한 대가 한 명의 성인 남자 또는 소년의 도움을 받아 한 시간에 예전에 200명의 남자가 한 것과 같은 양의 4색 사라사를 날염한다.[114] 1793년 일라이 휘트니(Eli Whitney)가 조면기를 발명하기 전에는 1파운드의 면화에서 목화씨를 분리하는 데 하루의 평균노동일이 들었다. 그의 발명 덕택에 1명의 흑인 여공이 하루에 100파운드의 면을 생산할 수 있게 되었으며, 그 뒤 조면기의 효율은 갈수록 더 높아졌다. 1파운드의 면섬유가 예전에는 50센트에 생산되었지만 나중에는 더 큰 이윤을 낳으면서도〔즉 더 많은 불불노동을 포함하면서도〕 10센트에 판매되었다. 인도에서는 면화에서 씨를 분리해내기 위해 거의 기계에 가까운 추르카(Churka)라는 용구가 사용되고 있었는데, 이것을 사용하여 남자 1명과 여자 1명이 하루에 28파운드의 면을 솎아낸다. 몇 해 전에 포브스 박사가 발명한 추르카를 쓰면 남자 1명과 소년 1명으로 하루에 25파운드를 생산할 수 있다. 소나 증기 또는 물이 동력으로 사용될 때는 겨우 몇 명의 소년 소녀만이 피더(feeder: 기계에 재료를 공급하는 사람)로 필요할 뿐이다. 소가 작동시키는 이런 기계 16대는 옛날 750명이 하루에 하던 평균작업량을 하루 만에 작업해낸다.[115]

---

113) 배비지의 계산에 따르면 자바에서는 거의 방적노동만으로 면화에 117%의 가치가 부가되었다. 같은 시기(1832년) 영국에서 세사(細絲)방적의 경우 기계와 노동이 면화에 부가하는 총가치는 원료가치의 약 33%였다(배비지, 『기계 경제론』, 165 · 166쪽).

114) 기계 날염에서는 염료도 절약된다.

115) 「인도 총독부에 대한 생산물 보고자 와트슨 박사가 기술협회에서 낭독한 보고서」, 1860년 4월 17일 참조.

이미 말했듯이(M397을 보라—옮긴이) 증기쟁기의 경우, 증기기관은 1시간에 3펜스[즉 $\frac{1}{4}$ 실링]의 비용으로, 시간당 15실링의 비용으로 66명의 사람이 수행하는 작업량과 같은 양의 일을 한다. 오해가 없도록 이 예를 한 번 더 살펴보기로 하자. 이 15실링은 66명의 사람이 1시간 동안 부가하는 노동의 표현은 결코 아니다. 만약 필요노동에 대한 잉여노동의 비율이 100%라면 이 66명의 노동자는 한 시간에 30실링의 가치를 생산하며 자신들을 위한 가치, 즉 15실링의 임금에는 단지 33시간의 노동만 표시되어 있을 뿐이다. 그렇다면 이제 어떤 기계에 들어간 비용이, 그 기계로 말미암아 쫓겨난 노동자 150명의 1년 임금과 같은 비용, 예를 들어 3,000파운드스털링이라고 하자. 이 3,000파운드스털링은 노동자 150명이 만들어낸〔즉 노동대상에 부가한〕노동의 화폐 표현이 아니라, 이 노동자들이 1년 동안 지출한 노동 가운데 그들 자신을 위한 임금으로 표시되는 부분만을 화폐로 표현한 것이다. 반면 3,000파운드스털링이라는 기계의 화폐가치는 그 기계를 생산하는 데 지출된 모든 노동을—이 노동이 어떤 비율로 노동자를 위한 임금과 자본가를 위한 잉여가치로 나누어지든 그것과는 무관하게—표현한다. 그래서 기계를 만드는 데 들어간 비용이 그것으로 대체되는 노동력의 비용과 같다고 해도, 이 기계 속에 대상화되어 있는 노동은 늘 이 기계가 대체한 살아 있는 노동보다는 훨씬 적다.[116]

생산물의 가격을 낮추기 위한 수단이라는 측면에서만 본다면, 기계 사용의 한계는 기계 자체의 생산에 필요한 노동이 기계의 사용으로 대체될 노동보다도 적어야 한다는 점에 있다. 그러나 자본에서 이 한계는 더욱 축소된다. 자본은 사용되는 노동만큼 지불하는 것이 아니라 사용된 노동력의 가치만큼 지불하기 때문에, 자본에는 기계의 가치와 그 기계가 대체하는 노동력의 가치 사이의 차이가 한계로 주어진다. 노동일이 필요노동과

M414

---

116) "이런 무언의 대리자들(기계들)은 언제나 그것들 때문에 쫓겨난 노동보다—설사 그것들이 화폐가치 액수에서는 동등하다 하더라도—훨씬 적은 노동의 산물이다"(리카도, 『경제학 원리』, 40쪽).

잉여노동으로 나누어지는 비율은 나라마다 다르고 같은 나라에서도 시기에 따라 다르며, 또 같은 나라 같은 시기라도 산업부문에 따라 다르다. 게다가 노동자의 실제임금은 그의 노동력의 가치보다 낮아지기도 하고 높아지기도 한다. 따라서 비록 기계의 생산에 필요한 노동량과 기계가 대체한 노동의 총량 간의 차이가 변하지 않더라도, 기계의 가격과 기계가 대체하는 노동력의 가격 사이의 차이는 많이 달라질 수 있다.[116a] 그러나 자본가에게서 상품의 생산비를 결정하고 자본가를 경쟁의 강제법칙에 따라 움직이게 하는 것은 오로지 전자의 차이뿐이다. 그렇기 때문에, 오늘날 영국에서 기계가 발명되어도 그것이 북미에서밖에 사용되지 않는다든가, 16세기와 17세기에 독일에서 발명된 기계가 네덜란드에서만 사용된다든가, 18세기에 프랑스에서 이루어진 여러 가지 발명이 영국에서만 이용된다든가 하는 일들이 생겨난다. 오래된 선진국들에서는 몇몇 산업부문에 기계가 사용되면 다른 부문들에서는 노동과잉(리카도가 'redundancy of labour'라고 일컬은) 현상이 생겨나고 그 결과 이런 부문들에서는 임금이 노동력가치 이하로 하락하여 기계의 사용이 방해를 받는데, 이는 자본—사용된 노동이 아니라 지불된 노동을 줄임으로써 이익을 얻는—의 입장에서 볼 때 기계의 사용이 쓸모가 없거나 불가능해지기 때문이다. 영국 양모공업의 몇몇 부문에서는 요즈음 몇 해 사이에 아동노동이 크게 줄어들었으며 어떤 곳에서는 거의 없어졌다. 왜 그럴까? 공장법은 아동을 2개 조로 나누어 한 조는 6시간, 다른 한 조는 4시간 노동하게 하거나 아니면 각 조를 5시간씩만 노동하게 하도록 강제하였다. 그러나 부모들은 이 반일공(半日工, half-timer)을 예전의 전일공(全日工, full-timer)보다 싸게 팔려고 하지 않았다. 그래서 반일공은 기계에 의해 대체되었다.[117] 광산에서 부녀

116a) 제2판의 주: 따라서 공산주의 사회에서 기계는 부르주아 사회와는 전혀 활동범위가 다를 것이다.

117) "노동의 사용자들은 불필요하게 13세 미만의 아동들을 2개 조나 고용하려 하지는 않을 것이다. …… 한 부류의 제조업자, 즉 모사 방적업자는 오늘날 실제로 13세 미만의 아동들(즉 반

자와 어린이(10세 미만)의 노동이 금지되기 전에는 거의 나체상태인 부녀자와 소녀들을 때때로 남자들과 함께 탄광이나 다른 광산에서 사용하는 방법이 자본에게 자신들의 도덕률은 물론 그들의 회계장부에도 합당한 일이었기 때문에, 그것이 금지되고 나서야 비로소 자본은 기계를 채용하였다. 양키들은 돌을 깨는 기계를 발명하였다. 영국인은 이 기계를 사용하지 않는데 그 까닭은 이 노동을 하는 '불쌍한 사람'('wretch'는 농업노동자를 뜻하는 영국 경제학의 전문용어이다)들이 자신의 노동 가운데 아주 근소한 부분만을 지불받기 때문에 자본가들로서는 굳이 기계를 사용하여 비싸게 생산을 수행할 필요가 없기 때문이었다.[118] 영국에서는 지금도 수로의 배를 끄는 데 말 대신 여자들을 종종 사용하는데,[119] 그 이유는 말과 기계를 생산하는 데 필요한 노동은 수학적으로 주어지는 양이지만 과잉인구 중에서 여자를 부양하는 데 필요한 노동은 아무렇게나 계산될 수 있기 때문이다. 이것이 바로 기계의 나라 영국에서 다른 어떤 나라보다도 하찮은 일에 부끄럼도 없이 인력이 마구 낭비되고 있는 이유이다.

제3절 기계제 경영이 노동자에게 끼치는 직접적 영향

이미 말한 바와 같이 대공업의 출발점은 노동수단의 혁명이며, 변혁된

일공)은 거의 사용하지 않는다. 그들은 개량된 갖가지 새로운 기계를 도입했으며, 이들 기계 덕택에 아동(13세 미만)들을 사용할 필요가 전혀 없어졌다. 아동노동자의 수가 이처럼 감소하는 것을 보여주는 좋은 예로서 다음과 같은 노동과정을 하나 보기로 하자. 여기에서는 옷감을 이어붙이는 누비기계(piecing machine)라는 장치를 기존의 기계에 부가시킴으로써, 기계의 특성에 따라 6명 또는 4명이 필요했던 일을 한 명의 소년(13세 이상)이 할 수 있게 되었다. 반일고용제는 누비기계의 발명을" 자극했던 것이다(『공장감독관 보고서: 1858년 10월 31일』〔42·43쪽〕).

118) "기계는 …… 대체로 노동(그는 임금을 뜻하고 있다)이 상승할 때까지는 사용될 수 없다"(리카도, 앞의 책, 479쪽).

119) 『에든버러에서 열린 사회과학대회 보고서: 1863년 10월』을 보라.

노동수단은 잘 편성된 공장의 기계제를 통해서 가장 발달한 형태를 취한다. 이제 이 객관적인 유기체에 인간재료가 어떻게 통합되는지를 살펴보기 전에, 그 혁명이 노동자에게 미치는 몇 가지 일반적인 영향을 살펴보기로 하자.

ㄱ. 자본에 의한 보조노동력의 점유. 여성노동과 아동노동

기계가 근육의 힘을 불필요한 것으로 만들고 나면, 기계는 이제 근력이 없는 노동자〔또는 육체적 발달은 미숙하지만 손발의 움직임은 비교적 유연한 노동자〕를 사용할 수 있는 수단이 된다. 그러므로 여성노동과 아동노동은 기계를 자본주의적으로 사용하는 데서 최초로 사용된 단어였다! 노동과 노동자에 대한 이 강력한 대용물은 성과 연령의 구별 없이 노동자 가족의 모든 구성원을 자본의 직접적인 지배 아래 편입시킴으로써 임노동자의 수를 증가시키는 즉각적인 수단으로 전화하였다. 자본가를 위한 강제노동은 아동의 유희뿐만 아니라 〔관습적인 범위 안에서 이루어지는〕 가족 자체를 위한 자유로운 가사노동까지도 침탈한다.[120]

M417 노동력의 가치는 성인노동자 개개인의 생활 유지뿐만 아니라 노동자 가족의 생활 유지에도 필요한 노동시간에 의해서 규정되었다. 기계는 노동자 가족의 모든 구성원을 노동시장에 밀어넣음으로써 성인 남성노동력의 가치를 그의 전체 가족들에게로 분할한다. 그러므로 기계는 그의 노동

---

120) 에드워드 스미스(Edward Smith) 박사는 미국의 내전에 이어 면화공황이 발생했을 때 면직업 노동자들의 건강상태가 어떤지에 대해 보고하라는 영국 정부의 명을 받고 랭커셔·체셔 등지로 파견되었다. 그는 다음과 같이 보고하고 있다. "노동자가 공장세상에서 벗어나는 것은 차치하더라도 공황은 위생적인 측면에서 여러 가지 장점을 가지고 있다. 부녀노동자들은 이제 자신의 아이들을 '고드프리 강장제'(일종의 마취제)로 마취시키는 대신 아이들과 놀아줄 수 있는 여가를 얻게 되었다. 그녀들은 요리를 배울 시간도 갖게 되었다." 그러나 불행하게도 이 요리기술은 그들에게 먹을 것이 다 떨어진 순간에 생겨났다. 이를 토대로 우리는 소비를 위해 필요한 가족노동을 그 동안 자본이 자기증식을 위해 얼마나 약탈해왔는지를 알 수 있다. 또 공황은 특수학교에서 노동자의 딸들에게 재봉하는 법을 가르치는 데 이용되었다. 전세계를 위하여 방적을 하는 소녀노동자들이 재봉질을 배우기 위해서는 미국의 혁명과 세계공황이 필요했던 것이다!

력가치를 감소시킨다. 예를 들어 4명의 노동력으로 분할된 가족을 구입하는 데에는 아마도 이전에 가장(家長) 한 사람의 노동력을 구입하던 때보다 더 많은 비용이 들 것이다. 그러나 그 대신 1노동일은 4노동일이 되고 노동력의 가격은 4노동일의 잉여노동이 1노동일의 잉여노동을 초과하는 데 비례하여 하락할 것이다. 이제 한 가족이 생활하려면 단지 4명이 노동을 제공하는 데에서 그치지 않고 자본을 위한 잉여노동까지 제공해야만 한다. 이리하여 기계의 보급은 처음부터 자본의 가장 고유한 착취영역인 인간이라는 착취재료[121] [그리고 동시에 착취도]를 확대시키면서 진행된다.

기계는 또 자본관계의 형식적 매개물인 노동자와 자본가 사이의 계약을 근본적으로 변혁시킨다. 상품교환의 기초 위에서는 자본가와 노동자가 자유로운 인격체로서[즉 각기 독립된 상품소유자로서] 한쪽은 화폐와 ^{M418} 생산수단의 소유자로, 다른 한쪽은 노동력의 소유자로 상대한다는 것이 첫 번째 전제였다. 그러나 이제 자본은 미성년자 또는 청소년을 구입한다. 이전에 노동자는 형식상 자유로운 인격체로서 자기 마음대로 처분할 수 있는 자신의 노동력을 판매하였다. 그런데 이제 그는 아내와 자식을 판매한다. 그는 노예상인이 된 것이다.[122] 아동노동에 대한 수요는 그 형태

---

121) "남성노동을 여성노동으로 대체하고 또 성인노동을 아동노동으로 대체함으로써 노동자 수는 크게 증가하였다. 주당 6~8실링의 임금을 받는 13세의 소녀 3명은 주당 18~45실링을 받는 성인남자 한 명을 몰아낸다"(드 퀸시[Th. de Quincey], 『경제학의 논리』, 런던, 1844, 147쪽의 주). 가족의 일정한 기능, 예를 들면 어린아이를 돌보고 양육하는 등의 일은 결코 억압을 통해서 해소될 문제가 아니기 때문에 자본에 의해 징발된 어머니는 어떤 식으로든 그 대리인을 구해야만 한다. 재봉이나 수선 따위처럼 가족 소비에 필요한 노동은 기성품의 구입으로 대체되어야 한다. 이리하여 가사노동의 지출이 감소함에 따라 비례적으로 화폐 지출은 증가한다. 따라서 노동자 가족의 생산비는 증가하여 그것이 수입의 증가분을 상쇄시킨다. 게다가 생활수단을 이용하거나 준비하는 과정에서 그것을 절약하거나 합목적적으로 운용하는 것이 불가능해진다. 공인된 경제학에서 은폐되고 있는 이런 사실들에 관해서는 『공장감독관 보고서』나 『아동노동 조사위원회 보고서』, 특히 『공중위생 보고서』에서 풍부한 자료를 얻을 수 있다.

122) 영국의 공장에서 여성노동과 아동노동에 대한 제한이 성인 남성노동자들에 의해 자본으로부터 쟁취된 것이라는 중요한 사실과는 대조적으로 '아동노동 조사위원회'의 최근 보고서에서는 아직도 노동자 부모들에게서 아동 매매와 관련하여 참으로 가증스럽고 노예상인과 같은 기질들이 발견되고 있다. 그러나 이 같은 『보고서』를 통해서 알 수 있듯이 자본주의적 바리새

에서 때때로 미국의 신문광고에서 흔히 보던 바와 같은 흑인 노예에 대한 수요와 흡사하다. 예를 들어 영국의 한 공장감독관은 다음과 같이 말하고 있다.

내 관할구역에서 가장 유력한 어느 공업도시의 지방신문에 실린 다음과 같은 광고가 내 주의를 끌었다. 12~20명의 소년을 구함. 13세 이상으로 보여야 함. 임금은 주급 4실링. 문의는 여차여차하게 함.[123]

"13세 이상으로 보여야 함"이라는 문구는 공장법에 따라 13세 미만의 아동은 6시간밖에 일할 수 없다는 것과 연관되어 있다. 아동의 나이는 공인의사(certifying surgeon)의 증명이 있어야 했다. 그래서 공장주는 13세가 넘어 보이는 소년을 구했던 것이다. 공장주가 고용한 13세 미만 아동의 수가 급격히 감소하고 있는 것은 최근 20년 동안의 영국 통계에서 가장 놀라운 일인데, 공장감독관들의 증언에 따르면 그것은 대부분 공인의사들의 업적이다. 즉 그 의사들이 자본가의 착취욕과 당장의 이익에 눈먼 부모들의 욕심에 맞추어 아동의 연령을 불려주었기 때문이라는 것이다. 베스널 그린이라는 평판이 나쁜 런던의 한 구역에서는 매주 월요일과 화요일 아침에 9세 이상의 소년 소녀들이 런던의 견직업자들에게 자신을 임대하는 공개시장이 열린다. "조건은 보통 주급 1실링 8펜스(이것은 부모의 몫이다)와 자신의 몫으로 2펜스 그리고 차(茶)뿐이다." 계약은 1주일 단위로

인들은 자신들이 만들어내고 영속화시켜 착취하고 있는 이 야만성 — 그들은 다른 곳에서 이것을 '노동의 자유'라고 부른다 — 을 오히려 비난하고 있다. "유아들에게 필요한 매일매일의 빵을 구하기 위해 …… 심지어 유아의 노동에까지 도움을 구하곤 하였다. 유아들은 이런 과도한 노동을 견딜 힘이 없었고 또 자신의 장래 생활방도에 도움이 되는 교육도 받지 못한 채 육체적으로나 정신적으로 오염된 상태에 빠져 있었다. 유대의 역사가는 티투스에 의한 예루살렘의 파괴에 대하여 이렇게 말하였다. '무정한 모친이 참을 수 없는 굶주림에 못 이겨 자기 자식을 잡아먹을 정도였다면 이 도시가 얼마나 무참하게 파괴되었는지를 쉽게 알 수 있을 것이다'"(『공공경제 요론』, 칼라일〔Carlisle〕, 1833, 66쪽).

123) 『공장감독관 보고서: 1858년 10월 31일』, 40·41쪽 레드그레이브의 진술.

만 체결된다. 이 시장에서 벌어지는 광경이나 오가는 말투는 참으로 가증스러운 것들이다.[124] 부녀자들이 "소년들을 구빈원에서 끌어내 아무 구매자에게나 주당 2실링 6펜스에 임대"[125]하는 일이 영국에서는 아직도 여전히 일어나고 있다. 법이 있는데도 여전히 영국에서는 적어도 2,000명의 소년들이 자신들의 부모에 의해 살아 있는 굴뚝청소기로(그들을 대신할 기계가 있음에도) 판매되고 있다.[126] 기계가 불러일으킨 노동력 구매자와 판매자 사이의 법률적 관계의 혁명은, 전체 노동력 거래에서 자유로운 인격체들 사이의 계약이라는 겉모습마저 없애버림으로써, 결국 국가가 공장제도에 대해 간섭하도록 만드는 법적 구실을 영국 의회에 제공하였다. 공장법이 지금까지 간섭받지 않았던 산업부문들에서 아동노동을 6시간으로 제한할 때마다 공장주들의 다음과 같은 불평이 되풀이되곤 했다. 즉 일부 부모들이 새롭게 규제받게 된 산업에서 자식들을 끌어내어 아직 '노동의 자유'가 지배하고 있는 산업(즉 13세 미만의 아동이 성인과 같이 노동하도록 강제되는 산업, 따라서 아이들을 훨씬 고가로 팔아먹을 수 있는 산업)에 판매할 것이라는 점이다. 그러나 자본은 타고난 평등주의자이기 때문에(즉 모든 생산영역에서 노동의 착취조건이 똑같아야 한다는 것을 자신의 천부인권으로 요구하기 때문에) 한 산업부문에서의 아동노동에 대한 법적 제한은 다른 산업부문에서 똑같은 제한의 원인이 된다.

기계가 처음에는 직접적으로 자신을 토대로 성장하는 공장 안에서, 다음에는 간접적으로 나머지 모든 산업부문에서, 아동과 청소년 그리고 부녀자들을 자본의 착취 아래 밀어넣음으로써 그들을 육체적으로 황폐화시킨다는 점은 앞에서 얘기되었다. 그래서 여기에서는 유년기 아동노동자의 놀라운 사망률이라는 한 가지 문제에 대해서만 얘기해보고자 한다. 영

---

124) 『아동노동 조사위원회 제5차 보고서』, 런던, 1866, 81쪽, 제31번. (제4판의 주: 베스널 그린의 견직업은 지금은 거의 몰락하였다. — 엥겔스)

125) 『아동노동 조사위원회 제3차 보고서』, 런던, 1864, 53쪽, 제15번.

126) 같은 글, 제5차 보고서, 22쪽, 제137번.

국의 호적 관리구역 가운데 16개 구역에서는 1살 미만의 유아 10만 명 가
운데 사망하는 유아의 수가 연평균 9,085명(7,047명밖에 안 되는 구역도
있다)이었고, 같은 기준으로 유아사망자가 10,000~11,000명인 곳이 24개
구역, 11,000~12,000명인 곳이 39개 구역, 12,000~13,000명인 곳이 48개
구역, 20,000명 이상인 곳이 22개 구역, 21,000명 이상인 곳이 25개 구역,
22,000명 이상인 곳이 17개 구역, 23,000명 이상인 곳이 11개 구역이었으
며, 24,000명 이상인 곳은 후·울버햄프턴·애슈턴언더라인과 프레스턴,
25,000명 이상인 곳은 노팅엄·스톡포트·브래드퍼드였으며, 위스비치는
26,001명, 맨체스터는 26,125명을 나타내고 있다.[127] 1861년 정부 의료조
사에서 나타나는 바에 따르면, 각 지방의 특수한 사정을 무시할 경우 이
높은 사망률은 주로 모친의 가외(家外)취업과 그로 인한 아동의 방임과 학
대, 그 중에서도 특히 부적절한 음식물과 음식물의 부족 그리고 아편중독
등에서 비롯된 것이었다. 게다가 모친이 자식들과 격리되어 관계가 부자
연스럽게* 소원해지면서 고의로 굶기거나 유독물을 먹이는 일도 있었
다.[128] 반면 "부녀자의 취업이 매우 적은" 농촌지역에서는 "사망률이 극
히 낮게"[129] 나타나고 있다. 그런데 1861년의 조사위원회는 북해 연안에
자리잡은 순농업지구의 1살 미만 유아사망률이 평판이 가장 나쁜 공장지
구의 사망률에 거의 육박하고 있다는 예상치 못한 조사결과를 얻었다. 그
래서 줄리언 헌터 박사가 이 현상에 대한 현장조사를 위임받았다. 그의 보
고는 『공중위생에 관한 제6차 보고서』 안에 수록되어 있다.[130] 현장조사

M420

127) 『공중위생 제6차 보고서』, 런던, 1864, 34쪽.
 * 제3판과 제4판에는 '자연스럽게'로 되어 있다.
128) "그것(1861년의 조사)……은 게다가 다음과 같은 것을 보여주고 있다. 앞에서 서술한 바
  와 같은 사정에 따라서 아동들은 자기 모친이 일 때문에 어쩔 수 없이 방치하거나 잘못 다룸으
  로써 사망하게 되는 경우가 많으며, 모친들은 자기 자식들에 대해 놀라울 정도로 부자연스러
  운 태도를 취한다. — 보통 아이가 죽어도 그다지 슬퍼하지도 않으며, 또 때로는 …… 자기 손
  으로 직접 어린아이를 죽이는 수도 있다"(같은 글).
129) 같은 글, 454쪽.
130) 같은 글, 454~462쪽, 「잉글랜드의 몇몇 농촌지구에서 과도한 유아사망률에 관한 헨리 줄
  리언 헌터 박사의 보고」.

가 있기 전까지는 아마도 말라리아나 저습지에 특유한 그밖의 질병이 그
렇게 많은 아이들의 목숨을 빼앗아갔을 것으로 추정되었다. 그러나 조사
결과는 정반대로 다음과 같이 나타났다.

말라리아를 몰아낸 것과 똑같은 원인, 다시 말해 겨울에는 습지이고 여
름에는 척박한 초지였던 토지를 비옥한 곡물 경작지로 바꿨다는 사실 자체
가 유아의 높은 사망률을 낳은 원인이다.[131]

헌터 박사가 그 지방에서 의견을 청취한 70명의 개업의는 이 원인에 대 M421
해서 '놀랄 만큼 똑같은 의견일치'를 보였다. 농업의 변혁과 함께 말하자
면 공업제도가 도입된 것이다.

소년 소녀와 같은 조를 이루어 작업하는 기혼 부녀자들은 이들 조원 전
체를 거느리는 한 남자에 의해 전원이 함께 차지농업가에게 일정 금액을
받고 임대되는데, 이 남자는 대개 "두목"이라고 불린다. 이들은 종종 자신
의 부락에서 몇 마일 떨어진 곳으로 이동하기도 하고 아침 저녁 길거리에
서 종종 쉽게 눈에 띄는데, 부녀자들은 짧은 하의와 거기에 맞는 상의를 입
고 장화를 신었으며 때로는 바지를 입고 있기도 한다. 그들은 겉보기에는
무척 힘이 세고 건강해 보이지만 관습적인 방종으로 말미암아 정신적으로
는 피폐해 있으며, 그들의 이런 활동적이고 독립적인 생활방식이 집에 방
치되어 있는 아이들에게 얼마나 나쁜 결과를 초래할 것인지에 대해서도 무
관심하다.[132]

이 지방에서는 공장지구에서 나타나는 온갖 현상이 재생산되고 있으며

---

131) 같은 글, 455·456쪽.
132) 같은 글, 456쪽.

은폐된 유아 살인과 아동에 대한 마약 투여가 한층 더 심하게 재생산되고 있다. 영국 추밀원[†71]의 의무관이며 『공중위생』에 관한 보고서의 편집장인 사이먼 박사는 다음과 같이 말하고 있다.[133]

나는 그것으로 말미암아 발생하는 해악을 잘 알고 있는 만큼, 성년 부녀자들을 대규모로 산업에 고용하는 현상에 대해 심한 혐오감을 품고 보지 않을 수 없다.[134]

공장감독관 베이커는 정부 보고서에서 다음과 같이 외치고 있다.

만일 어떤 공장에서든 가족이 있는 모든 기혼여성의 노동이 금지된다면, 그것은 영국 공장지구들에 참으로 다행스러운 일일 것이다.[135]

여성노동과 아동노동에 대한 자본주의적 착취에서 발생하는 도덕적 퇴행은 엥겔스의 저서 『영국 노동자계급의 상태』와 그밖의 다른 저술가에 의해 남김없이 서술되어 있으므로 여기에서는 단지 그것을 상기시키는 정도로만 그치고자 한다. 그러나 미성숙한 인간을 단순한 잉여가치 제조기로 전화시킴으로써 인위적으로 만들어낸 지적 황폐화 — 그것은 정신의 발전능력과 타고난 자질 그 자체가 파괴되지 않고 단지 휴경상태로 방치되어 있을 뿐인 자연발생적 무지와는 매우 큰 차이가 있다 — 는 결국 영국 의회로 하여금 공장법의 규제를 받는 모든 산업에서 14세 미만 아동을

M422

---

133) 영국의 공장지구에서와 마찬가지로 농업지구에서도 성인 남녀노동자 사이에 아편 소비가 날로 증가하고 있다. "아편 판매를 조장하는 것은 …… 몇몇 기업적인 도매상들에게 큰 목표이다. 약종상은 그것을 주요한 인기상품으로 간주하고 있다(같은 글, 459쪽). 아편을 먹은 유아는 "제대로 크지 못해 조그마한 노인이나 조그마한 원숭이같이 된다"(같은 글 460쪽). 우리는 여기에서 인도와 중국이 영국에 어떻게 복수하고 있는지를 알게 된다.
134) 같은 글, 37쪽.
135) 『공장감독관 보고서: 1862년 10월 31일』, 59쪽. 이 공장감독관은 예전에는 의사였다.

'생산적'으로 사용하려면 반드시 초등교육을 의무화하도록 법적으로 강제하게 만들었다. 그러나 이 공장법에서 이른바 교육조항이 매우 엉성하게 작성된 점, 그리고 이 의무교육을 대부분 다시 빈 껍데기로 만들어버릴 만큼 행정기구가 제대로 구성되지 않은 점, 또한 이 교육법에 대해 공장주들이 반대하면서 그것을 회피하기 위해 온갖 사기와 술책을 꾀했다는 점은 결국 자본주의적 생산의 정신이 어떤 것인지를 분명히 보여준다.

입법부는 혼자서 모든 비난을 받아야 한다. 왜냐하면 입법부는 아동교육을 염려하는 척하면서도 그 목적을 확실히 달성할 수 있는 조항을 단 하나도 포함하지 않은 기만적인 법률을 제정했기 때문이다. 이 법률은 아동들을 매일 일정한 시간 동안(3시간) 학교라고 불리는 네 벽 안에 가둘 것, 그리고 아동을 사용하는 자는 여기에 대하여 매주 남자교사 또는 여자교사라고 자칭하는 사람에게 서명받은 증명서를 받을 것 말고는 아무것도 규정하고 있지 않다.[136)]

1844년의 개정 공장법이 공포되기 이전에는 남자교사나 여자교사가 이름 대신 그냥 십자를 서명으로 표시한 통학증명서가 드물지 않았다. 이것은 교사 자신도 글을 쓸 줄 몰랐기 때문이다.

이와 같은 증명서를 발행하는 어떤 학교를 방문했을 때, 나는 교사의 무지에 놀라 그에게 "실례의 말씀이지만, 당신은 글을 읽을 줄 압니까?" 하고 물었는데, 그는 "예, 조금은" 하고 대답하고는 변명하듯이 "어쨌든 나는 학생들 앞에 서 있습니다"라고 덧붙였다.

1844년의 법률이 준비되고 있을 때 공장감독관들은 자신들이 법률적

---

136) 『공장감독관 보고서: 1857년 4월 30일』, 17쪽 레너드 호너의 진술.

으로는 전적으로 유효하다고 인정할 수밖에 없는 증명서를 발행하고 있는 [학교라고 지칭되는] 장소의 참상을 적발하였다. 그들이 관철시킬 수 있었던 것은 단지 1844년 이후부터는

> 통학증명서의 숫자는 교사의 자필로 직접 기입되어야 하고, 교사의 성명도 교사 자신이 서명해야만 한다.[137]

M423 라는 것에 지나지 않았다. 스코틀랜드의 공장감독관 존 킨케이드도 이와 비슷한 직무상의 경험을 말하고 있다.

> 우리가 방문한 최초의 학교는 앤 킬린이라는 부인이 운영하고 있었다. 내가 그녀의 이름 철자를 물어보았는데 그녀는 이를 틀리게 썼다. 그녀는 철자를 C로 시작했으나 곧 정정하여 자기 이름은 K로 시작된다고 말했다. 그러나 통학증명부에 있는 그녀의 서명을 보고 나는 그녀가 이름 철자를 여러 가지로 다르게 쓰고 있다는 것을 알았으며, 필체로 보아 그녀가 가르칠 능력이 없다는 것은 조금도 의심할 여지가 없었다. 그녀 스스로도 자기가 기록을 작성할 줄 모른다는 사실을 인정하였다. …… 두 번째 방문한 학교에는 길이가 15피트, 폭이 10피트 되는 교실이 있었다. 그곳에서는 75명의 아동이 무엇인지 알 수도 없는 말들을 지껄이고 있었다.[138]

그러나 아동들이 통학증명서를 받고 있으면서도 아무런 수업도 받지 않는 곳은 여기만이 아니다. 유능한 교사가 있는 많은 학교 중에서도 3세 이상의 온갖 연령의 아동들이 산만하게 붐비고 있는 곳에서는 교사의 노력이 아무런 효과를 내지 못하기 때문이다. 교사의 생계는 비참하며, 그것은 한

---

137) 『공장감독관 보고서: 1855년 10월 31일』, 18 · 19쪽 레너드 호너의 진술.
138) 『공장감독관 보고서: 1858년 10월 31일』, 31 · 32쪽 존 킨케이드 경의 진술.

교실에 집어넣을 수 있는 최대한의 아동 수에 따라 지불되는 몇 푼의 돈에 전적으로 매달려 있다. 더 나아가 학교의 비품은 빈약하고 책이나 그밖의 교재도 부족할 뿐 아니라, 숨이 막힐 듯하고 구역질나는 공기는 불쌍한 아동들의 원기마저 빼앗아간다. 나는 내가 방문한 그 많은 학교들에서 아동들이 전혀 아무것도 하지 않는 것을 보았다. 이것이 이른바 통학이라는 것이며, 이런 아동들이 정부 통계에서는 교육을 받은(educated) 것으로 계산된다.[139]

스코틀랜드의 공장주들은 될 수 있는 대로 통학의무가 있는 아동들을 쓰지 않으려고 한다.

이것은 공장주들이 교육조항을 얼마나 싫어하는지 충분히 보여주는 증거이다.[140]

이것은 공장특별법의 규제를 받고 있는 사라사 날염공장 등과 같은 곳에서는 기묘한 모습으로 나타난다. 법률의 규정에 따르면,

모든 아동은 이런 날염공장에 고용되기 전에, 취업 직전일을 기준으로 6개월 이내에 최소 30일 동안 150시간 이상을 통학해야만 한다. 날염공장에 고용되어 있는 동안에도 역시 6개월마다 적어도 30일 동안 150시간 이상 통학해야만 한다. …… 통학은 오전 8시부터 오후 6시 사이에 이루어져야 한다. 하루에 $2\frac{1}{2}$시간 이하 또는 5시간 이상의 통학은 150시간에 산입되지 않는다. 정상적인 경우 아동들은 30일 동안 오전이나 오후에 매일 5시간씩 학교에 출석함으로써 30일이 지나 150시간이라는 법정 총시간 수를 M424

---

139) 『공장감독관 보고서: 1857년 4월 30일』, 17 · 18쪽 레너드 호너의 진술.
140) 『공장감독관 보고서: 1856년 10월 31일』, 66쪽 존 킨케이드 경의 진술.

채우고 나면〔그들이 표현하는 말로는 통학장부가 다 채워지고 나면〕날염공장으로 되돌아가 그곳에서 다음 통학기간이 도래할 때까지 6개월 동안 머무르고, 그런 다음 다시 학교로 가서 또 장부의 기간을 채울 때까지 학교에 머무른다. …… 법정 150시간을 통학한 소년의 대다수는 6개월 동안 날염공장에 있다가 돌아오면 처음과 똑같은 상태가 된다. …… 물론 그들은 이전의 통학기간 동안 배웠던 것을 모두 잊어버린다. 또 어떤 사라사 날염공장에서는 통학이 완전히 공장의 사업적인 필요에 따라 맞추어진다. 즉 6개월 동안 대체로 한 번에 3~5시간씩 틈틈이 통학시키는 방식으로 법정시간을 채우는 것이다. 예를 들어 아동들은 어떤 날은 오전 8시부터 11시까지, 또 어떤 날은 오후 1시부터 4시까지 학교에 간다. 그런 다음 며칠 동안 학교에 가지 않다가 다시 갑자기 오후 3시부터 6시까지 학교에 간다. 그런 다음 3, 4일 또는 1주일 동안 계속해서 학교를 다니다가 다시 3주 또는 1개월 동안 학교를 다니지 않다가, 그들의 사용자가 마침 그들이 없어도 좋은 짬이 생기면 다시 학교에 출석한다. 이리하여 아동들은 150시간을 모두 채울 때까지 학교에서 공장으로, 공장에서 학교로 왔다 갔다 하면서 시달리는 것이다.[141]

결합되는 작업인력에서 아동과 부녀자들의 수를 압도적으로 증가시킴으로써, 기계는 그때까지 자본의 전제(專制)에 대항해오던 매뉴팩처 남성 노동자들의 저항을 마침내 분쇄한다.[142]

---

141) 『공장감독관 보고서: 1857년 10월 31일』, 41~43쪽 레드그레이브의 진술. 일반 공장법(본문 끝에 언급한 날염공장법이 아님)이 오래 전부터 지배적으로 실시되고 있던 영국의 산업부문에서는 요즘 들어 교육조항에 대한 장애가 어느 정도 극복되었다. 공장법의 적용을 받지 않는 산업부문에서는 조사위원 화이트에게 다음과 같이 가르쳐준 유리공장 공장주 게디스의 견해가 여전히 지배적이다. "내가 아는 한, 요즈음 몇 년 이래 일부 노동자계급이 받은 지나친 교육은 유해하다. 그것은 그들을 독립적으로 만들기 때문에 위험한 것이다"(『아동노동 조사위원회 제4차 보고서』, 런던, 1865, 253쪽).

142) "공장주 E는 나에게 다음과 같이 알려주었다. 그는 역직기에 여성만 사용하는데 기혼여성, 특히 가정에 부양할 가족이 있는 기혼여성을 환영한다고 한다. 왜냐하면 기혼여성은 미혼

ㄴ. 노동일의 연장

　　기계는 노동생산성을 높이기 위한〔즉 상품생산에 필요한 노동시간을 단축하기 위한〕가장 강력한 수단이지만, 자본의 담지자로서는 무엇보다도 먼저 자신이 직접 장악한 산업에서 모든 자연적 한계를 초월하여 노동일을 연장하기 위한 가장 강력한 수단이 된다. 기계는 한편으로는 자본이 자신의 이런 끊임없는 경향을 자유롭게 펼칠 수 있도록 온갖 새로운 조건을 만들어내고, 다른 한편으로는 타인의 노동에 대한 자본의 갈망을 더욱 심화시키는 새로운 동기를 창출한다.

　　우선 첫째로, 기계에서는 노동수단의 운동과 활동이 노동자에게서 독립되어 있다. 노동수단은 그 자체가 하나의 산업적 영구기관(Perpetuum mobile, 永久機關: 에너지를 소비하지 않고 작동된다는 가상의 기관—옮긴이)이 되며, 만약 인간이라는 자신의 보조수단이 가지고 있는 일정한 자연적 제약〔즉 그들의 육체적인 허약함이나 독자적인 의지〕과 충돌하지만 않는다면 그것은 생산을 중단 없이 계속해나갈 것이다. 따라서 그것은 자본으로서—이 자동장치는 자본이 되면서 자본가를 통해 의식과 의지를 갖게 된다—반항적이면서 동시에 탄력적이기도 한 인간의 자연적 제약을 항상 최소화하기 위해 억누르려는 충동에 사로잡히게 된다.[143] 그러잖아도 이 저항은 기계에 의한 노동이 외견상 용이한데다 여성과 아동이 훨씬 온순하고 다루기 쉽다는 점 때문에 벌써 감소되어 있다.[144]

여성보다 주의력이 높고 온순하며 필요생활수단을 벌기 위해 전력을 다하지 않을 수 없기 때문이라는 것이다. 이처럼 여기에서는 여성 특유의 미덕이 오히려 해가 되고 있다. 즉 여성의 본성에 속하는 온갖 덕성이나 온유함이 그들의 노예적 예속이나 고통의 수단이 되어버리고 있는 것이다"(『10시간 공장법안: 3월 15일 애슐리 경의 연설』, 런던, 1844, 20쪽).

143) "비용이 많이 드는 기계의 도입이 일반화한 이래 인간 본연의 힘은 그 평균적 역량보다 훨씬 넘어서도록 요구받았다"(로버트 오언〔Robert Owen〕), 『공장제도의 영향에 대한 고찰』, 제2판, 런던, 1817, 16쪽).

144) 그 최초의 경험적 현상형태를 사물의 근원으로 간주하는 영국인들은, 공장제도의 초창기에 자본이 구빈원과 고아원에서 대규모로 자행했던 아동 약탈—헤롯 왕을 닮은—과 그것을

 기계의 생산성은 우리가 이미 보았듯이 기계에서 제품으로 이전되는 가치성분의 크기에 반비례한다. 기계가 기능을 발휘하는 기간이 길면 길수록 기계로부터 부가되는 가치가 배분되는 생산물의 양은 더욱 커지며, 따라서 기계가 각 상품 하나하나에 부가하는 가치 부분은 더욱 작아진다. 그런데 기계의 생존활동 기간은 명백히 노동일의 길이〔즉 노동과정이 하루에 지속되는 시간〕에 이 노동과정이 반복되는 날짜 수를 곱한 것에 따라 정해진다.

기계의 마모는 그 이용시간과 정확히 수학적으로 일치하지 않는다. 또 설사 일치한다고 전제하더라도, 7년 반 동안 날마다 16시간씩 사용되는 기계는 15년 동안 매일 8시간밖에 사용되지 않는 기계와 똑같은 생산기간을 가지며 따라서 총생산물에 대해 같은 양의 가치를 부가한다. 그러나 전자의 경우 기계의 가치는 후자의 경우에 비해 두 배의 속도로 재생산될 것이고, 또한 15년 동안에 심킨 것과 같은 양의 잉여노동을 자본가는 이 기계로 단지 7년 반 동안에 삼키게 될 것이다.

기계의 물질적 마모는 이중적이다. 한편으로는 화폐가 유통되면서 마모되듯이 그것을 사용함으로써 마모가 이루어지기도 하고, 또다른 한편으로는 사용하지 않는 칼이 칼집 속에서 녹이 슬듯이 사용하지 않은 채 마모가 이루어지기도 한다. 이 둘은 모두 자연력에 의한 기계의 소모이다. 전자의 마모는 어느 정도 기계의 사용에 정비례하며, 후자의 마모는 어느

통해서 그들이 완전히 의지를 상실한 인간 재료를 자기 소유로 만든 것이 모두 공장에서의 장시간 노동 때문이라고 종종 얘기한다. 예를 들어 그 자신 영국의 공장주이기도 한 필든(J. Fielden)은 다음과 같이 말하고 있다. "지방 각지에서 버려진 많은 수의 아동들이 공급됨으로써 기업가들이 노동자들에게 의존하지 않게 되어 이 때문에 장시간 노동이 촉발되었으며, 또 이런 방식으로 손에 들어온 가엾은 인간 재료를 이용하여 장시간 노동이 일단 관습으로 확립되고 나면 그것을 이웃들에게도 더 쉽게 강요할 수 있으리라는 것은 분명한 일이다"(필든, 『공장제도의 저주』, 런던, 1836, 11쪽). 부녀자 노동에 대해서 공장감독관 손더스는 1844년의 공장보고서에서 다음과 같이 말하고 있다. "여성노동자 중에는 불과 며칠을 빼놓고는 2시간도 못 되는 식사시간을 포함하여 아침 6시부터 밤 12시까지 몇 주일이고 계속해서 일하는 사람도 있다. 따라서 평일 닷새 동안에 집까지 오가는 시간과 잠자는 시간을 위해 그녀들에게 주어진 시간은 하루 24시간 가운데 겨우 6시간밖에 안 된다."

정도까지는 기계의 사용에 반비례한다.[145]

그러나 기계는 물질적 마모 외에 이른바 도덕적 마모도 겪는다. 즉 자신과 똑같은 구조의 기계가 더 싼 값에 재생산될 수 있거나, 또는 자신보다 우수한 기계가 경쟁자로 나타나면 기계는 교환가치를 상실하게 된다.[146] 어느 경우든, 그 기계가 아무리 아직 새것이고 잘 가동되는 것이라 할지라도, 이미 그 가치는 사실상 그 기계에 투입된 노동시간에 의해서가 아니라 그것의 재생산 또는 좀더 우수한 기계의 재생산에 필요한 노동시간에 의해 정해진다. 따라서 기계의 가치는 어느 정도 하락한다. 기계의 총가치가 재생산되는 기간이 짧을수록 도덕적 마모의 위험은 줄어들고, 노동일이 길수록 그 재생산기간은 그만큼 짧아진다. 어떤 생산부문에 처음으로 기계가 도입될 때는 이 기계를 더욱 저렴하게 재생산하기 위한[147] 새로운 방법과 개량이 잇달아 나타나며, 그런 방법과 개량은 기계의 각 부분이나 장치뿐만 아니라 기계의 모든 구조에서 이루어진다. 따라서 기계가 등장한 첫 시기에는 노동일을 연장하려는 이러한 특수한 동기가 매우 강력하게 작용한다.[148]

다른 조건이 불변이고 노동일이 주어져 있을 때, 노동자 수를 두 배로

---

145) "기계의 예민한 운동부분에 생기는 손상은 그것을 사용하지 않아서 생긴 것일 수 있다……"(유어, 『공장철학』, 런던, 1853, 281쪽).

146) 이미 앞에서 언급한 '맨체스터의 방적업자'(『타임스』, 1862년 11월 26일)는 기계비용에 다음과 같은 것을 포함시키고 있다. "그것(즉 기계에 대한 감가상각)은 어떤 기계가 모두 마모되기도 전에 더 우수한 새로운 구조를 갖춘 기계가 등장하여 그 기계가 더 이상 사용되지 않게 됨으로써 발생하는 계속되는 손실을 보전하기 위한 목적도 가지고 있다."

147) "어림잡아 계산해보면, 신형 기계 한 대를 만드는 데에는 똑같은 모델의 기계를 다시 제작하는 것보다 5배의 비용이 든다"(배비지, 『기계 경제론』, 211 · 212쪽).

148) "요즈음 몇 년 사이에 망사천 제조부문에서 중요한 개량이 많이 이루어진 결과, 원래 가격이 1,200파운드스털링이던 양호한 상태의 기계가 몇 년 뒤에는 고작 60파운드스털링에 팔리게 되었다. …… 개량이 잇달아 매우 빠른 속도로 진행되자 기계는 드디어 제작자의 수중에서 미완성상태로 내버려지게 되었다. 왜냐하면 더 훌륭한 발명으로 말미암아 (낡은 기계는—옮긴이) 벌써 시대에 뒤떨어져버렸기 때문이다. …… 그래서 이와 같은 질풍노도의 시대에 발맞추어 망사천 제조업자들은 원래 8시간이던 노동시간을 2교대제의 24시간으로 연장하게 되었다"(같은 책, 233쪽).

늘려 착취하려면 기계나 건물에 투하된 불변자본 부분과 원료나 보조재료 따위에 투하된 불변자본 부분도 두 배로 늘릴 필요가 있다. 노동일이 늘어나면, 기계와 건물에 투하된 자본 부분이 변하지 않더라도 생산규모는 확대된다.[149] 그러면 잉여가치는 늘어나고 그것을 착취하는 데 필요한 지출은 줄어들게 된다. 물론 이것은 다른 경우에도 노동일이 연장되면 어느 정도 늘 일어나는 일이지만, 이 경우에는 한층 더 결정적으로 중요하다. 왜냐하면 여기서는 노동수단으로 전화하는 자본 부분이 더욱 큰 비중을 차지하기 때문이다.[150] 기계제 경영의 발전은 자본 가운데 끊임없이 증대하는 한 구성 부분을 어떤 하나의 형태 — 한편으로는 자본이 끊임없이 가치증식을 계속할 수 있고 다른 한편으로는 그것이 살아 있는 노동과의 접촉을 중단하면 곧 사용가치와 교환가치를 상실해버리는 그런 형태 — 로 묶어둔다. 영국의 유명한 면화재벌 애시워스는 시니어 교수에게 다음과 같이 가르쳐주었다.

만일 어떤 농부가 자기 괭이를 손에서 놓아버린다면, 그는 그 순간 18펜스의 자본을 쓸모없이 내버리는 셈이 된다. 만일 우리가 고용한 공장노동자 가운데 한 사람이 공장을 그만둔다면 그는 10만 파운드스털링이나 되는 자본을 쓸모없이 놀리게 만드는 것이다.[151]

---

149) "만일 건물과 기계를 위한 추가지출 없이도 추가적인 원료를 가공할 수 있다면 …… 시장의 변동이나 번갈아 나타나는 수요의 팽창과 수축의 와중에서, 추가 고정자본을 사용하지 않고도 추가 유동자본을 사용할 수 있는 기회가 공장주에게 끊임없이 반복해서 나타날 것이라는 사실은 자명하다"(토런스[R. Torrens], 『임금과 단결에 관하여』, 런던, 1834, 64쪽).

150) 여기에서 이 문제를 언급하는 것은 단지 완전성을 기하기 위한 것일 뿐이다. 왜냐하면 이윤율, 곧 총투하자본에 대한 잉여가치의 비율은 제3권에 가서야 비로소 다루어질 것이기 때문이다.

151) 애시워스(Ashworth)는 이렇게 말한다. "When a labourer(said Mr. Ashworth) lays down his spade, he renders useless, for that period, a capital worth 18d. When one of our people leaves the mill, he renders useless a capital that has cost 100,000 pounds" *(시니어, 『공장법과 관련된 서한집』, 런던, 1837, 14쪽).

* 시니어의 원문에는 '100파운드스털링'으로 되어 있다.

한번 생각해보라! 10만 파운드스털링이나 되는 자본을 단 한순간이라도 '쓸모없이' 만들다니! 참으로 천인공노할 일이 아닌가, 우리가 고용한 노동자 가운데 한 사람이 잠시라도 공장을 떠난다는 사실이 말이다! 애시워스의 가르침을 받았던 시니어가 알아차렸듯이, 기계의 규모가 증대되어감에 따라 노동일이 계속 연장되는 것은 '바람직한' 일이다.[152]

기계가 상대적 잉여가치를 생산하는 것은 그 기계가 직접적으로 노동력의 가치를 감소시키거나 또는 노동력의 재생산에 필요한 온갖 상품의 가치를 떨어뜨림으로써 노동력의 가치를 간접적으로 하락시키기 때문만이 아니다. 기계는 처음 몇 군데에서 도입되었을 경우 그 소유주가 고용한 M429 노동을 더욱 강화된 노동으로 전화시킴으로써 기계 생산물의 사회적 가치를 그 개별적 가치 이상으로 높이며, 따라서 자본가들이 하루 생산물의 더 적은 가치 부분으로 노동력의 하루 가치를 보전할 수 있게 해주기도 하기 때문이다. 그러므로 기계제 경영이 아직도 일종의 독점상태로 되어 있는 이 과도기 동안의 이득은 아주 특별한 것이어서, 자본가는 될 수 있는 한 노동일을 최대한 연장함으로써 이 '첫사랑 시절'을 철저히 이용하려고 한다. 이득이 크다는 사실이 더 큰 이득을 얻기 위한 열망을 불러일으킨다.

같은 생산부문에서 기계가 점차 확산되어 일반화되고 나면 기계 생산물의 사회적 가치는 그 개별 가치로 하락한다. 그래서 잉여가치는 자본가가 기계를 도입함으로써 불필요해진 노동력에서 발생하는 것이 아니라 거꾸로 자본가가 기계에 사용하는 노동력에서 발생하게 되는 법칙의 적

---

152) "유동자본에 대한 고정자본의 비율이 크다는 것은 …… 장시간 노동을 필요로 하게 만든다." …… 기계 등의 규모가 커짐에 따라 "노동시간을 연장하고자 하는 충동은 점점 강해질 것이다. 이는 노동시간의 연장이 증가한 고정자본의 수익성을 높일 수 있는 유일한 수단이기 때문이다"(같은 책, 11~14쪽). "하나의 공장에는 그 공장의 작업시간 길이와 상관 없이 변하지 않는 갖가지 지출이 있다. 예를 들어 건물의 임차료, 지방세와 국세, 화재보험료, 갖가지 상용 노동자의 임금, 기계의 손상, 그밖에 생산규모의 증대에 따른 이윤율의 감소 같은 것이 있다"(『공장감독관 보고서: 1862년 10월 31일』, 19쪽).

용을 받는다. 잉여가치는 오로지 자본의 가변 부분으로부터만 발생하고, 또 앞서 살펴본 바와 같이 잉여가치량은 두 가지 요인〔즉 잉여가치율과 한꺼번에 고용된 노동자의 수〕에 의해 정해진다. 노동일의 길이가 주어져 있다면 잉여가치율은 노동일이 필요노동과 잉여노동으로 나누어지는 비율에 따라 결정된다. 또 한꺼번에 고용된 노동자의 수는 불변자본 부분에 대한 가변자본 부분의 비율에 따라서 결정된다. 그리하여 이제 기계제 경영이 아무리 노동생산력을 높여서 필요노동을 줄이고 잉여노동을 확대시킨다 해도, 그것은 단지 기계제 경영이 일정한 자본에 의해 고용된 노동자 수를 감소시킴으로써만 창출된다는 것이 명백하다. 기계제 경영은 자본 가운데 이전에는 가변적이었던 부분〔즉 살아 있는 노동력으로 전환되는 부분〕을 기계〔즉 결코 잉여가치를 생산하지 않는 불변자본〕로 전화시킨다. 예를 들어 24명의 노동자에게서 착취한 것과 같은 양의 잉여가치를 2명의 노동자에게서 착취하는 것은 불가능한 일이다. 24명의 노동자가 각자 12시간의 노동 가운데 1시간씩만 잉여노동을 제공한다면 이들은 모두 합해서 24시간의 잉여노동을 제공하게 되는데, 2명의 노동자는 각자 12시간의 노동 모두를 합하더라도 24시간밖에 되지 않기 때문이다. 그러므로 잉여가치를 생산하기 위해서 기계를 사용한다는 말 속에는 하나의 내적 모순이 존재한다. 왜냐하면 기계의 사용이 일정 크기의 자본에 의해 창출된 잉여가치의 두 가지 요인 가운데 한 요인인 잉여가치율을 증가시키기 위해서는 오로지 다른 한 요인인 노동자 수를 감소시키는 수밖에 다른 도리가 없기 때문이다. 한 산업부문에서 기계의 보급이 일반화해감에 따라 M430 기계에서 생산되는 상품의 가치가 같은 종류의 모든 상품에 대한 사회적 가치의 기준이 되면, 이 내적 모순은 금방 바깥으로 드러나게 된다. 그리하여 이 모순 때문에 또다시 자본은, 스스로 의식하지는 못하지만,[153) 착

---

153) 개별 자본가나 자본가적 사고방식에 사로잡힌 경제학이 왜 이 내적 모순을 의식하지 못하는지에 대해서는 제3권 제1장에서 알게 될 것이다.

취당하는 노동자 수가 상대적으로 감소하면 상대적 잉여노동뿐만 아니라 절대적 잉여노동의 증가를 통해서도 이를 보충하고자 무리하게 노동일을 연장하려고 한다.

이리하여 기계의 자본주의적 사용은 한편으로는 노동일을 무제한으로 연장하려는 새로운 강력한 동기를 만들어내고, 또 노동양식과 사회적 노동조직의 성격을 이런 경향에 대해 저항하지 못하도록 변혁시킨다. 다른 한편으로 그것은 노동자계급 가운데 지금까지 자본의 수중에 들어가지 않았던 모든 계층을 자본에 편입시키고, 또 기계에 의해 밀려난 노동자들을 해고함으로써, 자본이 지시하는 법칙에 따르지 않을 수 없는 과잉 노동자인구를 창출한다.[154] 그리하여 기계가 노동일의 관습적 장애와 자연적 장애를 모두 제거해버리는—근대 산업사에서 주목할 만한—현상이 일어난다. 그 결과 노동시간을 단축하기 위한 가장 강력한 수단이 노동자와 그의 가족의 모든 생활시간을 자본의 가치증식에 이용할 수 있는 노동시간으로 전화시키는 가장 확실한 수단으로 뒤바뀌는 경제학적 역설이 생겨난다. 고대의 가장 위대한 사상가 아리스토텔레스는 이런 몽상을 하고 있다.

만일 다이달로스의 작품이 저절로 움직이거나 헤파이스토스의 삼각대가 스스로 알아서 신성한 일을 수행한 것처럼 모든 도구가 시키는 대로 또는 스스로 알아서 자신이 해야 할 일을 할 수 있다면, 그래서 만일 북이 저 혼자 알아서 베를 짠다면, 십장에게는 조수가 필요없을 것이고 주인에게는 노예가 필요없을 것이다.[155]

또한 키케로 시대의 그리스 시인 안티파트로스는 모든 생산기계의 기

---

154) 기계를 상품의 생산수단뿐만 아니라 '과잉인구'(redundant population)의 생산수단으로도 파악했던 것은 리카도의 위대한 업적 가운데 하나이다.

155) 비제(F. Biese), 『아리스토텔레스의 철학』 제2권, 베를린, 1842, 408쪽.

 본형태인 곡물을 찧는 물레방아의 발명을 여자노예의 해방과 황금시대의 도래를 가져온 사건으로 칭송해 마지않았다!¹⁵⁶⁾ "이교도, 그렇다 그들은 바로 이교도들인 것이다!" 영리한 바스티아는 물론 그보다 더 영리했던 매컬럭도 이미 앞서 발견했듯이, 그들은 경제학과 기독교에 대해 아무것도 알지 못했다. 그들은 특히 기계가 노동일의 연장을 위한 가장 확실한 수단이라는 것을 이해하지 못했다. 그들은 아마 어떤 사람의 노예상태가 다른 사람의 완전한 인간적 발달을 위한 수단이라는 것을 용인했을 것이다. 그러나 몇몇 촌스럽고 교양없는 벼락부자들을 '우수한 방적업자'나 '대규모 소시지 제조업자' 또는 '유력한 구두약 상인'으로 만들기 위해 대중을 노예화할 필요가 있다는 설교를 하기에는 그들에게는 기독교라는 도구가 마련되어 있지 않았다.

ㄷ. 노동의 강화

기계가 자본의 손 안에서 만들어낸 노동일의 무제한적 연장은 이미 보았듯이 뒤에 그 생활의 근원을 위협당한 사회의 반작용을 불러일으켰고 또 그 결과 표준노동일의 법적 제한을 가져왔다. 이 표준노동일의 바탕 위에서, 우리가 앞에서도 보았던 하나의 현상, 즉 노동의 강화가 결정적으로

---

156) 안티파트로스의 시는 분업에 관한 앞서의 인용문과 마찬가지로 근대적인 견해와 고대적인 견해 사이의 대립을 특징적으로 보여주는 것이기 때문에, 여기서 그 시를 슈톨베르크의 번역으로 옮겨보겠다.
"방아 찧는 아가씨여,
그 손을 놓고 잠시 눈을 붙이거라, 편안하게!
수탉이 쓸데없이 새벽을 알리더라도!
데오(Däo)의 여신은 그대의 노동을 님프에게 일러,
요정은 이제 사뿐히 수차에 뛰어오른다.
바퀴는 축과 박자를 맞춰 흔들흔들 돌며
무거운 맷돌을 뱅글뱅글 돌린다.
우리들도 선조처럼 살다 가야지
여보게, 일손을 놓고 여신이 주신 선물을 즐기세."
(슈톨베르크, 『그리스 시집』, 함부르크, 1782)

중요한 것으로서 발전해간다. 절대적 잉여가치의 분석에서는 무엇보다도
먼저 노동의 외연적인 크기가 문제였고 노동의 강도는 주어진 것으로 전
제하였다. 그런데 이제는 외연적 크기에서 내포적 크기〔즉 정도의 크기〕
로 우리의 눈을 돌려 고찰해보기로 한다.

　기계제의 진보와 기계노동자라는 독특한 계급의 경험이 축적됨에 따라
노동의 속도가 증대하고, 또 이에 따라 노동의 강도도 자연적으로 증가하 M432
는 것은 자명한 일이다. 예를 들어 영국에서는 반세기 동안 내내 노동일의
연장이 노동강도 강화와 함께 진행되어왔다. 그러나 누구나 이해할 수 있
듯이, 일시적인 발작으로서가 아니라 날마다 되풀이되는 규칙적인 균등
성을 가지고 이루어지는 노동에서는 노동일의 연장과 노동강도의 강화는
서로 충돌되는 두 개의 경향이다. 즉 노동일의 연장은 노동강도의 약화를
통해서만 가능하며 거꾸로 노동강도를 높이려면 노동일을 단축하지 않으
면 안 된다. 노동자계급의 저항이 점차 거세지면서 국가가 어쩔 수 없이
노동시간을 단축하고 특히 무엇보다도 공장에 대하여 표준노동일을 명령
하게 되자〔따라서 노동일의 연장을 통한 잉여가치생산의 증대가 완전히
불가능해지자〕 그 순간부터 자본은 전력투구하여〔또한 전적으로 의식을
집중하여〕 기계제의 발달을 촉진시킴으로써 상대적 잉여가치의 생산에
열중했다. 그러자 동시에 상대적 잉여가치의 성격에 하나의 변화가 나타
나기 시작했다. 일반적으로 말해서 상대적 잉여가치의 생산방식은 노동
생산력을 높임으로써 노동자가 똑같은 노동 지출로 똑같은 시간에 더 많
은 양을 생산할 수 있게 하는 것이다. 노동시간이 똑같기 때문에 총생산물
에 부가되는 가치는 변함이 없다. 물론 변하지 않은 이 교환가치는 이제
더 많은 사용가치를 나타내고, 따라서 개별 상품의 가치는 저하된다. 그러
나 강제된 노동일의 단축이 유발하는 경향, 즉 생산력을 발전시키고 생산
조건을 절약하도록 강력한 압력을 행사할 뿐만 아니라 같은 시간 동안의
노동 지출과 노동력의 긴장을 증대시키고, 노동시간의 틈새를 더 높은 밀
도로 충전시키는〔즉 노동을 농축시키는〕 등의 이런 경향이 이미 단축된

노동일의 범위 내에서만 달성되도록 노동자에게 강요되면 사태는 변하기 시작한다. 주어진 시간 안에 더 많은 양의 노동이 이처럼 압축되면 이제 이 노동은 바로 그 크기대로, 즉 더 커진 노동량으로 계산된다. '외연적 크기'로서의 노동시간이라는 척도와 함께 이제는 노동의 밀도라는 척도가 나타난다.[157] 이제 더 높은 밀도의 10시간 노동일은 더 낮은 밀도의 12시간 노동일과 같거나 또는 더 많은 노동〔즉 더 많이 지출된 노동력〕을 포함한다. 따라서 전자의 1시간 생산물은 후자의 $1\frac{1}{5}$시간의 생산물과 같거나 더 큰 가치가 있다. 예를 들어 지금 필요노동이 $6\frac{2}{3}$시간, 잉여노동이 $3\frac{1}{3}$시간일 때 이 잉여노동은 노동생산성의 상승에 따른 상대적 잉여가치의 증가를 제외하더라도 이전의 필요노동이 8시간, 잉여노동이 4시간일 때와 똑같은 가치량을 자본가에게 주게 된다.

그러면 이제 다음 문제는 노동강도의 강화가 어떻게 이루어지느냐이다.

노동일의 단축이 빚어내는 일차적인 효과는 노동력의 작업능력이 그 작업시간에 반비례한다는 자명한 법칙에 근거하고 있다. 그러므로 일정 한도 내에서는, 노동시간의 단축으로 인해 감소된 작업성과가 노동강도의 증가를 통해서 보충될 수 있다. 그러나 노동자는 사실 더 많은 노동력을 지출하게 되는데, 이에 대해 자본은 지불방법을 통해서 보전해준다.[158] 기계가 거의 아무런 역할도 하지 못하는 매뉴팩처, 예를 들어 도자기 제조업 같은 곳에서 공장법의 시행을 통해 명백하게 나타난 현상은 그냥 노동일만 단축하더라도 노동의 규칙성·균등성·질서·연속성·에너지 등이 놀라울 만큼 증대된다는 사실이었다.[159] 그러나 공장에서는 이런

---

157) 물론 일반적으로 생산부문이 다르면 노동강도에서도 차이가 생긴다. 이미 애덤 스미스가 지적했듯이 이런 차이 가운데 일부는 각 노동 종류마다의 특유한 부차적 요인을 통해서 상쇄된다. 그러나 이 경우에도 내포적인 크기와 외연적인 크기가 동일한 노동량의 대립적이고 상호배타적인 표현으로 나타나는 한에서만 그것이 가치척도로서의 노동시간에 영향을 끼치게 된다.

158) 즉 성과급 임금을 통해서 그렇게 하는데, 여기에 관해서는 제6편에서 자세히 다룰 것이다.

159) 『공장감독관 보고서: 1865년 10월 31일』 참조.

효과가 의심스러운 것으로 여겨졌다. 왜냐하면 여기에서는 노동자가 기계의 연속적이고 균등한 운동에 따르도록 오래 전부터 매우 엄격한 규율이 만들어져 있었기 때문이다. 그러므로 1844년 노동일을 12시간 이하로 단축하기 위한 논의가 벌어졌을 때 공장주들은 거의 한결같이 다음과 같이 말했다.

"감독들은 여러 작업장에서 직공들이 시간을 낭비하지 않도록 감시했다." "노동자들의 주의력을 더 높일 여지는 거의 없다." 그리고 기계의 운전속도 등과 같은 다른 모든 요인이 불변인 경우, "잘 운영되고 있는 공장에서는 노동자들의 주의력을 높임으로써 어떤 의미있는 결과를 기대하는 것이 무의미한 일이다."[160]

이 주장은 실험을 통해 부정되었다. 가드너는 프레스턴에 있는 자신의 두 공장에서 1844년 4월 20일부터 기존의 하루 12시간 작업 대신 11시간 ^{M434} 동안만 작업을 시켰다. 약 1년 뒤에 나타난 결과는,

똑같은 양의 생산물이 똑같은 비용으로 만들어졌고 노동자 모두는 과거 12시간 작업을 통해서 받았던 것과 동일한 임금을 11시간 작업을 통해서 받았다.[161]

는 것이다.

방적공장과 소면공장에서의 실험은 여기에서 다루지 않는다. 왜냐하면 그 실험들은 기계속도의 (2%의) 증가와 결부되어 있었기 때문이다. 반

---

160) 『1844년 공장감독관 보고서와 1845년 4월 30일 만기의 분기별 공장감독관 보고서』, 20 · 21쪽.

161) 같은 글, 19쪽. 성과급 임금체계가 변하지 않아서 주급 액수가 생산물 양에 따라 정해졌던 것이다.

면 매우 다양한 갖가지 종류의 가벼운 무늬가 들어간 팬시 용품까지 만들
어내고 있는 직물공장에서는 객관적인 생산조건에서 전혀 아무런 변화도
일어나지 않았다. 그곳의 결과는 다음과 같았다.

1844년 1월 6일부터 4월 20일까지는 12시간 노동일에 대한 노동자 1인
당 평균주급이 10실링 $1\frac{1}{2}$ 펜스, 1844년 4월 20일부터 6월 29일까지는 11
시간 노동일에 대한 평균주급이 10실링 $3\frac{1}{2}$ 펜스였다.[162]

여기에서는 이전에 12시간 동안 생산한 것보다 많은 양을 11시간 동안
에 생산하였는데, 그것은 오직 노동자들이 훨씬 고른 생산력을 발휘하고
시간을 훨씬 많이 절약했기 때문에 성취된 것이었다. 노동자들은 같은 임
금을 받고 1시간의 자유시간을 얻은 반면, 자본가는 똑같은 생산량을 손
에 넣고도 1시간 분량의 석탄과 가스 등을 절약할 수 있었다. 호록스 잭슨
사의 공장들에서도 비슷한 실험이 이루어져 똑같은 성과를 거두었다.[163]

노동일의 단축은 먼저 노동을 농축시키는 주체적 조건〔즉 주어진 시간
에 더 많은 노동력을 지출할 수 있는 노동자의 능력〕을 만들어낸다. 그러
나 이 같은 노동일의 단축이 법으로 강제될 때는, 자본의 수중에 있는 기
계는 같은 시간에 더 많은 노동을 짜내기 위해 체계적으로 사용되는 객관
적인 수단이 된다. 여기에는 두 가지 방식이 있다. 즉 기계의 속도를 높이
는 방식과 한 사람의 노동자가 관리해야 할 기계의 범위나 그 작업분야의
범위를 넓히는 방법이다. 기계구조의 개량은 한편으로는 노동자에게 더
큰 압력을 가하기 위해서도 필요하지만, 다른 한편으로는 노동일의 제한

M435

162) 같은 글, 20쪽.
163) 같은 글, 21쪽. 본문에서 언급된 실험에서는 정신적인 요소가 큰 역할을 했다. 노동자들은
    공장감독관에게 다음과 같이 설명했다. "우리는 점점 더 활기차게 일하고 있다. 우리는 덕분에
    전보다 저녁에 더 일찍 귀가하게 되었다는 것을 늘 잊지 않고 있다. 그래서 가장 나이 어린 실
    잇는 직공부터 가장 나이 많은 노동자에 이르기까지 공장 전체에 활기있고 유쾌한 기운이 가
    득 차게 되었다. 우리는 작업과정에서 서로를 도울 수 있게 되었다"(같은 글).

이 자본가들에게 생산비를 극도로 절약하도록 강제하기 때문에 그것은 자연히 노동의 강화도 함께 수반하게 된다. 증기기관의 개량은 피스톤의 1분당 운동횟수를 증가시키고 또 더 많은 동력을 절약함으로써 똑같은 동력기로 〔석탄의 소비가 전과 같거나 심지어 감소할 경우에도〕 훨씬 큰 규모의 공정단위를 가동할 수 있게 해준다. 전동장치의 개량은 마찰을 감소시킬 뿐만 아니라, 이전보다 기계의 성능은 현저하게 우수해졌지만 크고 작은 회전축의 지름과 중량도 계속 줄여나간다. 마지막으로 작업기의 개량은 근대적인 증기직기의 경우처럼 속도를 높이고 작용범위를 확대함으로써 기계의 크기를 줄이든가, 또는 방적기의 경우처럼 기계의 몸집과 함께 그것이 가동하는 도구의 규모와 수를 늘리든가 한다. 게다가 1850년대 중반 자동 뮬 방적기에서 방추의 속도가 $\frac{1}{5}$ 빨라진 경우에서 볼 수 있듯이, 눈에 보이지 않는 세밀한 부분의 변경을 통해서 이들 도구의 가동성을 높이기도 한다.

영국에서 노동일이 12시간으로 단축된 것은 1832년의 일이다. 이미 1836년 영국의 한 공장주는 다음과 같이 말하고 있다.

공장에서 수행되는 노동은 이전에 비해 무척 증대되었는데, 그것은 기계의 속도가 현저히 증가하여 노동자에게 더욱더 깊은 주의력과 활동성을 요구한 결과이다.[164]

1844년 〔지금은 샤프츠버리 백작이 되어 있는〕 애슐리는 하원에서 문서를 통해 다음과 같이 진술하였다.

현재 공장의 각 공정에 종사하는 사람들의 노동량은 그 작업이 처음 도입되었을 때에 비하면 3배에 이르고 있다. 기계가 수행하는 작업량이 수백

---

164) 필든, 『공장제도의 저주』, 32쪽.

만 명의 인간의 힘줄과 근육을 대신한다는 것에는 의심의 여지가 없지만, 그러나 기계는 또한 자신의 엄청난 운동을 통해서 자신에게 예속된 인간의 노동도 놀라울 정도로 증대시켜왔다. …… 1815년에 40번수의 실을 잣는 한 쌍의 뮬 방적기를 12시간 동안 따라다녀야 했던 노동자는 8마일의 거리를 걸어야 했다. 1832년에는 같은 번수의 방적을 위해 한 쌍의 뮬 방적기를 12시간 동안 따라다녀야 하는 거리가 20마일로〔또는 때때로 그보다 더〕늘어났다. 1825년에 방적공은 12시간 동안 뮬 방적기 한 대당 820번 실을 걸어야 했으므로 한 쌍에 대해 합계 1,640번 실을 걸어야 했다. 1832년에는 같은 12시간 동안 뮬 방적기 한 대당 2,200번씩 4,400번 실을 걸어야 했고, 1844년에는 한 대당 2,400번씩 모두 4,800번 실을 걸어야만 했다. 그리고 요구되는 노동량이 더욱 큰 경우도 더러 있었다. …… 나는 1842년의 또다른 문서 하나를 손에 넣었는데, 그 문서가 보여주고 있는 바로는 노동량이 점점 늘어가는 이유가 그저 보행거리가 늘어기는 데에만 있는 것이 아니라, 생산되는 상품의 양은 증가하는 데 비해 직공 수는 상대적으로 감소하는 데 있다는 것이다. 더욱이 요즈음에는 훨씬 많은 노동을 필요로 하는 품질이 떨어지는 면이 방적되는 경우가 자주 있어서 더욱 그러하다는 것이다. …… 소면공장에서도 노동량은 크게 증가했다. 예전에는 두 사람이 나누어 하던 일을 지금은 한 사람이 한다. …… 직물공장에서는 많은 사람들이 일하고 있고 이들은 대부분이 여성인데, 기계의 속도가 빨라짐에 따라 요즈음 몇 해 사이에 노동량은 꼭 10% 증가했다. 1838년에는 1주일 동안 방적된 타래 수가 1만 8,000개였는데 그것이 1843년에는 2만 1,000개로 늘어났다. 1819년에 증기직기에서 방적되던 씨실의 수는 1분에 60개였는데 1842년에는 140개로 늘었는데, 이는 노동량이 크게 증가했다는 것을 보여준다.[165]

M436

---

165) 애슐리, 『10시간 공장법안』, 런던, 1844, 6~9쪽.

1844년 12시간 노동법 아래 벌써 노동은 이처럼 주목할 만한 강도에 도달했는데, 따라서 이를 이미 현실에서 목도하고 있던 영국 공장주들이 더 이상 노동강도를 높이는 것은 불가능하다고 〔따라서 이제 노동시간을 조금이라도 더 단축하게 되면 그것은 곧바로 생산의 감소로 이어질 것이라고〕 주장했던 것은 당시로서는 일리 있는 얘기였던 것으로 보인다. 그들의 주장이 일리가 있는 것처럼 보였다는 것은 같은 시기에 그들의 지칠 줄 모르는 감찰관이자 공장감독관이었던 레너드 호너도 다음과 같이 말했다는 점에서 잘 입증된다.

생산되는 양은 주로 기계의 속도에 따라 좌우되기 때문에, 다음과 같은 몇몇 조건이 갖추어질 때는 가장 빠른 속도로 기계를 가동시켜야 공장주들에게 이익이 될 것이 분명하다. 그 조건이란 지나치게 빠른 기계 손상의 방지, 제품의 품질 유지, 그리고 지속할 수 없을 정도의 과도한 긴장을 피해서 운전해나갈 수 있는 노동자의 능력 등이다. 그러나 공장주가 너무 서두르다가 (기계의—옮긴이) 운전속도를 과도하게 높이는 경우가 종종 발생한다. 그럴 경우에는 속도의 이익이 보상할 수 없을 정도로 기계가 파손되거나 제품의 질이 떨어져서, 공장주도 기계의 속도를 다시 늦추지 않을 수 없게 된다. 활동적이고 사려 깊은 공장주라면 도달 가능한 최대속도를 찾아낼 수 있을 것이므로, 내가 얻은 결론은, 12시간 동안에 생산하는 것과 같은 양을 11시간 만에 생산하는 것은 불가능하며 또한 생산량에 따라 임금을 받는 노동자는 그가 지속할 수 있을 정도의 노동강도로만 작업을 수행한다는 것이다.[166]

이리하여 호너는 가드너 등의 실험에도 불구하고 노동일을 12시간 이하로 줄인다면 생산량이 줄어들 수밖에 없다는 결론을 내렸다.[167] 그러나 M437

166) 『공장감독관 보고서: 1845년 4월 30일』, 20쪽.
167) 같은 글, 22쪽.

10년 뒤 호너는 노동일을 강제로 단축시킴으로써 기계와 인간 노동력의 탄력성이 모두 극도로 높아진다는 사실을 당시에는 거의 이해하지 못했다고 실토하면서, 그 증거로 여기에서 인용한 1845년의 자기 견해를 제시하고 있다.

이제 우리는 1847년 이후의 시기, 즉 영국의 면직·모직·견직·아마 공장에 10시간 노동법이 도입된 이후의 시기로 넘어가보자.

방추의 속도는 스로슬 방적기에서는 1분에 500회전 증가했고 뮬 방적기에서는 1,000회전 증가했다. 즉 1839년 1분에 4,500번 회전했던 스로슬 방추의 속도가 지금(1862년)은 5,000회전이 되었고, 1분에 5,000회전이었던 뮬 방추의 속도가 지금은 6,000회전이 되었다. 이것은 전자의 경우 $\frac{1}{10}$, 후자의 경우 $\frac{1}{6}$*만큼 속도가 증가한 것이다.[168]

제임스 네이스미스는 맨체스터에서 가까운 패트리크로프트의 유명한 토목기사인데, 그는 1852년 레너드 호너에게 보낸 편지에서 1848~52년에 이루어진 증기기관의 개량에 대해서 설명했다. 그는, 정부의 공장 통계에서는 증기마력이 계속 1828년의 효율을 기준으로 계산되었기 때문에[169] 그것은 결국 명목마력에 지나지 않는 것이어서 실제마력의 지표로만 사용될 수 있다고 지적한 뒤, 다음과 같이 말하였다.

확신하건대, 중량은 변함없지만 단지 현대식으로 약간 개량을 했을 뿐인

----

* 제1판부터 제4판까지는 '$\frac{1}{5}$'이라고 되어 있다.

168) 『공장감독관 보고서: 1862년 10월 31일』, 62쪽.

169) 이 마력단위는 1862년의 『의회보고서』부터 변경되었다. 이 보고서에서는 명목마력 대신 현재의 증기기관과 수차의 실제 증기마력이 표기되어 있다(352쪽의 주 109a〔이 책에서는 M410의 주 109a—옮긴이〕를 보라). 또 연사방추(Dublierspindeln)도 이제는 본래의 방추(Spinnspindeln)와 구별되어 있다(1839·1850·1856년의 보고에는 혼동되어 있다). 더욱이 양모공장의 경우에는 기모기(起毛機)의 수가 추가되고, 황마·대마 공장과 아마공장도 각각 구별하고 있으며, 양말 편직공장이 처음으로 보고서에 수록되었다.

증기기관이 이전보다도 평균 50% 이상 일을 더 하는 경우나, 또 속도가 1분에 220피트로 한정되었던 시대에 50마력을 공급했던 증기기관이 오늘날에는 더 적은 석탄을 소비하면서도 100마력 이상을 공급하는 경우도 있다. …… 현대의 증기기관은 명목마력이 예전과 같아도 그 구조가 개량되고 보일러의 용적이 감소한 결과, 이전보다 더 큰 동력을 공급한다. …… 따라서 M438 명목마력에 대한 비율로 보면 이전과 같은 수의 직공이 사용되지만, 작업기에 대한 비율로 보면 이전보다도 적은 수의 직공이 사용되고 있다.[170]

영국의 공장들은 1850년에 2,563만 8,716개의 방추와 30만 1,445대의 직기를 가동하기 위해 13만 4,217명목마력을 사용했다. 1856년에 방추와 직기의 수는 각각 3,350만 3,580개와 36만 9,205대였다. 만일 소요마력이 1850년과 같았다면 1856년에는 17만 5,000마력이 필요했을 것이다. 그러나 정부의 보고에 따르면 실제 사용된 것은 16만 1,435마력에 지나지 않았고, 1850년의 기준으로 계산할 때보다 10만 마력 이상이 적었다.[171]

최근 1856년의 보고서(정부 통계)에 의해 확인된 사실은 공장제도가 급속히 확산되고 있다는 것, 기계에 대한 직공 수의 비율이 감소하고 있다는 것, 증기기관이 동력의 낭비를 줄이고 그밖의 다른 방법을 통해서 더 무거운 기계를 운전한다는 것, 그리고 작업기계의 개량과 제조방법의 변화 및 기계속도의 증대 또는 그밖에 다른 많은 원인 때문에 제품의 양이 크게 증가했다는 것 등이다.[172]

갖가지 기계들이 크게 개량됨으로써 그들 기계의 생산력은 매우 높아졌다. 노동일의 단축이 …… 이들 개량에 큰 자극제가 되었다는 것은 조금도

---

170) 『공장감독관 보고서: 1856년 10월 31일』, 14 · 20쪽.
171) 같은 글, 14 · 15쪽.
172) 같은 글, 20쪽.

의심의 여지가 없다. 이들 개량과 노동자들의 작업강도 강화로 말미암아 옛날보다 훨씬 단축된(2시간, 곧 $\frac{1}{6}$) 노동일 동안에 예전과 마찬가지 양의 제품을 생산하게 되었다.[173]

노동력의 착취가 강화됨에 따라 공장주들의 부가 어떻게 증대하였는지는 다음과 같은 한 가지 사실만 보아도 증명된다. 즉 영국의 면직공장을 비롯한 전체 공장 수가 1838~50년 기간에는 연평균 32개 증가하였지만 1850~56년 기간에는 연평균 86개가 증가하였던 것이다.[†118]

10시간 노동일이 시행되고 있던 1848~56년의 8년 동안에 이루어진 영국의 공업 진보도 매우 컸지만 그 다음의 1856~62년의 6년 동안에 이루어진 진보는 이를 훨씬 뛰어넘는 것이었다. 예를 들어 견직공장의 방추 수는 1856년에 109만 3,799개였으나 1862년에는 138만 8,544개였으며, 직기 수는 1856년에 9,260대였다가 1862년에 1만 709대였디. 이에 빈해 노동자 수는 1856년에 5만 6,137명이던 것이 1862년에는 5만 2,429명이었다. 이것은 방추 수가 26.9%, 직기 수가 15.6% 각각 증가한 반면 노동자 수는 7% 감소한 것을 보여준다. 소모사공장에서는 1850년에는 87만 5,830개의 방추가 사용되던 것이 1856년에는 132만 4,549개(51.2% 증가)의 방추가 사용되고 1862년에는 128만 9,172개(2.7% 감소)의 방추가 사용되었다. 그런데 이 수치는 1856년의 경우 연사방추를 포함시켰지만 1862년에는 포함시키지 않고 계산된 것이며, 따라서 이를 감안하면 1856년 이후의 방추 수는 거의 변하지 않은 셈이다. 반면 1850년 이후 방추와 직기의 속도는 대체로 두 배로 늘었다. 소모사공장의 증기직기 수는 1850년 3만 2,617대, 1856년 3만 8,956대, 1862년 4만 3,048대였다. 종업원 수는 1850년 7만 9,737명, 1856년 8만 7,794명, 1862년 8만 6,063명이었는데, 이 가운데 14세 이하의 아동은 1850년 9,956명, 1856년 1만 1,228명, 1862년 1만 3,178

---

173) 『공장감독관 보고서: 1858년 10월 31일』, 10쪽; 『공장감독관 보고서: 1860년 4월 30일』, 30쪽 이하 참조.

명이었다. 요컨대 직기 수는 1856년에 비해 1862년에 크게 늘어났지만 고용된 노동자의 총수는 감소했으며, 착취당한 아동의 수는 증가했다.[174]

1863년 4월 27일 페런드 의원은 하원에서 다음과 같이 설명하였다.

> 지금부터 내가 하는 말은 랭커셔와 체셔의 16개 지구 노동자대표들에게서 위임을 받은 것이다. 그들이 나에게 알린 바에 따르면 기계의 개량 때문에 공장에서의 노동량은 끊임없이 증가하고 있다. 예전에는 한 명이 조수와 함께 2대의 직기를 다루었는데 요즘에는 조수 없이 3대를 다루고 있으며, 또 심지어 혼자서 4대를 다루는 경우도 결코 이례적인 일이 아니다. 이런 사실을 통해서 분명히 알 수 있겠지만, 12시간 노동은 이제 10시간도 안 되는 노동시간 안에 압축되어 있다. 따라서 최근 몇 년 사이에 공장노동자의 노고가 얼마나 극심하게 증가해왔는지는 무척이나 자명한 일이다.[175]

따라서 공장감독관들은 1844년과 1850년의 공장법이 가져온 좋은 결과를 끊임없이〔그것은 충분히 당연한 일이기도 하다〕 칭찬하고 있었는데, 그럼에도 그들은 노동일의 단축이 이미 노동자의 건강, 따라서 노동력 그 자체를 파괴하는 노동의 강화를 가져왔음을 인정하였다.

대부분의 면직공장과 소모사공장·견직공장에서는 최근 몇 년 동안 운 M440 전속도가 상당히 빨라진 기계를 다루게 됨으로써 노동강도가 높아져, 극심

---

174) 『공장감독관 보고서: 1862년 10월 31일』, 100·103·129·130쪽.

175) 현대적인 증기직기를 사용하는 한 사람의 직포공이 지금은 주당 60시간에 직기 2대를 사용하여 길이와 폭이 일정한 직물을 26필 짤 수 있지만, 구식 증기직기로는 4필밖에 짤 수 없었다. 이런 직물 한 필을 만드는 비용은 1850년대 초에 벌써 2실링 9펜스에서 5½펜스로 떨어졌다. 제2판의 보유: "30년 전(1841년) 3명의 조수를 거느린 1명의 면방적공에게 요구된 것은 300~324개의 방추를 가진 한 쌍의 뮬 방적기를 관리하는 일뿐이었다. 지금(1871년 말)은 그는 5명의 조수와 함께 방추 수가 2,200개나 되는 뮬 방적기를 관리해야만 한다. 그리고 1841년에 견주어 적어도 7배 이상의 실을 생산하고 있다"(『기술협회보』, 1872년 1월 5일호에 실린 공장감독관 알렉산더 레드그레이브의 글).

한 피로를 수반하는 흥분상태가 노동자들 사이에 나타났다. 이것은 최근 그린하우 박사의 뛰어난 보고서가 지적하듯이 폐병으로 인한 과다사망률의 한 원인이라고 생각된다.[176]

조금도 의심할 여지없이 법률이 자본에 대해서 노동일의 연장을 일시에 금지시키자마자 노동강도를 조직적으로 높여서 그 손실을 메우고 온갖 방법으로 기계를 개량하여 노동착취를 강화하고자 한 자본의 경향은 결국 또다른 전환점을 향해 나아가지 않을 수 없게 되었다. 즉 자본은 다시 한 번 노동시간을 단축하지 않을 수 없게 된 것이다.[177] 다른 한편 1848년부터 현재까지의 시기[즉 10시간 노동일의 시대]에 영국 공업이 보인 급속한 발전은 1833년부터 1847년까지 시기[즉 12시간 노동일의 시대]의 발전을 훨씬 능가하는데, 그 차이는 공장제가 도입된 이후 반세기[즉 노동일에 아무 제한이 없던 시대] 동안과 12시간 노동일 시대 사이의 공업발전의 차이보다 훨씬 더 크다.[178]

---

176) 『공장감독관 보고서: 1861년 10월 31일』, 25·26쪽.
177) 지금(1867년) 랭커셔 공장노동자들 사이에서 다시 8시간 운동이 시작되고 있다.
178) 다음 수치는 1848년 이후 영국에서 '공장'이 얼마나 발전해왔는지를 잘 보여준다.

수출량

	1848년	1851년	1860년	1865년
면직공장				
면사(파운드)	135,831,162	143,966,106	197,343,655	103,751,455
바느질용 실(파운드)		4,392,176	6,297,554	4,648,611
면직물(야드)	1,091,373,930	1,543,161,789	2,776,218,427	2,015,237,851
아마·대마공장				
방사(紡絲: 파운드)	11,722,182	18,841,326	31,210,612	36,777,334
직물(야드)	88,901,519	129,106,753	143,996,773	247,012,329
견직공장				
경사·연사·방사(파운드)	446,825*	462,513	897,402	812,589
직물(야드)		1,181,455**	1,307,293**	2,869,837
양모공장				
모사·소모사(파운드)		14,670,880	27,533,968	31,669,267
직물(야드)		151,231,153	190,371,537	278,837,418

제4절 공장

우리는 이 장(章)의 앞부분에서 공장의 신체인 기계제의 편제에 대하여 고찰하였다. 거기에서 우리는 다음과 같은 점들을 살펴보았다. 즉 기계가 부녀노동과 아동노동을 새롭게 확보함으로써 인간이라는 자본의 착취재료를 어떻게 증가시켰으며, 또 기계가 노동일의 무제한적인 연장을 통해 어떻게 노동자들의 전체 생활시간을 몰수해버렸는지, 그리고 기계의 진보 — 엄청나게 증가해가는 생산물을 점점 더 짧은 시간에 공급할 수 있도

수출액

(단위: 파운드스털링)

	1848년	1851년	1860년	1865년
면직공장				
면사	5,927,831	6,634,026	9,870,875	10,351,049
면직물	16,753,369	23,454,810	42,141,505	46,903,796
아마 · 대마 공장				
방사	493,449	951,426	1,801,272	2,505,497
직물	1,802,789	4,107,396	4,804,803	9,155,358
견직공장				
견사 · 연사 · 방사	77,789	196,380	826,107	768,064
직물		1,130,398	1,587,303	1,409,221
양모공장				
모사 · 소모사	776,975	1,484,544	3,843,450	5,424,047
직물	5,733,828	8,377,183	12,156,998	20,102,259

(자료: 청서, 『영국의 통계 개요』, 제8번 · 제13번, 런던, 1861 · 1866 참조)

* 1846년 통계

** 단위: 파운드

랭커셔에서 공장의 증가율은 1839~50년 기간에는 겨우 4%에 불과했지만, 1850~56년 기간에는 19%가 되었고, 1856~62년 기간에는 33%가 되었다. 이 두 차례의 11년 기간 모두에서 종업원 수는 절대적으로는 증가했으나 상대적으로는 감소했다(『공장감독관 보고서: 1862년 10월 31일』, 63쪽 참조). 랭커셔에서는 면직공장이 주류를 이루고 있다. 실과 직물 제조에서 면직공장이 어느 정도의 비율을 차지하는지는 잉글랜드 · 웨일스 · 스코틀랜드 · 아일랜드의 면직공장이 전체 공장 수에서 차지하는 비율이 45.2%, 방추에서는 83.3%, 증기직기에서는 81.4%, 이것을 가동시키기 위한 증기마력 수에서는 72.6%, 종업원 수에서는 58.2%였다는 사실을 통해 잘 알 수 있다(같은 책, 62 · 63쪽).

록 만들어주는―가 어떻게 해서 결국 매순간 더 많은 노동력을 움직이고 더 높은 강도로 노동력을 착취하는 체계적인 수단으로 사용되었는지를 살펴보았다. 이제 우리는 전체 공장, 특히 가장 완성된 형태를 띤 전체 공장으로 눈을 돌려보도록 하자.

자동식 공장의 핀다로스(Pindaros: 고대 그리스의 서정시인―옮긴이)인 유어 박사는 이 공장을 한편으로는

끊임없이 하나의 중심동력(원동력)에 의해 작동되는 생산적 기계체계를 숙달된 기능과 근면을 통해서 지켜내는 온갖 노동자계층(성인과 미성년자를 모두 포함하여)간의 협업

이라고 묘사하기도 하고, 또다른 한편으로는

똑같은 물건을 생산하기 위해 쉬지 않고 작동하면서 서로 협조하는― 그리하여 모두가 자동적으로 움직이는 하나의 동력에 종속되어 있는―무수한 자동적 기계장치들로 구성된 하나의 거대한 자동장치

라고도 묘사하고 있다.

M442   이 두 가지 표현은 결코 같은 것이 아니다. 한쪽 표현에서는, 결합된 총노동자〔즉 사회적 노동단위〕가 지배적인 주체로 나타나고 기계적 자동장치는 객체로 나타난다. 다른 쪽 표현에서는, 자동장치 그 자체가 주체이고 노동자는 그저 의식이 있는 기관으로서 의식 없는 자동장치 기관들과 나란히 서서 중심동력에 종속되어 있을 뿐이다. 처음 표현은 기계가 대규모로 사용되는 경우에는 어디에나 해당되는 것인 반면, 두 번째 표현은 기계의 자본주의적 사용〔즉 근대적 공장제〕의 특징을 얘기하고 있다. 바로 그 때문에 유어는 운동의 출발점인 중심기계를 자동장치(Automat)라고도 묘사하지만 전제군주(Autokrat)라고도 즐겨 묘사하곤 한다.

이들 큰 작업장에서는 자애로운 군주인 증기가 무수한 신하들을 자신의 주변에 불러모으고 있다.[179)

작업도구와 함께 그것을 운전하는 기술도 노동자에게서 기계로 이전된다. 도구의 작업능력은 인간 노동력의 인적인 한계에서 해방된다. 이리하여 매뉴팩처 분업이 기초해 있던 기술적 토대는 파괴된다. 그리하여 매뉴팩처의 특징을 이루는 전문화된 노동자들의 위계구조를 대신하여, 자동화된 공장에서는 기계의 조수들이 수행하는 노동의 균등화 또는 수평화 경향이 나타나며,[180) 인위적으로 만들어진 부분노동자들간의 구별 대신 연령과 성(性)이라는 자연적 구별이 중요해진다.

자동식 공장에서 분업이 재현되는 한 그 분업은 먼저 전문화된 기계들 사이에 노동자들을 배분하고, 또 노동자의 무리 — 어떤 편제를 이루지는 않은 — 를 공장의 여러 부문으로 배분할 것이다. 이런 각 부문들에서 이 M443 들 노동자 무리는 나란히 세워진 똑같은 종류의 공작기계에 붙어서 작업하게 될 것이고, 따라서 그들 사이에는 그저 단순협업만이 행해질 뿐이다. 편제를 이루는 매뉴팩처의 노동자 무리를 대신하여 이제 여기에서는 주력 노동자와 소수 조수들 간의 관계가 나타난다. 본질적인 차이는 실제로 공작기계에 붙어서 일하는 노동자(여기에는 동력기를 지키거나 석탄을 공급하는 몇몇 노동자도 포함된다)와 이 기계노동자의 단순한 보조자(거의 대부분이 아동이다) 간의 차이이다. 이 보조자 가운데에는 많건 적건 모든 피더(feeder: 기계에 작업재료를 제공하기만 하는 사람)들이 포함된다. 이들 주요 부류 말고도 기계장치 전체를 통제하거나 끊임없이 그것을 수리하는 데 종사하는, 수적으로 보면 대수롭지 않은 사람들이 있다. 기사

179) 유어, 『공장철학』, 18쪽.
180) 같은 책, 20쪽; 마르크스, 『철학의 빈곤』, 140 · 141쪽 참조.

와 기계공·가구공 등이 그런 사람들이다. 이들은 아주 고급노동자 부류로, 일부는 학문적인 교육을 받았고 일부는 수공업자 부류인데, 공장노동자의 범위에는 속하지 않고 다만 공장노동자와 섞여 있을 뿐이다.[181] 이 분업은 순전히 기술적인 것이다.

기계와 결합된 모든 노동에서는 노동자의 움직임이 자동장치의 획일적이고 연속적인 운동에 맞추어져야 하기 때문에 노동자들은 어릴 적부터 거기에 맞는 훈련을 받을 필요가 있다. 전체 기계설비가, 동시에 작동하면서 다양하게 결합된 여러 기계로 이루어진 하나의 체계를 이루게 되면 그것에 기초한 협업도 또한 여러 노동자 무리를 각 기계들 사이에 배분할 필요가 있다. 그러나 기계제 경영에서는 이 배분을 매뉴팩처에서처럼 고정시킬 필요가〔즉 같은 노동자를 똑같은 기능에 계속해서 종사하게 할 필요가〕 없다.[182] 공장의 모든 운동이 노동자로부터가 아니라 기계로부터 출발하므로 노동과정을 중단하지 않고도 끊임없이 인력을 이동시킬 수 있기 때문이다. 이를 가장 잘 보여주는 것이 1848~50년 영국 공장주들의 반역 시기에 이루어졌던 릴레이 제도이다. 또한 어릴 때 벌써 기계와 결합된 노동을 급속히 습득하기 때문에 노동자들 가운데 일부를 별도로 기계노동자로 양성할 필요도 전혀 없게 된다.[183] 그리고 단순한 보조작업자의

M444

---

181) 영국의 공장법은 방금 본문에서 마지막에 언급한 노동자를 명시적으로 공장노동자가 아닌 사람으로 분류하여 공장법의 적용대상에서 제외시키고 있다. 그러나 의회가 출판한 『보고서』에서는 기사나 기계공뿐 아니라 공장 지배인·사무원·사환·창고직·포장공 등과 같은 사람들〔즉 공장주 자신 이외의 모든 사람〕도 똑같이 공장노동자 부류에 포함시키고 있다. 이 것은 통계적으로 기만하고자 하는 의도를 잘 드러내는 것으로, 그런 의도는 다른 방법을 사용하더라도 상세히 입증될 수 있을 것이다.

182) 유어도 이 점을 인정하고 있다. 그는 "필요할 경우" 노동자는 "관리자의 의지에 따라 어떤 기계에서 다른 기계로 이동될 수 있다"면서 다음과 같은 말을 의기양양하게 내뱉고 있다. "이런 이동은 노동을 분할하여 어떤 노동자에게는 핀의 머리를 만드는 일을 할당하고 다른 노동자에게는 그 끝을 가는 일을 할당하는 식의 낡은 방식과는 명백히 모순된다."[†119] 그러나 그는 왜 '낡은 방식'이 자동화한 공장에서는 '필요할 경우'에만 폐기되는지를 문제 삼아야 했다.

183) 예를 들어 미국의 내전 기간처럼 부득이한 경우에는 예외적으로 공장노동자가 부르주아 계급에 의해 도로공사 같은 극히 조잡한 노동에 사용된다. 1862년 이후에 실직한 면직업 노동자들을 위해 설치된 영국의 '국영작업장'(ateliers nationaux)이 1848년에 세워진 프랑스의 국

일은 공장에서 부분적으로 기계로 대체할 수도 있고,[184] 또 부분적으로는 그 일이 워낙 단순하기 때문에 이 일을 담당하는 사람들을 언제든지 신속하게 교체할 수도 있다.

그런데 기계가 낡은 분업체계를 기술적으로 무너뜨린다고는 하더라도, 이 체계는 우선 매뉴팩처의 전통으로서 여전히 공장에서 관습적으로 지 M445속될 뿐만 아니라 나아가 노동력의 착취수단으로서 더욱 혐오스러운 형태로 자본에 의해 체계적으로 재생산되고 고착화된다. 전에는 하나의 부분 도구를 다루는 일이 평생 동안의 전문분야였지만, 오늘날에는 하나의 부분 기계에 종사하는 것이 평생의 전문분야가 된다. 노동자를 어릴 때부터 어느 한 부분 기계의 일부로 전화시키기 위해서 기계가 악용된다.[185] 이리하여 노동자 자신의 재생산에 필요한 비용이 현저히 감소할 뿐만 아니라 동시에 공장 전체〔즉 자본가〕에 대한 노동자의 절망적인 종속이 완성된다. 어디서나 그렇듯이 여기서도 사회적 생산과정의 발전에 따른 생

영작업장과 다른 점은, 후자에서는 노동자가 국가의 비용으로 비생산적인 노동을 수행했지만 전자에서는 부르주아 계급의 이익을 위해 생산적인 도시 노동을 수행해야 했고, 게다가 정규 노동자보다 더 낮은 임금을 받았기 때문에 정규 노동자와 경쟁하는 처지가 되었다는 점에 있다. "면직업 노동자의 육체적인 겉모습은 확실히 개선되었다. 나는 그것이 …… 남자의 경우 토목공사에서의 옥외노동 때문이라고 생각한다"(이것은 '프레스턴 황무지'에서 일했던 프레스턴 공장노동자들의 경우를 가리킨다. 『공장감독관 보고서: 1863년 10월 31일』, 59쪽).

184) 예를 들면 1844년 공장법 이후 아동노동을 대신하여 양모공장에 도입된 여러 가지 기계장치가 있다. 만약 공장주들 자신의 자녀들이 공장의 보조작업자로서 '수업'을 받아야 한다면 아직 거의 개척되지 않은 역학의 분야도 금방 경이로운 발전을 이룩할 것이다. "자동 뮬 방적기도 필경 다른 기계와 마찬가지로 위험한 기계이다. 재해는 대개 어린 아동들에게서 일어나는데, 그것도 대개 기계가 작동하는 도중 마룻바닥을 청소하기 위해 뮬 방적기 밑으로 기어들어가다가 일어난다. 이 과실 때문에 몇 사람의 'minder'(뮬 방적기에 붙어 있는 노동자)가 (공장 감독관에 의해) 고소당하고 벌금형을 받기도 했지만 전반적으로 그것은 별로 소용이 없었다. 혹시 기계 제작자가 자동청소기라도 발명하여 이들 어린아이들이 기계 밑으로 들어갈 필요가 없어진다면, 그 정도가 사고를 막기 위한 방책에 유익한 도움이 될 것이다"(『공장감독관 보고서: 1866년 10월 31일』, 63쪽).

185) 이것을 통해 프루동의 터무니없는 발상을 평가해볼 수 있다. 그는 기계를 여러 노동수단의 종합으로서가 아니라, 노동자 자신을 위한 갖가지 부분노동의 종합으로서 '조립해내고' 있는 것이다.

산성의 증대와 이것을 자본주의적으로 이용함으로써 발생하는 생산성의 증대는 서로 구분되어야 한다.

매뉴팩처나 수공업에서는 노동자가 도구를 자신의 수단으로 사용하지만 공장에서는 노동자가 기계의 수단으로 사용된다. 전자에서는 노동자에 의해 노동수단이 움직이고, 후자에서는 노동수단의 운동에 노동자가 따라가야만 한다. 매뉴팩처에서 노동자들은 하나의 살아 있는 역학적 장치의 손발이 된다. 공장에서는 하나의 죽은 역학적 장치가 노동자들에게서 독립하여 존재하고, 그들은 살아 있는 부속물로 이 역학적 장치에 결합된다.

> 똑같은 기계적 과정을 계속해서 되풀이하는 끝없는 노동의 그 견딜 수 없는 단조로움은 시시포스의 고통과 흡사하다. 노동의 무거운 짐은 시시포스의 바위와도 같이 극도로 피곤한 노동자에게로 계속해서 다시 굴러 떨어진다.[186]

기계노동은 신경계통을 극도로 피곤하게 만들며 동시에 근육의 다양한 움직임을 억압하고 모든 자유로운 육체적·정신적 활동을 몰수해버린다.[187] 노동의 완화도 고문수단으로 바뀌어버리는데, 왜냐하면 기계는 노동자를 노동에서 해방시키는 것이 아니라 노동의 내용에서 해방시키기 때문이다. 자본주의적 생산이 단지 노동과정일 뿐만 아니라 자본의 가치증식과정이기도 한 이상, 모든 자본주의적 생산은 노동자가 노동조건을

---

186) 엥겔스, 『영국 노동자계급의 상태』, 217쪽. 아주 평범한 낙천적 자유무역론자인 몰리나리 (G. de Molinari)도 이렇게 말하고 있다. "날마다 15시간씩 어떤 기계장치의 획일적인 운동을 감시하는 것은 같은 시간 동안 육체적인 힘을 쓰는 것보다 더 빨리 사람을 소모시킨다. 이 감시라는 노동은, 지나치게 길지만 않다면 정신력에 유익한 운동이 될 수도 있겠지만, 장시간 계속되면 과로로 말미암아 정신과 육체 모두를 파괴시켜버린다"(몰리나리, 『경제학 연구』, 파리, 1846, 49쪽).

187) 엥겔스, 앞의 책, 216쪽.

사용하는 것이 아니라 거꾸로 노동조건이 노동자를 사용한다는 점에서 공통점을 갖는다. 그러나 이것은 기계를 통해서야 비로소 기술적으로 명확한 현실성을 갖게 된다. 노동수단은 하나의 자동장치로 전화함으로써 노동과정 내에서 자본으로서[즉 살아 있는 노동력을 지배하고 흡수하는 죽은 노동으로서] 노동자와 대립한다. 생산과정의 정신적인 힘들이 육체노동에서 분리되고, 나아가 그 힘들이 노동에 대한 자본의 권력으로 전화한다는 사실은 이미 앞에서도 얘기한 바와 같이 기계의 토대 위에 세워진 대공업에서 완성된다. 내용이 비어버린 개별 기계노동자의 세부기능은, 기계제를 통해서 구체화되고 또 기계제와 함께 '고용주'(master)의 권력을 이루는 과학이나 거대한 자연력 또는 사회적 집단노동 앞에서, 하잘것 없는 부수적인 것이 되고 만다. 그러므로 기계와 기계에 대한 자신의 독점을 불가분의 것으로 뇌리 깊숙이 간직하고 있는 고용주는 쟁의가 발생하면 '직공'들을 향해 경멸적인 말투로 다음과 같이 내뱉는다.

공장노동자들은 자신들의 노동이 실은 매우 저급한 숙련노동이라는 것, 그리고 자신들의 노동만큼 손쉽게 얻을 수 있는 노동은 없으며 또 그 질에 비해서 자신들의 노동만큼 보수가 좋은 노동은 없다는 것, 게다가 다른 어떤 노동도 이처럼 경험이 없는 사람을 조금만 훈련시켜도 그렇게 짧은 기간에 또 그렇게 풍부하게 공급할 수 없다는 것을 분명히 알아두어야 한다. 사실 고용주의 기계는, 6개월이면 능히 배울 수 있고 또한 어떤 평범한 노동자도 쉽게 배울 수 있는 노동자들의 노동이나 숙련보다 훨씬 더 중요한 역할을 생산영역에서 수행하고 있다.[188]

---

188) "The factory operatives should keep in wholesome remembrance the fact that theirs is really a low species of skilled labour; and that there is none which is more easily acquired or of its quality more amply remunerated, or which, by a short training of the least expert can be more quickly as well as abundantly acquired …… The master's machinery really plays a far more important part in the business of production than the labour and the skill of the operative, which six months' education can teach, and a common labourer can learn"(『방적

노동수단의 획일적인 운동에 노동자가 기술적으로 종속되어 있고 남녀
M447 를 불문하고 매우 다양한 연령층의 개인들로 이루어져 있는 노동단위의
독특한 구성은 군대와 같은 규율을 만들어내고, 이 규율은 공장체제를 완
전한 형태로 발전시켜 앞에서도 얘기한 감독노동을 발전시키며, 그리하
여 노동자들을 육체노동자와 노동감독자로[즉 보통의 산업병사와 산업하
사관으로] 완전히 분할한다.

> 자동식 공장의 주된 어려움은 …… 사람들로 하여금 노동할 때의 불규칙
> 적인 습관을 버리게 하고 그들을 커다란 자동장치의 변함없는 규칙성에 따
> 르게 할 수 있는 규율을 확립하는 데 있었다. 그러나 자동체계의 요구와 속
> 도에 맞는 규율법전을 고안하여 이를 효과적으로 실시하는 일은 헤라클레
> 스나 되어야 이루어낼 수 있는 엄청난 과업이었다. 그런데 바로 이 고귀한
> 업적을 이루어낸 것이 아크라이트였다! 이 체계가 가장 완전하게 조직된
> 오늘날에도 사춘기가 지난 노동자들 사이에서 …… 자동체계에 맞는 쓸모
> 있는 조수를 발견하기는 거의 불가능한 일이다.[189]

공장법전에서 자본은 노동자에 대한 자신의 전제(專制)를 — 부르주아
계급이 그토록 좋아하는 권력분립이나 또 그 이상으로 좋아하는 대의제
가운데 어느 것도 없이 — 사적 법률로 마음대로 정해놓고 있는데, 이런
공장법전은 다만 대규모 협업이나 공동의 노동수단[특히 기계]의 사용과
함께 필요해지는 노동과정에 대한 사회적 규제의 자본주의적 자화상에

업자와 제조업자의 방위성금』, 맨체스터, 1854, 17쪽). 나중에 보겠지만, 이 '고용주'는 그의
'살아 있는' 자동장치를 잃게 될 위험에 처하면 그때는 또 딴소리를 하게 된다.

189) 유어, 앞의 책, 15쪽. 아크라이트의 일대기를 알고 있는 사람이라면, 이 천재적인 이발사
의 머리 위에 절대로 '고귀한'이라는 형용사를 붙이지는 않을 것이다. 18세기의 모든 대발명가
가운데 그가 다른 사람의 발명을 훔치는 데서 최대의 도둑이었으며 가장 비열한 인간이었다는
점에는 재론의 여지가 없다.

지나지 않는다. 노예 사역자의 채찍 대신 감독자의 징벌 장부가 등장한다. 물론 모든 징벌은 벌금과 임금삭감으로 귀착된다. 또한 공장 리쿠르고스(스파르타의 입법자—옮긴이)들의 입법자적 통찰력에 의해서 모든 징벌은 가능한 한 법률을 위반할 때 법률을 준수할 때보다 그들 입법자들에게 더 많은 이익을 가져다주도록 만들어진다.[190]

190) "부르주아 계급이 프롤레타리아 계급을 속박하고 있는 노예상태가 공장제에서만큼 명료하게 나타나는 곳은 없다. 공장제에서는 법률적으로나 실질적으로나 어떠한 자유도 없다. 노동자는 아침 5시 30분에 공장에 나오지 않으면 안 된다. 그는 몇 분만 늦어도 벌을 받고, 10분을 지각하면 아침식사가 끝날 때까지 전혀 들어갈 수 없는데다가 하루 임금의 $\frac{1}{4}$ 을 잃게 된다. 그는 명령에 따라 먹고 마시고 잠자지 않으면 안 된다. …… 압제의 종소리가 그를 침대에서 일어나게 하고, 아침과 점심 식탁에서 그를 일어나게 한다. 그러면 공장 안에서는 어떻게 되는가? 이곳에서는 공장주가 절대적인 입법자이다. 그는 자기 마음 내키는 대로 공장규칙을 정한다. 또 그는 법전을 제멋대로 변경하고 추가하기도 한다. 그리하여 그가 아무리 어처구니없는 조항을 삽입해도 재판소는 노동자에게 '너희들이 자유의지에 따라 이 계약을 맺었으므로 이제 너희들은 그것을 지켜야만 한다'고 말한다. …… 이들 노동자는 9세 때부터 죽을 때까지 정신적·육체적 채찍 아래 생활하도록 선고받는다"(엥겔스, 앞의 책, 217쪽 이하). '재판소가 말하는' 내용을 두 가지 예로 설명해보겠다. 첫째 사례는 1866년 말 셰필드에서 있었던 일이다. 그 지방에서 한 노동자가 2년 계약으로 한 금속공장에 고용되어 있었다. 그는 공장주와의 다툼 때문에 공장을 나오고, 어떤 일이 있더라도 이 공장주를 위해서는 더 이상 일하지 않겠다고 선언했다. 그는 계약위반으로 고소당하여 2개월 금고형을 선고받았다(공장주가 계약을 위반할 경우에는 민사소송으로만 고소가 가능하고, 고소에서 지더라도 공장주에게 가해지는 처벌은 단지 벌금형에 그칠 뿐이다). 그 노동자가 2개월 복역한 뒤에, 공장주는 그를 불러서 원래의 계약에 따라 공장에 들어오라고 했다. 노동자는 싫다면서 계약위반의 대가는 이미 치렀다고 주장했다. 공장주는 다시 고소하였으며 재판소는 다시 유죄판결을 내렸다. 다만 재판관의 한 사람인 쉬(Shee)가 이것을 법률상 기괴한 일이라고 공공연히 비난하면서, 이렇게 되면 한 사람이 일생을 통하여 주기적으로 똑같은 하나의 과실이나 범죄 때문에 되풀이해서 처벌당할 염려가 있다고 말했을 뿐이다. 이 판결은 "위대한 무급자"(Great Unpaid, 이 책의 M306쪽 참고)라고 불리는 지방 도그베리에 의해서가 아니라 런던의 최고재판소에서 내려진 것이다. (제4판의 주: 이런 일은 지금은 없어졌다. 공공가스사업 같은 몇몇 경우를 제외하면, 오늘날의 영국에서 노동자는 계약위반 사안에서 고용주와 동등하게 취급되고, 민사로만 소추될 수 있다. ─ 엥겔스) 둘째 사례는 1863년 11월 말 월트셔에서 있었던 일이다. 웨스트버리 레이에 있는 리오워즈 밀의 직물업자 해럽이라는 사람에게 고용되어 있던 약 30명의 증기직기 여공들이 파업을 일으켰다. 그 이유는 해럽이 아침 지각에 대해 임금을 삭감하는데, 2분에 6펜스, 3분에 1실링, 10분에 1실링 6펜스나 되는 임금을 습관적으로 삭감하고 있었기 때문이다. 이는 1시간에 9실링, 하루에 4파운드스털링 10실링이나 되는 것으로, 여공들의 연평균 주급이 10실링에서 12실링을 결코 넘지 않는다는 점을 고려하면 터무니없는 것이었다. 해럽은 또 소년 한 명을 고용하여 공장 근무시각에 따라 종을 치게 했는데, 이 소년은 걸핏하면 아침 6시 전에 종을 쳤다. 그는 종이 다 울릴 때까지 오지 않은 여공이 있으면 문을 닫고, 들어오지 못한 여공들에게 벌금을 부과하

M448　　여기에서는 공장노동이 수행되는 물적 조건에 대해서만 몇 가지 지적해두고자 한다. 기계설비가 밀집된 환경 — 이 부문은 계절마다 정기적으로 산업재해 보고서가 작성된다 — 에서는 생명의 위험은 논외로 하더라도, 인위적으로 올려진 높은 온도나 원료의 먼지로 가득 찬 공기 그리고 귀를 멍하게 하는 소음 등으로 인해 모든 감각기관이 똑같이 손상된다.[190a] 공장제도에서 비로소 성숙할 수 있는 온상을 발견한 사회적 생산

M449

였다. 그런데 건물 안에는 시계가 하나도 없었기 때문에 불쌍한 여공들은 해럽의 부추김을 받는 종치기 소년의 손아귀에 들어가 있었다. '파업'에 들어간 여공들은 대부분 주부나 처녀들이었는데 이들은 종치기 소년 대신 시계를 공장에 설치하고 합리적인 벌금액수를 도입한다면 다시 일을 하겠다고 말했다. 해럽은 19명의 주부와 처녀를 계약위반으로 치안판사 앞에 끌어냈다. 그녀들은 방청객들의 분노의 함성이 터져나오는 가운데 각각 6펜스의 벌금형과 2실링 6펜스의 소송비용을 물도록 언도받았다. 해럽은 군중의 욕설을 받으며 퇴정하였다. — 공장주들이 즐겨 사용했던 수법은 노동자들에게 지급된 재료의 손상을 빌미로 임금을 삭감함으로써 노동자를 징계하는 것이었다. 이 방법으로 말미암아 1866년에는 영국의 도자기 제조업 지방에서 총파업이 일어났다. '아동노동 조사위원회'의 보고서(1863~66년)는 노동자가 일을 하고서도 임금을 받기는커녕 벌칙 규정으로 말미암아 자기 '주인나리'의 채무자가 되는 사례를 몇 가지 들고 있다. 공장 전제군주의 영악한 임금삭감에 대해서는 최근의 면직업공황도 좋은 사례를 제공한다. 공장감독관 베이커는 다음과 같이 말하고 있다. "얼마 전 나는 손수 한 면직공장 공장주에 대해 소송을 제기해야만 했다. 왜냐하면 그는 이 어렵고 힘든 시기에 자신이 고용하고 있는 몇몇 '소년'(13세 이상) 노동자들에게서 의사의 연령증명을 얻기 위한 요금으로 10펜스를 받았기 때문이었는데, 실제로 그가 거기에 들인 비용은 6펜스밖에 되지 않았을 뿐만 아니라 법적으로는 3펜스만 받게 되어 있으며 관례적으로는 한 푼도 받지 않도록 되어 있었다. …… 또다른 공장주는 법을 어기지 않고도 똑같은 목적을 달성하고 있었는데 그는 자신을 위해 노동하는 가난한 아동들에게 그들이 일할 수 있을 만큼 충분히 성숙했다는 의사의 증명을 가져오게 한 다음 방적기술을 가르쳐준다는 명목으로 1인당 1실링의 요금을 부과하고 있었다. 그래서 현재의 파업(1863년 6월 다른 공장에서 일어난 기계직공들의 파업)을 포함하여 종종 일어나는 파업이라는 이상한 현상을 이해하려면 그 저변에 흐르는 것이 무엇인지를 알아야만 한다"(『공장감독관 보고서: 1863년 4월 30일』, 50·51쪽. 공장 보고서는 언제나 그 공식 발표 일자 이후의 사건도 다루고 있다).

190a)　위험한 기계로부터 노동자를 보호하기 위한 법률은 유익한 효과를 발휘하였다. "그러나 …… 지금은 20년 전만 해도 존재하지 않던 새로운 재해의 원천이 존재한다. 특히 기계속도의 증가가 그것이다. 톱니바퀴와 롤러·방추·직기 따위는 이미 증가해 있고 또 갈수록 증가해가는 동력에 의해서 운전된다. 손가락은 끊어진 실을 더욱 빨리 확실하게 붙잡아 처리해야만 한다. 왜냐하면 머뭇거리거나 부주의하게 다루다가는 손가락이 잘려나가기 때문이다. …… 자기 일을 빨리 하려는 노동자의 조바심 때문에 많은 재해가 일어난다. 공장주에게는 자기 기계를 중단 없이 작동시키는 일, 즉 실이나 직물을 중단 없이 생산하는 일이 가장 중요하다는 것을 잊어서는 안 된다. 단 1분만 정지해도 그것은 동력의 손실일 뿐 아니라 생산의 손실이기도 하다.

수단의 절약은 자본의 수중에서 함께 작업하는 노동자들의 생활조건—공
간이나 공기 또는 광선—의 체계적인 강탈과 생명에 위험하고 건강에 유 M450
해한 생산과정의 갖가지 요인으로부터의 인체 보호수단 —노동자를 위한
편의시설은 말할 것도 없고— 에 대한 조직적인 강탈로 나타난다.[191] 푸
리에가 공장을 '창살 없는 감옥'[†120]이라고 한 것을 부당하다고 할 수 있
을까?[192]

그러므로 노동자는 제품의 양에 관심을 기울이는 작업감독자에게서 기계를 중단 없이 작동시
키라는 재촉을 계속해서 받는다. 그리고 이것은 또한 중량이나 개수에 따라 임금을 지급받는
노동자들에게도 마찬가지로 중요하다. 그리하여 대부분의 공장에서는 기계가 작동하는 가운
데 청소를 하는 것이 형식적으로는 금지되어 있지만 실제로는 일반화되어 있다. 바로 이 원인
하나만으로도 최근 6개월 동안 906건의 재해가 발생하였다. …… 청소작업은 날마다 수행되지
만 토요일은 보통 기계를 대청소하도록 정해져 있다. 그런데 그것도 대부분 기계가 작동하는
가운데 이루어진다. …… 더구나 이것은 무급 작업이어서 노동자들은 되도록 빨리 그 일을 끝
내려고 한다. 그 때문에 금요일과 토요일의 재해 건수, 특히 토요일의 재해 건수가 다른 요일보
다 훨씬 많은 것이다. 금요일에는 주초 4일 동안의 평균 건수를 약 12% 초과하며, 토요일에는
그전 5일 동안의 평균 건수를 25% 초과한다. 더구나 작업시간이 토요일에는 7시간 30분에 불
과한 반면 다른 요일에는 10시간 30분이라는 점을 감안한다면— 이 초과분은 무려 65% 이상
이나 된다"(『공장감독관 보고서: 1866년 10월 31일』, 런던, 1867, 9·15·16·17쪽).

191) 생명에 위험한 기계로부터 '직공들'의 신체를 보호하기 위한 공장법의 갖가지 조항을 향
하여 영국의 공장주들이 최근에 개시한 공격에 관해서는 제3권 제1편에서 서술할 것이다. 여
기에서는 공장감독관 레너드 호너의 공식보고서를 인용하는 것만으로 충분할 것이다. "나는
공장주들이 몇몇 재해에 관해서 용서할 수 없을 만큼 경박한 태도로 말하는 것을 들었다. 예를
들면 손가락을 잃는 일 정도는 사소한 일이라는 것이다. 노동자 처지에서 당장의 생활이나 앞
으로의 장래는 전적으로 그의 손가락에 달려 있기 때문에 그 손가락을 잃는다는 것은 그에게
가장 중요한 사건이다. 이런 분별없는 말을 들을 때마다 나는 이렇게 질문한다. 노동자 한 명
이 추가로 필요할 때 두 명이 지원했다고 하자. 둘 다 다른 모든 점에서는 똑같이 유능하지만
한 사람이 엄지나 검지가 없다면 당신은 어떤 사람을 택할 것인가? 그들은 잠시도 망설이지 않
고 손가락이 모두 있는 사람을 택했다. …… 이들 공장주들은 그들이 사이비 박애주의법이라
고 부르는 것에 대하여 옳지 못한 편견을 갖고 있다"(『공장감독관 보고서: 1855년 10월 31일』,
6·7쪽). 그러나 이들 공장주들은 사실 '분별있는 사람들'로, 아무 생각 없이 노예 소유주들의
반란[†15]에 열중하고 있는 것이 아니다!

192) 노동시간의 강제적 제한을 비롯한 여러 가지 규제조항을 갖춘 공장법이 벌써 오래 전부터
적용되어온 공장들에서는 이전의 그 많던 폐해가 없어졌다. 기계 그 자체의 개량이 일정한 지
점에 이르자 '공장 건물의 구조를 개량할' 필요가 생겼고, 이것은 노동자들에게 유리하게 작용
하였다(『공장감독관 보고서: 1863년 10월 31일』, 109쪽).

　　　제5절 노동자와 기계의 투쟁

　　자본가와 임노동자 사이의 투쟁은 자본관계 그 자체의 발생과 함께 시작된다. 그것은 매뉴팩처 시대의 전 기간에 걸쳐 계속해서 격렬하게 일어난다.[193] 그러나 기계가 도입되면 노동자는 이제 자본의 물적 존재양식인 노동수단 그 자체에 도전하게 된다. 그는 자본주의적 생산양식의 물적 토대인 생산수단의 특정 형태에 대해서 반역을 일으키게 되는 것이다.

　　17세기 동안 거의 온 유럽은 리본과 레이스를 짜는 기계, 이른바 반트뮬(슈누르뮬 또는 뮬렌스툴이라고도 한다)에 대한 노동자들의 반역을 경험하였다.[194] 1630년대 말에는 어떤 네덜란드인이 런던 부근에 설립한 풍

---

193) 이와 관련된 내용으로는 특히 휴턴(John Houghton), 『개량된 농업과 공입』(런던, 1727)과 『동인도 무역이 영국에 가져다주는 이익』(1720), 존 벨러스, 『산업대학 설립 제안』(런던, 1696) 등을 보라. "고용주와 노동자는 불행하게도 서로 영원한 전쟁상태에 처해 있다. 전자의 변함없는 목적은 자신의 일을 가능한 한 값싼 노동으로 시키는 것이다. 그리고 그들은 이런 목적을 위해 어떤 방법이라도 사용할 준비가 되어 있다. 그러나 후자도 똑같이 자신들의 더 높은 요구를 고용주들에게서 받아내기 위해 어떤 기회도 놓치지 않으려 한다." 『최근 식량가격 폭등의 원인에 대한 연구』, 1767년, 61·62쪽(저자 너새니얼 포스터 목사는 전적으로 노동자 편에 서 있다).

194) 반트뮬(Bandmühle)은 독일에서 발명되었다. 이탈리아의 승려 란첼로티(Lancellotti)는 1636년 베니스에서 출판한 책에서 다음과 같이 말하고 있다. "단치히 사람 안톤 뮐러는 약 50년 전(란첼로티가 이것을 쓴 것은 1629년이다) 단치히에서 한 번에 4~6필의 직물을 짜내는 매우 정교한 기계를 보았다. 그러나 시 참사회는 이 발명이 많은 노동자를 실직시킬지 모른다고 우려하여 이 발명을 억누르고 발명자를 비밀리에 질식사키기거나 익사시켰다."[†121] 라이덴에서는 이와 똑같은 기계가 1629년에 처음으로 사용되었다. 그러나 처음에는 레이스 직공들의 폭동 때문에 시의회가 그 기계의 사용을 금지해야 했다. 네덜란드 의회도 1623년과 1639년의 여러 법령을 통해서 그것의 사용을 제한해야만 했다. 그러나 결국 1661년 12월 15일의 법령에 따라 이 기계는 일정한 조건 아래 사용을 허가받았다. 라이덴의 리본 직기(반트뮬) 도입에 대해서 복스호른(『정치제도』, 암스테르담, 1663)은 다음과 같이 얘기하고 있다. "약 20년 전 이 도시에서 어떤 사람들이 직물기계를 발명했는데, 그것을 사용하면 한 사람이 똑같은 시간 동안, 그것을 사용하지 않는 다수의 사람들보다 훨씬 더 많은 직물을 더 쉽게 생산할 수 있었다. 그러자 직공들 사이에 동요와 불안이 발생하여 이 기계의 사용은 마침내 시 의회에 의하여 금지되었다." 이 기계는 퀼른에서 1676년 금지되었고, 영국에서도 그것이 도입되자 노동자들 사이에 동요가 발생하였다. 1685년 2월 19일에는 칙령에 따라 독일 전역에서 그 기계의 사용이

력 제재소가 민중의 폭력 앞에 굴복했다. 18세기 초에도 영국의 수력 제재소는 의회의 지지를 받은 민중의 반항을 가까스로 굴복시켰다. 1758년 에버릿이 처음으로 수력으로 작동되는 양털깎기 기계를 만들었을 때, 그것은 10만 명의 실업자에 의해 불타버렸다. 아크라이트의 소모기(梳毛機 : 양털 빗는 기계―옮긴이)에 대해서는 그때까지 양모를 빗질하면서 먹고 살던 5만 명의 노동자가 의회에 진정을 냈다. 19세기 최초의 15년 사이에 영국의 공업지구에서 이루어진 기계의 대량 파괴, 특히 증기직기의 사용 때문에 발생한 기계파괴는 러다이트(Luddite) 운동이라는 이름 아래 시드머스와 캐슬레이 지방의 반(反)자코뱅 정부에 가장 반동적인 강제수단을 쓸 수 있는 구실을 주었다. 노동자가 기계 그 자체와 그것의 자본주의적 사용 사이의 차이점을 구별해내고, 그리하여 자신의 공격대상을 물적 생산수단 그 자체가 아니라 그것을 이용하는 사회적 형태로 바꾸어야겠다고 깨달을 때까지는 상당한 시간과 경험이 필요했다.[195]

매뉴팩처 내에서 일어난 임금투쟁은 매뉴팩처를 전제로 하는 것이지 결코 매뉴팩처의 존재 그 자체를 겨냥한 것은 아니다. 매뉴팩처의 형성을 겨냥한 공격이 있긴 했지만 그것은 동직조합 장인들과 특권 도시에 의해 이루어진 것이고 임노동자에 의해 이루어진 것은 아니다. 그렇기 때문에 매뉴팩처 시대의 저술가들이 볼 때, 분업은 주로 노동자를 대체하는 수단으로 파악되었고 노동자를 실제로 몰아내는 수단이라고는 생각되지 않았다. 이런 구별은 자명한 것이다. 예를 들어 오늘날 50만 명이 기계로 잣는

금지되었다. 함부르크에서는 시 의회의 명령에 따라 이 기계가 공개적으로 불태워졌다. 카를 6세는 1719년 2월 9일 1685년의 칙령을 갱신하였고, 또 작센 선제후공국은 1765년이 되어서야 비로소 그것을 공개적으로 사용할 수 있도록 허가했다. 이처럼 세상을 떠들썩하게 만든 이 기계는 사실 방적기와 직기의 선구자였으며, 따라서 18세기 산업혁명의 선구자이기도 하였다. 이 기계를 사용하면 방직에 아무런 경험이 없던 소년이라도 그저 손잡이만 밀고 당기면서 기계 전체를 그 모든 북과 함께 운전할 수 있고, 또 그 개량형은 한 번에 40~50필을 생산할 수 있었다.

195) 낡은 형태의 매뉴팩처에서는 지금도 기계에 대한 노동자의 반항이 가끔씩 거친 형태로 되풀이되고 있다. 예를 들면 1865년 셰필드의 줄 연마업에서 일어난 일이 바로 그런 경우이다.

만큼의 면화를 옛날의 방차로 잣기 위해서는 영국에 1억 명의 사람이 필요했을 것이라고 얘기할 때, 그것은 물론 기계가 결코 존재한 적도 없는 1억 명의 사람을 대체했다는 의미가 아니다. 그것은 그저 방적기계를 대체하려면 그만큼의 노동자가 필요하다는 뜻일 뿐이다. 반면 증기직기가 영국에서 80만 명의 직공을 거리로 쫓아냈다고 얘기할 때, 그 말은 현존하는 기계를 대체하기 위해 그만큼의 노동자가 필요하다는 말이 아니라 실제로 기계에 의해 대체되거나 쫓겨난 노동자 수가 그렇다는 것을 뜻한다. 매뉴팩처 시기 동안 수공업적 경영은 비록 분해되긴 했지만 사실상 매뉴팩처의 기초를 이루고 있었다. 새로운 식민지 시장은 중세부터 이어져내려온 비교적 적은 수의 도시노동자들로는 충족될 수 없었고, 매뉴팩처야말로 봉건제가 해체되면서 토지에서 추방당한 농민들에게 새로운 생산영역을 열어주었다. 따라서 당시에는 작업장에서의 분업과 협업이 고용된 노동자들의 생산성을 더욱더 높이는 긍정적인 측면이 훨씬 두드러졌다.[196] 협업과 소수에 의한 노동수단의 결합은 그것이 농업에 적용되자 많은 나라들에서 대공업시대 훨씬 이전부터 있어온 생산양식과 농촌 주민의 생활조건 그리고 취업수단에 급격하고도 강력한 혁명을 대규모로 불러일으켰다. 그러나 이때의 투쟁은 처음에 자본과 임노동 사이에서가 아니라 오

---

196) 제임스 스튜어트도 기계에 대해서 전적으로 똑같은 생각을 하고 있었다. "따라서 나는 기계를, 우리가 따로 양육하지 않고도 노동자(일을 할 수 있는 능력의 관점에서 볼 때) 수를 늘리는 것과 마찬가지 효과가 있는 수단이라고 생각한다. …… 기계가 하는 일이나 새로 늘어난 노동자가 하는 일 사이에 도대체 어떤 차이가 있단 말인가?"(『경제학 원리』, 프랑스어 번역본, 제1권, 제1편, 제19장). 이보다 더 소박한 사람은 페티인데, 그는 기계가 '일부다처'를 대체한다고 말하고 있다. 이런 관점은 고작해야 미국의 몇몇 지방에나 해당하는 얘기이다. 반면 "기계는 개개인의 노동을 줄이는 데는 별로 효과가 없다. 기계를 사용함으로써 감소되는 것보다 훨씬 많은 시간이 기계의 제조에 소비될 것이다. 기계가 실제로 유용한 경우는 오직 그것이 대중에게 작용하는 경우, 즉 한 대의 기계로 수천 명의 일을 지원할 수 있을 때뿐이다. 따라서 기계가 가장 많이 사용되는 곳은 인구밀도가 매우 높으면서 실업자가 대단히 많은 그런 나라이다. …… 기계가 사용되는 까닭은 노동자가 부족하기 때문이 아니라 오히려 그것이 노동자들을 대량으로 쉽게 사용할 수 있기 때문이다"(래번스톤, 『국채제도와 그 영향에 관한 고찰』, 런던, 1824, 45쪽).

히려 대토지 소유자와 소토지 소유자 사이에서 일어났다. 한편 노동자가 노동수단이나 양과 말 등에 의해 쫓겨나면서, 여기에서는 직접적인 폭력 행위가 일차적으로 산업혁명의 전제를 이루었다. 먼저 노동자가 토지에서 쫓겨나고 그런 다음 양이 등장하였다. 영국에서와 같은 대규모 토지약 M454 탈은 비로소 대규모 농업을 위한 활동무대를 창출해내었다.[196a] 그러므로 이런 농업의 변혁은 처음에는 오히려 정치적 혁명의 모습을 띤다.

노동수단은 기계의 형태를 취하자마자 곧바로 노동자의 경쟁상대가 된다.[197] 기계를 통한 자본의 자기증식은 기계로 말미암아 생존조건을 박탈당한 노동자 수에 비례한다. 자본주의 생산의 전체 체제는 노동자가 자신의 노동력을 상품으로 판매한다는 사실에 기초해 있다. 분업은 이 노동력을 일면화하고, 하나의 부분도구를 다루는 완전히 특화된 기능으로 만든다. 도구를 다루는 일이 기계 몫이 되어버리면 노동력은 그 사용가치와 함께 교환가치도 잃게 된다. 노동자는 통용되지 않는 지폐처럼 판매되지 않게 된다. 노동자계급 가운데 이처럼 기계 때문에 과잉인구가 된 부분은〔즉 더 이상 자본의 자기증식에 직접 필요하지 않은 인구로 전화한 부분은〕 한편으로는 기계 경영에 대항하는 낡은 수공업 경영과 매뉴팩처 경영의 절망적인 투쟁 속에서 파멸하고, 다른 한편으로는 누구나 손쉽게 들어갈 수 있는 산업부문으로 한꺼번에 흘러들어가 노동시장을 범람시키고 따라서 노동력의 가격을 그 가치 이하로 떨어뜨린다. 궁핍해진 노동자들에게 단지 커다란 위안이 되는 것이라곤 한편으로는 그들의 고통이 그저 '일시적'인 것일 뿐이라는 점이고, 다른 한편으로는 기계가 생산부문 전체를 아주 천천히 정복해가기 때문에 그 파괴작용의 규모와 강도가 낮다는 점뿐이다. 그러나 한편에서 위안이 되는 것은 다른 한편의 위안을 부질

196a) 〔제4판의 주: 이것은 독일에도 해당한다. 독일에서 대규모 농업이 이루어지는 곳, 즉 동부에서는 16세기 이래〔특히 1648년 이후〕 성행한 '농민보유지 몰수'에 의해 비로소 대규모 농업이 가능해졌다.—엥겔스〕

197) "기계와 노동은 끊임없이 경쟁하고 있다"(리카도, 『경제학 원리』, 479쪽).

없게 만든다. 기계가 한 생산부문을 조금씩 장악해가는 경우 기계는 자신과 경쟁하는 노동자계층 내에서 만성적인 빈곤을 만들어내며, 만일 반대로 이 과정이 급속히 이루어지면 기계로 인한 영향도 대규모로 급격하게 이루어지기 때문이다. 영국의 면포 수직공의 몰락은 서서히 진행되어 몇십 년 동안이나 질질 끌면서 1835년에 마침내 종지부를 찍었지만, 세계 역사상 이처럼 가공할 광경은 없었다. 그들 대부분은 굶어 죽었으며 많은 사람이 가족들과 함께 하루에 겨우 2.5펜스로 오랜 기간을 연명해야만 했다.[198] 반면 영국의 면직기계는 동인도에 급격한 영향을 끼쳤는데, 이와 관련하여 동인도 총독은 1834~35년에 다음과 같이 얘기하고 있다.

> 곤궁이 상업사에 거의 유례가 없을 만큼 극심하다. 면직공의 뼈가 인도의 들판을 하얗게 뒤덮고 있다.

물론 이들 직공이 일시적인 삶에 이별을 고한다면, 기계는 그들에게 그저 '일시적인 고통'만 주었을 뿐이다. 그러나 기계의 '일시적인' 작용은 항상적인 것이다. 왜냐하면 기계는 끊임없이 새로운 생산영역을 장악해나가기 때문이다. 일반적으로 자본주의적 생산양식은 노동조건과 노동생

---

198) 1834년 구빈법이 실시되기 이전 영국에서는 최저임금에도 훨씬 못 미치는 임금이 교구 구제금으로 보충됨에 따라 수직(手織)과 기계직의 경쟁이 지속되었다. "터너 목사는 1827년 공업지구인 체셔 윌름슬로의 교구장직을 맡고 있었다. 이민조사위원회의 질문과 터너의 답변은 기계와 인간노동 사이의 경쟁이 어떻게 유지되고 있는지를 보여준다. 물음: '역직기의 사용이 수직기의 사용을 몰아낸 것은 아닌가?' 답: '분명히 그렇다. 만약 수직공이 임금인하에 굴복할 수 없었다면 그들은 실제로 쫓겨난 것보다도 훨씬 더 많이 쫓겨났을 것이다.' 물음: '그러면 수직공은 그렇게 굴복함으로써 어쩔 수없이 생계 유지에 불충분한 임금을 받게 된 것이고, 그 생계의 부족분을 교구의 기부금으로 충당하고자 하는 것인가?' 답: '그렇다. 사실 수직기와 역직기 간의 경쟁은 구빈세에 의해 유지되고 있다.' 그리하여 기계의 도입으로 인해 노동자들이 받은 혜택은 굴욕적인 궁핍이나 국외 이주였다. 또한 그들은 어느 정도 독립적이고 자존심도 지키던 직공의 신분에서 자선의 빵으로 연명하는 비굴한 빈민의 나락으로 떨어져버렸다. 이것이 바로 위에서 얘기한 그 '일시적'인 고통이었다"(『경쟁과 협동의 상대적인 장점에 대한 현상논문』, 런던, 1834, 29쪽).

산물에 자립적이고 소외된 형태를 부여하는데, 이런 형태는 기계와 더불어 차차 완전한 대립으로 발전해간다.[199] 그러므로 노동수단에 대한 노동자의 격렬한 반항은 기계와 함께 비로소 시작된다.

노동수단은 노동자를 때려죽인다. 이런 직접적 대립은 물론 새로 도입된 기계가 기존의 수공업 경영 및 매뉴팩처 경영과 경쟁할 때 가장 뚜렷하게 나타난다. 그러나 대공업 내에서 끊임없이 이루어지는 기계의 개량과 자동체계의 발달도 이와 비슷한 작용을 한다.

M456

기계 개량의 변함없는 목적은 손으로 하는 노동을 줄이고 인간이라는 작업기구를 철로 된 작업기구로 대체함으로써 공장의 생산공정 가운데 한 부분을 완결적인 형태로 만드는 데 있다.[200]

지금까지 손으로 작동되던 기계에 증기력과 수력을 사용하는 것은 일상적인 일이 되었다. …… 동력을 절약한다든가 제품을 개선한다든가 또는 같은 시간 동안에 생산을 늘린다든가, 아동과 성인 여성 및 남성의 일손을 하나라도 줄이든가 하는 등의 목적을 위해 이루어지는 소소한 기계의 개량은 끊임없이 계속되고, 그것은 겉으로 보기에는 별로 대수롭지 않아 보이지만 매우 중대한 결과를 가져온다.[201]

많은 숙련과 빈틈없는 일손을 필요로 하는 작업은 언제나 노동자의 손—숙련되긴 했지만 종종 실수를 저지르는—에서 가능한 한 빨리 아동

---

199) "국가의 수입(리카도가 같은 구절에서 설명한 바에 따르면 국가 수입이란 지주와 자본가의 수입이고, 또 경제학적으로 보면 일반적으로 그들의 부가 곧 국부에 해당된다)을 증대시키는 요인이 동시에 과잉인구를 만들어내고 노동자들의 상태를 악화시킬 수 있다"(리카도, 앞의 책, 469쪽). "모든 기계 개량의 변함없는 목적과 경향은 사실상 인간의 노동을 완전히 배제하는데 있으며 적어도 성년 남성노동자의 노동을 부녀자나 아동 노동으로 대체하든가 숙련노동자 대신 미숙련노동자를 사용함으로써 노동의 가격을 인하하는 것이다"(유어, 앞의 책, 23쪽).
200) 『공장감독관 보고서: 1858년 10월 31일』, 43쪽.
201) 『공장감독관 보고서: 1856년 10월 31일』, 15쪽.

이 관리할 수 있을 정도로 잘 짜여진 특수한 기계체계로 이전된다.[202]

자동체계에서는 노동자의 재능이 점점 배제된다.[203]

기계의 개량은 일정한 생산량을 얻는 데 필요한 성인 남성노동자 수의 고용을 감소시킬 뿐만 아니라 한 부류의 사람을 다른 부류의 사람으로, 즉 숙련공을 미숙련공으로, 성인을 아동으로, 남자를 여자로 대체시킨다. 이런 대체는 모두 임금률을 끊임없이 변동시키는 원인이 된다.[204]

기계는 끊임없이 성인 남성노동자를 공장 밖으로 쫓아낸다.[205]

축적된 실제 경험, 기계적 수단의 기존 규모, 기술의 부단한 진보 등에 힘입은 기계제의 놀라운 탄력성은 노동일 단축의 압력 밑에서 기계제가 M457 보여준 급격한 진보를 통해서 드러났다. 그러나 영국의 면직공업이 절정에 올라 있던 1860년에 그 누가 과연 바로 직후의 3년 동안 미국 내전의 박차를 받아 기계 개량이 그렇게 급속히 진행되고 또 그렇게 급격하게 육체노동이 축출되리라고 예상했겠는가? 여기서는 이 점과 관련하여 영국

202) 유어, 앞의 책, 19쪽. "벽돌 제조에 기계를 사용함으로써 얻게 된 중요한 이익 가운데 하나는 고용주가 숙련노동자에 대한 의존에서 완전히 벗어날 수 있게 되었다는 점에 있다"(『아동노동 조사위원회: 제5차 보고서』, 런던, 1866, 130쪽, 제46번). 제2판의 보유: 그레이트 노던 철도회사의 기계부 감독 스터룩은 기계 제작(기관차 등과 같은)에 대해 이렇게 말하고 있다. "비싼 영국 노동자의 사용은 갈수록 줄어들고 있다. 개량된 공구를 사용함으로써 생산은 증대되고 있으며 이 공구의 조작도 갈수록 저숙련노동에 의해 이루어지고 있다. …… 이전에는 증기기관의 모든 부품의 생산에 반드시 숙련노동만이 사용되었다. 지금은 똑같은 부품들이 숙련은 낮지만 우수한 공구를 사용하는 노동자들에 의해 생산되고 있다. …… 내가 공구라고 말하는 것은 기계 제작에 사용되는 기계를 가리킨다"(『왕립 철도위원회 보고서』, 제17862번과 제17863번, 런던, 1867).
203) 유어, 앞의 책, 20쪽.
204) 같은 책, 321쪽.
205) 같은 책, 23쪽.

공장감독관들의 공식적인 증언 가운데 두세 가지만 인용하는 것으로도 충분할 것이다. 맨체스터의 한 공장주는 이렇게 말한다.

> 우리는 지금 75대의 소면기(梳綿機) 대신 12대밖에 사용하지 않지만, 이전에 비해 전혀 뒤떨어지지 않는 품질의 면화를 똑같은 양만큼 생산한다. …… 임금의 절감은 주당 10파운드스털링, 면 부스러기의 절감은 10%에 이르고 있다.

맨체스터의 한 세사(細絲) 방적공장에서는

> 속도를 높이고 여러 자동공정을 채택함에 따라 어떤 부문에서는 노동자 인원의 $\frac{1}{4}$, 또 어떤 부문에서는 $\frac{1}{2}$ 이상이 감축되었다. 또 제2소면기를 대신한 양모빗질기계는 예전에 양털손질 작업장에서 일하던 직공의 수를 크게 감소시켰다.

또다른 방적공장은 '직공' 수의 전반적인 절감률을 10%로 추정하고 있다. 맨체스터의 방적회사인 길모어 사는 다음과 같이 밝히고 있다.

> 송풍실에는 새로운 기계의 사용에 따른 직공 수와 임금의 절감이 꼭 $\frac{1}{3}$로 평가되었으며, …… 권사 기계실과 신장 기계실에서도 지출과 직공 모두 약 $\frac{1}{3}$씩 줄어들었을 뿐만 아니라, 방적실에서도 지출이 약 $\frac{1}{3}$ 절감되었다고 평가된다. 그러나 여기에서 그치지 않는다. 새로운 기계를 사용함으로써 우리 회사의 실 품질이 매우 개선되었기 때문에 이제 그것이 방직공의 손에 넘어가면 구식 기계실로 짠 경우보다 더 좋은 품질의 직물이 더 많이 생산될 것이다. [206]

---

206) 『공장감독관 보고서: 1863년 10월 31일』, 108쪽 이하.

공장감독관 레드그레이브는 다음과 같이 덧붙이고 있다.

생산은 증가하는데 노동자는 급속히 줄어들고 있다. 양모공장에서는 최근 직공이 또다시 줄어들기 시작하여 지금도 계속되고 있다. 며칠 전 로치데일 근처에 사는 한 교사에게서 들은 바에 따르면, 여학교의 학생 수가 크게 줄어든 것은 공황 때문만이 아니라 양모공장 기계의 변화 때문이기도 한데, 그 변화의 결과 평균 70명의 반일공(半日工)이 줄어들었다는 것이다.[207]

공장 수

	잉글랜드·웨일스	스코틀랜드	아일랜드	영국 전체
1856년	2,046	152	12	2,210
1861년	2,715	163	9	2,887
1868년	2,405	131	13	2,549

증기직기 수

	잉글랜드·웨일스	스코틀랜드	아일랜드	영국 전체
1856년	275,590	21,624	1,633	298,847
1861년	368,125	30,110	1,757	399,992
1868년	344,719	31,864	2,746	379,329

---

207) 같은 글, 109쪽. 면직업공황 기간에 급속히 이루어진 기계 개량 덕분에 영국의 공장주들은 미국 내전이 끝나자마자 곧 세계시장에 또다시 면제품을 넘쳐나도록 공급할 수 있게 되었다. 직물은 1866년 하반기 동안 거의 팔리지 않았다. 그래서 중국과 인도로 위탁판매가 시작되었지만, 그것은 물론 '공급과잉'을 더욱 심화시켰다. 1867년 초 공장주들은 상투적인 구급책으로 임금을 5% 인하함으로써 탈출구를 모색하였다. 노동자들은 여기에 반대하여, 이론적으로도 완전한 정답이며 현실적으로도 유일한 해결책인 조업단축, 즉 일주일에 4일 동안만 작업을 하자고 주장하였다. 자칭 산업선장들(産業船長, Industriekapitäne)은 제법 오랫동안 버텨보았지만 결국 그렇게 하지 않을 수 없었다. 몇 군데에서는 조업단축과 함께 임금이 5% 인하되기도 했지만 다른 대부분의 곳에서는 임금인하가 없었다.

방추 수

	잉글랜드 · 웨일스	스코틀랜드	아일랜드	영국 전체
1856년	25,818,576	2,041,129	150,512	28,010,217
1861년	28,352,125	1,915,398	119,944	30,387,467
1868년	30,478,228	1,397,546	124,240	32,000,014

고용 노동자 수

	잉글랜드 · 웨일스	스코틀랜드	아일랜드	영국 전체
1856년	341,170	34,698	3,345	379,213
1861년	407,598	41,237	2,734	451,569
1868년	357,052	39,809	4,203	401,064

미국의 내전 덕분에 영국의 면직업에서 이룩한 기계개량의 총결과는 위의 표에 잘 나타나 있다. [†122] M458

이리하여 1861년부터 1868년까지 338개의 면직공장이 사라졌다. 즉 생산성이 더 높고 규모도 더 큰 기계가 더 소수의 자본가 손에 집중된 것이다. 중기직기의 수는 2만 663대 감소했다. 그러나 그와 함께 생산물은 증가했기 때문에 현재의 개량직기 1대는 구식직기 1배보다 더 많은 일을 한 셈이 된다. 마자막으로 방추 수는 161만 2,547개 늘어났지만 고용 노동자 수는 5만 505명 줄어들었다. 이처럼 면직업공황이 노동자를 짓누른 '일시적인' 곤궁은 기계의 급격하고도 지속적인 진보로 말미암아 더욱 격화되고 고착화되었다. M459

그러나 기계가 언제나 임노동자를 '과잉'으로 만들려고 하는 우세한 경쟁자로만 행세하는 것은 아니다. 기계는 자본에 의해 고의적이고 공공연한 형태로 임노동자에 대한 적대세력으로 선언되고 또 그렇게 취급된다. 기계는 자본의 전제에 반항하는 노동자의 주기적인 봉기와 파업 등을 타도하기 위한 가장 강력한 무기가 된다.[208] 개스켈에 따르면 증기기관은

---

208) "납유리와 병유리 제조업에서 고용주와 직공의 관계는 만성적인 파업으로 나타난다." 그

처음부터 '인간 노동력'을 겨냥한 적수였으며, 이것을 통해 자본가는 이제 막 시작된 공장제를 위기에 몰아넣으려는 노동자들의 점증하는 요구를 분쇄할 수 있었다.[209] 처음부터 단지 노동자들의 반역을 잠재우기 위해 자본의 무기로 만들어진 1830년 이후의 발명들을 모아보면 그것만으로도 하나의 완전한 역사가 만들어진다. 그 중에서 가장 먼저 떠올릴 수 있는 것이 자동 뮬 방적기이다. 왜냐하면 그것은 자동체계의 새로운 시대를 열었기 때문이다.[210]

증기 해머의 발명자 네이스미스는 노동조합 조사위원회의 증언에서 1851년 기계노동자들의 대규모 장기파업 때문에 그가 어떻게 기계를 개량하게 되었는지 다음과 같이 진술하고 있다.

> 오늘날 기계 개량에서 드러나는 뚜렷한 특징은 자동 공작기계의 도입이다. 이제 기계노동자가 하는 일이면서 아무 소년이나 할 수 있는 일은 노동자가 직접 노동하는 것이 아니라 그저 기계가 멋지게 수행하는 작업을 지켜보기만 하는 일이 되었다. 자신의 숙련에만 의존하고 있는 노동자계층은 오늘날 모두 제거되었다. 이전에 나는 기계공 1명당 소년 4명을 사용했다. 그러나 이 새로운 기계장치 덕분에 나는 성인 남성직공 수를 1,500명에서 750명으로 감소시킬 수 있었다. 그 결과 내 이윤은 상당히 증가했다.[†123]

M460 유어는 사라사 날염공장에서 사용되는 염색용 기계에 대해 다음과 같이 얘기하고 있다.

래서 주된 작업을 기계로 수행하는 압착유리 제조가 성행하게 되었다. 이전에 연간 35만 파운드의 취제(吹製: 입으로 불어서 만드는 것) 납유리를 생산하던 뉴캐슬의 한 회사는 지금은 그 대신 300만 500파운드의 압착유리를 생산하고 있다"(『아동노동 조사위원회: 제4차 보고서』, 1865, 262·263쪽).

209) 개스켈(Gaskell), 『영국의 공업인구』, 런던, 1833, 11~12쪽.

210) 페어번은 자기 공장에서 발생한 파업 때문에, 기계 제작에 기계를 사용할 수 있는 매우 중요한 방법을 고안해내었다.

마침내 자본가들은 과학이라는 탈출구에 호소함으로써 이 감내할 수 없
는 예속상태(곧 그들에게 성가시기 짝이 없는 노동자와의 계약조건)에서
벗어나려고 하였다. 그래서 그들은 곧 자신들의 정당한 권리[즉 신체의 다
른 부분을 지배할 수 있는 머리의 권리]를 회복하였다.

그는 파업이 직접적 요인으로 작용했던 날실 정돈용 기계의 발명에 대
해 다음과 같이 덧붙였다.

옛날의 분업전선이 결코 돌파될 수 없는 보루인 것처럼 잘못 믿고 있던
불평분자 무리들은 이처럼 현대의 기계 전술에 의해 자기네들의 측면을 기
습당하자 자신들의 방어수단이 무력화되었음을 알았다. 그래서 그들은 무
조건 항복하지 않으면 안 되었다.

그는 자동 뮬 방적기의 발명에 대해서는 이렇게 말하고 있다.

그것은 근로계급 사이에 질서를 회복시킨다는 사명을 띠고 있었다.
…… 자본은 언제나 과학을 자신에게 봉사시킴으로써 반역적인 노동자들
을 강제로 복종시킨다는 그 사실 — 우리가 이미 알아낸 원리이다 — 이 이
발명을 통해서 확인된다.[211]

유어의 저서가 간행된 것은 1835년, 즉 공장제가 아직 비교적 덜 발전
되었던 시대였는데도 그의 저서가 오늘날에도 공장제 정신의 고전적인
표현으로 인정받는 까닭은, 그것이 야비할 정도로 노골적일 뿐만 아니라
자본의 두뇌가 갖고 있는 바보 같은 모순까지도 소박하게 몽땅 털어놓고

---

211) 유어, 앞의 책, 367~370쪽.

있기 때문이기도 하다. 예를 들어 그는 자본이 스스로 고용한 과학의 도움으로 "언제나 반역적인 노동자들을 강제로 복종시킨다"는 '주장'을 전개한 뒤에 "기계물리학이 돈 있는 자본가의 전횡을 돕고 가난한 계급을 억압하는 수단으로 기여한다는 일부 몰지각한 사람들의 비난"에 대해서 분개하고 있다. 또 기계의 급속한 발전이 노동자에게 얼마나 유리한지를 장황하게 설교한 다음, 그는 노동자들에게 그들이 반항적인 태도와 파업 등을 통해서 스스로 기계의 발달을 촉진시키고 있다고 경고했다. 그는 다음과 같이 말한다.

> 이런 종류의 폭력적 반역은 극히 경멸스러운 인간의 근시안적인 태도—스스로 자신의 사형집행인이 되는—를 잘 보여주고 있다.

그런데 바로 몇 페이지 앞에서 그는 반대로 다음과 같이 말한다.

> 노동자들의 그릇된 생각에서 일어나는 격렬한 충돌과 중단이 없었다면 공장제는 훨씬 빨리 발달했을 것이고 모든 이해 당사자들에게 훨씬 유익했을 것이다.

M461　그런데 그는 또 다음과 같이 부르짖고 있다.

> 영국의 공장지구에 사는 주민들에게 다행스러운 일은 기계의 개량이 매우 천천히 이루어진다는 사실이다. 사람들은 부당하게도 기계를 비난하면서, 기계가 성인 남성노동자의 일부를 쫓아냄으로써 성인 남성노동자의 수를 수요에 비해 과잉상태로 만들기 때문에 결국 성인 남성노동자의 임금을 인하시킨다고 한다. 그러나 기계는 아동노동에 대한 수요를 증가시키고 그럼으로써 그들의 임금률을 인상시킨다.

　그런데 이처럼 노동자들을 위로하는 척한 이 사나이는 다시 그 아동의 임금이 너무 낮다는 점에 대해서는 다음과 같은 변론을 펼친다. "그것은 부모들이 자기 자식들을 너무 일찍부터 공장에 보내는 것을 막아준다." 그의 책은 처음부터 끝까지 아무 규제가 없는 노동일을 옹호하고 있다. 따라서 만일 법률이 13세의 소년을 하루 12시간 이상 혹사하지 못하도록 금지한다면, 그의 자유주의적인 정신은 중세의 가장 어두웠던 시대를 떠올릴 것이다. 그러나 이런 그의 반중세적인 자유주의 사상도 그가 공장노동자들에게 신의 섭리 — 기계를 통해서 "그들 노동자들의 불멸의 이익에 대해 깊이 숙고할 틈을 주신" [212] — 에 감사의 기도를 올리라고 권하는 것을 막지는 못할 것이다.

제6절 기계에 의해 쫓겨난 노동자에 관한 보상설

　제임스 밀, 매컬럭, 토런스, 시니어, 존 스튜어트 밀 등과 같은 일련의 부르주아 경제학자들의 주장에 따르면 노동자를 쫓아내는 모든 기계설비는 언제나 그와 함께 반드시 그만한 수의 노동자를 고용할 수 있는 자본을 해방시켜준다고 한다. [213]

　어떤 자본가가 예를 들어 한 벽지공장에서 1인당 연봉 30파운드스털링으로 100명의 노동자를 사용한다고 가정해보자. 그러면 그가 1년 동안 지출하는 가변자본은 3,000파운드스털링이다. 이제 그가 노동자 50명을 해고시키고 1,500파운드스털링짜리 기계 한 대를 들여서 나머지 50명에게 일을 시킨다고 하자. 단순화를 위해 건물이나 석탄 따위는 문제 삼지 않기

---

212)　같은 책, 368 · 7 · 370 · 280 · 321 · 281 · 475쪽.

213)　리카도도 처음에는 이와 똑같은 견해를 갖고 있다가 나중에는 이것을 명시적으로 철회하였는데, 그것은 그가 불편부당한 과학적 태도와 진리를 사랑하는 마음을 지녔기 때문이다(리카도, 『경제학 원리』, 제31장 「기계에 관해서」를 보라).

로 하자. 또한 1년 동안 소비되는 원료에는 지금까지와 마찬가지로 3,000 파운드스털링이 든다고 가정하자.[214] 이 변화에 따라 얼마만큼의 자본이 'M462 '해방'되었을까? 기존의 경영방식에서 투하된 자본 총액 6,000파운드스털링 가운데 절반은 불변자본이고 나머지 절반은 가변자본으로 이루어져 있었다. 그것이 이제는 4,500파운드스털링의 불변자본(원료에 3,000파운드스털링, 기계설비에 1,500파운드스털링)과 1,500파운드스털링의 가변자본으로 이루어져 있다. 가변자본 부분〔즉 살아 있는 노동력〕으로 전화한 자본 부분은 총자본의 절반에서 이제 겨우 $\frac{1}{4}$이 되었다. 이 경우 자본은 해방되는 것이 아니라 노동력과 교환되지 않는 형태로 구속되어버린다. 즉 가변자본에서 불변자본으로 전화하는 것이다. 다른 조건이 불변이라면 6,000파운드스털링의 자본은 이제 50명 이상의 노동자를 고용할 수 없다. 그리고 기계가 개량될 때마다 이 노동자 수는 더 줄어들 것이다. 새로 도입되는 기계에 드는 비용이 그것이 몰아내는 노동력이나 노동도구의 총액보다 적다면, 예를 들어 1,500파운드스털링이 아니라 1,000파운드스털링밖에 들지 않는다면 1,000파운드스털링의 가변자본이 불변자본으로 전화〔또는 구속〕하고 500파운드스털링의 자본은 해방될 것이다. 연간임금이 같다고 가정하면 이 500파운드스털링의 자본은 50명의 노동자가 해고되었을 때 약 16명, 아니, 그보다 훨씬 적은 수의 노동자에 대한 고용기금이 된다. 왜냐하면 이 500파운드스털링이 자본으로 전화하기 위해서는 또다시 그 가운데 일부가 불변자본으로 전화해야 하고, 따라서 노동력으로 전화하는 것은 그 가운데 일부에만 그칠 것이기 때문이다.

그런데 새로운 기계의 제작에도 다수의 기계공이 고용된다고 하자. 그것이 거리로 쫓겨난 벽지공에 대한 보상이 될 수 있을까? 기계의 제작에 고용되는 노동자는 아무리 많아도 기계의 사용이 몰아내는 노동자보다는 적다. 해고당한 벽지공의 임금만을 나타내는 1,500파운드스털링은 이제

---

214) 주의할 것. 나는 위에서 거명한 경제학자들의 방식 그대로 예를 든 것이다.

기계의 모습이 되어 ①기계 제작에 필요한 생산수단의 가치, ②기계를 제작하는 기계공의 임금, ③그들의 '고용주'에게 돌아가는 잉여가치를 나타낸다. 게다가 기계는 일단 완성되고 나면 폐기될 때까지 새로 교체할 필요가 없다. 그러므로 추가된 수만큼의 기계공을 계속 고용하기 위해 벽지 공장주는 잇달아서 기계를 통해 노동자를 몰아내야만 하는 것이다.

사실 기계제를 옹호한 저들 부르주아 경제학자들도 이런 형태의 자본 해방을 얘기한 것은 아니다. 그들이 말한 것은 쫓겨난 노동자들의 생활수단과 관련된 것이다. 즉 위의 예에서 본다면 기계는 50명의 노동자를 해방시키고, 또 그럼으로써 그들을 '자유롭게 처분할 수 있도록' 만들었을 뿐 아니라 동시에 그들과 1,500파운드스털링 가치의 생활수단 사이의 관련을 끊어버림으로써 이 생활수단을 '해방시키게' 된다는 것이다. 결국 기계가 노동자를 생활수단에서 쫓아내버린다는 별로 새롭지도 않은 단순한 사실을 이들 경제학자들은 기계가 노동자를 위해 생활수단을 해방시켜 M463 그것을 노동자의 고용을 위한 자본으로 전화시키는 것처럼 말하고 있는 것이다. 이처럼 모든 것은 오로지 표현하기 나름이다. 말하기에 따라 나쁜 것도 감추어지기 마련이다. [†124]

이 설에 따르면 1,500파운드스털링 가치의 생활수단은 해고당한 50명 벽지 노동자의 노동에 의해서 가치가 증식되는 자본이었다. 따라서 이 자본은 50명의 노동자가 해고되는 순간 사용될 곳을 잃게 되고, 이 50명에 의해 다시 그 자본이 생산적으로 소비될 수 있는 새로운 '투자처'가 발견될 때까지는 자리잡을 곳이 없다. 때문에 머지않아 자본과 노동은 다시 하나가 되어야 하며, 그러면 곧바로 보상이 이루어지는 것이다. 따라서 기계 때문에 쫓겨난 노동자의 고통도 이 세상의 부와 마찬가지로 일시적이라는 것이다.

해고당한 노동자들에게 1,500파운드스털링이라는 금액의 생활수단은 결코 자본으로 나타나지 않았다. 그들에게 자본으로 나타난 것은 이제 기계로 전화한 1,500파운드스털링이었다. 좀더 자세히 살펴보면 이 1,500파운드스털링은 해고당한 50명 노동자가 일 년 동안 생산한 벽지 가운데 일부만을 대표하며, 그들은 과거에 이것을 현물이 아니라 화폐형태의 임금으로 자신들의 고용주에게서 받았다. 1,500파운드스털링으로 전화한 벽지를 가지고 그들은 해당 금액의 생활수단을 매입했다. 따라서 이 생활수단은 그들에게 자본으로서가 아니라 상품으로서 존재하고 있었으며, 또 그들 자신은 이 상품에 대해 임노동자로서가 아니라 구매자로서 존재하고 있었다. 그런데 이제 기계는 그들을 구매수단에서 '해방시킴'으로써 그들을 구매자에서 비구매자로 전화시킨다. 따라서 그 상품에 대한 수요는 감소한다. 그것이 전부이다. 만일 이 수요의 감소가 다른 부문에서의 수요 증가에 의해 메워지지 않는다면 이들 상품의 시장가격은 하락한다. 이런 사태가 비교적 오래 지속되고 비교적 넓은 범위에 걸쳐 일어난다면, 이들 상품의 생산에 종사하던 노동자들 사이에서도 이동이 일어난다. 이제까지 필요생활수단을 생산하고 있던 자본의 일부는 다른 형태로 재생산된다. 계속해서 시장가격이 하락하고 자본이 이동하는 동안은 필요생활수단의 생산에 종사하는 노동자들도 임금의 일부에서 '해방된다'. 그리하여 이들 기계제 옹호론자들은 기계가 노동자를 생활수단에서 분리시키고 그럼으로써 이 생활수단을 노동자의 고용을 위한 자본으로 전화시킨다는 사실을 증명하는 것이 아니라, 그와 반대로 확실한 수요공급의 법칙으로써 기계는 그것이 도입되는 부문에서뿐만 아니라 그것이 도입되지 않은 부문에서도 노동자를 거리로 몰아낸다는 사실을 증명하고 있는 것이다.

경제학적 낙관론에 의해 왜곡된 사태의 진실은 다음과 같은 것이다. 기계에 의해 쫓겨난 노동자는 작업장에서 노동시장으로 내던져지고, 그리하여 언제라도 자본주의적 착취에 이용될 수 있는 노동력의 수를 증가시킨다. 여기에서 노동자계급에 대한 보상으로 우리에게 제시되고 있는 이런 기계의 작용은 사실 반대로 노동자에게 가장 무서운 재앙이 되는데, 그 점에 대해서는 제7편에서 자세히 얘기될 것이다. 여기서는 다만 다음과 같은 사실만 얘기해두기로 하자. 한 산업부문에서 쫓겨난 노동자는 물론 다른 산업부문에서 일자리를 구할 수도 있다. 그들이 그런 일자리를 찾아내고 그럼으로써 그들과 함께 해방되었던 생활수단과 다시 연결되더라도, 그것은 투자할 곳을 찾는 새로운 추가자본에 의해서 이루어지는 것이지 결코 그 이전부터 이미 활동하고 있던〔그리고 이제는 기계로 전화한〕 자본에 의해 이루어지는 것은 아니다. 그리고 설사 그럴 경우에도 그들의 앞날은 얼마나 암담할 것인가! 왜냐하면 이 가엾은 사람들은 분업 때문에 이미 부분적인 절름발이 노동밖에는 수행할 능력이 없어서 원래의 작업부서가 아닌 곳에서는 별로 가치가 없는 노동자이기 때문에, 그들이 고용될 수 있는 곳이라곤 단지 몇몇 저숙련부문〔따라서 항상 노동력이 과잉상태를 보이고 임금도 매우 낮은〕이외에는 없다.[215] 또 모든 산업부문은 해마다 새로운 인력을 충당하여 정기적으로 내부의 유실된 인력과 생산증가에 따른 필요인력을 조달한다. 이제까지 일정 산업부문에서 일하고 있던 노동자 가운데 일부가 기계에 의해 밀려나면 새로운 보충인력도 이 산업부문에 새롭게 밀려들어와 기존의 빈 자리나 새로운 일자리를 메우지만, 이 과정에서 처음 밀려난 노동자들은 대부분이 영락해버리거나 그 수가 크게 줄어들어버린다.

생활수단에서 노동자를 '분리'시키는 것이 기계 그 자체의 책임이 아닌 것은 의심할 여지가 없는 사실이다. 기계는 자신이 장악하고 있는 부문의 생산물에 대해서는 그 가격을 떨어뜨리고 생산량을 증가시키지만 다른 산업부문에서 생산된 생활수단에 대해서는 당장 직접적인 변화를 불

---

[215] 이 점에 대해서 리카도학파의 한 학자는 세이의 멍청한 주장에 대해 다음과 같은 반론을 제기하고 있다. "분업이 발달해 있으면, 노동자의 기능은 단지 그들이 그것을 습득한 특정 부문에서만 유용히다. 그들은 일종의 기계나 다름없다. 그러므로 사물은 언제나 스스로 자연적 균형상태를 회복하는 경향이 있다고 앵무새처럼 얘기해봐야 아무 소용이 없다. 우리가 현실을 둘러보고 인정하지 않을 수 없는 것은 사물이 오랜 기간 이런 자연적 균형상태를 회복하지 못한다는 사실이고, 또 그런 균형상태를 회복할 경우에도 그 균형상태가 본래 수준보다 낮아진 경우가 많다는 것이다"(『최근 맬서스가 주장하는 원리에 관한 연구』, 런던, 1821, 72쪽).

 러 일으키지 않는다. 그러므로 사회에는 기계가 도입된 후에도 여전히 쫓겨난 노동자들을 위한 생활수단이 이전과 마찬가지[또는 그보다 많은] 양으로 존재하게 마련인데, 이것은 연간 생산물 가운데 비노동자들이 낭비하는 막대한 부분을 모두 제외하고도 그러하다. 이것이 경제학에서의 기계제 옹호론의 요점이다! 기계의 자본주의적 사용과 불가분의 관계를 맺는 모순이나 적대관계 따위는 존재하지 않는다. 왜냐하면 그런 것은 기계 그 자체에서 생기는 것이 아니라 그것을 자본주의적으로 사용함으로써 생겨나는 것이기 때문이다! 즉 기계는 그 자체로서는 노동시간을 단축하지만 자본주의적으로 사용되면서 노동일을 연장하게 되고, 그 자체로서는 노동을 경감시키지만 자본주의적으로 사용되면서 노동강도를 높이게 되고, 그 자체로서는 자연력에 대한 인간의 승리이지만 자본주의적으로 사용되면서 인간을 자연력에 예속시키며, 그 자체로서는 생산자의 부를 증대시키지만 자본주의적으로 사용되면서 생산자를 빈민으로 만들기 때문에 부르주아 경제학자는 간단히 다음과 같이 단언한다. 기계를 그 자체로서 고찰하면 그런 명백한 모순들은 모두 일상적 현실의 단순한 허상에 지나지 않는 것으로, 그 자체로 보든 이론적으로 보든 전혀 존재하지 않는 것이 분명하다는 것이다. 그리하여 그는 이제 이 문제를 가지고 더 이상 골머리 앓는 것을 중단하고, 나아가 반대자들에 대해서는 그들의 반대를 기계의 자본주의적 사용에 대한 것이 아니라 기계 그 자체에 대한 것으로 [따라서 어리석은 행동으로] 호도한다.

부르주아 경제학자도 기계의 사용으로 인해 일시적인 불행이 생긴다는 사실을 결코 부정하지는 않는다. 그러나 뒷면 없는 동전이 어디 있는가! 그에게서 기계의 사용은 자본주의적 사용 이외에는 있을 수 없다. 그래서 기계에 의한 노동자의 착취는 그에게서 노동자에 의한 기계의 이용과 똑같은 것이다. 따라서 기계의 자본주의적 사용에 대한 실상을 폭로하는 사람은 대체로 기계의 사용 자체를 바라지 않는 사람으로, 사회적 진보의 적인 것이다![216) 바로 사람의 목을 자른 저 유명한 살인범 빌 사이크스(Bill

Sikes: 찰스 디킨스의 소설 『올리버 트위스트』에 등장하는 도둑의 이름—옮긴이)
의 논법 그대로이다.

> 배심원 여러분, 확실히 이 행상의 머리가 잘린 건 사실입니다. 그렇지만
> 이것은 나의 죄가 아니라 칼의 죄입니다. 그런데 이런 일시적인 불행 때문
> 에 우리가 칼을 그만 사용해야 하겠습니까? 생각해보십시오! 칼 없이 어디
> 농업이나 수공업이 있을 수 있겠습니까? 칼은 외과수술을 통해서 병을 치
> 료하고 해부학을 통해서 지식을 주지 않습니까? 게다가 즐거운 식탁에서는
> 편리한 조수가 아닙니까? 칼을 없앤다는 것 — 그것은 우리를 야만의 구렁
> 텅이로 내던지는 일입니다.[216a]

기계는 그것이 도입되는 산업부문에서는 필연적으로 노동자를 쫓아내
지만 다른 산업부문에서는 오히려 고용의 증가를 불러일으킬 수도 있다.
그러나 이 작용은 이른바 보상설(Kompensationstheorie)과는 아무런 관
련이 없다. 각 기계생산물〔예를 들어 1엘레의 기계직물〕은 그것에 의해
밀려나는 같은 종류의 수공업생산물보다 싸기 때문에 여기에서 다음과
같은 절대적인 법칙을 도출할 수 있다. 즉 기계로 생산되는 물품의 총량이
그것에 의해서 대체되는 수공업이나 매뉴팩처 방식의 생산물품 총량과
같다면, 사용되는 노동의 총량은 감소한다. 노동수단 그 자체〔즉 기계나
석탄 등〕의 생산에 필요한 노동량은 기계의 사용에 의해서 감소하는 노동
량보다 반드시 적어야 한다. 만일 그렇지 않다면 기계생산물의 가격은 수

---

216) 이런 파렴치하고 덜떨어진 행위에서 가장 대표적인 사람은 매컬럭(MacCulloch)이다. 예
를 들어 그는 8살 어린애와 같은 유치함을 버리지 못한 채 다음과 같이 말하고 있다. "노동자
의 기능을 계속 발달시켜, 동일하거나 더 적은 노동량으로 점점 더 많은 양의 상품을 생산할 수
있게 하는 것이 유익한 일이라면, 이런 성과를 달성하는 데 가장 도움이 되는 기계를 그가 함께
이용하는 것도 역시 유익한 일에 틀림없다"(매컬럭, 『경제학 원리』, 런던, 1830, 182쪽).

216a) "방적기계의 발명자는 인도를 멸망시켰지만, 그것은 우리와 아무런 상관도 없는 일이
다"(티에르〔A. Thiers〕, 『소유권에 관하여』, 275쪽). 티에르는 여기에서 방적기계를 역직기와
혼동하고 있는데, '그것은 우리와 아무런 상관도 없다'는 것이다.

공업생산물과 같거나 아니면 그보다 더 비쌀 것이다. 그러나 더 적은 수의 노동자가 생산한 기계제품의 총량은 실제로는 밀려난 수공업제품의 총량에 비해서 같은 것이 아니라 오히려 훨씬 많아진다. 40만 엘레의 기계직물이 10만 엘레의 수직물보다 적은 수의 노동자에 의해 생산된다고 가정하자. 4배가 된 이 생산물에는 4배의 원료가 포함되어 있다. 그러므로 원료의 생산은 4배가 되지 않으면 안 된다. 그러나 건물이나 석탄 또는 기계 따위처럼 소비되는 노동수단에서는, 그 생산에 필요한 추가노동이 증가할 수 있는 한계가 기계생산물의 양과 같은 수의 노동자가 생산할 수 있는 수공업생산물의 양 사이의 차이에 따라 변동한다.

이리하여 한 산업부문에서 기계제 경영이 확장되면 무엇보다도 먼저 이 부문에 생산수단을 공급해주는 다른 산업부문들에서 생산이 증가한다. 이때 노동일의 길이와 노동강도가 주어져 있다면 이로 인해 고용 노동자 수가 얼마만큼 증가할 것인지는 사용된 각 자본의 구성〔즉 그것들의 불변성분과 가변성분의 비율〕에 따라 정해진다. 이 비율은 또 이들 각 산업부문이 기계에 의해서 얼마나 장악되어 있는지〔또는 현재 얼마나 장악해가고 있는지〕의 정도에 따라 다양하게 달라진다. 탄광이나 금속광산에서 일할 운명에 처한 사람의 수는 비록 그 증가세가 최근 수십 년 사이에 새로운 광산용 기계의 사용을 통해 조금 꺾이긴 했지만 영국에서 진행된 기계제의 발전과 함께 엄청나게 증가하였다.[217] 기계와 함께 새로운 종류의 노동자계층도 등장하였는데, 그것은 곧 기계생산공이다. 우리가 이미 알고 있듯이 기계제 경영은 이 생산부문도 점점 대규모로 장악해간다.[218]

M467

217) 1861년의 인구조사(제2권, 런던, 1863)에 따르면, 잉글랜드·웨일스의 탄광 종사 노동자 수는 24만 6,613명으로, 그 가운데 7만 3,546명은 20세 미만, 17만 3,067명은 20세 이상이었다. 그리고 전자의 경우는 다시 5세부터 10세까지가 835명, 10세부터 15세까지가 3만 701명, 15세부터 19세까지가 4만 2,010명으로 구성되어 있었다. 철이나 구리·아연·주석 및 기타 금속광산의 총 종사자 수는 31만 9,222명이었다.

218) 1861년 잉글랜드·웨일스에서는 기계 생산에 종사하는 인원이 6만 807명이었는데, 이 수치에는 공장주와 그 사무원뿐 아니라 이 부문의 모든 판매·상업 종사자들이 포함되어 있었다. 반면 재봉기 등처럼 비교적 소규모 기계의 생산자나 방추 등 같은 작업기계용 도구의 생산

또한 원료의 경우에도,[219] 예를 들어 면방적업의 질풍 같은 돌진은 명백하
게 미국의 면화 재배와 아프리카의 노예무역을 크게 조장했을 뿐 아니라
이른바 몇몇 경계노예주(境界奴隸州: 미국의 남부와 북부 사이의 경계에 자리
잡은 주-옮긴이)들에서 흑인 사육을 중요한 사업으로 만들었다. 1790년
미국에서 처음 노예인구 조사가 실시되었을 때 노예 수는 69만 7,000명이
었는데, 1861년이 되자 그 수는 약 400만 명에 달하였다. 다른 한편 이에
못지않게 분명한 사실은, 기계양모공장의 번영이 점차 경지를 목양장으
로 바뀌게 만들었고 동시에 농촌노동자의 대량 추방과 과잉상태를 가져
왔다는 점이다. 아일랜드에서는 1845년 이래 거의 반으로 줄어든 인구를
아일랜드의 지주나 잉글랜드 모직공장주들의 요구에 맞추어 더 줄이려는
작업이 이 순간에도 여전히 진행되고 있다.

　　한 노동대상이 그 최종 형태에 이를 때까지 통과해야 할 예비단계나 중
간단계를 기계가 장악한다면, 이 기계제품이 들어가는 작업장 가운데 아
직 수공업이나 매뉴팩처 방식으로 경영되고 있는 작업장에서는 노동재료
와 더불어 노동수요도 차차 증가한다. 예를 들어 기계 방적업이 실을 매우 　M468
싸고 풍부하게 공급하자 수직업자들은 그 덕분에 처음에는 비용증가 없
이 충분한 작업물량을 확보할 수 있었다. 이리하여 그들의 수입은 증가했
다.[220] 그래서 면직업으로 사람들이 유입되기 시작했는데, 그 결과 영국
에서는 제니·스로슬·뮬이라는 세 가지 방적기에 의해 80만 명의 새로
운 면직공이 — 나중에 이들은 다시 증기직기에 의해 도로 쫓겨난다 — 새
로 생겨났다. 마찬가지로 기계로 생산된 의복재료가 풍부해짐에 따라 재

자는 제외되어 있었다. 토목기사의 수는 모두 3,329명이었다.

219)　철은 가장 주요한 원료의 하나이므로 여기에 다음의 사실을 지적해두고자 한다. 1861년
　　잉글랜드·웨일스의 제철공은 12만 5,771명으로 그 가운데 12만 3,430명이 남자, 2,341명이 여
　　자였다. 남자 가운데 3만 810명이 20세 미만, 9만 2,620명이 20세 이상이었다.

220)　"성인 4명(면직공)과 권사공(捲絲工: 실을 감는 작업을 하는 노동자―옮긴이) 아동 2명으
　　로 이루어져 있는 한 가족이 지난 세기 말부터 금세기 초에 걸쳐 날마다 10시간의 노동으로 1
　　주일에 4파운드스털링씩을 벌었다. 일이 몹시 바쁠 때는 더 많이 벌 수 있었다. …… 예전에 그
　　들은 언제나 실의 공급부족에 시달리고 있었다"(개스켈, 앞의 책, 런던, 1833, 34·35쪽).

봉기가 나타날 때까지는 재단공이나 여성 재봉공 또는 여성 바느질공의 수도 증가하였다.

기계제 경영이 상대적으로 적은 수의 노동자를 사용하여 더 많은 양의 원료·반제품·노동용구 등을 공급하면, 거기에 맞추어 이들 증가된 원료나 반제품을 가공하기 위해 수많은 세부업종이 분화해가고, 그 결과 사회적 생산부문은 갈수록 다종다양해진다. 기계제 경영은 매뉴팩처와 비교할 수 없을 만큼 사회적 분업을 촉진시킨다. 왜냐하면 기계제 경영은 자신이 장악한 산업의 생산력을 비교할 수 없을 만큼 고도로 증진시키기 때문이다.

기계가 가져오는 직접적인 결과는 잉여가치의 증가와 그 잉여가치를 나타내는 생산량의 증가 그리고 자본가계급과 그 일당이 소비하는 자산은 물론 바로 이들 사회계층 자체의 증가이다. 그들의 부가 증대하고 일차적인 생활수단의 생산에 필요한 노동자 수가 끊임없이 상대적으로 감소함에 따라 새로운 사치적 욕망이 생겨나고 이런 욕망을 충족시키기 위한 새로운 수단들이 만들어진다. 사회적 생산물 가운데 더 많은 부분이 잉여생산물로 전화하고, 잉여생산물 가운데 더 많은 부분이 더욱 세련되고 다양해진 형태로 재생산되고 소비된다. 바꾸어 말하자면 사치품 생산이 증대한다.[221] 생산물의 세련화나 다양화는 또 대공업에 의해 형성된 새로운 세계시장 관계로부터 비롯되기도 한다. 갈수록 많은 외국산 기호품이 국내 생산물과 교환될 뿐만 아니라, 갈수록 많은 양의 외국산 원료나 혼합성분 또는 반제품 따위가 생산수단으로서 국내 산업에 들어온다. 이 세계시장 관계의 확대와 더불어 운수업에서는 노동수요가 커지고 운수업은 다시 수많은 세부업종으로 분화된다.[222]

M469

---

221) 엥겔스는 『영국 노동자계급의 상태』에서 바로 이 사치품 노동자들 대부분이 겪는 비참한 상태를 알려주고 있다. 이에 관해서는 '아동노동 조사위원회'의 보고서에 새로운 증거자료가 많이 수록되어 있다.

222) 1861년 잉글랜드·웨일스에서 해운업에 종사한 선원 수는 9만 4,665명이었다.

노동자 수의 상대적 감소에 따른 생산수단이나 생활수단의 증가는 운하나 도크·터널·다리 등과 같이 그 생산물이 먼 장래에 비로소 결실을 맺는 산업부문에서 노동을 확대시킨다. 직접 기계를 기초로 하거나 또는 거기에 해당하는 전반적인 산업혁명을 기초로 하는 완전히 새로운 생산부문이 형성되고 여기에 새로운 노동부문도 함께 형성된다. 그렇지만 그것들이 총생산 가운데에서 차지하는 비율은 아무리 발전된 나라라 할지라도 결코 크지 않다. 이들 부문에 고용되는 노동자 수는 이들 부문이 만들어내는 극히 단순한 육체노동 수요에 비례하여 증가한다. 이런 종류에 해당하는 주요 산업으로는 현재 가스산업·전신산업·사진산업·기선산업·철도산업을 들 수 있다. 1861년의 국세조사(잉글랜드·웨일스) 결과를 보면, 가스산업(가스 생산, 기계장치 생산, 가스 회사 대리점 등)에 고용된 노동자 수는 1만 5,211명이고, 전신산업에는 2,399명, 사진산업에는 2,366명, 기선산업에는 3,570명, 철도산업에는 7만 599명이 고용되어 있었고, 그 가운데 약 2만 8,000명이 비교적 상시적으로 고용된 '비숙련' 토목공과 관리·영업 분야의 사람들이었다. 따라서 이들 5개 새로운 산업에 고용된 노동자의 총수는 9만 4,145명에 달하고 있다.

마지막으로, 대공업 생산부문에서 지나치게 높아진 생산력은 나머지 다른 모든 생산부문에서 내포적으로나 외연적으로나 노동력 착취를 증가시키고 노동자계급 가운데 비생산적인 부문에 종사하는 노동자들의 비중을 갈수록 증가시킨다. 그리하여 지난날의 가내노예가 하인·하녀·종복 등과 같은 '하인계급'이라는 이름으로 갈수록 대량으로 재생산된다. 1861년 국세조사에 따르면 잉글랜드·웨일스의 총인구는 2,006만 6,224명으로, 그 중 977만 6,259명이 남자였고 1,028만 9,965명이 여자였다. 여기에서 지나치게 나이가 많거나 적어서 노동에 부적합한 사람들과 '생산에 종사하지 않는' 모든 부녀자와 소년·소녀·아동 그리고 이른바 '이데올로기적인' 신분에 해당하는 정부관리·목사·법률가·군인 등과 또 지대나 이자 등을 통해 타인의 노동을 소비하기만 하는 모든 사람들, 끝으

 로 피구휼빈민과 부랑자·범죄자 등을 모두 제외하고 나면 남녀노소를 통틀어 약 800만 명이 남는데, 그 중에는 생산이나 상업·금융 등과 같은 분야에서 일정한 기능을 수행하는 자본가들도 모두 포함되어 있다. 이 800만 명을 분류해보면 다음과 같다.

농업노동자(양치기, 차지농업가의 집에 거주하는 머슴 또는 하녀 포함)

·· 109만 8,261명

면직·양모·소모사·아마포·대마·견직·황마공장 및 기계 양말 편직업, 기계 레이스 제조업 피용자 ································· 64만 2,607명[223]

탄광 및 금속 광산업 피용자 ································ 56만 5,5835명

금속공업(용광로·압연공장 등)과 그밖의 금속가공업 피용자

·· 39만 6,998명[224]

하인계급 ··· 120만 8,648명[225]

섬유공장과 탄광·금속광산의 피용자를 모두 합하면 120만 8,442명이 된다. 또 전자를 금속공업과 그밖의 금속가공업 피용자와 합하면 103만 9,605명이 된다. 두 경우 모두 오늘날의 가내노예의 수보다는 적다. 기계의 자본주의적 이용이 낳은 훌륭한 성과이다!

---

223) 이 가운데 13세 이상의 남자는 17만 7,596명뿐이다.

224) 이 가운데 여자는 3만 501명뿐이다.

225) 이 가운데 남자는 13만 7,447명이다. 개인집에 고용되어 있지 않은 사람들은 모두 이 120만 8,648명에서 제외되어 있다. 제2판의 보유: 1861년에서 1870년 사이에 남자하인의 수는 거의 2배로 증가하여 26만 7,671명이 되었다. 1847년 사냥터지기(귀족 사냥터의)의 수는 2,694명이었는데, 이것이 1869년에는 4,921명으로 늘어났다 — 런던에서는 소시민의 집에서 일하는 어린 하녀를 속어로 'little slaveys', 즉 꼬마 노예라고 부르고 있다.

제7절 기계제 경영의 발전에 따른 노동자의 축출과 흡수. 면직업공황

분별력을 갖춘 경제학자라면 누구나 시인하듯이, 기계의 새로운 도입은 일차적으로 그의 경쟁상대가 되는 기존의 수공업이나 매뉴팩처 노동 자들에게 치명적인 영향을 끼친다. 그들 거의 대부분은 공장노동자의 노예상태를 한탄한다. 그렇다면, 그들 모두가 내놓고 있는 회심의 카드는 무엇인가? 기계는 처음 그것이 도입되고 확대되는 공포의 시기를 지나고 나면 최종적으로 노동노예(Arbeitssklaven)를 감소시키는 것이 아니라 증가시킨다는 것, 바로 그것이다! 그렇다, 경제학은 실제로 끔찍한 — 특히 자본주의 생산양식의 영원한 자연필연성을 믿는 모든 '박애주의자들'에게 끔찍한 — 이론을 회심의 카드로 내세우면서 환호하는데, 그 이론이란 다음과 같은 것이다. 즉 벌써 기계제 경영이 자리를 잡은 공장에서도 기계제는 일정한 성장기, 즉 어느 정도의 '과도기'를 거치고 나면 그것이 처음 도입될 때보다도 훨씬 더 많은 노동자를 거리로 쫓아낸다는 것이다.[226]

---

226) 가닐은 이와 반대로 기계제 경영의 최종결과를 노동노예 수의 절대적 감소로 간주하는데, 그는 수가 늘어난 '신사들'이 이 노동노예들을 희생시켜 살아가면서 그들의 그 유명한 '완성될 수 있는 완성능력'을 발전시킨다고 말한다. 그는 생산의 운동은 잘 이해하지 못하지만, 적어도 다음 사실만큼은 감지하고 있다. 즉 기계의 도입은 고용되어 있던 노동자를 빈민으로 전락시키는데, 기계의 발달이 이들 처음에 쫓아낸 노동자의 수보다 더 많은 노동노예를 만들어낸다면 기계제는 극히 치명적인 제도임에 틀림없다는 것이다. 그의 이런 시각이 얼마나 백치스러운 것인지는 그 자신의 말을 통해서 잘 드러나고 있다. "생산을 수행하고 소비를 하라는 운명을 부여받은 계급은 감소하고, 노동을 지휘하면서 전체 주민을 돕고 위로하고 계발하라는 운명을 부여받은 계급은 증가한다. …… 그리고 후자의 계급은 노동비용의 감소나 상품의 풍요로움 그리고 소비재의 저렴함에서 생기는 온갖 이익을 모두 독차지한다. 이들의 지휘 아래 인류는 자신을 천재에 의한 최고의 창조물로 고양시키며 종교의 신비스러운 심연을 꿰뚫고 도덕(그것은 '온갖 이익을 모두 독차지'하는 데에 있다)의 유익한 원칙을 확립할 뿐 아니라, 자유('생산을 수행하는 운명을 부여받은 계급'의 자유?)와 권력, 복종과 정의, 의무와 인간성 등을 보호하기 위한 법률을 제정한다." 이 잠꼬대 같은 망언은 가닐의 저서 『경제학 체계』, 제2판, 파리, 1821, 제1권, 224쪽에 있다. 212쪽도 함께 참고할 필요가 있다.

더구나 이미 영국의 소모사 공장이나 견직공장 등과 같은 몇몇 사례에서 명백히 드러나고 있는 바와 같이(M438·439 참조—옮긴이) 공장부문의 지나친 확대는 일정한 발전수준에 도달하고 나면 고용된 노동자 수를 상대적으로 감소시킬 뿐만 아니라 절대적으로도 감소시킬 수 있다. 의회의 명령으로 영국의 모든 공장에 대한 특별조사가 이루어졌던 1860년 당시, 랭커셔와 체셔·요크셔의 공장지구에서 공장감독관 베이커에게 할당된 지구에는 652개의 공장이 있었다. 그 중 570개의 공장이 증기직기 8만 5,622대, 방추(연사방추를 제외하고) 681만 9,146개, 총 2만 7,439마력에 달하는 증기기관, 1,390마력의 수차 그리고 종업원 9만 4,119명을 보유하고 있었다. 그런데 똑같은 이들 공장이 1865년에는 직기 9만 5,163대, 방추 702만 5,031개, 2만 8,925마력의 증기기관, 1,445마력의 수차 그리고 종업원 8만 8,913명을 보유하고 있었다. 즉 1860년부터 1865년까지 이들 공장에서는 증기직기가 11%, 방추가 3%, 증기마력은 5%의 증가를 보였지만, 종업원 수는 5.5% 감소했다.[227] 1852년에서 1862년 사이에 영국의 모직공업은 상당한 성장을 이룩했지만 고용 노동자 수는 거의 변하지 않았다.

이것은 새로 도입된 기계가 이미 그 이전에 노동을 얼마나 많이 축출해 버렸는가를 보여주는 것이다.[228]

M472

---

[227] 『공장감독관 보고서: 1865년 10월 31일』, 58쪽 이하. 그러나 이와 함께 노동자의 고용을 증가시킬 수 있는 물적 토대도 이미 110개의 새로운 공장—1만 1,625대의 증기직기와 62만 8,576개의 방추, 2,695마력에 달하는 증기력과 수력을 갖춘—에 마련되어 있었다(같은 글).

[228] 『공장감독관 보고서: 1862년 10월 31일』, 79쪽. 제2판의 보유: 1871년 12월 말 공장감독관 레드그레이브는 브래드퍼드의 '신기계학회'에서 행한 강연에서 다음과 같이 말했다. "지난 몇 년 사이 내가 깊은 인상을 받은 것은 양모공장의 변화된 모습이었다. 예전에 이들 공장은 부녀자와 어린애들로 가득 차 있었지만 지금은 모든 일을 기계가 하는 것처럼 보인다. 내 의문에 대해서 어느 공장주는 다음과 같은 해명을 해주었다. '옛날 체계에서 나는 63명을 고용하고 있었는데, 개량된 기계를 도입한 뒤로는 직공을 33명으로 줄였고, 또 최근의 새로운 크나큰 변화 덕택에 그 33명을 다시 13명으로 줄일 수 있었다.'"

경험적으로 주어진 몇몇 사례에서 나타난 공장노동자들의 고용 증가는 외견상의 결과일 뿐인 경우가 종종 있다. 즉 그러한 고용 증가가 이미 기계제 경영이 자리잡은 공장의 확장에 따른 것이 아니라 주변의 관련 생산부문을 조금씩 합병해간 결과인 경우가 많은 것이다. 예를 들어 1838~58년에 있었던 역직기의 증가와 그로 말미암아 고용된 공장노동자 수의 증가는 (영국) 면직업의 경우 순전히 이 산업부문 자체의 확장에 기인한 것이었던 반면, 나머지 다른 산업의 경우에는 그때까지 주로 인력으로 작동되던 융단·리본·아마 등의 직기에 증기력이 새로 도입되었기 때문이었다.[229] 즉 이 시기의 공장노동자 증가는 단지 고용된 노동자의 총수가 감소된 것을 나타내는 것에 지나지 않는 것이다. 마지막으로 여기에서는 완전히 무시되고 있지만, 금속공업을 제외한 모든 공업부문에서는 청소년 노동자(18세 미만)와 부녀자·아동 노동자가 공장노동자들의 주력을 이루고 있었다. M473

그렇지만 누구나 알 수 있듯이, 기계제 경영으로 수많은 노동자가 사실상 쫓겨나기도 하고 또 잠재적으로 대체되기도 하긴 하지만, 기계제 경영 그 자체의 성장—같은 종류의 공장 수가 증가하거나 기존 공장의 규모가 확대되는 형태로 나타나는—에 따라서 최종적으로는 공장노동자가 기계제에 의해 축출당한 매뉴팩처 노동자나 수공업자보다도 많을 수 있다. 가령 1주일에 500파운드스털링의 자본을 지출하는 낡은 경영방식에서 자본의 구성이 불변 부분에 $\frac{2}{5}$, 가변 부분에 $\frac{3}{5}$의 비율로 이루어져 있다고 하자. 즉 200파운드스털링은 생산수단에 투하되고 300파운드스털링은 노동력에[예를 들어 노동자 1인당 1파운드스털링씩] 투하되고 있다고 하자. 이것이 기계제 경영으로 바뀌면 이제 총자본의 구성도 바뀐다. 예를 들어 이제 자본은 $\frac{4}{5}$의 불변 부분과 $\frac{1}{5}$의 가변 부분으로 구성된다. 즉 노동력

229) 『공장감독관 보고서: 1856년 10월 31일』, 16쪽.

에는 100파운드스털링밖에 투하되지 않는다. 따라서 이전에 고용되어 있던 노동자 가운데 $\frac{2}{3}$는 해고된다. 이 공장제 경영이 확대되어 다른 생산조건이 불변인 상태에서 총투하자본이 500파운드스털링에서 1,500파운드스털링으로 늘어나면, 이제 300명의 노동자가 고용됨으로써 산업혁명 이전의 노동자 수와 같아진다. 투하자본이 더욱더 증가하여 2,000파운드스털링이 된다면 400명의 노동자가 고용되고, 따라서 과거의 경영방식 때보다 노동자 수는 $\frac{1}{3}$만큼 많아진다. 그러나 절대적으로 보면 고용된 노동자 수가 100명 증가했지만, 상대적으로는, 즉 총투하자본에 대한 비율로 보면 800명 감소하였다. 왜냐하면 2,000파운드스털링의 자본은 과거의 경영방식에서는 400명이 아니라 1,200명의 노동자를 고용했을 것이기 때문이다. 그러므로 고용 노동자 수의 상대적 감소는 그 절대적 증가와 함께 나타난다. 앞의 예에서는 총자본이 증가해도 그 구성은 변하지 않는다고 가정했지만, 그것은 생산조건을 불변이라고 가정했기 때문이다. 그렇지만 우리가 이미 알고 있듯이, 기계제가 발전하면 기계나 원료 등으로 구성된 불변자본 부분은 증가하는 반면 노동력에 투하되는 가변자본 부분은 감소한다. 또한 우리가 함께 알고 있듯이, 이처럼 기계의 개량이 끊임없이 이루어지고 따라서 자본구성도 끊임없이 변하는 그런 경영방식은 기계제 외에는 어디에도 존재하지 않는다. 그러나 이 끊임없는 변화도 기존의 기술적 토대 위에서 단지 양적으로만 확대되는 경우나 가끔씩의 휴지기 때문에 부단히 중단되곤 한다. 그리고 이런 중단시기에는 고용 노동자 수가 증가한다. 그래서 1835년 영국의 면직·모직·소모사·아마·견직공장의 전체 노동자 수가 35만 4,684명이었는 데 반해 1861년에는 증기직물공 (연령 불문 8세 이상의 남녀)의 수만도 23만 654명에 달하였다. 물론 아시아와 유럽 대륙에서 쫓겨난 수직공의 수는 완전히 무시하더라도, 영국의 면포 수직공과 그들 자신과 함께 일하던 가족만 모두 합해도 1838년 그 수가 벌써 80만 명에 달하고 있었다는 것을 감안하면[230] 이 정도의 증가는 썩 대단한 것으로 보이지는 않는다.

이 점에 대해서는 뒤에서 다시 자세히 다루게 될 텐데, 거기서는 여기 이론적인 서술에서 다루지 않은 순수한 사실적 관계들도 어느 정도 다루게 될 것이다.

한 산업부문에서의 기계제 경영이 전래의 수공업이나 매뉴팩처를 희생시키면서 확장될 경우, 그 결과는 마치 활로 무장한 군대와 총으로 무장한 군대 사이의 전투와 마찬가지로 확실하다. 기계가 자신의 세력권을 장악해나가는 제1기는 기계의 도움을 받아 생산되는 특별이윤이 결정적인 중요성을 갖는다. 이 이윤은 그 자체가 가속적인 축적의 한 원천이 될 뿐만 아니라, 끊임없이 새롭게 형성되어 새로운 투자처를 구하는 사회적 추가자본 대부분을 이 유리한 생산영역으로 끌어들인다. 최초의 질풍노도 시대가 제공하는 특별이윤은 기계가 새로 도입된 생산부문에서 끊임없이 되풀이되어 나타난다. 그러나 공장제가 어느 정도의 범위까지 보급되고 일정한 성숙단계에 다다르면〔특히 공장제 자신의 기술적 토대인 기계가 기계 그 자체에 의해서 생산되기 시작하면〕, 또 석탄과 철의 생산과 금속가공·운수업이 혁신되어 전반적으로 대공업에 적합한 생산조건이 확립되면, 이제 이 경영방식은 오로지 원료와 판매시장에 의해서만 제한을 받는 하나의 탄력성〔즉 하나의 돌발적이고 비약적인 확대능력〕을 획득한다. 예를 들어 조면기가 면화 생산을 증가시켰듯이 기계는 한편으로 원료의 직접적인 증가를 가져온다.[231] 그리고 다른 한편, 기계생산물의 저렴화와 운수업 및 통신업의 변혁은 외국시장을 정복하기 위한 무기가 된다. M475 외국시장의 수공업생산물을 파멸시킴으로써, 기계제 경영은 외국시장을 강제적으로 자기의 원료생산지로 변화시켜버린다. 이리하여 동인도는 영

---

230) "한 왕립위원회에서 수직공(면포와 교직면포)들의 어려움을 조사한 적이 있는데, 그 위원회는 이들 수직공의 빈곤을 인정하고 우려하긴 했지만 그들의 상태를 개선(!)하는 문제는 세상의 흐름에 내맡기기로 하였다. 이 고통은 이제(20년이나 지났다!) 거의 해소되었다고들 여기고 있는데, 아마도 최근 증기직기의 대량 보급이 거기에 기여하지 않았을까 하고들 생각하고 있다"(같은 글, 15쪽).

231) 기계가 원료 생산에 영향을 끼치는 다른 방법에 대해서는 제3권에서 서술할 것이다.

국을 위한 면화·양모·대마·황마·인디고 등을 생산하도록 강요당하였다.[232] 여러 대공업국가에서 노동자가 끊임없이 '과잉화'함으로써 국외 이주와 다른 나라에 대한 식민지화가 촉진된다. 이들 식민지화된 나라들은 예를 들어 오스트레일리아가 양모 생산지가 된 것처럼[233] 모국을 위한 원료생산지로 전화한다. 이리하여 기계제 경영의 본거지를 중심으로 새로운 국제분업이 형성되고, 이런 국제분업은 지구의 한 부분을, 공업생산을 주로 하는 지역을 위한 농업생산지역으로 바꾸어버린다. 이 혁명은 농업에서의 여러 변혁과 관련이 있는데, 이 변혁들에 대해서는 여기에서는 더 이상 다루지 않기로 한다.[234]

M476   1867년 2월 18일 하원은 글래드스턴의 발의에 따라 1831~66년 동안

---

232) 동인도에서 영국으로의 면화 수출(단위: 파운드)

 1846년······ 34,540,143
 1860년······204,141,168
 1865년······445,947,600

 동인도에서 영국으로의 양모 수출(단위: 파운드)

 1846년······ 4,570,581
 1860년······20,214,173
 1865년······20,679,111

233) 희망봉에서 영국으로의 양모 수출(단위: 파운드)

 1846년······ 2,958,457
 1860년······16,574,345
 1865년······29,920,623

 오스트레일리아에서 영국으로의 양모 수출(단위: 파운드)

 1846년······ 21,789,346
 1860년······ 59,166,616
 1865년······109,734,261

234) 미국의 경제적인 발전은 유럽〔좀더 엄밀하게 말하자면 영국〕 대공업의 산물이다. 현재(1866년)의 모습을 보면 미국은 아직 여전히 유럽의 식민지로 간주될 수밖에 없다. {제4판의 보유: 그뒤로 미국은 세계 제2의 공업국으로 발전했지만, 그렇다고 해서 그 식민지적 성격에서 완전히 벗어난 것은 아니다. ―엥겔스}

 미국에서 영국으로의 면화 수출(단위: 파운드)

 1846년······ 401,949,393
 1852년······ 765,630,544
 1859년······ 961,707,264
 1860년······1,115,890,608

영국의 모든 종류의 곡물과 곡물가루 수출입 총량에 관한 통계를 작성했
다. 이제 이 통계의 결과를 요약한 다음의 표를 살펴보기로 하자. 곡물가
루는 쿼터 단위의 곡물로 환산하였다. [125]

매 5개년 평균과 1866년

	1831~35	1836~40	1841~45	1846~50	1851~55	1856~60	1861~65	1866
연평균 수입 (쿼터)	1,096,373	2,389,729	2,843,865	8,776,552	8,345,237	10,913,612	15,009,871	16,457,340
연평균 수출 (쿼터)	225,263	251,770	139,056	155,461	307,491	341,150	302,754	216,218
연평균 수입초과	871,110	2,137,959	2,704,809	8,621,091	8,037,746	10,572,462	14,707,117	16,241,122
각 기간별 연평균 인구	24,621,107	25,929,507	27,262,569	27,797,598	27,572,923	28,391,544	29,381,760	29,935,404
1인당 연평균 곡물소비량 중 국내생산량 초과분(쿼터)	0.036	0.082	0.099	0.310	0.291	0.372	0.501	0.543

공장제가 급속하게 엄청난 규모로 확장될 수 있게 되고 그것이 세계시
장에 점점 더 크게 의존하게 됨으로써 생산은 필연적으로 열병처럼 과도

미국에서 영국으로의 곡물 수출(단위: 100파운드)

	1850년	1862년
밀	16,202,312	41,033,503
보리	3,669,653	6,624,800
귀리	3,174,801	4,426,994
호밀	388,749	7,108
밀가루	3,819,440	7,207,113
메밀	1,054	19,571
옥수수	5,473,161	11,694,818
비어/빅(보리의 일종)	2,039	7,675
완두콩	811,620	1,024,722
두류	1,822,972	2,037,137
총수입	35,365,801	74,083,441

하게 팽창하고 그에 따라 시장에서는 상품이 넘쳐나게 되어 시장이 조금이라도 수축하면 생산은 마비상태에 빠지게 된다. 산업의 생명활동은 활황—호황—과잉생산—공황—침체라는 연속적인 국면들로 전화한다. 기계제 경영으로 인하여 불확실하고 불안정해진 노동자들의 고용과 그들의 생활상태는 이제 이런 산업순환의 각 국면의 변동과 함께 일상적인 것이 된다. 호황기를 제외하고, 자본가들 사이에서는 각자가 시장에서 차지하는 몫을 둘러싸고 격렬한 투쟁이 미친 듯이 전개된다. 이 몫의 크기는 생산물의 가격이 얼마나 낮은지에 따라 비례한다. 따라서 노동력을 대체하는 개량된 기계나 새로운 생산방법을 사용하고자 하는 경쟁이 생겨날 뿐 아니라 노동력의 가치 이하로 임금을 억지로 인하함으로써 상품의 가격을 낮추려는 노력이 행해지는 시점이 반드시 등장한다.[235]

M477 　　이와 같이 공장노동자 수의 증가는 공장에 투하되는 총자본이 그보다 훨씬 빠른 비율로 증대할 것을 필요로 한다. 그러나 이 과정도 다시 산업

---

235) 　1866년 7월, 레스터 제화업자들의 '공장폐쇄'로 말미암아 길거리로 내쫓긴 노동자들은 '영국 노동협회'(Trade Societies of England)에 다음과 같이 호소하고 있다. "약 20년 전부터 바느질 대신 리벳(못의 일종—옮긴이)을 박는 방식을 도입함으로써 레스터의 제화업은 크게 혁신되었다. 그때까지만 해도 우리는 제법 좋은 임금을 받을 수 있었다. 얼마 되지 않아 이 새로운 공정은 널리 확대되었다. 각 회사들간의 경쟁은 주로 더 좋은 품질의 제품을 공급하는 데 맞추어져 있었다. 그런데 얼마 지나지 않아 나쁜 종류의 경쟁, 즉 상품의 가격을 인하하는 경쟁이 시작되었다. 그것은 임금의 인하라는 바람직하지 않은 결과로 나타났고, 노동가격은 급속히 하락하여 지금 많은 회사들에서는 옛날 임금의 절반밖에 지불하지 않고 있다. 더구나 임금은 갈수록 더 떨어지고 있는데, 이윤은 반대로 그런 임금의 변동이 있을 때마다 오히려 더 늘어나는 것처럼 보인다." 공장주들은 과도한 임금인하[즉 노동자에게 최소한으로 필요한 생활수단의 직접적인 약탈]를 통해 특별한 이윤을 얻고자 산업의 불황기조차 이용한다. 그런 예를 하나 들어보자. 그것은 코번트리의 견직업공황 때의 얘기이다. "내가 공장주와 노동자 양쪽에서 받은 보고서에 따르면, 임금은 명백히 외국 생산자들과의 경쟁이나 그밖의 다른 요인 때문에 불가피한 수준보다 훨씬 큰 폭으로 인하되었다. 직공의 태반은 임금이 30~40% 인하된 상태에서 일하고 있다. 5년 전만 해도 직공들은 리본 한 필에 6~7실링을 받았지만, 지금은 겨우 3실링 3펜스~3실링 6펜스밖에 못 받는다. 다른 작업의 경우에도 원래 4실링 3펜스를 받던 것이 지금은 2실링~2실링 3펜스밖에 받지 못한다. 임금인하는 수요를 자극하기 위해 요구되는 수준보다 훨씬 더 많이 떨어졌다. 사실 많은 종류의 리본에서 임금인하가 제품가격의 인하를 수반한 적은 단 한 번도 없었다"(『아동노동 조사위원회: 제5차 보고서』, 1866, 114쪽, 제1번에서 론지 위원의 보고).

순환의 밀물과 썰물에 의해서 제약된다. 더구나 그것은 때로는 잠재적으로 노동자를 대체하기도 하고 때로는 실제로 노동자를 축출하기도 하는 기술적 진보로 말미암아 끊임없이 중단되기도 한다. 기계제 경영에서 진행되는 이런 질적 변화는 끊임없이 노동자를 공장에서 쫓아내고 또 신참자의 유입을 억제하지만, 다른 한편으로 각 공장의 양적 확장은 다시 밖으로 내쫓긴 노동자는 물론 새로운 보충병까지도 도로 집어삼킨다. 이리하여 노동자들은 끊임없이 축출되었다가 흡수되고 또 이리로 내몰렸다가 저리로 다시 내몰리곤 하며, 이 과정에서 그때마다 고용되는 노동자의 성별이나 연령·숙련도는 끊임없이 변한다.

공장노동자의 운명은 영국 면직공업의 운명을 잠깐 훑어보면 가장 잘 드러난다.

1770~1815년에 면직공업이 불황 또는 침체 상태에 있었던 기간은 5년 동안이다. 제1기에 해당하는 이 45년 동안, 영국 공장주들은 기계와 세계시장을 독점하고 있었다. 그런 다음 1815~21년 불황. 1822~23년 호황.1824년 단결금지법†126의 폐지와 전반적인 공장의 대규모 확대. 1825년 공황, 1826년 면직업 노동자들의 심각한 궁핍과 폭동. 1827년 약간의 회복, 1828년 증기직기와 수출의 대폭적인 증가. 1829년 유례없는 수출의 폭발, 특히 인도로의 수출이 괄목할 만했음. 1830년 시장의 범람과 큰 곤경. 1831~33년 불황의 지속, 동아시아(인도·중국)와의 무역이 동인도회사의 독점에서 벗어남. 1834년 공장과 기계의 대폭적인 증가, 인력의 부족, 새로운 구빈법으로 농촌노동자들의 공장지대로의 이주 촉진, 농촌지역 아동들의 싹쓸이, 백인노예 매매. 1835년 대호황, 동시에 면포 수직공들의 아사. 1836년 대호황. 1837년과 1838년 불황과 공황. 1839년 경기회복. 1840년 대불황, 폭동, 군대의 개입. 1841년과 1842년 공장노동자들의 가공할 고난. 1842년 공장주들이 곡물법의 폐기를 강요하기 위해 노동자들을 공장에서 축출. 노동자들이 대거 요크서에 유입, 군대에 의해 쫓겨났으나 그 지도자는 랭커스터에서 재판에 회부됨. 1843년 극심한 궁핍.

1844년 회복. 1845년 대호황. 1846년 초기에는 지속적인 호황, 다음에는 반동의 징후, 곡물법 폐지. 1847년 공황, '큼직한 빵'[†87]을 축하하며 10% 이상의 전반적인 임금인하. 1848년 지속적인 불황, 맨체스터에 군부대 투입. 1849년 회복. 1850년 호황. 1851년 물가 하락, 저임금, 빈번한 파업. 1852년 회복의 시작, 파업의 연속, 공장주들은 외국 노동자를 수입하겠다고 위협. 1853년 수출 상승, 프레스턴에서 8개월에 걸친 파업과 심각한 궁핍. 1854년 호황, 시장의 범람. 1855년 미국·캐나다·동아시아 등의 여러 시장에서 파산 소식 쇄도. 1856년 대호황. 1857년 공황. 1858년 회복. 1859년 대호황, 공장의 증가. 1860년 영국 면직공업의 절정, 인도·오스트레일리아와 그밖의 시장은 한계에 도달하여 1863년까지도 재고품 전부를 흡수하지 못할 만큼 범람, 프랑스와 통상조약 체결, 공장·기계설비의 급증. 1861년 당분간 호황 지속, 이어서 반동, 미국의 내전, 면화기근. 1862~63년 완전한 붕괴.

면화기근의 역사는 매우 특징적인 것이어서 잠시 여기에서 살펴보기로 한다. 1860년부터 1861년에 걸친 세계시장의 상황으로 미루어 생각해보면, 면화기근은 공장주들에게 알맞은 시기에 찾아왔고 또 어느 정도 그들에게 유리한 것이기도 했다. 이 사실은 맨체스터 상업회의소의 보고서 속에서도 인정되고 있으며, 의회에서는 파머스턴(Palmerston)과 더비(Derby)에 의해 밝혀졌으며 그밖의 다른 사건들에 의해서도 확인되고 있다.[236] 물론 1861년 영국의 2,887개 면직공장 중에는 규모가 작은 공장도 상당수 있었다. 공장감독관 레드그레이브의 관할구역에는 이 2,887개 가운데 2,109개의 공장이 있었는데, 그의 보고에 따르면 이 2,109개 가운데 392개(19%)는 겨우 10증기마력 미만을 사용하고 있었으며 345개(16%)는 10~20마력을 사용하고 있었다. 이에 반해 나머지 1,372개 공장은 20마력 이상을 사용하고 있었다.[237] 작은 공장들 대부분은 직물공장으로, 1858년

---

236) 『공장감독관 보고서: 1862년 10월 31일』, 30쪽 참조.
237) 같은 글, 18, 19쪽.

이래의 호황기 때 주로 투기꾼들에 의해서 설립되었다. 그들 가운데 한 사람은 실을 제공하고 다른 사람은 기계설비를 제공하며 또다른 사람은 건물을 제공하여, 이전에 작업감독이었던 사람이나 그밖에 자본을 댈 능력이 없는 사람에 의해 경영되고 있었다. 이들 소규모 공장주들은 대개 몰락했다. 만일 면화기근이 상업공황을 저지하지 않았다면, 그들은 상업공황에 의해서 결국 똑같은 운명에 부딪혔을 것이다. 그들은 공장주 수에서 $\frac{1}{3}$을 차지하고 있었지만, 면직산업에 투하된 전체 자본 가운데 그들의 공장이 차지하는 비율은 극히 작은 부분에 지나지 않았다. 산업 전체가 얼마나 마비되었는지에 대한 믿을 만한 계산에 따르면, 1862년 10월 방추의 60.3%와 직기의 58%가 놀고 있었다. 물론 이것은 산업부문 전체에 관한 것이어서 각 지방별로는 이 수치가 꽤 차이가 났다. 매우 적은 수의 공장만이 풀타임으로(1주일에 60시간) 조업하고, 그밖의 다른 공장에서는 단속적으로만 조업했다. 보통수준의 성과급 임금을 받고 풀타임으로 일하는 몇몇 소수의 노동자들까지도 임금이 감소될 수밖에 없었는데, 이는 상등품 면화 대신 하등품 면화가, 시아일랜드 면화 대신 이집트 면화(세사방적공장의 경우)가, 아메리카 면화와 이집트 면화 대신 수라트 면화(동인도 면)가, 그리고 순면 대신 부스러기 면화와 수라트 면화의 혼합물이 사용되었기 때문이다. 섬유가 짧고 먼지가 많은 수라트 면화를 사용하고 날실에 먹이는 풀을 곡분 대신 더 무거운 재료를 사용함으로써 기계의 속도는 떨어졌고, 한 사람의 직포공이 담당하는 직기 수가 증가함으로써 기계의 고장을 수리하는 노동은 증가하고 생산량과 그것과 연동된 성과급 임금은 감소하였다. 수라트 면화를 사용할 경우 풀타임으로 일하는 노동자의 임금 손실은 20%, 30% 또는 그 이상이 되기도 하였다. 그러나 공장주들 대부분은 성과급 임금률을 오히려 5%, 7.5% 또는 10% 인하하였다. 이로 미루어 1주일에 3일이나 3.5일 아니면 4일밖에〔또는 하루에 6시간밖에〕일하지 않는 사람들의 상태가 어떠했을지는 충분히 짐작할 수 있다. 이미 비교적 경기가 회복기로 접어든 1863년 이후에도 직포공이나 방적공들의 주급은 3실링 4펜스, 3실링 10펜스, 4실링 6펜스 아니면 5실링 1펜스였다.[238] 이런 비참한 상태에서도 임금을 더 떨어뜨리기 위한 공장주들의 발명정신은 그칠 줄 몰랐다. 때로는 질 나쁜 면화 또는 부적당한 기계설비로 인한 제품의 결함에 대해서도 그 벌로 임금이 삭감되었다. 또 공장주가 노동자 숙소의 소유주인 경우에는 집세를 명목임금에서 직접 공제하였다. 공장감독관 레드그레이브는 자동직기 감시공들(그들은 자동 뮬방적기 한 쌍을 감시하였다)에 대해서 이렇게 말하고 있다.

> 2주 동안의 풀타임 노동을 마치면 8실링 11펜스를 벌고 이 금액 가운데 집세가 공제되는데, 집세의 절반을 공장주가 선물로 되돌려주기 때문에 감시공은 6실링 11펜스를 집으로 가져간다. 직공의 주급은 1862년 말경 2실링 6펜스를 최저기준으로 그 위에 몇 등급으로 이루어져 있었다.[239]

직공의 작업시간이 단축될 때도 집세는 종종 임금에서 공제되었다.[240] 랭커셔 곳곳에서 일종의 기아병(飢餓病)이 발생했던 것도 놀라운 일이 아니다! 그러나 이 모든 것보다도 더 특징적이었던 것은 생산과정의 변혁이 노동자들의 희생을 바탕으로 이루어졌다는 점이다. 이야말로 해부학자들이 개구리를 가지고 실험하는 것과 같은 식의 무가치체 실험(corpore vili)이었다. 공장감독관 레드그레이브는 다음과 같이 말하고 있다.

> 나는 많은 공장에서 노동자들이 받는 실제 수입을 예로 들었지만, 그들이 매주 이만한 금액을 계속해서 받고 있다고 생각해서는 안 된다. 노동자들은 공장주가 끊임없이 행하는 실험 때문에 계속해서 큰 변동을 겪는다. …… 그들의 수입은 혼합 면화의 질에 따라 오르락내리락한다. 때로는 그

---

238) 『공장감독관 보고서: 1863년 10월 31일』, 41~45쪽, 51쪽.
239) 같은 글, 41 · 42쪽.
240) 같은 글, 57쪽.

것이 종전 수입과 15% 정도 차이가 나기도 하고, 때로는 곧바로 1~2주 뒤에 50~60%만큼 차이가 나기도 한다.[241]

이런 실험은 노동자들의 생활수단만 희생시키는 것이 아니었다. 노동자들은 그들의 오감(五感)까지도 모두 희생해야만 했다.

면화 꾸러미를 푸는 데 종사하는 사람들은 참을 수 없는 악취 때문에 구역질이 난다고 나에게 보고했다. …… 혼면장(混綿場)이나 조소장(粗梳場) 또는 소면장(梳綿場)에 종사하는 사람들은 흩날리는 먼지와 오물로 콧구멍과 기도가 자극을 받아 기침과 호흡곤란을 일으킨다. …… 섬유가 짧기 때문에 실에 풀을 먹이는 데에도 이전보다 많은 양의 재료가 첨가되는데, 이 재료로는 이전에 사용되던 곡물가루 대신 갖가지 다른 대용물이 사용된다. 그 때문에 직포공들은 구역질과 소화불량에 걸린다. 먼지로 말미암아 기관지염·인후염, 거기에다 또 수라트 면화에 섞여 있는 오물이 피부를 자극하기 때문에 생기는 피부병이 성행한다.

다른 한편 곡물가루의 대용물은 실의 무게를 늘려주기 때문에 공장주 M482 들에게는 포르투나투스(Fortunatus: 16세기 초 독일의 어느 통속 문예물에 나오는 인물로, 마음대로 돈을 뱉어내는 돈주머니를 갖고 있었다—옮긴이)의 돈주머니였다. 그것은 "15파운드의 원료를 가지고, 20파운드의 무게로"[242] 만들었다. 1864년 4월 30일 『공장감독관 보고서』는 다음과 같이 서술하고 있다.

이 산업은 현재 뻔뻔스러우리 만큼 이 수단을 잘 이용하고 있다. 확실한

241) 같은 글, 50·51쪽.
242) 같은 글, 62·63쪽.

권위자에게서 들은 바에 따르면, 무게 8파운드의 직물은 5.25파운드의 면과 2.75파운드의 풀로 이루어져 있다. 또 5.25파운드의 직물에는 2파운드의 풀이 포함되어 있다. 이것은 보통의 수출용 셔츠감이었다. 다른 종류의 직물에서는 50%의 풀이 부가되는 경우도 자주 있어서 공장주들은 명목상 직물에 포함되어야 할 실의 비용보다 더 낮은 가격에 직물을 팔고도 이익을 올릴 수 있으며, 실제로 그렇게 하고 있다.[243]

그러나 노동자들은 공장 안에서는 공장주들의 실험을 통해서, 공장 밖에서는 시 당국의 실험을 통해서 임금인하와 실업, 곤궁과 자선 그리고 상하 양원의 찬사 등과 같은 고통을 받아야 했다.

면화기근으로 일자리를 잃은 불행한 여자들은 사회적 폐물로 전락하여 머물러 있었다. …… 젊은 매춘부의 수는 최근 25년 동안에 늘어난 것보다 더 많이 늘어났다.[244]

그리하여 영국 면직공업의 제1기에 해당하는 45년, 즉 1770~1815년에는 공황과 침체가 5년간밖에 안 되었는데, 이때는 영국 면직공업이 세계를 독점했던 시기였다. 제2기에 해당하는 다음의 48년, 즉 1815~63년에는 불황과 침체의 시기가 28년이었던 데 비해 회복과 호황의 시기는 20년에 지나지 않았다. 1815~30년에 유럽 대륙과 미국 사이에 경쟁이 시작되었다. 1833년부터는 아시아 시장의 확대가 '인류의 파괴'[†127]를 통해 강행된다. 곡물법의 폐지 이후, 즉 1846~63년에는 어느 정도의 활황과 호황의 시기가 8년 동안 이어진 데 비해 불황과 침체의 시기는 9년이었다. 면직공업에 종사하는 성인 남성노동자의 상태가 호황기에도 얼마나 어려웠

---

243) 『공장감독관 보고서: 1864년 4월 30일』, 27쪽.
244) 『공장감독관 보고서: 1865년 10월 31일』, 61 · 62쪽. 볼턴의 경찰서장 해리스의 편지에서.

는지는 다음의 주(註)를 통해서 짐작할 수 있다.[245]

제8절 대공업에 의한 매뉴팩처·수공업·가내공업의 혁명

ㄱ. 수공업과 분업에 기초한 협업의 폐기

이미 살펴본 바와 같이, 기계는 수공업에 기초한 협업과 수공업적 분업에 기초한 매뉴팩처를 모두 폐기시킨다. 전자에 대한 예로는 풀 베는 기계를 들 수 있는데, 이 기계는 풀 베는 사람들의 협업을 대신한다. 후자에 대한 적절한 예는 바늘 제조용 기계이다. 애덤 스미스에 따르면 그의 시대에는 남자 10명이 분업을 통해 하루에 4만 8,000개 이상의 바늘을 만들었다. 그러나 지금은 단 1대의 기계가 하루의 노동일[즉 11시간]만으로 14만 5,000개를 만들어낸다. 1명의 여성노동자가 평균 4대의 기계를 감시할 수

245) 1863년 봄, 이민협회를 설립하기 위한 면직업 노동자들의 한 호소문에는 다음과 같은 내용이 적혀 있다. "공장노동자의 대대적인 이민이 지금 절대적으로 필요하다는 점은 어느 누구도 부인할 수 없다. 다음의 사실은 끊임없는 이민의 흐름이 항상 필요하고 또 그런 이민 없이는 우리의 처지가 정상적으로 유지되기 어렵다는 것을 잘 보여주고 있다. 1814년 수출 면제품의 공식가치(이것은 양적 지표에 불과하다)는 1,766만 5,378파운드스털링이고, 그 실제 시장가치는 2,007만 824파운드스털링이었다. 1858년 수출 면제품의 공식가치는 1억 8,222만 1,681파운드스털링이었지만, 그 실제 시장가치는 4,300만 1,322파운드스털링밖에 안 되었다. 즉 상품량은 10배가 되었는데 그 가격은 2배 정도밖에 되지 않았던 것이다. 나라 전체는 물론 공장노동자에게도 매우 불리한 이 결과는 갖가지 원인이 한꺼번에 작용하여 야기된 것이다. 가장 두드러진 원인 가운데 하나는 끊임없는 노동과잉인데, 그것은 살아남기 위해 끊임없이 시장의 확대를 필요로 하는 이 산업부문에서는 없어서는 안 되는 것이었다. 우리의 면직공장은 상업의 주기적인 침체에 따라 언제든지 놀게 될 가능성을 안고 있는데, 지금과 같은 조건에서는 그것이 죽음과 마찬가지로 피할 수 없게 되어 있다. 그러나 그렇다고 해서 인간의 발명정신까지 놀게 되는 것은 아니다. 최근 25년 사이에 적어도 600만 명이 이 나라를 떠났지만, 생산물의 가격을 인하하기 위한 노동의 끊임없는 축출 때문에 상당수의 성인 남자들은 최고의 호황기에도 ― 아무런 조건이나 일의 종류도 가리지 않는데도 ― 전혀 일을 얻지 못하고 있다"(『공장감독관 보고서: 1863년 4월 30일』, 51·52쪽). 더구나 면직업에서 대파국이 일어났을 때 공장주들은 온갖 수단을 다 동원하여〔심지어 국가의 힘까지 동원하면서〕공장노동자들의 이민을 저지하려고 했는데 이에 대해서는 뒤의 장에서 다시 자세히 얘기하게 될 것이다.

있기 때문에 이 기계를 사용하면 한 사람이 하루에 60만 개, 1주일에 약 300만 개 이상의 바늘을 생산하게 된다.[246] 각 작업기계가 협업과 매뉴팩처를 대신할 경우, 이 작업기계는 그 자체가 다시 수공업적 경영의 기초가 될 수도 있다. 그러나 이렇게 기계를 기초로 하여 수공업 경영이 재생산되는 것은 단지 공장제 경영으로 가는 과도단계일 뿐이고, 대개 증기력이나 수력 같은 기계적 동력이 인간의 근육을 대신하여 기계를 움직이게 되면 곧바로 공장제 경영이 나타나게 된다. 소경영이 예를 들어 버밍엄의 몇몇 매뉴팩처에서와 같이 증기의 임차를 통해서나 또는 직물업의 어떤 부문에서와 같이 소형 열기관[†114]의 사용 따위를 통해서 기계적 동력과 결부될 수도 있지만, 그것은 어디까지나 산발적인 형태로만 그리고 단지 일시적인 형태로만 존재할 수 있다.[247] 코번트리의 견직업에서는 '오두막 공장'의 실험이 자연발생적으로 전개되었다. 오두막들이 빙 둘러서 사각형 대열을 이루고 있는 한가운데에 증기기관이 놓여진 이른바 엔진 하우스가 하나 설치되어 있고 이 증기기관은 회전축을 통해서 각각의 오두막 속에 있는 직기들과 연결되어 있다. 이 경우 증기기관은 언제나 임대형태를 띠게 되는데, 예를 들면 직기 한 대당 2.5실링의 임대료를 받는다. 이 증기기관 임대료는 직기가 돌아가든 돌아가지 않든 매주 지불되었다. 각 오두막마다 2~6대의 직기가 놓여 있었는데, 그 중에는 노동자의 소유도 있었고 신용으로 구매한 것도 있었으며 임대한 것도 있었다. 오두막 공장과 실질적인 공장과의 싸움은 12년 이상 지속되었다. 결과는 오두막 공장 300개의 전멸로 끝났다.[248] 노동과정의 성격상 처음부터 대규모 생산을 필요로 하지 않는 부문〔예를 들어 봉투 제조나 철(鐵)펜 제조 등과 같이 최근

---

246) 『아동노동 조사위원회: 제3차 보고서』, 1864, 108쪽, 제447번.

247) 미국에서는 이렇게 기계를 기초로 하여 수공업이 재생산되는 경우가 자주 있다. 바로 그 때문에, 앞으로 공장제 경영으로 불가피한 이행이 이루어질 경우 이 나라에서의 집적과정은 유럽이나 영국에 견주어, 마치 한 걸음에 7마일을 가는 축지법을 쓰는 것처럼 급속하게 이루어질 것이다.

248) 『공장감독관 보고서: 1865년 10월 31일』, 64쪽 참조.

수십 년 사이에 새롭게 등장한 산업]들은 대체로 공장제 경영이 될 때까지의 단기적인 과도단계로 수공업 경영과 매뉴팩처 경영을 거쳤다. 그러나 제품의 매뉴팩처적인 생산이 일련의 단계적 과정으로 이루어지지 않고 제각기 독립된 숱한 과정으로 이루어진 경우 이런 이행은 매우 어렵게 이루어졌다. 예를 들어 철펜 공장의 경우가 바로 그러했다. 그러나 약 15년 전에 제각기 독립된 여섯 가지 노동과정을 한꺼번에 수행하는 자동장치가 발명되었다. 수공업은 1820년 최초의 철펜 12다스를 7파운드스털링 M485 4실링에 공급했고 매뉴팩처는 그것을 1830년에 8실링으로 공급했지만, 공장은 오늘날 그것을 2~6펜스로 도매상에 공급하고 있다.[249]

ㄴ. 매뉴팩처와 가내공업에 미치는 공장제도의 반작용

공장제가 발전하고 그와 더불어 농업이 큰 변화를 겪게 되면, 다른 모든 산업부문에서도 생산규모의 확대와 함께 그들 부문의 성격도 변하게 된다. 생산과정을 세부적인 단계들로 분해한 뒤에 드러난 문제들을 역학이나 화학 등[즉 자연과학]을 이용하여 해결하는 기계제 경영의 원리는 점차 사회 전반에 걸쳐 지배적인 원리로 자리를 잡아간다. 그리하여 기계는 매뉴팩처의 각 부분과정 속으로 여기저기 침투해들어간다. 그리하여 오래 전에 분업을 통해서 생겨난 매뉴팩처 편제의 견고한 결정(結晶)은 점차 해체되면서 끊임없는 변화를 겪게 된다. 이러한 변화 말고도 전체 노동자 또는 결합노동자들의 구성도 근본적으로 변혁된다. 매뉴팩처 시대와는 달리 이제 분업은 될 수 있는 대로 여성노동이나 모든 연령층의 아동노동 그리고 미숙련노동[즉 영국인들이 그 특징을 따서 값싼 노동(cheap

---

249) 질로트는 버밍엄에서 최초의 대규모 철펜 공장을 설립했는데, 그 공장은 1851년에 이미 1억 8,000만 개 이상의 펜을 공급하여 연간 120톤의 강판을 소비했다. 영국에서 이 산업을 독점하고 있는 버밍엄은 이제 연간 수십억 개의 철펜을 생산하고 있다. 1861년의 조사에 따르면, 이 부문의 종업원 수는 1,428명으로, 그 가운데 1,268명이 여공이고 나이는 가장 어린 노동자가 5세였다.

labour)이라고 일컫는 노동〕의 사용에 기초하여 설계된다. 이런 경향은 기계의 사용 유무와는 상관 없이 대규모 결합생산에서뿐만 아니라 이른바 가내공업에서도—그것이 노동자 자신의 집에서 이루어지든 조그만 작업장에서 이루어지든 마찬가지이다—똑같이 나타난다. 여기에서 얘기하는 근대적 가내공업이라는 것은 독립적인 도시 수공업과 자립적인 농민 경영 그리고 무엇보다도 노동자 가족의 집에서 이루어지는 낡은 양식의 가내공업과는 그 이름 외에는 아무런 공통점이 없다. 가내공업은 이제 공장이나 매뉴팩처 또는 선대상인의 한 부서〔외부에 소재하는〕로 전화하였다. 자본은 자본에 의해 공간적으로 한 곳에 대규모로 집중되어 자본의 직접적인 지휘를 받는 공장노동자와 매뉴팩처 노동자, 수공업자 말고도 대도시 안팎에 산재해 있는 또다른 하나의 부대인 가내공업 노동자들까지 눈에 보이지 않는 실로써 조종한다. 예를 들어 아일랜드의 런던데리에 있는 틸리 사(社)의 셔츠 공장은 1,000명의 공장노동자와 시골에 산재한 9,000명의 가내공업 노동자를 고용하고 있다.[250]

값싸고 미성숙한 노동력의 착취는 공장제에서보다 근대적 매뉴팩처에서 더욱 파렴치하게 이루어진다. 왜냐하면 공장에 존재하는 기술적 기초〔즉 기계에 의한 근력의 대체와 노동의 용이함〕가 매뉴팩처에는 거의 없는데다가 매뉴팩처에서는 여성과 미성년자의 신체가 유독물질 따위의 영향에 극도로 심하게 노출되어 있기 때문이다. 또 이 착취는 매뉴팩처보다도 이른바 가내공업에서 더욱 파렴치하게 이루어진다. 왜냐하면 노동자들의 저항능력은 그들이 분산될수록 더욱 감소하는데다 여기에서는 고용주와 노동자 사이에 약탈적인 기생충들이 끼어들며, 또한 가내공업은 같은 생산부문의 기계제 경영이나 적어도 매뉴팩처 경영과 경쟁을 해야 하기 때문이다. 게다가 빈곤이 노동자들에게서 가장 필요한 노동조건들, 즉 공간·빛·환기 따위를 빼앗아가며, 일자리는 날로 불안정해지고 대공업

250) 『아동노동 조사위원회: 제2차 보고서』, 1864, 별첨 68쪽, 제415번.

과 대농업 때문에 '남아돌게 된' 사람들이 이 부문을 마지막 도피처로 삼아 몰려드는 바람에 여기에서는 노동자들 사이의 경쟁이 최고조에 달하기 때문이다. 기계제 경영에 의해 비로소 체계적으로 완성되는 생산수단의 절약은 처음부터 이미 극도로 무자비한 노동력의 낭비이자 노동이 기능하기 위한 갖가지 정상적인 전제조건에 대한 강탈이었는데, 이런 적대적이고 살인적인 경향은 노동의 사회적 생산력과 결합적 노동과정의 기술적 기초의 발전이 불충분한 산업부문일수록 이처럼 더욱더 뚜렷하게 드러나는 것이다.

ㄷ. 근대적 매뉴팩처

이제 방금 얘기한 명제를 몇 가지 예를 통해 설명해보겠다. 사실 독자들은 앞의 노동일에 관한 장에서 이와 관련된 많은 예를 보았다. 버밍엄과 그 부근의 금속 매뉴팩처에는 3만 명의 아동과 청소년 그리고 1만 명의 성인 여자들이 대부분 매우 힘든 노동에 고용되어 있다. 그들은 이곳에서 건강에 해로운 황동주조공장과 단추공장·에나멜공장·도금공장·칠공장에서 작업을 하고 있다.[251] 성인노동자와 미성년노동자들의 과도한 노동 때문에 런던의 몇몇 신문과 서적 인쇄공장은 '도살장'이라는 명예로운 명칭을 부여받았다.[251a] 똑같은 과도노동이 제본공장에서도 행해졌는데, 이곳에서 희생된 사람은 주로 성인 여자들과 소녀 그리고 아동들이었다. 로프공장에서는 미성년자들의 과중한 노동이 이루어지고 있으며, 제염소와 양초 및 그밖의 화학 공장들에서는 야간노동이, 기계제 경영이 도입되지 않은 견직물공장에서는 직기를 돌리기 위해 소년들의 살인적인 노동이 이루어지고 있다.[252] 가장 비천하고 더럽고 보수도 적은 노동 가운데 하

M487

---

251) 셰필드에서는 아직도 줄 연마에 아동들을 사용하고 있다.

251a) 『아동노동 조사위원회: 제5차 보고서』, 1866, 3쪽, 제24번 ; 6쪽, 제55·56번 ; 7쪽, 제59·60번.

252) 같은 글, 114·115쪽, 제6~7번. 위원들의 정확한 표현에 따르면 다른 곳에서는 기계가 인간을 대신하는데, 여기에서는 거꾸로 소년들이 기계를 대신하고 있다.

나이면서 주로 어린 소녀들과 부인들이 환영받는 일은 넝마 고르기이다.
이미 알려진 바와 같이 영국은 자신의 무수한 넝마는 물론 온 세계를 대상
으로 하는 넝마사업의 집산지이다. 일본이나 머나먼 남미 여러 나라 그리
고 카나리아 제도에서 넝마가 쇄도한다. 그러나 주요 공급원은 독일·프
랑스·러시아·이탈리아·이집트·터키·벨기에·네덜란드 등이다. 그
것은 비료가 되기도 하고 털 부스러기(침구용)와 재생양모(shoddy) 제조
에 사용되기도 하며 또 종이의 원료로 쓰이기도 한다. 넝마를 고르는 여공
은 먼저 그녀 자신이 첫 희생자가 되면서 천연두나 그밖의 전염병을 퍼뜨
리는 매개자 역할을 한다.[253] 과도한 노동과 힘들고 부적절한 노동, 그리
고 이런 노동으로 어릴 때부터 혹사당해온 노동자가 그 결과 포악해지는
전형적인 예를 보여주는 것은 광산업과 탄광업, 기와 및 벽돌 제조업인데,
이 부문들에서는 새로 발명된 기계가 아직(1866년을 기준으로 할 때) 영
국의 경우에도 몇 군데 되지 않는다. 5월에서 9월 사이에는 아침 5시에서
저녁 8시까지 노동하고, 야외에서 건조작업이 함께 이루어질 때는 종종
새벽 4시에서 저녁 9시까지 작업이 이루어진다. 아침 5시에서 저녁 7시까
지 이어지는 노동일은 '단축된' '적절한' 노동일로 간주된다. 아동들은
남녀를 불문하고 6세가 되면 고용되며, 때로는 4세만 되어도 고용된다. 이
들 아동은 어른들과 똑같은 시간 동안을 노동하는데, 때로는 더 많은 시간
을 노동하기도 한다. 노동은 힘들고 여름의 더위는 피로를 가중시킨다.
예를 들어 모즐리의 한 기와공장에서는 24세 처녀가 진흙을 나르고 기와
를 쌓는 소녀 2명을 조수로 삼아 하루에 2,000장의 기와를 만든다. 이들
M488 소녀는 매일 10톤 분량의 진흙을 깊이 30피트나 되는 구덩이에서 미끄러
운 경사면을 따라 끌어올려 210피트의 거리를 나른다.

---

[253] 넝마업에 관한 보고와 많은 예증에 대해서는 『공중위생 제8차 보고서』, 런던, 1866, 부록
196~208쪽을 보라.

어린아이에게서 심한 도덕적 타락을 겪지 않고 기와공장의 연옥을 통과하기란 불가능한 일이다. …… 아주 어릴 때부터 귀에 익은 상스러운 말과 그들을 무지하고 거칠게 성장시키는 음란하고 무례하며 파렴치한 습관들 때문에 그들의 남은 생애는 무법적이고 불량하며 파렴치해진다. …… 타락을 가져오는 무서운 원인 가운데 하나는 주거양식이다. 조형공(본래 숙련공으로, 노동자 한 조의 우두머리)은 7명으로 이루어진 자기네 조를 자신의 오두막에서 먹이고 재운다. 가족 여부와는 상관 없이, 성인 남자들과 소년 소녀들이 모두 함께 이 오두막에서 잔다. 오두막은 대개 2개의 방으로 이루어져 있고, 극히 드물게만 3개의 방으로 이루어져 있으며, 주로 단층인데다 통풍도 좋지 않다. 낮 동안의 과로로 몸이 극도로 지쳐 있기 때문에 위생이나 청결·예절 따위는 전혀 고려되지 않는다. 이런 오두막들은 대부분 난잡함과 불결함 그리고 먼지 구덩이의 진정한 표본이다. …… 젊은 처녀들을 고용하는 이런 종류의 작업제도가 빚어내는 최대의 해악은 그것이 보통 그녀들을—어릴 때부터 전 생애에 걸쳐서—더할 수 없이 방탕한 여자로 만들고 마는 데에 있다. 그녀들은 스스로가 여성이라는 사실을 자연에서 배우기 전에 벌써 거칠고 입버릇 나쁜 '소년'이 되어버린다. 더러운 누더기 조각이나 걸치고 다리는 무릎까지 내놓으며 머리와 얼굴은 흙투성이가 되어, 그녀들은 오히려 정숙함이나 수치심을 경멸하도록 훈련받는다. 식사시간에는 땅에 드러눕거나 가까운 운하에서 목욕하는 청년들을 구경하기도 한다. 하루 일이 끝나면 그녀들은 조금 괜찮은 옷으로 갈아입고 남자들과 어울려 술을 마시러 간다.

이 계급 전체에 어릴 때부터 술주정꾼이 많은 것은 아주 당연한 일이다.

가장 안된 것은 벽돌 제조공들이 자포자기하는 일이다. 조금 나은 처지에 있는 어떤 사람은 사우스홀필드의 목사에게 이렇게 말했다. "벽돌공들의 마음을 돌려세우는 일은 악마의 마음을 돌려세우는 일이나 마찬가지로 난망한 일입니다!"[254]

근대적인 매뉴팩처(여기에서 이 말은 근대적인 공장을 제외한 모든 대규모 작업장을 뜻한다)에서 이루어지는 노동조건의 자본주의적 절약에 대해서는 제4차(1861년)·제6차(1864년)『공중위생 보고서』속에 풍부한 공식자료들이 수록되어 있다. 작업장, 특히 런던의 인쇄업과 봉제업 작업장에 대한 묘사는 우리 소설가들의 불쾌한 상상력을 초월한다. 노동자의 건강상태에 끼치는 영향은 말이 필요없을 만큼 자명하다. 추밀원[†71]의 최고 의무관이자 『공중위생 보고서』의 공식편찬자인 사이먼 박사는 다음과 같이 말하고 있다.

> 나의 제4차 「보고서」(1861년)에서 볼 수 있듯이 노동자가 자신의 일차적인 건강권—고용주가 노동자들을 모집하여 투입하려는 작업이 무엇이든 간에 그 작업이 고용주에 의해 결정되는 것인 한, 그 작업에서 건강에 유해한 요인들을 최대한 배제할 수 있는 권리—을 주장하기란 현실적으로 불가능하다. 내가 지적한 바와 같이, 노동자들은 이 건강권을 스스로 주장할 수 없으면 담당 위생경찰관에게서 아무런 효과적인 지원도 받을 수 없다. …… 수없이 많은 남녀 노동자들의 생명이 현재 헛되이 고통받고 단축되고 있는데, 이는 단지 그들이 고용되었다는 사실 때문에 받게 되는 끝없는 육체적 고통에서 비롯된 것이다.[255]

작업장이 건강상태에 어떤 영향을 끼치는지에 대한 하나의 예로 사이먼 박사는 다음과 같은 사망통계표[256]를 제시하였다.

---

254) 『아동노동 조사위원회: 제5차 보고서』, 1866, 별첨 16~18쪽, 제86~97번; 130~133쪽, 제39~71번. 또한 『아동노동 조사위원회: 제3차 보고서』, 1864, 48·56쪽도 참조할 수 있다.

255) 『공중위생: 제6차 보고서』, 런던, 1864, 29·31쪽.

256) 같은 글, 30쪽. 사이먼 박사의 지적에 따르면, 런던에서 일하는 25~35세의 재봉공과 인쇄공의 사망률은 실제로는 이 통계에 나타난 것보다 훨씬 높다고 한다. 왜냐하면 런던의 고용주

산업부문	종업원 수	10만 명당 사망자 수		
		25~35세	35~45세	45~55세
잉글랜드·웨일스의 농업	958,265	743	805	1,145
런던의 봉제업	남 22,301 여 12,377	958	1,262	2,093
런던의 인쇄업	13,803	894	1,747	2,367

ㄹ. 근대적 가내공업

이제 이른바 가내공업이라는 곳으로 눈을 돌려보자. 대공업의 배후에서 이루어지는 이 자본의 착취영역이 어떤 것인지, 그리고 그것의 소름끼치는 상태가 어떤지를 이해하기 위해서는 예를 들어 잉글랜드의 벽촌에 M490 서 경영되는 — 겉보기에는 아주 목가적인 — 못 제조업의 사례를 살펴보면 된다.[257] 그러나 여기에서는 레이스 제조업과 밀짚세공업 가운데 아직 기계제 경영이 이루어지지 않은 부문 또는 기계제 경영이나 매뉴팩처 경영과 경쟁하지 않는 부문의 몇몇 사례를 살펴보는 것만으로도 충분할 것이다.

잉글랜드에서 레이스 생산에 종사하는 15만 명 가운데 1861년의 공장법의 적용을 받는 사람은 약 1만 명이다. 나머지 14만 명은 거의 모두 여성과 청소년·아동들인데, 이들 청소년과 아동 가운데 남자아이는 얼마 되지 않는다. 이 '값싼' 착취재료의 건강상태에 대해서는 노팅엄의 일반의(一般醫) 트루먼 박사가 제출한 다음의 표[258]가 잘 말해주고 있다. 대부

들이 30세 이하의 많은 젊은이들을 시골에서 데려와 '도제'나 '견습공'(이들은 자신이 배운 작업기술을 숙달시키려 하는 작업자들을 가리킨다)으로 삼기 때문이다. 인구조사에서 이들은 런던 거주자에 포함되기 때문에 런던의 사망률 계산에서 분모를 증가시키는데, 반면 분자는 같은 비율로 증가시키지 않는다. 왜냐하면 이들 대부분은 심한 중병에 걸리면 시골로 돌아가버리기 때문이다.(같은 글)

257) 여기에서 말하는 못 제조업은 못을 기계로 절단해서 만드는 것이 아니라 해머로 쳐서 만드는 것을 가리킨다. 『아동노동 조사위원회: 제3차 보고서』, 별첨 11·19쪽, 제125~130번; 52쪽, 제11번; 113~114쪽, 제487번; 137쪽, 제674번을 보라.

258) 『아동노동 조사위원회: 제2차 보고서』, 별첨 22쪽, 제166번.

분 17~24세인 레이스 제조 여공 환자 686명 가운데 폐병환자의 비율은
다음과 같다.

1852년	45명 가운데 1명	1853년	28명 가운데 1명
1854년	17명 가운데 1명	1855년	18명 가운데 1명
1856년	15명 가운데 1명	1857년	13명 가운데 1명
1858년	15명 가운데 1명	1859년	9명 가운데 1명
1860년	8명 가운데 1명	1861년	8명 가운데 1명

폐병환자 비율의 이런 증가는 극히 낙천적인 진보론자나 가장 거짓말
잘하는 독일 자유무역주의자들에게는 만족스러운 것임에 분명할 것이다.

1861년 공장법은 레이스 제조업 가운데 기계로 생산되는 경우에 대해
서만 규제를 가하는 것이고, 잉글랜드에서는 대개가 거기에 해당된다. 우
리가 여기서 간략하게 살펴볼 부분은—그것도 노동자들이 매뉴팩처나
선대상인들에 의해 모여 있는 경우는 제외하고, 이른바 가내공업 노동자
인 경우만 대상으로 한다—① 끝마무리(기계로 제조된 레이스의 마지막
손질, 여기에는 다시 수많은 세부적인 작업 부분이 포함된다)와 ② 레이스
뜨기로 나뉜다.

레이스 끝마무리업(lace finishing)은 이른바 '여주인 집'에서 이루어지
며 그 여자들이 단독으로 또는 자식들을 데리고 자기 집에서 가내공업 형
태로 운영한다. '여주인 집'의 집주인인 여자들도 가난한 사람들이다. 작
업장은 그녀들의 집 가운데 일부이다. 그녀들은 공장주나 선대상인들에
게서 주문을 받아, 자기 집의 넓이와 그때그때마다의 일의 수요에 따라 성
인 여자나 소녀 또는 어린 아동들을 고용한다. 고용된 여성노동자의 수는
작업장에 따라 20~40명 정도가 되거나 10~20명이 되는 경우도 있다. 아
동들이 일을 시작하는 평균 최저연령은 6세이지만 5세 미만의 아이들도
꽤 있다. 노동시간은 대개 아침 8시부터 저녁 8시까지 이어지고, 그 사이
에 1시간 반의 식사시간이 있다. 그러나 이 식사는 불규칙하고 또 흔히 냄

새가 코를 찌르는 작업장에서 하게 된다. 경기가 좋을 때는 노동은 대개 아침 8시(때로는 6시)에서 밤 10시나 11시, 심지어는 12시까지 이어진다. 영국의 병영에서는 병사 한 사람당 500~600평방피트, 육군병원에서는 1,200평방피트의 공간이 주어지도록 규정되어 있다. 그러나 이 작업장에서는 한 사람당 67~100평방피트가 주어진다. 한편 가스등은 공기 속의 산소를 소비한다. 레이스를 깨끗하게 다루기 위해서 아동들은 마루가 돌이나 벽돌로 되어 있음에도 불구하고 겨울에도 신발을 벗어야 한다.

노팅엄에서는 흔히 15~20명의 아동들이 더할 수 없이 비위생적인 상태로, 12평방피트도 안 되어 보이는 조그만 방에 갇혀서 지루함과 단조로움 때문에 피로가 더 빨리 오는 일에 하루 24시간 중 15시간이나 종사한다. …… 아무리 어린 아동들조차도 놀랄 만큼 고도의 긴장 속에서 높은 속도로 작업을 하며, 잠시도 손가락이 쉬거나 느리게 움직이는 일이 거의 없다. 그들에게 무엇을 물어보아도 그들은 한순간이라도 놓치지 않으려고 작업에서 눈을 떼지 않는다.

노동시간이 길어지면 '여주인'은 '긴 회초리'를 자극제로 사용한다.

단조롭고 눈이 아프고 자세를 고정시켜야 하는 작업을 장시간 수행해야 하기 때문에 아동들은 점차 피로에 지치면서 새장 속의 새처럼 안절부절못하게 된다. 참으로 노예나 전혀 다를 바가 없다.[259]

여성들이 자기 아이들을 데리고 자기 집〔근대적인 의미로는 셋방〕이나 때때로 다락방에서 작업을 하는 경우에는 사정이 더욱 나빠진다. 이런 종류의 일은 노팅엄 주변 80마일 지역에서 이루어지고 있다. 선대상인에게

---

259) 『아동노동 조사위원회: 제2차 보고서』, 1864, 별첨 19·20·21쪽.

M492 고용된 아동들은 밤 9시나 10시에 퇴근하면서 한 뭉치의 레이스를 갖고 돌아가 집에서 완성하도록 하는 일도 자주 있다. 자본가적 바리새인은 자신의 임금노예 한 사람의 입을 빌려 "이것은 어머니의 몫이야"라고 생각해주는 체하는 말을 덧붙이지만, 그것은 이 가엾은 아동이 자지 않고 앉아서 도와줘야만 한다는 것을 잘 알고서 하는 말이다.[260]

레이스뜨기업(lace making)은 주로 영국의 두 농업지구에서 이루어지고 있다. 하나는 데번셔의 남해 연안 20~40마일에 이르는 지대와 북(北)데번의 몇 군데를 포함하는 호니턴의 레이스 지역이고, 또 한 군데는 버킹엄 주와 베드퍼드 주 및 노샘프턴 주의 대부분 그리고 옥스퍼드셔와 헌팅던셔의 인접 부분을 포함하는 지역이다. 대개 작업장으로는 농업 일용노동자의 오두막집이 사용된다. 많은 제조업자들이 이런 가내노동자를 3,000명 이상 고용하고 있는데, 이들은 주로 아동과 청소년이며 모두 여성이다. 위에서 얘기한 레이스 끝마무리업의 상태가 여기서도 그대로 재현된다. 다만 '여주인 집' 대신 여기에서는 가난한 부인들이 자기 집에 개설한 이른바 '레이스 학교'가 나타나게 된다. 5세부터〔때로는 더 어릴 때부터〕 12~15세까지의 아동들이 이 학교에서 일하는데, 처음 1년 동안에는 아주 어린 아동의 경우 4~8시간, 나중에는 아침 6시부터 밤 10시까지 일한다.

방은 일반적으로 작은 오두막의 보통 거실이고 굴뚝은 대개 통풍을 막기 위해 닫혀 있으며, 그 속에 있는 사람들은 겨울에도 그들 스스로의 체온으로만 보온해야 할 때가 자주 있다. 이른바 이 교실이라는 곳은 조그만 광 같은 장소이고 난로도 없는 경우가 많다. …… 이 좁은 굴 안이 노동자들로 가득 메워지고 나면 그 때문에 생겨나는 공기의 오염은 종종 극도에 다다른다. 게다가 작은 오두막으로 들어가는 통로에 흔히 널려 있는 부패물이

---

260) 같은 글, 별첨 21 · 22쪽.

나 오물 그리고 하수구와 변소 등에서 비롯된 갖가지 유해한 작용이 여기
에 더해진다.

공간에 대해서 말해보자.

　18명의 소녀와 여교사로 이루어진 어떤 레이스 학교의 공간은 1인당 33
평방피트에 불과하다. 참을 수 없는 악취로 뒤덮인 또다른 학교도 역시 18
명으로 이루어져 있는데, 여기에서는 공간이 1인당 24.5평방피트에 달하고
있다. 이 산업에서는 2세나 2세 반의 아동이 고용되기도 한다.[261]

　버킹엄 주와 베드퍼드 주의 농촌지역에서 레이스뜨기업이 끝나는 곳에
서는 밀짚세공업이 시작된다. 이 산업은 허트퍼드셔의 대부분과 에식스
의 서부·북부에 이르기까지 널리 분포해 있다. 1861년에는 밀짚세공과
밀짚제조에 4만 43명이 종사하고 있었는데 그 가운데 3,815명이 여러 연
령층의 남성이고 나머지가 여성이었다. 이들 여성 가운데 1만 4,913명은 M493
20세 미만이었고 특히 약 7,000명은 아동이었다. 여기서는 레이스 학교
대신 '밀짚세공 학교'가 나타난다. 아동들은 이곳에서 대개 4세부터〔많은
경우 3세가 조금 넘기 시작할 때부터〕밀짚세공 수업을 시작한다. 물론 교
육은 받지 않는다. 아동들 스스로도 초등학교를 '보통학교'(natural
schools)라 부르면서 이 흡혈시설과 구별하고 있는데, 여기에서 그들은 기
아에 허덕이는 모친에게서 명령받은 제품을 하루에 30야드씩 완성하는
노동에만 매여 있다. 거기에다가 어머니들은 집에서 흔히 밤 10시나 11시
심지어는 12시까지 자식들을 노동시킨다. 그들은 짚에 손가락을 베이는
것은 물론 입으로 밀대를 적시기 때문에 입을 베이기도 한다. 밸러드 박사
가 요약한 런던 의무관들의 종합의견에 따르면, 침실이나 작업장에서 한

261)　같은 글, 별첨 29·30쪽.

사람에게 필요한 최소공간은 300평방피트이다. 그러나 밀짚세공 학교는 레이스 학교보다도 할당되는 공간이 적어서 "한 사람에 12.7평방피트나 17평방피트 아니면 18.5평방피트로, 어떤 경우에도 22평방피트를 넘는 경우는 없다"고 화이트 위원은 말한다.

여기에서 12.7평방피트라는 용적은 각 변이 3피트인 상자(27평방피트ー옮긴이)에 어린아이 하나를 포장했을 경우 차지하는 용적의 절반보다도 작은 용적이다.

이것이 12~14세의 아동들이 누리는 생활이다. 가난하고 영락한 부모들은 자식들에게서 가능한 한 많은 것을 뽑아내려는 생각뿐이다. 그래서 자식들이 성장한 다음 부모를 전혀 돌보지 않고 버리는 것은 당연한 일이다.

이런 환경에서 자라난 주민들 사이에 무지와 악덕이 만연하는 것은 조금도 놀랄 일이 아니다. …… 그들의 도덕성은 최저수준이다. …… 많은 여성들이 사생아를 낳고 있는데, 그 대부분은 범죄통계에 밝은 사람들조차도 놀랄 만한 어린 나이에 낳는다.[262]

그런데 기독교에 대해서 확실한 권위자로 인정받는 몽탈랑베르 백작의 말에 따르면, 이렇게 모범적인 가족들을 거느린 나라가 유럽에서 가장 모범적인 기독교 국가이다!

이상에서 서술한 산업부문의 임금은 전반적으로 비참한 수준인데(밀짚세공 학교 아동의 예외적인 최고임금이 3실링이다), 그나마 이 임금도 다시 레이스 제조지대에서 널리 통용되는 현물임금제도로 말미암아 그

---

262) 같은 글, 별첨 40 · 41쪽.

 제4편 상대적 잉여가치의 생산

명목액보다도 훨씬 떨어진다.[263]

ㅁ. 근대적 매뉴팩처와 근대적 가내노동의 대공업으로의 이행.
이들의 경영방식에 공장법이 적용됨에 따른 이 혁명의 촉진

여성과 미성년 노동력의 남용, 모든 정상적인 노동조건과 생활조건의 강탈, 과도한 노동과 야간노동의 잔학성 등을 통한 노동력가격의 인하도 결국은 더 이상 넘을 수 없는 일정한 자연적 한계에 부딪히게 된다. 그리고 이런 것들에 기초한 상품가격의 인하와 자본주의적 착취 또한 역시 똑같은 한계에 부딪힌다. 비록 오랜 시간이 걸리긴 하지만 마침내 이러한 시점에 도달하면 이제 기계가 도입되고 분산되어 있던 가내공업(또는 매뉴팩처)은 급속히 공장제 경영으로 전화한다.

이런 움직임을 가장 잘 보여주는 예는 '의류'(apparel) 산업이다. '아동노동 조사위원회'의 분류에 따르면 이 산업은 밀짚모자와 숙녀용 모자 제조업, 테 없는 모자 제조업, 봉제업, 부인모자 제조업(millinery), 드레스 제조업(dress maker),[264] 셔츠 제조업, 코르셋 제조업, 장갑 제조업, 제화업 그리고 그밖에 넥타이나 칼라 제조업 같은 많은 세부업종을 포괄하고 있다. 잉글랜드·웨일스에서 이들 산업에 종사하는 여성은 1861년에 58만 6,298명으로, 그 가운데 적어도 11만 5,242명은 20세 미만이고 1만 6,560명은 15세 미만이었다. 영국에서 이런 여공의 수(1861년)는 75만 334명이었다. 같은 시기 잉글랜드·웨일스에서 모자·구두·장갑 제조업과 봉제업에 종사하고 있던 남성노동자의 수는 43만 7,969명으로 그 가운데 1만 4,964명이 15세 미만, 8만 9,285명이 15~20세, 33만 3,117명은 20세 이상이었다. 이 통계에는 이 산업에 속하는 많은 세부업종이 빠져 있는데, 통계에 나타난 숫자만으로도 1861년의 이 조사에 따르면 잉글랜드·웨일스

---

263) 『아동노동 조사위원회: 제1차 보고서』, 1863년, 185쪽.
264) 밀리너리(millinery)는 본래 머리장식만 취급하지만 부인용 외투나 소형 망토도 취급하는 반면, 드레스 제조업은 독일의 부인복 제조업자와 똑같은 것이다.

에서 이 산업의 남녀 노동자를 합하면 102만 4,267명이나 되며, 이 수는 농경과 목축에 종사하는 사람들의 수와 거의 비슷하다. 이제야 우리는 비로소 기계가 왜 그렇게 엄청난 생산물량을 마술을 쓰듯이 만들어내고 그렇게 엄청난 수의 노동자 무리를 '유리시켰는지' 이해할 수 있다.

'의류' 생산은 일차적으로 매뉴팩처에 의해서 운영되는데, 이 매뉴팩처는 제각기 흩어져 있는 자신의 사지를 완성된 형태로 조립해내는 분업을 그 내부에서 재생산하는 것에 불과하다. 그 다음으로 의류 생산은 비교적 소규모의 수공업 장인에 의해서 운영되기도 하는데, 이들은 예전처럼 개별 소비자를 위해서가 아니라 이제는 매뉴팩처와 선대상인들을 위해서 노동한다. 그리하여 도시나 지방 전체가 제화업 등과 같은 특정 부문으로 전문화하는 경우도 흔하다. 마지막으로 의류산업은 매우 광범위한 지역에 걸쳐 이른바 가내공업에 의해 운영되는 경우가 있는데, 그것들은 매뉴팩처나 선대상인 또는 소규모 장인의 외부작업장을 이루고 있다.[265] 대량의 작업재료〔즉 원료나 반제품〕는 대공업으로부터 공급되며 (자비와 연민에 맡겨진) 대량의 값싼 인간 재료는 대공업이나 농업에서 '유리된 사람들'로 이루어진다. 이 영역의 매뉴팩처는 주로 수요의 변동에 대응하여 언제라도 출동할 수 있는 군대를 장악하려는 자본가들의 요구에 따라 만들어졌다.[266] 그러나 이 매뉴팩처는 분산된 수공업적 경영과 가내경영을 자신의 광범위한 기초로 존속시켰다. 이 노동부문에서 잉여가치를 대량으로 생산하면서 동시에 그 제품의 가격을 계속 낮출 수 있었던 것은 주로 노동자로 하여금 될 수 있는 한 최대한의 시간 동안 노동하게 만들면서도 입에 풀칠할 정도의 최소한의 임금만을 지불한 덕택이었고, 그것은 지금

---

265) 영국의 밀리너리와 드레스 메이킹은 대개 고용주의 건물 안에서 일부는 거기에서 숙식하는 상용 여공에 의해 운영되기도 하며, 일부는 통근하는 일용 여공에 의해 운영되기도 한다.

266) 화이트 위원이 방문했던 군복 제조 매뉴팩처는 1,000~1,200명의 종업원을 고용하고 있었는데 이들은 거의 전부가 여성이었다. 또 그는 종업원 1,300명 가운데 거의 절반이 아동과 소년으로 이루어진 제화 매뉴팩처도 방문하였다(『아동노동 조사위원회: 제2차 보고서』, 별첨 47쪽, 제319번).

도 역시 마찬가지이다. 상품으로 전화하는 인간의 피와 땀이 헐값이 됨으로써 판매시장은 끊임없이 확대되고 있으며, 특히 영국의 경우에는 영국적 관습과 취향을 유행시킨 광범위한 식민지 시장이 확대되었다. 그러다가 결국 전환점이 도래하였다. 확대된 시장을 위해서나 더욱 급속히 증대하는 자본가들간의 경쟁을 위해서나 이제 낡은 방식의 토대〔즉 어느 정도 체계화된 분업과 함께 노동자 재료에 대한 야만적인 착취〕만으로는 부족하게 되었다. 기계의 시대를 알리는 종이 울렸다. 결정적으로 혁명적인 기계, 즉 여성복 제조업, 봉제업, 제화업, 침봉업, 모자 제조업 등과 같은 이 생산영역의 무수한 세부업종 전체를 한꺼번에 장악할 수 있는 기계는 재봉틀이었다.

재봉틀이 노동자에게 끼친 직접적인 영향은 대공업시대에 새로운 산업 M496 부문을 정복한 모든 기계가 노동자에게 끼쳤던 영향과 거의 동일하다. 너무 어린 아동은 물러나게 된다. 기계노동자의 임금은, 대다수가 '빈곤층 중에서도 가장 빈곤한 계층'에 속하는 가내공업 노동자의 임금에 비해 높이 올라간다. 역시 기계와 경쟁관계에 있긴 하지만 이들 가내공업 노동자들보다는 조금 나은 처지에 있는 수공업자들의 임금은 하락한다. 새롭게 등장한 기계노동자들은 한결같이 소녀들이거나 젊은 여성들이다. 그들은 비교적 힘든 작업분야에서는 기계력의 도움을 받아 남성노동자들의 독점을 타파하고, 좀더 쉬운 작업분야에서는 나이 든 여성들이나 미성숙한 아동들을 쫓아낸다. 격렬한 경쟁은 가장 허약한 육체노동자들을 타도한다. 최근 10년 사이 런던에서는 굶어죽은 사람들의 수가 급격하게 늘어났는데 이는 기계 봉제업의 확대와 무관하지 않다.[267] 재봉틀은 그 무게와 크기·특성에 따라 여공들이 앉거나 서서 손과 발로〔또는 손만으로〕움직이는데, 그것을 다루는 새로운 여공들의 노동력 지출은 대단히 크다. 그들의

---

[267] 하나의 실례. 1864년 2월 26일자 호적장관[†128]의 사망주보에는 5건의 아사사건이 실려 있다. 같은 날 『타임스』지는 새로운 아사사건 1건을 보도하고 있다. 일주일 사이에 기아로 죽은 사람이 6명에 달한 것이다!

일은 구래의 방식에 견주어 대체로 작업과정은 단축되었지만 장시간 계속되기 때문에 건강을 해친다. 구두·코르셋·모자 등의 제조업에서와 같이 그러잖아도 비좁고 공간에 여유가 없는 작업장에 재봉틀이 들어오면 그것은 언제나 건강에 유해한 영향을 가중시킨다. 로드 위원은 다음과 같이 진술하고 있다.

> 30~40명의 기계노동자가 함께 일하고 있는 (천장이 낮은) 작업장에 들어갈 때 받는 느낌은 견딜 수 없을 정도의 것이다. …… 상당 부분 다리미를 뜨겁게 하기 위한 스토브의 열 때문에 발생하는 열기는 끔찍한 것이다. …… 이런 작업장에서는 이른바 정상적인 노동시간, 즉 아침 8시부터 저녁 6시까지 노동이 이루어지는 경우에도 날마다 3~4명은 꼭 졸도한다.[268]

사회적 경영방식의 변혁 — 이것은 생산수단의 변화에 따른 필연적인 산물이다 — 은 여러 가지 복잡한 과도적 형태들이 마구 뒤섞인 가운데 이루어진다. 이 과도적 형태들은 재봉틀이 이미 각 산업부문을 장악하고 있는 범위와 기간에 따라서, 노동자들의 상태에 따라서, 또는 매뉴팩처 경영이나 수공업 경영 또는 가내공업 경영 가운데 어떤 것이 우세한가에 따라서, 그리고 작업장의 임대료[269]에 따라서 제각기 달라진다. 예를 들어 대부분의 작업이 주로 단순협업으로 이미 조직되어 있는 여성복 제조업에서는 재봉틀이 그저 매뉴팩처 경영의 새로운 한 요소일 뿐이다. 그러나 봉제업, 셔츠 제조업, 제화업에서는 온갖 형태가 함께 뒤섞여 있다. 어떤 곳에서는 공장제 경영이 이루어지고 있으며 또다른 어떤 곳에서는 중간고

---

268) 『아동노동 조사위원회: 제2차 보고서』, 1864, 별첨 67쪽, 제406~409번; 84쪽. 제124번; 별첨 73쪽, 제441번; 68쪽, 제6번; 84쪽, 제126번; 78쪽, 제85번; 76쪽, 제69번; 별첨 72쪽, 제438번.

269) "작업장 임대료는 최후의 결정적인 요인인 것 같다. 따라서 일을 소규모 기업가와 가족에게 나누어주는 구(舊)제도가 가장 오랫동안 유지되고 또 가장 일찍 다시 채택된 곳은 수도였다"(『아동노동 조사위원회: 제2차 보고서』, 83쪽, 제123번). 이 결론적 진술은 제화업에만 해당되는 말이다.

용주가 우두머리 자본가에게서 원료를 받아 '작은 방'이나 '다락방'에 10~15명 또는 그 이상의 임노동자를 재봉틀 주위에 불러 모은다. 마지막으로 아무런 편성체계도 이루지 못한 채 소규모로 그냥 사용되는 기계의 경우처럼 수공업자나 가내공업 노동자가 자기 가족이나 외부에서 조달된 몇 명의 노동자와 함께 자기 소유의 재봉틀을 가지고 작업하는 경우도 있다.[270] 오늘날 영국에서 실제로 널리 이루어지고 있는 제도는 자본가가 제법 많은 수의 기계를 자기 건물 속에 집중시켜서 그 기계의 생산물을 가내공업 노동자부대들 사이에 배분하여 그것을 가공하도록 시키는 방식이다.[271] 그러나 이들 과도적인 형태가 매우 다양하다고 해서 공장제 경영으로 전화하는 경향이 은폐되는 것은 아니다. 이런 경향을 조장하는 요인으로는 첫째, 재봉틀 그 자체의 성격을 들 수 있는데, 즉 재봉틀은 다방면으로 이용될 수 있어서 예전에는 서로 분리되어 있던 여러 사업부문을 같은 건물 속에 그리고 같은 자본의 지휘 아래 통합시키는 기능을 수행한다. 둘째, 임시바느질 작업이나 그밖에 몇 가지 다른 작업들도 기계가 있는 곳에서 하면 훨씬 효율적으로 수행할 수 있다는 점 때문에 이런 경향이 조장된다. 끝으로, 자신의 기계로 생산하는 수공업자와 가내공업 노동자에 대한 피할 수 없는 수탈 때문에 또 이런 경향이 조장된다. 이 수탈의 운명은 오늘날 이미 그들을 상당 부분 엄습하고 있다. 재봉틀에 투하되는 자본량은 더욱더 증가하여[272] 생산을 자극하고 시장의 판매부진을 불러일으키고 있는데, 이런 판매부진은 가내공업 노동자들에게 재봉틀을 팔게 만드는 신호가 되고 있다. 그런 기계의 과잉생산은 그것을 팔고자 하는 생산자들로 하여금 주간단위로 그것을 임대하도록 강요하고, 그리하여 소규모 기 M498

---

270) 장갑 제조업 같은 부문에서는 노동자들의 상태가 구휼빈민의 상태와 별로 다르지 않아서 이런 일이 거의 없다.

271) 『아동노동 조사위원회: 제2차 보고서』, 83쪽, 제122번.

272) 레스터의 도매용 장화와 단화 제조업에서만 해도 1864년에 벌써 800대의 재봉틀이 사용되었다.

계소유자들 사이에 치명적인 경쟁을 불러일으킨다.[273] 끊임없이 계속되
는 기계의 구조변화와 그 가격의 하락은 또한 구형 기계의 가격도 계속해
서 떨어뜨림으로써, 이들 기계는 헐값에 대량으로 판매되어 대자본가의
수중으로 들어가 대자본가를 더욱더 유리하게 만든다. 끝으로, 증기기관
이 인간을 대체하자 그것은 비슷한 다른 생산영역에서 일어난 변혁과 마
찬가지로 여기에서도 결정적인 타격을 가한다. 증기력의 사용은 처음에
는 순전히 기술적인 장애들〔예를 들어 기계의 진동이나 기계속도 조절의
어려움 또는 비교적 가벼운 기계의 급속한 파손 등〕에 봉착하지만, 이것
들은 곧 경험을 통해서 극복될 수 있다.[274] 한편으로 비교적 큰 규모의 매
뉴팩처에 많은 작업기계가 집적됨으로써 증기력의 사용이 촉진된다면,
또다른 한편으로 증기와 인간 근력 사이의 경쟁은 대공장에서의 노동자
와 작업기계의 집적을 촉진한다. 이리하여 영국은 오늘날 방대한 '의류'
생산영역을 비롯하여 다른 대부분의 산업에서도 매뉴팩처와 수공업 그리
고 가내공업이 공장제 경영으로의 변혁을 겪고 있는데, 이들 경영형태는
모두 오래 전에 벌써 대공업의 영향을 받아 완전히 변형되고 분해되고 왜
곡되어 스스로의 올바른 발전계기를 마련하지 못하고 공장제의 온갖 흉
악한 점만을 재생산할 뿐만 아니라 그보다 더한 것조차 자행해왔다.[275]

자연발생적으로 진행된 이 산업혁명은 부녀자와 소년·아동을 고용하
는 모든 산업에 공장법이 확대됨으로써 인위적으로 가속화한다. 노동일

---

273) 『아동노동 조사위원회: 제2차 보고서』, 84쪽, 제124번.

274) 예를 들어 런던의 핌리코 육군피복창이나 런던데리의 틸리 핸더슨 사의 셔츠 공장 그리고
약 1,200명의 '직공'을 고용하고 있는 리머릭의 테이트 사 공장이 그러하였다.

275) 「공장제로의 발전경향」(『아동노동 조사위원회: 제2차 보고서』, 별첨 67쪽). "이 산업은 현
재 전체적으로 이행기적 상태에 있고, 레이스 공업과 직물업 등에서 일어난 것과 똑같은 변화
를 겪고 있다"(같은 글, 제405번), 「하나의 완전한 혁명」(위의 책, 별첨 46쪽, 제318번). 1840년
의 '아동노동 조사위원회' 당시 양말 편물업은 아직 수작업에 의존하고 있었지만 1846년 이후
부터는 여러 종류의 기계설비가 도입되었으며, 이들 기계는 오늘날 증기력에 의해 움직이고
있다. 영국의 양말 편물업에 종사하는 총 노동자 수는(성별과 연령 모두 구분하지 않고 합산하
면) 1862년 약 12만 명이었다. 그러나 1862년 2월 11일의 의회보고에 따르면 그 가운데 공장법
의 적용을 받는 수는 겨우 4,063명에 불과했다.

의 길이, 휴식, 작업 개시 및 종료 시각, 아동 교대제 등에 관한 강제적 규제와 일정 연령 미만의 아동 고용금지 등으로 인해 한편으로는 기계설비 의 증가[276]와 동력원으로 근육 대신 증기력[277]의 사용이 촉진된다. 그리고 다른 한편으로는 시간의 규제로 발생한 손실을 공간을 통해서 보전하기 위해 화로나 건물 등과 같이 공동으로 이용하는 생산수단이 확대된다. 결국 한마디로 말하자면 생산수단의 집적과 그에 따른 노동자의 밀집이 더욱 큰 규모로 이루어지게 되는 것이다. 공장법의 위협을 받는 모든 매뉴팩처가 격렬하게 되풀이하는 주된 항의는 이전의 사업규모를 유지하는 데 사실상 더 많은 투자가 필요해졌다는 것이다. 그러나 매뉴팩처와 가내공업 사이의 여러 중간형태와 가내공업 그 자체의 경우, 노동일과 아동노동의 제한이 이루어지면서 그 기반이 붕괴하고 말았다. 값싼 노동력의 무제한적인 착취야말로 이들 형태가 지니고 있던 경쟁력의 유일한 토대였기 때문이다.

공장제 경영의 본질적인 조건은—특히 그것이 노동일의 규제를 받게 되면서부터는—성과의 안정적인 확실성, 즉 주어진 시간 안에 일정량의 상품이나 소기의 사용가치를 생산하는 데 있다. 또 규정된 노동일의 법정 휴식시간은 생산과정에 있는 제품을 손상시키지 않은 채 작업을 갑자기 또는 주기적으로 중단하는 상태를 상정한다. 물론 이 같은 성과의 확실성과 작업의 중단 가능성은 화학적·물리적 과정이 하나의 역할을 수행하는 산업〔예를 들어 도자기 제조업, 표백업, 염색업, 제빵업, 대개의 금속가공업 등〕보다는 순전히 기계적인 과정으로만 이루어져 있는 산업에서

---

276) 가령 도자기 제조업에서 '글래스고 브리튼 도자기'의 코크레인 사는 다음과 같이 보고하고 있다. "생산량을 유지하기 위해 우리는 미숙련노동자들이 사용하는 기계의 설치를 확대하였고, 그 결과 옛날 방법보다 훨씬 더 많은 양을 생산할 수 있게 된 것을 계속 확인하고 있다" (『공장감독관 보고서: 1865년 10월 31일』, 13쪽). "공장법 때문에 훨씬 더 많은 기계가 도입되고 있다"(같은 글, 13·14쪽).

277) 그리하여 도자기 제조업에 공장법이 적용되면서부터는 손으로 돌리는 녹로(도자기 성형 작업에 사용되는 회전원반을 가리킨다—옮긴이) 대신 동력으로 움직이는 녹로가 상당히 증가하였다.

훨씬 더 쉽게 달성될 수 있다. 무제한적인 노동일과 야간노동 그리고 자의적인 인간 파괴의 관행 아래에서는 어떤 자연발생적인 장애도 곧 생산에 대한 영구적인 '자연적 장애'로 간주된다. 어떤 독약으로도 해충을 근절시키기 어려운 것과 마찬가지로 어떤 공장법으로도 이런 '자연적 장애'를 근절시키기는 어렵다. 도자기 제조업자들만큼 '불가능'에 대해 목청을 높였던 사람들은 없었다. 그런데 1864년 바로 이들에게 공장법이 발효되었다. 그리고 16개월 뒤에는 벌써 모든 불가능이 소멸되어버렸다. 공장법으로 말미암아 야기되었던

> 증발에 의해서가 아니라 압력에 의해 흙반죽을 만드는 개량된 방법, 아직 굽지 않은 제품을 건조시키기 위한 새로운 가마의 구조 따위는 도자기 제조기술에서 매우 중요한 사건이며, 지난 세기에는 볼 수 없었던 도자기 제조기술상 하나의 진보를 나타낸다. 가마의 온도는 현저하게 떨어지고 동시에 석탄 소비는 크게 감소했는데도 제품에 대한 효과는 한층 빠르게 나타나고 있다.[278]

그 어떤 예언에도 불구하고 도자기의 비용가격은 상승하지 않았고 생산량은 오히려 증가하여 1864년 12월부터 1865년 12월까지 12개월 동안의 수출액은 이전 3개년의 평균치보다 13만 8,628파운드스털링을 초과하였다. 성냥 제조업에서는 소년들이 점심을 먹을 동안에도 뜨거운 인(燐)혼합액의 독한 증기를 얼굴에 쏘이면서 그 속에 나뭇개비를 적셔내는 것이 자연스러운 일로 간주되고 있었다. 공장법(1864년)은 시간을 절약할 필요와 더불어 그 증기가 노동자들에게 닿을 수 없는 '적시는 기계'의 사용을 강요하였다.[279] 아직 공장법의 적용을 받고 있지 않은 레이스 제조

278) 『공장감독관 보고서: 1865년 10월 31일』, 96쪽과 127쪽.
279) 성냥공장에 갖가지 기계가 도입됨으로써 어떤 부서에서는 14~17세의 소년 소녀 32명이 젊은이 230명의 몫을 대신하게 되었다. 이 같은 노동자의 절약은 1865년 증기력의 사용으로 말

업의 여러 부문에서는 갖가지 레이스 재료를 말리는 데 필요한 시간이 제각각 달라서 짧게는 3분에서 길게는 1시간까지의 차이가 나기 때문에 식사시간도 규칙적으로 할 수 없다는 주장이 오늘날에도 제기되고 있다. 이에 대해서 '아동노동 조사위원회'의 위원들은 다음과 같이 답하고 있다.

> 모든 사정은 벽지 인쇄업의 경우와 동일하다. 이 부문의 몇몇 주요 공장주들은 사용되는 재료의 성질과 또 그 재료가 통과하는 과정의 다양함 때문에 식사를 위해 작업을 갑자기 중단하는 것은 반드시 큰 손실을 초래하게 된다고 격렬하게 주장하였다. …… 공장법 확대법(1864년) 제6절 제6조에 따라 그들은 이 법률의 공포일부터 18개월의 유예기간을 인정받고 이 기간이 지난 뒤에는 공장법에 따라 정해진 휴식시간을 지키지 않으면 안 되게 되었다.[280]

이 법률이 가까스로 의회에서 통과되자 공장주들은 다음과 같은 것을 M501 발견했다.

> 우리가 공장법 시행에서 예기했던 우려는 나타나지 않았다. 생산이 위축되는 일은 나타나지 않았다. 사실 우리는 똑같은 시간에 전보다 많은 생산을 하고 있다.[281]

어느 누구도 비난하기 어려운 독창성을 갖추고 있는 영국 의회는 경험을 통해 노동일의 제한과 규제를 가로막는 이른바 생산의 모든 자연적 장애를 하나의 강제적 법률을 통해서 간단히 일소해버릴 수 있다는 견해에 도달하였다. 그에 따라 어떤 산업부문에 공장법이 도입될 경우에는 공장

미암아 더욱 촉진되었다.

280) 『아동노동 조사위원회: 제2차 보고서』, 1864, 별첨 9쪽, 제50번.
281) 『공장감독관 보고서: 1865년 10월 31일』, 22쪽.

주들이 여러 기술적인 장애를 제거할 수 있도록 6~18개월의 유예기간이
주어졌다. "불가능? 그런 쓸데없는 말은 듣기도 싫다!"고 한 미라보의 말
은 특히 근대 공학에 딱 들어맞는 말이다. 그러나 이처럼 공장법이 매뉴팩
처 경영을 공장제 경영으로 전화시키는 데 필요한 물적 요소들을 촉성재
배하듯 급속히 성숙시키자, 그것은 다시 투하자본을 증대시켜야 할 필요
성 때문에 소규모 장인들의 몰락과 자본의 집적을 촉진하였다.[282]

순전히 기술적인 장애와 기술적으로 제거할 수 있는 장애 외에도 노동
일의 규제는 노동자들 스스로의 불규칙적인 습관에서 저항을 받는데, 그
것은 성과급 임금이 지배적이고 하루 또는 며칠 동안 작업을 하지 못한 시
간을 나중에 초과노동이나 야간노동으로 메울 수 있는 경우 — 이 방법은
성년노동자를 포악하게 만들고 그들의 동료인 미성년자나 여성을 파멸시
킨다 — 에 특히 그러하다.[283] 이 같은 노동력 지출의 불규칙성은 장시간
의 단조로운 노동이 주는 고통에 대한 일종의 자연발생적인 반작용이기
도 하지만, 사실은 그 불규칙성과는 비교할 수 없을 정도로 높은 생산 그
자체의 무정부성 — 이것은 다시 자본에 의한 노동력의 무제한적인 착취
를 전제로 한다 — 에서도 발생한다. 산업순환의 일반적인 주기적 국면 전
환과 각 생산부문의 특수한 시장 변동 말고도 항해에 적당한 계절의 주기

M502

---

282) "필요한 갖가지 개량은 …… 많은 구식 매뉴팩처들의 경우 기존 대다수 소유주들의 자본
력(資本力)을 넘어서는 자본투하 없이는 도입될 수 없다. …… 공장법의 시행에는 반드시 일시
적인 혼란이 뒤따른다. 이 혼란의 정도는 제거되어야 할 폐해의 크기에 비례한다"(같은 글,
96·97쪽).

283) 예를 들어 용광로 작업부문에서는 "일반적으로 주말이 가까워지면 작업시간이 훨씬 증가
하는데, 그것은 노동자들이 월요일은 물론 때로는 화요일까지도 몇 시간씩, 심지어는 화요일
온 종일을 일하지 않고 노는 습관 때문에 생기는 현상이다"(『아동노동 조사위원회: 제3차 보고
서』, 별첨 6쪽). "소규모 장인들은 일반적으로 작업시간이 매우 불규칙하다. 그들은 이틀이고
사흘이고 일하지 않고 놀다가 이를 철야노동으로 메우곤 한다. …… 만일 자식이 있을 경우 그
들은 언제나 자식들을 고용해서 일을 시킨다"(같은 글, 별첨 7쪽). "작업 시작시각이 불규칙해
지는 것은 작업시간의 연장을 통해서 빼먹은 시간을 메울 수 있는 가능성이 주어지고 그런 관
행이 점차 반복되면서 더욱더 조장된다"(같은 글, 별첨 18쪽). "버밍엄에서는 막대한 시간의
손실이 …… 어떤 때는 놀고 지내다가 어떤 때는 눈코 뜰 새 없이 바쁘게 일한다"(같은 글, 별
첨 11쪽).

성이라든지 유행이라든지 하는 것 때문에 이른바 좋은 시즌이 있는 법이고, 극히 짧은 기간에 처리해야만 하는 돌발적인 대량주문도 있는 법이다. 이러한 주문 습관은 철도와 전신의 보급과 함께 확대된다. 가령 런던의 한 공장주는 다음과 같이 진술하고 있다.

> 전국에 걸친 철도망의 확장 때문에 단기 주문의 습관이 크게 늘어났다. 이제는 구매자들이 글래스고와 맨체스터 그리고 에든버러에서 2주에 한 번씩 우리를 찾아오고, 도매를 원하는 사람들은 우리가 상품을 공급해주는 시티(City) 지구(런던의 시내 구역 이름—옮긴이)의 선대상인들을 직접 찾아가기도 한다. 그들은 예전 관습처럼 재고품을 사러 오는 것이 아니라 곧바로 처리해야 할 상품을 주문한다. 몇 해 전만 해도 우리는 늘 다음 시즌의 수요를 미리 준비했지만, 지금은 다음 시즌의 수요가 얼마나 될지 아무도 예측할 수 없다.[284]

아직 공장법의 적용을 받지 않는 공장이나 매뉴팩처에서는 이른바 시즌 중의 갑작스런 주문에 대처하기 위해 가공할 만한 초과노동이 주기적으로 널리 행해진다. 공장이나 매뉴팩처, 선대상인의 외부작업장〔즉 가내공업의 영역〕에서는 그러잖아도 작업이 극히 불규칙했으며 원료의 공급과 주문이 자본가의 자의에 맡겨져 있었는데 — 이 경우 자본가는 건물과 기계 등의 감가상각을 조금도 염려할 필요가 없으며, 노동자의 살갗 외에는 어떠한 위험도 부담하지 않는다 — 이런 가내공업 영역에서는 늘 자유롭게 이용할 수 있는 수많은 산업예비군이 조직적으로 배양되어, 1년 중 어떤 시기에는 극히 비인간적인 강제노동에 의해 대량으로 소모되기도 하고 또 어떤 시기에는 일거리가 없어 폐물처럼 내버려지기도 한다. '아

---

284) 『아동노동 조사위원회: 제4차 보고서』, 별첨 32쪽. "철도의 확장은 갑작스럽게 주문하는 습관을 크게 확대시켰고 그럼으로써 노동자들로 하여금 매우 서둘러 일을 처리하게 만들었고 식사시간을 건너뛰는 것은 물론 초과노동도 쉽게 수행하도록 만들었다." (같은 글, 별첨 31쪽.)

동노동 조사위원회'는 이렇게 말하고 있다.

> 고용주들은 가내공업의 습관적 불규칙성을 이용하여 임시작업이 필요할 때는 밤 11시, 12시, 2시까지, 아니 흔히 하는 말로 표현한다면 "아무 때나" 작업을 강요하며, 그것도 "악취로 정신을 잃을 지경인" 작업장에서 수행하게 한다. 아마 여러분은 입구에서 그 문을 열고는 더 들어가지 못하고 망설일 것이다.[285]

심문을 받은 증인 가운데 한 사람인 제화공은 이렇게 말한다.

> 우리 고용주들은 기묘한 사람들로, 한 소년을 반년 동안 죽도록 혹사시킨 다음 나머지 반년 동안 거의 강제로 아무 일도 하지 않고 빈둥빈둥 놀게 하더라도 그것이 그 소년에게 조금도 해가 되지 않는다고 믿고 있다.[286]

기술상의 장애와 마찬가지로 이른바 이런 '사업상의 관례'(사업의 발달과 더불어 발달해온 관례)까지도 여기에 관련된 자본가들은 생산의 '자연적 장애'라고 주장해왔는데, 이것은 면직업자들이 공장법으로부터 처음 위협을 받았을 때 즐겨 부르짖던 말이었다. 그들의 산업이 다른 어떤 산업보다도 세계시장에 더 의존해 있고 따라서 항해에 의존하고 있긴 하지만, 그들의 이런 주장은 경험적으로 거짓임이 판명났다. 그때 이후로 영국의 공장감독관들은 '사업상 장애'라고 불리는 것을 모두 터무니없는 속임수로 간주하게 되었다.[287] '아동노동 조사위원회'의 철저하고 양심적

---

285) 『아동노동 조사위원회: 제4차 보고서』, 별첨 35쪽, 제235번과 237번.
286) 같은 글, 127쪽, 제56번.
287) "주문이 선적기간을 맞추지 못해서 발생하는 상업적 손실에 관해서 1832년과 1833년 공장주들이 즐겨 제시했던 논거가 바로 이것이라는 것을 나는 기억한다. 오늘날 증기가 모든 거리를 반으로 줄여놓고 새로운 운수규정이 확립된 조건에서는 이제 이 문제와 관련하여 제기되는 어떤 주장도 예전과 같은 그런 힘을 발휘하지는 못할 것이다. 사실 그 주장은 당시의 조사를

인 조사는 실제로 몇몇 산업에서 이미 사용되고 있는 노동량을 연중 전체 기간에 걸쳐 균등하게 배분하는 일은 노동일의 규제를 통하는 수밖에는 없다는 점을 증명하였다.[288] 그 조사는 또한 이 규제가 대공업체제에 부적당한 유행의 변덕—살인적이고도 내용도 없는—에 대한 최초의 합리적인 제어라는 점,[289] 대양 항해와 교통수단의 전반적인 발달은 계절노동 M504 의 기술적 근거를 폐기시킨다는 점,[290] 그리고 이른바 통제 불가능한 요인들도 건물의 확장이나 기계설비의 추가 또는 동시적으로 고용된 노동자 수의 증가[291]와 도매업 체계에 대한 자연적인 반작용[292]을 통해서도 모두 일소된다는 점도 증명하였다. 그러나 자본은 결국 그 대변자의 입을 통해 거듭 알리고 있는 바와 같이 노동일을 법에 의해 강제로 규제하는

통해서도 전혀 근거가 없는 것으로 드러났으며, 지금 조사한다 해도 결과는 마찬가지일 것이다"(『공장감독관 보고서: 1862년 10월 31일』, 54·55쪽).

288) 『아동노동 조사위원회: 제3차 보고서』, 별첨 18쪽, 제118번.

289) 존 벨러스는 이미 1699년에 다음과 같이 말하였다. "유행의 불확실성은 궁핍한 빈민을 더욱 증가시킨다. 그것은 두 가지 커다란 폐해를 낳는다. 첫째, 봄이 와서 어떤 것이 유행이 되는지 알기 전에는 직물 상인과 직물 장인이 자본을 투하하여 직인들을 고용하려 하지 않기 때문에 직인들은 겨울철 동안 일이 없어서 곤궁에 허덕인다. 둘째, 막상 봄이 되면 직인이 부족해서 직물업자들은 전국의 시장 곳곳에 3개월~반년 동안 제품을 공급하기 위해 다수의 도제를 고용해야만 한다. 이를 위해 그들은 농업에서 일꾼들을 탈취하고 시골에서 노동자들을 끌어들이는데, 이것이 대개는 도시를 걸인들로 채우고 수치심에 구걸을 하지 못하는 사람들을 겨울에 굶어죽게 만든다"(『빈민·공업·상업·식민과 비행에 관한 고찰』, 9쪽).

290) 『아동노동 조사위원회: 제5차 보고서』, 171쪽, 제34번.

291) 예를 들면 브래드퍼드의 수출상들은 다음과 같이 증언하고 있다. "이런 조건에서는 소년들이 아침 8시부터 저녁 7시나 7시 30분을 넘어서까지 선대상인들에게서 일할 필요가 없다는 것이 분명하다. 다만 추가적인 지출과 추가적인 인력만이 문제가 된다. 만약 몇몇 고용주가 그렇게 이윤에 굶주리지만 않았더라도 소년들이 그렇게 밤늦게까지 일할 필요는 없었을 것이다. 추가로 기계 한 대를 더 놓는 데에는 16~18파운드스털링밖에 더 들지 않기 때문이다. …… 이 모든 어려움은 불충분한 설비와 공간의 부족 때문에 발생한다"(같은 글, 171쪽, 제35·36·38번).

292) 같은 글, 81쪽, 제32번. 어쨌거나 노동일의 강제적 규정을 공장주에 대한 노동자의 보호수단이자 도매상인에 대한 공장주 자신의 보호수단으로 여기고 있는 런던의 어느 공장주는 이렇게 진술한다. "우리가 사업상 받는 압박은 해상 수송업자들 때문에 생기는데, 예컨대 그들은 적절한 시즌에 맞추어 목적지에 도착하기 위한 목적에서 또는 범선과 기선의 운임 차액을 얻기 위한 목적에서 상품을 범선으로 수송하려 하는가 하면, 어떤 때는 자신들의 경쟁자보다 해외시장에 더 빨리 도착하기 위해 기선 두 척 가운데 먼저 가는 것을 선택하기도 한다."

'일반적인 의회법의 압력을 통해서만'[293] 그러한 변혁에 따르게 된다.

제9절 공장법(보건과 교육 조항). 영국에서의 일반화

공장법〔즉 사회가 그 생산과정의 자연발생적 형태에 가한 최초의 의식적이고 계획적인 반작용〕은 이미 살펴보았듯이 면사나 자동 뮬 방적기, 전신 등과 마찬가지로 대공업이 낳은 하나의 필연적 산물이다. 우리는 이것이 영국에서 일반화하는 과정을 얘기하기 전에 영국의 공장법 가운데 노동시간과 무관한 몇몇 조항에 대해 간단히 언급해두고자 한다.

보건조항은—그 문구가 자본가에게 쉽게 빠져나갈 구멍을 제공하고 있다는 점 외에도—내용이 극히 빈약한 것으로, 사실상 벽 색깔을 희게 칠하라든가 그밖의 몇몇 청결 규정이나 환기, 위험한 기계에 대한 안전 등의 규정으로 국한되어 있다. 우리는 제3권에서 공장주들이 '직공들'의 손발의 안전을 위해 사소한 지출을 부과하는 조항에 격렬하게 반대한 내용을 자세히 다루게 될 것이다. 자유무역의 신조—즉 이해가 서로 대립되는 사회에서는 각 개인이 자신의 사적 이익을 추구하는 모든 행위가 공익을 촉진한다는—는 여기에서도 다시 한 번 뚜렷하게 입증되는데, 우리는 여기서 한 가지 예만 들어보기로 한다. 주지하는 바와 같이, 아일랜드에서는 최근 20년 사이에 아마공업이 크게 발달했는데, 그 결과 스커칭 밀(scutching mill: 아마를 쳐서 껍질을 벗기는 공장)이 크게 늘어났다. 1864년 거기에는 이들 공장이 약 1,800군데 있었다. 가을과 겨울마다 주로 소년이나 부녀자들—이들은 인근 소작인의 처자식들로, 기계에는 전혀 무지한 사람들이다—은 밭일에서 손을 떼고 나서 스커칭 밀의 압연기에 아

M505

---

293) 어떤 공장주는 이렇게 말한다. "일반 의회법의 압력을 받아 공장을 확장해야만 이것을 방지할 수 있을 것이다"(같은 글, 별첨 10쪽, 제38번).

마를 먹이는 일에 종사한다. 그 재해의 규모와 정도는 기계의 역사상 유례가 없을 정도이다. 킬디난(코크 지방)에는 스커칭 밀이 단 하나 있었는데, 1852년부터 1856년 사이에 사망이 6건, 불구에 이르는 중상이 60건 발생했다. 이들 재해는 모두 겨우 몇 실링 정도의 극히 간단한 설비만 있어도 막을 수 있었던 것이었다. 다운패트릭의 공장 공인의사 화이트 박사는 1865년 12월 16일의 어느 공식 보고서에서 다음과 같이 설명하고 있다.

> 스커칭 밀에서 일어나는 재해는 극히 끔찍스러운 것들이다. 많은 경우 사지 하나가 몸체에서 떨어져나가는 것이 예사이다. 그리하여 죽든가, 또는 목숨을 건진다 해도 비참한 무능력과 고통스러운 미래가 기다리고 있을 뿐이다. 이 나라에서의 공장의 증가는 당연히 이런 소름끼치는 결과를 늘려나갈 것이다. 나는 스커칭 밀에 대한 적절한 국가의 감독을 통해서 신체와 생명의 엄청난 희생을 막을 수 있다고 확신한다.[294]

자본주의적 생산양식에서는 가장 간단한 청결·보건 설비조차 국가의 강제법으로 의무화할 필요가 있다는 것, 이것보다 더 이 생산양식의 특징을 잘 보여주는 것이 있을까?

1864년의 공장법은 200군데 이상의 요업공장들에 대해 하얀 칠을 하고 M506 청결을 유지하게 했는데, 이전의 20년 동안에는〔아니, 유사 이래로 전혀〕 이런 조치가 취해진 적이 없었다. (이것이 바로 자본의 '절제'인 것이다!) 이들 공장에는 모두 2만 7,878명의 노동자가 고용되어 있었는데 그들은 그때까지 과도한 주간노동이나 야간노동 동안 유독한 공기를 계속 마셔야만 했다. 그로 인해 작업자들은 무수한 질병과 죽음에 시달렸는데, 사실 이 작업은 조금만 조치를 취했으면 비교적 무해한 작업이었다. 이 법률은 환기

---

294) 『아동노동 조사위원회: 제5차 보고서』, 별첨 15쪽, 제72번 이하.

장치를 대폭 증가시켰다.[295]

  동시에 이 공장법 조항은 자본주의적 생산양식이 본질적으로 어떤 일
정한 한계 이상으로는 작업장의 합리적인 개선을 절대 더 이상 진전시키
지 않는다는 사실을 정확하게 보여준다. 거듭 되풀이하여 이야기한 바와
같이, 영국 의사들은 계속적인 작업의 경우 1인당 500평방피트의 공간이
최소한의 필요수준이라고 하나같이 말하고 있다. 그런데 공장법이 온갖
강제조치를 통해 소규모 작업장들을 공장으로 전화시키도록 간접적으로
촉진하고 따라서 간접적으로 소자본가들의 소유권을 침해하여 대자본가
의 독점을 보장해주는 것이라면, 이제 작업장에서 노동자들에게 필요한
공간을 법률로 강제한다는 것은 사실상 수천 명의 소자본가를 일거에 직
접적으로 수탈하는 것이 될 것이다! 그것은 자본주의적 생산양식의 근
원―즉 노동력의 자유로운 구매와 소비를 통한 자본〔크든 작든〕의 자기
증식―을 위협할 것이다. 그래서 이 500평방피트의 숨쉴 공간 앞에서 공
장법도 질식해버린다. 보건당국이나 여러 산업조사위원회 또는 공장감독
관들은 500평방피트의 필요성을 수도 없이 되풀이해서 말했지만, 동시에
그것을 자본에 강요할 수도 없다는 것을 똑같이 되풀이해서 말했다. 그리
하여 그들은 사실상 노동자의 폐결핵이나 그밖의 폐질환이 자본의 생존
을 위한 하나의 조건이라고 설명하였다.[296]

  공장법의 교육 조항은 전반적으로 빈약해 보이긴 하지만, 초등교육을

---

295) 『공장감독관 보고서: 1865년 10월 31일』, 127쪽.

296) 경험적으로 알려진 바에 따르면, 건강한 보통 사람은 보통의 호흡을 한 번 하는 데 약 25
평방인치의 공기를 소비하고, 1분 동안 약 20회의 호흡을 한다. 따라서 한 사람이 24시간 동안
에 소비하는 공기는 약 72만 평방인치, 즉 416평방피트가 된다. 그러나 한 번 호흡된 공기는 자
연이라는 대규모 작업장 속에서 정화되기 전까지는 더 이상 똑같은 과정에 쓰일 수 없다는 것
을 우리는 잘 알고 있다. 발렌틴과 브루너의 실험에 따르면 건강한 남자 한 사람은 한 시간에
약 1,300평방인치의 탄산가스를 토해낸다. 그것은 24시간 동안 약 8온스의 고형 탄소가 폐에서
배출되는 것과 마찬가지이다. "사람은 적어도 1인당 800평방피트의 공간을 가져야 한다"(헉
슬리).

노동의 의무조건으로 선포하였다.[297] 그것은 학업과 체육[298]을 육체노동 M507
과 결합시킬 수 있다는 사실을 처음으로 보여주었다. 공장감독관들은 금
방 학교 교사에 대한 증인심문을 통해 공장 아동들이 정규 주간반 수업의
반밖에 받지 않았지만 정규반 못지않게〔때로는 더 많은 것을〕 배우고 있
다는 것을 알았다.

내용은 단순하다. 학교에 한 나절밖에 머무르지 못하는 학생은 언제나
마음가짐이 새롭고 언제든 수업을 받아들일 능력과 의사가 있는 것이다.
주경야독의 제도에서 노동과 수업이라는 두 가지 일은 각기 서로에 대해
휴식과 기분청량제 역할을 하며, 따라서 아동에게는 두 가지 가운데 하나
만 계속해서 하는 것보다 훨씬 좋은 것이다. 아침 일찍부터 학교에 앉아 있
는 소년이 — 특히 더운 날씨에는 — 자신의 노동을 마치고 활기차고 맑은
정신으로 오는 다른 소년과 경쟁하기란 불가능한 일이다.[299]

이것은 1863년 에든버러 사회과학 대회에서 시니어가 행한 강연에서
다시 한 번 입증된다. 그는 거기에서 특히 상급반과 중급반 아동들의 일면
적이고 비생산적이며 길어진 수업일이 얼마나 교사의 노동을 쓸모없이

297) 영국의 공장법에 따르면, 부모가 14세 미만의 자녀를 '규제대상에 포함되는' 공장에 보낼
때는 반드시 초등교육을 함께 받도록 해야만 한다. 공장주는 이 법률을 지킬 의무가 있다. "공
장 교육은 의무이고, 노동조건에 포함된 사항이다"(『공장감독관 보고서: 1865년 10월 31일』,
111쪽).

298) 공장 아동과 극빈 학생에게 의무교육과 체육(청소년의 경우에는 군사훈련까지)을 결합시
켜줌으로써 얻어지는 극히 유익한 여러 결과에 대해서는 『의회보고』(런던, 1863, 63 · 64쪽)에
있는 '전국사회과학진흥협회' 제7차 대회의 시니어의 강연과 『공장감독관 보고서: 1865년 10
월 31일』, 118~120쪽, 126쪽 이하를 보라.

299) 『공장감독관 보고서: 1865년 10월 31일』, 118 · 119쪽. 어느 소박한 견직공장주는 '아동노
동 조사위원회' 위원들에게 다음과 같이 말하고 있다. "나는 유능한 노동자를 만드는 진정한
비결은 어렸을 때부터 노동과 교육을 결합하는 데 있다고 전적으로 확신한다. 물론 이 노동은
지나치게 강도가 높아서도 안 되고 불쾌하거나 건강에 나쁜 것이어서도 안 된다. 나는 내 자식
도 학업으로부터의 기분전환을 위해 노동이나 놀이를 시켰으면 한다"(『아동노동 조사위원회:
제5차 보고서』, 82쪽, 제36번).

증가시키기만 하는지, 또 "교사가 아동들의 시간이나 건강 그리고 에너지를 얼마나 무익하고 해롭게 낭비하고 있는지"[300]를 보여준다. 로버트 오언이 우리에게 상세히 알려주고 있듯이 공장제에서 미래 교육 — 일정 연령 이상의 모든 아동에게 생산노동을 시킬 때는 반드시 학업과 체육을 함께 시키도록 하는 것으로, 이것은 사회적 생산을 증대시키는 방법일 뿐만 아니라 인간의 전인적 발전을 위한 유일한 방법이기도 하다 — 의 맹아가 탄생하였다.

앞에서 본 바와 같이, 대공업은 모든 사람을 제각기 하나의 세부작업에 일생 동안 붙들어매는 매뉴팩처 분업을 기술적으로 폐기시킨다. 그러나 그와 동시에 대공업의 자본주의적 형태는 그 분업을 한층 기묘한 형태로 — 즉 공장에서는 노동자를 한 부분기계의 (자의식을 가진) 부속물로 전화시키는 형태로, 공장 바깥에서는 도처에서 기계와 기계노동을 분산적으로 사용하기도 하고[301] 또는 여성노동과 아동노동·미숙련노동을 분

---

300) 시니어, 『의회보고』, 66쪽. 시니어의 1863년 강연과 1833년의 공장법에 대한 그의 공격적인 연설을 비교해보면, 일정 수준에 도달한 대공업이 물적 생산양식과 사회적 생산관계의 변혁을 통해 인간의 머리까지도 어떻게 변혁시키는지가 뚜렷하게 드러난다. 이것은 또한 앞서 말한 사회학 대회에서 드러난 갖가지 견해와 다음과 같은 사실, 즉 영국의 어떤 농촌지방에서는 아직도 가난한 부모들이 아사(餓死)라는 형벌 때문에 자식교육을 시키지 못하고 있다는 사실을 비교해보아도 그대로 드러난다. 예를 들어 스넬이라는 사람이 서머싯셔의 관행이라고 보고한 바에 따르면, 가난한 사람이 교구에 구휼을 청하기 위해서는 먼저 자식을 퇴학시켜야 한다고 한다. 또 펠담의 목사 월라스턴도 '자식을 학교에 보낸다는 이유'로 일체의 부조를 거절당한 몇몇 가족의 사례에 대해 말하고 있다.

301) 인력으로 가동되는 수공업 기계가 발달된 기계, 즉 기계적 동력을 전제로 하는 기계와 직접 또는 간접으로 경쟁할 경우, 수공업 기계를 가동시키는 노동자에게는 큰 변화가 일어난다. 원래 증기기관은 바로 이들 노동자를 대신하기 위해 만들어진 것이었지만 이제 이들 노동자는 증기기관의 몫을 대신해내야만 하게 된다. 따라서 그들 노동력의 강도와 지출은 엄청나게 커지며, 그것은 이런 작업을 형벌처럼 수행해야 하는 미성년자에게는 더욱 그러하다! 예를 들면 론지 위원은 코번트리와 그 부근에서 10~15세의 소년들이 리본 직기를 돌리는 작업에 사용되는 것 — 소형 직기를 돌리는 데에는 더 어린 아이들이 사용되었다 — 을 보았다. "그것은 굉장히 힘든 노동이다. 소년은 바로 증기력의 대용물이었다"(『아동노동 조사위원회: 제5차 보고서』, 1866, 114쪽, 제6번). 공식보고서가 '이 노예제도'라고 일컬은 이것의 살인적인 결과에 대해서는 같은 글, 114쪽을 보라.

업의 새로운 기초로 도입하기도 하는 형태로 ─ 재생산한다. 매뉴팩처 분업과 대공업의 본질 사이의 모순은 폭력적으로 관철된다. 이 모순은 특히 근대적 공장과 매뉴팩처에서 일하는 아동의 대부분이 아주 어릴 때부터 극히 단순한 작업에 속박되어 몇 해 동안이나 착취당하면서도 뒷날 똑같 M509은 매뉴팩처나 공장에서 사용될 수 있는 어떠한 작업도 배우지 못한다는 기가 막힌 사실을 통해서 나타난다. 예를 들어 영국 인쇄업의 경우 옛날에는 낡은 매뉴팩처와 수공업제도에 맞추어 도제들이 쉬운 작업부터 시작하여 점점 더 복잡한 작업으로 작업을 옮겨갔다. 그들은 일정한 숙련과정을 거쳐서 비로소 완전한 인쇄공이 되었다. 읽고 쓸 수 있는 능력은 그들 모두에게 작업을 위한 필수요건의 하나였다. 그러나 인쇄기가 도입되면서 모든 것이 달라졌다. 인쇄기에는 두 부류의 노동자가 사용되는데, 한 부류는 기계 감시공으로 성인노동자 1명으로 이루어지고 다른 한 부류는 대개 11~17세의 소년 기계공들로 이루어진다. 이 소년들이 하는 작업내용이란 단지 전지를 한 장씩 기계에 밀어넣거나 인쇄된 전지를 기계에서 끌어내는 것뿐이다. 런던의 경우 그들은 1주일에 며칠 동안을 쉴새없이 14~16시간 작업하는데, 때로는 식사와 수면을 위해 겨우 2시간의 휴식만을 취하면서 36시간이나 계속해서 이 고역을 치르기도 한다![302] 그들 대부분은 읽을 줄 모르고, 또한 대개는 매우 거칠고 비정상적인 인간들이다.

그들이 일을 하는 데에는 어떠한 종류의 지적인 훈련도 필요하지 않다. 그들은 숙련을 쌓을 기회를 거의 갖지 못하며, 판단력을 갖출 기회는 더욱 더 갖고 있지 않다. 그들의 임금은 소년으로는 약간 높은 것이지만 나이가 들어도 전혀 오르지 않으며, 또 그들 대다수는 수입도 좋고 책임도 더 많은 기계 감시공의 지위를 차지할 희망이 전혀 없다. 왜냐하면 기계 한 대에 감시공은 단 1명뿐이지만 소년들은 대개 4명이나 되기 때문이다.[303]

302) 같은 글, 3쪽, 제24번.
303) 같은 글, 7쪽, 제60번.

아동노동을 할 나이가 지나면〔즉 적어도 17세가 되면〕 그들은 인쇄소에서 해고당한다. 그리하여 그들은 범죄세계의 신병(新兵)이 된다. 그들에게 다른 일자리를 마련해주려는 몇몇 노력은 그들의 무지와 난폭과 육체적·정신적 타락 때문에 수포로 돌아간다.

작업장 내 매뉴팩처 분업에 해당되는 내용은 사회적 분업의 경우에도 똑같이 해당된다. 수공업과 매뉴팩처가 사회적 생산의 일반적 기초가 되어 있는 한, 생산자가 하나의 전문 생산부문에 포섭되고 생산자가 하던 다양한 작업이 제각기 분할되는 것[304]은 하나의 필연적인 발전 계기이다. 이 기초 위에서 각 개별 생산부문은 자신에 맞는 기술적 형태를 경험적으로 찾아내어 그것을 서서히 완성시켜가다가 어느 정도 성숙도에 이르고 나면 그것을 급속하게 응결시킨다. 가끔씩 변화를 일으키는 것은 상업에 의해서 새로운 노동재료가 공급되는 것과 노동용구가 점차 변화하는 것뿐이다. 일단 경험적으로 적당한 형태가 얻어지면 노동용구도 화석화되어 고정되는데, 이들 노동용구는 종종 숱한 세대를 이어가며 천 년 이상이나 오랜 기간 동안 전래되기도 한다. 그런 특성을 잘 보여주는 것으로 다음과 같은 사실을 들 수 있다. 즉 18세기까지만 해도 특정 작업은 비기(祕技)[305]라고 일컬어졌으며, 그 비밀세계에는 경험적으로나 직업적으로 자

M510

---

304) "통계자료에 따르면, 스코틀랜드 하이랜드 지방 몇 군데에서는 …… 많은 목동들과 농부들이 스스로 무두질한 가죽으로 신발을 만들고, 스스로 깎은 양털이나 스스로 재배한 아마로 옷을 만들어 입는다고 한다. 그들은 이 옷을 만드는 데 다른 사람의 손을 하나도 빌리지 않고 오로지 자신의 손에만 의존하는데, 거기에 사용되는 송곳·바늘·골무와 길쌈에 사용되는 철제도구의 경우에도 극히 몇몇 부분을 제외하고는 구매한 물품을 거의 사용하지 않는다. 염료는 부녀자들이 스스로 수목·관목·생초에서 채취하여 만든다. ……" (듀걸드 스튜어트, 『전집』〔해밀턴 엮음〕, 제8권, 327·328쪽).

305) 에티엔 부알로(Etienne Boileau)의 유명한 『직업서』(職業書)에는 다음과 같은 지시사항이 서술되어 있다. 즉 장인이 직인을 채용할 때는 "동료를 형제처럼 사랑하고, 그들을 도우며, 직업상의 비밀을 자기 마음대로 누설하지 말 것이며, 또한 전체의 이익을 우선시하고 자신의 상품을 구매자에게 팔기 위하여 다른 사람의 제품이 지닌 결점을 그에게 알리지 말 것"을 그 직인에게 서약시키라는 것이다.

격을 갖춘 사람이 아니면 들어갈 수 없었다. 그러나 사람들에게 자신의 사회적 생산과정을 은폐하고 자연발생적으로 특화된 다양한 생산부문을 서로 비밀로 하거나 심지어는 각 부문의 기술을 전수받은 사람에게조차도 수수께끼로 만든 그 장막은 대공업에 의해 찢겨졌다. 각 생산과정을 그 자체만의 〔무엇보다도 사람의 일손은 전혀 고려하지 않고〕 구성요소로 분해하는 대공업의 원리는 공학이라는 완전히 근대적인 학문을 낳았다. 사회적 생산과정의 잡다한 모습들— 겉으로 보기에는 서로 아무 관련도 없고 또 화석화한 것처럼 보이는— 은 자연과학의 응용을 통해서 의식적으로 계획화되거나 소기의 유용성을 따라 체계적으로 특화되었다. 공학은 또, 사용되는 용구가 아무리 다양하더라도 인체의 모든 생산적 행위가 반드시 수행하는 몇 가지 커다란 기본적 운동형태를 발견하였는데, 그것은 마치 기계가 아무리 복잡하더라도 역학이 끊임없이 반복되는 기계적인 힘의 기본적인 형태를 정확하게 꿰뚫고 있는 것과 같다. 근대 공업은 결코 어느 한 생산과정의 현존형태를 최종적인 것으로 간주하지도 않고 또 그렇게 다루지도 않는다. 따라서 이전의 모든 생산양식의 기술적 기초 _{M511}는 본질적으로 보수적인 것인 데 반해 근대적 공업의 기술적 기초는 혁명적인 것이다.[306] 근대적 공업은 기계와 화학적 공정 등을 통해 생산의 기술적 기초와 함께 노동자의 기능과 노동과정의 사회적 결합을 끊임없이 변혁시킨다. 그리하여 그것은 사회 내의 분업을 끊임없이 변혁시키며, 또 대량의 자본과 대량의 노동자를 한 생산부문에서 다른 생산부문으로

---

306) "부르주아 계급은 생산용구〔따라서 생산관계와 사회 전체의 관계〕를 끊임없이 변혁시키지 않고는 존재할 수 없다. 반면 이전의 모든 산업계급의 1차적인 생존조건은 낡은 생산양식을 변화시키지 않고 그대로 유지하는 것이었다. 생산의 계속적인 변혁, 모든 사회적 상태의 끊임없는 동요, 항구적인 불안정과 운동 등이야말로 부르주아 시대가 그 이전의 모든 시대와 구별되는 두드러진 특징이다. 모든 고정된 녹슨 관계는 그 부속물인 오래되고 경건한 관념 및 견해와 함께 해체되어버리고, 새로이 형성되는 일체의 것은 화석화하기 전에 벌써 퇴락해버린다. 모든 고정불변의 것은 증발해버리고 모든 신성한 것은 모독당하며, 그리하여 마침내 인간은 그들의 생활상의 지위와 그들 상호관계를 냉정한 눈으로 바라보도록 강요당하고 있다"(엥겔스·마르크스, 『공산주의자 선언』, 런던, 1848, 5쪽).

계속해서 이동시킨다. 따라서 대공업의 본성은 노동의 전환, 기능의 유동화, 노동자의 이동 등을 그 조건으로 삼는다. 다른 한편 대공업은 또 자신의 자본주의적 형태 속에서 특화된 기능들로 화석화해버린 낡은 분업을 재생산해낸다. 우리는 이런 절대적 모순이 어떻게 노동자들의 생활상태에서 온갖 평온함과 안정성 또는 확실성을 없애버리는지, 어떻게 노동자들의 수중에서 노동수단은 물론 생활수단까지 끊임없이 탈취하는지,[307] 또 어떻게 노동자 자신을 포함하여 그들이 가지고 있던 특화된 기능들을 한꺼번에 과잉상태로 만들어버리는지를 벌써 보았다. 즉 우리는 이 모순이 노동자계급의 끊임없는 희생과 노동력의 무제한적 낭비 그리고 사회적 무정부상태가 빚어내는 파괴작용 등의 형태로 나타나는 것을 이미 보았다. 이것들은 대공업이 빚어내는 부정적인 측면들이다. 그러나 노동의 전환이 이제 완전히 압도적인 자연법칙으로 실현된다면, 그리하여 그 자연법칙을 가로막는 도처의 장애물들을 과감하게 타파해나간다면,[308] 대공업은 자신의 파국을 통해서 노동을 전환시키고 이에 따라 노동자의 가능한 모든 다면성을 일반적인 사회적 생산법칙으로 승인할 뿐 아니라 이 법칙의 정상적인 실현을 위해 온갖 사회적 관계들을 맞추고자 결사적으로 노력하게 된다. 이제 대공업은 변화하는 자본의 착취욕구를 위해 예비로 남겨진 〔그리고 자유롭게 이용될 수 있는〕 궁핍한 노동자 인구를 변화하는 노동의 필요에 맞는 인간으로 사용할 수 있도록 바꾸기 위해 필사적

M512

---

307) "내가 살아가는 수단을 그대가 빼앗는다면 그대는 내 생명을 빼앗는 것이다"(셰익스피어).†90

308) 프랑스의 한 노동자는 샌프란시스코에서 귀국하면서 이렇게 쓰고 있다. "나는 내가 캘리포니아에서 해본 그 많은 일을 모두 내가 할 수 있다고 생각해본 적이 한 번도 없었다. 나는 내가 인쇄업 이외의 분야에서는 아무 쓸모가 없다고 확신하고 있었다. …… 직업 바꾸는 것을 셔츠를 바꿔 입는 것보다 더 간단하게 여기는 모험가들이 가득 찬 이 세계의 한가운데에 일단 들어서고 나서는, 정말이지! 나도 남들과 똑같이 그렇게 하게 되었다. 광산일이 별로 수입이 충분하지 않다는 것이 드러났기 때문에 나는 그 일을 그만두고 도시로 가서 그곳에서 차례대로 식자공, 지붕잇기, 아연주물공 등을 전전하였다. 어떤 노동이라도 할 수 있다는 이 경험으로 말미암아 나는 나 자신이 연체동물이라기보다는 오히려 인간이라는 것을 느끼게 되었다"(코르봉〔A. Corbon〕, 『직업교육에 관하여』, 제2판, 50쪽).

으로 노력하게 되는데, 이는 곧 하나의 사회적 세부기능을 담당하던 개인을 다양한 사회적 기능을 번갈아가면서 수행하는 전인적 인간으로 대체하는 것을 뜻한다. 대공업의 기초 위에서 자연발생적으로 발달하는 이런 변혁과정의 한 계기는 공업학교와 농업학교의 설립에서 찾아볼 수 있으며, 또한 노동자 자녀들이 공학과 갖가지 생산용구의 실제적인 취급에 관해 약간의 수업을 받는 '직업학교'에서도 찾아볼 수 있다. 자본에서 임시방편으로 쟁취해낸 최초의 양보에 해당하는 공장법은 단지 초등교육을 공장노동과 결합시킨 것에 불과하지만, 노동자계급이 앞으로 정권을 장악할 경우에는 — 이것은 피할 수 없는 일이다 — 이론적이고 실제적인 기술교육이 노동자 학교에서 중요한 위치를 차지할 것이 분명하다. 마찬가지로 자본주의적 생산형태와 거기에 상응하는 노동자들의 경제적 상태는 이런 변혁을 불러일으키는 요인(즉 노동자 학교—옮긴이)은 물론 그런 변혁의 목표인 낡은 분업의 폐기와 정면으로 모순된다는 사실 또한 분명하다. 그러나 한 역사적 생산형태의 갖가지 모순의 발전은 그 생산형태의 해체와 새로운 형성으로 가는 유일한 역사적 경로이다. "구두장이 너는 네 할 일이나 해라!"[†129] 수공업적 지혜의 극치를 보여주는 이 말은 시계장이 와 M513 트가 증기기관을, 이발사 아크라이트가 날실직기를, 보석공 풀턴이 기선을 발명한 순간부터 터무니없이 몰상식한 말이 되었다.[309]

공장법이 공장과 매뉴팩처 등에서 노동을 규제하는 한, 이것은 일단 자

---

309) 경제학의 역사에서 진정한 기재(奇才)인 존 벨러스는 17세기 말에 이미 사회의 양 극단에서 — 비록 서로 반대방향을 향하고 있긴 하지만 — 영양과잉과 영양실조를 낳는 현재의 교육과 분업이 필연적으로 폐지될 것임을 극히 명확하게 예견하고 있다. 그는 다음과 같이 말하고 있다. "게으른 공부는 게으름을 배우는 일보다 조금도 나을 것이 없다. …… 육체노동은 본래 신이 정해준 것이다. …… 식사가 생명에 필요한 것과 마찬가지로 노동은 신체의 건강을 위해 필요하다. 왜냐하면 게으름을 피워서 면한 고통은 병이 되어 나타나기 때문이다. …… 노동은 생명의 등불에 기름을 붓고 사유는 그 등불에 불을 켜준다. …… 어린애 같은 어리석은 일은 (이 말은 아마도 짐작컨대 바제도[Basedow, Johann Bernhard: 독일의 계몽적 교육학자. 가난한 노동자를 포함한 모든 사람에게 교육을 실시해야 한다는 교육개혁사상을 전파했다—옮긴이]파와 그들의 근대적 모방자들을 가리키는 말인 것 같다) 아동의 정신을 어리석게 만든다"(『산업대학 설립 제안』, 런던, 1696, 12 · 14 · 16 · 18쪽).

본의 착취권에 대한 간섭으로만 나타난다. 반면 이른바 가내공업에 대한 규제[310]는 곧 부권(父權) — 근대적으로 해석하면 친권 — 에 대한 직접적인 침해로 나타나는데, 동정심 많은 영국 의회는 이 조치를 취할 때까지 오랫동안 망설였던 것 같다. 그러나 대공업은 구래의 가족제도와 거기에 맞는 가족노동의 경제적 기초와 더불어 낡은 가족관계 그 자체까지 붕괴시킨다는 것이 현상적으로 드러남으로써 영국 의회도 결국은 이 조치를 취하지 않을 수 없었다. 그리하여 아동의 권리가 선언될 수밖에 없었다. 1866년 '아동노동 조사위원회'의 최종 보고서는 다음과 같이 지적하고 있다.

남녀 아동들은 누구보다도 자신의 양친에게서 먼저 보호받을 필요가 있다는 것이 불행히도 모든 증언을 통해서 명백하게 드러났다." 일반적으로 아동노동[특히 가내공업의 경우]에 대한 무제한적인 착취제도는, "부모들이 아무런 제어와 통제도 없이 어리고 유약한 자녀들에 대하여 자의적이고도 무도한 권력을 행사함으로써 유지된다. …… 약간의 임금을 뽑아내기 위해 자신의 아동들을 완전히 기계로 만들어버릴 수 있는 권한을 부모들에게 부여해서는 안 된다. …… 아동들이나 소년들에게는 그들의 체력을 일찍부터 파괴하고 또 자신들을 도덕적으로나 지적으로 타락시킬 수 있는 친권의 남용으로부터 법적인 보호를 받을 권리가 있다.[311]

그러나 사실은 친권의 남용이 자본에 의한 미성년 노동력의 직접적·간접적 착취를 낳은 것이 아니라 오히려 거꾸로 자본주의적 착취양식이 친

---

310) 가내공업은 대부분이 비교적 소규모 작업장에서 이루어지는데, 여기에 대해서는 앞서 이미 레이스 매뉴팩처와 밀짚세공업의 경우를 통해 살펴보았다(M490~493 참조―옮긴이). 셰필드와 버밍엄 등지의 금속 매뉴팩처에서도 그것은 상세히 살펴볼 수 있다.

311) 『아동노동 조사위원회: 제5차 보고서』, 별첨 25쪽, 제162번과 『아동노동 조사위원회: 제2차 보고서』, 별첨 38쪽, 제285·289번; 별첨 25·26쪽, 제191번.

권에 맞는 경제적 기초를 폐기함으로써 친권이 남용된 것이다. 이제 자본
주의 체제 내에서 낡은 가족제도가 해체되어 아무리 무섭고 혐오스러운
모습을 띠게 되더라도, 대공업은 가족의 영역 저편에 사회적으로 조직된
생산과정 내에서 부녀자와 소년·소녀 및 아동들에 대하여 결정적인 역
할을 부여함으로써 가족과 남녀관계의 더 높은 형태를 위한 새로운 경제
적 기초를 만들어낸다. 물론 게르만의 기독교적인 가족형태를 절대적인
것으로 간주하는 것은, 각기 하나의 역사적 발전 계열을 이루는 고대 로마
적 형태와 고대 그리스적 형태 또는 동양적 형태들을 절대적인 것으로 간
주하는 것만큼이나 어리석은 일이다. 더구나 온갖 연령층의 남녀 개인들
로 이루어진 결합적인 작업인력의 구성은 그것이 자연발생적이고도 야만
적인 자본주의적 형태 — 생산과정을 위하여 노동자가 존재하는 것이지
노동자를 위하여 생산과정이 존재하는 것은 아닌 — 를 띠게 되면 파멸과
노예상태라는 해독의 원천이 되지만, 적절하게 알맞은 조건이 주어지기
만 하면 거꾸로 인간 발전의 원천으로 돌변하고 말 것이 분명하다.[312]

이미 살펴본 바와 같이 기계제 경영이 최초로 만들어낸 방적업과 방직
업에 대해서만 적용된 하나의 예외적인 법률이었던 공장법을 모든 사회
적 생산에 대한 법률로 일반화해야 할 필요성은 대공업의 역사적 발전과
정 — 대공업의 배후에서 이루어진 매뉴팩처와 수공업·가내공업의 전반
적인 변혁과정, 즉 매뉴팩처는 끊임없이 공장으로, 수공업은 끊임없이 매
뉴팩처로 변모하고 수공업과 가내공업 영역은 비교적 놀랄 만큼 짧은 기
간에 자본주의적 착취가 극도로 난폭하게 횡행하는 고난의 동굴로 변모
하는 바로 그 과정 — 에서 생겨난다. 그렇게 만든 궁극적인 요인은 두 가 M515
지인데, 하나는 끊임없이 반복된 경험에서 비롯된 것으로, 즉 국가의 통제
가 사회의 변두리 몇 군데에서만 이루어지면 자본은 다른 곳에서 훨씬 더

---

312) "공장노동의 순수성과 탁월성은 가내공업의 경우에 비해 못하지 않으며 오히려 그 이상
일 수도 있다"(『공장감독관 보고서: 1865년 10월 31일』, 129쪽).

과도한 보상을 얻어낸다는 점이었다.[313] 또 하나는 경쟁조건〔즉 노동착취의 제한〕의 평등을 요구하는 자본가들 자신의 주장이었다.[314] 이 점과 관련된 두 개의 애절한 호소를 들어보자. 쿡슬리 사(브리스톨에 있는 철물 제조회사)는 자발적으로 자기 사업에 공장법의 규정을 도입했다.

부근의 여러 공장에서는 오래된 불규칙한 제도가 지속되고 있어서, 이 회사는 소년공들이 저녁 6시 이후 퇴근하고 나서 다른 어딘가에서 계속 일할 수 있는 위험 때문에 피해를 보고 있다. 물론 이 회사도 그것이 자신에게 부당한 일이며 피해가 된다고 말하는데, 그 이유는 그로 인해 소년공들의 체력이 소모되면 그 체력에서 그들이 얻을 수 있는 이익이 줄어들기 때문이다.[315]

심프슨(런던의 종이봉지·종이상자 제조업자)은 '아동노동 조사위원회' 위원들에게 이렇게 말한다.

그는 공장법을 도입하기 위한 청원이면 무엇이든 서명할 작정이다. 어쨌거나 그는 자기가 공장 일을 마치고 난 뒤에 다른 사람이 더 오랜 시간 작업을 해서 자신의 주문을 가로채지나 않을까 하는 생각에 항상 잠자리가 불편하다.[316]

'아동노동 조사위원회'는 종합적으로 이렇게 정리하고 있다.

대규모 고용주의 공장이 규제를 받고 있는데, 똑같은 사업부문에서 소규

---

313) 『공장감독관 보고서: 1865년 10월 31일』, 27·32쪽.
314) 『공장감독관 보고서』에는 이에 대한 많은 증거가 있다.
315) 『아동노동 조사위원회: 제5차 보고서』, 별첨 10쪽, 제35번.
316) 같은 글, 별첨 9쪽, 제28번.

모 사업장이 노동시간에 대한 아무런 법적 규제도 받지 않는다는 것은 대규모 고용주에게 부당한 일이다. 소규모 작업장을 법적 규제에서 제외시킴으로써 노동시간과 관련된 경쟁조건이 부당한 상태에서 대규모 공장주들에게는 또 하나의 불이익이 추가되고 있다. 즉 소년노동과 부녀자노동이 공장법의 규제를 받지 않는 작업장들에 공급되고 있는 것이다. 그것은 결국 소규모 작업장의 증가를 가져오겠지만, 이런 작업장은 거의 예외 없이 국민의 건강·안락·교육과 전반적인 후생에 하나도 도움이 되지 않을 것이다.[317]

'아동노동 조사위원회'는 마지막 보고서에서 140만 명 이상에 달하는 아동과 소년 그리고 부녀자들 — 이들 중 약 절반이 소경영과 가내공업에 의해 착취당하고 있다 — 에게 공장법을 적용할 것을 제안하고 있다.[318] 위원회는 다음과 같이 말하고 있다.

만일 의회가 우리 제안을 전부 채택한다면, 의심할 나위 없이 이 법률은 우선 그 법률의 적용을 받는 소년과 허약자뿐만 아니라 직접적으로나(여자) 간접적으로(남자) 그 유효범위에 들어가는 더 많은 성인노동자에게 극히 유익한 영향을 끼칠 것이다. 그것은 이들 모든 노동자들에게 규칙적이고도 짧아진 노동시간을 제공하게 될 것이다. 그것은 또 이들 노동자 자신

---

317)　같은 글, 별첨 25쪽, 제165~167번. 소경영과 비교해 대경영의 장점에 관해서는 『아동노동 조사위원회: 제3차 보고서』, 13쪽, 제144번 ; 25쪽, 제121번 ; 26쪽, 제125번 ; 27쪽, 제140번 등을 참고하라.

318)　규제받아야 할 산업부문은 다음과 같다. 레이스 제조업, 양말 제조업, 밀짚 세공업, 갖가지 의류 제조업, 조화(造花) 제조업, 구두·모자·장갑 제조업, 봉제업, 용광로부터 바늘공장에 이르는 일체의 금속공장, 제지공장, 유리 매뉴팩처, 연초 매뉴팩처, 인도 고무공장, (직물용) 연사공장, 융단 수직업, 우산과 양산 매뉴팩처, 방추와 실패 제조업, 인쇄업, 제본업, 문구 제조업 (Stationery: 여기에는 종이상자·카드·색종이 등의 제조업이 포함된다), 로프 제조업, 흑옥(黑玉)장식품 매뉴팩처, 벽돌 제조업, 수직견(手織絹) 매뉴팩처, 코번트리 방직업, 제염업, 양초 제조업, 시멘트 공업, 설탕 정제업, 비스킷 제조업, 갖가지 목재 가공업 등등.

의 복지는 물론 국가의 복지도 걸려 있는 그들의 체력을 절약하고 증진시킬 것이다. 그것은 과도노동—아직 어린 나이에 이미 체질을 손상시키고 미처 자라기도 전에 시들게 해버리는—에서 자라나는 세대를 보호하게될 것이다. 마지막으로 그것은 적어도 13세까지의 아이들에게 초등교육의 기회를 부여함으로써 위원회의 보고서 속에 대단히 충실하게 묘사되어 있는〔그리고 극히 비통한 감정과 국민적 굴욕감을 느끼지 않고는 도저히 볼수 없는〕 그 믿을 수 없을 정도의 무지에도 종지부를 찍을 것이다.[319]

토리당 내각은 1867년 2월 5일 개원식 칙어에서 산업조사위원회의 제
M517 안[319a]을 '법안'으로 작성했다고 발표하였다. 이 법안이 만들어질 때까지는 무려 20년 동안의 이른바 무가치체 실험이 한 번 더 이루어져야만 하였다. 원래 아동노동을 조사하기 위한 의회위원회는 1840년에 벌써 임명되어 있었다. 시니어의 말에 따르면 1842년 이 위원회의 보고는,

자본가와 양친의 탐욕, 이기심, 잔혹함 그리고 아동과 소년의 곤궁과 타락·파멸을 끔찍한 내용으로 묘사하고 있는데, 그것은 지금까지 세인의 눈에 비쳤던 것 가운데 가장 가공할 만한 광경을 보여주었다. …… 아마도 사람들은 이 보고가 과거 한 시대의 참상을 묘사한 것이라고 생각할지도 모른다. 그러나 보고에 의하면 유감스럽게도 이 참상은 지금도 과거와 똑같이 계속되고 있다고 한다. 2년 전 하드위크가 발간한 한 소책자에는 1842년에 이미 비난을 받았던 악습이 오늘날(1863년)까지도 여전히 극심하다

---

319) 『아동노동 조사위원회 제5차 보고서』, 별첨 25쪽, 제169번.

319a) 「공장법 확대법」은 1867년 8월 12일 의회에서 통과되었다. 이 법의 규제대상에는 다음과 같은 산업들이 포함되었다. 모든 금속 주조업, 금속 단야업과 기계 제조공장을 포함하는 금속 매뉴팩처, 유리·종이·구타페르카고무·탄성고무·연초 등의 매뉴팩처, 인쇄업, 제본업, 끝으로 종업원 50명 이상의 모든 작업장—1867년 8월 17일에 통과된 노동시간 규제법은 비교적 소규모 작업장과 이른바 가내공업을 규제대상에 포함시켰다. 이들 법률과 1872년의 새로운 광업법에 대해서는 제2권에서 다시 다루기로 한다.

고 언급되어 있다. …… 이 보고(1842년)는 20년 동안이나 묻혀 있었고, 따라서 사람들은 그 동안 이른바 도덕이라든가 학교교육 또는 종교나 자연스러운 가족애라는 것에 대해서는 아무것도 모르는 채 성장해온 아동들 — 바로 그런 아동들이 지금의 부모 세대가 되도록 만들었던 것이다.[320]

그 사이에 사회 상태는 많이 변하였다. 의회도 1863년 위원회의 요구를 1842년 당시처럼 거절하지는 않았다. 그리하여 1864년 위원회가 비로소 그 보고 가운데 일부를 발표했을 때는 토기공업(도자기 제조업 포함), 벽지·성냥·뇌관·탄약통 제조, 벨벳 전모업(剪毛業) 등이 섬유공업에 적용되고 있던 법률의 적용을 받고 있었다. 1867년 2월 5일 개원식 칙어에서 당시 토리당 내각은 1866년에 그 임무를 완료한 이 위원회의 마지막 제안에 기초하여 한 걸음 더 나아간 법안의 상정을 발표하였다.

1867년 8월 15일에는 공장법 확대법이, 8월 21일에는 작업장 규제법이 왕의 재가를 얻게 되었다. 전자는 대규모 사업부문을, 후자는 소규모 사업부문을 규제하는 것이었다.

공장법 확대법의 규제대상은 용광로, 철공장, 구리공장, 주조공장, 기계공장, 금속작업장, 구타페르카 고무공장, 제지공장, 유리공장, 담배공장, 인쇄소와 제본소 그리고 일반적으로 한 해에 적어도 100일 동안 50명 이상을 동시에 고용하는 모든 작업장이었다.

이 법률이 포괄하는 영역의 범위를 이해하기 위해 이 법률에서 정해놓 M518 은 몇 가지 정의를 들어보기로 하자.

수공업이란 (이 법률에서) 사업적인 형태이든 생계적인 형태이든 판매를 목적으로 어떤 물품이나 그 일부를 제조·개조·장식·수리·완성하는 데 사용되는 모든 육체노동을 뜻한다.

---

320) 시니어, 『사회과학 대회』, 55~58쪽.

작업장이란 아동·소년노동자 또는 여성들에 의해 '수공업'이 이루어지고, 그런 아동·소년노동자 또는 여성들을 고용한 사람이 출입과 통제의 권한을 가지고 있는 옥내 또는 옥외의 모든 방이나 장소를 뜻한다.

취업이란 임금을 받든 받지 않든, 한 사람의 경영주 또는 다음에 상세히 규정하는 부모 밑에서 어떤 '수공업'에 종사하는 것을 뜻한다.

부모란 부, 모, 후견인 그밖에 어떤 …… 아동이나 소년 노동자를 후견 또는 감독하는 사람을 뜻한다.

제7조, 즉 이 법률의 규정을 위반하여 아동·소년노동자와 여성을 고용할 경우 받게 되는 벌칙은 부모든 부모가 아니든 상관 없이 그 작업장의 소유주뿐만 아니라 "아동·소년노동자 또는 여성들을 보호하고 있는 사람, 또는 이들의 노동으로부터 직접적인 이익을 얻는 사람 모두"에 대해서도 벌금을 규정하고 있다.

대공장에 적용되는 공장법 확대법은 많은 예외규정과 자본가와의 적지 않은 타협으로 말미암아 원래의 공장법에서 오히려 후퇴한 것이다.

작업장 규제법은 그 세부조항들이 모두 보잘것없는 것이었는데, 그마저도 그 시행을 위임받은 도시와 지방 관청의 수중에서 사문화하였다. 1871년 의회는 이 전권을 이들 관청에서 빼앗아 공장감독관의 수중으로 넘겼는데, 그 결과 공장감독관들의 감독범위는 한꺼번에 10만 군데 이상의 작업장만큼 증가했고 기와공장만 해도 300군데나 늘었다. 그러나 감독관 인원은〔예전에도 이미 그 수가 크게 부족했다〕겨우 보조원 8명만 증가되었을 뿐이다. [321]

---

[321] 공장 감독요원은 2명의 감독관, 2명의 부감독관, 41명의 보조감독관으로 구성되어 있었

그리하여 영국의 이 1867년 법을 통해서 뚜렷해진 사실은 한편으로는 M519
지배계급의 의회가 과도한 자본주의적 착취에 대해서 그처럼 특별하고도
광범위한 조치를 원칙적으로 채택하지 않을 수 없게 되었다는 점이었고,
반면 또다른 한편으로는 실제로 이 조처를 시행할 때 의회가 철저하지 못
했고 좋아하지도 않았으며 성의도 없었다는 점이다.

1862년의 조사위원회는 광산업에 대해서도 하나의 새로운 규정을 제
안하였다. 이 산업이 다른 산업과 구별되는 점은 이 산업에서는 토지소유
자의 이해와 산업자본가의 이해가 일치한다는 점이다. 이 둘 사이의 이해
가 대립하는 것이 공장법에 유리한 조건을 형성하는데, 이 산업에서는 그
러한 대립이 없었기 때문에 광산법은 지연과 속임수가 판을 치게 되었다.

이미 1840년 조사위원회가 매우 끔찍하고 분개할 만한 폭로를 하여 온
유럽에 큰 화제를 불러일으켰기 때문에 의회는 1842년의 광산법으로 자
신의 양심을 구원할 수밖에 없었는데, 그럼에도 이 법률은 부녀자와 10세
미만 아동의 지하노동을 금지시키는 데에만 그쳤다.

그런 다음 1860년 광산감독법이 공포되었다. 이 법률에 따르면 광산은
따로 임명된 관리의 감독을 받지 않으면 안 되었으며, 10~12세의 소년은
재학증명서를 소지하든가 일정 시간 이상 통학하지 않으면 취업할 수 없
었다. 이 법률은 임명된 감독관이 가소로울 정도로 소수였다는 것, 그들의
권한이 매우 작았다는 것, 또 그밖에 앞으로 자세히 설명할 여러 원인 때
문에 완전히 사문화하고 말았다.

광산에 관한 최근의 청서[†4] 가운데 하나는 『광산특별위원회 보고서:
증거자료 포함, 1866년 7월 23일』이다. 이것은 하원 의원으로 구성된 한
위원회가 작성한 것으로 이 위원회는 증인을 소환하고 심문할 권한이 있
었다. 이 자료는 두터운 폴리오판이지만 그 속에 실려 있는 '보고'는 겨우

다. 여기에 추가로 1871년 8명의 보조감독관이 임명되었다. 잉글랜드와 스코틀랜드 · 아일랜
드에서 공장법을 시행하는 데 드는 총비용은 위반에 대한 소송의 재판비용을 포함해 1871~72
년도에 겨우 2만 5,347파운드스털링밖에 되지 않았다.

다섯 줄에 지나지 않고, 그 내용이라는 것도 "위원회로서는 아무런 할 말이 없다" "더 많은 증인을 심문해봐야 한다!"는 것뿐이다.

증인 심문방법은 영국 법정의 반대심문을 상기시킨다. 즉 영국 법정에서는 변호인이 뻔뻔스럽고 밉살스럽게 뒤섞인 질문으로 증인을 당황하게 하여 무리한 말을 하도록 만든다. 그런데 이 위원회에서는 그 변호인이 바로 심문위원 자신이며 그 중에는 광산 소유주와 채굴업자도 포함되어 있다. 증인은 광산노동자인데 그 대부분이 탄광노동자이다. 속이 빤히 들여다보이는 이 과정은 자본의 정신을 아주 잘 보여주는 것으로, 여기에서 몇 개 발췌해보기로 한다. 독자들이 내용을 좀더 쉽게 개괄할 수 있도록 나는 각 항목마다 따로 제목을 붙여보았다. 영국의 청서에서는 질문과 의무적인 답변에 번호가 매겨져 있고, 여기에서 인용한 증언의 증인은 탄광노동자라는 점을 밝혀두고자 한다.

①10세 이상 소년들의 광산 취업. 광산까지의 어쩔 수 없는 왕복시간을 포함하여 노동은 대개 14~15시간이고 예외적으로 길어질 경우에는 새벽 3~5시부터 저녁 4~5시까지 계속된다(제6번, 제452번, 제83번). 성인노동자는 2교대로 8시간씩 노동하지만, 소년들의 경우에는 비용 절약을 위해 이런 교대가 없다(제80번, 제203번, 제204번). 어린 아동들은 주로 광산의 여러 구역에 있는 통풍문의 개폐에 사용되고, 나이가 조금 든 몇몇 아동들은 석탄 운반 등과 같은 중노동에 사용된다(제122번, 제739번, 제740번). 이런 장시간의 지하노동은 18~22세까지 계속되다가 그뒤에는 본격적인 광산노동에 투입된다(제161번). 오늘날 아동과 소년들은 과거 어느 때보다도 더욱 혹독하게 사용된다(제1663~1667번). 광산노동자는 거의 한결같이 14세 미만 아동의 광산노동을 금하는 의회 법률을 요청하였다. 그런데 하원의원 비비언(그 자신이 채탄업자이다)은 다음과 같이 질문하였다.

"이런 요청은 부모의 궁핍이 어느 정도인가에 좌우되는 것이 아닌가?" 이어서 부르스의 질문: "부친이 사망했거나 불구가 된 경우 그 가족에게서 이 수입원을 뺏는 것은 곤란하지 않겠는가? 그래도 똑같은 법규가 적용되어야 하겠는가? 당신들은 어떤 경우에도 지하작업에서 14세 미만 아동의 취업을 금지하고자 원하는가?" 답변: "어떤 경우에도 그렇다."(제107~110번) 비비언: "광산에서 14세 미만 아동들의 노동이 금지된다면 부모들은 아동들을 공장 같은 곳으로 보내지 않을까?—대개는 그렇지 않다."(제174번) 노동자: "문을 열었다 닫았다 하는 것은 쉬운 듯이 보일 수도 있다. 그러나 그것은 몹시 힘든 작업이다. 끊임없이 창을 여닫는 일은 별개로 하더라도, 그 소년은 폐쇄된 컴컴한 지하감방에 갇혀 있는 것과 꼭 마찬가지이다." 부르주아 비비언: "만일 등불이 있다면 그 소년은 문지기를 하면서 독서를 할 수 없는가?—그러기 위해서는 우선 그 소년은 자기 돈으로 양초를 사야 할 것이다. 게다가 사실 그에게는 그런 일이 허용되지 않는다. 그가 거기에 있는 것은 일을 하기 위한 것이고, 그에게는 그것을 충실히 수행해야 할 의무가 있다. 나는 갱 안에서 소년이 책을 읽고 있는 모습은 본 적이 없다."(제139번, 제141~160번)

②교육. 광산노동자들은 공장에서와 같이 아동에 대한 의무교육 법률을 요청하고 있다. 그들은 10~12세의 소년을 고용하기 위해서는 교육증명서가 요구되는 1860년 법률조항이 순전히 탁상공론에 불과한 것이라고 M521 말한다. 자본가다운 예심판사의 '꼼꼼한' 심문과정은 여기에서 참으로 우스꽝스러운 모습으로 나타나고 있다.

(제115번) "법률이 더 필요한 것은 고용주인가 부모인가?—둘 모두이다." (제116번) "어느 한편이 다른 한편보다 더 필요하다고 말할 수 없는가?—말할 수 없다." (제137번) "고용주들은 노동시간을 학교수업에 맞추려고 하는가?—결코 그렇지 않다." (제211번) "광산노동자들의 교육이 앞

으로 개선되리라고 보는가?―전반적으로 더 나빠질 것이다. 이들 노동자는 악습에 물들고 음주와 도박 같은 것에 빠져 전혀 손댈 수 없는 상태가 되고 말 것이다."(제454번) "왜 아동들을 야학에 보내지 않는가?―대부분의 탄광지역에는 야학이 전혀 없다. 그러나 더 중요한 사실은 장시간의 과도노동에 지쳐서 그들이 눈을 제대로 뜨기도 어렵기 때문이다." "그러면", 이 부르주아는 결론적으로 말한다. "당신들은 교육에 반대하는가?―아니다, 결코 그렇지 않다. 운운……."(제443번) "광산 소유주들은 1860년의 법률에 따라 10~12세의 아동을 고용할 때는 통학증명서를 제출할 의무가 있지 않은가?―법률로는 그렇지만 고용주들은 사실상 그것을 지키지 않고 있다."(제444번) "당신들이 보기에, 이 법률조항은 전반적으로 실행되지 않고 있는가?"―"전혀 실행되지 않고 있다."(제717번) "광산노동자들은 교육문제에 관심이 많은가?―대다수가 그렇다."(제718번) "그들은 법률이 이행되기를 간절히 바라는가?―대다수가 그렇다."(제720번) "그렇다면 왜 강제로라도 법률이 이행되지 않는가?―많은 노동자가 통학증명서가 없이는 소년이 고용되지 않기를 바라지만, 그것을 말로 뱉어냈다간 그는 요주의 인물로 찍힌다."(제721번) "누구에게 찍히는가?―자신의 고용주에게 찍힌다."(제722번) "그러면 당신들은 고용주가 어떤 사람을 박해하는 이유가 그가 법률을 지키지 않았기 때문이라고는 생각하지 않는단 말인가?―그렇다."(제723번) "왜 노동자들은 그런 소년을 고용하는 것을 거부하지 않는가?―그것은 그들이 선택할 수 있는 일이 아니다."(제1634번) "당신들은 의회의 개입을 바라는가?―만일 광산노동자 아이들의 교육을 위해 뭔가 유효한 일이 이루어지려면 의회법을 통해서 교육을 의무화해야 한다."(제1636번) "그것은 영국의 모든 노동자 아이들에 대해서 그래야 한다는 것인가, 아니면 광산노동자에 대해서만 그래야 한다는 것인가?―나는 광산노동자로서 말하기 위해 여기에 와 있다."(제1638번) "왜 광산의 아동들을 다른 곳의 아동들과 구별하는가?―그들이 하나의 예외에 속하기 때문이다."(제1639번) "어떠한 점에서 그런가―육체적인 면에서 그렇다". (제1640번) "왜 교육이 다른 부류의 아동들보다 이들 광산아동 들에게 특히 더 귀중하다고 하는가? ─ 내가 말하는 것은 광산아동들에게 교육이 특별히 더 귀중하다는 것이 아니라, 이들이 광산에서의 과도한 노동 때문에 정규학교나 주일학교에서 교육받을 기회가 다른 부류의 아동들보다 더 적다는 의미이다." (제1644번) "이런 종류의 문제를 한꺼번에 다룬다는 것은 불가능한 일이 아니겠는가?" (제1646번) "그 지방에는 학교가 충분히 있는가? ─ 그렇지 않다." (제1647번) "만일 국가가 모든 아동을 학교에 보내라고 요구한다면 모든 아동을 수용할 학교가 도대체 어디 있단 말인가? ─ 만일 그런 상황이 된다면 학교는 저절로 생길 것이라고 나는 믿는다. 아동뿐만 아니라 성인 광산노동자도 대부분 쓰지도 읽지도 못한다." (제725, 제726번)

③ 여성노동. 여성노동자들은 1842년 이후 지하에서는 더 이상 일하지 M522 않게 되었지만, 지상에서는 석탄을 싣거나, 운하와 철도화차까지 탄차를 끌고 가거나, 석탄을 선별하는 등의 일을 하였다. 이들의 고용은 최근 3∼4년 사이에 급증하였다. (제1727번) 이들은 대체로 광산노동자의 부인 이거나 딸 아니면 홀어미로, 나이는 12∼50세 또는 60세에 이르고 있다. (제647번, 제1779번, 제1781번)

(제648번) "광산노동자들은 부녀자들이 광산에서 일하는 것을 어떻게 생각하고 있는가? ─ 일반적으로 싫어한다." (제649번) "왜 그런가? ─ 그들은 그것이 여성을 타락시킨다고 생각한다. …… 그녀들은 남자 옷 같은 것을 입으며, 많은 경우 수치심을 잃게 된다. 담배를 피우는 여자도 많다. 노동이 불결하기는 갱 안의 노동과 마찬가지이다. 그 중에는 기혼녀로서 가사를 돌볼 수 없는 사람도 많다." (제651번 이하, 제701번) (제709번) "홀어미가 이처럼 수입이 많은 일(주당 8∼10실링)을 다른 데서 얻을 수 있겠는가? ─ 그것은 뭐라고 말할 수 없다." (제710번) "그런데도 (냉혈한 같으

니!) 당신들은 그녀들의 이런 생업을 강제로 막으려는가?—그렇다." (제 1715번) "어째서 그런 생각을 하는가?—우리 광산노동자들은 여성을 매우 존경하기 때문에 그녀들이 탄갱으로 쫓겨 들어가는 것을 보고 있을 수 없다. …… 이런 노동은 대부분 매우 중노동이다. 이 여자들은 대부분 하루에 10톤을 들어올리고 있다." (제1732번) "광산에서 일하는 여성노동자가 공장에서 일하는 여성보다도 비도덕적이라고 생각하는가?—불량한 사람의 비율은 공장 처녀들의 경우보다도 높다." (제1733번) "그러나 당신들은 공장의 도덕상태에도 만족하는 것은 아니지 않은가?—그렇다." (제1734번) "그렇다면 공장에서 여성노동도 금지하는 것이 좋다고 생각하는가?—아니, 그렇게는 생각하지 않는다." (제1735번) "왜 그런가?—공장노동은 여성에게 수치스럽지 않고 더 적합하기 때문이다." (제1736번) "그런데도 당신은 공장노동이 여성의 도덕성에 해롭다고 하지 않았는가?—아니, 광산노동에 비하면 훨씬 덜 해롭다. 그렇지만 나는 도덕상의 이유에서뿐만 아니라 육체적·사회적인 이유에서도 그렇게 말하는 것이다. 소녀들의 사회적 타락은 비참하고 극단화되어 있다. 이런 소녀들이 광산노동자의 아내가 되면 남편들은 이런 타락 때문에 몹시 괴로워하여 가정을 소홀히 하고 술에 빠지게 된다." (제1737번) "그러나 그것은 제철소에서 일하는 여성의 경우도 마찬가지 아니겠는가?—다른 산업의 경우는 모르겠다." (제1740번) "그렇다면 제철소에서 일하는 여성과 광산에서 일하는 여성 사이에는 어떤 차이가 있겠는가?—그런 문제는 생각해본 적이 없다." (제1741번) "당신들은 전자의 부류와 후자의 부류 사이에 무엇인가 차이점을 찾을 수 있는가?—거기에 대해서 확실한 것은 잘 모르겠지만, 그들의 집을 몇 군데 방문해보고 나서 나는 우리 지방의 가혹한 상황을 알게 되었다." (제1750번) "부인노동이 타락의 원인이 된다면 당신들은 언제든지 그것을 폐지하기를 바랄 것이 아닌가?—그렇다. …… 어린아이의 가장 좋은 감정은 어머니의 따뜻한 손을 거쳐야만 생겨나는 것이 분명하다." (제1751번) "그렇다면 농업에 종사하는 여성의 경우에는 그렇다고 말할 수 있겠는가?—농사는 두 계절만의 일이지만 우리의 경우에는 여자가 사계절 내내 일을 하고, 많은 경우 밤낮에 걸쳐 일하기 때문에 온몸이 흠뻑 젖기도 하고 몸은 약해지며 건강은 망가진다."(제1753번) "당신들은 이 문제(즉 여성 노동의 문제)를 전반적으로 연구한 적이 없는가?—내 주위를 아무리 둘러 보아도, 광산의 부녀자노동에 대해서만큼은 나만큼 잘 아는 사람을 찾을 M523 수 없다는 것을 나는 자신있게 말할 수 있다."(제1793번, 제1794번, 제 1808번) "그것은 남자의 노동이며 그것도 건장한 남자의 노동이다. 광산노 동자 가운데 좀 나은 부류, 즉 상승욕구가 있고 인간답게 살고자 하는 사람 은 자기 부인의 내조를 받기는커녕 오히려 그녀들 때문에 더 나빠진다."

부르주아들은 여러 가지 질문을 더 계속하였고, 그 결과 결국 홀어미와 가난한 가정들에 대하여 그들이 '동정심'을 품고 있는 내막을 백일하에 드러내었다.

"탄광주들은 어떤 신사들을 감독에 임명하는데 이런 신사들은 고용주의 칭찬을 받기 위하여 만사를 되도록이면 경제적으로 처리하려는 방침을 채 택하기 때문에, 남자를 고용할 때 2실링 6펜스가 드는 일을 처녀들을 고용 하여 하루에 1실링~1실링 6펜스를 지불한다."(제1816번)

④ 검시 배심.

(제360번) "당신들 지방에서의 검시(檢屍)에 대해서 듣고 싶은데, 노동 자들은 재해가 발생했을 때의 재판 절차에 만족하는가?—아니, 만족하지 않는다."(제361~375번) "왜 만족하지 않는가?—무엇보다도 광산 사정에 대해 아무것도 모르는 사람들이 배심원이 되기 때문이다. 노동자는 증인으 로 외에는 결코 호출되지 않는다. 대개 근처의 소매상인이 배심원이 되지 만, 그들은 자신의 고객인 광산주의 영향력 아래 있는데다가 증인이 사용

하는 전문용어를 전혀 이해하지 못한다. 우리는 배심원의 일부분을 광산노동자로 구성할 것을 요망한다. 판결은 대개 증언과 배치되는 형태로 이루어진다."(제378번) "그렇다면 배심원이 공평하지 않다는 것인가?ㅡ그렇다."(제379번) "노동자라면 공평하겠는가?ㅡ노동자라면 공평하지 않을 이유가 없다. 그들은 사건의 내막을 잘 이해한다."(제380번) "그러나 그들은 자신들의 이해관계 때문에 부당하게 가혹한 판결을 내릴 경향이 없겠는가?ㅡ아니다, 그렇게는 생각하지 않는다."

⑤ 부정한 계량방식. 노동자들은 2주 단위가 아니라 1주 단위로 지불해줄 것과 계량단위를 운반통의 용적 대신 중량을 기준으로 해줄 것, 그리고 계량과정에서 부정이 없도록 해줄 것 등을 요망하고 있다.

(제1071번) "만일 운반통의 크기를 늘려서 속인다면 노동자는 2주 동안의 예고기간을 두고 그 광산을 그만둘 수 있지 않은가?ㅡ그러나 다른 곳에 가도 사정은 마찬가지이다."(제1072번) "그래도 부정이 행해지는 곳에서는 그만둘 수 있지 않은가?ㅡ부정은 어디를 가나 전반적으로 행해지고 있다."(제1073번) "그러나 노동자는 가는 곳마다 2주 동안의 예고기간을 두고 그만둘 수 있지 않은가?ㅡ그렇긴 하다."

이 문제는 여기서 끝난다!

⑥ 광산 감독. 노동자는 폭발성 가스로 말미암은 재해로만 고생하는 것이 아니다.

M524　　(제234번 이하) "거의 숨을 쉴 수 없을 정도로 상태가 나쁜 탄갱 안의 환기에 대해서도 우리는 탄원을 하지 않을 수 없다. 그 때문에 노동자는 아무 일도 할 수 없게 된다. 예를 들어 내가 일하고 있는 광산 일부에서는 바로

지금도 나쁜 공기 때문에 많은 사람들이 몇 주일째 병상에 누워 있다. 주요 갱도는 대체로 통풍이 충분하지만 바로 우리가 작업하는 장소는 전혀 그렇지 않다. 누가 환기에 대해서 감독관에게 고충을 이야기하면, 그 남자는 해고되어 '요주의' 인물이 되고, 다른 곳에서도 일자리를 얻을 수 없게 된다. 1860년의 '광산감독법'은 완전히 휴지 조각에 지나지 않는다. 감독관은 그 수도 매우 적지만 아마 7년에 한 번쯤 형식적인 순찰을 할 뿐이다. 우리 감독관은 아주 무능한 70세의 노인인데 그 사람이 130개 이상의 탄광을 관할하고 있다. 더 많은 감독관과 함께 보조감독관도 필요하다고 생각한다." (제280번) "그렇다면 정부가 노동자로부터의 제보가 없이도 당신들이 바라는 모든 것을 곧바로 처리할 수 있는 감독관 부대를 두어야 한단 말인가?—그렇게 할 수는 없겠지만 그들은 스스로의 힘으로 광산에서 정보를 얻어내야만 한다." (제285번) "그렇게 되면 환기 따위에 대한 책임(!)이 광산 소유주에게서 정부 관리에게 전가되어버릴 것이라고 생각되지 않는가?—결코 그렇지 않다. 현행 법률을 지키게끔 의무화하는 것은 관리의 업무가 되어야 한다." (제294번) "당신들이 보조감독관이라고 부르는 사람은 지금의 감독관보다도 월급도 적고 지위도 낮은 사람을 뜻하는가?—가능하기만 하다면 결코 지위가 더 낮은 사람을 원하는 것은 아니다." (제295번) "당신들이 바라는 것은 더 많은 감독관인가, 아니면 감독관보다 지위가 낮은 사람들인가?—우리에게 필요한 것은 광산을 직접 자기 발로 뛰어다니는 사람들, 자기 몸을 아끼지 않는 사람들이다." (제297번) "그대들의 희망대로 더 낮은 지위의 감독관을 보충하면, 이들의 숙련 부족 때문에 위험이 발생하지는 않겠는가?—아닐 것이다. 그리고 사실 적당한 인물을 임명하는 것은 정부의 일이다."

이런 종류의 심문은 드디어 조사위원장이 보기에도 매우 어리석어 보였다. 그래서 그가 여기에 끼어들었다.

"당신들이 바라는 것은 스스로 광산을 둘러보고 감독관에게 보고하는 실무적인 사람들로, 이들의 도움을 받게 되면 감독관도 자신의 한층 높은 학식을 사용할 수 있게 될 것이다."(제531번) "이처럼 오래된 갱에 모두 환기장치를 하려면 꽤 많은 비용이 들지 않겠는가?—그렇다. 비용은 늘어나겠지만 인명은 보호될 것이다."

(제581번) 한 탄광노동자는 1860년 법률의 제17조에 항의하여 다음과 같이 말하였다.

"지금은 광산감독관이 광산 가운데 한 곳이 작업을 할 수 없는 상태라는 것을 발견하면, 그것을 광산 소유주와 내무장관에게 보고해야 한다. 광산 소유주에게는 그때부터 20일 동안의 유예기간이 주어진다. 그리고 20일이 지난 후에 그는 어떠한 변화도 거부할 수 있다. 단, 거부할 경우 그는 내무장관에게 서면으로 5명의 광산기사를 추천해야만 한다. 그리고 장관은 이들 가운데 한 사람을 중재심판관으로 선발해야만 한다. 우리의 주장은 이럴 경우 실질적으로는 광산 소유주가 스스로 자신의 심판관을 임명하게 된다는 것이다."

M525 (제586번) 스스로가 광산 소유주이기도 한 부르주아 심문위원은 다음과 같이 말하였다.

"이것은 순전히 추측에 근거한 항의이다."(제588번) "그렇다면 당신들은 광산기사의 성실성을 너무 조금밖에 인정하는 것이 아닌가?—나는 이 절차가 매우 부당하고 불공평하다고 말하는 것이다."(제589번) "광산기사는 일종의 공적 성격을 띠고 있고, 따라서 그들의 결정은 당신들이 우려하는 것 같은 편파성은 없지 않겠는가?—나는 이들 기사의 인적 품성에 대해서는 얘기하고 싶지 않다. 단지 내가 확신하는 것은 이들이 대개의 경우

몹시 편파적인 태도를 취한다는 것, 그리고 인명과 관련된 문제에서는 이들한테서 권한을 빼앗아야 한다는 것이다."

바로 그 부르주아는 뻔뻔스럽게도 다음과 같이 질문하였다.

"만일 폭발이 일어나면 광산 소유주도 손해를 입는다는 것을 생각하지 않는가?"

마지막으로(제1042번) 다음과 같은 문답이 있다.

"노동자 당신들은 정부의 도움 없이 스스로의 힘으로 자신들의 이해를 쟁취해낼 수 있겠는가?―그것은 불가능한 일이다."

1865년 영국에는 3,217개의 탄광이 있었는데, 감독관은 겨우 12명이었다. 요크셔의 한 광산 소유주가 (『타임스』, 1867년 1월 26일) 계산한 바로는, 감독관들이 모든 시간을 순전히 관료적인 업무에 소모한다는 사실을 무시한다 해도, 모든 광산을 한 번씩만 시찰하는 데에도 10년이 걸리는 것으로 나타났다. 최근 몇 년(특히 1866년과 1867년) 사이에 발생한 재해 건수와 규모(종종 200~300명의 노동자를 희생시키고 있다)가 누적적으로 증대해가고 있는 사실은 전혀 놀랄 일이 아니다. 이것이 '자유로운' 자본주의적 생산의 아름다운 점인 것이다!

어쨌든 1872년 법률은 비록 결함이 많기는 했지만 광산에서 일하는 아동들의 노동시간을 규제하고 또 채굴업자와 광산 소유주에게 어느 정도는 이른바 재해에 대한 책임을 부과한 최초의 법률이었다.

농업부문 아동·소년·부녀자들의 고용상태를 조사하기 위한 1867년 왕립위원회는 매우 중요한 몇몇 보고서를 발간해왔다. 그리고 공장법의 원칙들을 수정된 형태로 농업에 적용하려는 갖가지 노력이 있었지만, 지금까지 그것들은 모두 완전한 실패로 끝났다. 그러나 여기서 강조해두고 싶은 것은 이들 공장법의 원칙들을 일반화시킬 수밖에 없는 불가피한 경향이 계속 존속해왔다는 사실이다.

공장법의 일반화는 노동자계급의 육체적·정신적 보호수단으로 불가피하게 이루어졌지만, 그것은 또다른 한편으로 이미 시사한 것처럼 영세한 규모로 분산된 노동과정들이 대규모의 사회적 단위로 결합된 노동과정으로 전화하는 것을〔그리하여 자본의 집적과 공장제의 독점적인 지배가 확립되는 것도〕일반화하고 촉진시켜주기도 한다. 공장법의 일반화는 자본의 지배를 아직 부분적으로 은폐하고 있는 낡은 형태와 과도적인 형태를 모조리 파괴하고, 그것들을 자본의 직접적이고 노골적인 지배로 대체시킨다. 따라서 공장법의 일반화는 또 이런 지배에 대한 직접적인 투쟁도 일반화시킨다. 공장법의 일반화는 개별 작업장에서는 획일성·규칙성·질서·절약 등을 강요하지만, 다른 한편으로는 노동일의 제한과 규제를 통해 기술에 강력한 압력을 행사함으로써 전반적으로 자본주의적 생산의 무정부성과 파국, 노동의 강도, 기계와 노동자 사이의 경쟁 등을 증대시킨다. 공장법의 일반화는 소경영과 가내공업 영역을 파괴함으로써 '과잉인구'의 마지막 도피처〔사회 전체 생산 메커니즘의 안전판 구실을 해오던〕를 파괴해버린다. 공장법의 일반화는 생산과정의 갖가지 물적 조건과 사회적 결합을 성숙시키며, 또 생산과정의 자본주의적 형태가 지니는 모순과 적대관계뿐만 아니라 새로운 사회의 형성요소와 낡은 사회의 변혁의 계기까지도 함께 성숙시킨다.[322]

---

322) 협동조합 공장과 협동조합 매점의 아버지인 로버트 오언은 앞에서도 서술했듯이 이 고립적인 변혁의 계기들이 행사하는 영향력에 대해서 결코 그의 추종자들이 품었던 것과 같은 환상을 품지 않았으며, 실제로 자신의 실천에서도 공장제를 출발점으로 삼았을 뿐만 아니라 이론적으로도 공장제를 사회혁명의 출발점이라고 선언하였다. 라이덴 대학의 경제학 교수 피서

제10절 대공업과 농업

대공업이 농업과 그 생산 담당자들의 사회적 관계들에서 불러일으킨 혁명에 대해서는 뒤에서 서술하게 될 것이다. 여기에서는 예상되는 몇 가지 결과에 관해서만 간단히 언급해두고자 한다. 농업에서 기계의 사용은 공장노동자들의 경우처럼 육체적 손상을 가져오는 경우는 거의 없지만[323]

링(Vissering)도 자신의 저서 『실물경제학 개요』(1860~62) — 시시한 속류경제학을 그럴듯한 형태로 개진하고 있다 — 에서 대공업에 반대하고 수공업경영을 열렬히 변호하면서 이미 이런 경향을 예감하고 있었던 것 같다. 〔제4판의 주: 서로 모순되는 공장법들과 공장법 확대법 그리고 작업장법 등으로 인해 영국의 법조계에 나타난 새로운 '재판상의 분규'(264쪽, M318 참조)는 결국 견딜 수 없을 정도로 심해져서 모든 관련 법령은 1878년 공장과 작업장법(The Factory and Workshop Act)으로 단일화되었다. 물론 여기에서는 단일화된 영국의 이 산업법〔지금까지 유효한〕을 자세히 비판하는 것이 불가능하다. 그러므로 여기서는 다음과 같은 점을 지적해두는 것만으로 만족하고자 한다. 이 법률이 포괄하는 대상은 다음과 같다. ① 섬유공장: 여기에서는 거의 모든 것이 원래 그대로이다. 10세 이상의 아동들에게 허락된 노동시간은 하루에 5.5시간이며, 6시간씩 일할 경우 토요일은 쉬게 된다. 소년과 여성은 5일 동안은 10시간, 토요일은 최고 6.5시간이다. ② 비섬유공장: 여기에서는 여러 규정이 이전보다 ①의 규정에 더 가까워졌지만, 아직 자본가에게 유리한 예외규정이 몇 가지나 남아 있고 그것이 내무장관의 특별허가에 의해 더욱 확대적용되는 경우도 많다. ③ 작업장: 이전 법률과 거의 비슷하게 정의되고 있다. 아동, 소년 또는 여성이 거기에서 작업하는 경우에 한해 작업장은 비섬유공장과 거의 동등하게 취급되지만, 세부항목에서는 역시 내용적으로 느슨한 부분이 많다. ④ 아동과 소년을 사용하지 않고 18세 이상의 남녀만을 고용하는 작업장: 이 범주의 경우는 규제가 더 완화되었다. ⑤ 가족 구성원이 자기 집에서 일하는 가내작업장: 더욱 탄력적인 규정들이 주어지고, 동시에 감독관이 장관이나 판사의 특별허가가 없는 한 주거로도 이용되는 장소에는 들어갈 수 없다는 제한이 있다. 그리고 마지막으로 가정집에서 운영되는 밀짚 세공업, 레이스 편직업, 장갑 제조업에 대해서는 아무런 규제도 하지 않고 있다. 이런 많은 결함에도 불구하고 이 법은 아직도 1877년 3월 23일의 스위스 연방 공장법과 더불어 이들 부문에 관한 가장 나은 법이다. 이 법을 지금 얘기한 스위스 연방법과 비교하는 것은 매우 흥미로운 일이다. 왜냐하면 그런 비교는 입법상의 두 가지 방법 — '역사적인' 구체적 사례에 기초한 영국식 방법과 더욱 일반적인 원리를 적용하는 (그리고 프랑스 혁명의 전통 위에 선) 대륙식 방법 — 에 대한 장점과 단점을 아주 잘 보여주기 때문이다. 유감스럽게도 영국의 이 법은 감독요원의 부족 때문에 작업장에 대한 적용 부분이 대부분 여전히 사문화되어 있다. — 엥겔스〕

323) 영국 농업에서 사용되는 기계에 대한 자세한 기술은 『영국의 농기구와 농기계』(햄〔W. Hamn〕 박사 지음, 제2판, 1856)에서 볼 수 있다. 그러나 햄은 영국 농업의 발달과정에 대한 개괄에서는 레온스 드 라베르뉴(Leonce de Lavergne)를 지나치게 무비판적으로 추종하고 있다.

농업에서 노동자의 '과잉화'를 한층 부추기는데, 그것은 나중에 자세히 보게 되겠지만 아무런 반격도 받지 않은 채 이루어졌다. 예를 들어 케임브리지 주와 서퍽 주의 경지면적은 최근 20년 사이에 무척이나 확장되었지만, 농촌인구는 오히려 같은 기간에 상대적으로는 물론 절대적으로도 줄어들었다. 미국에서는 농기계가 당분간 단지 잠재적으로만 노동자를 대체했을 뿐이다. 즉 농기계는 생산자에게 더 넓은 면적으로 경작할 수 있게 해주었지만 실제로 농업노동자들을 몰아내지는 않고 있다. 1861년 잉글랜드와 웨일스에서 농기계 생산에 종사한 인원은 1,034명이었지만, 증기기관과 작업기계를 사용하여 일을 하는 농업노동자의 수는 겨우 1,205명에 불과하였다.

농업영역에서 대공업은 그것이 낡은 사회의 보루인 '농민'을 소멸시키고 그들을 임노동자로 대체하는 경우에만 가장 혁명적으로 작용한다. 그렇게 되면 농촌의 사회적 변혁요구와 갖가지 사회적 대립은 도시와 똑같아진다. 낡은 관습에 매여서 불합리하기 그지없는 경영방식을 대신하여 과학이 의식적이고 기술적으로 사용된다. 아직 유치하고 덜 발달된 모습으로 얽혀 있던 농업과 매뉴팩처 간의 원시적인 가족적 유대는 자본주의 생산양식으로 말미암아 완전히 파괴된다. 그러나 동시에 이 생산양식은 더욱 진전된 새로운 종합(Synthese)을 위한 물적 조건, 즉 대립적으로 완성된 형태를 토대로 한 농업과 공업 간의 결합을 위한 물적 조건도 함께 창출해낸다. 자본주의적 생산은 그것의 중심 대도시에 인구를 계속 집적시켜감에 따라, 한편으로는 사회의 역사적 동력을 쌓아나가고, 다른 한편으로는 토지와 인간 사이의 물질대사—즉 인간이 식품과 의류의 형태로 소비하는 토양성분이 토지로 되돌아가는 것, 다시 말해 토지의 생산력을 지속시키는 항구적인 자연조건—를 교란시킨다. 그럼으로써 그것은 또한 도시노동자의 육체적 건강과 농촌노동자의 정신생활을 파괴한다. [324)]

{제4판의 보유: 물론 지금 보면 그 내용이 이미 케케묵었다. —엥겔스}

그러나 동시에 그것은 그 물질대사의 순수한 자연발생적 상태를 파괴하여 그것을 사회적 생산의 규제 법칙으로 〔그리고 인간의 전인적 발전에 적합한 형태로〕 체계화시켜 다시 만들어낸다. 매뉴팩처에서와 마찬가지로 농업에서도 생산과정의 자본주의적 전환은 곧바로 생산자들의 수난사로 나타나고, 노동수단은 노동자에 대한 억압수단이자 착취수단이면서 동시에 궁핍화 수단으로 나타나며, 노동과정의 사회적 결합은 노동자의 M529 개인적 활기와 자유 그리고 자립성에 대한 조직적 억압으로 나타난다. 농촌노동자는 비교적 넓은 면적에 걸쳐 분산되어 있기 때문에 저항력이 약하지만, 도시노동자는 높은 밀도로 집중되어 있기 때문에 저항력이 강하다. 도시공업에서와 마찬가지로 근대 농업에서도 노동생산력의 상승과 노동의 유동성 증가는 노동력 그 자체를 황폐화시키고 질병 속으로 밀어 넣음으로써 얻어진다. 그리고 자본주의적 농업의 모든 진보는 노동자와 토지를 약탈하기 위한 기술의 진보이고, 주어진 임대기간 동안 토지의 수확을 높이는 모든 진보 또한 토지생산력의 지속적인 원천을 파괴하는 진보이기도 하다. 예를 들어 미국처럼 한 나라의 발전이 대공업을 출발점으로 할 경우, 이런 파괴과정은 그만큼 더 급속히 이루어진다.[325] 그러므로

324) "여러분은 민중을 무식한 촌뜨기와 거세된 난장이라는 두 개의 적대적 진영으로 나누어 놓았다. 세상에! 이처럼 농업세력과 상업세력으로 갈라진 나라가 그 기묘하고 부자연스러운 분할에도 불구하고 스스로를 건전하고 개화된 문명국가라고 칭하고 있다니!"(어커트, 『상용어』, 119쪽). 이 문구는 현시대를 비판하고 평가할 줄은 알지만 그것을 제대로 파악하지는 못하는 그런 유형의 비판이 어떤 강점과 약점이 있는지를 동시에 보여준다.
325) 리비히, 『농업과 생리학에 대한 화학의 응용』, 제7판, 1862. 특히 제1권 「농업의 자연법칙 서론」을 참조하라. 자연과학의 입장에서 근대 농업의 부정적인 측면을 논의한 것은 리비히의 불후의 공적 가운데 하나이다. 농업사에 관한 그의 역사적 개관도 다소 조잡한 오류가 있긴 하지만 역시 뛰어난 통찰력을 보여준다. 그렇지만 애석하게도 그는 다음과 같은 엉터리 주장을 하고 있다. "흙을 잘게 부수고 여러 차례 갈아주면 토양 내부의 환기가 촉진되고 공기와 접촉하는 토양의 면적이 확대되고 갱신된다. 그러나 당연한 얘기이지만, 경지의 수확 증가는 경지에 사용되는 노동과 같은 비율로 증가할 수 없고 훨씬 더 작은 비율로만 증가한다." 리비히는 다음과 같이 덧붙인다. "이 법칙은 존 스튜어트 밀에 의하여 그의 『경제학 원리』, 제1권, 17쪽에서 최초로 다음과 같이 얘기되었다. '토지의 수확은 다른 조건이 불변이라면, 고용된 노동자 수의 증가에 체감적인 비율로 증가한다는 것이 농업의 일반적인 법칙이다.'(그런데 밀은 리카

 자본주의적 생산은 모든 부의 원천인 토지와 노동자를 동시에 파괴함으로써만 사회적 생산과정의 기술과 결합을 발전시킨다.

도학파의 법칙을 잘못된 정식으로 되풀이해서 사용하고 있다. 왜냐하면 영국에서는 늘 농업의 진보가 '고용된 노동자 수의 감소'와 보조를 같이하고 있어서, 영국에서 발견된 이 법칙은 영국에는 전혀 적용되지 않기 때문이다.) 이것은 매우 이상하다. 왜냐하면 밀은 이 법칙의 근거를 몰랐기 때문이다"(리비히, 앞의 책, 제1권, 143쪽과 주). 리비히는 '노동'이라는 말을 경제학에서와는 완전히 다른 의미로 해석하고 있지만, 이런 잘못된 해석은 차치하더라도 특히 '실로 이상한' 것은 그가 존 스튜어트 밀을 이 이론—즉 애덤 스미스 시대에 제임스 앤더슨(James Anderson)이 처음으로 발표한 뒤로 19세기 초에 이르기까지 몇몇 사람이 자신의 저술 속에서 되풀이하였고, 모름지기 표절의 대가인 맬서스(그의 인구론 전체가 하나의 파렴치한 표절이다)가 1815년에 자기 것인 양 만들었으며, 앤더슨과 같은 시대 사람인 웨스트가 앤더슨과는 관계 없이 별도로 주장하였을 뿐 아니라, 1817년 리카도가 일반적 가치이론과 연관시켜 그때부터 리카도의 이름 아래 온 세계를 풍미하고, 1820년에는 제임스 밀(존 스튜어트 밀의 아버지)에 의해 속류화되었으며, 끝으로 이미 상투어가 되어버린 학술이론으로 다시 존 스튜어트 밀에 의해서도 반복되고 있는 이 이론—의 창시자로 만들고 있다는 점이다. 아무튼 존 스튜어트 밀의 '이상한' 권위가 거의 전적으로 이러한 오해 덕택이라는 것은 부정할 수 없다.

†1 『자본』은 카를 마르크스의 주요 저작으로, 그는 자기 생애의 40년을 이 저작에 쏟았다. "경
제적 구조가 정치적 상부구조의 토대라는 것을 인식하고 나서, 마르크스는 무엇보다도 이 경
제적 구조의 연구에 주의를 기울였다"(『레닌 전집』 제19권, 베를린, 1962, 5쪽).
　마르크스는 1843년 말 파리에서 경제학의 체계적인 연구에 착수하였다. 그는 현존 질서와 부
르주아 경제학에 대한 비판을 포함하는 포괄적인 저작을 집필하겠다는 목표를 세웠다. 이 분
야에 대한 그의 초기 연구는 『1844년 경제학 · 철학 초고』 『도이치 이데올로기』 『철학의 빈곤』
『임노동과 자본』 『공산주의자 선언』 등에 반영되어 있다. 이들 저작은 이미 자본주의적 착취
의 기초, 자본가와 임노동자 사이의 화해할 수 없는 이해 대립, 자본주의의 모든 경제적 관계가
갖는 적대적이며 과도적인 성격을 파헤치고 있다.
　마르크스는 1848~49년 혁명의 격렬한 사태로 말미암아 중단된 경제학 연구작업을 1849년 8월
어쩔 수 없이 망명하게 된 런던에서 계속하였다. 그는 이곳에서 경제학의 역사와 당시의 각국
경제—그 중에서도 특히 당시 고전적 자본주의 국가였던 영국의 경제—를 철저하게 두루 연
구하였다. 이 시기에 그가 흥미를 느꼈던 것은 토지 소유의 역사와 지대론, 화폐유통과 물가의
역사와 이론, 경제공황, 기술과 기술학의 역사, 농학과 농업화학의 여러 문제였다.
　마르크스는 믿기지 않을 만큼 어려운 조건 속에서 연구를 했다. 그는 늘 궁핍과 싸워야 했고,
생활비를 벌기 위하여 자주 연구에서 이탈하지 않을 수 없었다. 물적 궁핍 속에서 오랫동안 계
속된 그의 과도한 육체적 긴장은 불가피한 결과를 가져왔다. 마르크스는 중병에 걸렸던 것이
다. 그럼에도 1857년까지 방대한 준비작업이 매우 순조롭게 진척되어 그는 집적된 자료를 체
계화하고 일반화할 수 있었다.
　마르크스는 1857년 8월부터 1858년 6월까지 인쇄 전지(全紙) 약 50장 분량의 초고를 썼는데,
이 속에는 앞으로의 『자본』에 대한 어느 정도의 구상이 서술되어 있었다. 이 노작은 1939~41
년 비로소 소비에트연방 공산당 중앙위원회 부속 마르크스-레닌주의 연구소에 의해 『경제학
비판 요강』이라는 표제 아래 원어(독일어)로 간행되었다. 1857년 11월 마르크스는 자기 저작

의 기획안을 작성했는데, 이것은 뒤에 더욱 세부적인 내용으로 다듬어졌다. 그는 갖가지 경제적 범주의 비판에 바쳐진 자신의 과학적 노작을 다음과 같은 6권의 책으로 편성하였다 — ① 자본, ② 토지 소유, ③ 임노동, ④ 국가, ⑤ 국제무역, ⑥ 세계시장.

제1권(자본)에서 마르크스는 다음과 같은 4편을 예정하고 있었다 — ⓐ 자본 일반, ⓑ 경쟁 또는 다수 자본의 서로에 대한 행동, ⓒ 신용, ⓓ 주식 자본. 제1편은 3장으로 구성될 예정이었다 — ① 가치, ② 화폐, ③ 자본. 제3장은 다시 다음의 세 부분으로 분류될 예정이었다 — 자본의 생산과정, 자본의 유통과정, 양자의 통일 또는 자본과 이윤 및 이자. 이 마지막의 세분화된 편성은 나중에 전 저작을 『자본』의 3권으로 나누기 위한 기초가 되었다. 경제학 및 사회주의의 비판과 역사는 다른 한 저작의 대상이 될 예정이었다.

마르크스는 자신의 저작을 일련의 분책으로 간행하려고 계획했는데, 그럴 경우 제1분책은 어떻게 해서라도 상당히 정리된 것으로서 이 저작 전체의 기초가 되어야만 했다. 제1분책에는 다음의 세 부분이 포함될 예정이었다 — ① 상품, ② 화폐 또는 단순유통, ③ 자본. 그러나 정치적인 이유 때문에 최초로 간행된 책(『경체학 비판』)의 최종 원고에 제3 부분은 들어가지 않았다. 이에 대해서 마르크스가 서술한 바로는, 바로 이 부분에서 "진짜 싸움이 시작되며" 게다가 정부의 검열이 존속하고 지배계급에게 바람직하지 않은 저자들에 대한 경찰의 추적이나 갖가지 박해가 행해지고 있던 그때로서는 — 또 일반 대중은 이 새로운 저작에 대하여 아직 아무것도 몰랐기 때문에 — 이 부분을 처음부터 출판에 포함시키는 것은 별로 현명한 일이 아니라는 것이었다. 최초의 분책을 간행하기 위해서 마르크스는 별도로 상품에 관한 장을 썼으며, 또 1857/1858년 초고의 화폐에 관한 장에 철저한 손질을 가했다.

『경제학 비판』은 1859년에 출판되었다. 마르크스는 이 분책에 뒤이어 다음 분책을 출판할 계획도 하고 있었다. 즉 앞서 말한 자본에 관한 부분으로 1857/1858년 초고의 주요 내용을 이루는 부분이다. 마르크스는 대영박물관에서 경제학에 관한 체계적인 연구를 재개하였다. 그러나 곧바로 그는 보나파르트파의 앞잡이 카를 포그트(Karl Vogt)에 의한 중상모략의 정체를 폭로하고 다른 화급한 논문을 인쇄에 부치기 위해 1년 반 동안 이 연구를 중단해야만 했다. 1861년 8월이 되어서야 겨우 마르크스는 다시 이 많은 양의 초고를 쓰기 시작하여 1863년 중반경에 이를 마쳤다. 이 초고는 모두 23책으로 이루어져 있으며, 전체 분량이 인쇄 전지 200장 정도에 이른다. 이 초고는 1859년에 발행된 제1분책 『경제학 비판』의 속편이어서 표제가 동일하다. 이 초고의 매우 많은 부분(제6~15책, 제18책)은 경제학설의 역사를 다루고 있다. 이 초고는 마르크스와 엥겔스가 살아 있는 동안에는 간행되지 못했다. 독일 사회주의통일당 중앙위원회 부속 마르크스-레닌주의 연구소는 이 초고를 『잉여가치학설사(『자본』 제4권)』라는 표제 아래 3분책으로 발행했다. 최초의 5책에서는(또 부분적으로는 제19~23책에서도) 『자본』 제1권의 주제가 다루어지고 있다. 마르크스는 이 부분에서 화폐의 자본으로의 전화를 분석하고 잉여가치론을 전개하면서 그밖의 많은 문제를 다루고 있다. 특히 제19책과 제20책에서는 제1권 제13장 「기계와 대공업」의 견고한 기초가 마련되어 있다. 이 두 책에서는 기술의 역사에 대한 매우 풍부한 자료가 제시되고, 자본주의 공업에서 기계가 사용되는 것에 대한 철저한 경제학적 분석이 행해지고 있다. 제21~23책에서는 『자본』의 여러 주제, 특히 제2권의 주제들과 관련된 개별적인 문제에 대한 조명이 이루어지고 있다. 제3권의 문제에 대해서는 제16책과 제17책에서 다루고 있다. 이렇게 1861~63년의 초고에는 정도의 차이는 있겠지만 전 4권의 『자본』 전체에 걸친 문제들이 언급되고 있다.

다시 작업을 계속해나가던 중, 마르크스는 이전에 작성해둔 『자본 일반』편(세 부분으로 이루어져 있다)의 기획안에 따라 자신의 저작 전체를 구성할 것을 결심했다. 초고 가운데 역사적 ·

676

비판적 부분은 제4의 마무리 부분으로 구성할 생각이었다. 마르크스는 쿠겔만에게 보낸 1866
년 10월 13일 편지에서 다음과 같이 쓰고 있다.

> 이 저작 전체는 자세히 말하면 다음의 부분으로 나누어진다. 제1권 자본의 생산과정, 제2
> 권 자본의 유통과정, 제3권 총과정의 형성, 제4권 이론의 역사.

마르크스는 또 저작을 연속적인 분책으로 발행해나간다는 예전 계획을 버리고 작업 전체를 완
성한 뒤에 저작을 출판하려고 마음먹었다.

마르크스는 저작, 특히 1861~63년 초고에서 아직 충분히 논의하지 못했던 여러 부분의 저작에
집중적으로 몰두해나갔다. 그는 또한 수많은 경제학과 기술에 관한 문헌을 연구했는데, 그 중
에는 농업에 관한 문헌과 신용·화폐유통에 관한 문헌도 포함되어 있었다. 그는 공업부문의
아동노동과 영국 프롤레타리아트의 생활조건 등에 관한 통계자료·의회기록·관청보고서를
연구하였다. 그 직후 마르크스는 2년 반(1863년 8월부터 1865년 말까지) 동안 꽤 많은 분량의
새로운 초고를 작성했다. 이것이 3권으로 된 이론적 저작 『자본』을 세부까지 완성한 최초의 이
본(異本, Variante) 초고이다. 이 초고를 전부 집필한 다음(1866년 1월)에 비로소 마르크스는 인
쇄를 위한 최종 손질에 착수했다. 이때 마르크스는 이 저작 전체를 한꺼번에 인쇄하기 위해 준
비한 것이 아니라 우선은 제1권만을 완성하라는 엥겔스의 권고에 따랐다. 마르크스는 이 최종
손질에 아주 깊은 정성을 들였다. 이 작업은 사실상 제1권 전체를 또 한 번 고쳐 쓰는 작업이었
다. 마르크스는 서술을 짜임새 있고 완전하며 명확한 것으로 만들기 위해서 1859년에 출판된
그의 저작 『경제학 비판』의 내용을 『자본』 제1권의 앞부분에 요약해놓을 필요가 있다고 생각
하였다.

독일어 신판 준비와 외국어 번역판 출판에 즈음하여 마르크스는 『자본』 제1권을 더욱 다듬으
려고 하였다. 그래서 그는 제2판(1872년)에서 많은 부분을 고쳐 썼으며, 러시아어판 — 같은해
페테르부르크에서 출판되었으며 『자본』에 대한 최초의 외국어 번역판 — 과 관련된 중요한 주
석들을 첨가하였다. 또한 1872년부터 1875년까지 분책으로 속간된 프랑스어판을 상당한 범위
에 걸쳐 고쳐 쓰고 교정하였다.

마르크스는 이 저작 전체를 조속히 완성할 생각이었기 때문에 제1권 발행 후에도 지칠 줄 모르
고 속권의 작업을 계속했다. 그러나 그에게는 이 작업을 계속하는 것이 허락되지 않았다. 국제
노동자협회 총평의회에서의 다방면에 걸친 활동은 많은 시간을 필요로 했다. 건강이 나빠져
작업을 중단해야 하는 경우가 비일비재했다. 마르크스의 남다른 과학적 정확성과 강고한 양심
그리고 엄격한 자기비판 — 엥겔스의 표현에 따르면 "그의 위대한 경제학적 발견을 출간하기
에 앞서 되도록이면 완벽하게 마무리짓도록 노력하게 만든 그 엄격한 자기비판" — 은 하나하
나의 문제를 마무리하고 검토하는 과정에서 언제나 그를 다시 새로운 연구로 몰아갔다.

마르크스가 사망한 뒤 『자본』의 두 속권은 엥겔스에 의해서 인쇄용 원고가 준비되어 간행되었
다. 제2권은 1885년에, 제3권은 1894년에 간행되었다. 엥겔스는 이로써 과학적 공산주의의 지
식의 보고에 더할 나위 없이 지대한 공헌을 하였다.

엥겔스는 『자본』 제1권의 영어판을 교정하고(1887년 간행), 『자본』 제1권의 독일어 제3판
(1883년)·제4판(1890년)을 준비하였다. 그밖에도 마르크스가 죽고 엥겔스는 아직 살아 있던
시기에 『자본』 제1권의 여러 후속판이 간행되었다. 즉 3개의 영어판이 런던(1888·1889·
1891년)과 뉴욕에서(1887·1889·1890년), 프랑스어판이 파리에서(1885년), 덴마크어판이 코
펜하겐에서(1885년), 스페인어판이 마드리드에서(1886년), 이탈리아어판이 토리노에서(1886

년), 폴란드어판이 라이프치히에서(1884~89년), 네덜란드어판이 암스테르담에서(1894년) 각각 간행되었으며, 그밖에도 많은 미완의 판본이 간행되었다.

『자본』 제1권의 제4판(1890년)에서 엥겔스는 마르크스의 주석을 바탕으로 본문과 각주의 최종적인 교정작업을 하였다. 이 판은 여기에서 출판된 우리의 『자본』 제1권의 텍스트이기도 하다.

†2 마르크스가 여기에서 가리키는 것은 제1판(1867년)의 제1장으로, 「상품과 화폐」라는 표제의 장이다. 마르크스는 제2판을 위하여 이 책을 개정하고 그 구성을 바꾸었다. 그는 이전의 제1장을 3개의 독립된 장으로 나누었다. 따라서 이들 장은 동일한 표제 아래 제1편을 이루고 있다.

†3 "바로 당신 자신에 관한 이야기요(De te fabula narratur)!". 호라티우스, 『풍자시』 제1권, 풍자 1.

†4 청서(靑書, Blue Books): 영국 의회의 자료 간행물과 외무성 외교문서의 일반적인 명칭. 표지 색깔 때문에 청서라고 불린다. 영국에서 청서는 17세기 이후 계속 발행되고 있으며, 영국의 경제사와 외교사에서 가장 중요한 정부자료가 되고 있다.

†5 "너의 길을 가거라, 그리고 사람들이 뭐라고 하든 내버려두어라(Segui il tuo corso, e lascia dir le genti)!". 단테, 『신곡』, 「연옥편」 제5절의 표현을 조금 변형시킨 인용.

†6 『자본』 제1권 제4판(1890년)에는 이 서문 맨 앞의 네 단락이 생략되었다. 이 책에서는 그 서문의 전문을 실었다.

†7 곡물법 반대동맹(Anti-Corn-Law-League): 자유무역주의자들의 단체로, 1838년 공장주 코브던과 브라이트가 맨체스터에서 결성했다. 이른바 곡물법은 외국으로부터의 곡물 수입 제한 또는 금지를 목적으로 하던 법으로, 1815년 영국에서 대토지 소유자, 즉 지주의 이익을 위해 제정되었다. 동맹은 노동자의 임금을 인하하고 토지귀족계급의 경제적·정치적인 힘을 약화시킬 목적에서 완전한 자유무역을 요구하고 곡물법 폐지를 위해 싸웠다. 동맹은 토지 소유자에 대한 투쟁에서 노동자 대중을 최대한 이용하려고 했다. 그러나 바로 이 시기에 영국의 가장 진보적인 노동자는 자립적이고 정치적인 색깔을 앞세운 노동운동(차티즘)의 길로 나아가고 있었다. 공업 부르주아 계급과 토지귀족계급의 투쟁은 1846년 곡물법 폐지안의 채택으로 끝나고, 그뒤 동맹은 해산하였다.

†8 디츠겐의 논문 「카를 마르크스의 『자본. 경제학 비판』」(함부르크, 1867)은 1868년 『주간 민주주의』(Demokratisches Wochenblatt) 제31호, 제34~36호에 발표되었다. 이 신문은 1869년부터 1876년까지는 『폴크스슈타트』라는 이름으로 간행되었다.

†9 『실증주의 평론』(La Philosophie Positive Revue): 1867년부터 1883년까지 파리에서 발행된 잡지. 이 잡지의 1868년 11/12월 제3호에 실증주의 철학자 오귀스트 콩트의 추종자 로베르티의 『자본』 제1권에 대한 단평이 실렸다.

†10 니콜라이 지베르, 『가치와 자본 등에 관한 리카도의 이론』, 키예프, 1871, 170쪽.

†11 마르크스가 여기에서 생각하고 있는 인물은 독일의 부르주아 철학자 뷔히너·랑게·듀링·페히너 등이다.

†12 『자본』 제1권의 프랑스어판은 1872년부터 1875년까지 파리에서 분책으로 연속해서 발행되었다.

†13 neue Zweidrittel: $\frac{2}{3}$ 탈러의 가치를 지닌 은화. 17세기 말부터 19세기 중엽까지 독일의 여러 주에서 유통되었다.

†14 『자본』 제1권 영어판의 장(章) 번호는 독일어판의 번호와 일치하지 않는다.

†15 노예제 옹호 반란(proslavery rebellion): 미국 남부의 노예 소유주(州)에서 일으킨 폭동으로, 1861~65년 남북전쟁의 발단이 되었다.

678

†16 특별 논문 「이른바 인용 날조와 관련한 브렌타노 대 마르크스의 사건에서: 이야기의 전말과 관련자료」에서 엥겔스는 부르주아 대변자들이 거듭 제기한 중상모략의 정체를 파헤쳤는데, 이들은 마르크스가 1863년 4월 16일 글래드스턴의 연설을 인용하면서 이를 고의적으로 날조했다고 비난하였다. 이 논문은 1891년 함부르크에서 발행되었다.

†17 라스커(Lasker)가 베벨에 대하여 펼친 논박의 날조: 1871년 11월 8일 제국의회에서 국민자유당의 라스커 의원은 베벨과의 논쟁에서, 만약 독일 노동자들이 파리 코뮌의 사례를 본받으려고 한다면 "정직한 유산(有産) 시민들이 곤봉으로 그들을 때려 죽일 것"이라고 선언하였다. 그러나 이 연사는 이 표현을 공표할 결심을 하지 않았고, 그리하여 속기록에는 "그들을 곤봉으로 때려 죽인다"라는 말 대신 "그들 자신의 힘으로 그들을 진압할 것이다"라고 기록되었다. 베벨이 이 변조를 폭로하여, 라스커는 노동자들 사이에서 조소의 대상이 되었다. 그의 왜소한 체구 때문에 사람들은 그에게 '꼬마 라스커'(Laskerchen: 독일어에서 명사 뒤에 접미어로 'ch'를 붙이면 해당 명사의 '작은 것'을 뜻하게 된다ㅡ옮긴이)라는 별명을 붙여주었다.

†18 여기에서 엥겔스는, 마치 혼자서 50명을 상대하여 싸운 것처럼 이야기하는 허풍선이이자 겁쟁이인 폴스텝의 말을 바꾸어 쓰고 있다(셰익스피어, 『헨리 4세』, 제1부, 제2막, 제4장).

†19 새뮤얼 버틀러의 서사시 「휴디브라스」에서 단어를 바꾸어 인용. 제2부, 제1곡.

†20 윌리엄 제이콥, 『귀금속의 생산과 소비에 관한 역사적 연구』, 런던, 1831.

†21 W. 페티, 『조세공납론』, 런던, 1667, 47쪽.

†22 셰익스피어, 『헨리 4세』, 제1부, 제3막, 제3장.

†23 "파리의 가치는 미사 한 번의 가치와 같다!"(Paris vaut bien une messe!): 1593년 앙리 4세가 국가정책적인 이익을 위해 가톨릭으로 개종하면서 이렇게 말했다고 한다.

†24 마르크스는 이 부분을 『아리스토텔레스 전집』(제9권, 이마뉴엘 베케리 엮음, 옥스퍼드, 1837)에 있는 아리스토텔레스의 『니코마코스 윤리학』, 99~100쪽에서 인용하고 있다.

†25 롬바드가: 영국의 주요 은행과 상업회사가 모여 있는 런던 시티 지역의 거리 이름.

†26 카를 마르크스, 『철학의 빈곤ㅡM. 프루동의 「빈곤의 철학」에 대한 답변』, 파리/브뤼셀, 1847, 제1장.

†27 괴테의 『파우스트』, 제1부 「서재」에서 단어를 바꾸어 인용.

†28 "다른 것들을 일깨우기 위해"(pour encourager les autres): 1848/1849년 혁명의 패배 이후 유럽에서는 암울한 정치적 반동기가 시작되었다. 그 무렵 유럽의 귀족과 부르주아 계급은 심령술ㅡ특히 영적인 힘으로 탁자를 움직이는 것과 같은ㅡ에 도취한 반면, 중국에서는 태평천국의 난을 통해 역사의 무대에 올라선 거대한 반봉건 해방운동이 농민들 사이에서 한창 전개되고 있었다.

†29 리카도는 자신의 저서 『농업 보호에 대하여』(제4판, 런던, 1822, 21쪽)에서 오언의 평행사변형을 언급하고 있다. 오언은 자신의 이상향적 사회개혁 구상에서 경제성과 주거성의 관점에서 볼 때 취락은 평행사변형 또는 정사각형 형태로 설계될 때 가장 유용하다는 것을 입증하려고 노력하였다.

†30 에피쿠로스의 신: 고대 그리스 철학자 에피쿠로스의 견해에 따르면 신들은 인터문디움(Intermundium), 즉 세계와 세계 사이의 중간 공간에 존재한다고 한다. 그리고 이 신들은 우주 만물의 발전이나 인간생활에 아무런 영향도 끼치지 않는다고 한다.

†31 셰익스피어, 『헛된 소동』, 제3막, 제3장.

†32 랑디: 12세기부터 19세기까지 해마다 큰 시장이 열렸던 파리 근교의 마을.

†33 「요한계시록」: 요한의 계시로, 신약성서에 실렸던 초기 기독교 문헌 가운데 하나이다. 원

작은 거의 대부분 사도 요한이 직접 집필한 것으로 알려져 있다. 이 작품은 중세에 종종 이단적인 민중운동을 초래한 '세계의 종말'과 '그리스도의 재림'에 관한 신비적인 예언을 포함하고 있다. 후에 교회는「요한계시록」의 예언을 민중을 위협하는데 이용하였다. 여기에서 마르크스는「요한계시록」17: 13과 13: 17을 인용하고 있다.

†34　잉카 제국: 원시사회의 중요한 유물을 많이 남긴 노예소유주 국가. 사회경제적 조직의 기초는 토지와 가축을 공유하는 씨족 또는 농민공동체(Aylla)였다. 잉카 제국은 15세기 말부터 1530년대에 스페인의 정복으로 완전히 멸망할 때까지 전성기를 누렸다. 당시 잉카 제국은 오늘날의 페루, 에콰도르, 볼리비아, 칠레 북부 지역 너머에까지 팽창해 있었다.

†35　판덱텐(그리스어) 또는 디게스텐(라틴어): 로마 민법의 주요 부분. 판덱텐은 노예소유주들의 이해를 반영하던 로마 법학자들의 저서를 발췌·편찬한 것이었다. 이는 비잔티움 제국의 황제 유스티니아누스 1세의 명령으로 제작되어 533년 법령으로 공포되었다.

†36　W. E. 패리,『대서양에서 태평양에 이르는 서북항로의 발견을 위한 항해일지: 윌리엄 에드워드 패리의 지휘 아래 제국 군함 헤클라호와 그리퍼호가 행한 1819~20년 항해』, 제2판, 런던, 1821, 277~278쪽.

†37　시적 연대기: 고대 신화에서 인류의 역사는 5개 부분으로 나누어졌다. 황금시대 동안 인간은 아무런 걱정 없이 가장 행복하게 살았다. 토지는 그들의 공동소유였으며 모든 생활필수품을 조달해주었다. 그러나 이 완전한 상태에 뒤이어 세계는 점점 악화되어갔으며, 그것은 은시대·청동시대·영웅시대·철시대로 표현된다. 이 마지막 시대의 특징은 수확이 적은 토지에서의 고달픈 노동으로 표현된다. 생활은 온통 부정·폭력·살육으로 가득 차 있었다. 이 다섯 시대의 전설은 그리스의 서사시인 헤시오도스의 작품에 먼저 수록되었으며, 나중에 로마의 서정시인 오비디우스에 의해서 다시 수록되었다.

†38　1707년에 이루어진 잉글랜드와 스코틀랜드의 연합은 결국 양자를 통합시켰다. 스코틀랜드 의회는 해산했으며, 두 나라 사이의 모든 경제장벽은 제거되었다.

†39　마르크스는 성 히에로니무스의『에우스토키움에게 쓰는 편지—순결의 보존에 관하여』를 인용하고 있다.

†40　단테,『신곡』,「천국」편, 제24곡, 필라레츠의 독일어 번역, 라이프치히, 1871.

†41　"참된 사랑의 길은 결코 평탄하지 않다"(the course of true love never does run smooth). 셰익스피어,『한여름 밤의 꿈』, 제1막, 제1장.

†42　케네로부터 인용한 이 구절은 외젠 데르 편,『중농학파』(제1부, 파리, 1846)에 수록된 뒤퐁 드 느무르의 저작「케네 박사의 준칙, 또는 그 사회경제학 원리의 요강」, 392쪽에 있다.

†43　"거기에서는 아무 냄새도 나지 않는다"(Non olet): 로마 황제 베스파시아누스(서기 69~79년)는 자기 아들이 공중변소에 대한 과세를 비난하자 화폐에 대해 이렇게 말했다.

†44　A. H. 뮐러,『정치학 요론』, 제2부, 베를린, 1809, 280쪽.

†45　일종의 말장난. '소버린'은 '주권자' '군주'를 뜻하는 동시에 영국 금화(1파운드스털링)의 명칭이기도 하다.

†46　"움직일 수 있는 동물에서 움직일 수 없는 동물로"(aus meuble in immeuble): 외젠 데르 편,『18세기의 재정경제학자』(파리, 1848)에 실린 부아기유베르,『프랑스 상론』, 213쪽.

†47　동인도회사: 1600~1858년까지 존속했던 영국의 무역회사. 이 회사는 인도·중국을 비롯해 그밖의 아시아 국가에서 영국의 약탈적인 식민정책의 도구였다. 동인도회사의 도움으로 영국은 서서히 인도를 정복할 수 있었다. 동인도회사는 오랫동안 인도와의 무역을 독점했으며 인도에서 가장 중요한 행정기능을 장악하고 있었다. 인도의 민족해방봉기(1857~59년)는 영국

인들로 하여금 인도의 식민지 지배형태를 바꾸도록 만들었다. 그리하여 동인도회사는 해체되고 인도는 영국의 국왕령으로 선포되었다.

†48 「동인도(지금[地金]): 하원의 질의에 대한 1864년 2월 8일 보고서」.

†49 『자본』 제4판에 의거하여 루터의 인용을 싣는다.

†50 여기에서 마르크스는 『아일랜드의 정치적 해부』의 부록으로 간행된 페티의 논문 「현자에게는 한 마디로도 충분하다」(Verbum sapienti)를 인용하고 있다.

†51 여기에서 마르크스는 리카도의 저서 『지금(地金)의 높은 가격, 은행권 가치하락의 증거』(제4판, 런던, 1811)를 인용하고 있다.

†52 '통화주의'(currency principle): 19세기 전반기 영국에서 널리 퍼졌던 화폐이론으로, 화폐수량설에서 출발하였다. 화폐수량설의 대표자들은 상품의 가격이 유통되고 있는 화폐의 양에 따라 결정된다고 주장하였다. '통화주의'의 대표자들은 금속유통의 법칙을 그대로 따르려고 하였다. 그들은 금속화폐 이외에 은행권도 통화(유통수단)로 간주하였다. 그들은 은행권에 대한 완전한 금 준비 보증에 따라 안정된 화폐유통이 이루어진다고 믿었다. 그래서 은행권의 발행은 귀금속의 수출입상태에 따라 조절되어야만 한다고 생각했다. 이 이론에 의거한 듯이 보이는 영국 정부의 시도(1844년 은행법)는 아무런 성과를 거두지 못했으며, 단지 이 이론이 학문적으로 근거가 매우 약하고 실용적인 목적에도 전혀 쓸모가 없다는 사실을 확인해주었을 뿐이다.

†53 프랑스 학술원(Institut de France): 프랑스 최고의 학술단체로 여러 개 부문[즉 아카데미]으로 구성되어 있다. 데스튀트 드 트라시는 도덕·정치 아카데미 회원이었다.

†54 "여기가 바로 로도스 섬이다. 여기서 한번 뛰어보아라!": 이솝 우화에서 따온 것으로, 우화에서 한 허풍쟁이가 자신은 언젠가 로도스 섬에서 아주 높이 뛴 적이 있다고 우겨댔다. 그러자 그에게 돌아온 말이 바로 이것이었다. "여기가 바로 로도스 섬이다. 여기서 한번 뛰어보아라!"

†55 쿠자 혁명: 1859년 1월 알렉산드루 쿠자는 일단 블타바의 호스포다(군주)로 선출되었고 뒤이어 곧바로 왈라키아의 호스포다로도 선출되었다. 오랫동안 오스만튀르크 제국의 통치를 받았던 이 두 도나우 후작령의 통일은 통일 루마니아를 탄생시켰다. 쿠자는 일련의 부르주아 민주주의 개혁을 실시하려는 목표를 세웠다. 그러나 그의 정책은 지주와 일부 부르주아 계급의 격렬한 저항에 부딪쳤다. 지주 대표자들이 다수를 차지하고 있던 국민의회에서 정부가 제출한 농지개혁법안이 부결되자 1864년 쿠자는 이 반동적인 단체를 해산시켰다. 헌법이 공포되고 유권자의 범위가 확대되었으며 정부의 권력이 강화되었다. 이 새로운 정치정세에서 채택된 농지개혁은 농노제를 철폐하고 토지를 수매하여 그것을 농민에게 분배하고자 하는 것이었다.

†56 슈토르흐, 『경제학 강의, 또는 각 국민의 번영을 결정하는 원리에 관한 설명』, 제1권, 페테르부르크, 1815, 228쪽.

†57 셰르빌리에, 『부유냐 빈곤이냐: 사회적 부의 실제 분배의 원인과 결과에 대한 설명』, 파리, 1814, 14쪽.

†58 "그를 즐겁게 만드는 이런 사정": 괴테의 『파우스트』, 제1부, 「서재」에서 단어를 바꾸어 인용.

†59 "있을 수 있는 최고의 세상에서는 모든 것이 최선의 상태로 있게 된다"(Tout serd pour le mieux dans le meilleur des mondes possibles): 볼테르의 풍자소설 『캉디드, 또는 낙천주의』에 나오는 경구.

†60 마치 애욕에 사로잡힌 듯이 — 괴테의 『파우스트』, 제1부, 「라이프치히의 아우어바흐 술

집」에서 단어를 바꾸어 인용.

†61 루크레티우스, 『만물의 본질에 대하여』 제1권, 시 156/157행.

†62 "고트셰드다운 독창력": 독일의 작가이자 문학비평가 요한 크리스토프 고트셰드(Johann Christoph Gottsched)에 대한 아이러니한 풍자. 그는 문학분야에서 분명 긍정적인 역할을 했지만 동시에 새로운 문학사조에 대해서는 과도한 편협성을 보여주었다. 이런 이유에서 그의 이름은 문학적 교만과 우매함의 동의어가 되었다.

†63 마르크스는 빌헬름 로셔를 풍자적으로 빌헬름 투키디데스 로셔라고 일컫는다. 왜냐하면 로셔가 그의 책 『국민경제학 원리』의 초판 서문에서 ─ 마르크스의 표현에 따르면 ─ "자신을 경제학의 투키디데스라고 겸손하게 지칭하였기" 때문이다(카를 마르크스, 『잉여가치학설사』, 『자본』 제4권, 제3부, 1962, 499쪽 참고).

†64 윌리엄 제이콥, 『새뮤얼 위드브레드에게 부치는 편지: 영국 농업이 필요로 하는 보호에 관한 고찰의 속편』, 런던, 1815, 33쪽.

†65 공장법(Factory Act): 여기에서는 1833년의 영국 공장법을 가리킨다.

†66 천년왕국설의 신봉자들(그리스어로 chilioi는 천[千]이다)은 그리스도가 재림하여 지상에 천년왕국, 즉 정의와 만인의 평등 그리고 번영으로 이루어진 왕국을 건설한다는 종교적·신비주의적인 교의를 설파하였다. 천년왕국의 신앙은 노예제의 해체기에 생겨났는데, 이는 환상적인 구제의 꿈에서 출구를 찾았던, 생계를 위해 노동하던 사람들의 견디기 어려운 질곡과 고통이 만들어낸 결과였다. 이 신앙은 널리 전파되었으며, 그후 중세 여러 종파의 교의에서 끊임없이 반복되었다.

†67 유어, 『공장철학』, 런던, 1835, 406쪽.

†68 버밍엄의 '소실링론자'(little shilling men): 19세기 전반기 한 화폐학설의 주창자들. 관념적 화폐척도설을 선전한 이 이론의 신봉자들은 화폐를 단순히 계산을 위한 이름으로 간주하였다. 이 학파의 대표자들, 즉 토머스 형제, 마티아스 애트우드, 스푸너 등은 영국에서 '소실링안(案)'이라고 일컬었던 화폐단위의 금 함량 인하에 관한 안을 제시하였다. 그 때문에 이 학파에도 같은 명칭이 붙었다. 동시에 이 '소실링론자'들은 당시 유통되고 있던 화폐량의 삭감을 겨냥한 정부의 조처에 반대하였다. 이들은 자신의 이론을 적용하는 것이 물가의 인위적인 인상을 통해 공업을 활성화하고 국가의 전반적인 번영을 보장해줄 것이라는 의견을 주장하였다. 그러나 그들이 제안한 화폐의 평가절하는 현실에서 단지 각종 신용의 주요 수령자였던 대기업과 국가의 부채상환에만 도움이 되었을 뿐이다. '소실링론자'에 대해 마르크스는 그의 저작 『경제학 비판』에서도 언급하고 있다.

†69 1831년의 레글망 오르가니크(Règlement organique): 1828/1829년의 러시아·터키 전쟁을 종식시켰던 1829년 9월 14일의 아드리아노펠 강화조약에 근거하여 러시아 군대가 점령하고 있던 도나우 공국(블타바와 왈라키아)의 최초 헌법. 이 공국의 행정기관 수장이었던 키셸료프가 이 헌법의 초안을 작성하였다. 이 레글망에 따라 각 공국의 입법권은 지주들에 의해 선출되는 의회로 양도되었으며, 행정권은 지주·성직자·도시대표에 의해 종신직으로 선출되는 호스포다에게 맡겨졌다. 부역을 포함한 이전의 봉건질서는 그대로 유지되고, 정치적 권력은 지주의 손에 집중되었다. 동시에 이 레글망은 일련의 부르주아적 개혁도 채택하였다. 즉 국내의 관세장벽을 철폐하고, 상업의 자유를 도입했으며, 사법을 행정에서 분리하였다. 또한 농민들에게는 지주를 바꾸는 것을 허용하고 고문을 철폐하였다. 레글망 오르가니크는 1848년 혁명 기간에 폐지되었다.

†70 드라이덴, 『수탉과 여우 또는 수녀의 사제에 관한 이야기』.

†71 추밀원(樞密院, Privy Council) : 영국 국왕 소속의 특별기관으로 대신을 비롯하여 관리, 고
위 성직자들로 구성된다. 추밀원은 13세기에 설치되었다. 추밀원은 오랫동안 입법권을 갖고
있었으며, 왕에 대해서만 책임을 질 뿐 의회에 대해서는 아무런 책임도 지지 않았다. 추밀원의
중요성은 18세기와 19세기에 들어서면서 현저하게 줄어들었다. 오늘날 영국에서 추밀원은 아
무런 실질적인 의미도 없다.

†72 "이번에도 같은 인물 크리스피누스"(Ecce iterum Crispinus) : 유베나리스의 풍자시 제4곡
은 이렇게 시작된다. 이 시의 첫 부분에서 로마 황제 도미티아누스의 궁정신하인 크리스피누
스가 채찍질을 당한다. 비유적인 의미에서 이 말은 '또 동일한 인물' 또는 '이번에도 같은 그
인물'을 뜻한다.

†73 엘레아학파 : 기원전 6세기와 5세기 고대 그리스 철학의 관념학파로, 크세노파네스·파르
메니데스·제논이 대표적인 학자들이다. 엘레아학파는 무엇보다도 모든 현상의 운동과 다양
성은 현실이 아닌 사고 속에서만 존재한다는 것을 증명하려고 하였다.

†74 대배심원(Grand Jury) : 심리해야 할 사건이 발생한 주에서 주 장관에 의해 '선량하고 성
실한 사람들' 가운데 선택된 23명의 배심원단으로, 영국에서 1933년까지 존속하였다. 이 배심
원단은 제시된 증거자료가 피의자의 범행을 확증하는지 여부를 결정하고, 그리하여 이 피의자
를 방면할 것인지 형사재판에 회부할 것인지를 결정하였다.

†75 마르크스가 가리키는 것은 칼라일의 『근대 농촌』에 대한 자신의 서평을 뜻한다.

†76 스트레인지, 『건강의 일곱 가지 원천』, 런던, 1864, 84쪽.

†77 엑스터 홀(Exeter Hall) : 런던에 있는 건물로, 종교 자선단체의 회합장소이다.

†78 "이름만 다를 뿐 바로 네 얘기이다!"(Mutato nomine de le fabula narratur!) : 호라티우스
의 『풍자시』 제1권, 풍자시 제1곡.

†79 "뒷일은 난 몰라!"(Après nous le déluge!) : 이 말은 궁정에서 누가, 상습적인 호화로운 연
회와 축제가 프랑스 외채의 엄청난 증가를 가져올 것이라는 점을 생각해보라고 말했을 때 퐁
피두 후작부인이 한 말이라고 한다.

†80 괴테, 『줄라이카에게』.

†81 페스트의 창궐 : 흑사병이라고도 하는 이 끔찍한 전염병은 1347~50년에 서유럽에서 창궐
하였다. 이 전염병으로 약 2,500만 명, 즉 당시 유럽 전체 인구의 $\frac{1}{4}$ 이 목숨을 잃었다.

†82 「공장조사위원회 칙명 중앙위원회 제1차 보고서: 1833년 6월 28일 하원의 명에 의해 인
쇄」, 53쪽.

†83 "더 이상 그대로 두어서는 위험하다"(Periculum in mora) : 로마의 역사가 티투스 리비우
스의 저서 『건국 이후의 로마사』 제38권, 제25장, 제13절.

†84 「'대영제국 내 공장에 대한 아동노동 규제법안'에 관한 위원회의 보고서: 증언 첨부, 1832
년 8월 8일 하원의 명에 의해 인쇄」.

†85 저거노트(Juggernaut) : 힌두교 최고신의 하나인 비슈누의 한 형상. 저거노트 숭배는 특히
화려한 의식과 극단적인 종교적 광신으로 유명하며, 이 광신은 신자들의 난행고행(難行苦行)
과 자기희생으로 표현된다. 대축제일에 신자들은 비슈누와 저거노트의 화상이 실려 있는 수레
밑으로 자신의 몸을 내던진다.

†86 「인민헌장」(People's Charter) : 차티스트의 요구를 담고 있는 문서. 이는 의회에 제출될 예
정이었던 법안으로 1838년 5월 8일 공포되었다. 이 문서의 요구사항은 다음과 같다. ① 보통선
거권(21세 이상의 남자), ② 1년 단위의 의회 선거, ③ 비밀투표, ④ 선거구의 균등화, ⑤ 의회
선거 입후보자에 대한 재산조사 폐지, ⑥ 의원에 대한 일당 지급.

†87 빵의 크기가 두 배가 되는 것 : 곡물법 반대동맹(†7을 보라)에 속한 사람들은 노동자들에
      게 자유무역의 실시가 그들의 실질임금을 증가시키고 빵의 크기를 두 배로 만들 것이라고 선
      동하였다. 이때 이들은 실물교육의 재료로 각각 어울리는 표제를 붙인 두 개의 빵덩이—큰 것
      하나와 작은 것 하나—를 들고 거리를 돌아다녔다. 현실은 이 약속이 허위임을 입증해주었다.
      곡물법의 폐지를 통해 확고하게 자리를 잡은 영국의 산업자본은 노동자계급의 생활상의 요구
      에 대한 공세를 강화하였다.

†88 프랑스 혁명 기간 동안 행정부와 군부에서 특별전권을 부여받고 있던 국민공회의 대표자
      들을 국민공회 위원이라고 했다.

†89 용의자법(loi des suspects) : 1858년 2월 19일 법제처(Corps législatif)에 의해 제정된 공안
      유지를 위한 특별조치법이다. 이 법률은 제2제정에 적의를 품은 혐의가 있는 사람이면 누구나
      감옥에 넣거나 프랑스 또는 알제리의 각 지역으로 추방하든가, 프랑스 영토에서 완전히 추방
      할 수 있는 무제한적인 권한을 황제와 그 정부에 부여했다.

†90 셰익스피어, 『베니스의 상인』, 제4막, 제1장.

†91 10동판법 : 노예제국가였던 로마 최고(最古)의 입법기념물인 '12동판법'의 또다른 판본.
      이 법률은 사적 소유를 보호하고, 지불 불능 채무자에 대한 자유의 박탈과 노예화 또는 사지 절
      단을 규정해놓았다. 이것이 로마 민법(民法)의 출발점이었다.

†92 프랑스의 역사가 랭게는 그의 저서 『민법이론, 또는 사회의 기본원리』(제2권, 제5편, 제20
      장, 런던, 1767)에서 이 가설에 대해 말하고 있다.

†93 다우머는 그의 저서 『고대 기독교의 비밀』에서 초기 기독교인들은 성찬에서 인육을 즐겼
      을 것이라는 가설을 주장하였다.

†94 '단시간 교대노동'(courtes séances) : 푸리에는 미래의 사회상을 구상했는데, 이 사회에서
      인간은 1노동일 동안 여러 가지 노동을 행한다. 왜냐하면 노동일이 기껏해야 1시간 반이나 2시
      간 정도 걸리는 몇 개의 단시간 교대노동으로 구성되어 있기 때문이다. 푸리에의 견해에 따르
      면 이를 통해 노동생산성이 증가하기 때문에 아무리 극도로 빈곤한 노동자라도 이전의 어떤
      자본가들보다 더 완전하게 자신의 욕구를 충족시킬 수 있으리라는 것이다.

†95 1866년 8월 20일부터 25일까지 볼티모어에서 아메리카 전국노동자대회가 개최되었다.
      이 대회에는 6만 명 이상의 노동조합원을 대표하는 60명의 대의원이 참석하였다. 이 대회에서
      는 다음의 문제들—8시간 노동일의 법제화, 노동자의 정치활동, 협동조합, 모든 노동자들의
      노동조합으로의 결집 등을 다루었다. 나아가 일종의 노동자계급의 정치적 기구인 전국노동자
      동맹의 창설을 결의하였다.

†96 여기에 인용된 국제노동자협회의 제네바 대회 결의안은 카를 마르크스가 기초한 「개별
      사안에 대한 임시중앙평의회의 대의원 지침」에 근거하여 채택되었다.

†97 "자기들을 괴롭히는 뱀" : 하인리히 하이네의 시사시(時事詩) 「하인리히」에서 단어를 바
      꾸어 인용.

†98 자유의 대헌장(Magna Charta Libertatum) : 기사단과 도시의 지원을 받아 반란을 일으킨
      대봉건영주와 귀족·고위성직자들에 의해 영국왕 존 1세(영토 없는 왕)에게 강요된 문서.
      1215년 6월 15일 서명된 이 헌장은 특히 대봉건영주를 위하여 왕의 권한을 제한했으며 기사단
      과 도시에 대한 일정한 양보를 포함하였다. 그러나 이 헌장은 인구의 대다수를 차지하는 농노
      들에게는 아무런 권리도 부여하지 않았다. 여기서 마르크스가 가리키는 대헌장이란 영국 노동
      자계급이 오랜 기간에 걸친 완강한 투쟁을 통하여 획득했던 노동일의 제한에 관한 법률을 뜻
      한다.

†99   "얼마나 기막힌 변화인가!"(Quantum mutatus ab illo!): 베르길리우스의 서사시 『아이네이스』 제2권, 시 274에 나오는 구절.

†100   탈레랑은 망명 귀족들에 대하여 "그들은 아무것도 배우지 않았고, 아무것도 잊지 않았다"고 말했는데, 이들은 부르봉 왕조가 복고된 후인 1815년 프랑스로 돌아와서는 자신들의 영지를 되찾고 농민들에게 다시 봉건적인 의무를 강제로 부과하려고 했다.

†101   "무지는 충분한 근거가 된다": 스피노자는 그의 저서 『윤리학』 제1부 부록에서 무지는 결코 충분한 근거가 되지 않는다는 점을 서술하는데, 이로써 그는 승려들의 신학적 자연관의 대표자들을 논박한다. 그들은 '신의 의지'를 여러 현상의 궁극적인 원인으로 설정하고 있지만, 바로 이러한 그들의 유일한 주장은 결국 그들이 다른 원인에 대해서는 전혀 모른다는 것을 입증해줄 뿐이기 때문이다.

†102   로셔, 『국민경제학 원리』, 제3판, 슈투트가르트/아우구스부르크, 1858, 88~89쪽.

†103   로치데일의 협동조합 실험(Rochdale cooperative experiments): 공상적 사회주의 사상의 영향을 받아 1844년 로치데일(맨체스터의 북쪽)의 노동자들은 공정한 개척자조합(Society of Equitable Pioneers)을 결성하였다. 원래 이것은 소비협동조합이었는데, 곧바로 확대되어 생산설비를 갖춘 협동조합으로 발전하였다. 로치데일을 선구자로 하여 영국을 비롯한 다른 나라들에서는 협동조합운동의 새로운 시대가 시작되었다.

†104   만인에 대한 만인의 투쟁(bellum omnium contra omnes): 토머스 홉스, 『리바이어던』.

†105   메네니우스 아그리파의 우화: 기원전 494년 귀족과 평민 사이에 큰 충돌이 있었다. 전해오는 얘기에 따르면 귀족이었던 메네니우스 아그리파는 하나의 비유를 가지고 평민들로 하여금 화해하게 만들었다고 한다. 즉 평민들의 반역은, 마치 인체의 사지가 음식물이 위장에 들어가는 것을 가로막으면 결국 사지 자신도 완전히 메말라버리는 것과 비슷하다는 비유였다. 다시 말해서 평민들의 의무 이행 거부는 로마 제국을 멸망으로 이끌게 되리라는 것이었다.

†106   기술협회(Society of Arts trades): 1754년에 창립된 박애주의 단체로 부르주아 계몽주의와 가까웠다. 1850년대에는 앨버트 공이 이 단체를 이끌었다. 협회가 중요하게 내세운 목표는 "기술·기능·상업을 촉진하고" "가난한 사람들에게 일자리를 제공하고 무역을 확대하며 국가의 부를 증대시키는 데" 기여한 사람들을 포상하는 것이었다. 영국에서 대중파업운동의 발전을 저지하기 위한 노력이 이루어지는 가운데 이 단체는 노동자와 기업가 사이의 중재자로 나서고자 하였다. 마르크스는 이 단체를 기술술책협회(Society of Arts and Tricks)라고 불렀다.

†107   헤겔, 『법철학의 기초, 또는 자연법과 국가학 요강』, 베를린, 1840, 제187절, 부록.

†108   「시인의 흩어진 사지」(disjecta mimbra mimbra poetae): 호라티우스의 『풍자시』, 제1권, 제4풍자시.

†109   「행복에 관한 대화」의 저자는 『일기와 편지』의 작가인 외교관 제임스 해리스가 아니라 그의 부친 제임스 해리스이다. 마르크스가 여기에서 인용한 것은 『세 논문』이다(런던, 1772, 292쪽).

†110   마르크스는 섹스투스 엠피리쿠스의 저서 『정설가(定說家: 말의 문법적 규칙을 엄격하게 지켜야 한다고 주장하는 사람─옮긴이) 논박』(Adversus mathematicos)에서 아르킬로쿠스의 이 표현을 끌어내고 있다(제11책, 제44장).

†111   30인 참주: 펠로폰네소스 전쟁이 끝난 뒤(기원전 404년) 새로운 헌법을 만들기 위해 아테네에 설치되었던 위원회. 그러나 이 위원회는 단기간에 모든 권력을 장악하고 끔찍한 공포정치를 실시하였다. 8개월에 걸친 무력통치 이후 30인의 참주는 실각하고 아테네에서는 노예 소유자들의 민주주의가 부활했다.

†112　플라톤의 공화국: 고대 그리스의 철학자 플라톤이 그의 저서에서 묘사하는바 노예제 국가의 이상적인 형태이다. 이 국가체제의 기본원칙은 자유로운 시민들로 구성된 각 도시에서는 엄격한 분업이 이루어져야 한다는 것이다. 통치기능은 철학자들에게 위임된다. 모든 노동의무에서 해방된 전사 신분은 시민의 생명과 재산을 보호해야 하며, 반면 농민·수공업자·상인은 오직 물적 재화의 생산을 전담하고 이를 국민들에게 나눠주어야만 한다.

†113　A. 유어, 『공장철학』, 런던, 1835, 21쪽.

†114　열기관: 통상적인 기체의 부피는 가열과 냉각을 통해 팽창하고 수축한다는 원리에 기초한 기계로, 증기기관보다 느리고 효율도 낮았다. 이것은 19세기 초에 발명되었으나, 19세기 말에는 벌써 현장에서 거의 사용되지 않았다.

†115　제니 방적기: 1764~67년에 제임스 하그리브스가 발명하여 자기 딸의 이름을 붙인 방적기.

†116　구약성서 「신명기」, 제25장.

†117　베인스, 『면직업. 위 주제와 관련된 두 편의 강의 ─ 블랙번 문학·과학·기술협회원을 대상으로』, 블랙번/런던, 1857, 48쪽.

†118　제1판부터 제4판까지는 이 단락이 이렇게 서술되어 있다. "노동력의 착취가 강화됨에 따라 공장주들의 부가 어떻게 증대했는지는 다음과 같은 한 가지 사실만 보아도 증명된다. 즉 영국의 면직공장을 비롯한 전체 공장 수의 연평균 증가율이 1838~50년 기간에는 32%였는데 반해 1850~56년 기간에는 86%였던 것이다."
　우리의 수정은 『공장감독관 보고서: 1856년 10월 31일』에 기록된 수치에 근거한 것이다(런던, 1857, 12쪽). 마르크스가 여기서 인용한 것도 필시 이 자료였을 것이다. 이와 관련된 내용은 마르크스의 글 『영국의 공장제도』, MEW Bd.12, 187쪽도 참고할 수 있다.

†119　유어, 『공장철학』, 런던, 1835, 22쪽.

†120　창살 없는 감옥(les bagnes mitigés): 푸리에는 『세분화하고 사람을 밀어내는 허위의 산업과 그 해독제인 자연적이고 결합적이며 사람을 끌어들이면서 4배나 더 많이 생산하는 산업』, 파리, 1835, 59쪽에서 공장을 이렇게 일컫고 있다.

†121　마르크스는 세콘도 란첼로티의 저서 『현대 또는 과거 시대에 뒤지지 않는 지혜』를 요한 베크만의 『발명의 역사』(제1권, 라이프치히, 1786, 125~132쪽)에서 인용하고 있다. 주 194의 나머지 이야기도 바로 이 책에서 발췌한 것이다.

†122　이 표는 '공장'이라는 똑같은 제목이 붙은 다음의 세 의회 보고서에 나타난 수치에 따라 작성된 것이다. 『1856년 4월 15일자, 하원 질의에 대한 답변서』, 『1861년 4월 24일자, 하원 질의에 대한 답변서』, 『1867년 12월 5일자, 하원 질의에 대한 답변서』.

†123　『노동조합 등과 같은 단체의 조직 및 규약 조사위원회 제10차 보고서. 증언록 첨부』, 런던, 1868, 63~64쪽.

†124　Nominibus molire licet mala. 오비디우스, 『연애술』 제2권, 제657절.

†125　마르크스는 이 표의 수치를 의회보고서 『곡류, 알곡 및 가루: 1867년 2월 18일, 하원의 명령에 대한 보고서』에서 발췌하였다.

†126　단결금지법: 1799년과 1800년에 영국 의회가 통과시킨 법률. 이 법에 따라 모든 노동자 조직의 결성과 활동이 금지되었다. 이 법은 1824년 의회에 의해 다시 폐기되었으나, 그후에도 당국은 노동조합의 활동을 엄격하게 제한하였다. 특히 조직 가입이나 파업 참여를 위해 노동자를 선동하는 일은 '공갈 협박'과 '폭력'으로 간주되어 형사죄로 처벌받았다.

†127　마르크스는 동인도회사의 중국 무역 독점이 폐지된 뒤 영국의 민간 상인들이 중국시장

을 격렬하게 정복했던 사실을 지적하고 있다. 당시 그들은 온갖 수단을 다 동원하였다. 중국에 대한 영국의 침략전쟁이었던 제1차 아편전쟁(1839~42년) 때문에 중국은 영국 무역에 시장을 개방해야만 했다. 이 전쟁으로 중국은 반(牛)식민지국가로의 길을 걷기 시작하였다. 18세기 이후 영국은 인도에서 생산된 아편을 중국으로 밀수출함으로써 중국과의 무역역조를 시정하고자 노력했으나 중국 관헌의 저항에 부딪쳤다. 중국 관헌은 1839년 광둥(廣東)에서 외국 선박에 실려 있던 아편을 전부 압수하여 불태워버렸다. 이것이 바로 중국을 휩쓴 전쟁의 발단이었다. 중국은 이 전쟁에서 패하였다. 영국인들은 봉건상태로 낙후되어 있던 중국의 패배를 철저히 이용했으며, 약탈적인 난징 강화조약(1842년 8월)을 중국에 강요하였다. 난징 조약은 영국 무역을 위하여 중국의 5개 항(광둥 · 아모이〔廈門〕· 푸저우〔福州〕· 닝보〔寧波〕· 상하이〔上海〕)을 개방할 것, 홍콩을 '영구적'으로 영국에 할양할 것, 고액의 조공을 영국에 바칠 것 등을 규정하였다. 또한 난징 조약의 부속의정서에 따라 중국은 외국인들에게 치외법권을 인정해주어야만 했다.

†128 영국에서는 호적사무소장을 호적장관이라고 했다. 그의 업무범위는 출생 · 사망 · 혼인에 관한 등록제도 전체를 포괄하였다.

†129 "구두장이 너는 네 할 일이나 해라!"(Ne sutor ultra crepidam!): 고대 그리스의 화가 아펠레스는 자기 그림을 비판하는 한 구두장이에게 이렇게 응수하였다.